中国社会科学院
老年科研基金资助

GuoJiLaoDong He ShiJieBianGe

国际劳动和世界变革

刘国平 著

中国社会科学出版社

图书在版编目(CIP)数据

国际劳动和世界变革 / 刘国平著 . —北京：中国社会科学出版社，2015.4

ISBN 978 - 7 - 5161 - 6019 - 0

Ⅰ.①国⋯　Ⅱ.①刘⋯　Ⅲ.①劳动力市场—研究—世界　Ⅳ.①F249.1

中国版本图书馆 CIP 数据核字(2015)第 081369 号

出 版 人	赵剑英
责任编辑	徐　申
责任校对	古　月
责任印制	戴　宽

出　　版	中国社会科学出版社
社　　址	北京鼓楼西大街甲 158 号
邮　　编	100720
网　　址	http://www.csspw.cn
发 行 部	010 - 84083685
门 市 部	010 - 84029450
经　　销	新华书店及其他书店
印刷装订	三河市君旺印务有限公司
版　　次	2015 年 4 月第 1 版
印　　次	2015 年 4 月第 1 次印刷
开　　本	710 × 1000　1/16
印　　张	33.25
插　　页	2
字　　数	563 千字
定　　价	118.00 元

凡购买中国社会科学出版社图书，如有质量问题请与本社联系调换
电话：010 - 84083683
版权所有　侵权必究

目 录

序言 ··· (1)

第一章 创新劳动与古代社会变革 ································· (1)
  一 创新劳动和劳动关系的变化 ································ (1)
    创造劳动工具和人类的产生 ································· (2)
    向劳动祈福和向剥削诅咒 ··································· (5)
    先进劳动的发展和劳动关系的变革 ························· (9)
    驯养劳动和家庭革命 ······································· (11)
  二 奴隶群体劳动和古文明的创造 ······························ (15)
    新产业劳动的出现和第一次社会大分裂 ···················· (15)
    无偿占有别人劳动和道德的堕落 ··························· (18)
    创新劳动和奴隶社会的进步 ································ (20)
    奴隶群体劳动和罗马帝国的辉煌 ··························· (23)
  三 封建创新劳动和封建社会的辉煌 ····························· (25)
    封建劳动创新和劳动生产力的提高 ························· (26)
    手工业劳动与十字军东征 ··································· (29)
    创造性劳动和中国的辉煌 ··································· (31)
    雇佣劳动关系的产生和资产阶级革命 ······················ (34)

第二章 国际劳动和资产阶级的功劳 ······························· (38)
  一 国际劳动的产生和中国的古丝绸之路 ······················· (38)
    "部际"劳动和国际劳动的萌芽 ····························· (39)
    古代国际劳动和丝绸之路 ··································· (40)
    殖民掠夺和资本主义国际劳动的产生 ······················ (44)

二 资本主义国际劳动的本质和基本特征 ……………………（47）
  利润最大化和国际扩张无限性 ………………………………（48）
  国际价值规律和不平等权利 …………………………………（51）
  新型国际劳动关系的出现和国际劳动价值分配的新变化 ……（55）

三 国际劳动的发展和资本主义财富积累 ……………………（58）
  国际劳动形式和资本超额利润 ………………………………（59）
  国际雇佣劳动和鲜为人知的秘密 ……………………………（62）
  国际劳动的发展与资本主义的辉煌 …………………………（66）

四 资本主义国际劳动的历史进步性和局限性 ………………（70）
  促进世界性社会变革和在不断变革中前进 …………………（70）
  桎梏和不能逾越的过渡 ………………………………………（74）
  走向新社会的基础和条件 ……………………………………（77）

第三章 国际劳动的发展和劳动异化的消除 ……………………（80）
一 资本主义劳动异化和人性变异的全球性 …………………（80）
  劳动异化和人本质扭曲同行 …………………………………（81）
  劳动异化的发展和消灭私有制全球性任务 …………………（83）
  资本主义劳动异化和阶级对立的新内涵 ……………………（85）

二 资本主义劳动异化和劳动的悖谬 …………………………（88）
  劳动异化和劳动本质悖谬 ……………………………………（88）
  劳动异化的发展和自然报复的加剧 …………………………（91）
  劳动异化的发展和制造灾难劳动的肆虐 ……………………（96）

三 国际劳动的发展和劳动本性的回归 ………………………（102）
  劳动异化的消除和劳动本性的回归 …………………………（102）
  劳动者支配劳动和自身的全面发展 …………………………（106）
  全球联合劳动和世界和谐 ……………………………………（109）

四 劳动者的解放和科学发展 …………………………………（112）
  科学发展和马克思主义的核心 ………………………………（112）
  共同富裕和世界劳动者解放的金光大道 ……………………（114）
  劳动者的解放和人类共同的梦想 ……………………………（118）

第四章　跨国公司全球发展和劳动全球化 (124)
一　跨国公司和国际垄断资本的掠夺 (124)
跨国公司全球化与资本主义发展的最新阶段 (125)
跨国公司性质与劳动全球化中的矛盾 (131)
跨国公司权力与政府的作用 (136)
二　劳动全球化和全球利益博弈 (142)
劳动全球化和向新社会的过渡 (142)
时代的转折和新劳动全球化过程中的政治因素 (147)
新劳动全球化的性质和两种力量的斗争 (149)
劳动全球化中的合作和全球治理 (150)
三　新劳动全球化的时代性和基本特征 (156)
脑力劳动地位上升和劳动方式变革 (156)
科学技术创新劳动加快和地球村的形成 (159)
知识资本化加快和劳动制度创新加速 (164)
混合劳动关系的出现和利益关系复杂化 (168)

第五章　国际劳动分工和历史演变 (172)
一　国际劳动分工的产生和发展 (172)
国际劳动分工的产生和意义 (173)
国际劳动分工的发展和分工类型的演变 (179)
跨国公司的作用和国际劳动分工的新特点 (183)
国际协作劳动和协作劳动管理的变革 (190)
二　国际劳动分工结构和升级的决定因素 (194)
国际劳动分工结构的内涵和基本特点 (194)
国际劳动分工结构升级和科学技术创新 (197)
国际劳动分工结构升级和教育改革 (201)
国际劳动分工结构变化中的垄断和特权 (204)
三　国际劳动分工结构中优势和利益分配 (209)
国际劳动分工中的比较优势和比较利益 (209)
国际劳动分工结构中的劳动力优势和人口红利 (212)
国际劳动分工结构中的科技优势和垄断利益 (214)

第六章　全球劳动力市场体系和有尊严劳动 (221)
一　全球劳动力市场体系的形成和发展变化 (221)
国际劳动力市场的产生和含义 (222)
全球劳动力市场体系的发展和变化 (225)
国际劳务市场的新发展和新变化 (226)
二　时代的转折和国际劳动力市场含义的变化 (229)
国际直接投资和国际劳动力市场发展中的转折 (229)
冷战时代的结束和劳动力市场发展的新高潮 (231)
篱笆的突破和新全球劳动力市场体系的新内涵 (234)
三　国际劳工标准和有尊严劳动 (235)
国际劳工标准和对国际劳动市场发展的影响 (236)
劳工标准的执行和有尊严劳动的实现 (238)
发展中国家的进步和面临的挑战 (241)

第七章　国际劳动分工秩序的发展和变革 (244)
一　国际劳动分工秩序产生与强权政治 (244)
国际劳动分工秩序产生和政治暴力 (245)
商业掠夺和商业霸权国际劳动分工秩序的形成 (247)
国际劳动分工秩序形成中的掠夺与杀戮 (249)
二　国际劳动分工秩序演变和演变中的霸权更替 (252)
工业主导和工业霸权秩序 (252)
资本主导和资本霸权秩序 (257)
科技主导和科技霸权秩序 (261)
三　当今国际劳动分工秩序的性质和特点 (263)
金融主导和金融霸权秩序的基本特征 (263)
金融霸权秩序和资产阶级的寄生性 (268)
金融霸权秩序和全球性道德危机 (270)
四　国际劳动分工秩序的变革和变革中的斗争 (274)
国际劳动分工秩序变革的要害和基本要求 (274)
国际劳动分工秩序变革的经济力量和政治力量 (277)
国际劳动分工秩序变革的基本任务和当务之急 (281)

第八章　虚拟经济全球发展和劳动者地位的变化 (286)

一　虚拟经济的特性和新的掠夺方式 (286)
虚拟经济的两面性和资本主义最后的动力 (287)
虚拟资本过度和劳动者地位的降低 (291)
虚拟资本的特性和新的掠夺方式 (294)
虚拟经济过度和劳动者贫困的加剧 (298)

二　虚拟经济脱轨和全球经济泡沫化 (302)
虚拟经济中的炒作和金融财富泡沫 (302)
抵押劳动消费和虚假繁荣 (306)
寅吃卯粮和全球性债务危机 (308)

三　虚拟资本全球化和社会不公平的加深 (312)
社会不公平和不平等的根源 (312)
金融掠夺方式的发展和权势不公平的扩大 (317)
社会的进步和平等含义的变化 (320)

第九章　投机、赌博取代劳动和世界金融危机 (324)

一　投机的理论和历史 (325)
投机的产生和双面性 (325)
投机狂热的恶果和历鉴无济 (328)
投机、冒险和美国人的天性 (331)

二　投机、赌博取代劳动和罪恶的渊薮 (336)
从银行到赌场和从金融家到赌神 (336)
全球金融化和全球投机、赌博潮 (340)
金融的主导的新发展和赌博取代劳动的新比拼 (343)

三　抵押劳动过度和世界性大危机 (348)
生产过剩危机和金融危机 (349)
抵押劳动消费和20世纪金融大危机 (351)
房地产投机狂热和21世纪金融大危机 (354)

四　抵押劳动消费陷阱和危机深层原因的思考 (360)
资产者的新发明和劳动者贫困的新陷阱 (360)
投机、赌博掠夺和两种积累 (365)

危机的背后和原因的原因……………………………………………（373）

第十章 金融危机的影响与世界性的制度变革……………………（379）
　一　新的危机和新的起点………………………………………………（379）
　　　顶冠光环和光环上的爆炸…………………………………………（380）
　　　劳动者的声音和新制度的呼唤……………………………………（382）
　　　全球合作应对危机和合作应对的新含义…………………………（387）
　二　危机的救治和金融全球化的反思…………………………………（390）
　　　金融全球化和问题的症结…………………………………………（391）
　　　信用卡的作用和悖论………………………………………………（393）
　　　历史的前进与前进中的曲折………………………………………（396）
　三　危机的救治与社会制度的变革……………………………………（399）
　　　社会福利制度与前进中的难题……………………………………（400）
　　　自由市场与问题的根源……………………………………………（404）
　　　银行信用制度的发展和资本主义的自我扬弃……………………（408）

第十一章 危机的救治和劳动者解放道路的选择…………………（412）
　一　正本清源和新的起点………………………………………………（412）
　　　理论上的误解和归真………………………………………………（413）
　　　历史的回顾和新的思考……………………………………………（419）
　　　历史中的教训和现实中的觉醒……………………………………（425）
　二　议会斗争的实践和劳动者的成熟…………………………………（428）
　　　议会斗争和选举制度………………………………………………（429）
　　　资本主义社会民主和从微观斗争做起……………………………（431）
　　　议会斗争和政府决策………………………………………………（433）
　三　最后的斗争和全世界劳动者的联合………………………………（438）
　　　全人类的事业和历史的遗产………………………………………（439）
　　　跨国公司和劳动者联合斗争的起点………………………………（444）
　　　国际统一战线和劳动者联合斗争的自身条件……………………（448）

第十二章 国际劳动的发展和中国的复兴梦………………………（454）
　一　中国国际劳动发展的历史和教训…………………………………（454）

历史上的辉煌和屈辱………………………………………………（454）
　　踏上复兴之路的艰难和挫折………………………………………（461）
　　对外开放和国际劳动发展的局限…………………………………（464）
二　康庄大道和新的腾飞………………………………………………（467）
　　机会的丧失和新的起点……………………………………………（467）
　　拨乱反正和走上康庄大道…………………………………………（471）
　　国际劳动大发展和中国的腾飞……………………………………（475）
　　世界工厂和农民工的功劳…………………………………………（478）
　　世界工厂和海外华侨华人和港澳台同胞的贡献…………………（482）
三　中国梦的新征途和严峻的新挑战…………………………………（484）
　　效益的呼唤和劳动品质的提高……………………………………（484）
　　科学技术创新潮和教育革命………………………………………（488）
　　劳动效率的提高和就业的压力……………………………………（495）
　　靠劳动开创未来和劳动者的解放…………………………………（501）
四　中国复兴的国际境界和世界的福音………………………………（504）
　　和平复兴和对世界和平的维护……………………………………（505）
　　合作共赢和对世界发展的贡献……………………………………（508）
　　道路创新和对劳动者解放的启示…………………………………（513）

后记……………………………………………………………………（516）

序　　言

党的十八大以来，实现中华民族伟大复兴的"中国梦"，在中国大地汹涌澎湃，势不可挡，震撼着世界。写这本书的目的，就是要告诉读者，中国梦是个伟大、系统、长期的工程，它要靠全国人民用勤劳的双手，用艰苦、扎实的劳动来托起。如习近平同志所说的："'功崇惟志，业广惟勤'。我国仍处在并将长期处于社会主义初级阶段，实现中国梦，创造全体人民更加美好的生活，任重而道远，需要我们每一个人继续付出辛勤劳动和艰苦努力。"习近平还说："人们创造历史，劳动开创未来。劳动是推动人类社会进步的根本力量。幸福不会从天而降，梦想不会自动成真。实现我们的奋斗目标，开创我们的美好未来，必须紧紧依靠人民、始终依靠人民，必须依靠辛勤劳动、诚实劳动、创造性劳动。我们说'空谈误国，实干兴邦'，实干首先就要脚踏实地劳动。"

人世间的一切财富和奇迹，都是由劳动者的辛勤劳动所创造，这也许无人再怀疑。然而，在阶级、剥削、压迫存在的社会里，劳动者却只占有财富的很少一部分。而且直到今天，世界的大多数劳动者所从事的还都是被人看不起的笨重的体力劳动。其中一部分生活还很苦，甚至很悲惨。对于这些劳动者来说，劳动伟大，劳动光荣，只是一句空的口号。这本书就是想从历史和现实的结合中，以大量的事实说明劳动的伟大和光荣，说明劳动者的伟大和光荣，说明世界的一切变革，都孕育在劳动关系的变革之中。在虚拟经济在全球泛滥的当今，期望读到这本书的人，都会有所触动，都会情不自禁由衷地发出呼喊：应当把世界最美的歌，献给实体劳动，献给实体劳动者。

历史实践使人们逐渐懂得，人类社会发展的一切奥秘，都隐藏在劳动之中。劳动作为人的本质，不仅是人类社会产生和发展的基础和动力，而且是人类自身产生和发展的基础和动力。在一定意义上说，人和人类发展和进步的历史，都无非是劳动和劳动关系发展的历史。解开人类发展一切秘密的钥匙，都应当从劳动中去寻找。马克思正是在对劳动的研究中，揭示了剩余价值的奥秘，揭示了资本和资本主义社会的本质，揭示了它的历史进步性和必然灭亡的发展规律。同样，了解当今一切国际问题奥秘的钥匙，也必须从研究国际劳动关系入手，从国际劳动发展和变革中去寻找。

当今的时代，已经是劳动全球化的时代。劳动的资源和要素，劳动产品的生产和销售，都已经溢出国家的限界，在全球流动中寻找着自己最有利的场所。由于劳动全球化和世界市场体系的形成和发展，民族的片面性和局限性日益成为不可能，一切国际的生产和消费都成为世界性的了，物质的生产是如此，精神的生产也是如此。劳动全球化不仅是人类社会发展的重要阶段，也是劳动者解放进程中的重要阶段，在此阶段，全世界劳动者联合起来进行争取自身解放的最后的斗争，将会变为现实并逐步展开。

坚持对外开放，积极发展国际劳动，全面融入世界劳动体系，是实现中国梦的唯一正确道路。过去30多年来，中国正是毫不动摇地坚持了这条道路，才取得了举世瞩目的奇迹。特别是中国在这一过程中所开创的中国特色社会主义道路，还为全世界劳动者的解放斗争，提供了切实的借鉴。这条道路核心是劳动为本，共同富裕。我想，在当今世界性的轻视劳动，投机赌博狂热，投机赌博取代劳动，贫富差别悬殊的"金钱就是一切"的时代里，"劳动为本，共同富裕"这一追求，不仅应当成为中国劳动者的追求和旗帜，而且应当成为全世界劳动者的追求和旗帜。

过去对国际经济问题的研究，基本上是局限在货币金融和商品交换领域，主要表现为国际贸易、国际金融、国际市场这三大块。在书店里的书架上，我们可以看到，有关国际贸易、国际金融、国际市场、国际经济学、国际政治经济学、国际关系学等国际经济方面的著作，琳琅满目，可唯独看不到一本关于专门论述国际劳动或劳动全球化的书。然而，国际劳动却是所有这些关系的基础。世界经济发展历史和现实，都告诉我们，没有对国际劳动的深入研究，这些研究将缺乏根基。尤其在充满金融危机、环境危机、政治动荡的当今世界，多么需要一部专门研究国际劳动、反映劳动者地位、利益和作用的著作啊！为了填补这一空白，本书作为开创性的尝试，从劳动创造古文明切入，围绕国际劳动的产生、发展和历史作用，国际劳动分工的历史演变和新特点，劳动全球化和全球劳动力市场体系形成，劳动全球化和劳动者的解放，劳动全球化与未来社会，虚拟资本的全球化和全球经济泡沫，投机、赌博取代劳动和全球金融危机，国际劳动与中国的复兴等问题，进行了初步的研究和阐述，以求能抛砖引玉。

劳动和劳动者是本书的主人公。劳动关系的前进和变革，推动着整个人类社会的前进和变革，是本书的灵魂。这本书的写作，不仅是智力的付出，同时也是感情的付出。每天清晨走在大街上，张目四处望去，那急匆匆的车水人群，东南西北，川流不息。其中有城市工人、有农民打工者，有管理者、有知识分子、有国家干部、也有科学工作者，有白领，也有蓝领，还有清洁工，他们虽然方向不同，身份不同，但他们的目标都是一个，奔向劳动，奔向历史的创造。也许只有此时此刻，人们才会真正感觉到生命的存在和生命的意义。

劳动是人类生存和发展的前提，是人类社会存在和发展的基础，因此也是政治经济学的基础。无论资产阶级的政治经济学，或马克思主义的政治经济学，都是建立在分析特定的劳动、劳动生产、劳动关系和劳动产品分配这个基础上的。亚当·斯密的《国富论》，马克思的《资本论》，都无不如此。亚当·斯密的《国富论》奠定了劳动价值论的基础，提出一切财富的本原都是劳动，商品的价值是由生产这种商品所耗费的劳动决定的，增加财富的重要条件是提高劳动生产率。不过，他虽然分析了使用价值和交换价值的区别，但没有认识到劳动和劳动力的区别，因而没有揭示出工人工资的本质，把使用价值和利润混为一谈，从而掩盖了资本家剥削工人劳动者的本质。而马克思在《资本论》这部旷世巨著里，正是从分析劳动入手，发现了劳动的二重性，发现了在商品意义上劳动和劳动力的区别，从而揭示出了剩余价值是如何创造出来的秘密，实现了政治经济学的伟大革命。

无论是春夏秋冬，无论走在什么地方，你都会看到劳动者进行艰苦劳动的情景。为了能够生活得更好，为了追逐伟大的梦想，他们不畏严寒，不怕酷暑，在冰天雪地里，在烈日炎炎下默默进行着艰苦、繁忙的劳动。他们有多辛苦、心灵有多美、精神有多伟大，也许那满天的星星可以告诉你。我敢说，每当看到劳动者劳动，看到那令人震撼的劳动场面，人们都会肃然起敬，都会强烈感觉到：应当为劳动歌唱，因为劳动是人类的生命；应当向劳动者致敬，因为劳动者是人类社会的太阳。人类社会只要还没有完全围绕着劳动者这个太阳旋转，那就不能消除黑暗。更值得我们讴歌和敬仰的是先进劳动或创新劳动，因为人类的发展和进步，始终是由先进劳动或创新劳动所引领的。

劳动不仅是财富的源泉，而且是人的本质和人生的根本价值。然而，自打人类进入到以私有制为基础的阶级社会后，人们却都如命似地酷爱财富，但却不喜欢劳动，劳动成为被迫、被厌恶的事情。原因何在？马克思回答了这个问题，那就是因为劳动的异化。由于劳动异化，本应自己享受的劳动成果，反而成为压迫剥削自己，使自己贫困的工具。异化劳动使劳动的本性发生了扭曲，也使人的本性发生了扭曲。马克思主义者为其奋斗的，就是消灭了私有制，消灭了劳动异化，使劳动者得到解放，使劳动的本性和人的本性得到复归。消除劳动异化，实现没有剥削，没有压迫，劳动不再是奴役的手段、而成为劳动者发展自己的手段的那样的社会，是全人类的梦想。

本书的重点，是国际劳动关系，包括国际劳资关系和国际劳动分工关系。而这两种关系，都通过跨国公司的全球性发展体现了出来，所以跨国公司也是本书研究的重要内容。在国际劳动分工的研究中，重点是研究国际劳动分工的新发展和新变化，国际劳动分工中的优势和利益分配，国际劳动分工结构的升级和国际劳动分工秩序的改革。特别是分析了发展中国家为改变自己在国际劳动分工中的不利地位，必须改变发展方式，必须进行产业结构调整和升级，必须在发展创新劳动、发展核心高端技术、发展教育方面狠下工夫。

基于当今的实践，本书用比较多的篇幅论述了虚拟资本和虚拟经济问题，阐述了虚拟资本和实体资本、虚拟经济和实体经济的本质和相互关系。特别是结合新的世界金融危机的实践，本书在阐述虚拟资本和虚拟经济时，花了比较大的篇幅阐述马克思关于投机、赌博取代劳动是资本主义金融特性的理论。分析和阐述了金融资本家在这种投机、赌博中所表现出来的自私、贪婪、欺诈和寄生的本性。以历史和实践中的大量事实阐明了，投机、赌博取代劳动，正是资本主义世界金融危机的根源和一切罪恶的渊薮。西方有学者把虚拟资本的收益称之为幻想的货币，把金融寡头们自私、贪婪、欺诈的本性，称之为"动物精神"。其实人的那种贪婪却是无度的贪婪，这种贪婪有着社会制度的根源。并从社会制度范畴，分析了资本主义金融危机更深层次的根源，以新的视角，分析了危机的救治与劳动者解放的关系。结合这次资本主义金融危机所引发的劳动者的罢工游行运动，分析了劳动者解放斗争的新阶段和道路的选择。

在国际劳动和中国复兴梦部分，则从理论和实践的结合中，阐明了以改革开放发展国际劳动为基本内容的中国特色社会主义道路，是中国复兴的康庄大道。实行对外开放，学习国外一切先进的东西，大胆引进国外的先进技术和设备，大力发展国际劳动，积极融入国际劳动分工体系，这是30多年来中国高速发展，不断取得奇迹的重要原因。在总结经验教训的基础上，从多个方面分析了实现中国梦所面临的严峻挑战，提出了应对这些挑战的具体对策。

在这一部分的论述中，还特别强调了，在这一发展过程中，作为中国的一大创造——农民工，是功不可没的。大量农民工进城务工，他们在为国家工业化作贡献的同时，也为家庭致富，这是中国在改革开放中创造的实现工业化的独特道路。以引进外资兴办大量工厂和大量基础设施建设工程，为农民工提供大量工作岗位。他们怀着脱贫致富的热情，到城市打工，这就满足了工业化所需要的大量劳动力。抛下老人和子女，到城市从事着最重、最脏、最苦而又是最伟大的劳动，忍受着最艰苦的生活条件，所得到的又是最微薄的工资和待遇，可农民工们却无怨无悔，始终在苦干着、实干着、坚持着。看看我国遍地那高楼大厦、密网式的公路、机场、码头和运往世界各地的商品，无论哪一项成就中，都能看到他们辛勤劳动的身影。我国之所以能成为"世界工厂"，能取得今天的成就，其中他们流了多少汗，付出了多少辛苦，贡献有多大，30年来他们为国家创造了多少财富，有谁能计算得清呢！

因为国际劳动是一个全新的研究领域，所以在本书的分析和论述中，不仅给国际劳动以明确的界定，而且提出不少新的概念。比如创新劳动、劳动全球化、劳动品质、有尊严劳动、国际劳动分工结构、抵押劳动消费等。更值得一提的是，本书的研究始终都坚持着以马克思主义为指导。有些理论，比如金融理论，甚至可以说是在新历史时代对马克思主义的解读。也就是说，本书对联系实际普及宣传马克思主义，推动马克思主义的发展和与时俱进，也有重要意义。

作者
2013年6月于北京

第一章

创新劳动与古代社会变革

劳动作为人类的本质，不仅是人类社会产生和发展的基础和动力，而且是人类自身产生和发展的基础和动力。由于人类发展中的一切财富、奇迹，都是劳动创造的，所以作为一个劳动者，应当永远感到骄傲和自豪；作为一个创新劳动者，更应当感到骄傲和自豪。现在，我国正实施着建设创新国家战略。2007年党的十七大报告中，阐明了这样的思想：提高自主创新能力，建设创新型国家，是国家发展战略的核心，是提高综合国力的关键。可想而知，建设创新型国家的基础，是创新劳动，或劳动创新。随着经济的发展，中国劳动力成本的上升不可逆转。在这种情况下，要增强国际竞争力靠什么，只有靠科技创新和劳动创新。不仅中国是这样，世界各国都无不如此。劳动创新不仅铸就着中国的未来，而且铸就着世界的未来。不间断的创新，应当是每个劳动者对自己的起码要求。

一 创新劳动和劳动关系的变化

这里说的创新劳动，当然包含有丰富的内涵。它不仅包括劳动工具、劳动工艺技术、劳动方式、劳动管理、劳动条件和劳动关系等方面的变革和创新，还包括各种科学技术和劳动知识方面的发明和创新。只要在这些方面有所发明、有所变革、有所创新，从而使劳动品质和效益有所提高，使劳动不断跃升到新层面和新高度的劳动，就是创新劳动。历史已经向我们证明了，促进劳动生产力飞跃、引领人类进步、铸就国际竞争力优势的，不是一般性的重复劳动，而是创新性的先进劳动。一般的重复劳动，只能维持人们生活和社会的现状，只有创新劳动才能带来发展和进步。对于有着保守和容易满足特点的中国劳动者来说，进行创新教育尤为重要。实现创新劳动的前提或基础，是科技创新和教育创新。所以要实现创新劳动，首先必须实现科技创新和教育创新。这就意味着，建设创新国家面临的一项重要任务，是建立包括科技创新和教育创新在内的科学的创新劳动机制和体系。为了能深刻认识这一点，这里似乎有必要回顾一下人类劳动产生和发展的历史。也许只有在具体的历史实践中，人们才能深刻认识到创新劳动的意义和价值。

创造劳动工具和人类的产生

人们都懂得，劳动作为人类自身力量作用于大自然的有目的的活动，它的起源与人的起源紧密相关。劳动作为维持人生存的手段和发展条件，在人类的产生和发展中，都有着决定性的作用，是人的本质的表现。人的产生和发展，人类社会和人类历史的产生和发展，都孕育在长期劳动创新的过程之中。因此，要研究人类、人类社会、人类历史的产生和发展，就必须从根说起，首先研究劳动的产生、本质和发展，研究劳动创新的过程，研究创新劳动在人类、人类社会发展中的地位和作用。

关于人和人类社会是如何产生的，至今仍有许多神奇的宗教传说，仍带有一些神秘色彩。不过，大多数人还是相信科学、相信唯物主义、相信唯物主义的解释的，即人是由猿进化而来的。只是在猿是如何具体进化成为人，具体进化过程是怎样的问题上，仍存在诸多争论。马克思主义者认为，猿进化成人的决定因素是劳动，是劳动创造了人，创造了人类社会和人类历史。不过，这里提醒的是，应当是创新劳动创造了人、人类社会和人类历史。

开天辟地，凡在大自然中的生命体，都会有谋生的手段和谋生的活动，这种作为维持自己生命、用自身力量作用于大自然的有目的的活动，也可以称作是一种劳动，不过这还不是真正意义上的人类有意识的劳动，只是一种原始、本能的劳动。正是有这种不停地谋生的活动或劳动，才能维持自己的生存、不断发展和由低级到高级的进化。应当强调的是，这种发展进化的每一次转折、每一次飞跃，都是由创造性的活动或劳动，或者都是由这种创新活动或劳动所引起、所决定的。任何生命体的生存、发展和进化过程都无不如此，发展进化成人之前的猿，当然也是这样。

科学的发现使人们不得不相信，人是由古代的一种动物猿，在长期的劳动发展中进化而来的，人是劳动创造的，而不是上帝制造的，人类真正的上帝是劳动。人们都知道变成人的那种猿，生活在很古很古以前的年代,究竟这个年代有多长,谁也无法确切知道。不过考古学家们通过考古发掘和科学推算,一般认为大约在400万年前,那种猿在长期生活活动或原始劳动活动发展进化过程中,发生了历史性的转折或飞跃,那就是会创造和使用劳动工具,从此猿也就转化成了人。

什么叫人的劳动?劳动的本质是什么?劳动怎样创造了人?人类劳动同转化为人之前的猿及其他动物的谋生活动有什么本质上的不同?劳动是如何发展的?它带来了什么样的结果等这一系列问题,恩格斯在《劳动在从猿到人转变中的作用》一文中,都作了很经典的阐述。文中恩格斯提出和阐明了这样的思想:在几十万年前,地球上有一种智力和对大自然的适应能力都高于其他动物和其他猿的类人猿,也就是人类的祖先,他们有自己本能的觅食方式和谋生活动,有为获得食物和生存领地的争斗,但这一切还不是真正的劳动,真正的劳动是从制造工具开始的。

恩格斯在这里提出和阐明了一个根本问题,就是从谋生活动到真正劳动的过渡点或分界线问题,这也是从猿过渡到人的过渡点和分界线问题。从恩格斯阐述的思想中,我们能够领悟到,猿的谋生活动之所以转化为真正的劳动,或者说人的劳动同猿的谋生活动的根本区别,就是制造工具;同样,人之所以成为人,人和猿的区别,也应该以能制造工具为分界。也就是说,从起源上讲,劳动的产生和人的产生有着共同的根源,那就是制造工具。制造工具,是从本能性的谋生活动过渡到真正劳动、从猿过渡到人的过渡点或分界线,是劳动产生和人产生的真正源头。第一次制造劳动工具的劳动,当然属于创新劳动。

学会制造工具和使用自己制造的工具,当然是个很长的历史发展过程。虽然无法知道究竟有多长,不过有一点可以肯定,那就是人最初制造的工具是石器。人们按照对劳动工具不断创新和改造,把早期从制造出第一个石器开始,由简单到复杂,把它分为旧石器时代、中石器时代和新石器时代。正是在制造工具的长期活动中,在对劳动工具的不断革新的长期实践中,猿才进化到人,或者说人才脱离了动物界,成为与其他动物不同的人。不过最初的人,或者刚会制造工具的人,还没有完全脱离猿,所以叫猿人,或者叫原始人。从猿人发展为真正的现代的人,同样经历了很长很长的历史时期,而且这种发展过程,始终是和劳动工具创新和发展的过程相适应的。

可见,人是在不断创造劳动工具、实现创新劳动中,实现了人自身的发展与劳动发展的辩证统一：劳动的发展带动了人的发展，而人的发展又促进了劳动的进一步发展，促进了创造性劳动的产生。比如晚期智人时代，人不仅能制造各种比较精美、有多种用途的石器，而且学会了制造骨器和角器，比如用骨或角制成的骨针、鱼钩、鱼叉、投矛；用在木棒上装上石器做成的石斧、矛头等武器等。这种创造性的劳动或技术性的劳动，都是人类智力发展的体现，也是劳动力发展的体现，是劳动生产率提高的体现。

人们应当记住的不光是人是劳动创造的，不是上帝创造的；而且应当记住从谋生、维持生命、维持生存到发展这个意义上，既可以说劳动创造了人，也可以说人之所以成为人，是因为学会了制造工具，学会了创造性的劳动。而且由于劳动作为人利用劳动工具作用于大自然的有目的的活动，劳动当然也始终包含着大自然。大自然为劳动提供了物质资料，而劳动把这些资料转变为生活资料，转变为财富。而且，制造工具本身，作为人的劳动，是一种创造性的活动，正是从制造工具或者从这种创造性劳动对猿到人发展进化的决定性作用的意义上，恩格斯提出了劳动创造了人本身的命题。

事实上，劳动在创造了人的同时，也创造了人类历史。因为人类历史的第一个前提，或第一个需要确定的事实，是有生命的人的存在，以及由于生命的需要所发生的人与自然界的关系，即从事生产活动。人类开始使用劳动工具进行生产活动的时候，就是人类自己与其他动物相区别的时候。人们在生产他们所需要的生活资料的同时，也就生产着他们的物质生活本身，就开始创造着人类历史。

这里之所以特别强调人类历史产生的首要前提是人类首先能够生活，能够进行维持自己生活的物质生产活动，目的在于提醒人们在任何时候都不能忘记，人们进行劳动是为了提高和改善生活。无论是人的发展或人类社会发展中，生产满足自己生活需要的物质资料，永远是第一位的。人们自己创造自己的历史，具体体现就是人们为维持自身生活的生产劳动创造历史。但是到现在为止，他们并不是按照共同的意志，根据一个共同的计划，甚至不是在某个特定的局限的社会内来创造这个历史。他们的意向是相互交错着的，因此在所有这样的社会里，都是那种以偶然性为其补充和表现形式的必然性占统治地位。在这里透过各种偶然性来为自己开辟道路的必然性，归根到底仍然是经济的必然性。

毋庸置疑，历史从来就有权而且将来也永远有权安排单个人的生活、幸福和自由，因为历史是全人类的事，体现着全人类的生命，所以它本身是起主宰作用的。谁都不能对抗历史，因为历史是绝对权力。谁也不能抱怨历史，因为历史既然这样安排了他，自然就会给予他享受到生活的乐趣和参与人类的发展的权利。不过应当记住的是，历史总是从许多单个的意志的相互冲突中产生出来的，而其中每一个意志又是由于许多特殊的生活条件，才成为它所成为的那样。以往的历史总是像一种自然过程一样地进行，而且实质上也是服从于同一运动规律的。历史上的许多偶然现象，许多伟大人物的出现，尽管可以使历史的发展出现许多曲折，但它都不能改变历史，不能改变历史自身发展的规律。

向劳动祈福和向剥削诅咒

　　自人类产生之后，劳动，便成为人类生存和发展的基础，成为人类社会生存和发展的基础，成为人的本质。回顾人类历史，放眼当今世界，都会得出这样的结论：因为一切财富都是劳动创造的，所以世界到处闪耀着劳动和劳动者的光辉。又因为能使财富成倍增加的，都是由劳动者的辛勤创新劳动创造，所以那些快速聚集的财富，更闪耀着创新劳动和创新劳动者的光辉。劳动和劳动者用事实告诉人们，历史发展的真正动力，并为那些历代英雄们发挥英才、展现伟大英雄事迹搭建舞台的，是劳动者，是劳动者的劳动；无论从人类进步或财富的创造看，劳动者都是光荣伟大的，劳动者的创新劳动更是光荣伟大的。无论用什么语言来讴歌劳动，讴歌劳动者，特别是讴歌那些两脚泥巴、满身臭汗的体力劳动者，讴歌那些呕心沥血为人类创造出巨大精神、科技和物质财富的脑力劳动者，都不会过分。

　　然而，直到资本主义社会，能够被记载下来的历史，却都是统治者的历史，都是那些帝王将相、那些拥有财富和权势者的历史，都是那些似乎能扭转乾坤的大英雄们的历史。被讴歌的都是他们。不过幸哉，19世纪世界上出现了个马克思，出现了马克思主义，出现了共产党，从此劳动者也走上历史舞台。马克思主义者、共产党人，是广大劳动者的大救星，他们创立了辩证唯物史观，揭示了历史的本来面目和劳动者的真实作用和地位。他们专门为劳动者撑腰做主，为劳动者的解放和人类的解放而奋斗，他们的理论是专门讴歌劳动者的。在他们的眼里，劳动者才是真正的上帝、真正的英雄。

任何事物的发展都是辩证的。劳动的发展与社会的发展更是这样。劳动是人类社会发展的基础和根本动力，而社会的发展反过来，又促进了劳动自身的发展。依据至今劳动发展的进程，人们按照人类发展所经历的社会形态，一般都把它分为五个大的历史阶段或五种劳动形式。这就是：原始社会的共同劳动，奴隶社会的奴隶劳动，封建社会的个体劳动，资本主义社会的雇佣劳动，社会主义的联合劳动。无论哪种劳动形式，其目的都是创造物质财富，只是由于劳动关系的不同，创造财富的规模和效率不同而已。而且在创造物质财富的同时，还创造了巨大的精神财富，这两种财富的创造同人类自身的发展，其实是寓于同一过程之中。

这里要特别强调的是，劳动的无限创造性，劳动的无限创造潜力，都蕴含在劳动的不断创新和变革中。尤其以劳动工具的变革和劳动方式的变革为最具代表性。从奴隶社会到资本主义社会，带来财富巨大增加的，带来社会制度巨大变革和不断演变的，都是由于这种变革。而且从奴隶制度开始，划分人类社会进步阶段的，往往也以劳动工具的发展进步为依据。比如旧石器时期、新石器时期、青铜器时期、铁器时期、手工业时期、机器大工业时期、蒸汽时代、电器时代、信息时代、网络时代、知识经济时代，等等。这些不同的时代，都体现着劳动创新发展的不同水平，体现着劳动创造财富力度的不同水平，体现着劳动生产率增长的不同水平，体现着人类物质文明和精神文明发展的不同水平。

劳动的伟大，首先表现在它在人的起源和发展中的威力上。正是经过数十万年的劳动过程，通过在这个过程的不断创造，才完成了从猿转变到人的革命，完成了从猿转变到人的具有决定性的一步，直立行走；使猿的前肢成为人的重要的劳动器官，人的手；产生了人们相互交流的工具，语言；不仅促进了人的机体发展，而且促进了思维和大脑的不断发育，使猿的大脑逐渐变成了人的大脑；脑髓的不断发展使各种感觉器官、意识、抽象能力和推理能力都不断发展了起来。这些器官的发育和思维能力的不断提高，使人制造劳动工具的能力不断发展和提高，进行创造性劳动的能力也不断提高，大自然中有利于人的生存、能为人类服务和利用的发现也越来越多，从而适应、支配和改造大自然的能力也不断提高。当今人类所具有的利用大自然、改造大自然和支配大自然的巨大能力，人类财富的巨大积累，人间奇迹的不断出现，都是劳动的力量和劳动力量的积累。劳动的伟大，劳动的神圣，劳动对人类的意义，世间无词能够确切、充分予以表达。

人们之所以能进行创新劳动，原因就在于在劳动过程中思维和大脑的不断发育。人类劳动与动物本能性的谋生活动的区别，不仅在于制造工具和使用工具，而且在于它是有意识、有目的、有计划的改造自然的活动。马克思曾经拿人和蜘蛛、蜜蜂作比较，来说明人类劳动的这种特点。他认为，蜘蛛的活动和织工的活动相似，蜜蜂建造蜂房的本领使人间的许多建筑师感到惭愧。但是，最蹩脚的建筑师从一开始就比最灵巧的蜜蜂高明的地方，是他在用蜂蜡建造蜂房以前，已经在自己的头脑中把它建成了。他不仅使自然物发生形式的变化，同时还在自然物中实现自己的目的。人的这种意识活动能力是从动物的较低级的反应能力发展而来的，人类的劳动也是从动物本能的基础上发展而来的。动物的谋生活动，仅仅利用外部自然界，单纯地以自己的存在来使自然界改变；而人的劳动则通过他作为的改变来使自然界为自己的目的服务，来支配自然界。这便是人同其他动物的最后的本质的区别，而造成这一区别的还是劳动。

世界上的任何群体动物，都有自己相对独立、固定的群体。猿类也是如此。这是其谋生的需要，是生存竞争的产物。而自猿进化成为人类之后，就把人的这种群体总称为社会，把这种群体活动也称为社会活动，把人们之间的关系称为社会关系。可见，人类社会的起源与劳动的起源、人类的起源是密切相关的，或者说创造劳动是人和人类社会产生的同一个源头，劳动创造了人，也就创造了人类社会。随着人类社会的发展，劳动的性质、方式，也同时在不断发展着、变化着，但创新劳动对人类生存和发展的作用和意义，永远依旧。

我们所说的劳动，自然都是指生产劳动；我们所说的生产，自然都是指劳动生产。既然劳动是人的本质，是人之所以为人的缘由和特征，那么人生的根本价值，自然就是劳动了。人之所以能够生存，能够创造世间一切美好、一切奇迹，原因就在于他能实现自己的本质，即实现自己的价值——劳动。世间的一切美好，一切奇迹，一切财富，都是在不停的劳动中创造出来的。正因为如此，自古至今，人们都把劳动作为人的最高美德。

劳动作为人类生存和发展的基本条件，人的生命过程，就是劳动过程，就是在劳动过程中获得生活资料和消费这些资料的过程。离开了劳动，生活无以为继，生命也就终止。所以任何人都应当向劳动祈福、祈富，只有辛勤劳动才能创造出财富，才能给人幸福。然而，随着私有制和阶级的产生，就产生了统治阶级压迫、剥削劳动者的制度，一切统治阶级的财富，都是靠无偿占有劳动者的劳动而积累起来的，他们都好逸恶劳。而劳动者都应当以辛勤劳动为荣、以好逸恶劳为耻，向剥削也就是无偿占有别人劳动的行为诅咒。

马克思主义者的最终目的，就是要消灭无偿占有别人劳动的制度，实现自由的联合劳动。做一个自食其力的劳动者，这是做人的起码条件。然而，由于人类是一个区别于其他动物的群体，崇尚感情、爱心和高尚道德，所以人们都不愿意以这种起码条件为满足，都愿意做一个高尚的人，共产党人更是如此。什么是高尚的人？在马克思看来，高尚的人的基本条件是，不仅为自己而劳动，而且还为他人而劳动，为了整个社会、整个人类而劳动。一个人，只有既为自己而劳动，又为人类的幸福、完美而劳动，才能达到自身的完美，才是一个高尚的人。

人都是在社会中，在一定社会关系中生活和劳动的。要进行劳动首先得结成一定的劳动关系。劳动关系作为劳动生产关系，是人类社会的基础，是最基本的社会关系。人类的社会性说到底是人类劳动的社会性，所以人类社会的发展，就是人类劳动和劳动关系的发展。劳动是人类社会存在、发展的决定性因素，由劳动者的劳动能力所构成劳动生产力，是人类社会发展的根本动力。一个不热爱劳动、不尊重劳动者的人，是一个失去人的灵魂、失去人的本性、失去生命的人；一个不尊重劳动、不能解放和高度发展人的劳动能力和劳动关系的社会，或者阻碍劳动生产力发展的社会，是没有前途、没有希望、必将走向灭亡的社会。

劳动和劳动者，是密不可分的。没有不属于劳动者的劳动，也没有不进行劳动的劳动者。创新劳动首先要有创新的劳动者。世界一切财富和奇迹，都是劳动者创造的，世界上所有的人，都应当向劳动者致敬。也正是基于劳动者的伟大，自古至今，即使剥削者，也要千方百计把自己说成或伪装成劳动者。不过，按照马克思的理论，界定劳动者或剥削者，不是看其社会地位和从事的职业，也不是看其占有财富的多寡，而是有一个最根本的界限，那就是看是否无偿占有别人的劳动。只要是用自己创造性的劳动积累起来的财富，占有的财富再多，也不是剥削者；虽然占有的财富不怎么多，但那不是或大部分不是自己的劳动所得，而是无偿占有别人的劳动，那也是剥削者。

先进劳动的发展和劳动关系的变革

从历史的角度看，劳动关系的变革，社会制度的更迭，没有一次不是由于劳动创新所引起。劳动关系，是人类社会最基础和最重要的关系。在劳动的发展进程中，基于劳动条件和劳动方式的不同，就存在着一般的重复性劳动和创新先进劳动之分。决定这种区别的，主要有两个方面：一是由劳动条件所决定的劳动品质的先进和落后，主要包括劳动环境品质、劳动资料品质、劳动力品质、劳动组织形式品质、劳动技术和工艺品质，以及由这些所决定的劳动生产力和劳动成果品质等；二是由社会发展所决定的劳动方式的先进和落后，主要包括劳动者与劳动资料的关系，劳动过程中人与人的关系，劳动与国家的关系等。创新劳动或先进劳动，是个相对的、时代的和不断发展变化的概念。回顾人类发展历史，有一条最基本的规律，那就是人类社会的进步和发展，始终是由创新的先进劳动所引领的。

人类历史从来就是人类劳动生活的历史，是人类不断增长知识、改进劳动工具和进行创新劳动的历史，是由劳动知识、劳动工具、劳动力所组成的劳动生产力发展的历史，是人类劳动关系不断变革的历史。人类社会发展的动力和载体，就是劳动生产力以及由其所决定的劳动生产关系。一旦一种劳动生产关系，即劳动生产力发展的社会条件或社会属性，不再能容纳劳动生产力的发展的时候，这种劳动生产关系，以及以这种劳动生产关系为基础的整个社会形态，就将灭亡，就将被一种新的先进的劳动生产关系所代替，历史就将进入一个新的历史阶段。历史上原始社会到奴隶社会的转变、奴隶社会到封建社会的转变、封建社会到资本主义社会的转变，无一不是由先进劳动所引领的。人类历史发展的不同阶段、不同时代，都是由劳动生产力的发展而决定的。所以马克思得出结论，应当从经济关系，即劳动生产力和劳动生产关系及其发展中来理解政治和历史，而不是相反。这里我们应当补充说，应当从创新劳动的发展中去理解政治和历史。先有劳动的变革、劳动的创新，然后才有劳动生产力的提高，才有劳动生产关系的变革和创新，才有社会制度的变革和创新。

正因为人和人在生产过程中所形成的劳动力是构成生产力的基本的、主要的要素，所以劳动力发展又决定着生产力的发展。要实现劳动创新，前提是先实现劳动力的创新。而劳动力，即生产者的生产能力，不仅包括劳动者的体力，而且还包括劳动者的技术、科学知识、积极性、创造性等，所有这些，都是人类历史产生和发展的原动力。生产力的发展，核心是劳动力的发展，这正是劳动者创造历史内在含义。而劳动力发展的关键，不仅在于体力的增强，而更在于科学知识以及在科学知识带动下技术的积累和提高。因此，劳动力发展的决定性因素，又在于科学技术知识的发展。历史的逻辑是，劳动者在劳动实践中不断创造着科学、更新着技术，并用这些科学技术更新着自身、发展着自身，更新、改变着生产工具，从而发展着生产力、发展着历史。这也正是科学技术是第一生产力的内在含义。

自阶级社会产生以来，无偿占有别人劳动，一直就是劳动关系中的毒瘤。由于它制约着创新劳动的发展，所以随着其不断恶性发展，必然带来劳动关系的不断变化。在剖析资本主义社会本质时，马克思阐述了在资本主义制度下什么是无偿占有别人的劳动和怎样无偿占有别人的劳动。在劳动力市场上，资本家付工资购买的不是劳动者的劳动，而是劳动力。这种劳力在使用过程中，也就是实际劳动过程中所创造出来的价值，要大大高于资本家付给工人的工资，即使扣去包括工资在内的各项成本和应上交给国家的税收，也还有剩余。马克思把这部分剩余叫剩余价值或剩余劳动。资本家占有这种剩余价值，就是无偿占有别人的劳动。当然，在实际中，由于资本家，特别是产业资本家，在具体的生产过程中，也许自己也会有贡献，也会有自己的劳动，如何计算这部分劳动，应当如何在剩余价值中作扣除，也就是应当如何计算无偿占有别人的劳动量，则是一个很复杂的问题。

马克思在中学时代，就提出了这样的思想："在选择职业时，我们应该遵循的主要指针是人类的幸福和我们自身的完美。不应该认为，这两种利益会彼此敌对、互相冲突，一种利益必定消灭另一种利益；相反，人的本性是这样的：人只有为同时代人的完美、为他们的幸福而工作，自己才能达到完美。如果一个人只为自己劳动，他也许能够成为著名的学者、伟大的哲人、卓越的诗人，然而他永远不能成为完美的、真正伟大的人物。"[①] "如果我们选择了最能为人类而工作的职业，那么，重担就不能把

---

① 《马克思恩格斯全集》第 1 卷，人民出版社 1995 年版，第 459 页。

我们压倒，因为这是为大家做出的牺牲；那时我们享受的就不是可怜的、有限的、自私的乐趣，我们的幸福将属于千百万人，我们的事业将悄然无声地存在下去，但它会永远发挥作用，面对我们的骨灰，高尚的人们将洒下热泪。"①

马克思特别强调，能给人以尊严的劳动，是独立进行创造性的劳动。他指出："能给人以尊严的只有这样的职业，在从事这种职业时我们不是作为奴隶般的工具，而是在自己的领域内独立地进行创造；这种职业不需要有不体面的行动（哪怕只是表面上不体面的行动），甚至最优秀的人物也会怀着崇高的自豪感去从事它。"② 一般劳动，只能维持人的生存，只有创造性的劳动，才能促进人类的发展。在1999年第87届国际劳工大会上，当时国际劳工局局长胡安·索马维亚还把体面劳动作为口号提出来。

马克思不仅从青年时代就树立了劳动创造人类、创造社会的世界观，树立了劳动是人的本质、劳动高尚、立志做一个创造性劳动者的人生观，而且身体力行，为我们作出了榜样，是我们的楷模。马克思的一生，是为了全人类的解放事业，即共产主义事业奋斗的一生，无论遇到何种艰难困苦，他都毫不动摇。比如在那亡命的日子里，马克思虽然忍受着警察的侮辱、生活上的极端窘迫，但他为劳动者解放事业而奋斗的精神和意志，不仅丝毫没有减弱，反而更加坚强；被压迫、被剥削的劳动人民的立场丝毫没有动摇，反而更加坚定。正是在这样艰苦的日子里，他通过演说和撰文向工人宣传资本主义自由贸易的本质，揭露雇佣劳动和资本的本质，指出资本不仅是积累起来的劳动，而且是在雇佣劳动，即工人被剥削存在的条件下积累起来的劳动，是资本主义社会的生产关系。无产阶级的解放，广大劳动者的解放，必须消灭这种以对工人剥削和压迫为存在条件的生产关系，实现共产主义社会。

驯养劳动和家庭革命

创新劳动之所以能创造世界，是因为它具有引起社会不断革命的本能。创新劳动以及劳动生产力进步所引起的第一次大革命，是家庭夫权对女权的革命，也称为家庭革命。从人类脱离动物界进入蒙昧时代开始，到

---

① 《马克思恩格斯全集》第1卷，人民出版社1995年版，第459页。
② 同上书，第458页。

私有制、阶级产生后的奴隶社会为止这一时期，为原始共产主义社会时期。这一时期的劳动种类，开始主要是狩猎，后来又有家畜驯养、畜群繁殖和农业。此时期，由于劳动不发展，所以劳动方式、社会制度都受到血缘关系的支配。如恩格斯所说的："劳动越不发展，劳动产品的数量、从而社会的财富越受限制，社会制度就越在较大程度上受血族关系的支配。"① 那时的劳动，基本上是血缘关系组成的部落为单位的集体劳动。劳动的成果，也由集体分配和共同享用。

后来在部落基础上发展起来的氏族公社，作为社会的基本单位，共同占有和使用简单的生产资料，共同劳动，共同享受劳动成果，共同参与氏族事务，是一个没有私有制、没有剥削的原始共产主义社会。恩格斯说："不容置疑，凡近亲繁殖因这一进步而受到限制的部落，其发展一定要比那些依然把兄弟姊妹婚姻当作惯例和规定的部落更加迅速，更加完全。这一进步的影响有多么大，可以由氏族的建立来做证明，氏族就是由这一进步直接引起的，而且远远超出了最初的目的，它构成地球上即使不是所有的也是大多数野蛮民族的社会制度的基础。"② 在氏族内，作为基本劳动单位的仍然是血缘家庭，是原始共产制的共同的家户经济。

劳动生产力的发展，人们思维和智力的发展，不仅发现了新的劳动，也改变了财富的来源，改变了劳动方式。狩猎，是传统的劳动。在长期的狩猎劳动中，摸索出了一种新的劳动，即驯养劳动。家畜的驯养和畜群的繁殖，是一种创新劳动，它开发出前所未有的财富来源，对畜群的私有制发展起来了。家畜的驯养和畜群的繁殖，不仅开发出前所未有的财富的来源，也创造了全新的社会关系。比如在对偶制家庭发展为专偶制家庭时，就需要社会力量的作用。最初，由于天天都要重新获得食物，所以直到野蛮时代低级阶段，固定的财富差不多只限于住房、衣服、粗糙的装饰品，以及获得食物和制作食物的工具，如小船、武器、最简单的家庭用具等。后来，日益前进的游牧民族——住在印度五河地区和恒河地区，以及当时水草更丰茂的奥克苏斯河和药杀水草原的雅利安人，住在幼发拉底河和底格里斯河流域的闪米特人——已经有了马、骆驼、驴、牛、绵羊、山羊和猪等畜群，这些财产，只需加以看管和最简单的照顾，就可以越来越多地

---

① 《马克思恩格斯选集》第4卷，人民出版社1995年版，第2页。
② 同上书，第35页。

繁殖起来，供给非常充裕的乳肉食物。以前一切获取食物的方法，现在都退居次要地位了；打猎在从前曾是必需的，如今也成了一种奢侈。但是，这种新的财富归谁所有呢？最初无疑是归氏族所有。然而，对畜群的私有制，一定是很早就已经发展起来了。

历史上原始家庭的发展，基本上是围绕着不断缩小两性婚姻的范围展开的。不过初期的对偶家庭还不能使共产制家户经济解体。因为这种对偶制家庭，本身还很脆弱，还很不稳定，不能使人需要有或者只是希望有自己的家户经济。共产制家户经济意味着妇女在家内的统治。据历史学家们考证，大约在300万年前，人类使用简单的石器和棍棒，成群而居，到处游荡，过着原始的采集和渔猎生活。经过漫长的岁月，人类在生活的实践中，学会了驯养和种植，有了原始的畜牧业和农业，出现了相应的部落及相应的社会组织氏族公社。在氏族公社中，族长开始一般都由妇女担任，而且由氏族议事会选举产生。如果族长不称职，氏族议事会有权将她撤换。在氏族公社中，一切重要事务，都由氏族议事会讨论决定。氏族的每个成年男女都享有平等的选举权。这种氏族公社作为社会的基本细胞，在族长的领导下，共同占有和使用简单的生产资料，共同劳动，平等享受和消费劳动成果，平等参与氏族事务，和谐生活，是一个没有私有的原始社会，也被称为原始共产主义社会。

随着劳动生产力的发展，由于劳动规模不断扩大的需要，在氏族组织基础上行成了部落。各部落内部和部落与部落之间，自然会有各种矛盾的产生。部落内部的矛盾，可由氏族首领们协商解决，而部落与部落之间的矛盾，有时常常涉及到部落的生存，比如为了掠夺别人的或保护自己开垦的农业、饲养的畜群、狩猎的山林、居住的领地，等等，不可避免地会发生暴力冲突和战争。这里我们要说的是，这些战争本身不仅是劳动生产力发展的结果，而且它反过来又是创造性劳动发展的促进因素，比如用石材、木棒、骨材等制作武器的劳动。

在以血族关系为基础的这种社会结构中，劳动生产力日益发展起来。与此同时，私有制和交换、财产差别、使用他人劳动力的可能性，从而阶级对立的基础等新的社会成分，也日益发展起来。这些新的社会成分在几个世代中竭力使旧的社会制度适应新的条件，直到两者的不相容性最后导致一个彻底的变革为止。以血族团体为基础的旧社会，由于新形成的各社会阶级的冲突而被炸毁，代之而起的是组成为国家的新社会，国家的基层单位已经不是血族团体，而是地区团体了。在这种社会中，家庭制度完全受所有制的支配，阶级对立和阶级斗争从此自由开展起来，这种阶级对立和阶级斗争构成了直到今日的全部成文史的内容。

新的劳动和新的财富来源的发现所引起的废除母权制，是人类历史上第一次社会关系的变革，或者说是第一次最深刻的革命。在整个蒙昧时期，甚至在野蛮时代低级阶段、中级阶段、部分地还有处于高级阶段，妇女不仅居于自由的地位，而且居于受到高度尊敬的地位。在共产制家户经济中，大多数或全体妇女都属于同一氏族，而男子则来自不同的氏族，这种共产制家户经济是原始时代普遍流行的妇女占统治地位的客观基础。随着财富的增加，财富一方面使丈夫在家庭中占据比妻子更重要的地位，另一方面，又产生了利用这个增强了的地位来废除传统的继承制度使之有利于子女的原动力。但是，当世系还是按母权制来确定的时候，这是不可能的。因此，必须废除母权制。废除母权制，这并不像我们现在所想象的那样困难，因为这一革命——人类所经历过的最深刻的革命之一，并不需要侵害到任何一个活着的氏族成员。氏族的全体成员都仍然能够和以前一样。只要有一个简单的决定，规定以后氏族男性成员的子女应该留在本氏族内，而女性成员的子女应该离开本氏族，转到他们父亲的氏族中去就行了。如恩格斯所说，这一革命在文化民族中是怎样和在何时发生的，我们毫无所知。它是完全属于史前时代的事。不过这一革命确实发生过。

母权制的被推翻，女性变成丈夫淫欲的奴隶，这是女性的具有世界历史意义的失败。恩格斯在阐述母权制被废除的历史意义时，曾这样写道："母权制的被推翻，乃是女性的具有世界历史意义的失败。丈夫在家中也掌握了权柄，而妻子则被贬低，被奴役，变成丈夫淫欲的奴隶，变成单纯的生孩子的工具了。妇女的这种被贬低了的地位，在英雄时代，尤其是古典时代的希腊人中间，表现得特别露骨，虽然它逐渐被粉饰伪装起来，有些地方还披上了较温和的外衣，但是丝毫也没有消除。"①

当然，这次革命之后，创新劳动和生产力发展所引起的社会革命还数不胜数。但比较大的，涉及社会制度变革的革命，已经发生过四次。一次是奴隶制度对原始公社制度的革命，一次是封建制度对奴隶制度的革命，一次是资本主义制度对封建制度的革命，还有一次是社会主义制度对资本

---

① 《马克思恩格斯选集》第4卷，人民出版社1995年版，第54页。

主义制度的革命。这四次革命，也创造出了四种不同的劳动关系和劳动方式。每次新的劳动关系和劳动方式建立，都为新一个层次的创新劳动发展，开辟了条件和环境。值得注意的是，这四次革命，也是对劳动者四次程度不同的解放。跟随每一次革命，劳动者解放程度都提高一步。

二 奴隶群体劳动和古文明的创造

奴隶劳动，除了家庭奴隶之外，一般都是群体劳动。而无论家庭劳动或群体劳动，都是一种劳动者没有任何人身自由的、在皮鞭下的极残酷的劳动形式。在这种劳动形式下，劳动者——奴隶，无论是从战争中被俘而来，或是奴隶主从市场上购买而来，他们都像会干活的牲畜一样，只能在奴隶主的皮鞭抽打下，甚至被带着镣铐，在家庭、农田、手工业作坊、矿山等，进行极其艰苦的劳动，创造着供奴隶主享受的财富，而自己却吃不饱、穿不暖，忍受着各种肉体上和精神上的折磨，过着地狱般的生活，没有任何人身自由。有的奴隶还被训练成角斗士，进行相互格斗、残杀或与猛兽搏斗，以供奴隶主取乐。然而，正是他们的辛勤劳动，创造出了人类的古代文明，造就了古埃及、古希腊和罗马帝国的辉煌。

新产业劳动的出现和第一次社会大分裂

历史已经证明，创新劳动和这种劳动所带来的劳动生产力的提高，总是旧社会制度瓦解和新社会制度产生的决定性力量。而且社会的进步和社会的合理性总是在相伴中并行发展着。恩格斯曾用下面的一段话，赞颂质朴的氏族制度是美妙制度："而这种十分单纯质朴的氏族制度是一种多么美妙的制度呵！没有大兵、宪兵和警察，没有贵族、国王、总督、地方官和法官，没有监狱，没有诉讼，而一切都是有条有理的。一切争端和纠纷，都由当事人的全体即氏族或部落来解决，或者由各个氏族相互解决；血族复仇仅仅当作一种极端的、很少应用的威胁手段；我们今日的死刑，只是这种复仇的文明形式，而带有文明的一切好处与弊害。虽然当时的公共事务比今日多得多，——家户经济是由一组家庭按照共产制共同经营的，土地是全部落的财产，仅有小小的园圃归家户经济暂时使用，——可是，丝毫没有今日这样臃肿复杂的管理机关。一切问题，都由当事人自己解决，在大多数情况下，历来的习俗就把一切调整好了。不会有贫穷困苦的人，因为共产制的家户经济和氏族都知道它们对于老年人、病人和战争残废者所负的义务。大家都是平等、自由的，包括妇女在内。他们还不曾有奴隶；奴役异族部落的事情，照例也是没有的。当易洛魁人在征服伊利部落和"中立民族"的时候，他们曾建议这两个部落作为完全的平等的成员加入他们的联盟；只是在被征服者拒绝了这个建议之后，才被驱逐出自己所居住的地区。凡与未被腐蚀的印第安人接触过的白种人，都称赞这种野蛮人的自尊心、公正、刚强和勇敢，这些称赞证明了，这样的社会能够产生怎样的男子，怎样的妇女。"①

然而，劳动创造了历史，而历史却是无情的。这种美妙的社会制度，却是劳动不发展、劳动生产力低下的产物。随着创造性劳动的发展，以及这种发展所决定的劳动生产力的提高，必然促使其瓦解。首先是由此引起了劳动结构的变化。比如：畜牧业、农业、家庭手工业的不断发展和扩大，不仅使人的劳动力能够生产出超过维持劳动力所必需的产品，而且引起了社会劳动分工的发展。人类最初的分工，是家庭男人和女人的分工。男人主要从事狩猎，女人主要从事采集和养殖。此后，由于养殖业这一开创性劳动领域的发展，游牧部落从其他部落分离出来，成为一种新的劳动领域，这是人类社会所发生的第一次社会大分工。这次大分工不仅使游牧部落劳动生产的生活资料，比其他的部落多，而且内容也更加丰富。比如能得到更多更好的乳类和乳类制品、更多的皮毛和毛织品，而且使加工制造这些制品的技术大大提高，出现了更多的制造武器和各式工具的作坊。

更重要的是，这次社会大分工的重要意义，不仅在于使部落间的产品交换，即部际劳动，成为必然，并为这种交换以及它作为经常性的制度发展和巩固起来，奠定了基础和提供了条件，而且还有了初始的货币。在此之前，部落间也有交换，那只是通过各自的氏族酋长进行的，而之后的交换则是包括氏族成员之间的个人交换。为这种个人交换以及它作为一种经常性的制度来发展和巩固奠定基础和提供条件的，正是畜牧业的发展和这次社会大分工。更重要的是，由于当时交换的主要产品是牲畜，所以使牲畜自然成为其他产品交换的中介，取得了货币的职能，起到货币的作用。这里我们看到，"在商品交换刚刚产生的时候，对货币商品的需求，就以

---

① 《马克思恩格斯选集》第 4 卷，人民出版社 1995 年版，第 95 页。

这样的必然性和速度发展起来"①。

随着劳动技能的提高，这次大分工之后，又出现了农业和家庭手工业的发展。而畜牧业、农业、家庭手工业的不断发展和扩大，大大增加了氏族、家庭公社或个体家庭的每个成员所担负的每日的劳动量。基于对生活资料和劳动生产力发展的需要，吸收新的劳动力，获得更多的生活用品，成为人们向往的事情了。而部落之间的战争，不仅提供了新的财富，而且提供了新的劳动力，俘虏变成了奴隶。第一次社会大分工，在使劳动生产率提高，从而使财富增加并且使生产领域扩大的同时，在既定的总的历史条件下，必然地带来了奴隶制。从第一次社会大分工中，也就产生出了具有巨大意义和影响的第一次社会大分裂，分裂为两个阶级：主人和奴隶、剥削者和被剥削者。也就是说，私有制、阶级的产生，完全是劳动生产力不断发展的结果。是由于劳动生产力的发展，生产产品的增加，才有了剩余产品，有了私有制产生的基础。

人类历史进步的先驱，历史发展的开拓者，总是属于那些率先进行创新劳动，从而劳动生产力较高的人群。大约在公元前4000年的时候，劳动生产力较高的氏族，劳动生产力的发展已经达到了这样的程度：人的劳动力所能生产的东西超过了单纯维持劳动力需要的数量，维持更多劳动力的资料已经具备，使用这些劳动力的资料也已经具备了，从而就使劳动力获得到了某种价值。但氏族公社本身却不能提供这些多余的可供支配的劳动力。然而，战争却能提供这种劳动力。以前，战俘多被杀掉甚至吃掉，在经济发展的情况下，这些战俘获得了另一种价值，就是充当胜利者的奴隶，即新的劳动力的价值。这样奴隶制就被创造出来了。

在奴隶制下，奴隶主像占有其他生产资料一样占有奴隶。奴隶在奴隶主暴力强制下进行劳动，其地位像牲畜，奴隶主可以自由支配。然而，对于原始社会来说，私有制、奴隶制的产生，都是人类社会在发展进程中的一个巨大的进步。它不仅让大量要被杀的战俘活了下来，并把他们变成了劳动力，而且打破了原始社会氏族部落关系的狭隘性，从而有利于社会生产规模的扩大，有利于劳动分工，特别是体力劳动和脑力劳动分工的发展，为整个人类物质文明和精神文化的进一步发展创造了条件。

---

① 《马克思恩格斯选集》第4卷，人民出版社1995年版，第160页。

无偿占有别人劳动和道德的堕落

劳动生产力的提高,创造出了更多的财富。而财富的增加,却带来了对个人财富鄙俗的贪欲。这种贪欲,既是人类历史发展的动力,也是破坏者。氏族制度瓦解,有两个方面的根本性原因:一是私有的产生,对个人财富的鄙俗的贪欲,以及二者所导致的氏族共同体的权力被瓦解;二是为掠夺财富和奴隶而发动的残酷的战争。而这两个原因的背后,都是劳动生产力的发展和产品的不断增加。这种相悖行为,"是文明时代从它存在的第一日起直至今日的起推动作用的灵魂;财富,财富,第三还是财富,——不是社会的财富,而是这个微不足道的单个的个人的财富,这就是文明时代唯一的、具有决定意义的目的。如果说在文明时代的怀抱中科学曾经日益发展,艺术高度繁荣的时期一再出现,那也不过是因为在积累财富方面的现代的一切积聚财富的成就不这样就不可能获得罢了"[①]。

财富是劳动者的辛勤劳动。对个人财富的卑鄙贪欲,就是对他人劳动的贪欲,其结果必然是道德的堕落,是无休止的掠夺,是残酷的战争。氏族制度的前提是生产极不发展。即使全盛时期的氏族,因在广大地区人口极度稀少,人类差不多完全受着同他异己地对立着的、不可理解的外部大自然的支配,这也反映在幼稚的宗教观念中。部落始终是人们的界限,无论对他们自己或对另一部落的人来说,都是如此。部落、氏族及其制度,都是神圣而不可侵犯的,都是自然所赋予的最高权力,个人在感情、思想和行动上始终是无条件服从的。这个时代的人们,虽然使人感到值得赞叹,他们彼此并没有差别,他们都仍依存于——用马克思的话说——自然形成的共同体的脐带。这种自然形成的共同体的权力必然要被打破,而且也确实被打破了。不过它是被那种使人感到从一开始就是一种退化,一种离开古代氏族社会的纯朴道德高峰的堕落的势力所打破的。最卑下的利益——无耻的贪欲、狂暴的享受、卑劣的名利欲、对公共财产的自私自利的掠夺——揭开了新的、文明的阶级社会;最卑鄙的手段——偷盗、强制、欺诈、背信——毁坏了古老的没有阶级的氏族社会,把它引向崩溃。而这一新社会自身,在其整整两千五百余年的存在期间,只不过是一幅区区少数人靠牺牲被剥削和被压迫的大多数人而求得发展的图画罢了。

---

① 《马克思恩格斯选集》第4卷,人民出版社1995年版,第176页。

对个人财富的贪欲,为部落间的战争提供了动机,而劳动创造的物质财富,又为部落间的战争提供了物质基础。历史的事实是,氏族共同体作为劳动生产力极不发展的产物,它的权力是被堕落的势力所打破的。由子女继承财产的父权制,促进了财产积累于家庭中,并且使家庭变成一种与氏族对立的力量。财产的差别,通过世袭贵族和王权的最初萌芽的形成,对社会制度发生反作用。部落联盟,是基于劳动生产力的发展和劳动的范围和规模不断扩大的需要而建立的。而它的建立,却标志着氏族组织崩溃的开始。部落联盟的信念是,"凡是部落以外的,便是不受法律保护的。在没有明确的和平条约的地方,部落与部落之间便存在着战争,而且,这种战争进行得很残酷,使别的动物无法和人类相比,只是到后来,才因物质利益的影响而缓和一些。现在比从前更加厉害了"[1]。奴隶制起初虽然仅限于俘虏,但已经开辟了奴役同部落人甚至同氏族人的前景。古代部落对部落的战争,已经逐渐蜕变为在陆上和海上为攫夺牲畜、奴隶和财宝而不断进行的抢劫,变为一种正常的营生。

劳动创造了财富,也创造了阶级和国家。财产的差别、贵族和王权的世袭、掠夺财富的战争,造成氏族制度的瓦解和国家的产生。劳动创造出了财富,而在财富被当作最高的价值而受到赞美和崇敬时,轻视劳动、贪婪个人财富却成为一些人的追求。古代氏族制度被滥用来替暴力掠夺财富的行为辩护时,"所缺少的只是一件东西,即这样一个机关,它不仅保障单个人新获得的财富不受氏族制度的共产制传统的侵犯,不仅使以前被轻视的私有财产神圣化,并宣布这种神圣化是整个人类社会的最高目的,而且还给相继发展起来的获得财产从而不断加速财富积累的新的形式,盖上社会普遍承认的印章;所缺少的只是这样一个机关,它不仅使正在开始的社会分裂为阶级的现象永久化,而且使有产者阶级剥削无产者阶级的权利以及前者对后者的统治永久化。而这样的机关也就出现了。国家被发明出来了"[2]。最初的国家,就是靠部分地改造氏族制度的机关,部分地用设置的新机关来排挤掉它们,并且最后全部以真正的国家机关来取代它们而发展起来。

劳动和劳动生产力的发展,促进了对个人财富的贪欲、掠夺和由此带

---

[1] 《马克思恩格斯选集》第4卷,人民出版社1995年版,第96—97页。
[2] 同上书,第106—107页。

来的各种矛盾。而这些矛盾的解决，又反过来促进了创造性劳动和劳动生产力的更大的发展，促进了劳动专业分工的更大发展。比如基于战争的需要，使制造武器的作坊日益发展，如制造盔甲、盾牌的作坊不断发展；基于消费多样性的需要，各种乳类和乳类加工、皮毛和皮毛加工、金属加工等作坊，也不断发展起来；随之是各种工匠，如铜匠、铁匠、木匠、皮匠、泥水匠、造酒师等也发展了起来。这种发展引来了社会的第二次大分工，即手工业同农业的分离。在手工业作坊内部，具有较高技术的匠师与徒弟之间，脑力劳动和体力劳动分工也开始显现。劳动分工，是劳动发展的必然产物。劳动分工的意义，是如亚当·斯密所说的，就是使得劳动生产力得以成百倍地提高，极大地促进了人类社会的进步与发展。

由奴隶和奴隶主之间的对立和矛盾所决定，不劳而获的奴隶主阶级对财富的贪欲，为获得更多的财富而用各种残酷手段强制奴隶劳动，这既使奴隶主极端鄙视奴隶，鄙视奴隶劳动者，又使奴隶们在仇恨奴隶主的同时，也鄙视劳动，憎恨劳动。人们都知道，最早的奴隶主是原始社会内部分化出来的氏族贵族，最早的奴隶是氏族部落战争中俘虏的外族人。随着奴隶与奴隶主之间的矛盾和斗争日趋激烈，奴隶反抗奴隶主的斗争，被奴役的氏族部落反抗征服者的斗争，除了大规模的起义之外，更为经常的是消极怠工、逃亡、破坏生产工具或杀死个别穷凶极恶的奴隶主。也就是说，劳动的被轻视和道德的堕落，最初的根源在于剥削阶级对财富的贪欲和对劳动者的压迫。

创新劳动和奴隶社会的进步

大约从公元前4000年开始，人类开始进入有阶级和国家的时代。这个时代的社会基础，是奴隶劳动。这个时代的第一种社会形态，就是奴隶主阶级压迫、剥削和统治奴隶的奴隶制社会。在这种社会里，或由于大规模的战争掠夺，或由于劳动生产力的发展和经济的繁荣，奴隶制劳动得到了广泛的发展。他们不仅从事家务劳动，而且被大批驱赶到农庄、作坊、矿山等多种生产领域。在这种制度下，奴隶主阶级占有全部的生产资料，奴隶则一无所有。他们像马牛一样，完全隶属于主人，主人像饲养动物那样，用他们劳动的成果，养活着他们，他们则按照主人的意愿，日夜拼命为主人劳动。他们是主人的能干活、可以自由买卖、可以任意鞭打、屠杀的私有财产，是会说话的工具，没有任何人身自由。

奴隶制是残酷的，但它是历史的必然、历史的进步。历史发展的辩证法就是这样。奴隶群体协同劳动，作为一种先进的劳动方式，它也应当是整个人类物质文明和精神文化的发展的开拓者。古希腊、古罗马的奴隶制，又称古典奴隶制、劳动奴隶制。在这种奴隶制中，奴隶主拥有数百以至数千的单身奴隶，奴隶主把奴隶用于农业、手工业、矿业和其他种类的生产，实行较大规模的奴隶协作劳动。生产的主要目的，不仅是为了自身消费，商品生产也占相当的比重。如恩格斯所说的："只有奴隶制才使农业和工业之间的更大规模的分工成为可能，从而为古代文化的繁荣，即为希腊文化创造了条件。没有奴隶制，就没有希腊国家，就没有希腊的艺术和科学；没有奴隶制，就没有罗马帝国。没有希腊文化和罗马帝国所奠定的基础，也就没有现代的欧洲。我们永远不应该忘记，我们的全部经济、政治和智力的发展，是以奴隶制既成为必要、同样又得到公认这种状况为前提的。在这个意义上，我们有理由说，没有古代奴隶制，就没有现代的社会主义。"[①]

被压迫、被剥削的劳动者，从来就是人类历史的脊梁。尽管奴隶们遭受各种皮肉上的残酷折磨、精神上的各种凌辱，但他们还是用自己的辛勤劳动，创造出了人类的古代文明。他们用自己的汗水和血肉，铸造出了劳动的伟大、劳动者的伟大。由于奴隶的大量使用，可以组织较大规模的生产，实行劳动协作，发挥劳动分工的优势，从而达到促进社会生产力的发展。诸如大型作坊的出现，金属工具的普遍利用，犁耕农业的发展，兴修水利工程技术的提高，有细致分工的手工业的发展，由手工业所带来的商业的繁荣等，不仅形成了政治、经济中心——城市，而且使社会发明了文字，产生了历法，在天文学、数学、物理学以及哲学、法律、文学、艺术上都获得了重要成就，形成光辉灿烂的古代文化。当今仍然璀璨夺目、令人向往的埃及金字塔，我们看到它，就不难想象当时奴隶们劳动的艰辛、震撼的火热场面。

奴隶创新劳动，或在这种劳动基础上所创造的古代文化，虽然肇始于埃及和两河流域，但其发展的高峰却是在中国、希腊和印度。中国的春秋战国时代、希腊的古典时代和印度的列国时代，都是古代文化辉煌的时代。在这样的时代里，人才辈出、思想大解放、人类智慧大放异彩。在哲

---

① 《马克思恩格斯选集》第3卷，人民出版社1995年版，第524页。

学、文学、艺术、戏曲、史学、自然科学等领域，都出现了百花齐放，百家争鸣的繁荣局面；在建筑、雕刻、铸造、刺绣等领域，一个个巧夺天工的惊人奇迹，争芳斗艳。创造性劳动巨人用自己的辛勤劳动所创造出来的伟大成就，这些世界文化宝库中辉煌的不朽的遗产，不仅彰显了当时各自民族的思想、性格、文化传统和智慧，而且对后世的文明都有着深厚的影响。

　　奴隶制的进步性，还突出表现在它促进劳动分工上。劳动分工，体现着劳动生产力发展水平，体现着社会进步的水平。奴隶制社会中，由于奴隶劳动创造出了更多的劳动领域，使劳动的种类不断增多，劳动分工越来越细，更为重要的是，由于劳动创造出了更多的社会财富，更多的生活资料，这就使有专长的那些匠人，能够摆脱体力劳动，专门从事脑力劳动，从而促进了对之后社会发展和进步有着巨大意义的体力劳动和脑力劳动的分工。这种分工既是社会生产力发展的客观要求，也为科学文化的发展创造了前提条件。没有这种分工，就不会有现代科学文化的巨大成就。

　　脑力劳动与体力劳动分工，是劳动发展和进步过程中的必然产物，它们之间的关系，应当是相互促进，相反相成的。就脑力劳动来说，任何脑力劳动归根到底都是以体力劳动为基础的。这主要表现在：脑力劳动者在科学文化方面的成就，不可能脱离体力劳动者的活动，没有体力劳动者辛勤劳动生产出各种生活资料，脑力劳动者就无法生存，更谈不上发明创造；没有奴隶和工匠们的体力劳动，只有脑力劳动者的设计，不会创造出任何文明成果；没有广大奴隶等劳动者的生产实践，脑力劳动者也就丧失了科学文化的丰富的创造源泉和基础。而就体力劳动来说，任何体力劳动，作为人的有目的、有计划的活动，都是以脑力劳动为前提的。主要表现在：没有脑力劳动者提供的设计、技术和具体实施方案，体力劳动就达不到预期的目的；脑力劳动不仅是提高体力劳动劳动质量和效率的引擎，也是体力劳动自身发展进步的引擎。

　　然而，在阶级社会里，脑力劳动与体力劳动却处于对立的状态。由于体力劳动者处于被压迫、被剥削的地位，他们被剥夺了接受科学文化教育的权利，不可能掌握足以从事脑力劳动的文化知识和科学技术，所以从事脑力劳动就成为统治阶级的特权，从事笨重、脏累的体力劳动，也成为卑贱的被统治阶级生来俱有的义务。劳心者治人，劳力者治于人，体力劳动者总是受脑力劳动者压迫和统治。显然，这种对立体现着剥削阶级与被剥削阶级之间的阶级对立。

值得注意的是，由于从氏族公社转变为奴隶制的地域、环境和条件的不同，实行奴隶制的方式和类型也不同。比如古代东方的主要是中国和印度的奴隶制，就和古希腊、古罗马的奴隶制不仅在家庭，而且在几乎所有生产领域都大量使用奴隶劳动不同，它们主要是在家庭使用单身奴隶，而在生产领域，主要是农业生产领域，从事劳动生产活动的则是个体农民。这种个体农民总体上说，是国王或君主的奴隶，但他们可以组织家庭，可以自行进行经济活动，不像古希腊、古罗马的奴隶那样，完全失去了人身自由。

奴隶群体劳动和罗马帝国的辉煌

在世界历史上，奴隶制社会对后人影响最大的，莫过于希腊文化和罗马帝国。而希腊文化和罗马帝国这两座大厦，都是在奴隶劳动的基础上建立起来的，都是奴隶创新劳动的结果。奴隶劳动不仅创造出了巨大的物质财富，而且创造出了巨大的精神财富。当时希腊在哲学、戏剧、文学、诗歌、绘画、雕塑、建筑等许多领域，都取得了惊人的奇迹，令后人赞叹不已，以至于后来在欧洲发生了一场轰轰烈烈的文艺复兴运动。

公元前8—前6世纪，希腊人向意大利广泛移民。这些移民不仅把建立在奴隶劳动基础上的希腊文化，包括宗教、神话、文学、戏剧、建筑、艺术等带到了意大利，而且更重要的是把希腊先进的农业技术、手工业技术、制陶技术、建筑技术、冶炼技术以及经商的经验等，都带到了意大利，从而促进了意大利劳动技术水平的提高和经济的发展，使其成为地中海经济比较发达的地区。然而，意大利在与罗马人的长期争斗中，却被罗马人征服了。意大利被罗马人征服有政治、军事等多种原因，但最为基本的还是经济原因。罗马人在与意大利人的长期征战中，靠压榨奴隶劳动，已经积蓄了一定的经济和军事力量，这是它征服或统一意大利的基础和决定性力量。到公元前3世纪，罗马在意大利的地位已经举足轻重了。经过200多年的征战，到公元前3世纪70年代，罗马已经基本控制了意大利全境。

罗马能征服意大利的头一条原因，就是强大的军事力量。这种力量除了表现在对军队的组织和指挥之外，最主要的是军人的数量和武器装备。而这两条，都要以由奴隶劳动创造出来的经济实力为后盾。没有大量奴隶劳动创造出来的大量生活资料，就不能养活庞大的军队；没有大量奴隶在武器方面的创造性劳动，就不可能创造出来大量的先进的武器和装备，就没有罗马人在武器装备方面的优势。当时罗马军队的数量有多少，也许没有人能确切知道，可人们的确知道，在其军队编制的每个军团中，大约就有5000至6000人。当时罗马人在武器装备上的优势，诸如：金属头盔、盾牌、甲胄、护膝等防御装备，长矛、投枪、短剑、弩炮、攻城槌等进攻性武器，都不仅靠劳动，而且靠创造性劳动来制造。更值得注意的是，罗马人在征服意大利人的过程中，还采取了能调动劳动积极性的移居屯垦政策。每征服一地，就把没收的大量的土地，变为国家的"公地"，并把其中一部分分配给破产的公民，让他们移居屯垦，从而起到军事殖民的作用，既可以缓和内部土地的矛盾，调动劳动积极性，又便于对被征服地区的管理和监督。

　　罗马征服和统一意大利，无论对罗马和对意大利的历史，都具有重要意义。最重要的是：在促进奴隶劳动制度发展的基础上，促进了先进劳动生产技术在全境内的传播、奴隶劳动生产力提高、整个经济的发展和繁荣。随着罗马向意大利全境的扩张，深刻改变了意大利的社会面貌，刺激了意大利奴隶制经济的巨大发展，这就为罗马帝国的形成和罗马奴隶主进一步对外扩张，奠定了基础。与此同时，奴隶们的景况也日益恶化。在矿山、工地、农庄、手工业作坊里，奴隶的处境都非常悲惨。他们往往被带上镣铐，面部刺着烙印，使用着粗笨的工具，在奴隶主的皮鞭下，被迫从事繁重艰苦的劳动。他们不仅吃不饱、穿不暖，而且还受着种种肉体和精神上的摧残和折磨。有的奴隶主还强迫奴隶从事角斗训练，驱使他们到角斗场，或彼此格斗残杀，或与野兽搏斗，以自己的血肉和生命供奴隶主们取乐。奴隶主对奴隶的这种残酷的统治和压迫，激起了奴隶的激烈反抗，促使奴隶主阶级和奴隶阶级之间矛盾的不断激化。可见，奴隶制度这种生产方式，已经不适合劳动生产力进一步发展的要求，意味着奴隶制度的必然灭亡。

　　奴隶劳动制度的发展，不仅表现在使用奴隶的规模大、生产领域广上，更重要的是，由于奴隶劳动生产力的提高，生产出来的财富增多，特别是商品交换的范围和规模的增大，奴隶劳动的性质也开始变化。农业一向是罗马的基础经济部门。罗马奴隶主执意发动战争和向外扩张，有两个基本目的或者根源，那就是掠夺土地和奴隶。在历年的对外征服和扩张中，罗马奴隶主不仅掠夺了大量的财富，侵占了大片的土地，俘获大量的奴隶，从而为其奴隶制的进一步发展，为更大规模的奴隶劳动，提供了可能和条件。此时期的奴隶劳动，不仅大批地、广泛地运用于农业，在农业发展的基础上，各种手工业、工矿业等多个领域的奴隶劳动也大大发展起来，而且这些部门的发展，还往往与商业相联系，多被大商人所控制，所以带有明显的商品生产的性质。如马克思说的："家长制的、以生产直接生活资料为目的的奴隶制度，转化为以生产剩余价值为目的的奴隶制度"[1]，这是奴隶制进入发达时期的一个主要特征。

奴隶创新劳动，铸就了罗马帝国的辉煌。罗马统一意大利后，就利用上述这些奴隶劳动的优势和由这种优势铸就的经济和军事上的优势，经过长期的对外战争，比如三次布匿战争，到公元前27年，已经形成了强大的罗马帝国，其在欧洲称霸了400多年，也在人类历史上辉煌了400多年。强大的经济实力，强大的军队，始终是罗马帝国的两大支柱。而这两大支柱，都是建立在奴隶创造性劳动，即先进科学技术、先进生产工具的应用，并在此基础上劳动生产力发展提高上的。诸如：在农业方面，不仅有带轮犁、割谷机的应用，而且在农艺、耕作方面也有进展；在工业方面，水磨在磨粉和在矿业中的推广，复滑车和起重装置在建筑工程的应用，排水器械运用于矿山等；在手工业制品方面，如青铜器和金属加工、玻璃吹制、陶器制作、珠宝加工等，不仅产品种类繁多，而且技术分工细密。当时不仅在劳动的工艺技术上优于其他国家，而且在劳动的规模和组织上，也是其他国家所不能比的。比如，当时罗马帝国就有使用上百奴隶的制陶作坊。

三 封建创新劳动和封建社会的辉煌

封建劳动，是一种以家户私有经济为基础的个体劳动形式。这种劳动形式同奴隶劳动形式相比，对劳动者来说，是一次解放。就世界范围看，由于从奴隶劳动形式向封建劳动形式转变的基础和具体条件的不同，对劳动者解放的程度也不一样。大体上说，欧洲被称为隶农或农奴的劳动形式，还带有奴隶劳动形式的印迹。而亚洲特别是中国，自从以国家法律形

---

[1] 马克思：《资本论》第3卷，人民出版社1975年版，第371页。

式规定土地归农民私有后，农民则比较彻底地摆脱了奴隶地位，只是繁重的徭役劳动，则仍然带有奴隶劳动的印迹。在封建个体劳动的进程中，无论是劳动工具、技能、方式等，也都在不断创新和变化中，只是由于其制度自身的保守性，这种创新和变化实在太过于缓慢了。其中最为耀眼的是手工业劳动的发展。正是这种手工业的迅速发展，带动了整个封建社会科学技术、劳动技巧和生产力的发展，创造了封建时代的辉煌。当然，手工业发展的基础和前提，是农业的发展。我们在回顾这段历史时，最令人振奋的是中国世纪的出现。

封建劳动创新和劳动生产力的提高

劳动和劳动生产力的发展，决定着一定社会形态的生存和转化。社会形态、劳动生产方式，都要随着劳动生产力的发展变化而发展变化。能适应或能促进劳动生产力发展变化的，就能生存，就具有进步性。否则就失去了进步性，或者原来的进步性，已经变成了劳动生产力发展的阻力、桎梏，就必然要灭亡。对于劳动生产力落后的原始社会而言，奴隶制是进步的，它的进步性就在于它能促进劳动生产力更快发展。而奴隶制生产关系固有的局限性，就在于它不能适应劳动生产力的新的发展和新的变化，在劳动生产力新发展、新的变化面前，它不仅失去了促进作用，而且转变成阻碍劳动生产力发展的桎梏。

榨取奴隶劳动，是奴隶主获得个人财富的最容易、最简便的方式。他们也以此为满足，需要做的事，就是通过战争获得更多的奴隶，想办法从已有的奴隶身上榨取出更多的油水，以供自己奢侈享受。在劳动生产中，他们不再热心于创造和使用先进的工具，而是千方百计地寻找加强榨取奴隶的方法，以从强迫奴隶劳动、加强奴隶劳动强度中，获取更多的财富。对奴隶的榨取是有极限的，这个极限就是奴隶们的生命。当奴隶们无法生存的时候，自然而然地要起来反抗，起来革命。

公元前73年，斯巴达克领导的奴隶起义，宣告奴隶制度，奴隶劳动方式，已经成为劳动生产力继续向前发展的桎梏，吹响了奴隶制度走向灭亡的号角。斯巴达克领导的奴隶起义是古代社会中被压迫阶级最光辉的一次斗争，这次起义严重地打击了奴隶主的统治。斯巴达克的英勇事迹永远被人们歌颂。革命导师马克思曾称赞斯巴达克是"古代史中最堂皇的小伙子"。列宁也称赞斯巴达克是"最大一次奴隶起义中一位最卓越的英雄"。

正是在奴隶的不断起义和顽强斗争中，加之奴隶主阶级的残暴、腐败、糜烂，尽管东罗马帝国直到1453年才被奥斯曼土耳其人征服，而476年西罗马帝国的灭亡，已经标志着西欧古典奴隶劳动制度的灭亡，标志着奴隶制向封建制，即奴隶劳动方式向封建劳动方式转化的开始。

个体劳动是封建制度的基本特征。它与奴隶劳动方式相比，是一种先进的劳动方式。人类社会由奴隶制度向封建制度的转变，基本内容就是由奴隶劳动方式向个体劳动方式转变。由于各民族奴隶劳动的具体情况和发展水平的不同，不仅其向封建制度过渡的背景、条件、途径和时间有所不同，而且所形成的封建制度也各有特点。不过就生产资料供个人使用，个人利用归自己所使用的生产资料进行劳动生产这一点，则是共同的。恩格斯在阐述这一特点时，曾这样说道："中世纪社会：个体小生产。生产资料是供个人使用的，因而是原始的、笨拙的、小的、效能很低的。生产都是为了直接消费，无论是生产者本身的消费，还是他的封建领主的消费。只是在生产的东西除了满足这些消费以外还有剩余的时候，这种剩余才拿去出卖和进行交换；所以商品生产刚刚处于形成过程。"[①]

虽然都是个体劳动，但在劳动的具体方式和劳动者的地位上，各国却有很大的差别。比如有的是农奴制方式，或隶农制方式，在这种方式下，封建主把庄园的土地分成小块，分给奴隶耕种。对授产奴隶——农奴或隶农，虽然不能随意屠杀，但农奴还没有完全的人身自由，封建主还可以买卖农奴；有的则采取自耕农方式。在这种方式下，虽然普天之下莫非王土，但用国家法律规定为个体农民私有，随意无论是有土地的农户，或是租用地主土地无地农户，都可以利用属于自己使用的土地，进行独立的个体劳动，只要到时向国家或地主交地租就行。有土地的农奴，对属于自己的土地，还可以自由进行买卖。这自然有利于劳动者积极性和创造性的提高，有利于生产力的提高。除了这两种个体劳动方式外，还有手工业个体劳动者，他们利用属于自己的劳动工具，进行个体劳动生产和经营。尽管具体方式有所不同，但作为一种先进的劳动关系，都有利于调动劳动者的积极性，都使劳动生产率大为提高。

土地是封建个体劳动的基础。土地作为个体劳动的最主要的生产资料，其所有制的不同形式，也决定着个体劳动的具体方式、劳动的积极性

[①] 《马克思恩格斯选集》第3卷，人民出版社1995年版，第758页。

和劳动生产力的发展。在土地被封建主或封建主阶级的国家占有的那些国家，农民个体劳动者，使用这些土地劳动时，或作为依附农民，或作为农奴，他们的劳动都不同程度地受到超经济手段的控制，不是完全的独立自由的劳动。他们劳动生产出的大部分产品，都以地租的形式或捐税的形式被封建主阶级侵吞了，所以其劳动的积极性仍然受到一定的局限。而在用国家的明文法律规定土地为个体劳动者私人所有的国家，由于个体农民有了属于自己的土地，劳动的积极性就比前者要高。但这种生产方式一来因为一家一户个体小生产，劳动工具仍然落后，劳动生产的技术水平低，既无力进行劳动生产工具的改造、革新，更无力开发和运用先进技术，无力抵御自然灾害；二来因为国家的苛捐杂税过于繁重：所以劳动全靠体力，很繁重、很艰苦，劳动生产率很低，农民的生活很苦。

不过，总的看，由于相对奴隶制来说，在封建制的劳动者获得了人身自由，因而劳动的积极性就大大提高了，这无疑就促进了整个社会劳动生产力的提高，促进了社会经济的发展，这就是它的历史进步性所在。创造性的劳动带来了创造性的社会制度，而适合这种创造性劳动的创造性的社会制度，又使这种劳动方式通过国家法律固定下来。在奴隶劳动基础上发展脱胎出来的农民个体劳动，特别是以土地私有制为基础的个体劳动，还是有利于农民独立个性和创造性的发展和发挥，从而促进了劳动生产率的提高和社会生产力的发展，尽管发展提高得很慢。

值得注意的是，尽管个体小农劳动，很难进行创造性的劳动，很难创造出惊天动地的人间奇迹，但封建时代各国还有一个共同点，那就是实行徭役制度。国家通过这种制度，聚集大量劳动大军一起劳动，不仅发挥了集体劳动的优势，而且因为这种集体劳动，一般都是涉及国家军事设施、涉及国计民生的重要水利工程、交通工程，或供国王、贵族享受的宫殿、行宫等重大建设项目，所以这种劳动大军中一般都有具有较高劳动技术的各种匠人，这不仅有利于劳动技术的提高，还有利于这些技术的普及。回顾一下历史，封建时代劳动所创造的惊天动地的人间奇迹，都是用这种劳动方式创造出来的。欧洲的城堡，中国的万里长城以及五彩斑斓的宫殿、庙宇、贯穿南北的运河等，都无不是如此。

西欧封建制度还有一个重要特点，那就是手工业发展快，而且始终并不重农弃商。在农业和手工业共同发展中，手工业始终处于相对领先地位。手工业的发展就带来了商品交换和商品交换集聚地城市的兴起和发展。由于手工业都是具有专门熟练技术、使用专门生产工具的部门，所以从事这些部门劳动的隶农，一般都有自己的特殊的手艺。在10—11世纪，西欧在采矿、冶炼、金属加工、纺织、制革、制陶、磨粉和建筑业领域，手工业已经有相当的发展，而且由于这些手工业者不堪忍受封建领主的剥削和压迫，不断逃出庄园到便于销售自己产品的地方，比如封建城堡、寺院附近、主教驻地以及交通方便的港口、要道、关隘等人口聚集的地方。这不仅促进了城市的发展，而且带动了城关市民的发展。

可见，手工业劳动和手工业劳动的不断创新发展，是当时西欧封建经济发展、社会生产力提高的重要引擎。手工业劳动，特别是手工业技术创新劳动，正因为它不仅包含有科学技术的发展，而且包含有商品交换的发展，所以不仅决定着一个国家手工业发展的水平，而且还在很大程度上决定一个国家农业和其他行业发展的水平，决定着一个国家在国际商品交易中的地位和实力。综观封建劳动方式所创造的奇迹，都与这手工业创造性劳动和这种劳动所带来的城市的发展密切相关。但是，人们不能忘记，封建社会的基础是农业，是农业的发展和农业发展中的个体劳动。无论从基本生活资料和基本原料上看，手工业的发展不仅离不开农业，而且是寓于农业发展之中的。

手工业劳动与十字军东征

西欧封建制度发展中所发生的最大历史事件，莫过于十字军东征。这场发生在1096—1291年间的残酷战争，至今仍使人闻之骇然。不过，过去人们只偏重于从政治或宗教的意义上，来分析研究这件大事，却忽视或轻视了它的真正的经济根源，即创新性劳动的根源。十字军东征，有多种原因，但最主要的是社会劳动生产力有了长足的发展，手工业劳动从农业劳动中分离出来，从而促成了城市的迅速崛起。比如当时意大利的威尼斯、热那亚、佛罗伦萨，法国的巴黎、奥尔良、里昂，英国的林肯、牛津等。那些集中在城市的手工业者，既开作坊进行手工业产品的生产，又开商店从事产品的交换，所以他们不仅是封建社会科学技术发展，即创造性劳动的领军者，而且还是商品货币关系的开拓者。商品货币关系，具有世界的本性，向能赚钱的地方扩张，无论这些地方在世界的什么地方。

从当时参加十字军东征的人员及其动机看，也都和劳动的发展有关。比如，由于手工业成为具有专门熟练技巧的劳动部门，非一般农家所能兼营，于是，庄园内手工业者所生产的剩余产品，也就是可供交换的商品比重开始增长，随之逐渐发生了个体小商品生产的手工业与农业分离的漫长过程。历史学者一般都认为，农业和手工业生产力的提高，是中世纪西欧城市兴起的重要前提。西欧城市的产生也是农奴和其他依附农民与封建领主进行阶级对抗的结果。商品货币关系的发展使中世纪的城市既是手工业中心，也是商业中心。随着地区贸易和国际贸易的发展，地中海成为重要的国际贸易区。意大利威尼斯等地的商人，主要经营东西方中介贸易。他们从东方运来香料、丝绸、棉布、棉花、宝石、金银首饰等，向东方输出木材、呢绒、金属，其贸易逆差，需用贵金属支付。

自 11 世纪末开始，西欧的教俗封建主和大商人，在罗马教皇的发动下，打着从伊斯兰教徒手中夺回"圣地"的旗号，对地中海东部地区进行了持续近两百年的侵略性远征。这场挂着"圣战"名义的侵略战争，是在西欧中世纪城市和商业贸易发展的历史条件下，西方封建社会内部矛盾发展的产物。西欧城市兴起以后，封建主胃口扩大，企图向外扩充领土，广殖财富。人们都知道，11 世纪西欧普遍流行长子继承制，封建领地由长子继承，其余诸子成为无地的骑士，他们骄奢寄生、身负重债，常在拦截商旅，打家劫舍中混日子，更贪婪地侵占和掠夺新领土。城市商人，特别是威尼斯和热那亚的商人企图独占地中海东部地区的贸易，从阿拉伯和拜占庭手中夺取地中海东部地区的贸易港口和市场，以便掌握贸易优势，因此他们提供武器、粮饷，甚至派出船只支持十字军东侵。

罗马教皇与西欧天主教会作为西欧最大的封建领主，最热衷于对外扩张，他们把无地骑士和贫苦农民的注意力引向东方，借以消除西欧封建社会的不稳定因素。教皇从天主教会的立场出发，企图通过东侵，把希腊正教教会收归罗马教皇统治，重建统一的基督教世界。还梦想再进一步扩张势力到伊斯兰教世界当中去。建立统一基督教世界，不仅是个宗教概念，有着宗教的含义，而且是个经济和社会概念，有着控制生产、贸易和财富的含义。

这就是说，由于农业劳动生产力的提高，封建主贪图财富的胃口越来越大，他们企图通过武力向外扩充领土，广殖财富；城市兴起后，城市手工业者，特别是商人扩张的胃口也越来越大，尤其是意大利大城市的商人，有了独占地中海地区的贸易的企图；罗马教皇和西欧天主教主，作为最大的封建领主，不仅有扩大领土、广殖财富的企图，还有统一基督教的实际的动机。这些统治者，之所以能动员和组织起数十万大军，前后进行了八次东征，若没有劳动者为其创造的巨大财富、大量先进武器装备、先进的运输工具，特别是较大型的舰船和货船，是根本不可能的。据史料记载，在第四次东征中，仅从威尼斯出发的舰船就有70余艘，货船50余艘。

劳动能创造财富，但劳动的异化，劳动者创造的财富被统治者所霸占，却造成了抢夺财富的战争。十字军东征就是西欧罗马教廷、封建领主和意大利城市大商人，为抢夺劳动者所创造的财富，对近东各国发动的极其残酷的侵略战争。这次战争虽然他们夺取近东贸易优势的图谋实现了，但其对劳动者的劳动，或是说劳动者所创造的财富的糟践和破坏是惊人的。那数十万军人在长期战争中所消耗的大量劳动产品，他们在战争中的烧杀抢掠，打家劫舍，杀人越货，对劳动者辛勤劳动成果的大肆破坏，这都是罪孽。这次战争既破坏了农业生产，加重了隶农的负担，也破坏了城市的手工业。所以，它不仅没有解决西欧封建社会的矛盾，而且加剧了它的瓦解。

这次战争的失败，狠狠地打击了欧洲封建势力侵略者的野心。不过，他们也从东方得到了新的消费产品和学会了新的消费方式，促进了欧洲封建主生活方式的变化。战争过程中在阿拉伯地区所建立的要塞，成为欧洲封建劳动制度的移植。不愿再回欧洲的人员也逐渐与阿拉伯人融合，成为传播欧洲先进思想、先进劳动方式、先进科学技术的纽带。在之后，这些都是带动阿拉伯发展的一种力量。特别是它教训了欧洲人，推动着欧洲从一个黑暗的孤立时代，开始走向开放的现代世界，加速了封建劳动方式向资本主义劳动方式的转化。

创造性劳动和中国的辉煌

中华民族，是一个伟大、勤劳的民族。勤劳是中华民族的美德。正是这种美德，不仅创造出了巨大的财富，而且创造出了中国的辉煌。作为世界古文明的摇篮，它有着光辉的历史。早在春秋战国时代，制作武器的手工业作坊就已经很普遍，制作技术也是世界领先。比如当时的青铜器冶炼和铸造技术就令人惊叹。铜戈、铜戟、铜鼎等都为当时世界所罕见。从公元前770年至1500年的2000多年间，世界文明的中心一直在亚洲。无论在经济、政治、军事、思想文化和科学技术的发展中，亚洲都遥遥领先。

与亚洲相比，欧洲远落在后面，美洲更是望尘莫及。而亚洲文明的中心，又一直在中国。世界各国无不承认，在近代之前的世界所有文明中，没有一个国家的文明能比中国更发达更先进。之后欧洲国家所发展起来的科学文化，绝大部分都是从伊斯兰传入的，而伊斯兰的科学文化，绝大部分又都是从中国传入的。

　　脑力创造性劳动所开创的先进科学技术，向来是一个国家劳动发展水平和社会制度先进与落后或者是否适合劳动生产力发展的体现。在奴隶制时代，在希腊的哲学、戏剧、文学、诗歌、雕塑、建筑出现的同时，中国更有着诸子百家；在埃及金字塔、阿蒙神庙、天文历法、几何学圆周率等奇迹出现的同时，中国也出现了自己的文字和历法。中国的甲骨文和阴阳合历，完全可以与埃及最早的图形文字和太阳历相媲美，它们都不逊色于之后古希腊出现的太阳中心说的意义。政治思想和文艺领域出现的诸子百家争鸣的活跃局面和认识上的巨大成就，孔子创私学和举贤才的哲学和教育思想、孟子反暴政主张行仁政的思想、韩非子历史进化的思想，都不能不说是当时的奇迹，它们也都可以与古希腊的哲学争鸣和哲学繁荣相媲美。

　　在劳动的技术方面，中国的商代，不仅广泛使用青铜器工具，而且已经开始使用铁制农具；不仅能种植多种农作物，而且能经营桑麻，能酿造不同的酒类。特别是青铜器的冶铸，已经成为工艺水平相当高的手工业部门。作为商代晚期青铜器冶铸技术水平代表的著名的司母戊大方鼎，可以说是令人叹为观止。当时能有如此宏伟之作，充分显示了中华祖先们的智慧，值得炎黄子孙们骄傲和自豪。到公元前221年，铜和铁的冶铸作坊迅速发展，铁器的使用已经非常普遍，在此带动下，手工业迅速发展，商业繁荣，奇珍异宝的交换，都大大刺激了统治者对更多财富的贪欲，也进一步促进了劳动生产力的发展。至汉唐，中华民族已经通过自己辛勤的创造性劳动，使中国成为世界上最强大和最繁荣的国家。连国外学者都承认，中国的汉武帝的名字，虽然是陌生的，但他在历史上的地位，可以与亚力山大、尤利乌斯·恺撒以及查理大帝相提并论。经过军事上的长期征战，到唐朝时，中国的疆域已经扩大到东至渤海、黄海、东海，西至咸海，南至南海，成为当时最强大的帝国。

　　国家的强大，靠的是创造性劳动，是创造性劳动所带来的生产力的不断提高。农业是封建社会最主要的劳动部门，农业劳动技术提高，自然就决定着整个劳动生产力的提高。隋唐时期，中国已经能兴修规模宏伟的农业灌溉工程，灌溉面积不断扩大，农作物的品种已有 80 多种，能掌握精耕细作、轮作、间作、混作等先进耕作方法。先进的耕作技术，带来的是产量的提高。据史学家统计，此时期中国农作物平均亩产每年可达到 100—125 公斤，而当时的意大利只有 30—40 公斤，英国也只有 50—60 公斤。

在农业发展的基础上，煮盐、冶铁、纺织、制瓷等各种手工业劳动也迅速发展。在西汉中期，即公元前，中国已经能冶炼出质量比白口铁更好的灰口铸铁。汉朝冶铁技术发展的标志，是炼钢技术的发明和百炼钢工艺的日益成熟。在东汉时期的公元 25 年之后，几乎全部兵器就都由铁器制品取代了青铜器。在欧洲的罗马帝国时期，远没有达到这样的水平。到公元 11 世纪，中国每年大约生产铁 12.5 万吨，比 700 年之后英国工业革命早期的铁产量还多，为 1890 年日本铁产量（2 万吨）的 6.25 倍，为意大利铁产量（1 万吨）的 12.5 倍。与冶铁技术发展齐驱的是制瓷技术。制瓷作为中国的独创技术，在商周已经出现了原始的青瓷。三国和两晋时期，中国的制瓷业已经进入成熟阶段，各种彩色涂料的瓷器，形象逼真，精美宜人。"唐三彩"很早就全球闻名，宋元时期的瓷器，更成为世界的珍品。

在纺织工业劳动方面，中国在世界享有最高声誉的是丝绸。在汉朝初期，中国的丝绸制品就远销罗马帝国各地，极受珍视。当时的希腊人和罗马人都盛赞中国为"赛勒斯"，即丝绸之国。当时中国人和罗马人之间繁荣的丝绸贸易，中国史书上有许多记载。美国史学家海斯·穆恩·韦兰曾讲到这样一个故事：罗马人对中国丝绸极为喜爱，所以就千方百计想知道中国制造丝绸的秘密，但由于两国相距遥远，一直未能如愿。直到查士丁尼帝在位时，派遣了两位修士专门到中国索取制造丝绸的秘密，约在 551 年，这两个修士带回了一根里面装着一些蚕卵的空心手杖，才最后得到。罗马人视这些蚕卵比黄金更有价值，因为这就意味着丝绸业在小亚细亚和欧洲的开始。所以这位学者也称这是"一个有价值的秘密"①。

中国造纸和印刷术的开创和发展，也是人类最伟大的成就之一。早在

---

① 见［美］海斯·穆恩·韦兰《世界史》，生活·读书·新知三联书店 1974 年版，第 315 页。

商周时代，就有了雕版印刷术的先驱和木版印刷图画的出现。至晚唐，雕版印刷已经开始发展，到宋朝，雕版印刷技术不仅已经成熟，并新发明了活字印刷术。而据西方史学记载，欧洲使用活字印刷则是在1450年，比中国晚500多年。火药的发明和火器的制造，造船业的发展，也深刻地影响着世界。在五代时期，中国就能制造火药武器"霹雳炮"。而欧洲制造火药的基础，在13—14世纪才出现。西汉时期中国已经能制造3—4米宽的四层楼船。除此之外，中国的建筑业的发展也走在世界的前列。其建筑规模的宏伟、工艺的精湛，都为世界惊叹和望尘莫及。比如：秦朝所修建的驰道、阿房宫和长城，汉朝在峭壁上修建的栈道，隋朝开凿的南北大运河，明清修建的各种皇家宫殿和园林，都为世界所罕见。

创造性的劳动和科学技术的发展所带来的辉煌，自然是整个经济发展水平的迅速提高。由于科学技术劳动以及其决定的劳动生产力处于领先地位，直到1750年，中国在经济、政治、军事和科学技术实力上，一直是世界无可争议的超级大国。据西方学者提供的数据，1750年中国制造业的产量为世界制造业总产量的32.8%，超过整个欧洲40%多，为日本的8.6倍，为英国的17.2倍，为美国的328倍。到1800年，中国制造业产量仍占世界总产量的33.3%，超过整个欧洲18.5%，为日本的9.6倍，为英国的7.7倍，为美国的41.6倍。1750年按人口计算的工业化水平，中国也仅次于英国，和法国、德国、意大利等欧洲国家相当。尽管在1750年之后，由于劳动制度的相对落后，创造性劳动的缺失，中国逐渐失去了强国的地位，并在1840—1949年间遭受世界帝国主义列强的践踏和蹂躏，经受了各种奇耻大辱，但这在中国数千年的历史上只是短暂的一瞬，只是一个短暂的插曲。

雇佣劳动关系的产生和资产阶级革命

尽管奴隶劳动和封建劳动创造出了人类古代文明和人间奇迹，但总的看，由手工业发展带动下的商品生产劳动，毕竟发展非常缓慢。从12世纪开始，也就是封建社会中期，手工业生产发展才开始加快，并出现了工场手工业。随着工场手工业的发展，一种新的先进的劳动关系，即雇佣劳动关系，开始出现并逐步发展起来。雇佣劳动的出现和发展，是一个很长的历史过程，决定这一过程具体进程的是由生产力发展所决定的劳动结构的变化。在这漫长的发展过程中，资产阶级经过政治革命和工业革命，直到19世纪末，资本主义雇佣劳动关系，才开始占据统治地位。

新的劳动创造了新的产业，新的劳动结构又创造出了新的产业结构。在封建社会形态下，手工业劳动是新的劳动，正是手工业劳动的发展决定和引领着封建社会劳动关系的发展与进步。也就是说，产生于奴隶制社会、发展于封建社会的手工业劳动，是推动封建社会劳动关系变革的动力。到封建社会后期，这种手工业发展有了新的飞跃，即工场手工业的产生和发展。工场手工业的进步性和先进性，主要体现在它的劳动目的和形式上。工场手工业的生产，是一种商品生产，劳动产品是为了拿到市场上交换。其劳动方式的进步主要有两个方面：一是协作劳动形式的普遍的采用，二是机械动力在劳动中的使用。

所谓协作劳动形式，是指许多人在同一生产过程中，或在不同的但互相联系的生产过程中，有计划的一起协同劳动。协作劳动无论是从节约生产资料，还是从依靠集体的力量所产生的巨大的生产力，都是劳动者集体协作所创造的，都是由于许多力量有机融合为一个总的力量而产生的新的力量。协作劳动的效果，是单个人劳动根本不可能达到的。不过，在协作过程中，由于协作作为集体生产力，不仅是一种新的创造性的生产力，而且由于在这种劳动中，劳动者在相互接触中会引起竞争心和特有的精力振奋，从而会提高每个人的个人劳动效率和个人生产力。

需要特别指出的是，基于劳动分工，这种许多具有自己特长或优势、能够在共同的劳动中相互补充的劳动者的协作劳动，即使在最发达的协作形态中，也起着重大作用。因为在复杂的劳动过程中，只要有大量人共同劳动，就可以把不同的操作分给不同的人，同时进行操作，这样就可以缩短制造总产品的所必要的劳动时间。也就是说，因为协作不仅可以扩大劳动的空间，某些劳动过程由于劳动对象空间的联系需要协作，如排水、筑堤、灌溉、开凿运河、修筑道路等，而且因为协作可以与生产规模相比相对地在空间上缩小生产领域，从而在劳动的作用范围扩大的同时劳动空间范围的这种缩小，会节约非生产费用。总之，协作劳动就像许多人组成的一部机器，劳动中的每个有特殊技能的人，就像这部机器中一个零部件。

工场手工业不仅由于生产规模的扩大，为大型机械动力设备的采用提供了条件，而且专业化的分工和专业化技能的提高，也为机械动力设备的创造和发展提供了新的需要和可能。这突出表现在劳动工具的发展、提高和采用上，诸如用于碾谷、伐木、排水的水车和风车，木匠用的刨子、曲柄，运输用的独轮车，纺织用的纺车、切削工具、钻具、凿具、锤具等。马克思说："劳动生产率不仅取决于劳动者的技艺，而且也取决于他的工具的完善程度。同类的工具，例如切削工具、钻具、凿具和锤具等，用于不同的劳动过程，而同一种工具在同一劳动过程中又用于不同的操作。但是，一旦劳动过程的不同操作彼此分离，并且每一种局部操作在局部工人手中获得最合适的因而是专门的形式，过去用于不同目的的工具就必然要发生变化。工具形式变化的方向，是根据从工具原来形式带来的特殊困难中得出的经验决定的。劳动工具的分化和劳动工具的专门化，是工场手工业的特征，前者使同类的工具获得了适合于每种特殊用途的特殊的固定形式，后者使每种这样的特殊的工具只有在专门的局部工人的手中才能充分发挥作用。"[①]

总之如马克思说过的："和同样数量的单干的个人工作日的总和比较起来，结合工作日可以生产更多的使用价值，因而可以减少生产一定效用所必要的劳动时间。不论在一定的情况下结合工作日怎样达到生产力的这种提高：是由于提高劳动的机械力，是由于扩大这种力量在空间上的作用范围，是由于与生产规模相比相对地在空间上缩小生产场所，是由于在紧急时期短时间内动用大量劳动，是由于激发个人的竞争心和集中他们的精力，是由于使许多人的同种作业具有连续性和多面性，是由于同时进行不同的操作，是由于共同使用生产资料而达到节约，是由于使个人劳动具有社会平均劳动的性质，在所有这些情形下，结合工作日的特殊生产力都是劳动的社会生产力或社会劳动的生产力。这种生产力是由协作本身产生的。劳动者在有计划地同别人共同工作中，摆脱了他的个人局限，并发挥出他的种属能力。"[②]

在奴隶制度下，奴隶本身没有人身自由。在奴隶劳动中，有一部分是再生产他自己的生活资料的必要劳动，但从表面看来，好像全部劳动都是无偿的。在封建制度下，农奴为自己的劳动和为地主的劳动，在时间上和空间上都是明显分开的。在这两种劳动制度下，劳动、剥削和压迫都是显而易见的。而在资本主义制度下，劳动者劳动得到的报酬，实际上只是购买劳动力的价格，但在表面上，却表现为劳动的价格。好像劳动者的全部

[①] 《马克思恩格斯全集》第44卷，人民出版社第二版，第395—396页。
[②] 同上书，第382页。

劳动都得到了报酬。劳动者的无偿劳动即剩余劳动也表现为有酬劳动的形式，从而掩盖了资本家无偿占有劳动者的劳动，即剥削劳动者的本质。

尽管如此，在这种雇佣劳动关系中，劳动者毕竟得到了一定的人身的解放。人类历史上，劳动者的每一次解放，甚至是微小的解放，都体现着新的、更先进劳动关系的诞生，都会极大地提高劳动者劳动的积极性。正因为这种劳动关系，同奴隶劳动关系和封建劳动关系相比，是一种包含劳动者一定程度解放的先进的劳动关系，所以劳动者在劳动中，就开发出了许多先进技术和先进产业。而先进产业的先进劳动，又创造出了社会进步和先进的社会制度——资本主义制度，创造出了资本主义的奇迹。又因为这种劳动关系中包含着资本对劳动的压迫和剥削，包含着劳动与资本的对立，所以它还不是人类理想的社会制度，必然被新的人类理想的社会制度所代替。

第二章

国际劳动和资产阶级的功劳

这里首先要告诉读者的是，国际劳动的产生和发展，不仅是人类进步的表现，而且是走向共产主义的重要条件。国际劳动、国际市场，是资产阶级开拓的。人们都知道，资本主义生来就有着向外扩张的本性，这种本性就使资本主义制度具有国际性和全球性。国际劳动的产生和发展，总是与资本主义的对外扩张紧密联系在一起的。开拓世界市场，推动国际劳动发展，是资产阶级的功劳。资本主义国际劳动的发展，虽然为资本主义创造出了辉煌，但它受着资产阶级阶级性的局限，资产阶级最后变成国际劳动发展的桎梏。研究国际劳动和国际劳动关系，当然首先要弄清国际劳动的概念。在这里，国际劳动包括两层含义：一是指那种劳动产品不是为了本国消费，而是为了追求更多的价值，或满足自己需要而同他国进行交换、供他国消费的劳动活动；二是指那种利用国际生产要素进行的生产劳动。或者说，国际劳动就是指与国际劳动资源和国际市场相关的劳动。这种劳动的产生和发展，是同国际劳动关系的产生和发展同步的。任何劳动，都是人们在结成的一定的劳动关系下进行的，国民劳动是这样，国际劳动也是这样。与国民劳动关系是国民经济、政治、文化的关系基础和发展的基本动力一样，国际劳动关系，则是国际经济、政治、外交、文化等关系的基础和发展的基本动力。与国民劳动关系不同的是，国际劳动关系在更大程度上受着国家关系的制约。

一 国际劳动的产生和中国的古丝绸之路

作为一个中国人，讲起国际劳动的产生，当然就不能不自豪地联想起当年中国所开拓的丝绸之路，自豪地联想起中国在开拓丝绸之路中所表现出的文明，也不能不联想起当年资本主义的殖民掠夺和资本原始积累，联想起其在掠夺殖民地、进行资本原始积累中所表现出的野蛮和残暴，不能不想这种野蛮与中国文明之间的鲜明对比。其实，这种文明和野蛮的对比贯穿于整个历史，这种文明和野蛮对比的图画，当今仍在我们面前展现着。

"部际"劳动和国际劳动的萌芽

关于国际商品交换的产生，我们似乎可以追溯到阶级社会产生之前。远在原始公社末期，随着畜群和奢侈品的私人占有，就引起了单个人之间的交换。这种交换包含着商品交换的萌芽，包含着随之而来的全部变革的萌芽。在商品交换中，当劳动者不再直接消费自己劳动的产品，而是通过交换把它转让出去的时候，他们就失去了对自己劳动产品的支配权力。当然，这种萌芽状态的单个人之间的商品交换，只是发生在部落内部。而且开始只是一种偶然现象。随着第一次社会大分工产生，即游牧部落从其他人群中分离出来之后，部落与部落之间的商品交换也产生了。作为"部际"之间的交换，开始只是通过各自的氏族酋长进行，随着社会生产力特别是手工业的发展，不同部落成员之间的交换不仅发生，而且发展成为一种经常性的制度。"部际"交换作为"部际"劳动的交换，自然就意味着"部际"劳动的产生。

商品交换和商品生产的产生和发展，是与在生产力发展基础产生的私有制密不可分的。原始公社末期，正是由于私有制的产生和发展，不仅产生了商品生产，出现了专门从事贸易的商人，而且在部落基础上发展出了国家，从而使"部际"交换发展成为了国际交换，"部际"劳动发展成为国际劳动。到了奴隶制社会，由于手工业的发展和城市的兴起，国际之间的商品交换得到迅速发展。而国际交换发展的必然结果，是国际劳动的发展。随着国际交换的发展，专门从事国际商品交换的国际商人，不只以国际商品交换为业，同时还利用自己的有利条件，组织国际交换商品的劳动生产。商品生产的本质是，不是为了自己消费而是为了别人消费、为了交换的生产。在国内商品生产基础上生产的国际商品生产，作为国际商品交换进一步发展的产物，其本质不仅是为了交换，而且是为了拿到国外去进行交换。

国际商品交换和国际商品生产要能够进行，其最基本的条件，是国际货币的产生和发展。在商品交换的开始，游牧部落与其他部落交换主要物品，当然是其所拥有的财产牲畜。不过，当牲畜进入交换领域之后，它就变成了特殊财产，因为它是当时交换的重要物品，而且又方便移动和计算，所以一切商品都用它来估价，人们都乐于交换这种物品，自然而然地使其起着货币的作用，获得了货币的职能。直到贵金属货币的产生。奴隶社会时期国际商品交换和国际商品生产的发展，同这种贵金属货币即金银的产生是分不开的。

当然，奴隶社会由于生产技术落后，交通工具简陋，生产力发展水平很低，进入贸易的商品和从事商品生产的人数很少，所以国际劳动的规模还很小，其在整个社会生产中可以说是微不足道的。当时进入国际贸易的商品，主要是奴隶和奴隶主阶级所追求的奢侈品，诸如宝石、装饰品、各种织物和香料等；当时在欧洲从事这种贸易的国家主要有希腊和罗马等。到了封建社会，国际劳动的规模有一定程度的扩大，比如除了上述那些奢侈品之外，呢绒、丝绸、茶叶、象牙、瓷器、精制的各种手工业制品等，也大量进入国际贸易物品的行列。

值得我们注意的是，在历史一开始，进入国际交换的产品，就不是一般的产品，而是体现着先进劳动或特殊劳动的特殊产品。这种产品之所以能在国际市场上实现更高的价值，能获得超额利润，就是因为它包含有特殊的不同一般的劳动。诸如稀缺产品的劳动、技术先进的劳动、品质优良的劳动等等。

基于奴隶制对国际劳动发展的作用，马克思曾高度评价了它在人类社会发展中的作用。他曾指出：奴隶制也像机器、贸易一样，是我们现代工业的枢纽。因为奴隶制使殖民地具有了价值，殖民地造成了世界贸易，而世界贸易则是大机器工业的必不可少的条件。应该说，国际劳动在奴隶制社会产生后，随着殖民地和地理大发现这两个条件而大发展了起来。新航路的开辟和地理大发现，迅速促进了国际商人资本的发展，冒险远征，残酷的殖民地开拓，使当时的市场已经日益扩大为世界市场。随着资产阶级海外殖民掠夺、工业革命和世界市场的不断开拓，使资本主义的一切劳动生产和消费都国际化了。这种劳动的国际化，使人类历史的发展进入了一个崭新的阶段。

古代国际劳动和丝绸之路

中国是世界国际劳动发展较早的国家，而且在这种发展中，充分显示了东方民族的文明。很可惜的是，在中国封建社会，受重农轻商意识的影响，中国长期实行闭关锁国政策，国际劳动的规模始终都很小。封闭、思想意识落后，这是导致中国长期处于封建统治，先进科学技术不能发展，生产力落后的根源。每个中国人，都应当记住中国的历史，记住那些惨痛的历史教训。

翻开中国的历史，早在公元前2世纪的西汉时期，中国就开辟了从新疆经中亚通往欧洲的丝绸之路。这条丝绸之路，是国际商品贸易和交流之路，也是劳动的国际交换之路。中国大量的丝绸、茶叶、瓷器等产品，就通过这条丝绸之路，运到了欧洲。到了明朝，郑和七次率船队下西洋，开辟了中国对外贸易的海上之路。通过对外贸易，中国不仅把自己的优势劳动产品丝绸、茶叶、瓷器、皮毛等输送到欧洲，运到世界各地，而且把自己在科学技术方面的发明，比如四大发明，也传播了出去。与此同时，也把欧洲和其他地方的优势劳动产品，先进的科学技术带回到国内，促进国内经济的发展。

学过中国历史的人都知道，公元前2世纪，中国的西汉王朝随着国力日渐强盛，为与西域诸国联合打击匈奴，就派遣张骞前往西域诸国游说。公元前139年，张骞带一百多随从从长安出发，不顾生命危险，先后两次西行，历经千辛万苦，先后到达大宛、大月氏、大夏等地。在大夏市场上，张骞看到了大月氏的毛毡、大秦国的海西布，尤其是西汉蜀郡的邛竹杖和蜀布。他由此推知从蜀地有路可通身毒（今印度）、大夏。公元前126年张骞几经周折返回长安，出发时的一百多人仅剩张骞和一名堂邑父了。史书上把张骞的首次西行誉为"凿空"，即空前的探险。这是有史以来的中国派往西域的第一个使团。公元前119年，张骞时任中郎将，第二次出使西域，经过四年时间他和他的副使先后到达乌孙、大宛、康居、大月氏、大夏、安息国阿萨息斯王朝、身毒等国。

张骞把第一次出使西域各国时所看到的详细情况，向汉武帝报告后，汉武帝产生了"广地万里，重九译，威德遍于四海"的强烈愿望。为了促进西域与长安的交流，他招募了大量身份低微的商人，利用朝廷配给的货物，到西域各国经商。这些具有冒险精神的商人中大部分成为富商巨贾，从而吸引了更多人从事丝绸之路上的贸易活动，极大地推动了中国与中西亚国家之间的经济文化交流，同时汉朝在各个关卡的海关税收方面取得了巨大利润。以汉朝廷在西域设立官员为标志，丝绸之路这条连接亚洲、北非、欧洲东西方交流的大通道，开始进入繁荣的时代。

由于通过这条大通道进行交流的产品，主要是中国的丝绸和茶叶，所以在19世纪被德国的一位地理学者称之为丝绸之路，并被各国所接受。丝绸之路对古代中国来说，是个形象而且贴切的名字。因为在古代世界，中国是最早开始种桑、养蚕、生产丝织品的国家。公元前4世纪，希腊人就称中国为"丝国"。近年中国各地的考古发现表明：自商、周至战国时期，丝绸的生产技术已经发展到相当高的水平。中国的丝织品迄今仍是中国奉献给世界人民的最重要的产品之一，它流传广远，涵盖了中国人民对世界文明的种种贡献。除了北方的丝绸之路之外，还有南方的丝绸之路，海上的丝绸之路。通过横贯大陆的陆上丝绸之路，把大量商品输往中亚、西亚和非洲、欧洲国家，通过海上丝绸之路，把商品源源不断地销往世界各国。在古代，正是这一条条丝绸之路，在经济、技术、宗教、思想的交流中，在不同劳动的国际交换中，把中国与世界联系了起来。

欧洲的罗马人从公元前就迷恋上中国的丝绸，就加入了中国人开辟的丝绸之路这个商道。罗马帝国一开始只和周边的一些小国进行贸易，范围小，更谈不上与中国的贸易了。是丝绸之路开通了中国和罗马帝国的贸易，并通过这种贸易使东方和西方紧密地联系在一起。中国用丝织品、茶叶、瓷器来换取安息、希腊、罗马、大食和马其顿的宝石、香料、药材和玻璃器具等。除了经常进行访问、贸易外，还彼此输送自己的物产和技术，推动了东西方物质文明和精神文明的交流，使东西方人民受益匪浅。

在罗马帝国的经济中，最重要的是农业。罗马帝国粮食作物主要是小麦，小麦在帝国各地都有种植。罗马的经济作物主要有橄榄和葡萄，地中海地区是葡萄和橄榄的主要种植地。由于农业生产技术不高，又主要是大规模的庄园，使用奴隶和隶农劳动，所以农业生产的效率并不高。在帝国后期，这些庄园严重影响了国家的税收。所以通过同东方的贸易，罗马不仅每年都要从中国输入大量的丝绸、茶叶、瓷器，还输入大量的粮食、酒和食用油，这也是罗马税收的重要来源。当时中国的丝绸，不仅成为罗马人狂热追求的对象，而且成为沿路各国喜爱的产品。罗马帝国时期的欧洲，中国丝绸用途很广。在西罗马的中心罗马城和东罗马的中心君士坦丁堡，从皇帝、元老院元老以至权贵之家，都以能穿上中国丝绸为荣。基督教会的法衣、祭服、挂幕、祭坛装饰概用丝绸。国家官吏穿着特殊形式的丝袍，世俗富人普遍穿着一般丝袍。3世纪的一位罗马作家说：丝国人制造宝贵的花绸，它的色彩像野花一样美，它的质料像蛛丝一样纤细。

当然，通过丝绸之路贸易的，特别是通过南方丝绸之路和海上丝绸之路贸易的，不仅只是丝绸，还有茶叶、瓷器、皮毛、玉石等许多产品。生产这些产品的劳动，都是技术和工艺水平很高的劳动。这些生产劳动的产品，都曾是世界各国狂热追求的对象。中国通过这条大通道，除出口大量丝绸之外，还输出铁器、镍、贵重金属、铜器、漆器、杏桃和甘蔗等到中亚、西亚直至罗马。中国从中亚以西输入毛织品、玻璃、宝石、玛瑙、香料和化妆品，特别重要的是从大宛输入汗血马、天马；中亚各国的葡萄、苜蓿、蚕豆、石榴、番红花、芝麻、胡萝卜和黄瓜等植物，都传到中国。从西域和伊朗传入中国的，还有箜篌、琵琶、筚篥等乐器及绘画、雕刻、图案设计等技艺。安息和罗马的毛织品、玻璃也源源东来。

丝绸之路的开拓和通过丝绸之路的交流与贸易，不仅促进了中国经济、技术和文化的发展，而且促进了沿路各国，如印度、东南亚、锡兰岛、中东、非洲和欧洲国家经济、技术和文化的迅速发展。无数新奇的商品、新技术与新思想通过这条路，源源不断地交流于欧亚非三洲的各个国家。而且无论是陆上或海上，各国之间的贸易和沟通，都是那么的规则和有序，那么的和平、友善和文明。所以，后来史学家把沟通中西方的这条丝绸之路，称为通商之路、和平之路、友谊之路。它从先秦开始，后经汉唐、宋元、明清4个时期，上下跨越2000多年。

在丝绸之路上川流不息交易的那些丝绸、茶叶、瓷器等产品名称，都成为中国强盛和文明的象征。丝绸不仅是丝路上重要的奢侈消费品，也是历代中原王朝的一种有效的政治工具。中国的友好使节出使西域乃至更远的国家时，往往将赠送丝绸作为表示两国友好的有效手段。同时丝绸的西传也改变了西方各国对中国的印象，由于西传的丝绸和瓷器价格奇高，令相当多的人认为中国乃至东亚是一个物产丰盈的富裕地区。各国元首及贵族曾一度以穿着染着各种颜色的中国丝绸、家中使用有中国瓷器，作为富有荣耀的象征。与此同时，沿路各国特有的中国没有的如稀有植物葡萄、核桃、胡萝卜、胡椒、胡豆、菠菜、黄瓜、石榴等，稀有动物和鸟类、皮货、药材、香料、珠宝首饰等，也传入中国。为中国的日常饮食和消费，增添了更多的选择。

这条丝绸之路，使中国及亚洲成为许多欧洲人向往的一片繁荣富裕的文明国度。欧洲许多国家都竞相开展与中国的贸易与交流。当时的西班牙、葡萄牙等国，还企图绕过被意大利和土耳其控制的地中海航线，经由海路直接与中国通商，并希望能从中获得比丝路贸易更大的利润。有些国家还企图通过丝绸之路将该国所信仰的宗教传至东方。1492年，哥伦布远航中的一个目标，就是最终能到达中国，开创一条通往中国的新的比丝路更好的贸易要道。

古丝绸之路已经成为历史，但其在世界历史上却是中西方交流的光辉一页，其对东西方文明的沟通和交流，有着不可磨灭的贡献。在这种沟通和交流中，不仅充分显示了中华民族的聪明、智慧和文明，也充分显示了中华民族热爱和平、睦邻友好和共同发展的高尚品德。丝绸之路上，到处撒满了平等相待、互通有无、相互启发、相互学习、互相帮助、共同发展的明珠。这些同欧洲国家在资本原始积累时期对外殖民掠夺形成了鲜明的对照。

殖民掠夺和资本主义国际劳动的产生

资本主义国际劳动，是在资本原始积累和殖民掠夺的血与火中产生的。从15世纪开始，以哥伦布探险和发现美洲新大陆为标志，开创了资本原始积累和殖民掠夺的新时代。先是葡萄牙，后是荷兰和西班牙，再后是英国和法国，它们陆续在非洲、美洲、南太平洋扩展他们的势力。至19世纪初期，尽管欧洲强权已在海上遍布，中国依然是西方向往之地，是最兴旺与古老的文明之国，丝绸之路在中西交流史上所带来的精神性影响，使西方在近代200年期间，一直感到与中国贸易，是最能获得巨大利润的生意。

在这里有一个问题，很值得我们深入思考：东方丝绸之路的文明与西方殖民掠夺的残暴，为什么会形成鲜明的对照，很值得人们研究。靠掠夺起家，靠掠夺发展，这是资本主义的本性。过去掠夺，今天仍在掠夺，如果没有贪婪，没有掠夺，没有无偿占有别人的劳动，那就不称其为资产阶级，不称其为资本主义了。这里之所以要回忆这段历史，正是为了让年轻读者加深对资本主义本性的认识。

在资本原始积累中，地理大发现起有特别重要的推动作用。社会生产力的发展，迎来了先进科学技术的发展，在先进科学技术的发展的基础上，有了地理大发现。地理大发现又引来了欧洲以商人为主导的海外殖民活动，而这种殖民活动不仅使国际贸易冲出了欧洲，开始向亚洲、非洲和美洲扩散，大大促进了人类世界性的交往和世界贸易的大发展；而且那些大商人通过这种殖民掠夺和殖民贸易获得大量黄金和白银，从而既为资本的原始积累提供了重要来源，又为资产阶级工业革命提供了外部条件，从而促进了资本主义生产方式形成。资本主义劳动生产方式，或资本主义雇佣劳动制度，其本质是对外扩张性的，或者说是国际性和世界性。所以资本主义劳动关系的确立，同时意味着这种劳动关系全球性发展的开始。

人们都知道，残酷殖民掠夺，是资本主义制度建立时原始积累的基础。殖民掠夺的血淋淋的历史告诉我们，如果没有当初广大落后的殖民地国家的存在，没有资本主义先进国家对殖民地国家的残酷掠夺，就没有资本主义的产生和发展，就没有资本主义的工业革命，就没有现代资本主义的发达，就没有现代资本主义发达国家强大的财富积累。在资本主义的财富中，不仅包含着本国劳动人民的血汗，也包含着广大殖民地国家劳动人民的血汗。由此可见，现在，发达资本主义国家出资帮助发展中国家，即原殖民地或半殖民地国家的发展，这实在是物归原主，理所应当。

顾名思义，所谓殖民掠夺，主要是对殖民地的掠夺。殖民地是指被宗主国占领，由宗主国统治，在政治、经济、军事、外交等方面都没有独立权力，完全受宗主国控制的地区。除了完全的殖民地之外，还有那些虽然拥有行政机关、军队等国家机器，但实际上在政治、经济、外交、军事等方面，受着别国控制的各种类型的半殖民地、附属国、附属领地。而所谓殖民主义，则是资本主义的产物，实质上它是指宗主国在政治、经济、军事上对殖民地人民进行统治、奴役、压迫和剥削掠夺的政策和行为。

殖民地虽然在前资本主义时期就已经被开拓，但它的大发展和最具有的意义，还是在资本主义的产生和发展时期。在资本主义发展的不同时期，殖民主义有不同的表现形式。在资本原始积累时期，殖民者大都采取赤裸裸的暴力手段，如武装占领、海外移民、海盗式的掠夺、欺诈性的贸易、血腥的奴隶买卖等手段，抢占殖民地和掠夺殖民地，为资本主义的产生和发展提供了大量的原始积累。如马克思说的，美洲金银产地的发现，土著居民的被剿灭、被奴役和被埋葬于矿井，对东印度开始进行征服与掠夺，非洲变成了商业性的猎获黑人的场所，这一切标志着资本主义时代的曙光。

15世纪末到16世纪初的地理大发现，是殖民制度大发展的开端。随着文艺复兴运动在欧洲的发展，欧洲出现了对商业资本和财富的渴望。而地理大发现，航路的开通，无疑为欧洲商业的大发展，提供了客观条件。到 17 世纪，由于地理上的发现，不仅引起欧洲在商业上的大发展，而且促进了商人资本发展的大革命，这是促使封建生产方式向资本主义生产方式的过渡。殖民制度，正是随着这种商业的大发展，而大发展起来的。商业发展的实践说明，资本主义的产生和发展，不仅有着封建社会手工业的基础，而且还有着商业大发展的基础。欧洲殖民主义者对殖民地地区进行了残酷的掠夺和野蛮的统治，是资本的原始积累的重要源泉。而资本的强劲扩张及其对势力范围的争夺，则是近代殖民地产生的根本原因。正是殖民制度大大地促进了世界贸易和航运的发展，保证了销售市场以及由市场垄断所引起的资本成倍、数十倍积累。

欧洲最早抢占海外殖民地的是葡萄牙和西班牙。从 15 世纪末到 16 世纪中，这两个国家在非洲和美洲沿海，就已经占领了大量殖民地。特别是由于西班牙征服地区盛产金银，大量贵金属经西班牙流入欧洲，刺激了欧洲其他地区的物价变革和工商业发展。不过，在历史上第一个充分发展了殖民制度的是荷兰，它在 1648 年达到了它的商业繁荣的顶点。它几乎独占了东印度的贸易及欧洲西南部和东北部之间的商业往来。它的渔业、海运业和工场手工业，都胜过任何别的国家。这个共和国所积累的资本，也许比整个欧洲其余地区的资本总和还要多。

贩卖奴隶，是早期殖民掠夺的重要内容。葡萄牙人从 1442 年起，西班牙人从 1502 年起，开始了把非洲黑人运入美洲，进行奴隶买卖。对奴隶贸易的需求促使两国以及英国、荷兰、法国、丹麦等新兴资本主义国家在西非洲沿海建设了许多商站，进行贩卖奴隶、象牙、黄金和辣椒等贸易。但是由于西非的海岸难以接近，再加上当地的地貌和气候不适合欧洲人居住，因此在此后几个世纪的时间里，欧洲对非洲的殖民只限于少数滨海据点。从欧洲国家对这些殖民地的命名，如黄金海岸、象牙海岸、奴隶海岸等上可以看出，在西非的殖民地基本上都属于资源掠夺型殖民地。

西班牙殖民掠夺的对象主要是美洲，到 16 世纪中期，它已抢占的殖民地已经从海地、古巴、墨西哥、秘鲁、智利，以及巴西以外的整个中南美洲。据统计，在 1545—1560 年间，西班牙每年从美洲掠夺的黄金达 5500 公斤，白银 246000 公斤，还有不计其数的其他原料和消费品。依靠枪炮的优势，其掠夺的手段极其残忍。屠杀、抢劫、勒索、强迫奴隶劳动等，真是无所不用其极，对美洲人犯下了滔天罪行。而正是这种残酷的掠夺，使16世纪西班牙成为欧洲最大的殖民帝国。

在殖民掠夺的角逐中，英国虽然是后来者，但它利用资产阶级革命的政治优势，其发展的速度和规模却十分惊人。正如马克思说的，其手段的残忍，比葡萄牙和西班牙，都有过之而无不及。英国工业革命的原始积累，靠的就是这种殖民掠夺。而工业革命的胜利，大量廉价商品，反过来，又大大加强了其进行殖民争夺和殖民掠夺的实力。英国依靠工业革命的优势，通过残酷的殖民掠夺，使自己变成了世界最大的殖民者国家。到第一次世界大战前的1914年，它抢占的殖民地总面积已达到了3350万平方公里，为其本土面积的110多倍；其殖民地人口近4亿，为其本土人口的8.5倍。其从这些殖民地掠夺的财富之多、之大，更是不计其数。历史上的英国霸权、英国世纪，在一定意义和程度上，都是靠殖民掠夺、靠广大殖民地人民的血汗打造的。

不仅如此，英国进行殖民掠夺手段也是最残酷的。欧洲殖民主义者不管是在一个地方定居，或者是由于事务关系在"劣等种族"中暂时居住，他们通常总是认为自己神圣不可侵犯。而在对待"劣等种族"所表现出的那种无耻的傲慢自大和烧死活人祭摩洛赫神般的残忍，英国人和荷兰人要超过法国人。马克思曾用大量事实无情揭露了英国对殖民地的残酷掠夺和统治，特别在印度和中国的残酷掠夺。更值得我们深思的是，如工人的劳动为资本家创造利润的同时，也是在为资本家创造进一步剥削自己的实力和手段一样，殖民地人民在用血汗为英国的资本主义发展、为英国的工业革命提供原始积累的同时，也为其进行进一步的殖民掠夺，提供了新的实力和手段。历史已经证明，欧洲的资本主义列强，没有一个不是依靠欧洲以外的殖民掠夺起家的。它们在欧洲以外直接靠掠夺、奴役和杀人越货而夺得的财宝，源源流入宗主国，并在宗主国转化为资本。殖民制度宣示：赚钱是资本最终的和唯一的目的。

二 资本主义国际劳动的本质和基本特征

开拓世界市场，到世界各地安家落户，进行世界性的扩张和掠夺，按照自己的面貌、意愿，为自己创造一个能够被自己永远掠夺下去的世界，这就是资产阶级的基本特性和最大梦想，也是资本主义制度的基本特征。由这种特性和特征所决定，资产者、货币和资本所有者，都是世界主义者。而资产者掠夺世界的一切梦想和行为,都只有在国际劳动的充分发展中才能实现。依照马克思主义的理论,由于资本主义国际劳动关系,是一种建立在资产阶级对工人劳动者剥削基础上的雇佣劳动关系,所以资产阶级开拓世界市场自始至终,都充满着资产者对劳动者的剥削,对劳动者劳动的无偿占有。

利润最大化和国际扩张无限性

国际劳动产生和发展的历史,体现着人类社会从奴隶社会的手工业、封建社会的工场手工业、到资本主义机器大工业产生和发展的历史。16世纪以前,由于手工业发展的局限,国际商品交换虽然已经有了二三百年的历史,但其规模和地区都很有限。而且由于历史和社会制度的原因,世界贸易的中心一直是在欧洲,而且主要集中在地中海周围。如马克思所说的:"14世纪和15世纪,殖民地尚未出现,对欧洲说来美洲还不存在,同亚洲的交往只有通过君士坦丁堡一个地方,贸易活动以地中海为中心。"① 到16世纪之后,国际贸易发展速度加快,不仅从地中海地区向大西洋沿岸、北海和波罗的海沿岸迅速扩散,而且开始从欧洲向世界各地发展。

作为国际贸易发展基础的手工业的发展,反过来又促进了国际贸易的更大发展。在劳动形式上,随着由手工业作坊发展成为工场手工业,协作劳动也发展起来。自16世纪开始,在工场手工业协作劳动的发展中,又产生了占有生产资料的工场主和一无所有的工人对立,产生了雇佣劳动关系。工场主成为资本家,无产者成为雇佣工人。随着工场手工业的发展,工场主拥有的生产资料越来越多,雇佣的工人也越来越多。工场手工业的发展,始终是与商品交换、商业的发展,从而与货币金融业的发展紧密联系的。许多大型的工场手工业主,都是新的大商人贵族和大金融贵族。他们的本性是要求自由市场、自由贸易、自由剥削、自由发财。这自然同旧的封建行会、封建专制制度,发生了尖锐的矛盾。由于这种矛盾的积累和发展,终于在1640年从英国开始,爆发了资产阶级的革命。政治革命成功后,适应工业发展的需要,又发生了工业革命。这两场革命,确立了资本主义制度,为资本主义大发展,也为国际劳动的大发展,彻底扫清了障碍、开辟了道路。这两大革命的胜利,就使比奴隶劳动和封建个体劳动先

---

① 《马克思恩格斯选集》第1卷,人民出版社1995年,第157页。

进的雇佣劳动,作为社会制度确立和巩固下来,并迅速在全世界扩展。

我们知道,国际劳动的发展,是由国际商品交换的发展带动的。商品作为物化的劳动,国际商品交换,本质上就是国际劳动的交换。商品交换作为社会生产力发展的产物,其基本条件是劳动产品的私有和对别人劳动产品的需求。商品交换和劳动分工是相辅相成的。原始的劳动分工促进了劳动生产率的提高,产生了私有制,产生了商品交换;而商品交换的发展,又反过来,促进了劳动分工的发展,从而促进了劳动生产率的更大提高。这种相辅相成的关系,也存在于国际商品交换和国际劳动分工中。不过,在国际商品交换和国际劳动分工的发展中,由劳动环境、技术条件所决定的劳动产品的差异性,也是重要的动因。资本主义制度确立后,随着其对外扩张和国际劳动的大发展,其对外掠夺的手段也在不断发展着、变化着。

资本主义时代的国际劳动关系,本质上仍然是资本主义雇佣劳动关系,只是由于国家主权的作用,这种雇佣关系具体运作起来更加复杂而已。学过马克思主义政治经济学的人都知道,资本主义雇佣劳动关系,作为人类最后一个阶级压迫、剥削和对立劳动关系,其基础或者前提,是劳动力成为商品。在这种劳动关系中,劳动者作为劳动力的所有者,表面上完全是独立的、自由的。然而,因为只有在把自己的劳动力作为商品在市场上卖出去,或者被资本家买去,并能为资本家提供剩余价值,劳动才能进行,自己才能生存。所以,实际上劳动受着资本的支配,劳动者受资本家的支配。和以往不同的是,雇佣劳动制度,是一种具有隐蔽性的剥削和压迫形式。在这种形式下,金钱的力量代替了暴力,资本代替了权力。奴隶制度、农奴制度、资本主义制度三者的本质区别,就在于由于科学技术和生产力发展水平不同,剥削阶级剥削劳动者即无偿占有劳动者的劳动的方式的不同。

历史的发展证明了,资产阶级作为资本的人格化,对剩余价值的追求是无限的。如果说现代资产阶级与过去的剥削阶级有什么不同的话,那就是它的无限的贪婪性、扩张性和世界性。为了利润的最大化,为了不断扩大产品的销路的需要,资产阶级一登上舞台,就鬼使神差地奔走于全球各地,到处侵略,到处掠夺,到处推行殖民制度,到处安家落户。到19世纪末,由资本主义扩张所带动的世界市场的迅速发展,国际劳动已经普遍化。当时的英国已经成为世界性的工业、商业和殖民大帝国,成为世界工厂，世界工业产品的主要供应地，而世界许多国家也成为英国工业原料的供应地。伦敦已经成为世界贸易和金融的中心。从此，不断扩大产品销路的需要，驱使资产阶级奔走于全球各地，它必须到处落户，到处创业，到处建立联系，一切国家的劳动生产和消费都成为世界性的了。

资产阶级挖掉工业脚下的民族基础，使古老的民族工业萎缩了，或者被消灭了，代替它们的是新兴的资本主义大工业。这些工业所加工的已经不是本地的原料，而是来自极其遥远地区的原料。它们的产品不仅供本国消费，而且同时供世界各地消费。旧的只靠本国产品满足需要，被新的、要靠极其遥远的国家和地带的产品来满足需要所代替。过去的那种地方的和民族的自给自足和闭关自守的状态，被各民族的各方面的相互来往和各方面的相互依赖所代替了。正是资本主义生产方式本能地向外扩张，使国民劳动越来越转变为国际劳动，从而开辟了一个国际劳动的时代。由国内劳动发展为国际劳动，这是人类发展进步的表现，是人类社会发展进步的一个必然阶段。

马克思在分析国际劳动形成、发展的动因和动力时，主要指出了两个重要因素：一是资本主义的私有制，另一个是资本主义大工业。在马克思看来，是建立在大工业基础上的资本主义私有制，打破了封建所有者关系的地方性和民族性，使一种世界主义的、普遍的摧毁一切界限和束缚的能量发展了起来。使"一切财富都成了工业的财富，成了劳动的财富，而工业是完成了的财富，正像工厂制度是工业的即劳动的发达的本质，而工业资本是私有财产的完成了的客观形式一样。——我们看到，只有这时私有财产才能完成它对人的统治，并以最普遍的形式成为世界历史性的力量"[①]。

国际劳动和国际劳动关系的发展，始终由劳动力的发展、劳动生产力的发展和在这种发展基础上的国际分工所决定。劳动力和生产力上的差别，不仅决定着各国的经济实力和在国际劳动分工地位的差别，也决定着政治地位和军事实力上的差别。在经济实力上，主要表现在以科学技术为核心的生产力发展水平，专业化分工和内部交往发展的程度。生产力发展程度高、有分工优势和内部交往发达的国家，因为在与其他国家交往中处于比较有利的地位，因而就自然比较愿意、比较容易与其他国家交往。并

---

① 马克思：《1844年经济学哲学手稿》，人民出版社2000年版，第77页。

在这种交往中获得更大的利益。在政治和军事实力上,主要是政治影响力、军事威慑力、武器生产的先进程度和对外的实战能力。国际劳动关系发展的历史已经证明,那些政治和军事实力强的国家,常通过政治影响、军事威慑和侵略战争,强迫殖民地和落后国家接受不合理的国际分工秩序,接受与他们之间的不合理的国际分工,以在这种分工和劳动关系中,获得超额利润。无论走哪种途径,其所造成的相互影响、交往活动的范围越是扩大,国际分工越发展,劳动的原始封闭状态就消灭的越彻底,国际劳动关系就越发展。然而,在这种发展中,始终对发达国家更有利,始终存在着发达国家对落后国家的剥削和掠夺。

国际劳动产生和发展的历史性意义,还体现在它是人类实现理想的共产主义社会的基础和条件。按照马克思主义的理论,共产主义社会是人类与自然、人类与社会、人类与自身都达到了历史性的和解,真正实现了世界的和谐发展的社会。实现这样社会的基础和条件,是私有制和阶级的消灭,国家的消亡,各民族生活条件日益趋于一致,各民族之间的隔绝和对立也随之消失,各种带有阶级剥削性和压迫性的旧的劳动分工消灭,各种对联合劳动的地域性的障碍消除。只有具备了这样的基础和条件,人类才能够真正达到共同劳动、共同享受劳动成果、并在共同劳动中实现自身全面发展,才能达到联合劳动在共产主义中实现着自己的同时,共产主义在联合劳动中实现着自己。大家都在自由人的联合体中按照新的管理形式、新的劳动分工,为增加生产力的总量而自由劳动、自由交往,和谐幸福地生活。

国际价值规律和不平等权利

国际劳动的产生和发展,虽然是人类社会进步的表现,但在不同的社会制度下,国际劳动具有不同的性质。在资本主义制度下,劳动是资本的附属物,劳动关系的性质是由资本的性质决定的,这种劳动关系集中体现在劳动生产过程中的资本与劳动力的关系。同样,资本主义国际劳动的性质是与国际资本的性质紧密联系的。资产阶级的产生和发展,同时是资本的产生和发展,而资本的国际性发展,也同时是劳动的国际性发展。劳动的国际性是由资本的国际性所引导和推动的,二者有密切联系。

资本是积累的劳动。由资本国际运动而激发的国际科学技术的发展,构成了国际劳动发展的基础和动力,决定着国际劳动的发展进程。在马克思主义者看来，资本不是物，也不是一般的货币，而是一种社会关系。在这种社会关系中，资本和劳动的关系，即资产阶级剥削无产阶级的关系，是最基本的关系。在这种关系下，只有能够带来剩余价值的货币，才能成为资本。而资本的生存条件是雇佣劳动，它具有无限的扩张性和世界性。一旦这种转化为资本的货币跨过国界成为世界货币，资本所有者就变成了世界主义者。与此同时，作为资产阶级生存和统治根本条件剩余劳动的积累，即资本或财富在私人手里的积累，也就同时变成国际性和世界性的了。

国民劳动之所以能够转化为国际劳动或世界劳动，与国民商品交换之所以能转化为国际商品交换一样，秘密不仅在于其包含有共同的价值亦即国际价值——可以计量的抽象国际抽象劳动，有体现这种价值的货币；而且还在于通过在国际市场上的交换，能够获得到更多的利润。国际价值理论，是马克思劳动价值论的重要组成部分。随着世界市场的出现和国际分工的发展，随着货币发展为世界货币，国内商品交换便发展为国际商品交换，商品的国民价值也发展为国际价值，并成为世界经济中的一个重要范畴。随之价值规律也具有了国际性，也发展为国际价值规律。只有当国民价值转化为国际价值、价值规律转化为国际价值规律的时候，一般的无差别的人类劳动，才真正具有了国际意义，才能进行国际贸易。

按照马克思主义的理论，所谓国际价值，就是各国在世界市场上进行商品交换时所体现的国际劳动价值。它的计量单位，是世界劳动的平均单位，即用在平均劳动熟练程度和劳动强度下，生产这种商品所需要的国际必要劳动时间来计量和确定的。而国际必要劳动时间，又是指在国际标准生产条件下，以平均劳动生产率计算的劳动时间。决定劳动生产率的主要因素有劳动知识和技术含量水平、劳动熟练程度、劳动强度等。实际上，具体的国际商品交换并不都完全是按照国际价值进行的，而是围绕国际价值上下波动的。劳动的知识和技术含量高、劳动的熟练程度高、劳动的强度大，一句话，劳动的品质和劳动生产率高的国家，在同样的劳动时间所生产出来的产品，在国际市场上的实际价值，总要高于国际价值，总能获得比国内市场上高的利润或超额利润。

如马克思所说的，"不同国家在同一劳动时间内所生产的同种商品的不同的量，有不同的国际价值"①。在以各国作为组成部分的世界市场上，国家不同，劳动品质和强度也不同。有的国家高些，有的国家低些。于是各国的平均数形成一个阶梯，它的计量单位就是世界劳动的平均单位。强度较大、劳动品质高的国民劳动，比强度较小、劳动品质低的国民劳动，自然会在同一时间内生产出更多的价值，从而表现为更多的货币。这正是国际劳动得以不断发展的动力。马克思还说明，即使在技术比较落后，劳动生产率比较低的国家，在国际交换中，他们所付出的事物形态的物化劳动要多于它得到的，但通过这种交换所得到的商品，也会比它自己生产更便宜，从而节约社会劳动而获得经济利益。这也正是落后的国家积极融入国际劳动的原因。

当然，决定劳动在国际市场上实际价值的要素中，由劳动品质所决定的劳动产品的质量，占有日益重要的地位。劳动产品的质量不仅蕴含在劳动熟练程度和劳动强度中，更重要的是蕴含在劳动者的素质中。在同样劳动时间，生产出同样数量的产品，产品的质量不同，其实际价值会有很大的差别。马克思说过，一个国家资本主义生产越发达，那里国民劳动的强度和生产率，就越会超过国际水平。因此，不同国家在同一劳动时间内所生产的同种商品，有不同的量，有不同的国际价值。强度较大的国民劳动比强度较小的国民劳动，会在同一时间内生产出更多的价值。这里我们应当补充说，劳动产品质量较高的国民劳动比质量较低的国民劳动，也会在同一时间内生产出更多的价值。

由于各国发展进程的不平衡，科学技术和生产情况千差万别，国际间劳动力不能自由转移，缺乏合理的国际政治经济秩序，特别是受国际市场的垄断和强权政治等因素的影响，虽然存在着国际价值和国际价值规律，但实际国际价格的形成却是非常复杂的。价值规律在其国际范围内的应用，还会由于下述情况而发生更大的变化：只要生产效率较高的国家没有因竞争而被迫把他们的商品的出售价格降低到和商品的价值相等的程度，生产效率较高的国民劳动在世界市场上也被算作强度较大的劳动。一个国家的资本主义生产越发达，那里的国民劳动的强度和生产率，就越会超过国际水平。因此，不同国家在同一劳动时间内所生产的同种商品的不同量，有不同的国际价值，从而表现为不同的价格，即表现为按各自的国际

---

① 马克思：《资本论》第1卷，第614页。

价值而不同的货币额。所以，货币的相对价值在资本主义生产方式较发达的国家里，比在资本主义生产方式不太发达的国家里要小。

从本质上说，国际劳动交换与国民商品交换一样，也是一种表面平等而实际上不平等的权利。国际市场上的劳动交换，特别是发达国家与发展中国家之间的劳动交换，即使按照国际价值规律进行交换，也不可能是完全的等价交换。如马克思所分析的，两个国家可以根据利润规律进行交换，两国都获利，但一国总是吃亏——利润可以低于剩余价值，也就是说，资本可以交换获得利润，然而并没有在严格意义上实现价值增值。因此，不仅单个资本家之间，而且国家之间可以不断进行交换，甚至反复进行规模越来越大的交换，然而双方的赢利无需因此而相等。一个国家可以不断攫取另一个国家的一部分剩余劳动而在交换中不付任何代价，不过这里的尺度不同于资本家和工人之间交换的尺度。

加上受诸种不能等价交换因素的影响，国际贸易中的不平等，国际贸易中的掠夺和剥削，就是自然而然的了。一般地说，掠夺和剥削者，总是拥有较高技术、较多资金、实力雄厚、在国际经济政治秩序中占有支配和垄断地位的发达国家，而被掠夺和被剥削者，总是在所有这些方面都处于劣势的落后国家。如马克思分析的，由于发达国家在和落后国家贸易竞争中，即使卖得便宜，也能以高于商品的价值出售自己的商品，取得较高的利润。比如一个国家的三个工作日可能同另一个国家的一个工作日交换，或者说，不同国家的工作日相互间的比例，可能像一个国家熟练的、复杂的劳动同不熟练、简单的劳动的比例一样。在这种情况下，比较富有的发达国家剥削比较贫穷的落后国家，就非常容易理解了。甚至在后者从交换中得到好处的时候，情况也仍然是这样。只要发达国家的劳动作为质量较高的劳动来使用，利润率就高，因为这种劳动没有被作为质量较高的劳动来支付报酬，却被作为质量较高的劳动来出售。就是说，他把他所使用的高出一般劳动的高品质劳动，作为剩余劳动来使用，因此，他实现了一个超额利润。

总之，由于生产力发展水平的不同，在国际劳动交换中，比较先进的发达国家，总是能够剥削比较落后的、贫穷的国家。在国际分工中，长期处于落后的国家对发达国家总有着依附性或依附关系，比较先进、发达的国家总是垄断着最先进的技术、具有最先进的生产力，因而能通过垄断价格，获得垄断利润等。但从第二次世界大战后的情形看，被比较先进、发达国家所控制的不合理的国际经济政治秩序,也是重要原因。形成这种不合理、有利于发达国家的贸易秩序,有历史原因、经济原因,更有强权政治和霸权主义的原因。比如由强权政治和霸权主义所造成的市场开放的不对等、国际贸易活动的不平等、进出商品的不等价等,都严重损害着发展中国家的利益。

新型国际劳动关系的出现和国际劳动价值分配的新变化

国际劳动关系作为国民劳动关系的国际延伸,由不同国民劳动关系延伸所构成的国际劳动关系,自然存在着各种国民劳动关系的交叉、碰撞、混合或融合,从而自然有着不同于国民劳动关系的性质和特征。决定这种不同性质和特征的主要因素,是国家主权及其体现这一主权的政策、法律和具体管理。国际劳动关系,是最基础性的国际社会关系,它不仅直接体现着国际生产要素的结构和关系,诸如劳动力、资本、管理等要素在劳动中的地位、作用和结合的方式等,而且还集中体现着在生产要素中起决定作用的财产关系。可以说,国际劳动关系就是国际财产关系的另一种表现形式。

就当今国际劳动关系现实状况,我们基本上可以把它分成三种类型,即资本主义性质的国际劳动关系,社会主义性质的国际劳动关系,以及这两种劳动关系的混合。社会主义制度在世界上出现之前,国际劳动基本上是由资本主义雇佣劳动关系所统治。这种劳动关系的基本特征,是劳动和资本的对立。在这种关系下,生产资料归资本家所有,劳动者作为劳动力,只有出卖给资本家,才能与生产资料相结合,开始劳动产生过程,并通过给资本家提供劳动,而取得报酬,维持生存。同样,资本家只有购买到劳动力,使这种劳动关系和劳动过程得以维持,才能不断获得剩余价值。就是说,资本剥削劳动,是这种关系的本质;资本家攫取最大限度的利润,是这种劳动关系运行的根本目的和动力。如在第一章中阐述过的,在这种劳动关系下,由于劳动异化,劳动已经不是劳动者发展自己的力量,反而成为自己的对立面,成为资本家剥削的手段或材料,成为压榨自己的异己的力量。

国民劳动关系,是一个主权国家内部的经济关系。而国际劳动关系则不仅受着国际体系和国际秩序的影响,而且受着不同国家主权的制约。在国家还是国际社会主要行为体的情况下,国际劳动关系最终体现的是国家关系。国际劳动价值在不同国家的分配，是由各国在既定的国际劳动分工秩序下，其在国际劳动分工中的地位决定的。依据社会制度、发展水平和在这种秩序下所处地位的不同，目前世界上存在着四类国家，即资本主义发达国家、欠发达国家、发展中国家和社会主义国家。各类之中，又有相对先进和落后之分。国际劳动剩余价值，主要是被发达资本主义国家的国际垄断资本家所获得。其他国家则由于科学技术、生产力发展水平的不同，在国际劳动分工中所处的地位不同，这种剩余价值在各国分配中有着不同量。

一般说来，获得比较多的，是那些掌握有高技术、特别是核心技术，资本实力雄厚，在国际劳动分工中属于知识、技术比较先进，资本实力雄厚的资本主义发达国家；次之是那些比较发达或欠发达的资本主义国家；再次之是属于资源密集型或劳动密集型的发展中国家或落后国家。也就是说，在不合理和不公正的国际劳动分工和秩序下，国际劳动价值分配的总的趋势是，发达国家吃肉，欠发达国家喝汤，贫穷和落后国家只能被宰割。当然，对于广大落后国家来说，这种被宰割也是为了自身发展所必须要付出的代价。

国际劳动关系作为一切国际关系的基础，不仅体现着资本对劳动的压迫和剥削，而且体现着发达国家对落后国家的掠夺和剥削，体现着世界经济、政治、军事、文化等一切领域中的矛盾和斗争。在这种劳动关系中，那些发达国家的大国际垄断资本家们，利用自己技术优势和运用资本主义国家的力量，通过各种掠夺性的不平等交换，通过对落后国家廉价的自然资源、劳动力资源等掠夺性的利用，从而获得到比在国内高得多的超额利润。当然，少数最发达的国家，不仅压迫、剥削着发展中国家和落后国家，而且也剥削着欠发达国家，只是剥削的程度不同。

这种劳动关系使劳动和资本的对立和斗争，具有了国际性质和国际联合性，这是显而易见的。不过，在被压迫、被剥削的国际劳动者联合起来，对付资本家为掠夺、剥削整个世界的联合的对立和斗争中，劳动者的联合要比资本家的联合困难得多。不过，从发展趋势看，全世界劳动者联合起来，为实现英特纳雄耐尔进行最后斗争，这是不可逆转的。人们都不会忘记1886年5月1日那一天在美国发生的事件。那是工人阶级起来反抗、斗争的第一次国际联合。至今工人们都还在庆祝纪念这个节日，"五一国际劳动节"。

美国虽然是个后起的资本主义国家，但在剥削、压榨劳动者的残酷性方面，却走在前面。资本家为攫取更多剩余价值，都不顾工人的死活，肆意延长劳动日、加强劳动强度，使广大工人劳动者苦不堪言。1886年5月1日，在芝加哥举行了由8个国家工人参加的第一次国际工人反对资本家剥削，争取8小时工作日的大罢工和大游行。在工人唱的那支"八小时之歌"中，就体现出了世界工人阶级联合起来进行革命的愿望。歌中这样唱道：我们要把世界变个样，我们厌倦了白白的辛劳，光得到仅能糊口的工饷，从没有时间让我们去思考。我们要闻闻花香，我们要晒晒太阳，我们从船坞、车间和工厂，召集我们的队伍，争取八小时工作，八小时休息，八小时归自己。这次工人运动虽然遭到资产阶级的血腥镇压，但只要资本主义剥削制度还存在，这种革命的烈火是没有人能扑灭的，只能越烧越旺。

人们不会看不到，在当今的国际垄断资本主义时代，随着国际垄断资本全球性的发展，虽然国际劳动关系中劳资之间的对立和斗争也在发展，但从总的趋势看，仍然是有利于资本家，而不利于劳动者。比如那些巨型的国际垄断公司，其员工遍布全世界。一方面，这些分散在世界许多国家的劳动者相隔千山万水，加上不同主权国家的局限，他们不可能紧密团结一致地进行反对压迫和剥削的斗争，而且在国家力量的作用下，分散了他们反对资本家压迫和剥削的力量。另一方面，资本家为获得更高的利润，必然选择那些资源条件好而且廉价的国家和地区进行投资。除了廉价的自然资源外，更重要的是廉价的劳动力资源。这样投资进行劳动生产的必然结果是，在国际垄断资本通过使用廉价劳动力而获得高额垄断利润的同时，造成了子公司廉价劳动力与母公司高价劳动力的竞争和排挤，从而造成了工人阶级内部的矛盾，削弱了一致反对资本家的力量。正如马克思论述过的，资本家们在为利润而进行残酷竞争的同时，也加剧了无产者为工作即为生存的残酷竞争。这种竞争的加剧，显然有利于维护国际垄断资本的剥削和统治。

生活在现代的人都会看到，社会主义制度在世界上的诞生，打破了资本主义劳动关系的一统天下，产生了社会主义的国际劳动关系。按照马克思主义的理论，社会主义国际劳动关系与资本主义国际劳动关系根本不同，它不以赚取利润为唯一目的，而讲究合作共赢，共同发展。特别是在成熟的社会主义劳动关系中，生产资料是归社会即全体劳动者所有，劳动者已经不再是可以自由买卖的商品，劳动者通过与生产资料直接结合的劳动所创造的价值，在为了共同利益作了一定的扣除之后，应当全部归劳动者自己所有和支配，不存在无偿占有别人劳动的现象。然而，现实的社会主义还属于社会主义的初级阶段，在这个阶段上，由于受生产力发展水平的制约，还不能实现消灭私有制，从而还不能完全消灭劳动力的商品性，不能消除在劳动价值分配方面的完全平等。

值得注意的是，在资本主义向社会主义过渡的大时代里，出现了一种新型的劳动关系，即既包含有社会主义因素也包含有资本主义因素的混合劳动关系。社会主义国家为了尽快发展生产力，不得不通过各种渠道和方式，大量引进和利用资本主义国家的资本、先进技术和先进管理，让采用资本主义劳动关系的资本主义垄断企业，到社会主义国家安家落户；处于发展生产力的同样目的，随着发展生产力的需要，社会主义国家采用社会主义劳动关系的企业，也到资本主义国家安家落户。这样在现实的国际劳动关系中，就存在着上述两种性质劳动关系的混合或交叉。到社会主义国家投资生产的资本主义企业，必然要按照社会主义国家的政策和法律，实行一些社会主义劳动关系的因素。到资本主义国家投资的社会主义企业，同样也必须按照资本主义国家的政策和法律，实行一些资本主义劳动关系的因素。这两种跨国企业实行的都不是原本性质的劳动关系，而是两种原本性质劳动关系混合的一种新型的劳动关系。

在这种混合劳动关系中，虽然剥削关系还存在，但劳动者的身份、地位和受剥削的程度，却都有所改变。而且这种改变程度的大小，决定于投资者的身份。比如由资本家投资的企业中，仍带有一定的掠夺性，其目的不是共同发展，只是贪婪利润。由于大量利用社会主义国家廉价的资源和劳动力，其获得的利润却是很高的，社会主义国家和劳动者的获得是很少的。然而，为了能就业，为了能生存，为了能发展生产力，为了能实现理想，虽然只是赚到了很少的加工费，社会主义国家和这些国家的劳动者，也能够忍受，而且也不得不忍受。由社会主义国家投资的企业，虽然也讲经济效益，也讲利润，但其目的是为了共同发展、合作共赢，劳动者通行着利益共享和按劳分配的原则。

三 国际劳动的发展和资本主义财富积累

毋庸置疑，资本主义的财富，是靠对外掠夺积累起来的。从原始积累的殖民掠夺开始，直至当今的国际垄断资本主义，都没有片刻离开过对外掠夺，只是掠夺的方式在不断变化着。国际劳动作为国际商品生产和交换的伴侣，和世界市场一样，是由资产阶级开拓出来的，是资本主义对外掠夺的依靠。没有世界市场开拓，没有国际劳动的发展，就没有资产阶级巨大的资本积累，没有资本主义的发展的奇迹。资本主义国际劳动的发展过程，既是资本主义雇佣劳动关系的国际化和全球化的过程，也是资产阶级利用这种劳动关系，进行着全球性的剥削和掠夺，从而积累着自己的巨大财富的过程。

国际劳动形式和资本超额利润

同资本主义国民雇佣劳动制度一样，在资本主义国际雇佣劳动制度中，劳动者和资本家是相互依存、对立统一的关系。在这种关系下，雇佣工人是资本家存在的前提，如果没有无产者出卖劳动力，资本和资本家就不会产生；反之，雇佣工人又以资本家和资本的存在为前提，如果没有资本家的资本被用来购买劳动力，雇佣工人和雇佣劳动也就不会出现。对于雇佣工人来说，劳动只是维持劳动力再生产的一种手段；而对于资本家来说，是要通过这种劳动，获取更多的财富，即更多工人劳动的剩余价值。工人在劳动过程中，只有为资本家提供了剩余劳动，生产了剩余价值，才能够占有必要劳动，获得自己劳动力的价值。

对资本家来说，其之所以要向外扩张，就是因为能够获得比国内利润更高的超额利润。资本主义国际劳动的动因、动力和目的，都是追逐超额利润。从历史上看，追逐这种利润的方式或手段，基本上有三种：一是利用国家的力量，直接进行暴力掠夺方式，在历史上，这种方式主要盛行于殖民地时期；二是利用他们控制的不合理的国际政治经济秩序，实行商品的不等价交换，即掠夺性的贸易的方式；三是利用自己所控制的资本和先进生产技术，通过资本、技术和先进设备的垄断和输出，利用被输出国家大量廉价的自然资源和人力资源，采取协作劳动和机器劳动等先进劳动方式和管理方式。后两种方式是资本家一贯采取的方式。资产阶级巨大的财富积累，资本主义的一切奇迹，都是建立在这种从世界各地源源不断流进自己口袋的超额利润基础上的。

资本主义的对外扩张，首先是把资本主义雇佣劳动的具体形式，即协作劳动和机器劳动扩展到全世界。资本主义正是利用这种先进的劳动方式，加之对象国廉价的资源和劳动力，而获得超额利润的。从实质上说，机器劳动也是一种协作劳动，是由机械参与的或利用机械的特殊形式的协作劳动。协作劳动，无论在何种历史发展阶段，都是一种先进的劳动形式。资产阶级把这种劳动形式向世界扩张，自然带动了世界经济的发展。

也就是说，协作劳动不仅始终是资本主义生产占统治的劳动形式，也是资本主义国际劳动中占统治地位的具体形式，是这种形式的不断变化和发展。如马克思已经阐明过的，协作劳动，是同规模较大的生产结合在一起的，它并不构成资本主义生产方式的一个特殊发展时代的固定的特殊劳动形式，而是资本主义生产方式的基本劳动形式。其原因，就是这种劳动形式是资本家剥削工人的最有利的形式。由于在雇佣劳动制度下，实际的劳动过程隶属于资本，而资本主义生产的起点，是同一个劳动过程中同时雇用较大量的雇佣工人。这个起点是和资本本身的存在始终是紧密结合在一起的。因此，一方面，资本主义生产方式表现为劳动过程转化为社会过程的历史必然性；另一方面，劳动过程的这种社会形式表现为资本通过提高劳动生产力来更有利地剥削劳动的一种方法。值得特别提出的是，这种协作劳动有着如下三个方面的突出特点：

一是在这种劳动形式中，资本家的管理就其形式来说是专制的，即通过各种强迫的手段，使工人在既定的时间，为其生产尽量多的剩余价值。随着大规模协作的发展，这种专制也发展了自己特有的形式。协作劳动的实践，证明了马克思所阐明的，资本主义的管理就其形式来说是专制的。随着大规模协作的发展，这种专制也发展了自己特有的形式。资本家所以是资本家，并不是因为他是工业的领导人，相反，他所以成为工业的司令官，因为他是资本家。工业上的最高权力成了资本的属性，正像在封建时代，战争中和法庭裁判中的最高权力是地产的属性一样。

二是在这种劳动形式中，由协作劳动而产生的社会生产力，无需给劳动者支付任何报酬。因为在资本主义的劳动关系中，只要工人作为劳动力的出卖者和资本家进行交易，他就是自己劳动力的所有者，他只能出卖他所占有的东西，出卖他个人的、单个的劳动力。在劳动力市场上，工人作为独立的人是单个的人，他们只和同一资本发生关系，而彼此不发生关系。他们的协作是在劳动过程中才开始的，但是在劳动过程中他们已经不再属于自己了。他们一进入劳动过程，便并入了资本。作为协作劳动的人，作为一个工作机体的肢体，他们本身只不过是资本的一种特殊存在方式。因此，工人作为社会工人所发挥的生产力，是资本的生产力。只要把工人置于一定的条件下，劳动的社会生产力就无须支付报酬而发挥出来，而资本正是把工人置于这样的条件之下的。因为劳动的社会生产力不费资本分文。另一方面，又因为工人在他的劳动本身属于资本以前不能发挥这种生产力，所以劳动的社会生产力好像是资本天然具有的生产力，是资本内在的生产力。

三是在这种协作劳动中，细致的劳动分工，不仅有利于劳动技术的发展，而且能使社会生活资料和生产资料越来越多地转化为资本。首先，劳动分工使所使用的工人人数的增加成为技术上的必要。因为单个资本家所必需使用的最低限额的工人人数，要由现有的劳动分工来规定。另一方面，要得到进一步劳动分工的利益，就必须进一步增加工人人数，而且只能按倍数来增加。但是随着资本的可变部分的增加，资本的不变部分也必须增加，建筑物、炉子等共同生产条件的规模要扩大，原料尤其要增加，而且要比工人人数快得多地增加。由于劳动分工，劳动生产力提高了，一定劳动量在一定时间内消耗的原料数量也就按比例增大。因此，单个资本家手中的资本最低限额越来越增大，或者说，社会的生活资料和生产资料越来越多地转化为资本，这是协作劳动的技术性质产生的一个规律。

这些特征说明，贯穿于雇佣劳动制度中的协作劳动这种形式，既表现为社会经济发展中的历史进步和必要的发展因素，也表现为文明的和精巧的剥削手段。资本主义协作劳动中的劳动分工，使物质生产过程的智力作为别人的财产和工人相对立；资本主义机器大工业，则把科学作为一种独立的生产能力与劳动分离开来，并迫使它为资本服务。资本主义雇佣劳动同奴隶劳动和封建个体劳动相比，无疑是一种历史性的进步。而这种进步性，主要是通过协作这种劳动形式表现出来的。比如，这种协作是机器大工业的基础，是工业革命的起点。使用机器生产，是人类的进步，而机器只有通过直接的社会化的或共同协作的劳动才能发挥作用。机器大工业是资本主义生产方式和雇佣劳动制度发展进入成熟阶段的标志。机器大工业之所以为资本主义社会创造了空前的辉煌，是因为它把巨大的自然力和自然科学并入生产过程，从而必然大大提高劳动生产率。然而，在资本主义社会，由于机器是生产剩余价值的手段，它使劳动力贬值了。它由于提高了资本家对剩余价值的贪婪，所以反而加强了劳动者的劳动强度，造成了劳动者的过剩，对劳动者来说却成为苦难，成为资本家排挤工人、镇压工人反抗的杀手。

在资本主义的国际劳动中，由于机器是生产剩余价值的手段，所以机器的采用不仅使资本增强了对他人劳动的贪欲，并有条件把工作日延长到超过自然界限，而且能把工人家庭全体成员都置于资本的统治之下。正如马克思所说的，资本家使用机器的第一个口号，是让妇女和儿童参加劳动。机器的应用使资本主义工厂制度成为对工人的专制制度，只是奴隶监督者的鞭子被监工的罚金代替了。由于贪图剩余价值的欲望所引起的种种矛盾所决定，资本主义机器大工业发展的必然规律是周期性的经济危机。正因为雇佣劳动制度存在着这种根本性的弊病，所以它必然被新的、更为先进的劳动制度和劳动形式所代替。

国际雇佣劳动和鲜为人知的秘密

资本主义国际劳动与资本主义国民劳动一样，掩盖着一个同样的秘密。那就是马克思第一个彻底研究和揭露的被掩盖的剩余价值的秘密，也就是资本剥削劳动者的秘密，这是大家都知道的。不过，由于在国际劳动中掺入了国家疆界和国家主权等诸多超经济因素的局限，劳动力不能自由流动，所以除了被掩盖着的一般剩余价值的秘密之外，还存在着许多鲜为人知的、由国际间诸多超经济因素，诸如垄断因素、强权政治因素、各种幕后交易因素等所造成的超额剩余价值或垄断剩余价值的秘密。当然，有许多秘密也许是普通人永远无法知道的。

马克思揭露剩余价值这一秘密的钥匙，是"劳动力"这一概念的发现。在资本主义雇佣劳动制度下，无论国内或国外，劳动力在劳动力市场上的交换，表面上看，像任何其他商品市场的商品交换一样，其实有着根本的不同。资本家在劳动力市场上出钱购买的劳动力这个商品，表面上看，是工人的劳动，但这是假象。实际上资本家购买的，也是工人出卖给资本家的，不是工人的劳动，而只是工人的劳动力。这里劳动力和劳动，有着本质的区别。

学过马克思主义的人都知道，劳动力成为商品，成为和其他一切商品一样的可以自由买卖的商品，这既是资本主义国民雇佣劳动制度的基础，也是资本主义国际劳动雇佣制度的基础。所不同的是，劳动力这种商品在国内是可以自由流动的，而在国际上因受到国家主权的制约，却不可以自由流动。这就是所有问题的症结和秘密所在。

在资本主义国内外经济关系中,资本家是生产资料的所有者,工人是自己劳动力的所有者,只有生产资料和劳动力相结合,生产才能进行。资本家之所以能以工资形式在市场上雇到自己所需要的工人,就是因为工人劳动力所具有的这种商品性质。在资本主义社会里,工人之所以必须出卖自己的劳动力,那是迫于生存。如马克思说的:劳动力是一种商品,可是,劳动力的表现即劳动,是工人本身的生命活动,是工人本身的生命的表现。工人正是把这种生命活动出卖给别人,以获得自己所必需的生活资料。可见,工人的生命活动对于他不过是使他能够生存的一种手段而已。他是为生活而工作的。雇佣劳动中的秘密就在于:在这种交换中工人得到的工资,只是工人劳动力的价格,而不是工人劳动的价格,工人劳动的价格要远高于劳动力的价格。这种差额的大小,正体现着资本家所获得利润的高低。而在国际劳动中,这种差额的大小,主要决定于各国劳动生产率的水平。

劳动力是商品,其中就掩盖了一个秘密。如马克思说的:"国民经济学由于不考察工人(劳动)同产品的直接关系而掩盖劳动本质的异化。"[①]但却是一种完全特殊的商品。其独特的特性在于:它不仅是创造价值的力量,是创造价值的源泉,并且在使用的过程中,其能够创造出商品的价值,比购买其自身价值即工资以及所消耗的有关生产资料的价值在内的更多价值的源泉。而在资本主义国际雇佣劳动中,工人的劳动力除了上述特殊性之外,还有着不能进行自由国际流动的特殊性。也就是说,在国际劳动过程中,不仅由于新的科学发现,新的技术发明,从而使得工人为偿还工资的劳动时间日益缩短,为生产剩余价值的劳动时间相对延长,从而使生产的剩余价值额增加,获得了超额利润;而且还可以利用劳动量不能在国际间自由流动这一特点,通过垄断的力量,超经济的力量,获得超额利润。

与国民劳动力相比,由于国际劳动力生产的商品是进入国际市场的商品,所以不仅它自身代表着一个国家劳动力素质和水平,而且其生产的产品也体现着一个国家的生产力发展水平。无论其自身或生产的产品,在品种、技术含量、品质等方面水平高,而且有着特殊性,都体现着一个国家的经济技术优势。所以一般来说,其创造的价值要高于其他劳动力。但

[①] 《马克思恩格斯文集》第1卷,人民出版社2009年版,第158页。

是，由于无论国际劳动力在国际劳动力市场上的买卖，或其生产的产品的国际商品市场上的买卖，都受着双重的国家疆域和主权的制约，因而也必然存在着双重的剥削。

劳动力成为商品，是资本主义雇佣劳动制度所特有的产物。在奴隶社会，奴隶本身是商品，它可以从一个所有者手里转卖到另一个所有者手里。但其是连同自己的劳动力一次而永远地卖给奴隶的所有者了，劳动力却不归自己所有，因而不是他的商品。封建社会的农奴，只出卖自己的一部分劳动力。农奴不是从土地所有者方面领得报酬，相反，是土地所有者从他那里收取贡赋，所以农奴是土地的附属品，替土地所有者生产果实。只有人类社会发展到资本主义社会，自由工人才成为自己劳动力的所有者，工人既不属于某个所有者，也不属于土地，他可以自由选择和零碎地出卖自己的劳动力。并且工人只要愿意，就可以离开雇用他的资本家，而资本家也可以随意辞退工人，只要资本家不能再从工人身上获得利益或者获得预期的利益，他就可以辞退工人。但是，工人是以出卖劳动力为其收入的唯一来源的，如果他不愿饿死，就不能离开整个购买者阶级即资本家阶级。工人不是属于某一个资本家，而是属于整个资本家阶级。至于工人给自己寻找一个什么样的雇主，即在这个资本家阶级中间寻找一个什么样的买者，那就是工人自己的事情了。

如果要说资本主义制度的进步性，那么似乎可以这样说，整个资本主义的进步性，雇佣劳动制度的进步性，就集中体现在工人是自己劳动力的所有者，在必须把自己出卖给资本家阶级的前提下，可以在表面平等的情况下，按照对自己的有利程度，自由选择能购买自己的资本家。因为在这种交换中，必须出卖自己，不出卖自己就不能生存的强制性前提，与在具体出卖自己时的自由选择即自由竞争环境巧妙结合在一起，就在无形中，为生产力的提高增添了巨大的动力。问题还在于，在这种交换中，资本家用生活资料所交换的，或者工人出卖给资本家的，不仅只是工人四肢肌肉的一般劳动力，而且是还包括工人智力即大脑创造力在内的贵重劳动力。这种创造力在生产过程中表现出来的创造性的劳动，不仅是生产力发展的动力，更是科学技术发展的动力。回顾资本主义历史，其所创造的一切奇迹，无不蕴含着工人的这种智力和创造性的劳动。

在国际雇佣劳动中，雇佣工人的命运始终取决于国际资本。这正是一再被人称道的工人和资本家利益的共同性的原因。事实上不过是说资本和雇佣劳动是同一种关系的两个方面罢了。一个方面制约着另一个方面，就如同高利贷者和挥霍者相互制约一样。资本越增长，雇佣劳动量就越增长，雇佣工人人数就越增加，一句话，受资本支配的人数就越增多。正因为雇佣工人的命运取决于资本，资本家为了在竞争中追逐更大的利润，不顾工人的健康，不断加大工人的劳动强度和延长劳动时间，使劳动成为令人厌恶的事情。而劳动越是不能给人以乐趣，越是令人生厌，竞争也就越激烈，工资也就越减少。工人想维持较多工资，就得多劳动。而在竞争的环境中，结果却是工作多，并不一定就得到加多的工资，甚至会相反。如马克思所阐述过的，其原因很简单，就是创造着工人之间的竞争。他工作得越多，他就越是同他的工友们竞争，因而就使自己的工友们变成他自己的竞争者，这些竞争者也像他一样按同样恶劣的条件出卖自己。实际上，自己作为工人阶级一员，归根到底是自己给自己造成竞争。机器不断进步和普遍采用，使这种竞争更加剧烈，劳动大军不断扩大，工人的工作条件越来越差，越来越贫困化。

在资本主义国际劳动过程中，同样是劳动条件使用工人，而不是工人使用劳动条件，从而造成死劳动与工人的对立，造成智力劳动与体力劳动的对立，使智力转化为支配劳动的权力，使科学、对巨大的自然力的支配、社会的群众性劳动等，都体现在机器体系中并同机器体系一道构成资本家的权力。在这种对立中，或在这种颠倒的关系中，机器的采用本来是减轻劳动的手段，却变成了折磨人的手段。因为机器不是使工人摆脱劳动，而是使工人的劳动毫无内容。由于劳动资料变成了自动机，所以它在劳动过程本身中作为资本，作为支配和吮吸活劳动力的死劳动而同工人相对立。正如前面已经指出的那样，生产过程的智力同体力劳动相分离，智力变成资本支配劳动的权力，是在以机器为基础的大工业中完成的。

我们还应当特别注意的是，在资本主义雇佣劳动制度下，机器的广泛采用和发展，还创造出了一种新的劳动纪律，如马克思说的，一种兵营式的劳动纪律。这种纪律发展成为完整的工厂制度，在这种工厂制度中，监督劳动得到充分发展。十分喜欢分权制，特别是喜欢代议制的资本家，在工厂法典中却通过私人立法独断地确立了对工人的专制。奴隶监督者的鞭子被监工的罚金簿代替了，一切处罚都简化成罚款和扣工资。这就是说，现代资本家，也像奴隶主或剥削徭役劳动的封建主一样，是靠占有他人无酬劳动发财致富的，而所有这些剥削形式彼此不同的地方只在于占有这种无酬劳动的方式有所不同罢了。有产阶级胡说的现代社会制度盛行公道、正义、权利平等、义务平等和利益普遍和谐一类的话，都是虚伪的空话。事实是像马克思所说的，现代资产阶级社会就像以前的各种社会一样，也是微不足道的并且不断缩减的少数人剥削绝大多数人的庞大机构。

代替越来越荒谬的雇佣劳动制度的，将是一种新的社会制度。由于在雇佣劳动中，存在着资本家对雇佣工人的剥削和压迫，所以资本家和雇佣工人之间的矛盾和斗争始终存在着。而且随着资本主义机器大工业的发展，随着资本家对利润的贪欲的增长，随着工人工作环境和生活条件的日益恶化，这种矛盾和斗争也日益尖锐。社会的两极分化、即人数不多的过分富有的资产阶级和人数众多的无产的雇佣工人阶级的社会分裂，日趋严重。这就严重阻碍着社会生产力的发展，使得这个社会被少数人的富有和被多数人的贫困所窒息。如马克思所阐述过的：社会的这种状况一天比一天显得越加荒谬和越加不需要了。它应当被消除，而且能够被消除。一个新的社会制度是可能实现的，在这个制度之下，当代的阶级差别将消失；而且在这个制度之下——也许在经过一个短暂的，有些艰苦的，但无论如何在道义上很有益的过渡时期以后，——通过有计划地利用和进一步发展一切社会成员的现有的巨大生产力，在人人都必须劳动的条件下，人人也都将同等地、愈益丰富地得到生活资料、享受资料、发展和表现一切体力和智力所需的资料。至今工人劳动者都一直在充满决心地争取这个新的社会制度。

国际劳动的发展与资本主义的辉煌

正因为雇佣劳动制度同奴隶劳动和封建个体劳动相比，更有利于生产力的发展，所以资产阶级运用这种制度带来了科学技术和生产力的更大发展，从而也为资本主义创造了比以前一切社会更大的辉煌。160多年前马克思在《共产党宣言》中，就写下了这样的话："资产阶级在它的不到一百年的阶级统治中所创造的生产力，比过去一切世代创造的全部生产力还要多，还要大。自然力的征服，机器的采用，化学在工业和农业中的应用，轮船的行驶，铁路的通行，电报的使用，整个大陆的开垦，河川的通航，仿佛用法术从地下呼唤出来的大量人口，——过去哪一个世纪料想到在社会劳动里蕴藏有这样的生产力呢？"

历史告诉我们，资本主义辉煌的创造，与劳动者政治解放后所激发出来的智力的开发和脑力劳动迅速发展是紧密联系的。这集中表现在科学技术、机器大工业和信息技术的发展上。而所有这些发展，也都是与国际劳动的大发展紧密联系的。地理大发现和海外掠夺，大大刺激了科学技术革命，并为这一革命提供了巨大的动力。从16世纪开始，天文学、物理学、光学、机械动力学、化学等，都在自身发展的同时，开始应用于生产力的发展，应用于具体的劳动过程，从而带动着工业革命，带动了生产力的迅速发展。从英国开始的世界第一次工业革命，就是在第一次科学技术革命，在蒸汽机的发展中开始的。从第一次科技革命至今，已经发生了四次大的科技革命，每一次革命都引起相应的工业革命，都推动生产力巨大发展和飞跃。

在第一次科技革命中，蒸汽动力得到广泛应用，以蒸汽动力带动的纺织机、火车、轮船都迅速发展了起来，使人类进入蒸汽时代；在第二次科技革命中，发电技术的突破，使电力得到广泛应用，以电为动力的各种机械、照明、通信、交通工具等，都相应发展起来，使人类进入了电子时代；在第三次科技革命中，原子科学的发展带动了人工合成材料、分子生物学、遗传工程等科学的发展，原子能技术的应用，又带动了航天技术、电子计算机技术的应用和发展，使人类进入了原子时代；在第四次科技革命中，系统科学、计算机科学、纳米科学、生命科学、医学的突破同信息技术、新材料技术、生命技术、新航天技术等结合在一起，将形成庞大的以信息和知识为核心的科技革命系统，使人类进入信息和知识时代。与这些科技革命相适应的，是社会生产力的大发展。生产力的发展变化，主要体现在其要素劳动工具、劳动力、劳动对象的发展变化，以及这些要素在生产过程中结合方式的发展变化上。与资本主义科技革命和产业革命相适应，资本主义生产力的不断发展，也主要经历了相互联系、承上启下的三个不同的阶段。

一是由机械化阶段、到自动化阶段、再到信息控制化阶段的变化。自由资本主义时期，主要是以蒸汽机为主的机械化时期，是一群劳动者围着一台机器转，主要靠四肢运动快速完成零部件的生产或成品的组装，虽然都是低技术的、简单重复劳动，但劳动的紧张程度和体力支出强度都很大。国内垄断资本主义时期，特别是第二次世界大战后的国家垄断资本主义时期，主要是以内燃机和电动力为核心的自动化时期，由于大型自动化机床和电子技术的应用，实现了自动化的流水线生产，过去需要数百人一起劳动的生产车间，此时期有数十人甚至几个人就够了。而且生产规模、生产效率都是前一时期无法相比的。国际垄断资本主义时期，由于在电子技术基础上发展起来的信息技术和微机的广泛应用，实现了生产的程序化、数字化和信息控制化，少数人依靠电脑和控制程序，就可以轻松控制偌大生产车间和生产流水线的生产，劳动生产率比自动化时期又有了很大的提高。

二是由劳动密集型生产阶段、到资本密集型生产阶段、再到知识密集型生产阶段的变化。自由资本主义时期是劳动密集型生产时期，劳动者的数量投入，在资本和社会财富增殖中占有绝对重要地位，劳动者跟随机器转，其体能的调动，是社会经济发展的主要动力。国内垄断资本主义时期是资本密集型生产时期，由于电动机、内燃机、电子和自动机床等大型机器设备的应用，以靠这些大型先进设备建立起来的自动化流水生产线，需要大量的资本投入。虽然劳动者数量的投入仍然是重要的，但其在资本和社会财富增殖中的地位相对下降了，占主要地位的是资本数量的投入。国际垄断资本主义时期是知识密集型生产时期，由于电子技术和信息技术的发展，生产过程中的各种创新和发展，主要靠的是知识的积累和创新。人们在受教育中所获得的知识，成为最重要的资本。以高科技为体现的知识创新和投入，知识的生产和传播，在资本和社会财富增殖中占据了主要地位，成为资本主义社会经济发展的主要动力。垄断核心技术和核心知识专利，成为垄断资本财富、力量的集中体现和象征。

三是由体力劳动为主阶段、到体力劳动与脑力劳动相结合阶段、再到以脑力劳动为主阶段的变化。自由资本主义时期是以低技术的体力劳动为主的时期，直接从事生产的80％是以体力劳动为主的劳动者，社会经济的发展，主要靠体力劳动。国内垄断资本主义时期是体力劳动与脑力劳动相结合的时期，或者是由体力劳动为主向由脑力劳动为主过渡的时期。此时期随着科学技术的发展，特别是科学技术在生产中地位的加强，大型机器操作的复杂性，生产过程和生产的产品中科技含量的增加，都要求劳动者有一定的技术知识和能力。由此所决定，生产中的纯粹体力劳动者的数量逐渐减少，专门从事脑力劳动者的数量逐渐增多。劳动者在劳动过程中脑力支出的比重逐渐增大，既有健壮的体力，又掌握一定技术的人，成为劳动者的中坚力量，也成为资本和社会财富增殖的决定性力量。掌握多种技术或高技术的劳动者，不仅获得的收入高，而且就业的机会也多。国际垄断资本主义时期是以脑力劳动为主的时期,由于电子技术、信息技术和第三产业的发展,科学技术和知识在生产过程中地位和含量的提高,不仅专门从事脑力劳动的以及劳动者主要靠脑力支出的人数已经占主要地位,而且普通劳动者也得具备一定的技术知识。在发达资本主义国家中,普通劳动者中具有专业技术的劳动者的比重,一般都在50%以上,以脑力劳动为主的劳动者一般都占80%。这些掌握大量科技知识,并能从事知识生产,善于把知识转化为应用技术、转化为具体产品的脑力劳动者,成为资本主义社会经济发展的中坚力量,其脑力或智力的发展和贡献,成为社会财富增殖的决定因素。

源于科学技术的发展,劳动生产力的发展,资产阶级所创造的人间奇迹,是奴隶制社会和封建制社会根本不能比拟的。在航天、航空技术方面,登月成功、空间站的建立、满天飞的各种各样的卫星、火星探测器、空中飞行的各种各样的运输机、用于战争的各种各样的战斗机,特别是隐形战机以及射程越来越远、精准度越来越高的各种各样的导弹等;在航海技术方面,用于运输的各种各样的巨型货轮、用于战争的各种各样的水面舰艇和潜艇等;在数学方面,超大型计算机的出现和应用;在物理和化学方面,各种各样合成材料的出现、核电站的不断出现、应用纳米技术的成功等;在生物学方面,生命克隆技术、基因密码技术的突破和动物克隆的成功等;在电子和网络技术方面,全球定位系统的广泛应用、数字电视、网上购物、机器人服务等;在人的衣食住行方面,超大小城市的出现、城市林立的高楼大厦、地面上奔驰的汽车、手机、电脑的普及等;所有这些,都是过去一切时代想都不敢想的,都证明在社会劳动里所蕴藏的生产力是无穷无尽的。

国际劳动的开创,是资本主义进行经济、政治、科学、文化等一系列革命最带有历史意义的成果。国际劳动发展到今天,已经进入到了科学技术高度发展的信息社会,资产阶级在各方面所取得的巨大成就,是马克思时代无法比拟的。可以这样说,马克思之后的100多年,资产阶级,在开创世界历史的过程中所创造的生产力,比前100年要更大、更多,无论是对自然力的征服,各种机器人的采用,化学生物工程在工业、医学和农业中的应用,航天、航空、电脑网络的运用等,是过去一切时代都无法比拟和望尘莫及的。

四　资本主义国际劳动的历史进步性和局限性

资本主义国际劳动的历史意义，就在于它不仅促进劳动生产力提高，而且还负有为未来的联合劳动创造物质基础的使命。它不仅造成以全人类互相依赖为基础的普遍交往，以及进行这种交往的工具，并在发展生产力的基础上，把物质生产变成对自然力的科学统治。而且在资本主义的私有财产基础上，还把它变成了对人的统治，并以最普遍的形式成为世界历史的力量。因为各民族之间的相互关系及各自所处的地位，取决于每一个民族的劳动生产力、分工和内部交往发展的程度。劳动生产力发展程度高、有分工优势和内部交往发达的民族，因为在与其他民族交往中处于比较有利的地位，因而就自然比较愿意、比较容易与其他民族交往。而各民族相互影响的交往活动的范围越是扩大，生产方式越发展，所造成的国际劳动分工越发展，各民族原始封闭状态就消灭得越彻底。

促进世界性社会变革和在不断变革中前进

资本主义国际劳动的历史进步性，集中体现在它把不断的社会变革、科学技术革命、资本主义的生产力和生产关系，带到了全世界。如果回顾一下资本主义发展的历史，我们也许会得出这样的结论：资本主义社会的发展和进步，是在不断变革中实现的。而这种不断变革又都是在其开创世界历史和发展国际劳动中实现的。人类社会发展过程实质性内容，是劳动者的彻底解放和全面发展。这个过程也是劳动者个人自由发展和解放的过程。其具体进程的各个阶段，不仅都体现着劳动者个人的发展和解放程度的提高，而且体现着人类历史的进步和文明程度的提高。资产阶级虽然开创了世界市场和国际劳动，促进了劳动的国际化和全球性的发展，无疑把资本主义的雇佣劳动关系，把劳动者一定的政治解放，带到了全世界。当然，它这样做是不自觉的、无意识的，而且始终包含着资产者贪婪私人财富的痼疾。在私有制基础上对个人财富无度的贪婪，使其开创世界历史一开始，就有着相悖的胚芽，这就是劳动生产的社会化、国际化与生产资料私人占有之间的矛盾。随着资本主义生产力的发展和个人财富的积累，这种矛盾也日益发展、日益尖锐，致使资产阶级成为世界历史继续向前发展的障碍，理所当然地被历史所抛弃。如果说资产阶级是在无意中开创了世界市场，创造了世界奇迹的话，那么自觉促进人类历史继续向前发展，创造更大的世界奇迹，则是以工人阶级为主体的广大劳动者的使命。

马克思主义者在阐述资本主义雇佣劳动制时，从来不否定其历史的进步性，而恰恰相反，对它的历史进步性给予了充分的肯定和很高的评价。马克思对资产阶级、对资本主义制度，从来都是从历史发展的角度考察它的，既肯定它的历史进步性，又肯定它的历史过渡性。马克思说过，资产阶级在历史上曾起过非常革命的作用。它在为了自身利益而进行的革命中，无意中使劳动者得到了政治解放，造成了工业的巨大进步，无意中开创了世界历史，使人类历史发展到了一个崭新阶段。资产阶级向人类第一次证明了，人的活动能够取得什么样的使人惊叹的成就。它创造了完全不同于埃及金字塔、罗马水道和哥特式教堂的奇迹；它完成了完全不同于民族大迁徙和十字军东征的远征。

资产阶级的伟大功绩，不仅在于创造了巨大的生产力，它在创造物质文明、物质辉煌的同时，还在哲学、文学、史学、艺术及社会政治思想等精神文化方面取得辉煌的成就。其次，资产阶级在长期的反封建斗争中，不但摧毁了封建制度，而且还打破了中世纪以来桎梏人们心灵的神权统治和蒙昧主义，推翻了扼杀个人自由和社会生机的绝对君主制度和文化专制主义，建立了适应社会经济及文化发展的资产阶级民主制度。特别是其在开拓世界市场的过程中，消除了民族的闭关自守和地区隔绝状态，使世界终于成为一个整体。随着资本主义的发展，随着贸易自由的实现和世界市场的建立，随着工业生产以及与之相适应的生活条件的趋于一致，各国人民之间的民族分隔和对立日益消失，从而使劳动者在政治斗争中联合行动和经济中的联合劳动日益成为现实。联合的行动，至少是各文明国家的联合的行动，则是无产阶级获得解放的首要条件之一。

可见，资本主义国际劳动的历史作用，若用一句话概括，那就是它开创了世界历史，促进了科学技术和大工业全球性发展，为无产阶级开创共产主义的世界历史时代提供了基础和条件。而且还不仅如此，资本主义劳动全球化，还把竞争机制和不断变革带到了全世界。竞争、变革这也是资本主义历史进步性的重要表现。在资本主义社会，竞争是商品经济的生命所在，是商品生产和市场经济的优势所在，是整个资本主义社会的生命所在。它作为资本主义的天然属性和绝对规律，作为资本主义发展的基本动力，贯穿于资本主义生存和发展的整个过程。无论这种竞争是自由的，还是带有垄断性的。经济上的自由竞争，在政治上的表现，就是自由民主。资产阶级的自由民主制度，正是为了维护经济上的自由竞争，其经济上的自由竞争和政治上的自由民主是紧密联系在一起的。竞争虽表现为资本家们为争夺市场而进行的较量或争斗，但实质上是在生产技术、经营管理、人才、信息等多方面的较量。在资产阶级要开创的国际市场上，也是如此。

马克思关于代替封建制度的资本主义制度，就是自由竞争以及与自由竞争相适应的社会制度和政治制度的论述，非常透彻地揭示了竞争在资本主义经济政治上的重要作用。没有竞争，就没有资本主义社会的存在，自然也就没有资本主义的不断发展。至今资产阶级在发展中所取得的一切巨大成就，可以说都渊源于竞争这一根本动力。竞争是资本的现实发展，它符合资本本性，符合以资本为基础的生产方式。它作为一种复杂的社会关系，无论国内或国际上，资本主义的生产力，就是在这种社会关系下而发展的，资本主义奇迹也是在这种社会关系下创造出来的。正是随着竞争的发展，资本的内在规律才确立为规律，以资本为基础的生产才以它的最适当的形式确立起来。

资本主义国际竞争的历史证明，由资本主义制度的不合理性所决定，这种竞争既不是自由的，也不是机会均等的，而是有条件的。它既有积极的一面，也有消极和十分残酷的一面。这种消极和残酷一面的具体表现，就是周期性的世界经济危机。在缺乏国际机制对经济生活有力调控的条件下，资本以其本性所造成的生产的盲目性、竞争的盲目性而导致的周期性的经济危机，给国际生产力的破坏是非常严重、非常巨大，人人都耳闻目睹的。而且在世界历史形成之后，这种经济危机就必然演变成世界性的经济危机。资本主义经济危机，实质上是资本主义制度本质的表现、各种矛盾的集中的流露，是对资本主义制度无情的批判，是资本主义生产力对生产关系的反抗。如马克思说的，要证明资本主义生产力与生产关系的矛盾，证明资本主义生产关系已经成为生产力发展的障碍必然要被新的生产关系所代替，只要指出在周期性的环境中愈来愈危及整个资产阶级社会生存的商业危机就够了。

尽管如此，竞争是商品经济的天然属性和引擎这一点，却是毋庸置疑的。因为造就了危机，也造就了变革。在分析资产阶级时代与过去一切时代的区别时，马克思说过，资产阶级除非使生产工具，从而使生产关系，从而使全部社会关系不断地革命化，否则就不能生存下去。反之，原封不动地保持旧的生产方式，却是过去的工业阶级生存的首要条件。生产的不断变革，一切社会关系不停地动荡，永远也不安定和变动，这就是资产阶级不同于过去一切时代的地方。在现今的世界里，不断变革和由不断变革所必然引起的不停的动荡，成为时代的主旋律。

回望历史我们就知道，在这样的时代，正是这种不断的变革和不停的动荡，使一切固定的古老的关系以及与之相适应的素被尊崇的观念和见解都被消除了，一切新形成的关系等不到固定下来就陈旧了。一切固定的东西都烟消云散了，一切神圣的东西都被亵渎了，人们不得不用冷静地、不断变革、不停动荡的眼光，来看待他们的生活地位、他们的相互关系。在这里，不断变革是不停动荡的原因，而不断变革则反映着资本主义社会的全部本质。如马克思所分析的，在残酷竞争的环境中，战胜对方的重炮是什么？是廉价的商品。贪图个人赚钱发财、并贪得无厌的资产者，为了生产出比对手更廉价的商品，唯一的、最根本和最有效的办法，就是使生产工具，从而使生产关系，从而使全部社会关系不断地革命化，否则就不能生存下去。也就是说能否做到这一点，关系到资产阶级的生死存亡。

正是这种生死存亡的大战，把所有的资产者都变成为最崇尚实用主义者，变成具有讲求实效的不断的变革精神和进取心、具有崇尚科学和开拓创新精神的人。资本主义的发展历史，就是一部追求科学知识、科学技术，不断进行科学技术革命以及相适应的产业革命的历史。因为谁掌握的科学知识最多，谁的科学技术最先进，谁最先使生产工具革命，谁就能生产出最廉价的商品。在资本主义历史上，每个人的地位以及这种地位的不断变动，在国际上每个国家的地位和这种地位的变化，都决定于这种革命。资产阶级在创造和积累财富的实践中，最懂得科学技术是最重要的生产力，而且最懂得科学技术本身就是最重要的财富。

崇尚科学技术和崇尚科技人才，是紧密联系在一起的。资产阶级不仅一开始就极为重视国内的科技人才，而且还极为重视招募国外的科技人才。他们在招募国外科技人才方面，可以说是不惜代价，不择手段。在当今，基于对知识和人才的推崇，基于对知识、科学技术对生产力发展，基于对国民生活提高、国际竞争力的强大、综合国力的加强作用的认识，资本主义国家都更加重视人才。在国际竞争中，人才优势，是最大的优势。

桎梏和不能逾越的过渡

然而，由于体现资本和劳动对立的资产阶级和无产阶级对立，发展到一定地步，就必然成为生产力发展的桎梏。在国内是这样，在国际上也是这样。在资产阶级开拓世界历史的过程中，就把资产阶级的人生观、价值观以及表面平等而实际不平等的关系带到了全世界。历史实践使人们看清了，在资产阶级要为自己创造的世界里，就是要把公开的、无耻的、直接的、露骨的剥削，代替由宗教幻想和政治幻想掩盖着的剥削，带到全世界，把世界人与人之间的一切关系都变成了赤裸裸的利害关系，变成冷酷无情的现金交易，把个人的尊严变成了交换价值。它抹去了过去一切等级制度，抹去了一切向来受人尊敬和令人敬畏的职业的灵光，把医生、律师、教士、诗人和学者变成了他出钱招雇的雇佣劳动者，使整个社会结构简单化为资本家和雇佣劳动者的对立，把温情脉脉的家庭关系，也变成了纯粹的金钱关系。这些，都是马克思对资产阶级要为自己创造的那个世界特征的最经典的描述。

在资产阶级为自己创造的世界中，一项重要内容，就是把无上崇拜个人主义，只顾个人发财，一味贪婪和聚敛个人财富的这种资产阶级思想意识中根深蒂固的东西带给全世界。这些东西不仅有思想文化方面的原因，也有社会制度方面的原因。马克思说过，在阶级社会里，每个阶级都有自己本阶级的阶级精神或灵魂，而资产阶级，资本家，只有作为人格化的资本，他才有历史的价值。资本家只是作为资本的人格化才受到尊敬。资产阶级最基本的精神或灵魂，首先就是对个人财产和人权的信仰和崇拜。他们最崇尚的，就是个人主义，特别是个人的权力和个人财富。

只顾个人赚钱发财和个人权利，这也是资本主义价值观的核心。资产阶级个人主义的基本内涵，是只相信个人的价值，重视个人自由，强调个人的自我支配、自我控制和自我发展，并以个人的存在和欲望为出发点和归宿点。随着科学技术的发展和进步，个人主义在资本主义社会已经发展成为包括价值体系、人性理论和政治哲学等多种内涵的复杂系统。在资本主义国家，一切价值均以个人为中心，个人本身就是目的，社会只是达到个人目的的手段。资产阶级的学者都承认，资本主义文化最核心的东西就是个人主义，就是相信个人的尊严，个人的神圣，为自己而思考，为自己而判断，为自己而作决定，按照自己认为适当的方式而生活。资本主义最崇高的愿望都是同个人主义紧密相连的，资本主义社会最深层次的问题也是同个人主义密切相连的，放弃个人主义就等于放弃资本主义最深刻的本质。个人主义的经济内涵，就是鼓励个人创业，鼓励个人对物质财富的占有，并以此来确定人的社会地位和社会关系。因此，无限制地发财、追求个人财富和权力，自然就成为资本主义最基本的特性。在资本主义社会，个人的权势、地位、智慧、荣誉，都同财富联系在了一起。谁能赚钱，能获得巨大的财富，谁就是精英，就是智者，就会受到社会的尊崇，就有了权势、地位和荣誉。

与崇拜个人财富和金钱关系相适应的，是根深蒂固的私有观念和所谓天赋人权观念。在资本主义的法律上，保护私有财产，保护个人人权，都是高于一切的。私有财产多寡，作为衡量公民社会地位和权利的基准，是神圣不可侵犯的。人人都享有生命、自由和追求幸福的权利，都有言论、信仰和自己决定自己命运的权利，这也是天赋的、至高无上的。这些都不仅反映在资本主义民族的意识中，也反映在资本主义的法律和制度中。在马克思看来，其实，这种人权不是天赋的，而是历史的产物，它具有特定的社会属性。在资本主义社会，财产私有权是最基本的人权，它的含义就是任意地、同他人无关地、不受社会影响地使用和处理自己财产的权利。自由这一人权的实际应用就是私有财产这一人权。在自由基础上，平等地剥削劳动力，是资本的首要的人权。崇拜个人主义和个人人权纵然有利于个人积极性和创造精神的发挥，但它最大弊端，是对集体和公共利益的忽视。资产阶级学者们也已经觉察到，个人主义使社会组织瓦解，破坏着社会肌肤，已经成为社会发展的癌症。

这种个人主义和个人人权，反映到对外关系上，就是只顾本国的利益和尊严，而不顾他国的利益和尊严，甚至为了本国的利益和尊严，侵害他国的利益和尊严。这种个人主义虽然不拒绝合作，但其参与合作完全是为了实现个人的目的。个人主义是鼓励资产阶级无休止地改善自己生活的巨大动力。然而，在国内生活中，它易导致自私自利，甚至不择手段追求个人利益；在对外关系上，则有可能为一己私利肆意扩张，而漠视其他国家的利益和尊严。这一点，在当今的资本主义国家对外战略中表现得尤为突出。

正因为有这些弊端，曾经仿佛巫师用法术创造出来的巨大生产力，现在却不能再支配自己用符咒呼唤出来的魔鬼了。马克思用周期性的经济危机证明，人们经历的工业历史和商业历史，只不过是现代生产力反抗现代生产关系、反抗作为资产阶级及其统治的存在条件的所有制关系的历史。于是，资产阶级用来推翻封建制度的武器，现在却对准资产阶级自己，对准自己所开创的世界历史。马克思在《共产党宣言》中就得出结论说：资产阶级生存和统治的根本条件，是财富在私人手里的积累，是资本的形成和增殖；资本的生存条件是雇佣劳动。雇佣劳动是完全建立在工人的自相竞争之上的。资产阶级无意中造成而又无力抵抗的工业进步，使工人通过联合而达到的革命团结代替了他们由于竞争而造成的分散状态。于是，随着大工业的发展，资产阶级赖以生产和占有产品的基础本身也就从它的脚下被挖掉了。它首先生产的是它自身的掘墓人。资产阶级的灭亡和无产阶级的胜利是同样不可避免的。

马克思在论述资本主义必然灭亡、世界社会主义革命必然爆发时，特别提到了世界市场和资本垄断这两个因素，认为世界市场和资本垄断的发展，不仅促进了以科学技术为核心的生产力的繁荣和发展，而且促进了劳动方式的变化，从而加剧了资本主义生产方式和生产力之间的矛盾，加速了社会主义革命的爆发和资本主义制度的灭亡，这里，劳动方式的变化特别值得注意。因为它既加剧了资本主义生产方式与生产力的矛盾，加速了资本主义制度的灭亡，也为社会主义制度的产生奠定了基础。

正如马克思所说的，随着资本主义生产集中和垄断的发展，随着少数资本家对多数资本家的剥夺，规模不断扩大的劳动过程的协作形式日益发展，科学日益地被自觉地应用于技术方面，土地日益被有计划地利用，劳动资料日益转化为只能共同使用的劳动资料，一切生产资料因作为结合的、社会的劳动的生产资料使用而日益节省，各国人民日益被卷入世界市场网，从而资本主义制度日益具有国际的性质。生产资料的集中和劳动的社会化，达到了同它们的资本主义外壳不能相容的地步。这个外壳就要炸毁了。资本主义私有制的丧钟就要响了。剥夺者就要被剥夺了。

由于社会主义最终目标的实现，需要有生产力的高度发展，社会物质的极大丰富，所以它不仅是个漫长的政治斗争过程，而且是个漫长的发展生产力、创造社会财富的过程。马克思说过，以个人自己劳动为基础的分散的私有制转化为资本主义私有制，同事实上已经以社会的生产经营为基础的资本主义所有制转化为社会所有制比较起来，自然是一个长久得多、艰苦得多、困难得多的过程，不是一下子就能实现的。在共产主义社会初级阶段即社会主义阶段，既不能完全消灭私有制，实现以社会占有为基础的"个人所有制"，也不能消灭阶级和国家，而只能先建立无产阶级的统治，建立在无产阶级统治下的民主国家和民主制度，然后利用这种制度和国家的力量，在集中发展生产力，创造社会财富的基础上，一步步地实现自己的最终目标。也就是说，从资本主义到共产主义之间有一个很长的过渡时期。

走向新社会的基础和条件

我们应当记住的是，在资本主义向社会主义的转变中，始终不能忽视利用资本主义在各方面创造的成果。而且所有这些成果，都与科学技术为引擎的创新劳动紧密联系着。在资本主义的生产力、生产关系和其他一切社会关系发展的成就，资本主义所创造的科学技术和物质财富，都是这个过渡的基础和基本条件。我们既不能忽视其在科学技术和发展生产力方面的成果，也不能忽视其在生产关系和社会关系发展方面的成果。实现共产主义，一方面，要造成以全人类互相依赖为基础的普遍交往以及进行这种交往的工具；另一方面，要发展人的生产力，把物质生产变成对自然力的科学统治。而资产阶级的工业和商业正为新社会的建立创造这些物质条件和社会条件。这个问题的重要性，已被社会主义革命和建设的实践所证明。

资本主义为未来社会创造的基础和条件，不仅包括高度发展的生产力，而且包括与这种生产力相适应的现代的生产关系。比如，共产主义是全人类的事业，所以资本主义开拓了世界市场，促进了劳动全球化，让人类在密切交往、相互依赖、相互合作中进行劳动，这无疑是走向未来的自由联合劳动，走向共产主义社会的重要基础和条件。在所有制方面，如马克思特别强调的，我们始终不能忽视信用制和股份制在资本主义向社会主义转变中的这种基础作用。而世界市场和劳动全球化的发展，不仅把先进的科学技术和先进生产力带到了全世界，而且也把这种信用制和股份制带到了全世界。

在马克思时代，当信用和股份制刚刚产生的时候，马克思就非常兴奋地认为，它是令人鼓舞地为走向新社会做好了准备。他认为，社会主义革命最重要的任务是变资本主义的私有制为社会公有制，而在信用制度基础上产生的股份制，正是实现这种转变的过渡点。他说：在股份公司内，职能已经同资本所有权相分离，因而劳动已经完全同生产资料的所有权和剩余劳动的所有权相分离。资本主义生产极度发展的这个结果，是资本再转化为生产者的财产所必要的过渡点，不过这种财产不再是各个相互分离的生产者的私有财产，而是联合起来的生产者的财产。另一方面，这是所有那些直到今天还和资本所有权结合在一起的再生产过程中的职能转化为联合起来的生产者的单纯职能，转化为社会职能的过渡点。

这里我们还要特别注意，马克思提出的股份制度是对资本主义私人产业扬弃的重要意义。他说：把股份制度——它是在资本主义体系本身的基础上对资本主义的私人产业的扬弃；它越是扩大，越是侵入新的生产部门，就越会消灭私人产业——撇开不说，信用为单个资本家或被当作资本家的人提供在一定界限内绝对支配别人的资本，别人的财产，别人的劳动的权利。对社会资本而不是对自己资本的支配权，使他取得了社会劳动的支配权。因此，一个人实际拥有的或公众认为他拥有的资本本身，只是成为信用这个上层建筑的基础。他认为股份公司的成立和由此那种本身建立在社会生产方式的基础上并以生产资料和劳动力的社会集中为前提的资本，在这里直接取得了社会资本即那些直接联合起来的个人的资本的形式，而与私人资本相对立，并且它的企业也表现为社会企业，而与私人企业相对立。这是作为私人财产的资本在资本主义生产方式本身范围内的扬弃。资本主义的股份企业，也和合作工厂一样，应当被看作是由资本主义生产方式转化为联合的生产方式的过渡的形式，只不过在前者那里，对立是消极地扬弃，而在后者那里，对立是积极地扬弃的。

在马克思看来，劳动者的合作工厂，是在旧形式内对旧形式打开的第一个缺口，虽然它在自己的实际组织中，当然到处都再生产出并且必然会再生产出现存制度的一切缺点。但是，资本和劳动之间的对立在这种工厂内已经被扬弃，虽然起初只是在下述形式上被扬弃，即工人作为联合体是他们自己的资本家，也就是说，他们利用生产资料来使他们自己的劳动增殖。这种工厂表明，在物质生产力和与之相适应的社会生产形式的一定的发展阶段上，一种新的生产方式怎样会自然而然地从一种生产方式中产生和发展起来。没有从资本主义生产方式中产生的工厂制度，合作工厂就不可能发展起来；同样，没有从资本主义生产方式中产生的信用制度，合作工厂也不可能发展起来。信用制度是资本主义的私人企业逐渐转化为资本主义的股份公司的主要基础，同样，它又是按或大或小的国家规模逐渐扩大合作企业的手段。

不过，马克思在论述股份制所引起的资本主义生产关系性质的变化时，并没有忽视资本主义股份制没有克服财富作为社会财富性质和作为私人财富性质的对立。他说：这种剥夺在资本主义制度本身内，以对立的形态表现出来，即社会财产为少数人所占有；而信用使这少数人越来越具有纯粹的冒险家的性质。因为财产在这里是以股票的形式存在的，所以它的运动和转移就纯粹变成了交易所赌博的结果；在这种赌博中，小鱼为鲨鱼所吞掉，羊为交易所的狼所吞掉。虽然在股份制度内，已经存在着社会生产资料借以表现为个人财产的旧形式的对立面，但是，这种向股份形式的转化本身，还是局限在资本主义界限之内。因此，这种转化并没有克服财富作为社会财富的性质和作为私人财富的性质之间的对立，而只是在新的形态上发展了这种对立。

我们从实践中看到，资本主义的国有财产，并没有改变生产的资本主义属性，但它毕竟不同于资本主义的私有财产。那些大的生产机构和商业机构向股份公司、托拉斯和国家财产的转变表明，资产阶级在这方面是多余的；虽然无论是转化为股份公司和托拉斯，还是转化为国家财产，都不仅没有消除生产力的资本属性，也不是冲突的解决，但是它却包含着解决冲突的形式上的手段和解决冲突的线索。恩格斯曾阐述过：如果说危机暴露出资产阶级不能继续驾驭现代生产力，那么，大的生产机构和交通机构向股份公司、托拉斯和国家财产的转变就表明资产阶级在这方面是多余的。资本家的全部社会职能现在由领工资的职员来执行了。资本家除了拿红利、持有剪股息、在各种资本家相互争夺彼此的资本的交易所中进行投机以外，再没有任何其他的社会活动了。资本主义生产方式起初排挤工人，现在却在排挤资本家了，完全像对待工人那样把他们赶到过剩人口中去，虽然暂时还没有把他们赶到产业后备军中去。

第三章

国际劳动的发展和劳动异化的消除

就资本主义的国际劳动来说，至今仍然处于劳动本性的异化状态。财富占有和分配不公，是当今人们心中难以排解的纠结。而世界财富分配不公，贫富两极分化严重，广大劳动者还受着各种苦难，其渊源是劳动异化。要消除劳动者的苦难，就必须消除劳动异化。未来，人类理想的最美好的社会应当是个什么样的社会，不同的阶级有着不同看法。而马克思主义者作为劳动阶级的代表，提出共产主义的理论和实践。这种理论的核心，是消除劳动异化，实现劳动者和全人类的彻底解放。实现这样的社会，是全人类的事业，它只能在世界历史的环境中，在狭隘的民族界限消除、劳动的全球性体系形成之后才能实现，一个国家是不可能单独建成这样的社会的。而国际劳动作为未来联合劳动的第一步，自然是实现共产主义的最基础性的条件。我们看到，当今在跨国公司带动下的国际劳动的大发展，正在一步一步地创造着这一条件。劳动关系，是人类一切社会关系的基础。任何社会经济、政治、文化、意识形态等所有关系，无不发源于劳动关系。国际劳动的发展，国际劳动关系的变革，必然引起国际社会各种上层建筑和意识形态的变革。这种变革始终围绕着一个核心和方向，那就是消除劳动的异化，使劳动者得到彻底的解放。共产主义的实现，正是这些不断变革的必然的最终结果和归宿。

一 资本主义劳动异化和人性变异的全球性

资本主义的国际劳动与其国民劳动一样，是一种异化劳动。马克思正是抓住了资本主义基础性的关系——劳动异化这一范畴，揭露出了资本主义社会各种关系的本质。应该说，劳动异化概念，是马克思解剖资本主义社会的核心概念。马克思从资本主义经济事实出发，把一切异化现象都归结于人的劳动活动的异化,并从人类本质的丧失对异化劳动进行的彻底批判中,揭示出了异化劳动必然消除和人类本性必然回归的客观规律。在资本主义时代,国际劳动关系作为国民劳动关系向外的延伸,与国民劳动关系有着同样的性质,马克思关于劳动异化的理论,自然也适用于资本主义时代的国际劳动关系。

劳动异化和人本质扭曲同行

劳动者通过自由劳动,为自己创造日益美好、幸福的生存环境和条件,这当然是美好的理想,也应当是文明社会的内在本质。然而,历史终归是历史,它有自己的不以人的主观意志为转移的客观规律。在这种规律下的事实是,劳动者辛勤劳动却创造出了私有制,创造出了阶级,从而也创造出了劳动的异化,创造出了劳动的悖论:劳动为别人或为富人生产出了奇迹般的东西,但是为劳动者自己却生产了赤贫;劳动生产了宫殿,但是给工人生产了棚舍;劳动生产了美,但是使工人变成畸形;劳动用机器代替了手工劳动,但是使一部分工人回到野蛮的劳动,并使另一部分工人变成机器;劳动生产了智慧,但是给工人生产了愚钝和痴呆的那种乾坤颠倒的奇特现象。

劳动异化理论,是整个马克思主义的基础;解决劳动异化,是马克思主义的最高境界和最终目的。按照马克思的阐述,劳动异化或异化劳动,有三个规定性:第一个规定是,劳动者同劳动产品的异化;第二个规定是,劳动者同劳动的异化;第三个规定是,人和人类本质的异化。马克思在《1844年经济学哲学手稿》中这样写道:"我们从两个方面考察了实践的人的活动即劳动的异化行为。第一,工人对劳动产品这个异己的、统治着他的对象的关系。这种关系同时也是工人对感性的外部世界、对自然对象——异己的与他敌对的世界——的关系。第二,在劳动过程中劳动对生产行为的关系。这种关系是工人对他自己的活动——一种异己的、不属于他的活动——的关系。在这里,活动是受动;力量是无力;生殖是去势;工人自己的体力和智力,他个人的生命——因为,生命如果不是活动,又是什么呢?——是不依赖于他、不属于他、转过来反对他自身的活动。这是自我异化,而上面所谈的是物的异化。我们现在还要根据在此以前考察的异化劳动的两个规定推出它的第三个规定。人是类存在物,不仅因为人在实践上和理论上都把类——他自身的类以及其他物的类——当作自己的对象；而且因为——这只是同一事物的另一种说法——人把自身当作现有的、有生命的类来对待，因为人把自身当作普遍的因而也是自由的存在物来对待。"①

在《手稿》中，马克思阐明了异化劳动使生命活动同人相异化，也就使类同人相异化的思想观点，他写道："异化劳动，由于使自然界，使人本身，使他自己的活动机能，使他的生命活动同人相异化，也就使类同人相异化；对人来说，它把类生活变成维持个人生活的手段。第一，它使类生活和个人生活异化；第二，把抽象形式的个人生活变成同样是抽象形式和异化形式的类生活的目的。因为，首先，劳动这种生命活动、这种生产生活本身对人来说不过是满足一种需要即维持肉体生存的需要的一种手段。而生产生活就是类生活。这是产生生命的生活。一个种的整体特性、种的类特性就在于生命活动的性质，而自由的有意识的活动恰恰就是人的类特性。生活本身仅仅表现为生活的手段。"②

劳动异化这种关系，是人类的一切生活关系都呈现颠倒状态。如马克思阐述，有意识的生命活动即劳动，把人同动物的生命活动直接区别开来。正是由于这一点，人才是类存在物。或者说，正因为人是类存在物，他才是有意识的存在物，就是说，他自己的生活对他来说是对象。仅仅由于这一点，他的活动才是自由的活动。而异化劳动把这种关系颠倒过来，以致人正因为是有意识的存在物，才把自己的生命活动，自己的本质变成仅仅维持自己生存的手段。"异化劳动把自主活动、自由活动贬低为手段，也就把人的类生活变成维持人的肉体生存的手段。因此，人具有的关于自己的类的意识，由于异化而改变，以致类生活对他来说竟成了手段。"③

这就是说，异化劳动必然导致人的类本质——无论是自然界，还是人的精神的类能力——变成对人来说是异己的本质，变成维持他的个人生存的手段。异化劳动使人自己的身体，同样使在他之外的自然界，使他的精神本质，他的人的本质同人相异化。人同自己的劳动产品、自己的生命活动、自己的类本质相异化的直接结果就是人同人的相异化。这种关系下，

---

① 《马克思恩格斯全集》第 3 卷，人民出版社 2002 年版，第 271—272 页。
② 同上书，第 272—273 页。
③ 同上书，第 274 页。

劳动的结果既背离了劳动的本质，也背离了人的本质。

劳动异化使劳动对劳动者来说成为外在的东西，也就是说，不属于他的本质。因此，他在自己的劳动中不是肯定自己，而是否定自己，不是感到幸福，而是感到不幸，不是自由地发挥自己的体力和智力，而是使自己的肉体受折磨、精神遭摧残。而且只有在劳动之外他才感到自在，而在劳动中则感到不自在，他在不劳动时觉得舒畅，而在劳动时就觉得不舒畅。因此，他的劳动不是自愿的劳动，而是被迫的强制劳动。这种劳动不是满足的一种需要，而只是满足劳动以外的那些需要的一种手段。劳动的异己性完全表现在：只要肉体的强制或其他强制一停止，人们会像逃避瘟疫那样逃避劳动。外在的劳动，人在其中使自己外化的劳动，是一种自我牺牲、自我折磨的劳动。最后，对劳动者来说，劳动的外在性表现在：这种劳动不是他自己的，而是别人的，劳动不属于他，他在劳动中也不属于他自己，而是属于别人。

在这种劳动异化中，由于劳动者始终处在了被剥削、被压迫的地位，因而也就开始了自己解放自己的斗争。一个阶级的任何新的解放，必然意味着将对另一个阶级的新的压迫，因此它一定要经过斗争才能得到。在资本主义社会，工人阶级受剥削的情况的最明显的例子就是机器的采用，这种情况已是众所周知的了。如果说在野蛮人中间，像我们已经看的那样，不大能够区别权利和义务，那么文明时代却使这两者之间的区别和对立连最愚蠢的人都能看得出来，因为它几乎把一切权利赋予一个阶级，另一方面却几乎把一切义务推给另一个阶级。在统治阶级和被统治阶级、剥削阶级和被剥削阶级的关系中，被统治、被剥削的广大劳动者，总是注定要从事艰苦的劳动，要承担一切义务，却没有享受的权利。要改变这种状况，唯一的出路就是革命，就是斗争。

劳动异化的发展和消灭私有制全球性任务

私有制是劳动发展的结果。劳动在造就私有制、创造文明社会的同时，也造就了劳动异化。劳动者在创造历史、创造文明中付出了也许是必然要付出的巨大代价和牺牲。也许人们会赞叹原始共产主义社会那种平等和公正，但那是低生产力所决定的必然。而随着生产力的进一步发展，出现了私有制，随之出现了剥削、压迫阶级和被剥削、被压迫阶级，出现了这两个阶级之间的阶级斗争，没有私有制、没有阶级的原始共产主义社会解体了。自此之后，人类的历史进入了阶级斗争的历史，即被剥削阶级和剥削阶级之间、被统治阶级和统治阶级之间斗争的历史。这也是一种必然，是文明发展史中的必然。至今，人类历史已经经过奴隶社会、封建社会、资本主义社会、社会主义社会四种社会形态。每一历史时代的劳动关系即劳动生产关系，以及必然由此产生的社会结构，是该时代政治的和精神的历史的基础。

人们都知道，财富的本质是劳动。私有制是从劳动积累的必然性中发展起来的。劳动分工从最初起就包含着劳动条件、劳动工具和材料的分配，因而也包含着积累起来的财富在各个私有者之间的劈分，从而也包含着财富、特别是作为生产资料的财富和劳动之间的分裂和对立，以及所有制本身的各种不同的形式。分工愈发达，积累愈增加，这种分裂也就愈剧烈。劳动本身只有在这种分裂的条件下才能存在。

资本，是在资产阶级私有制基础上产生出来的资本主义社会关系，也是资本主义社会的生产关系。如前所述，在资本主义社会，资本家是生产资料的所有者，生产劳动要能够进行，资本家还必须在劳动力市场上以平等交换的形式，购买到自己所需要的劳动力。资本主义的劳动过程，就是资本家从劳动者身上榨取到剩余价值的过程。这就是资产阶级剥削工人阶级，使自己的财富不断积累的全部秘密。这也是资本主义社会异化劳动产生的全部秘密。

劳动产生了私有制，也产生了在私有制基础上形成的阶级。随着私有制和阶级的产生，劳动者逐渐失去了对自己劳动过程和劳动成果的支配，使劳动变成为异化劳动。在过去的各个历史时代，我们几乎到处都可以看到，由于劳动的这种异化，在社会劳动分工中，总是划分为各个不同的等级，他们的社会地位分成多种多样的层次。比如在古罗马，有贵族、骑士、平民、奴隶；在中世纪，有封建主、臣仆、行会师傅、帮工、农奴；在资本主义社会，有资产者、工人劳动者、白领劳动者、蓝领劳动者等。几乎在每一个阶级内部又有一些特殊的阶层。在每个时代全部纷繁复杂的政治斗争中，问题的中心始终是社会阶级的社会和政治统治：旧的阶级要保持统治，新兴的阶级要争得统治；统治阶级要维持统治，被统治阶级要推翻统治。由于文明时代的基础是一个阶级对另一个阶级的剥削，所以统治和被统治与剥削和被剥削，始终是联系在一起的。人类社会的发展就是在这种矛盾和斗争中进行的，而这种矛盾的根源，就是劳动的异化。

总之，正如马克思所阐述过的，通过异化的、外化的劳动，劳动者生产出一个对劳动生疏的、站在劳动之外的主人的这种劳动的关系，即劳动者对劳动的关系，生产出了劳动的主人资本家——或者不管人们给劳动的主人起个什么别的名字——这种劳动的关系。因此，私有财产是外化劳动即工人对自然界和对自身的外在关系的产物、结果和必然后果。因此，从外化劳动这一概念，即从外化的人、异化劳动、异化的生命、异化的人这一概念，我们能够领悟到私有财产这一概念的本质和意义。

劳动异化由私有制的产生而产生，也会由私有制的消灭而消除。当今的人们对消灭私有制似乎有很大的误解。作为资产阶级，反对消灭私有制，那是由阶级本性所决定的，完全可以理解。而作为普通劳动者，特别是作为雇佣劳动者，如果要反对消灭私有制，那就令人费解了。追溯其根源，恐怕主要是对消灭私有制的误解。而误解的根源，很大程度上似乎是社会主义国家不成功的实践。作为消除异化劳动的基本手段，消灭私有制的本质是让劳动者有支配生产资料，支配劳动过程，支配劳动产品的权利，而过去社会主义国家采取国家所有的办法，没有能实现这一点，没有能解决劳动异化问题。所以如何消灭私有制，采取什么方式、什么办法，仍然是需要研究的问题。

资本主义劳动异化和阶级对立的新内涵

历史实践告诉我们，劳动异化最严重的后果，最突出的表现在财富关系的两极分化和劳动关系中的对立上。比如在劳动异化发展的最高阶段资本主义社会，劳动生产的不仅是商品，它还生产作为商品的劳动者自身，而且是按它一般生产商品的比例生产的。基于资本家对财富的贪欲，工人劳动创造的财富越多，他的劳动产品的力量和数量越大，他就越贫穷。工人创造的商品越多，他就越变成廉价的商品。物的世界的增值同人的世界的贬值成正比，物质文明的发展同劳动者精神文明的发展相悖。这也是造成劳动、资本、地产三者对立的根源。

对于劳动者来说，这种劳动异化的第一个结果是，自己变成了自己劳动成果的奴隶。在资本主义社会，就是成为资本的奴隶、金钱的奴隶。马克思曾说过："金钱是以色列人的妒忌之神；在他面前，一切神都要退位。金钱贬低了人所崇奉的一切神，并把一切神都变成商品。金钱是一切事物的普遍的、独立自在的价值。因此它剥夺了整个世界——人的世界和自然界——固有的价值。金钱是人的劳动和人的存在的同人相异化的本质；这种异己的本质统治了人，而人则向它顶礼膜拜。"① 金钱作为财富，是劳动者创造的。但在异化劳动的情况下，由劳动者创造的这些财富，却集中在资本家的手里。而劳动者反而成为金钱的奴隶，也就是成为资本家资本的奴隶。从劳动者作为劳动力商品按照合同或契约卖给资本家那天起，就得遵照合同或契约为资本家劳动、为资本家卖命，从而获得能维持自己生命的工资。在资本主义社会，工资和私有财产是同一的，用劳动产品、劳动对象来偿付劳动本身的工资，不过是劳动异化的必然后果。在工资中，劳动并不表现为目的本身，而是表现为工资的奴仆。

如马克思阐述过的，资本主义社会劳动异化的一切后果，都包含在这样一个规定中或这样一种劳动关系中：工人对自己的劳动的产品的关系就是对一个异己的对象的关系。根据这个前提，工人在劳动中耗费的力量越多，他亲手创造出来反对自身的、异己的对象世界的力量就越强大，他自身、他的内部世界就越贫乏，归他所有的东西就越少。宗教方面的情况也是如此。人奉献给上帝的越多，他留给自己的东西就越少。工人把自己的生命投入对象，但现在这个生命已经不再属于他而属于对象了。因此，这种活动越多，工人就越丧失对象。凡是成为他的劳动的产品的东西，就不再是他自身的东西。因此，这个产品越多，他自身的东西就越少。工人在他的产品中的外化，不仅意味着他的劳动成为对象，成为外部的存在，而且意味着他的劳动作为一种与他相异的东西不依赖于他而在他之外存在，并成为同他对立的独立力量；意味着他给予对象的生命是作为敌对的和相异的东西同他相对立。

在这种劳动关系中，劳动者成为自己劳动对象的奴隶。同样如马克思阐述过的，工人越是通过自己的劳动占有外部世界、感性自然界，他就越是在两个方面失去生活资料：第一，感性的外部世界越来越不成为属于他的劳动的对象，不成为他的劳动的生活资料；第二，感性的外部世界越来越不给他提供直接意义的生活资料，即维持工人的肉体生存的手段。因此，工人在这两方面成为自己的对象的奴隶：首先，他得到劳动的对象，也就是得到工作；其次，他得到生存资料。因此，他首先是作为工人，其次是作为肉体的主体，才能够生存。这种奴隶状态的顶点就是：他只有作

---

① 《马克思恩格斯全集》第 3 卷，人民出版社 2002 年版，第 194 页。

为工人才能维持自己作为肉体的主体,并且只有作为肉体的主体才能是工人。按照国民经济学规律,工人在他的对象中的异化表现在:工人生产得越多,他能够消费得越少;他创造价值越多,他自己越没有价值、越低贱;工人的产品越完美,工人自己越畸形;工人创造的对象越文明,工人自己越野蛮;劳动越有力量,工人越无力;劳动越机巧,工人越愚笨,就越成为自然界的奴隶。

在这种劳动关系中,工人劳动者的工资,与其他任何生产工具的保养和维修,与资本连同利息的再生产所需要的一般资本的消费,与为了保持车轮运转而加的润滑油,具有完全相同的意义。它只是资本和资本家的必要费用之一,并且不得超出这个必要的需要。这样,在资本家千方百计扩大剩余价值的前提下,其结果必然是:劳动为富人生产了奇迹般的东西,但是为工人生产了赤贫。劳动为富人生产了宫殿,但是给工人生产了棚舍。劳动生产了美,但是使工人变得畸形。劳动用机器代替了手工劳动,但是使一部分工人回到野蛮的劳动,并使另一部分工人变成机器。劳动生产了智慧,但是给工人生产了愚钝和痴呆。

总之,由于这种异化劳动的存在,使整个时代都充满了矛盾和悖理。如马克思说的:"在我们这个时代,每一事物好象都包含有自己的反面。我们看到,机器具有减少人类劳动和使劳动更加有效的神奇力量,然而却引起了饥饿和过度的疲劳。财富的新源泉,由于某种奇怪的、不可思议的魔力而变成贫困的源泉。技术的胜利,似乎是以道德的败坏为代价的。随着人类愈益控制自然,个人却似乎愈益成为别人的奴隶和自己卑劣行为的奴隶。甚至科学的纯洁光辉仿佛也只能在愚昧无知的黑暗背景上闪耀。我们的一切发现和进步,似乎结果是使物质力量成为有智慧的生命,而人的生命则化为愚钝的物质力量。现代工业和科学为一方与现代贫困和衰颓为另一方的这种对抗,我们时代的生产力和生产关系之间的这种对抗,是显而易见的、不可避免的和毋庸争辩的事实。"[①] 这种与劳动者本质背离的劳动异化,在资本主义社会已经走到了它的尽头。

[①] 《马克思恩格斯选集》第1卷,人民出版社1995年版,第775页。

二 资本主义劳动异化和劳动的悖谬

在劳动异化状况下,劳动的性质和效益也发生了异化。历史证明,那些支配劳动的统治阶级、剥削阶级都是为了自身利益,为了掠夺财富,而投资、组织劳动的,只要自己能获得财富,是不管劳动的其他后果的,从而致使劳动本质遭到扭曲。从劳动者来说,其生产的财富越多,他的产品的力量和数量越大,他就越贫穷。工人创造的商品越多,他就越是变成廉价的商品。从而造成人的世界的贬值,发展中物的世界的增值同人的世界的贬值成正比。从社会来说,有些劳动破坏了人和自然的和谐,遭到了自然的报复;有些劳动成为直接制造灾难、毁灭人类的劳动。这就使不少人担忧,人类似乎在走向自我毁灭的道路。这样说绝不是在危言耸听。

劳动异化和劳动本质悖谬

我们都知道,劳动是社会经济活动的前提和基础。一切社会化经济活动,都是围绕着劳动产生和发展的。劳动的本质,是劳动者体力和脑力作用于自然界,从而创造人类生存所需要的物质财富和精神财富。然而在异化劳动存在的情况下,资产者不择手段追求私人财富,致使很多劳动只是为了利润,而不是为了提高劳动者的生活和社会发展,劳动的本质遭到了扭曲,无论在劳动的出发点或劳动的结果上,都出现了悖谬。

任何一种不是天然存在的物质财富要素,总是必须通过某种专门的、使特殊的自然物质适合于特殊的人类需要的、有目的的生产劳动创造出来。因此,劳动作为使用价值的创造,作为有用劳动,是不以一切社会形式为转移的人类生存条件,是人和自然之间的物质变换,是人类生活得以实现的永恒的规律。一切劳动,从一方面看,是人类劳动力在生理学意义上的耗费,作为相同的或抽象的人类劳动,它形成商品价值或交换价值;从另一方面看,是人类劳动力在特殊的有一定目的的形式上的耗费。作为具体的有用劳动,它生产使用价值。

按理说,人类的一切生产劳动,作为人的脑、肌肉、神经、手等的生产耗费,都应当是人类的有用劳动。生产力也当然始终是有用的具体的劳动的生产力,它事实上只决定于有目的的生产劳动在一定时间内的效率。因此,有用劳动的成果,同劳动的生产力的提高成正比。然而,在劳动发生异化的社会中，由异化劳动的这种特殊的社会性质所决定，不仅劳动的目的、内容、方式和方法，都越来越不能吸引劳动者，劳动者也越来越不能把劳动当作他自己体力和智力的活动来享受；而且使劳动的过程和劳动的成果也与劳动的本性相背离。

比如，人们从事劳动的目的，是为了获得人类生存和发展的物质财富和精神财富，所以劳动是否能创造这种财富，劳动的成果对人类生存和发展是有利或有害，这是衡量劳动是否存在悖谬的基本标准。现实中我们看到，社会上存在着不少的非法经济活动，如从事制毒贩毒、制造和贩卖假钞、走私贩私、食品掺假等，虽然都有高额利润，但其都是对人类生存和发展有害的活动。所以这些活动虽然也动用了许多劳动资源，但其都是犯罪活动，而不是劳动。因为这些活动损害着其他劳动者的健康，破坏着正常的社会劳动秩序，所以不仅不能促进社会生产力的发展，反而为社会生产力的发展制造障碍；不仅糟蹋和浪费人力和劳动资源，而且给国家、个人和家庭生活造成的损害都是巨大的，应当坚决打击和取缔。

又比如，构成劳动过程的本质，是生产使用价值。也就是说，劳动本应当创造越来越多的有使用价值的物质财富，以满足劳动者生活水平和健康水平的提高。然而，由资本主义社会性质和劳动异化所决定，资本主义社会工人的劳动却浪费着劳动资源，危害着工人生命和健康。如马克思所分析过的：如果我们单独考察资本主义生产，把流通过程和过度竞争撇开不说，资本主义生产对已经实现的、物化在商品中的劳动，是异常节约的。相反地，它对人，对活劳动的浪费，却大大超过任何别的生产方式，它不仅浪费血和肉，而且浪费神经和大脑。在这个直接处于人类社会实行自觉改造以前的历史时期，实际上只是用最大限度地浪费个人发展的办法，来保证和实现人类本身的发展。因为这里所说的全部节约都是从劳动的社会性质产生的，所以，工人的生命和健康的浪费，实际上也正是由劳动的这种直接社会性质造成的。

还比如，劳动作为人和自然之间的交换过程，即人以自身的活动来中介、调整和控制人和自然之间的物质变换过程，人自身作为一种自然力与自然物质相对立。人为了在对自身生活有用的形式上改造和占有自然物质的同时，也改变了自身。就是说在劳动过程中，应当求得人和自然的和谐。然而，由于劳动的资本主义性质所决定，资产阶级只求眼前利润，不顾之后恶果，资源的无度和野蛮的开发、森林的无节制的乱砍滥伐、废气和有毒物的大量排放、水资源的严重污染，等等，这都造成对自然环境的破坏，破坏人和自然的和谐，造成劳动的负效益。劳动造成的环境破坏，用数倍、数十倍，甚至数百倍其所创造价值也难于恢复。

人们都亲身感受到了，一个严峻的问题摆在面前：容量有限的地球，再也不能忍受人类无限制的掠夺了。随着珍贵自然资源的短缺和主要生态系统遭到破坏，我们以增长为基础的全球体系将有崩溃的危险。然而谁都知道，问题不会在产生它的同一个认识和实践层面上得到彻底解决。解决由私有制及其必然产物劳动异化造成的战争、贫穷和环境破坏等全球性问题，必须在新的层面上，在新的意识、新的价值观、新的社会制度、新的全球文明体系中，才能解决。当今我们正处在人类社会发展进步的重要阶段，即工业化深入发展阶段。至今因劳动异化所造成的，也是由这种劳动推进的科学技术和工业化进程中出现的上述问题，需要在新的劳动形式下，通过新的科学技术，通过包含创新意识、创新概念在内的新的工业化加以解决。

在人类发展的过程中，工业化的发展是非常必要的，是一个重要的历史时代。它为科技的进步提供了物质基础，并利用不断进步的科学技术，使社会劳动生产力不断提高，使人们生活水平普遍得到提高，使大多数人的寿命得到延长。然而在异化劳动存在的条件下，工业化中所获得的这些利益，不少是以破坏自然环境和社会和谐为代价的。特别是因为破坏了人和自然的和谐，弄得生我们养我们的地球，满目疮痍。在这方面，早期工业化的发达资本主义国家，对世界劳动人民是欠了无法偿还的债的。当然，如果我们能在新的观念、新的制度、新的社会结构和新的全球体系下，制止战争工具的滥用和贪婪欲望的冲动，使全球人都能爱护我们共同的地球家园，避免灾难的再次发生，还为时不晚，更加美好的世界是能够出现的。

当然，转变目前的价值观，消除劳动异化，是人类面临的长期任务。而当前面临的挑战和急切任务，是如何把发展纳入低碳、绿色和可持续的轨道，切实避免由于破坏自然环境和社会资源带来的巨大灾难，以实际的行动加速这种转变。比如逐步将建立在霸权、暴力、不公平、不合理和不平等基础上的世界体系，改造成一个合理、和平、公正的世界体系。其中关键在于建立新的劳资关系，建立新的国际政治经济秩序。建立这种新的秩序的含义，不仅在于重新规划全球的劳动体系、贸易体系、金融体系和相关的政治体系，而且在于重新规划人类的生存体系。现今在哲学、生物学、社会学、环境学、航空航天学等方面的良好发展，也为这种重新规划提供了基础和条件。

现今最急迫的全球性问题是能源、资源和环境对经济增长的约束。资源紧张，环境不堪重负，这双重危机突出摆在世界的面前。环境污染和破坏的事例触目惊心，这种污染和破坏造成的灾难令人惊愕，传统、粗放、不顾资源消耗的发展道路，再也无法继续走下去了，走可持续发展的道路已属必然。然而，很多问题似乎是积重难返。既得利益者发达资本主义国家，一方面，因受世界金融危机影响，为拯救危机自然会对一些制度进行变革，但要消除劳动异化，要转变发展方式消除贫富两极分化，很难做到；另一方面，因债务危机愈演愈烈，其不情愿也没力量拿出钱来，帮助发展中国家转变发展方式。而集中了世界上绝大多数贫困人口的广大发展中国家，维持生存，填饱肚子，是最重要的任务。加之没有资金，没有技术，只能使用传统能源和材料发展经济。要转变劳动方式，转变发展方式，谈何容易。

劳动异化的发展和自然报复的加剧

劳动异化的严重后果，很突出地表现在劳动对自然界的胜利和自然界对这种胜利的报复上。劳动的发展过程，或劳动的创造过程，就是人类支配自然力量增长的过程，战胜自然的过程。在至今的这一过程中，劳动，特别是科学技术创造性的劳动，使人类支配自然界的巨大力量令人惊异地发展和提高。然而时至今日，人类劳动还离不开自然界，需要自然界提供各种劳动资料。可在劳动异化的关系下，劳动者不能掌握自己的命运，资本家为了掠夺财富又不计后果，所以不能实现科学发展，即按照客观规律实现人和自然的和谐。在这种情况下，人类的劳动，既为人类创造出了巨大的财富，也造成了对自然界的破坏性掠夺，从而遭到了自然界的报复。剥削者在尽情享受财富、享受幸福的时候，却对自然界的报复视而不见，这也许是人类发展中的又一悲哀。更为严重的是，随着劳动全球化的发展，这种自然的报复也越来越具有全球性质。

在阐述人类能通过劳动战胜自然、支配自然，庆贺对自然界胜利的时候，恩格斯就阐明了这样一个重要思想："我们不要过分陶醉于我们人类对自然界的胜利。对于每一次这样的胜利，自然界都对我们进行报复。每一次胜利,起初确实取得了我们预期的结果,但是往后和再往后却发生了完全不同的、出乎预料的影响,常常把最初的结果又消除了。美索不达米亚、希腊、小亚细亚以及其他各地的居民,为了得到耕地,毁坏了森林,但是他们做梦也想不到,这些地方今天竟因此而成为不毛之地,因为他们使这些地方失去了森林,也失去了水分的积聚中心和贮藏库。阿尔卑斯山的意大利人,当他们把在山北坡得到的精心保护的同一种枞树林砍光用尽时,没有预料到,这样一来,他们把本地区的高山畜牧业的根基毁掉了;他们更没有想到,他们这样做,竟使山泉在一年中的大部分时间内枯竭了,同时在雨季又使更加凶猛的洪水倾泻到平原上。在欧洲传播栽种马铃薯的人,并不知道他们随同这种含粉的块茎一起把瘰疬症也传播开来。因此我们每走一步都要记住:我们统治自然界,决不像征服者统治异族人那样,决不是像站在自然界之外似的,——相反,我们连同我们的肉、血和头脑都是属于自然界和存在于自然之中的;我们对自然界的全部统治力量,就在于我们比其他一切生物强,能够认识和正确运用自然规律。"①

工业化的发展,现代科学技术的发展,无疑都体现着人类劳动的力量、战胜自然的力量和获取生活资料及自身发展力量的发展。然而,在异化劳动存在的情况下,劳动者在劳动中却不能按照自己的意愿进行科学的劳动,不能正确处理同大自然的关系。所以随着在工业化中对自然资源无度地、野蛮地开发和滥用,生产过程中所排出的废气对大气的污染与所排出的废水对水资源的污染,都越来越严重,致使对劳动与自然和谐的破坏也越来越严重,所遭到的自然的惩罚和报复也越来越严重。这种报复已经严重威胁到人类的生存。

当前,大气污染和水污染都已成为世界性的巨大灾难。一些专门从事全球大气环境和用水状况研究的科学家们惊呼,大气污染和水污染问题,不仅已经成为世界性的巨大灾难,而且成为人类的第一杀手。由"水援助"和"泪水基金"这两家国际性慈善机构发表的最新调查报告指出,目前,全球每天有多达 6000 名少年儿童因饮用水卫生状况恶劣而死亡。水污染问题已经成为目前世界上最为紧迫的卫生危机之一。报告还说,水污染问题在那些人口急剧增长的发展中国家尤为严重。报告认为,农村人口大幅度地向城市集中,是导致全球水污染现象日益严重的主要原因。据统

---

① 《马克思恩格斯选集》第 4 卷,人民出版社 1995 年版,第 383—384 页。

计,最近几年,全世界的农村人口向城市移民的规模,正在以每天16万人的速度增加。这份评估报告主要依据的是对各国地表及地下水质量、废水处理回收利用程度以及有关水资源保护、分配等方面的立法和执行情况等内容的考核。评估报告称,由于在水资源保护方面投入不足,印度每天有200多万吨工业废水直接排入河流、湖泊及地下,造成地下水大面积污染,所含各项化学物质指标严重超标,其中,铅含量比废水处理较好的工业化国家高20倍。此外,未经处理的生活用水的直接排放也加剧了水污染程度。

在现代工业和农业生产劳动中,由于缺乏环保意识和环保设施,有不少行业的生产劳动,诸如造纸、冶金、化工、化肥、农药、汽车、电子等,从眼前看,虽然利润很高,经济效益似乎不错,但从全局和长远看,由于其生产过程的排污、废料垃圾和产品大量使用,对水、土、空气、人们生活健康等所造成的污染和危害,是这些劳动取得的经济效益远不能弥补的。这些生产劳动排污所造成的水污染的危害,前面已列举了一些。除此之外,现代农业也是土地污染的一大原因,尤其化学肥料虽然能帮助庄稼增长,提高收成,但对土地也造成了污染。除草剂也是土地的一大污染源,农田里的害草具有抗药性,一些除草剂一开始效果很好,但用上几年后,对农田里的害草起不到任何作用,所以,每隔一段时间,都会有更加强效的新除草剂投入市场,各式各样的除草剂在杀死害草的同时,也污染了土地。这些农用化工产品不仅污染了土地,污染了江河,污染了土地下面的水,而且还污染了农产品和食品,其危害之大、影响之深远,是难以想象的。

被污染的不仅是江河,还有近海。比如曾是欧洲最大海上通道之一的北海,在过去的一个世纪中,人们已使它变成一个倾倒污物的垃圾场。估计每年有26万吨液体工业废料、7700万吨从河流挖出的污泥和500万吨作为废物的垃圾倒入北海。欧洲污染最严重的莱茵河每年排入北海的废物就有1900万吨。氮氧化物主要有氧化亚氮和二氧化氮两种,大部分来源于矿物燃料的燃烧过程,或者来自使用硝酸的工厂及氮肥厂、金属冶炼厂等排放的废气。

有生态学家认为,一个国家,如果它的森林覆盖率达到30%左右,就很少发生重大的自然灾害;如果能达到40%,就有一个比较好的生态环境;如果达到60%,那么这个国家将成为一个风调雨顺、美丽富饶的花园国家。历史上，全球森林面积曾经有 80 亿公顷，覆盖率达 70% 以上，直到 19 世纪后半叶，森林覆盖率还有 50% 左右。人类对森林大规模破坏大都是近百年的事，且破坏的速度越来越快。据联合国粮食及农业组织最新公布的报告显示，截至 1995 年，全世界森林面积只剩 35 亿公顷，只占地球陆地面积的 26.6%，1990—1995 年间世界森林面积净损失竟达 5630 万公顷。

由于在异化劳动下人类做了太多蠢事，使森林严重破坏，自然灾害丛生。这里我们不妨重复一下媒体上已经披露的数字：美国 1908 年至 1938 年间由于滥伐森林 9 亿多亩，使大片绿地变成了沙漠；苏联 1962 年至 1965 年在西伯利亚开垦了 1700 万公顷的处女地，结果是全部毁于沙尘暴，颗粒无收。我国的黄土高原，历史上曾是"翠柏烟峰，清泉灌顶"的中华文化发源地。但由于人口激增，毁林造地，导致 43 万公顷的土地变成荒山秃岭，沟壑纵横，草木不生，水土流失面积达 78.9%，已变成"荒地无村鸟无窝"的景象了。由于人类与森林资源的密切关系，森林资源的衰竭将给人类和人类社会带来多方面的危害，成为一种后果严重的灾害。森林的丧失将使人类取得木材、药材、薪柴等生产和生活原料变得极其困难。森林的大面积丧失使生物圈初级生产生物产量大大降低，次级生产产量也随之降低，从而大大削弱了人类生存和发展的物质基础。森林的大面积丧失将严重危害人们的健康。森林的大面积丧失将使气候恶化，干旱、洪涝加剧，水土流失和土地沙漠化更为严重。

土地资源是人类生活和生产所必需的重要自然资源。人类自存在以来，就与土地结成了不可分离的依存关系。人类的产生、生存和发展，都是以土地资源为依存基础的。然而，由于在异化劳动存在的状况下，对土地资源的开发和利用不够科学，造成了土地资源的极大浪费。最近科学家提出了一个令人沉重的观点：21 世纪将是全球多灾难的世纪，主要灾难是气象灾害，而干旱是气象灾害的主要表现形式。由于过度的人为活动与资源、环境不相协调而产生的一种以风沙活动为主要标志的环境退化过程。据专家估计，目前，地球上已经受到和预计会受到沙漠化影响地区已占全球土地面积的 35%。非洲是受沙漠化威胁最严重的地区。沙漠化的结果是造成土地滋生潜力的衰退和可利用土地的丧失。这在许多国家加剧了食物缺乏，形成连年饥荒。沙漠化还造成气候状况恶化，特别是引起干旱的加剧。由于人类的活动，特别是由于植被遭到破坏造成水土流失灾害。土壤盐碱化灾害、土地资源衰竭灾害。世界上有30多个国家种植的作物因盐碱化而严重减产。

由于诸多行业没有实行科学劳动，劳动不尊重科学规律，破坏了人和自然的和谐，因而频遭大自然的报复。比如现在人们都在惊呼，已被各种化学有毒物质、放射性物质，各种有毒废气和各种被有毒物质污染的水、污染的食品等包围着，在日常生活中，我们每天都无法避免地接触这些危害我们生活质量和健康的东西。饮水安全、健康安全、食品安全问题已经成为人类生存的最大威胁。不仅如此，大自然的报复还突出表现在各种自然灾害频繁发生上。

比如：新世纪伊始，媒体极为关注的位于多瑙河流域的几个巴尔干国家就面临了一场劫难。这年1月30日，罗马尼亚境内一处金矿污水沉淀池，因积水暴涨发生漫坝，10多万升含有大量氰化物、铜和铅等重金属的污水冲泄到多瑙河支流蒂萨河，并顺流南下，迅速汇入多瑙河向下游扩散。造成河鱼大量死亡，河水不能饮用。匈牙利、南斯拉夫等国深受其害，国民经济和人民生活都受到一定的影响，严重破坏了多瑙河流域的生态环境。据世界权威机构调查，在发展中国家，各类疾病有8%是因为饮用了不卫生的水而传播的，每年因饮用不卫生的水，至少造成全球2000万人死亡。当然，在核电发展历史上，日本、苏联、美国、英国等发生的核辐射和核泄露事件，像苏联切尔诺贝利核电站爆炸事件，所造成的灾害，令人震惊。像印度博帕尔化工厂泄毒事件，中国1975年板桥水库、石漫滩水库垮坝溃决事件等，所造成的灾害，也都使人惊骇。

破坏生态，破坏人与自然和谐发展的劳动，遭到大自然的报复是理所当然的。而追究发生这种状况的原因，只怪罪资本主义工业化，似乎过于简单了。当然，资本主义工业化在为资产阶级带来巨大财富的同时，也的确对环境造成了严重破坏，使世界充满了战争、残暴、灾难和痛苦。但工业文明毕竟是人类进化过程中必要的阶段，而且问题不在于工业化本身，而在于不合理的社会制度。一切错误和罪过，都根源于这种制度和与这种制度相适应的价值观。在这种制度和价值观下的工业化进程中，因为剥削阶级对个人财富的贪婪，才造成了极端的贫富两极分化，以及对自然生态的严重破坏。资本主义全球体系之所以要面临行将崩溃的局面，就是因为构成它的要素是带有毁灭性的制度和价值观。这种制度和价值观通过鼓励对私人财富无限制的贪婪，来刺激无限制的经济扩张。虽然地球拥有可以满足所有人基本需要的充足的资源，但对于满足所有人无限制的贪欲来说，那是太微不足道了。所以，人们在遭受灾难和痛苦时，就不能不对这种制度和价值观进行深入的反思了。

在事实面前，西方学者也不得不承认，当前资本主义世界体系并不是公平、公正和善良的体系，而是包含着特权和掠夺财富的体系。在这种体系中，那些追逐财富的富人们，都漠视自己在追逐财富过程中所造成的贫困和对自然生态的破坏。如果我们真的想正确认识世界长期以来存在的一些问题，诸如持久的战争、贫困、犯罪、疾病和环境破坏，那我们首先就需要去反省一下资本主义制度和价值观，反思在这种制度和价值观下所发生的对财富的贪婪、掠夺和无偿占有。依靠资源的消耗、自然生态的破坏而积累起来的巨大财富却被少数资产者所攫取，富人用钱生钱的发明，使手中的钱越多就赚得越多，赚得越多对奢华、地位和权势就越贪婪。资产者再富，也不会让普通劳动者吃得更好，穿得更好，睡得更好，学得更好，生活得更舒适。

总之，进行科学劳动，实现劳动中经济效益、社会效益和环境效益相统一，实现人和自然的和谐的可持续发展，从而避免大自然的报复和灾难，已成为世界各国共同要求。保护环境不受污染已是全世界人民义不容辞的责任，只有每个人都去爱护自然、关心自然和保护自然，我们的生存环境才不会受到污染，我们的身体健康才有保障。为此，世界各国都在依据自己的具体国情，改变发展方式，改变经济结构，走集约型、低排放、科学生产劳动的绿色可持续发展的道路。

劳动异化的发展和制造灾难劳动的肆虐

劳动异化更为严重的后果是，在劳动异化状态下，由于劳动者被统治，在统治阶级为自己的利益而争斗的环境中，产生的不是创造满足人民物质文化生活需要的财富，而是能为资产者获得财富制造灾难、制造杀人武器。统治阶级利用这种劳动，虽然通过战争掠夺、武器销售等，也可以获得巨额财富，但这种财富是通过杀人，通过制造战争、制造灾难而获得的，它不是劳动本质和人的本质的表现。而且，在人类发展的每个时代，科学技术上发明创造的成果，很多都首先是用在了武器制造上。制造武器的劳动，不仅在社会总劳动中占有很大的比重，而且大部分还都是利用社会最宝贵的人力资源、技术资源、物质资源的高技术劳动。最为可怕的是，在现代科学技术高度发展的今天，大量毁灭性先进武器，诸如核武器、激光武器、隐型武器等的制造和实验，为制造和实验这些武器对大自然所进行的破坏性的开发和污染，都使人类面临着走上可怕的自我毁灭道路的处境。

在阶级和国家存在的条件下，战争是掠夺财富，无偿占有别人劳动的重要手段。回顾人类的发展史，回顾资本主义的发展史，特别是帝国主义的发展史，人们都会明白，绵延不断的战争，始终与物质文明和精神文明的发展相伴随。它作为掠夺的一种手段，是一种残酷的灾难深重的手段。这一手段造成的灾难性的后果，当然无法用数字来衡量。历史上战争造成的巨大灾难我们且不说，就当今没完没了地军备竞赛，没完没了地把大量劳动，大量资源，大量的财力、人力和物力，大量先进科学技术，都投在了生产杀人武器和养活大量军队上，投在了制造灾难的劳动上，我们就能看出这实在是人类发展中的悲哀。

不过，这里特别需要提醒的是，同样是养活军队，同样是生产武器，其性质和作用是不同的。罪魁祸首是掠夺者、战争发动者。当今的罪魁祸首就是霸权主义者。人们都亲眼看到，美国新霸权主义的一个突出特点，就是穷兵黩武。制造武器，发动侵略战争，固然可以使资产者大发横财，但那是以制造巨大灾难为代价的。而对于抵抗掠夺、抵抗侵略的国家和人民来说，他们养活军队、生产武器正是为了保护劳动者，保护劳动的正常进行和发展。他们养活军队和生产武器，是必需的，是不得已而必为之。从本质上说，他们的这种生产劳动，不是为制造灾难的劳动，而是为了和平，为了制止战争、制止灾难的发生和扩大的劳动。没完没了地军备竞赛应当归罪于掠夺者和战争发动者的头上。

军备竞赛的基础是综合国力，直接表现是国家军事预算。第二次世界大战后，世界各国，特别是大国，在军备竞赛中所投入的人力、物力和财力之巨大，花费劳动之巨大，都是惊人的。据官方统计，2011年世界军费已经高达15465亿美元。也就是说，世界各国每年要用如此巨大的费用，如此巨大的劳动成果，去研究战争、开发新型杀人武器、武装和培训军队，而不是去提高人们的物质文化生活。作为战争根源的霸权主义者美国，2005财政年度的国防预算总额为4220亿美元，占美国2005年政府全部财政预算的20%，占美国国民生产总值的3.4%，为世界上所有其他国家国防预算的总和；2011年，其军费已经达到6871亿美元，占其国民总收入的 4.7%。

这庞大的军事预算，主要是用于养活军队和武器装备的生产。几乎所有的国家，都有一个由政府管理的军工部门，负责武器装备的设计和生产。尤其是美国，其武器装备生产的规模之大、技术水平之高、生产能力之强，都令人惊讶！随着新的科学技术的发展，在美国专门从事武器装备生产的不仅有大量传统的老企业，而且还有适应新的战争需要建立的崭新的工业部门专门从事新军品的生产。而且美国的很多工业部门都是军民两用的生产部门，没有战争的时候，生产民品，一旦发生战争，其生产能力能迅速转产军品生产。也就是说，美国的工业，美国的经济都带有浓厚的军事化的色彩。美国建立现代化的军事工业，目的是为了称霸世界、掠夺世界。由于现在几乎每一种现代武器系统的研制成功，都体现着一种技术的突破，所以这些工业部门对军品之所以感兴趣，除了追求较大的销售量和利润外，还在于能推动技术的创新和新技术的发展。

现代武器装备的生产，如大型核潜艇、核动力航空母舰、多功能隐型战斗机、远距离巡航导弹等，不仅需要最尖端的科学技术和科学技术人才，而且都耗资巨大，耗劳动巨大。花费如此多的科学技术、人才，耗费如此大的财力和物力，生产的却不是人们生活所必需的物质资料，而是给人类造成灾难的武器，这是人类发展中的悲哀。造成这种悲哀的是财富掠夺，是为掠夺财富而发动战争的掠夺者，是妄图掠夺世界、统治世界的霸权主义者。

美国为控制中东地区，特别是控制和掠夺中东石油，实现其独霸世界的战略目标，在发动的阿富汗战争和伊拉克战争中，所投入的部队和武器装备，所投下的各种炸弹等，总价值有专家估计为，这场战争给美国造成的经济损失高大 2 万亿美元，有专家估计为 3 万亿美元。更令人惊骇的是，美国利用这些部队和武器装备对伊拉克进行狂轰滥炸、肆意掠杀，给伊拉克造成的生命财产的破坏和损失，生态的破坏和损失，都难于用数字计算。用大量劳动者的巨量劳动，制造出大量杀人武器，又利用这些武器去残杀大量的劳动者，破坏大量的劳动成果，这也是异化劳动的必然结果。

在军备竞赛中，尤为可怕的是核军备竞赛和太空军备竞赛。第二次世界大战后，世界一些国家，特别是主要大国，在核武器和核武器运载工具方面，在多弹头分导等高技术、太空武器领域的研制方面，都投入大量人力和物力，投入了大量的劳动，生产出了大量的核武器。尽管经过谈判和削减，现在保留的数量，也仍然能把整个地球毁灭数次。据美国国务院公布的最新数据显示，截至2012年9月1日，美国实际部署陆基洲际弹道导弹弹头、潜射弹道导弹弹头及重型轰炸机核弹头，仍然有1722枚。俄罗斯实际部署的核弹头，也仍然有1499枚。用于这种武器的研制、生产和使用的劳动，与用于常规武器一样，也是制造灾难的劳动，是制造更大灾难甚至人类毁灭的劳动。

核武器的生产和使用，给人类所造成的灾难是令人发指的。第二次世界大战中核武器在日本的使用所造成的巨大灾难，至今人们都还记忆犹新。战后虽然没再使用过核武器，但其在研制和生产中造成的放射性污染和废料污染的灾难，时时刻刻都在危害着人们。如媒体报道过的，坐落在美国纽约州东纳汪达镇一所小学旁边的秘密制造铀的荒废工厂，就是美国制造原子弹时期所留下来一处布满辐射线的遗址。据知情者透露，在过去50年内，美国为生产7万件核武器而在全国16个大型工厂及几十个小型工厂雇佣了60多万名男女工人。工人们在最近几次听证会上作证称，他们长时间暴露在核辐射和有毒化学物质的环境中。美国政府于今年1月首次承认有这一现象存在，受害的工人比常人更容易患癌症。

南斯拉夫联盟国防部长助理佩特科维奇将军披露，在北约发动的科索沃战争中，除科索沃地区外，北约还向南斯拉夫塞尔维亚共和国西南部的乌日策等8个地区100多处目标发射贫铀弹，北约的A—10攻击机投下3000—5000枚贫铀弹袭击这些目标，总计铀238重量为1—1.5吨。统计资料表明，受污染地区每一公斤样品土壤中的核放射性活度为20—23.5万贝克，而所允许的核放射性活度应为200贝克，因此该地区已灾难性地受到核放射性物污染。

观察分析当今的国际形势就能悟到，在接下来的几十年中，军备竞赛会更激烈。原因是战争的根源在于资本主义制度和价值观，这种制度和价值观所崇尚的就是竞争、掠夺和暴力。这种竞争、掠夺和暴力理念的集中体现，就是霸权主义。所以在霸权主义存在的条件下，发生战争的根源也广泛存在。比如当一个国家的领土和资源受到侵犯时，当一个民族的生存和信仰受到威胁时，当一个国家的文化和政权受到威胁时，都可能发生战争。彻底消除战争与彻底消除这种制度和价值观是紧密联系的。只有消除这种制度和价值观，才能把崇尚竞争、掠夺和暴力的理念，转变为平等、合作和和平发展的理念。

更值得注意的是，霸权主义国家不仅利用战争进行暴力掠夺，还利用军火贸易进行和平掠夺。为达到其军火掠夺的目的，它们不惜利用各种欺骗手段，无中生有、散布谎言、挑拨离间等，制造紧张局势，挑动其他国家间的不和、矛盾，甚至冲突，以推动军备竞赛的不断升级，从而为其军火贸易开辟市场。在世界军火贸易市场上，欧美国家一直占据主导地位。据国际权威研究机构的研究报告显示，即使在世界金融危机期间，世界军火贸易，特别是美国、英国、法国、俄罗斯等传统军事大国的军火出口也依然红火。全球前100家大军火商在2010年的武器装备和军事服务销售总额达到4111亿美元。其中，美国44家军火商的销售额占60%以上，而西欧的30家军火商则占29%。从2002年到2010年，这100家大军火商军售总额实际增长60%。

在世界排名前十位的军火商中，有7家为美国军火商。其中，美国洛克希德—马丁公司位列第一位，2010年的销售额达357.3亿美元。销售额位列第二至第十位的军火商分别为英国航空航天系统公司、美国波音公司、美国诺思罗普—格鲁曼公司、美国通用动力公司、美国雷神公司、欧洲航空防务和航天公司、意大利机械工业投资公司、美国L—3通信公司和美国联合技术公司。2010年这10大军火商的销售额约2300亿美元。在军火贸易增长的同时，包括系统支持、培训、后勤、维修的军事服务等交易，也持续增长，100家大军火商中有20家主要是军事服务提供商。这些军火商的销售额从2002年的223亿美元上升到2010年的550亿美元，实际增长147%。此外，由于外包和军事技术的革新，在可预见的未来，这种服务将在公司发展战略上发挥关键作用。有专家分析，近几年的世界军火贸易，还呈现出以下几个特点：

第一，种类繁多。从小型火器到重型火器，从陆地、海上兵器到空中兵器，从普通兵器到高技术兵器，从硬杀伤装备到软杀伤装备，应有尽有。还有少数国家和地区，为了获得令人生畏的核武器和生化武器，千方百计地从秘密军火商手中购买各种原料和武器部件。前不久俄罗斯军方已公开承认，俄罗斯丢失的核弹头已达十几个之多。据观察家分析，这些核弹头很有可能已经进入了秘密交易的物流之中，同时不排除有的核弹头已被个别国家或组织所获得。

第二，性能先进。过去有很长一个历史时期，主要的武器输出国恪守只卖本国过时、淘汰武器的原则，因而世界军火市场都是些二三流的武器装备，甚至到了六七十年代，早遭淘汰的第二次世界大战中的一些重火器，仍然能找到买家。现在不同了。发达国家军队列装的主战兵器，包括最先进的战机、战船、坦克、防空导弹等等，除被列入主要武器输出国禁购名单的国家外，都可以在公开的军火交易中买到。有的武器输出国为了赚取更多的硬通货以尽快重整自己的军备，甚至将自己军队尚未正式装备的一些主战武器卖给了心急火燎的买主。有军事专家指出，高技术武器装备已成为目前军火交易的主体，只要能赚钱，只要有买主，市场需要什么，就研制生产什么，已成为原则。

第三，武器输出国竞争激烈。随着武器输出国的增加，也由于科学技术的进步使得武器研制的生产周期缩短，导致世界军火交易的竞争十分激烈。为了争得先机之利，武器输出国无不使出浑身解数来争取买主。比如交易形式日趋灵活，常用的有易货贸易，联合生产，改进旧装备，设立培训中心，转让武器生产技术，补偿贸易，提供政府信贷担保等等。有的贸易还使用赊账或先试用后付款的形式。竞争的核心是打价格战。为了抢占国际军火市场的份额，俄罗斯还大力推销物美价廉的先进军火。

第四，发展中国家成为买家主体。2000年，发展中国家总共购买了254亿美元的军火，占全球年交易额的68.8%。其中的九成军火是购自美国、俄罗斯和法国。这些发展中国家，分布在亚洲、非洲和拉丁美洲。世界最大的军火购入市场在亚洲。据统计，世界上最大的10个武器进口国（地区）主要集中在亚洲。10年间，亚洲地区共进口了1500亿美元的军火，占同期全球军火贸易总额的65%。中东又是亚洲也是全球最大的军火购入市场。10年中，该地区共购进总额达700多亿美元的军火，占同期世界军火贸易总额的30%左右，占同期亚洲军火购入总额的近47%。

之所以列举上述情况，意在说明，美国是当今制造灾难劳动的策源地。除了它自己大搞国民经济军事化，靠卖军火大发横财之外，它还在世界到处制造事端，干涉别国内政，叫嚣和发动战争，威胁别的国家的生存和发展，这就迫使别的国家也不得不保持一定的武器装备，从而涌动着世界性的军备竞赛。靠军火发财，就是靠制造灾难发财，靠人的血肉和生命发财。这里也想以此唤醒人们起来反对美国的霸权主义和战争政策，走和平发展、科学发展的正确道路。

三　国际劳动的发展和劳动本性的回归

如上所述，劳动异化是同劳动的本质、人的本质相悖的。因此，这种劳动关系本质上就包含着对它的否定。它的发展过程，同时也是它走向消除的过程。劳动异化的消除意味着劳动者的解放，它的消除过程，实质上就是劳动和劳动者的解放过程。如马克思所阐述的，从劳动异化同私有财产的关系，即私有制是劳动异化的根源的角度，我们就可以得出这样的结论：社会从私有制下解放出来、从一切压迫和奴役中解放出来，是通过劳动者解放这种政治形式来表现的。劳动者解放不只含有劳动者政治解放的意义，而且包含普遍的人的解放的意义。之所以如此，是因为整个人类的奴役制度、压迫和剥削制度，都包含在劳动者对生产劳动的关系和劳动者对奴役者的关系中，而劳动中的一切奴役关系，只不过是劳动异化这种关系的变形和结果罢了。消灭了私有制，消除了劳动的异化，就消除了一切奴役关系，使劳动的本性、人的本性得到回归。

劳动异化的消除和劳动本性的回归

在马克思主义者看来，私有制是劳动异化产生的根源，消除劳动异化最根本的自然是消灭私有制。也正是在这种意义上，马克思把共产党人的理论归结为一句话：消灭私有制。在马克思看来，私有制产生后，经过在奴隶制、封建制下的发展，现在已到了它的终点：资本主义私有制。人类历史发展到资本主义阶段，私有制的灭亡、劳动异化消除和共产主义的到来，都是不可避免的。而且随着社会主义国家的出现和发展，随着资本主义国家股份制和信用制的出现和发展，随着社会所有的数量和规模的不断扩大，资本主义私有制、劳动异化都已经走在了被消灭的路上。

私有制是资本主义生产关系的总和。资本主义雇佣劳动关系，或劳动、资本和二者的关系，本质上都是一种私有财产关系。因此，对私有制的积极扬弃，作为对人的生命的占有，作为人性的回归，就是对基于私有制基础上的一切异化的积极的扬弃。而私有制和劳动异化的消灭，与劳动者的解放和劳动者自身的发展是相联系的。实践证明，消灭私有制，消除劳动异化，是个长期的历史发展过程，必须具备一定的经济基础和政治条件，其中最主要的是劳动者的自身的发展和这种发展基础上的实际的革命运动。马克思特别强调:"要扬弃现实的私有财产,则必须有现实的共产主义行动。历史将会带来这种共产主义行动,而我们在思想中已经认识到的那正在进行自我扬弃的运动,在现实中将经历一个极其艰难而漫长的过程。"①

消灭私有制和消除劳动异化的过程,是劳动者通过自己的斗争,获得自我解放的过程。工人阶级的革命运动,就是劳动者自己解放自己的运动。这种运动的发展,靠的是劳动者自身的发展和斗争。历史上劳动者通过自己的斗争而达到的每一次一定程度的解放,都是社会生产力的一次解放,都推动着人类社会的前进。也就是说,劳动者为求解放的斗争不仅是历史的直接动力,是现代社会变革的巨大杠杆;而且人类历史上每一进步,都以劳动者的解放程度为根本标志。因此,马克思主义者历来都把唤醒劳动者大众起来为自身解放而斗争,为劳动者的解放指明方向和道路,作为自己的人生价值和理论的根本使命和任务。

如恩格斯说的:"把生产资料从这种桎梏下解放出来,是生产力不断地加速发展的唯一先决条件,因而也是生产本身实际上无限增长的唯一先决条件。但是还不止于此。生产资料由社会占有,不仅会消除生产的现存的人为障碍,而且还会消除生产力和产品的有形的浪费和破坏,这种浪费和破坏在目前是生产的无法摆脱的伴侣,并且在危机时期达到顶点。此外,这种占有还由于消除了现在的统治阶级及其政治代表的穷奢极欲的挥霍而为全社会节省出大量的生产资料和产品。通过社会生产,不仅可能保证一切社会成员有富足的和一天比一天充裕的物质生活,而且还可能保证他们的体力和智力获得充分的自由的发展和运用,这种可能性现在第一次出现了,但它确实是出现了。"②

共产主义作为既保证社会生产力高度发展,又保证每个劳动者个人获得全面发展的那么一种理想的社会形态,其本质就是劳动本性的回归,就是"私有财产即人的自我异化的积极的扬弃,因而是通过人并且为了人而对人的本质的真正占有;因此,它是人向自身、向社会的即合乎人性的人的复归,这种复归是完全的,自觉的和在以往发展的全部财富的范围内生

---

① 《马克思恩格斯全集》第 3 卷,人民出版社 2002 年版,第 347 页。
② 《马克思恩格斯选集》第 3 卷,人民出版社 1995 年版,第 632—633 页。

成的"①。按照马克思的设想,共产主义是要在生产资料属于社会全体成员,即联合起来的劳动者所有的前提下,重建个人所有制,实现劳动者与劳动资料的直接结合。并在生产力高度发展、社会财富极大丰富的基础上,建立自由人的联合体,实现联合劳动。

当然,共产主义要建立的个人所有制,不是要恢复资本主义前的、资本主义已经否定了的那种封建个体所有制,它作为否定的否定,是生产资料归联合起来的劳动者个人占有,是劳动者解放和人本性复原现实所有制形式。关于建立联合体个人所有制问题,马克思和恩格斯都有许多论述。比如马克思说过:由资本主义生产方式生出的资本主义占有方式,资本主义私有制,是个人的以封建个体劳动为基础的所有制的第一个否定。但资本主义生产又以一种自然过程的必然性,生出了对这种所有制自身的否定,这是否定的否定。这并不是重建原来意义上的私有制,而是在资本主义时代已经获得的成就——协作,土地及各种劳动本身生出的生产资料的共有——的基础上,建立个人所有制。马克思说过,以自己劳动为基础的分散的个人私有制转变为资本主义私有制,同事实上已经以社会生产为基础的资本主义私有制转变为社会所有制比较起来,自然是一个长久得多、艰苦得多、困难得多的过程。

共产主义的联合劳动,也是一种协作劳动,但它是在消灭了雇佣劳动、消灭了劳动异化、消灭旧式劳动分工、实现了劳动者全面发展基础上的、合乎人的本性的新的劳动形式。在这种劳动形式下,人们都作为社会的一员,都自由平等地占有生产资料,自由平等地支配自己的劳动成果,都能真正成为自然的主人,自身的主人,都能按照发展的科学规律,以人和自然和谐的原则,进行创造性的劳动,并通过自己创造性的劳动,创造社会财富,创造自己的生存条件。在这种劳动中,每个人都能得到全面的自由发展,而且每个人的自由发展是一切人的自由发展的条件。

共产主义的联合劳动,是真正体现劳动本质的人类的联合劳动。到共产主义时,随着国家的消失,各民族生活条件日益趋于一致,各民族之间的隔绝和对立也随之消失。共产主义在世界历史中实现着自己,世界历史在共产主义中也实现着自己。不过,处在共产主义中的个人,已经不是封建个体生产者的个人,不是民族历史中的个人,而是联合起来的劳动者共

---

① 《马克思恩格斯全集》第3卷,人民出版社2002年版,第297页。

同体中的个人,是世界历史中的个人。共产主义成为人类统一的信仰和社会形态,大家都在那自由人的联合体中为增加生产力的总量而自由劳动、自由交往、和平生活。人与自然、人与社会、人与自身都达到了历史性的和解,真正实现了世界的和谐发展。

共产主义社会作为生产力高度发展、社会财富极大丰富的自由劳动者的联合体,联合劳动者个人不仅占有生产资料,而且还占有生产力的总和。在这个联合体中,由于劳动者占有了生产资料,劳动者自己创造着自己的生存条件,每个劳动者都能得到全面的自由发展,而且每个劳动者的自由发展是一切劳动者的自由发展的条件。在这样没有阶级统治、阶级压迫和阶级剥削,人人都能自由平等进行劳动、自由平等支配劳动成果、自由平等享受生活,人人都能受到应有的良好的教育,德智体都能得到全面发展的社会里,不仅是物质文明高度发展,而且是精神文明高度发展。

在资本主义社会,生产力的发展,生产资料的扩张力,必然要撑破资本主义生产方式所加给它的桎梏。生产资料从这种桎梏下解放出来,是生产力不断地加速发展的唯一先决条件,因而也是生产本身实际上无限增长的唯一先决条件。但是还不止于此。生产资料的社会即联合劳动者占有,不仅会消除生产的现存的人为障碍,而且还会消除生产力和产品的明显的浪费和破坏。前面已经阐述,这种浪费和破坏在目前是生产的不可分离的伴侣,并且在危机时期达到顶点。此外,这种占有还由于消除了现在的统治阶级及其政治代表的穷奢极欲的浪费而为全社会节省出大量的生产资料和产品。通过社会生产,不仅可能保证一切社会成员有富足的和一天比一天充裕的物质生活,而且还可能保证他们的体力和智力获得充分的自由的发展和运用,这种可能性现在是第一次出现了,但是它确实是出现了。

总之,共产主义的核心就是消灭私有制,在劳动者对生产资料、劳动条件的联合占有和支配基础上,实现劳动者与劳动资料的直接结合,使劳动者成为劳动的主人、社会的主人。实现联合劳动者个人所有制,不仅是一场大革命,而且必须具有客观的经济条件。条件之一,是大工业的高度发达。在大工业中,生产工具和私有制之间的矛盾才第一次作为大工业所产生的结果表现出来,这种矛盾只有在大工业高度发达的情况下才会产生。因此,只有在大工业的条件下才有可能消灭私有制。条件之二,是劳动者个人的全面发展。因为现存的交往形式和生产力是全面的,只有全面发展的个人才可能占有它们,使它们变成自己的自由的生活活动。所以私有制只有在个人得到全面发展的条件下才能消灭。条件之三，是劳动者的联合。共产主义和所有过去的运动不同的地方在于：它推翻了一切旧的生产和交往的基础，并且破天荒第一次自觉地把一切自发产生的前提看作是先前世世代代的创造，消除这些前提的自发性，使它受联合起来的个人的支配。因此，建立共产主义实质上具有经济的性质。这就是为这种联合创造各种物质条件，把现存的条件变成联合的条件。而且，只有在这种联合体中，劳动者个人才能得到全面发展。

劳动者支配劳动和自身的全面发展

我们常说的个人全面发展或全面发展的个人，当然不是人们想象中的那种抽象的个人，而是现实中的个人。也就是说，这些个人是从事现实活动，进行物质生产，因而是在一定的社会环境和物质条件下活动的个人。个人的全面发展，或者说全面发展的个人，也不是自然的产物，而是社会关系的产物，是历史的产物，它需要个人能力的发展和社会关系的发展，都达到一定的程度和全面性，达到一定的历史阶段，才能实现。马克思说：任何个人在历史的每一个阶段都遇到一定的物质结果，一定数量的生产力总和，人和自然以及人与人之间在历史上形成的关系，都遇到前一代传给后一代的大量生产力、资金和环境，尽管一方面这些生产力、资金和环境为新一代所改变，但另一方面，它们也就预先规定着新一代的生活条件，使它得到一定的发展和具有特殊的性质。

共产主义就是既保证社会生产力高度发展的同时，又保证每个生产者个人全面发展的那么一种社会形态。马克思特别批判了那种认为消灭了资本主义所有制关系，就会消灭人的个性和自由的论调，指出，消灭这种所有制关系，正是为了给人的全面发展创造条件，最后实现这种全面发展。他强调，要消灭的只是少数资产阶级的个性和自由，而还绝大多数劳动者的个性和自由。针对资产阶级在个性和自由问题上对共产主义的攻击和诽谤，马克思和恩格斯在许多著作中都对资产阶级的个性和自由进行了深刻的揭露和批判。并在这种批判中，对未来社会的本质特征进行了深刻全面论证。

个人自由发展，作为人们的本性或所固有的东西，是一个很神圣的概念。但自由对不同的人来说，却有着不同的内涵。的确，没有一个人反对自由，如果有的话，最多也只是反对别人的自由。人们常说的种种自由向来就是存在的，不过有时表现为特权，有时表现为普遍权利而已。马克思曾以出版自由为例说明，问题不在于出版自由是否应当存在，因为出版自由向来是存在的。问题在于出版自由是个别人物的特权呢，还是人类精神的特权。他说在资本主义社会，自由就是自由贸易、自由竞争、自由剥削劳动者。

我们都不能不承认，自由竞争是资本主义社会自由的基础。资本主义社会是商品所有者自由竞争的平等王国，而资本的统治是自由竞争的前提。只有随着自由竞争的发展，资本的内在规律才确立为规律，以资本为基础的生产才以它的最适当的形式确立起来。因为自由竞争就是以资本为基础的生产方式的自由发展，就是资本的条件和资本这一不断再生产着这些条件的过程的自由发展，信仰自由和宗教自由的思想，不过表明自由竞争在信仰领域里占统治地位罢了。历史实践使我们毋庸置疑：在资本主义社会，自由的并不是劳动者个人，而是资本，是资本所有者资产阶级。自由的这种社会本质抑制着劳动者个人的自由发展，是劳动者个性和自由发展的桎梏。

正是自由竞争在资本主义社会中的特殊地位，就使一些人产生一种荒谬的看法，即把自由竞争看成是人类自由发展的终极，认为否定自由竞争就等于否定了个人自由，等于否定以个人自由为基础的社会生产。当然，这里指的是资本主义的自由和社会基础。实际上，这种所谓的个人自由不仅是最彻底地取消任何个人自由，使人的个性完全屈从于这样的社会条件，而且这些社会条件还采取物的权力形式，极其强大的物的权力形式。所以，同样毋庸置疑的是，资本主义社会最主要的人权，就是资产阶级所有权，就是资本家剥削劳动者的平等权；资本主义社会的自由，就是资本的自由，资本剥削劳动者的自由；资本主义社会的民主，只是对资产阶级少数人的民主，而不是广大劳动者的民主。因此，劳动者的解放只能靠劳动者自己，靠劳动者自己起来斗争来达到。历史上劳动者通过自己的斗争而达到的每一次解放，都推动着人类社会的前进。

追求自由确实是人的本质，但自由不是一个脱离社会属性的抽象范畴。自由、平等、人权、民主，这是资产阶级反对封建专制制度时提出的口号，因而就给人一种错觉，似乎这些东西都是属于资产阶级。其实马克思主义者才是最讲自由、平等、人权和民主的，而实现这种真正自由、平等、人权和民主的条件，就是劳动者的解放。所以他们不仅反对封建政治特权专制制度，而且反对资本主义金钱特权专制制度。他们反对资本主义制度的原因，就是它还不是真正自由、平等和民主的制度，在这种社会制度中，广大民众并没有真正享受到自由、平等和民主的权利，特别是没有享受到财产平等的权利。马克思主义者理想的社会状态是，每个人的自由发展是一切人的自由发展的条件，而实现这种理想状态的基本条件，就是消灭私有制，消除劳动异化，消灭阶级对立。

马克思和恩格斯都曾阐述过：我们的目的是要建立社会主义制度，这种制度将给所有的人提供健康而有益的工作，给所有的人提供充裕的物质生活和闲暇时间，给所有的人提供真正的充分的自由。无产阶级将取得公共权力，并且利用这个权力把脱离资产阶级掌握的社会生产资料变为公共财产。通过这个行动，无产阶级使生产资料摆脱了它们迄今具有的资本属性，使它们的社会性有充分的自由得以实现。从此按照预定计划进行的社会生产就成为可能了。生产的发展使不同社会阶级的继续存在成为时代的错误。随着生产的无政府状态的消失，国家的政治权威也将消失。人终于成为自己的社会结合的主人，从而也就成为自然界的主人，成为自身的主人——自由的人。

马克思和恩格斯希望建立的自由、和谐的社会状态，就是整个人类都能真正达到成为自然的主人，自身的主人，使整个社会能够达到每个人的自由发展是一切人的自由发展的条件。显然，前一个达到是后一个达到的基础和条件，后一个达到是前一个达到发展的必然。这里提出的"每个人的自由发展是一切人的自由发展的条件"这个概念内涵，有两个方面：既包括个人自由，也包括集体的或社会所有人的自由。而且两者之间存在着相互依存、相互制约、相辅相成的辨证关系，都不是绝对的。个人自由是最基本的自由，是集体或社会自由发展的基础，没有个人自由，当然就谈不上集体的或社会的自由；集体或社会自由也不仅只是对个人自由的一种局限，而且也为个人自由发展提供了条件。

一个人的发展取决于和他直接或间接进行交往的其他一切人的发展。彼此发生关系的个人的世世代代是相互联系的，后代的肉体的存在是由他们的前代决定的，后代继承着前代积累起来的生产力和交往形式，这就决定了他们这一代的相互关系。所以，单个人的历史决不能脱离他以前的或同时代的个人的历史，而是由这种历史决定的。马克思主义者认为，个人力量由于分工而转化为物的力量这一现象，不能靠人们从头脑里抛开关于这一现象的一般观念的办法来消灭,而是只能靠个人重新驾驭这些物的力量,靠消灭分工的办法来消灭。没有共同体,这是不可能实现的。只有在共同体中,个人才能获得全面发展其才能的手段,也就是说,只有在共同体中才能有个人自由。不过在过去的种种冒充的共同体中,如在国家中,个人自由只是对那些在统治阶级范围内发展的个人来说是存在的,他们之所以有个人自由,只是因为他们是这一阶级的个人。从前各个人联合而成的虚假的共同体,总是相对于各个人而独立的。由于这种共同体是一个阶级反对另一个阶级的联合,因此对于被统治的阶级来说,它不仅是完全虚幻的共同体,而且是新的桎梏。而在未来的真正的共同体的条件下,各个人在自己的联合中并通过这种联合获得自己个性的自由发展。

全球联合劳动和世界和谐

在批判共产主义要消灭教育、消灭家庭的攻击和谬论时,马克思也论述了共产主义教育和家庭的特征。马克思和恩格斯都认为,现代资产阶级的家庭,不是建立在共同劳动上面的,而是建筑在资本和私人发财上面的。这种家庭的充分发展的形式,只有在资产阶级中才存在,而它的补充现象是无产者被迫独居和公开卖淫。共产主义不是要用社会教育代替家庭教育,更不是不要人们的亲密关系,而只是要改变这种教育的社会性质,使其摆脱统治阶级的影响。人们都亲眼看到了,恰恰是资产阶级把家庭关系变成了赤裸裸的商品交换的金钱关系,他们不仅把自己妻子看作单纯的生产工具,而且以支配无产者的女儿,或逼其为正式的娼妓,甚至以相互诱奸妻子为最大的享乐。所以资产阶级关于家庭教育,关于父母和子女的亲密关系的空话令人作呕。而只有到了共产主义社会,只有消除了那种赤裸裸的金钱交换关系,婚姻才能真正建筑在男女相爱的基础之上,才能有家庭成员的亲密关系,才能有家庭的和谐,社会的和谐。

人们的观念、意识,都随着人们的生活条件、社会关系的改变而改变。只有消除了劳动异化,消灭了私有制,消灭了在私有制基础上的金钱关系,才能改变一切以金钱关系为基础的资产阶级教育和家庭关系。消灭了私有制,也就消灭了阶级和阶级对立,消灭了一切形式家庭暴力的根源。在未来的自由人的劳动联合体内,人们都遵照每个人的自由发展是一切人的自由发展的条件的原则,自己为自己同时也是为社会而劳动,自由地享受着自己劳动创造的巨大的财富,享受着平等的教育,实现着个性的充分自由发展，享受着社会的真正和谐。

当然，不受金钱关系影响的家庭和谐、社会和谐、世界和谐，都是历史的、相对的概念，是一个历史过程。因为决定它的除了私有制、阶级和国家这些因素之外，还有很多其他社会经济、政治、道德等因素。在私有制被消灭和国家逐步消亡之前，无论是家庭和谐、社会和谐还是世界和谐，都是相对的，它与这些消灭之后的和谐，都是有很大区别的。我们不难想象，共产主义时代的家庭和谐、社会和谐、世界和谐，应当是不受私有关系、金钱关系影响的真正的、全面的、牢固的和谐，它与前者相比，有着质的飞跃。很显然，这种和谐的实现，除了人的个性的全面发展之外，还有个与此相联系的社会分工的因素。

首先，我们知道现实中的个人，都是在一定社会分工下相互发生联系的。而在共产主义社会之前的社会里，分工都是自然的或由社会关系强制的，所以都是奴隶般的分工。这种分工包含着一切罪恶和所有矛盾。那种分工是家庭中对自然形成的分工和以社会分裂为单个的、相互对立的家庭这一点为基础的。与这种分工同时出现的还有分配，而且是在劳动异化条件下劳动及其产品的不平等的分配。看看人类发展史就明白，私有制最初是在家庭关系中萌芽和出现的。在最初的家庭里，妻子和儿女是丈夫的奴隶。家庭中这种诚然还非常原始和隐蔽的奴隶制，是最初的私有制形式。但就是这种私有制也完全符合现代经济学家们所下的定义，即私有制是对他人劳动力的支配。其实，分工和私有制是相等的表达方式，对同一件事情，一个是就活动而言，另一个是就活动的产品而言。

其次，就整个社会而言，正是这种奴隶般的分工，造成了个人的特殊利益与社会的普遍利益的分裂。如马克思所说的，只要人们还处在自然形成的分工的社会中，就是说，只要特殊利益和共同利益之间还有分裂，只要分工还不是出于自愿，那么人本身的活动对人类来说就成为一种异己、同它对立的力量，这种力量压迫人，而不是人驾驭这种力量。在这种力量下，每个人就有了自己一定的构建的活动范围，这个范围是强加给他的，他不能超出这个范围，他是一个猎人、渔夫或牧人，或者是一个批判的批判者。只要他不想失去生活资料，他就始终应该是这样的人。这就是一种社会分工，就是人类历史发展的一个阶段。

第三，这种奴隶般的分工，还造成了物质劳动和精神劳动的分裂和对立。在马克思主义者看来，城市和乡村的分离，是物质劳动和精神劳动的最大一次分工，因此消除这种分裂和对立的基础，是消灭城乡之间的对立。而只有到了共产主义社会，所有这种奴隶般的分工才能被消灭，劳动和享乐之间的对立的基础才能消失，以个人全面发展为基础的自愿分工才能实现，劳动才能成为自由人的第一需要。如马克思所说的，共产主义最重要的不同于一切反动社会主义的原则之一，就是下面这个以研究人的本性为基础的实际信念，即人们的头脑和智力的差别，根本不应胃和肉体需要的差别；由此可见，按能力计酬这个以我们目前的制度为基础的不正确的原理应当变为"按需分配"这样一个原理，因为前一个原理是仅就狭义的消费而言的。换句话说，活动上、劳动上的差别不会引起在占有和消费方面的任何不平等、任何特权。而也只有到了这时，真正家庭和谐、社会和谐、世界和谐的局面才能出现。

所以马克思主义者的结论就是：在共产主义高级阶段上，迫使人们奴隶般地服从分工的情形已经消失，从而脑力劳动和体力劳动的对立也随之消失之后；在劳动已经不仅仅是谋生的手段，而且本身成了生活的第一需要之后；随着人的全面发展生产力也增长起来，而集体财富的一切源泉都充分涌流之后，——只有在那个时候，才能完全超出资产阶级法权的狭隘眼界，社会才能在自己的旗帜上写上：各尽所能，按需分配。这种共产主义作为完成了的自然主义，等于人本主义，而作为完成了的人本主义，等于自然主义，它是人和自然界之间、人和人之间的矛盾的真正解决，是存在和本质、对象化和自我确立、自由和必然、个体和类之间的抗争真正解决。它是历史之谜的解答，而且它知道它就是这种解答。马克思描述的这种局面，即一切矛盾和抗争都得到真正解决的这种局面，就是在联合劳动中的真正的家庭和谐、社会和谐、世界和谐的局面。

按照马克思揭示的历史发展的必然规律，人类在世界历史发展中即全球化的发展中，随着国际劳动生产力和国际生产关系的发展，国家将逐步消亡，各民族生活条件将日益趋于一致，各民族之间的隔绝和对立也随之消失。共产主义在世界历史中实现着自己，世界历史在共产主义中也实现着自己。不过，处在共产主义中的个人，已经不是民族历史的个人，而是世界历史的个人。共产主义成为人类统一的信仰和社会形态，大家都在那自由人的联合体中为增加生产力的总量而自由劳动、自由交往，和平生活。人与自然、人与社会、人与自身都达到了历史性的和谐，世界在和谐中实现人们想象不到的大发展。

四 劳动者的解放和科学发展

　　劳动者的彻底解放和全面发展,是马克思主义的本质和灵魂。马克思主义劳动者彻底解放和全面发展的理论,是伟大的理论;马克思主义者立志为劳动者彻底解放而奋斗的事业,是伟大的事业。中国特色社会主义道路,就是遵照马克思主义的这些理论,走向劳动者解放和全面发展的道路。中国特色社会主义理论体系的核心科学发展观,其最高境界也是劳动者的解放和全面发展。历史的实践使我们能够悟到,劳动者的解放和全面发展,与科学发展是相辅相成的,二者的实现,都寓于在劳动异化被消除的过程之中。

科学发展和马克思主义的核心

　　当今世界,和平、发展、合作已成为时代的主旋律。在这个主旋律中,如何实现科学发展,显然已经成为核心问题。如毛泽东说的,人类总是不断发展的,自然界也总是不断发展的,永远不会停止在一个水平上。因此,人类总得不断地总结经验,有所发现,有所发明,有所创造,有所前进。科学技术作为科学发展的基础,它对一个国家、一个民族现在未来的发展,具有决定性意义。应当把增强科技自主创新能力,建设创新型国家、创新劳动、创新劳动者作为实现科学发展的重要目标。为此,就要坚持以人为本,培养高素质的人才,实施人才强国战略。实施人才强国战略,就是要努力造就数以亿计的高素质劳动者、数以千万计的专门人才和一大批拔尖创新人才,建设规模宏大、结构合理、素质较高的人才队伍,充分发挥各类人才的积极性、主动性和创造性,开创人才辈出、人尽其才的新局面,大力提升国家核心竞争力和综合国力。

　　马克思和恩格斯虽然都出生在富人家庭,可当他们亲眼看到了劳动者被剥削、被压迫的悲惨状况,看到这种人类历史上最大的不公的时候,他们都激情满怀,决心站在劳动者的立场上,誓为劳动者的解放而奋斗。系统读一读马克思主义的经典著作就会明白,马克思和恩格斯在还是革命民主主义者的时候,就写了很多著作,反映劳动者的悲惨状况,并为劳动者撑腰,为劳动的利益呼喊。他们之所以能从革命民主主义者转变为社会主义者,从根本上说,就在于充满着劳动者的阶级感情和有为了劳动者彻底解放的理想和奋斗目标；他们之所以能不畏贫苦、不畏疾病、呕心沥血战斗一生，从根本上说，也在于此。在马克思主义经典著作的字里行间里，无不浸透着劳动者彻底解放的浆汁；马克思主义的整个理论大厦，都是由劳动者的彻底解放粘和与支撑的。马克思主义是劳动者的求解放的理论，劳动者的彻底解放，是马克思主义的本质和灵魂，也是马克思主义的出发点和最终归宿。

作为普通劳动者，也许不会意识到自己在历史中的作用和意义。而马克思主义经典作家们的伟大之处，恰在于从这普通劳动者身上，发现了谁是历史的主人，谁是历史发展的决定性力量。马克思说过："整个所谓世界历史不外是人通过人的劳动而诞生的过程。"① "我们首先应当确定一切人类生存的第一个前提，也就是一切历史的第一个前提，这个前提是：人们为了能够'创造历史'，必须能够生活。但是为了生活，首先就需要吃喝住穿以及其他一些东西。因此第一个历史活动就是生产满足这些需要的资料，即生产物质生活本身，而且这是这样的历史活动，一切历史的一种基本条件，人们单是为了能够生活就必须每日每时去完成它，现在和几千年前都是这样。"②

马克思在哲学、经济学理论上的伟大贡献，集中表现在两个方面：一是创立了历史唯物主义，二是创立了剩余价值理论。正是这两大理论的创立，才使社会主义由空想变成了科学。而这两大理论的根基或源头，都是劳动者的劳动及其在劳动过程中所结成的一定的社会经济关系。在这种关系中，主要由劳动力所决定的生产力决定着生产关系，由生产力和生产关系所构成的经济基础决定着社会的上层建筑；在阶级社会，劳动者反抗压迫者和剥削者、争取自身解放的革命斗争，始终是推动人类历史发展的根本动力：这就是马克思主义历史唯物主义的基本含义。

关于马克思的剩余价值理论，如恩格斯说的："已经证明，无偿劳动的占有是资本主义生产方式和通过这种生产方式对工人进行的剥削的基本形式；即使资本家按照劳动力作为商品在商品市场上所具有的全部价值来购买他的工人的劳动力，他从这劳动力榨取的价值仍然比他为这劳动力付出的多；这种剩余价值归根到底构成了有产阶级手中日益增加的资本量由

---

① 《马克思恩格斯全集》第42卷，人民出版社1979年版，第131页。
② 《马克思恩格斯选集》第1卷，人民出版社1995年版，第78—79页。

积累而成的价值总量。这样就说明了资本主义生产和资本生产的过程。这两个伟大的发现——唯物主义历史观和通过剩余价值揭破资本主义生产的秘密，都应当归功于马克思。由于这些发现，社会主义已经变成了科学，现在的问题首先是对这门科学的一切细节和联系做进一步的探讨。"[1] 马克思正是从剩余价值的探讨中，揭示了资本家剥削劳动者的秘密，从而揭示了劳动者解放的道路，揭示了资本主义制度的必然灭亡。

人们也许都知道，马克思主义科学社会主义核心，是无产阶级革命，而无产阶级革命的目的是解放劳动者和劳动生产力。对解放劳动者和解放劳动生产力的关系等，也许我们过去认识得未必深刻。实际上，劳动者是最重要、最基本的生产力，解放劳动者，就是解放最重要的生产力。这个浅显的道理也许很多人明白，可是在具体实践中，却往往把这一点忘却了。共产党同其他政党的根本区别，就在于它不仅在理论上认识到了这一点，并且在实践中永远为劳动者的利益奋斗，永远为广大劳动者为自己的解放而斗争主持公道、做主撑腰。而且革命斗争的历史经验教训使其明白，在资本主义统治下，劳动者要想摆脱被压迫和被剥削的地位，求得彻底的解放的道路只有一条，那就是推翻资产阶级的统治，夺取政权，并利用自己所夺得的政权，逐步消灭阶级压迫和阶级剥削的根源——私有制，消灭劳动异化，大力发展生产力，尽快增加生产力总量。只有在生产力充分发展，消除个人劳动者在劳动中奴隶般的分工，从而脑力劳动和体力劳动的对立随之消失之后；随着劳动个人的全面发展，他们的生产力也增长起来，从而集体财富的一切源泉都充分涌流之后的共产主义社会才能实现。

共同富裕和世界劳动者解放的金光大道

面对虚拟资本、虚拟经济大发展，金融投机狂热，劳动和劳动者被边缘化的当今世界，我们应当大力倡导以劳动为本，共同富裕的思想理念。而这一理念，正是中国特色社会主义的基本内涵。我们越来越意识到，中国特色社会主义道路，本质上就应当是解放劳动者、发展劳动者的道路。中国特色社会主义理论体系中的重要组成部分科学发展观，其核心就是在共同富裕的基础上，实现劳动者的解放和全面发展。这既是马克思主义核

---

[1] 《马克思恩格斯全集》第20卷，人民出版社1971年版，第29—30页。

心理论的集中体现,也是中国特色社会主义核心理论的体现。历史把科学发展的使命赋予了劳动者,赋予了社会主义。而且只有社会主义才能够完成这一使命。而完成这一使命的基本任务,就是消除劳动异化,实行生产资料公有制,消灭剥削和压迫,在联合劳动的基础上,实现共同富裕。中国共产党在十七大上提出了科学发展观,之后在全党、全国所展开的学习科学发展观、贯彻科学发展观、用科学发展观指导社会主义发展和建设工作的运动如火如荼。从科学发展观的含义中,我们能够体会到,在实现共同富裕的基础上解放劳动者,发展劳动者,是实现科学发展的基础和最高境界。

实践使我们必然得出这样的结论:社会主义社会,只有走科学劳动、科学发展的道路,才能实现共同富裕,而实现共同富裕是科学劳动、科学发展的灵魂和最终归宿。科学发展观的第一要义,是发展。包括社会生产力的发展和人的发展。因为劳动者是生产力发展中决定性的、最活跃、最革命的要素,所以劳动者的解放,则是实现科学发展的核心和决定性要素。科学发展实现过程是和劳动者的解放过程相适应的。人类历史进程已经证明,在社会主义之前的一切社会形态,由于存在着私有制,存在着劳动的异化,存在着剥削和压迫,所以,尽管都在特定的历史条件下,在人类走向科学发展的道路上,取得了不同程度的进展,但最终都因为没有解放劳动者而走上了违背科学发展,成为生产力发展的桎梏,从而被社会孕育的科学发展的力量所炸毁的不归路。

人们都看到了,即使在社会主义社会,"如果没有生产力的发展,那就只会有贫穷、极端贫困的普遍化;而在极端贫困的情况下,必须重新开始争取必需品的斗争,全部陈腐的污浊的东西又要死灰复燃"①。"社会主义的本质,是解放生产力,发展生产力,消灭剥削,消灭两极分化,最终达到共同富裕。就是要对大家讲这个道理。"② 因此"必须坚持抓好发展这个执政兴国的第一要务,把发展作为解决中国一切问题的关键。党领导人民建设社会主义的根本任务是解放和发展生产力,增强综合国力,满足人民群众日益增长的物质文化需要。要坚持以经济建设为中心,树立和落实科学发展观,正确处理改革发展稳定的关系,不断开拓发展思路、丰富发

---

① 《马克思恩格斯选集》第 1 卷,人民出版社 1995 年版,第 86 页。
② 《邓小平文集》第 3 卷,人民出版社 1993 年版,第 373 页。

展内涵,推动社会主义物质文明、政治文明、精神文明协调发展"①。这些话充分阐明了发展的含义及其在科学发展观中的重要地位。

科学发展观的核心,是以人为本。以人为本的人,当然就是广大劳动人民。劳动人民,是先进生产力和先进文明的创造者和根本动力,是社会发展事业的主体,是社会物质文明、政治文明和精神文明协调发展的推动者,因此实现生产力和社会发展,靠的是广大劳动人民聪明才智的发挥,这是马克思主义历史唯物主义的基本原理。以人为本的发展观,正体现了马克思主义历史唯物主义的基本原理,体现了人类社会发展的根本方向、趋势和目的。以人为本就是要始终把实现好、维护好、发展好最广大劳动人民的根本利益作为党和国家一切工作的出发点和落脚点,尊重劳动人民的主体地位,发挥劳动人民的首创精神,保障劳动人民的各项权益,走共同富裕的道路,促进劳动人民的全面发展,做到发展为了劳动人民、发展依靠劳动人民、发展成果由劳动人民共享。

在以人为本的基本含义中,坚持发展为了劳动人民,发展依靠劳动人民,发展成果由劳动人民所共享这三点,既体现了我们中华文明的传承,体现了时代发展的进步精神,也体现了我们党立党为公,执政为民的要求,体现马克思主义的精髓,体现了科学发展观的最终目的。劳动者通过自己的辛勤劳动所创造的发展成果由劳动者共享,也是实现共产主义的一条最基本的原则和要求:消灭剥削和劳动异化,使劳动者自己劳动所创造的财富归自己共同占有、共同享受,并且永远不会成为剥削他人、奴役他人、占有他人劳动的权力。

在这个基本含义中,还包含着劳动者自身的发展和共产主义的远大目标。比如,发展依靠劳动人民,就需要劳动人民自身的发展,只有劳动人民发展了,提高了,才能肩负起发展中依靠力量的使命;又比如,发展成果由劳动人民所共享,走共同富裕的道路,这既是要为劳动人民自身能够得到发展创造必需的基本条件,也是实现稳定、持续、协调发展的条件。正如胡锦涛所说:"坚持以人为本,就是要以实现人的全面发展为目标。"②这里说的以人的全面发展为目标,就是以共产主义为目标。

科学发展观的首要任务,是发展科学技术。而历史的经验教训使我们

---

① 《中国共产党第十七次代表大会文件汇编》,第14页。
② 《十六大以来重要文献选编》(上),第850页。

懂得，发展科学技术的决定因素，首先是解放和发展劳动者。加快科技进步，关键在于自主创新。提高自主创新能力，是保证经济长期平稳较快发展的重要支撑，是调整经济结构、转变经济增长方式的重要支撑，也是提高我国国际竞争力和抗风险能力的重要支撑。而实施自主创新和科教兴国战略的关键，又在于人才战略，在于劳动者的解放和发展战略。总之，无论从生产力的发展、科学技术的发展、自主创新能力的提高看，还是从人的发展与自然发展的和谐、社会的稳定和实现共产主义的目标看，没有劳动者的解放，没有劳动者全面发展，没有劳动者物质生活水平的普遍提高，要实现受教育程度的普遍提高，科学技术和管理水平的普遍提高，是不可能的。所以，在社会主义革命、社会主义建设、社会主义改革和开放的整个过程中，我们都始终面临着解放劳动者、发展劳动者的根本任务，始终都应该把劳动者的解放和全面发展放在首要地位。特别是要处理好解放劳动者和发展劳动者的互为前提、相辅相成、相互促进的关系。

科学发展观的基本要求，是全面协调地可持续发展。而全面协调可持续发展的基本要求，同样是劳动者解放和全面发展。从全面协调可持续发展的含义看，其每一项内容，都同劳动者的解放和发展密切相连。其中的每一项协调，每一项统筹，每一种和谐，都首先是人和人，即是劳动者与劳动者的协调、统筹和和谐，是劳动者在共同的劳动中和谐相处，人和自然的和谐共生。其本质，就是马克思所说的：联合起来的生产者，不仅会合理调节经济发展和社会发展的关系，而且会合理调节他们和自然界之间的物质交换关系，并把它置于他们的共同控制之下，不让它作为盲目的力量来统治自己；靠消耗最小的力量，在最无愧于和最适合于他们的人类本性的条件下来进行这种物质交换。可见，要想走上坚持生产发展、生活富裕、生态良好的文明发展道路，核心都是劳动者的解放和全面发展。

事物的发展都是辩证的。劳动者是科学知识、科学技术的创造者，而劳动力发展的关键，不仅在于体力的增强，而更在于科学知识以及在科学知识带动下技术的不断积累和提高。其中的决定性因素，是科学技术的发展以及这种发展所带来的劳动者科学技术素质的发展。历史的逻辑是，劳动者在劳动实践中不断创造着科学、更新着技术，并用这些科学技术更新着自身、发展着自身，更新、改变着生产工具，从而发展着生产力、发展着自身、发展着历史。每个劳动者的全面发展，又都取决于其所处社会关系中所有劳动者全面发展的程度，取决于整个社会的发展和进步。共产主义劳动者的联合体,是劳动者整体的解放和全面发展,而不只是单个劳动者人的解放和全面发展,单个人的解放和发展应该成为一切人解放和发展的条件。因此,劳动者自身在解放自己的斗争中,始终应该树立共产主义的远大理想,在共同劳动中,始终以国家利益、共同利益为重,求得共同解放、共同富裕、共同发展。

总之,社会主义经济和社会发展,与劳动者的全面发展是相互联系同时前进的。经济社会发展是劳动者全面发展的前提和条件,没有经济社会发展,劳动者的全面发展就失去了基础和保障;而劳动者的全面发展既是经济社会发展的根本目的,又是推动经济社会发展的根本动力,离开了劳动者的全面发展,经济社会发展就失去了目标和动力。经济社会发展和劳动者全面发展是相互联系、相互促进的,劳动者解放和发展程度越高,社会物质文化财富就会创造的越多,劳动者的生活就越能得到改善;而物质文化条件越充分,又越能促进劳动者的全面发展。科学发展观的最终目的是劳动者的全面发展,但实现劳动者的全面发展是一个长期的、渐进的过程。我们应当树立劳动者解放和全面发展的意识,把劳动者的解放和全面发展作为不懈追求,并以只争朝夕的紧迫感为此而奋斗。

劳动者的解放和人类共同的梦想

一种社会形态,是进步了或倒退了,最根本的衡量标准是什么?也许人们随口就会答道:看其是促进生产力的发展或是阻碍生产力的发展。这当然是事实,可这事实后面所包含的实质是劳动者的解放。所以从本质上看,劳动者解放的程度,则是人类文明和进步的根本标志。劳动者解放的含义,不仅是政治解放,而且是包括经济、思想、文化、道德、身体等各方面素质在内的整个人的解放。当然,最重要的是政治解放和经济解放,而且经济解放是基础。

回顾人类发展的历史,每一新的文明和进步,都是劳动者创造的,都意味着劳动者解放程度的提高。相对奴隶制度,封建社会制度是一种历史进步。原因就是它使劳动者摆脱了奴隶地位,成为在封建等级制度束缚下的个体劳动者,获得了一次解放;从而也使社会生产力获得了一次解放,一定程度上推动了生产力的发展。相对于封建制度,资本主义社会是劳动者更大的一次解放,所以也是一种更大的进步。原因同样是它消灭了封建等级制、同业公会和封建特权,使劳动者成为自由的雇佣劳动者;随着劳动者这一次解放的,是社会生产力的更大解放、更大的发展。正是这次劳动者的解放,正是资本主义的雇佣制度,使"资产阶级在它的不到一百年的阶级统治中所创造的生产力,比过去一切世代创造的全部生产力还要多,还要大。自然力的征服,机器的采用,化学在工业和农业中的应用,轮船的行驶,铁路的通行,电报的使用,整个大陆的开垦,河川的通航,仿佛用法术从地下呼唤出来的大量人口,——过去哪一个世纪能够料想到有这样的生产力潜伏在社会劳动里呢?"① 时间又过去 160 多年了,在之后的这 160 多年里,资产阶级利用雇佣劳动创造出了更多、更大、更使人料想不到的生产力和人间奇迹。历史事实告诉我们,潜伏在劳动者劳动里的生产力,确实是无穷无尽的,发掘它的关键,是劳动者的解放和发展,发掘它的程度,是其解放和发展程度。

当然,如马克思所分析的,资产阶级革命的成功,资产阶级雇佣劳动制的确立,资产阶级政治解放实现,资产阶级的民主自由的实现,虽然还不是劳动者的真正的彻底的解放,比如在经济上,因为资产者把劳动者不是看作人,而只是看作如同牲畜、机器一样的创造财富的力量;在政治上,资产阶级的民主,还不是劳动人民当权的真正的民主,而只是资产阶级当权的资产阶级民主。连资本主义国家劳动人民在实际斗争中也已经充分意识到,自己既没有当权,也没有成熟到当权的程度。然而,这既不否认他对劳动者是一次解放的历史进步,也不否认它为劳动者的彻底解放创造了前提。

历史把劳动者彻底解放和全面发展的使命,赋予了劳动者阶级自己,赋予了这个阶级通过革命所建立的社会主义制度和将来要实现的共产主义。如恩格斯说的:"完成这一解放世界的事业,是现代无产阶级的历史使命。深入考察这一事业的历史条件以及这一事业的性质本身,从而使负有使命完成这一事业的今天受压迫的阶级认识到自己的行动的条件和性质,这就是无产阶级运动的理论表现即科学社会主义的任务。"② 恩格斯还说:"当社会成为全部生产资料的主人,可以在社会范围内有计划地利用这些生产资料的时候,社会就消灭了迄今为止的人自己的生产资料对人的奴役。不言而喻,要不是每一个人都得到解放,社会也不能得到解放。因

---

① 《马克思恩格斯选集》第 1 卷,人民出版社 1972 年版,第 256 页。
② 《马克思恩格斯选集》第 3 卷,人民出版社 1995 年版,第 636 页。

此,旧的生产方式必须彻底变革,特别是旧的分工必须消灭。代之而起的应该是这样的生产组织:在这个组织中,一方面,任何个人都不能把自己在生产劳动这个人类生存的自然条件中所应参加的部分推到别人身上;另一方面,生产劳动给每一个人提供全面发展和表现自己全部的即体力的和脑力的能力的机会,这样,生产劳动就不再是奴役人的手段,而成了解放人的手段,因此,生产劳动就从一种负担变成一种快乐。"①

可见,实现劳动者的解放,实现共产主义社会,也就是实现没有压迫,没有剥削,自由劳动。生产劳动不再是奴役人的手段,而成为解放人的手段,它从一种负担变成一种快乐,这是全世界的梦想,全人类的梦想。这种梦想是在国际劳动的不断发展中实现的。

毫无疑问,在社会主义的初级阶段,这种新建立的民主的国家、民主制度,从指导思想上说,都是以劳动人民当权为基本原则的新型的、真正的民主制度。但如前所述,因为这种政权形式是刚刚从资本主义旧社会脱胎出来的,还不可避免地带有旧社会的痕迹,所以还不能完全地实现劳动人民当权这一本质,劳动人民同样也还没有成熟到完全实现这一本质的程度,所以它必然存在一定的缺陷,还必须不断进行政治体制改革,不断进行民主建设,逐步把这一本质落到实处。就是说,社会主义民主建设的方向和目标,始终是劳动人民当权、劳动者的彻底解放这一本质的实现。

如列宁分析的,人民需要共和国,为的是教育群众实行民主。这不仅仅需要民主形式的代表机构,而且需要建立由群众自己从下面管理国家的制度,让群众有效地参与各方面的民主生活,让群众在管理国家中起积极的作用。社会主义革命和建设所需要的,不是从上面实施社会主义,而是发动广大人民群众去掌握管理国家的艺术,去掌握全部国家政权。使广大人民群众在管理国家、实现国家的改革和改造方面,能够发挥主动性和创造性。

实现劳动者彻底解放和全面发展,是个长期的、艰巨的历史任务,可能需要经过好几个历史时代。按照马克思的阐述,劳动者彻底解放和全面发展最高境界是:"人的劳动异化的彻底消除,人对人的本质的真正占有,合乎人的本性的人的复归,即彻底的、自觉的保存了以往发展的全部财富,并以极大的积极性自觉地创造新的财富。因此,人不应当仅仅被理解

---

① 《马克思恩格斯选集》第 3 卷,人民出版社 1995 年版,第 644 页。

为直接的、片面的享受。不应当仅仅被理解为占有、拥有。人以一种全面的方式，也就是说，作为一个完整的、全面发展的人，占有自己的全面的本质"①。只有这样，在劳动者彻底解放的基础上，人和自然之间、人和人之间的矛盾才能得到真正解决。到了那时，劳动者中所潜伏的巨大的生产力会如何地迸发出来，多少人间的奇迹会被劳动者的劳动所创造出来，人类的物质文明和精神文明将会发展到何等地步，也许谁也料想不到。

为劳动者彻底解放和全面发展而奋斗是马克思主义者的人生观。在资本主义社会，资产阶级一切财富都来源于对工人劳动者的压迫和剥削，正是资产阶级对财富、对金钱的无限贪婪，才造成了劳动者无尽的苦难。他们对钱财的无限贪婪，就是对广大工人阶级劳动者压迫和剥削的无限贪婪。这种贪婪，正是资本主义社会万恶的渊薮。无产阶级人生观、道德观和价值观的核心，不是唯财富，也不是唯金钱，而是为劳动的彻底解放而奋斗。为劳动者的解放而奋斗，就是为全人类的解放而奋斗。劳动者得到解放和发展，必须推翻资本主义制度，解放劳动者的事业与推翻资本主义制度的事业，是二位一体的，这是已经被历史证明了的真理。

如恩格斯说的，为了社会改造，为了劳动者的解放，马克思主义者愿意献出一切：妻子和儿女，财产和鲜血。马克思主义的创始人马克思，就是这样做的。他的一生，就是为了劳动者彻底解放事业奋斗的一生。无论遇到何种艰难困苦，他都毫不动摇。比如在那亡命的日子里，马克思虽然忍受着警察的侮辱、生活上的极端窘迫，但他为劳动者解放事业而奋斗的意志，不仅丝毫没有减弱，反而更加坚强；被压迫、被剥削的劳动人民的立场丝毫没有动摇，反而更加坚定。正是在这样艰苦的日子里，他通过演说和撰文向工人宣传资本主义自由的本质，揭露雇佣劳动和资本的本质，指出资本不仅是积累起来的劳动，而且是在雇佣劳动，即工人被剥削存在的条件下积累起来的劳动，是资本主义社会的生产关系。无产阶级的解放，广大劳动者的解放，必须消灭这种以对工人剥削和压迫为存在条件的生产关系，实现共产主义社会。

马克思和恩格斯为劳动者的彻底解放而奋斗一生，给我们树立了应当如何实践无产阶级共产主义人生观的楷模。早在马克思中学时代所写的《青年在选择职业时的考虑》的作文中，就立下了为劳动者解放事业奋斗

---

① 《马克思恩格斯全集》第 42 卷，人民出版社 1979 年版，第 123 页。

的理想。他说：能给人以尊严的只有这样的职业，在从事这种职业时我们不是作为奴隶般的工具而是在自己领域内独立地进行创造；这种职业不需要有不体面的行动，哪怕只是表面上不体面的行动，甚至最优秀的人物也会怀着崇高的自豪感从事它。尊严最能使人高尚、使他的活动和他的一切努力具有更加崇高品质的东西，是使他无可非议、受到众人钦佩并高出众人之上的东西。

在马克思看来，在选择职业时，应当遵循的主要指针，是人类的幸福和自身的完美。人只有为同时代人的完美、为他们的幸福而工作，自己才能达到完美。如果一个人只为自己劳动，他也许能够成为著名的学者、伟大的哲人、卓越的诗人，然而他永远不能成为完美的、真正伟大的人物。选择职业应当着重考虑的是人类的幸福和自身的完美。人们都不能只为自己而劳动，而同时应当为同时代所有的人的完美和幸福而劳动。为大多数人的幸福而工作和战斗，并在这种战斗中实现自身的完美，这是马克思自小就立下的志向。马克思的一生，就是为广大劳动者的幸福和解放而战斗的一生，并在这种战斗中，使自己成为世界上最伟大的人，实现了自身的完美。

马克思一生为大多数人的幸福而工作兢兢业业、不辞辛苦。领导无产阶级革命，他不畏强暴、不怕牺牲。他忍受着多种疾病折磨，同各种强大的敌人斗争，直到筋疲力尽，卧床不起，也从不畏缩。探求真理，他严谨治学，一丝不苟。暮年的马克思，仍坚持战斗在书房里，为了完成他的主要著作《资本论》，顽强而热情地投入繁重的研究工作中。而且是那样的认真，那样地执着。他的信念是：我们选择了能为人类而工作的职业，那么，重担就不能把我们压倒，因为这是为大家做出的牺牲；那时我们所享受的就不是可怜的、有限的、自私的乐趣，我们的幸福将属于千百万人，我们的事业将悄然无声地存在下去，但是它永远发挥作用，而面对我们的骨灰，高尚的人们将洒下眼泪。

马克思去世后，世界所有的无产者、劳动者、高尚的人，都洒下了眼泪，无不为之悲痛和哀悼。如恩格斯在给他致的悼词中说的，马克思作为科学家，他发现了人类历史发展的规律，发现了资本主义生产方式以及由它所产生的资产阶级社会的特殊运动规律，能有这两个伟大的发现，可以说他已经是不虚此生了，已经是幸福的了；作为革命家，他积极参加了无产阶级的革命事业，用战斗的笔，用自己写的大量战斗的著作、研究的成果去宣传群众，使无产阶级认识了自己，认识了自己的社会地位，认识了自己解放的条件，把无产阶级革命事业，把建立共产主义社会，当作自己毕生的事业，能像他那样热情、顽强而有成效战斗的人是不多的；作为无产阶级革命的组织者和领导者，他参加了巴黎、布鲁塞尔和伦敦的各个组织工作，还创立了伟大的国际工人协会。恩格斯说，一个人即使没有做过其他任何事情，只此创立国际工人协会这一件事，就足以使他感到自豪了。

  在悼词的最后恩格斯说：正因为如此，所以马克思是遭人嫉恨和受人诬蔑最多的人。无论专制政府或共和国政府都曾把他驱逐出境；无论保守的资产者或极端民主的资产者都争先恐后地纷纷诽谤他，诅咒他。他把这一切当作蛛网一样抹去，不予理睬，只是在迫不得已时才给以答复。现在他逝世了，这对于战斗着的欧美无产阶级，对于历史科学，都是不可估量的损失。因而也受到整个欧洲和美洲千百万革命战友的崇敬、爱戴和哀悼。他的英名和事业将永垂不朽！

第四章

跨国公司全球发展和劳动全球化

人们似乎已经开始认识到，劳动全球化是经济、政治、文化全球化的基础。研究全球性的经济关系、政治关系、科学文化关系，都必须从研究全球劳动关系入手。从历史发展看，劳动全球化是由跨国公司的全球发展带动的。我们这里说的跨国公司，是资本主义发达国家的跨国公司。在国际劳动的发展中，跨国公司的出现和发展，有着巨大的意义和作用。它的发展使国际劳动发展中的一些障碍，诸如国家疆界、劳动力国际流动等局限，大为缓解或开辟了一条新的渠道。跨国公司全球性的发展，带来了世界各民族、各国家、各地区间相互交往、相互联系、相互依存的大发展，带来了资本全球化和劳动全球化的大发展，带来了国际劳动向劳动全球化的根本转变。当今，跨国公司全球发展所带来资本和劳动全球化程度，劳动在各民族、国家、地区间的相互交往、相互联系、相互依存的程度，都远非过去任何时代所能比，世界几乎所有民族、国家，都被卷进了这种劳动全球化的网络之中。每个劳动者的劳动、生活，都同全球劳动体系联系着。

一 跨国公司和国际垄断资本的掠夺

跨国公司的发展，是与资本主义对外扩张和掠夺紧密联系的。跨国公司作为国际生产的实体，是劳动国际化和全球化的主要推动力和有力杠杆。劳动全球化的发展进程，始终都是和跨国公司的发展进程密切联系的。跨国公司发展到哪里，就把国际生产、国际生产关系、国际劳动关系、国际劳动力市场带到了哪里。由于它的迅速发展，到20世纪80年代末90年代初，资本主义的发展已经进入国际垄断资本主义阶段。所谓国际垄断资本主义，就是指国际垄断资本已经成为整个资本主义社会生活的基础，或在整个资本主义社会生活中已经占据支配或主导地位。2004 年，我在经济科学出版社出版的《国际垄断资本主义时代》一书中，曾对国际垄断资本的发展进程，进入国际垄断资本主义发展阶段的时间界定和主要标志，国际垄断资本主义的性质、基本特征、历史地位和对世界的影响等，进行了比较全面的分析和阐述。

跨国公司全球化与资本主义发展的最新阶段

资本高度集中和垄断，并与国家力量紧密结合，是跨国公司的基本特征。我们都知道，最早国际垄断公司出现在殖民掠夺时期。当然，当时它并不是由资本本身的力量发展形成的，而是由国家出资兴办，并由国家授予特权的国际垄断公司。比如在殖民掠夺时期葡萄牙的印度公司，荷兰的东印度公司和西印度公司，英国的莫斯科公司、近东公司、非洲公司和东印度公司等，它们都充当了这些国家对外殖民侵略和掠夺的工具，本身就是经济和政治的融合性组织。马克思在论述英国经过七年战争才从法国手中夺得东印度公司时说，七年战争使东印度公司由一个商业强权变成了一个军事的和拥有领土的强权。正是那个时候，才奠定了现实的这个不列颠帝国的基础。可见，这些公司在经济和政治上对这些国家的重要性和作用。

真正靠资本本身的力量形成的跨国公司，出现在 19 世纪 60 年代。比如当时德国的拜耳化学公司，瑞典的诺贝尔公司，美国的胜家缝纫公司等，都在国外设立了分公司。到 19 世纪末和 20 世纪初，即资本主义进入垄断资本主义之后，垄断资本家结成同盟瓜分世界的时候，跨国公司才进入快步发展时期。比如德国的电器公司和钢铁辛迪加，美国的通用电器公司和洛克菲勒的煤油托拉斯，英国和德国为主的国际钢铁卡特尔和国际锌业辛迪加等，都是发展很快的跨国公司。此时期，世界国际卡特尔组织，已经达到了 100 多家。

到列宁时代，跨国公司已经有了相当的规模和影响，已经在列强瓜分世界中起有举足轻重的作用。对当时国际卡特尔的发展已经发展到怎样的程度，这些资本家同盟是如何为瓜分世界而进行残酷斗争的，列宁都有很精彩的论述：一小撮资本家依靠这些跨国公司、依靠他们的国际同盟，不仅掠夺世界各种原料产地和生产资料，而且争夺政治实力范围。因为那种种统一的世界性托拉斯支配着巨大的资本，在世界各地有分支机构、代表机构、代办处以及种种联系等等，要同这种托拉斯竞争，自然是十分困难的。

列宁还举出洛克菲勒的煤油托拉斯的例子说明这个问题：一方面洛克菲勒的煤油托拉斯想夺取一切，就在荷兰本土办了一个女儿公司，收买荷属印度的石油资源，想以此来打击自己的主要敌人——英荷壳牌托拉斯。另一方面，德意志银行和其他柏林银行力求把罗马尼亚把持在自己手里，使罗马尼亚同俄国联合起来反对洛克菲勒。洛克菲勒拥有更多的资本，又拥有运输煤油和供应煤油给消费者的出色的组织。斗争的结果势必是德意志银行完全失败，它果然在1907年完全失败了，这时德意志银行只有两条出路：或者是放弃自己的煤油利益，损失数百万；或者是屈服。结果德意志银行选择了后者，同煤油托拉斯订立了一项对自己很不利的合同。按照这项合同，德意志银行保证不做任何损害美国利益的事情，但同时又规定，如果德国通过国家煤油垄断法，这项合同即告失效。

从列宁的这些论述中，我们还可以领悟到，跨国公司在经济上瓜分世界，不仅体现着帝国主义列强在政治上瓜分世界，而且是列强在政治上瓜分世界的基础和工具。其原因就在于：跨国公司的产生和发展，始终是既与主权国家的经济，也与主权国家的政治联系在一起的。跨国公司与国家的关系，说到底是权和钱的关系。在现实的金融时代的国际竞争中，私人垄断和国家垄断总是交织在一起的，这两种垄断都不过是最大垄断者瓜分世界的帝国主义斗争中的个别环节。

我们知道，至今资本主义的发展，已经过了三次大的历史性转折：一次是19世纪末至20世纪初，由自由资本主义发展为垄断资本主义的转折；第二次是20世纪50年代末至60年代初，由一般垄断资本主义发展为国家垄断资本主义的转折；第三次就是20世纪80年代末至90年代初，由国家垄断资本主义发展为国际垄断资本主义的转折。第一次转折的时间，是由列宁界定的，具体理由列宁在《帝国主义是资本主义的最高阶段》中已经做了科学的论证。第二次转折的时间，主要是由当时苏联和中国的一些学者所界定的，其理由这里不再赘述。关于第三次转折的时间，我为什么界定在20世纪80年末和90年代初，主要有三条理由：一是在此时期，由于社会主义国家的改革开放，特别是苏联解体，俄罗斯及东欧国家走上资本主义的发展道路，为国际垄断资本的大发展创造了前所未有的良机和条件，使国际垄断资本在全球得以极为迅速的发展；二是在此时期，由于

"两个平行市场"的消失，出现了市场经济全球化的大潮，也就是出现了垄断资本向全球扩张的大潮；三是到 90 年代中期，国际垄断资本不仅在资本主义的经济社会生活中，而且在全球的经济和社会生活中，已经占据了支配地位和主导地位。

我们能够以跨国公司的发展进程，具体认识国际垄断资本主义的形成和发展过程。至 20 世纪中期，资本主义国家跨国公司的国外投资总额，已占资本主义国家对外直接投资额的 70% 以上。1971 年，世界跨国公司的生产总值已达 5000 多亿美元，相当于资本主义世界国内生产总值的 20%；1983 年，世界跨国公司的生产总值又上升到 23750 亿美元，相当于资本主义世界国内生产总值的 40%，世界跨国公司的出口总额已占资本主义世界的近 80%；到 1992 年，世界跨国公司已经达到了 3.73 万家。

到 20 世纪 90 年代之后，不仅形成了真正意义上的，包括技术市场、商品市场和金融市场在内的市场经济全球化大潮，而且在这种大潮中确立了国际垄断资本在全球的支配和统治地位。这种支配和统治地位，既表现其在整个世界资本主义经济总量的比重，也表现在其对整个资本主义经济发展的贡献上，还表现在其在国际经济组织和整个世界经济秩序中的作用上。

比如，由于国际垄断资本在国际投资、国际贸易和国际技术转让中的比重迅速上升，这些领域，已基本上被少数巨型的国际垄断资本所控制。据《1994 年世界投资报告》统计，世界最大的 100 家跨国公司（不包括银行和金融领域）在全球拥有资产 3.4 万亿美元，除其中 1.3 万亿美元投在本国之外，其海外投资占世界对外直接投资的 1/3。据联合国贸易与发展会议 1998 年、1999 年《世界投资报告》中的统计数字，1980—1997 年，全球跨国直接投资的流出额的年均增长高达 13%，1998 年全球商业巨头在海外直接投资的增长速度高达 39%，跨国公司的直接投资已占整个世界跨国直接投资的 90%；1998 年全球大的跨国公司已达 5.4 万家，其遍布全球各地的分公司有 44.9 万多家；1999 年，又分别增加为 6.3 万家和 69 万家。1997 年，跨国公司内部的交易额为 7.2 万亿美元，大大高于世界贸易总额 6.3 万亿美元；而且这种交易的大部分都是发生在国外的子公司之间。比如雀巢公司在该年的销售额为 170 亿美元，而在母国的销售额只有 10 亿美元，只占 5.8%。美国跨国公司在海外子公司的销售额达到了 3 万多亿美元，是美国对外贸易总额的 3 倍。加之以这些公司为主体的各种形式的国际联盟和合作的资本，国际垄断资本实际控制的数字要比这些数字大得多。

比如，由于国际投资和贸易体系的形成和国际竞争的加剧，几乎所有的垄断资本都把资本的高度国际化，把在国外寻找新的有利的投资场所并进行大量的投资，参与国际资本市场、技术市场、商品市场和服务市场的激烈竞争，作为自己生存和发展的生命。几乎所有的垄断资本和垄断资本企业，都不仅具有了很强的社会性，而且都具有很强的国际性质。并在全球形成了以少数巨型国际垄断资本为核心、以网络进行相互间联系的国际垄断资本的统治。即使资本主义的中小企业，甚至合作社企业，面对经济全球化的巨大压力和新的竞争形势，也都不得不充分发挥自己的优势，使尽所有的解数，或以各种形式联合起来，或作为大国际垄断资本的附属，进行跨国经营，以在激烈的国际竞争中求得生存和发展。据联合国贸易与发展会议对发达国家的抽样调查，这些中小企不仅都在进行跨国经营，而且国际化程度提高很快，有的甚至超过了大垄断资本主义企业。据统计，1997年，世界20家最大的跨国公司的跨国指数（按国外资产占总资产的比例、国外销售额占总销售额的比例、国外雇工人数占总雇工人数的比例综合计算），其中达30%—50%的有6家，达50%以上的有14家。在这14家中，达80%以上的有2家，达90%以上的有3家。目前，跨国公司体系的年生产总值，已占西方发达国家国民生产总值的50%以上，最大100家跨国公司的跨国指数，已达到55.4%。

比如，由于国际垄断资本实力不断增强，其在所有资本主义国家经济发展中的作用也都举足轻重。现在的资本主义经济，已被少数国际垄断寡头所控；现在的资本主义国家，已经成为支持国际垄断资本的工具；现在的国家垄断资本，或直接成为国际垄断资本，或间接成为支持国际垄断资本发展的手段；现在的国际经济组织和国际经济秩序，实际上是被这些不受国界约束的国际垄断寡头所支配的少数大国所控制；现在的世界经济，已经是被国际垄断寡头统治的国际垄断寡头经济。据对1996年美国《幸福》杂志评列出的1995年世界500家大公司中的前100家的计算，1995年这100家大公司的总资产约为124414.6亿美元，相当于当年世界国内生产总值的40%以上；当年的销售额约为56 588.4亿美元，相当于当年世界国内生产总值的20%以上，世界贸易总额的56%；其利润总额约为1277.6亿美元，相当于一个中等国家的国民生产总值。1997年，国际资本输出额的60%、国际投资额的80%、技术转移项目的70%、服务业投资的60%，都是在跨国公司之间或跨国公司内部进行的。该年不包括金融跨国公司在内的世界最大的20家跨国公司的销售收入，就达13 937亿美元，占当年世界国民生产总值（299 257亿美元）的4.7%，超过了英国的国民生产总值。1998年，世界跨国公司的产值已占世界总产值的40%，其贸易额已占世界贸易总额的60%以上，跨国直接投资额已占世界直接投资总额的90%以上。按美国《商业周刊》公布的1999年世界最大的1 000家企业计算，其前100家的市值已达到了115 874.7亿美元，相当于1998年世界国民生产总值（288 622亿美元）的40%以上。美国最大的50家跨国公司的年收入为25 429亿美元，占当年美国国民生产总值的30%以上。美国最大的500家公司，都是跨国公司，早在20世纪中期，它们所拥有的资产，就占美国全国工业总资产的70%以上，其工业产量，占全国总工业产量的50%以上。芬兰的诺基亚公司，2000年的销售额已达280亿欧元，其产值的增长已占芬兰整个国民生产总值增长的30%以上。可见，这些国际垄断资本在国内的地位是多么重要。

比如，由于国际垄断资本在全球各地到处安家落户，世界几乎所有的国家，无论是强国或弱国，也无论是发达国家或发展中国家，都无不受到国际垄断资本的强大影响或控制。世界所有发达的大国和强国的科技及经济实力，大多都是被这些大国际垄断资本所创造、把持和支撑的，国际垄断资本不仅影响、控制或决定着发达资本主义国家经济发展的导向，而且也控制或决定着不少发展中国家的经济命脉和整个国家的命运。它以强大的科技和经济实力，以雄厚的资本和大量廉价的高技术商品，打开这些国家的门户，迫使这些国家不得不把自己融入到国际化的浪潮之中，任凭大国际垄断资本的宰割。据美国《财富》杂志公布的1999年几乎全由跨国公司构成的世界最大的500家企业，其总收入增长了10.6%，利润增长了26%。根据联合国的统计，这一时期，世界跨国公司每年的直接投资额都在4000亿美元以上。如果把其在东道国的融资数量及合作伙伴的股份也计算在内，其实际控制的投资额要在14000亿美元以上。也就是说，其对东道国的实际控制能力，要高出其直接投资额的许多倍。国际垄断资本在世界上的支配和统治地位，由此可见。

比如，由于国际垄断资本在全球各地无孔不入，几乎世界所有国家的国民，都在不同程度上同国际垄断资本发生着联系，都在不同程度上消费着国际垄断资本的产品。诸如美国的可口可乐，法国的香水、服装和化妆品，美国、日本和德国的汽车，美国微软公司的电脑、摩托罗拉的移动电话等等，在整个世界各地几乎无处不在。世界几乎所有的国家和几乎所有的国民，对这些产品几乎无人不知，无人不晓。许多人实际都在消费它。人们都会感觉到，大量生产这些产品的国际垄断资本，或以独资形式，或以合资形式在自己身边。这种状况，在资本主义的发展历史上，在整个世界发展的历史上，是从来没有过的。

在国际垄断资本阶段，这些大的实力雄厚的跨国公司，正是依靠自身在科学技术、资本、管理的强大优势，或者在政治上的特殊地位及其他方面的有利条件，获得大量垄断利润，使资本不断增殖，生产规模，特别是对外扩张的规模不断扩大，控制世界市场的份额不断增加，从而发展成为具有很强实力的国际垄断资本。当然，它们也离不开借助于法人股份的形式，依靠社会资本联合的力量，从而不断扩大生产规模的。

在一般垄断资本主义阶段，由于科学技术、资本和生产规模的局限，一个单独的垄断企业要控制世界市场是很困难的，它们必须结成资本家同盟才能瓜分世界，关于这一点，列宁在《帝国主义是资本主义的最高阶段》中已经论述得十分清楚。而到了国际垄断资本主义阶段，规模巨大、实力雄厚的大国际垄断公司，它们甚至在无需结盟的情况下，凭借自身的技术和经济实力，就可以通过直接到世界各地投资或与东道国合资的方式，去开办子公司或分公司，利用世界比较廉价的自然资源和劳动力资源，就地生产、就地销售，以比较低成本的产品，垄断各地市场或取得参与全球国际市场竞争的有利形势，从而使自己在全球都能获得高额垄断利润。

当今跨国公司在世界的统治，有多种多样的方式。比如直接投资办分厂，直接从事产品生产和销售；投资建立营销分支机构，组织商品的进出口贸易；建立其他分支机构，进行专利、商标和技术转让等许可证贸易，以及资金融通和不动产业务等。它还通过建立全球性的科学技术研发机构、全球性的专业化管理机构等，形成全球性的生产、销售和经营体系。这种巨型跨国公司的最大特点或优势，还在于它变国际专业化分工为企业内部分工，变国际贸易为企业内部贸易，变国际资本流动为企业内部资本流动，从而充分利用一切经济潜力和生产要素。

还特别值得一提的是，随着世界技术革命的不断发展、国际分工的日益深化，特别是国际市场竞争的不断加剧，大跨国公司不仅通过跨国并购不断进一步扩大自己的规模和实力，而且还通过"跨国联盟"的形式，即两个或两个以上的大跨国公司，为了实现预期的发展目标，在保持各自独立性和自主性的前提下，在某些领域或开发项目上，特别是在新技术和新产品开发项目上，结成联盟，进行长期的联合或合作。从而大大加强其国家垄断性和在国际市场上的竞争力，不断提高了其国家垄断程度，巩固其在全球的垄断和统治地位。我们完全可以这样说，当今资本主义的最新发展和最新成就，国际垄断资本的最新发展和最新成就，都集中体现在跨国公司的发展和成就上。

总之，如今的世界已经是国际垄断资本无孔不入、无所不在的世界。世界任何国家，任何国家的企业和整个经济，都无不受着这种挑战和竞争的压力，世界任何国家的国计民生，都在不同程度地受到国际垄断资本的影响。特别是作为国际社会重要行为体的跨国公司，其资本雄厚，规模巨大，掌握有最先进的技术，拥有众多技术人才和管理人才，拥有庞大的科学技术研发体系、管理体系和决策体系，在国际经济和政治中构成了强大的力量，在一定程度上，左右着世界经济和政治的发展。列宁在论述跨国公司产生和发展的必然性时说过，资本家利用跨国公司瓜分世界，并不是因为他们的心肠特别狠毒，而是因为资本和生产集中已经达到这样的阶段，使他们不得不走上这条获取利润的道路。在商品生产和资本主义制度下，他们除了利用自己支配的巨大资本和劳动的实力，来瓜分世界之外，也不可能有其他的瓜分方法。当然，这种实力则是随经济和政治的发展而变化的。

跨国公司性质与劳动全球化中的矛盾

跨国公司的劳动，当然是一种国际劳动。全球性公司的劳动，当然也是一种全球性劳动，是劳动全球化的体现。当今跨国公司在世界各地发展的事实证明，极少数资本家的确能把一些工业部门集中在自己手里，不仅在个别国家内，而且能在全球金融、贸易、产权、生产等方面，控制全球市场，控制全球的生产和消费。并在这个基础上形成了极少数大银行、金融大王、金融巨头的统治。而其在全球扩展的过程，在全球建立这种统治的过程，就体现着劳动全球化的进程。

跨国公司的性质，是由母国的性质所决定的。从其对母国的关系看，那些大跨国公司虽然都是跨越国界，甚至在一定程度上是超越国家主权的，它的利益不仅只涉及在母国的发展，而且涉及在全球各地的发展。但它的利益和力量所体现的，归根到底是母国的国家利益和力量，所以母国对它的大力支持就是不言而喻的。实际上，跨国公司与母国的关系，是经济利益和政治利益相互利用的关系，是一种权钱交易的关系。跨国公司在海外的发展，受到母国在经济政策、融资等方面的支持；而跨国公司又以纳税的形式为国家创造比国内更为丰厚的利润，并为国家整个对外经济战略服务。母国以国家力量，包括政治的、外交的，甚至军事的，为跨国公司在海外的发展开辟道路，并保护跨国公司的利益。

至今，世界上所有的跨国公司，背后都有一个母国作为本土基地。其母国的政治和经济结构，以及所体现的那种资本主义体制，仍然影响着甚至决定着跨国企业的所有权结构、经营运作、内部管理、长期投资、研究与开发、直接投资、公司贸易战略和其他方面。正是这种母国基因的存在和作用，几乎所有的跨国公司，不仅都要遵守母国的有关政策和法律，而且都无不秉承母国的意志，贯彻母国的经济和政治意图，为母国国家的全球经济和政治战略服务。因此，所有的母国都不仅从跨国公司资本那里获取巨大的经济收益和力量，把跨国公司当成国内财政和对外扩张的支柱；而且反过来，又利用国家的力量，包括政治的、外交的、经济的，甚至军事的，尽其所能在财政、税收、价格等方面，给予实际的支持，在全球范围内为这些跨国公司的发展开拓市场，并保护这些市场。实际上，几乎所有跨国公司的背后，都有着母国的身影，都有母国国家力量的存在。如列宁所说，跨国公司资本在全球的发展和地位，已经成为母国在世界上力量和地位的象征，各国政府，则已经成为为跨国公司资本发展服务的工具。正因为如此，这种跨国公司寡头垄断经济的不平衡发展，就导致了帝国主义列强在世界上谋求霸权和统治的强烈欲望。

而现实中大多数东道国，都是落后的发展中国家，或者是在某一行业相对落后的国家。历史实践告诉我们，资本主义国家的跨国公司到这些国家发展的目的，是为了高额利润，而不是真正要帮助这些国家发展和人民生活的改善。可发展中国家需要它们，甚至不惜代价，正是为了自己的发展和人民生活的改善。如列宁说的，为了尽快发展经济，改善国民的生活水平，发展中国家都不惜用2000%的代价来获取这些东西；跨国公司正是看中了这2000%的利润，才肯来投资，才肯把对落后国家来说是新技术、新的管理经验卖给这些国家。可见，跨国公司对发展中国家带有很大的剥削和掠夺性。

尽管一些发展中东道国为了减少这种剥削和掠夺，都在尽力发挥民族经济的优势，都在搞技术创新，搞经济多样化发展，并对落后的民族经济进行积极的扬弃，避免使自己越来越"边缘化"，但因实力差距实在太大，这种被剥削和被掠夺的状况，其对发达国家的依附性，短时期难以彻底消除。在以跨国公司带动的劳动全球化发展中，分享利益小和受损失大的是东道国。在跨国公司利润增长、发达资本主义国家财富增长的同时，不少东道国是外债增长、贫困增长。这种两极分化的发展，反映着跨国公司与东道国矛盾的发展和深化，也意味着跨国公司母国与东道国矛盾的发展和深化。

对于东道国来说，最渴望从跨国公司那里得到的是资金和先进技术。因为资金和先进技术，是东道国借以发展自己、改善人民生活的根本。然而，正是由于跨国公司的母国性，它向外输出任何资金，特别是先进技术，都受到母国的限制。即使富可敌国的巨型跨国公司，公司权力的核心，比如金融、技术研究与开发、管理控制权的控制等，都仍在母国。一般情况下，跨国公司带给东道国的只是其多余的资本、利用它能带来高额利润的资本；所谓先进技术，也都只是二流的技术，对于母国来说没有任何威胁、没有任何竞争力的技术。那些有威胁、有竞争力的核心技术，它们决不会带给东道国。因为只有这样，才能保持跨国公司的优势地位，保持母国的优势地位。而这种优势地位正是其攫取高额利润的基础和保障。

不能否认，在以跨国公司带动的劳动全球化发展中，在各种国际组织的作用下，国家主权会受到一些冲击，国家主权的性质也会发生一些变化，但如马克思和列宁所分析的，在阶级斗争存在的社会里，国家仍然是统治阶级利益的集中体现，国家和国家主权仍然是一个国家安全和根本利益的保障，国家仍然是国际社会的主要行为体，国际社会主要关系，仍然是国家之间的关系，这一点是不容置疑的。各种跨国力量的发展，尽管可以超越边界，但并没有突破国家主权的框界。一方面，跨国公司在东道国的发展，都离不开东道国国家力量的参与和支持，它们都是在东道国的具体政策指导下发展的，都要执行东道国的有关法律；另一方面，它们的发展都以不危害东道国的国家主权、国家安全和国家的根本利益为限界。

在当今时代，以资本主义发达国家为主导的跨国公司全球性的扩张，对世界经济与政治都发生着重大影响。这是第二次世界大战后以来国际关系的重大变化。跨国公司的全球性发展以及其撬动的劳动全球化发展,不仅改变了人类社会生产和交换的模式,改变了财富的来源与分配结构,也改变了政治权力的构成和运行方式,改变了整个国际经济政治关系。比如美国跨国公司在全球的发展,始终是与美国的全球霸权主义紧密联系在一起的。跨国公司是美国在全球推行霸权主义的强大的经济基础和有力的工具。所以,这里我们不妨以美国为例,说明跨国公司与霸权主义的关系。

当今跨国公司的主要形式,是托拉斯。而托拉斯是美国人的创造,也是美国发展的起点、基础和优势。美国人所创造的托拉斯的特殊性在于,无论从哪个角度分析,它都不是只有经济权利的单独的经济组织。由于它产生于政治动乱年代,所以一开始它就被赋予垄断权和排他性的特权,因此常常被人们指责为独裁的源泉。从它产生直到现在,这种特权不仅没有改变,而且演变成为一种更强有力的控制美国经济和政治的手段。通观美国历史,无论在国内还是在国外,托拉斯都是其经济发展和经济扩张的主要力量。作为法律实体,作为在公司内部和在社会上行使权力的经济、政治和社会的机构,它是美国社会的主要行为主体。美国的发展,从来就是在托拉斯力量和政府力量相互作用、相互推动下而实现的。因此,一些西方学者就把美国的资本主义,称之为"托拉斯资本主义"。

美国跨国公司的成长和发展,始终体现或标志着政府和公司这种相互利用、相互渗透"合作关系"的发展进程。在殖民地时期,利用独立战争和国内革命战争迅速发展起来的大公司,就已经成为美国发展的决定性力量。到19世纪末,在政府的大力支持下,这些公司的规模和实力,在强大国际竞争中已经显出优势。经过第二次世界大战后的大发展,美国的跨国公司在世界已经占有绝对优势。到21世纪初,美国的大公司几乎都成了跨国公司。其被列入世界500强的大跨国公司的销售收入,已经占到美国国民收入的60%以上。这些大的国际垄断公司,其经济规模和在全球的渗透程度和垄断地位,都已达到了惊人的程度,形成了少数寡头跨国公司的统治的寡头经济。这种寡头统治和寡头经济的形成,虽然有许多客观条件,但归根结底是由资本主义生产力的不断发展所决定的,是在资本主义科学技术和生产力大发展基础上,资本和生产高度集中发展的结果。这种"富可敌国"的巨型的跨国公司,不仅是作为独立的经济力量出现在世界舞台上,而且是作为隐形政治力量出现在世界舞台上,它的这些巨型的跨国公司不仅是经济王国，而且无论对母国或东道国，都有着很大的政治影响力。它的全球性扩张始终得到美国政府在多方面的支持，而美国政府也利用它带动美社会制度、意识形态、文化和价值观念的全球性的扩张。

今天的跨国公司，不仅有掠夺财富的功能，而且有着传播社会制度、文化、价值观、生活方式等功能，起着母国非政府组织的作用。关于这一点，尤其那些在社会主义国家安家落户的跨国公司，表现得更加突出。在全球性的扩张进程中，美国始终是把经济与政治搅和在一起的。它利用跨国公司为载体，大力向发展中国家输出政治制度、价值观念和生活方式等，使跨国公司担负着双重任务和使命。这势必会加剧跨国公司与具有主权的东道国在制度、价值观念、生活方式等各方面的矛盾和冲撞。这种矛盾和冲撞，又势必演化为东道国与美国的矛盾和冲撞。每逢此种情况，美国就会仰仗自己的实力，实现强权政治和霸权主义，以缺乏民主或人权干涉为由，采取经济制裁、政治孤立、军事威胁，甚至战争，强迫这些国家就范。

与这一矛盾相并行发展的，还有劳资之间矛盾的全球化。在跨国公司全球大发展中，不可避免地会出现劳资之间矛盾和斗争的全球性。由于巨型国际垄断集团的子公司或分公司遍布全球各地，所以其公司的许多员工，甚至大多数员工都分散在世界许多国家。与此相联系，国际垄断资本公司劳资之间的矛盾和斗争，不仅存在于国内母公司中，也同时存在于国外所有的子公司或分公司中。这种劳资之间矛盾和斗争的国际性，总的看是有利于资方，而不利于劳动者。这是因为：一方面，分散在世界许多国家的劳动者相隔千山万水，又加上不同国家主权的局限，他们不可能紧密团结一致进行反对资本家们压迫和剥削的斗争，在很大程度上削弱了劳动者反对资产者斗争的力量；另一方面，国际垄断资本为获得比国内更高垄断利润而在国外投资，其必然的选择是那些资源条件比国内更好的国家或地区。除了自然资源条件之外，最主要的就是人力资源条件，即选择那些劳动力最廉价的地方。其结果是，在垄断资本通过使用廉价劳动力而获得高额垄断利润的同时，造成了子公司廉价劳动力对母公司高价劳动力的无情的排挤。正如马克思早已论述过的，资本家们在为利润而进行残酷竞争的同时，也加剧了无产者为工作即为生存的残酷竞争。这种竞争的加剧，也更有利于分散劳动者反对资产者的力量，有利于维护垄断资本的剥削和统治。

值得指出的是，对当今的东道国来说，面对美国在全球推行的霸权主义，面对美国在军事、政治和经济结构中的优势，面对美国跨国公司在本国的发展，除了要受到上述不平等和被掠夺之外，除了要受到美国军事霸权、政治霸权压制之外，还受到美国金融霸权的压制。由跨国公司全球性投资所带动的金融资本全球化，是新的全球化的重要内容。但是，这种新金融资本全球化，主要是建立在纯粹信用本位基础上的，而纯粹信用本位又是建立在以美国的国家信用直接充当世界信用，以美元充当世界货币基础上的，这就为美国推行金融霸权主义提供了条件，使美国的货币和金融政策，能够对世界金融秩序和金融框架起主导作用。从这种框架中获得最大利益的是美国，而受损最大的则是发展中国家。

在这里我们看到了，当今的跨国公司，已经成为国际经济和政治交互作用的纽带。跨国公司通过经济的力量，不仅影响着母国家经济法规的制定、所有权的性质、分配形式和政治效果；同时也影响着东道国经济法规的制定、所有权的性质、分配形式和政治效果。跨国公司发展所造成的市场的相互依存，必然造成政治的相互影响和作用。正因为经济与政治是交互作用、紧密联系在一起的，所以随着经济上的强大必然带来政治上的强大，政治上的强大又会促进经济上的强大。而跨国公司的发展，会给一个国家带来这双重强大，美国跨国公司在全球的大发展，就是如此。美国跨国公司在全球的发展，不仅给美国带来了经济上的强大，而且带来了政治和军事上的强大。美国世界霸权地位的确立和全球霸权体系的形成，同美国跨国公司在全球的发展是密不可分的。如吉尔平所说的：跨国公司与美元的国际地位和美国的核优势一道，共同构成了第二次世界大战后美国全球霸权的基础。正是由于国际经济与政治是在这种交互作用中发展的，几乎所有的政治学者在研究国际关系理论时，都不能忽视政治发展的经济基础，不能离开经济研究国际政治关系。比如在新自由主义和新现实主义基础上产生的建构主义理论，也不能不以经济全球化为大背景，以国家利益，特别是国家的经济利益为基础。也只能从经济和政治的交互作用中，寻求国际关系发展的轨迹和有关问题的答案。

跨国公司权力与政府的作用

企业被赋予很大的权力，而且实行着专制独裁的管理形式，这是美国企业的特点。回顾跨国公司发展历史就不难发现，跨国公司虽然是在母国社会制度之外运作，但它的发展与政府之间，无论是母国或东道国政府，历来有着特殊密切的相互依赖的关系。政府权力与企业权力在相互依赖中相互渗透，相互合作，相互利用，这是跨国公司与政府关系一开始就具有的特色。政府用法律赋予和规定着公司的有关权力，又用有关法律和政策控制着跨国公司的行为；跨国公司依照政府有关法律的规定，行使自己已有的权力的同时，公司领导人又通过各种合法的途径，影响着政府的有关立法和政策，为自己争取着更大的权力。而且一方面，因为政府的法律和政策，一开始就为具有巨大力量的公司资本家们服务，很多地方体现着他们的意志和利益；另一方面，随着发展的新形势，需要有新的法律和政策的时候，公司领导人又会通过各种渠道，影响政府对这些法律和政策的制定，尽力使这种新的法律和政策仍然能体现他们的意志和利益；这就决定了这种关系的本质，是政府为公司服务或为资本家服务，公司正是为了得到这种服务才支持政府。

在一些发达国家尤其是在美国，公司在人们的意识和社会结构中占有非常特殊、非常重要的地位，人们都很崇拜公司，崇拜公司的精英们，认为是这些公司精英们的创造精神，给国家带来了发展和繁荣，给人民带来了幸福。特别是在自由企业的体制下，政府虽然凌驾于公司之上，但却以法律形式赋予公司很大的权力，使企业权力不断扩大。比如，在很长一段时期中，美国就奉行着自然主义的自由主义，反对政府对企业的任何干预，主张"最好的政府，就是什么也不管的政府"。之后虽然经过了一场大论战，主张要增强政府的力量，主张政府一定要凌驾于企业之上意见占了上风，但企业的独立性和企业的权力，还是不断有所加强。如加尔布雷思所说的：在美国，出于实际需要，国家和法人企业的职能已经结合起来。政治和经济权力虽然是两种不同的权力形式但它们已变得相互联系和依赖。但这并不意味着两种权力必然将完全合并。两种权力完全合并可能导致国家和整个社会的法人统治。

在美国人的意识里，公司的发展对国家是至关重要的。公司的成功、公司的繁荣是压倒一切的。在美国人的心目中，公司管理人员在管理中通过个人才能的发挥，不仅能为国家创造财富，而且可以使社会得到稳定，所以应当赋予他们应有的权力，为他们创造机会。"我们再也不能用权威和官僚机构来控制人们，必须设法为管理人员创造真正的企业家的机会，他们在公司的范围内需要这些机会。我认为这是对美国经济制度的一大挑战。"① 许多美国学者都认为,企业家们的巨大创造精神,是经济繁荣的基石,而企业家们的这种创造精神,又是由金钱和经济利益所燃起的,是由相应的权力所保证的。"政治和造反是 60 年代的特色。寻找自我是 70 年代精神的特点。金钱和经济利益将燃起 80 年代的激情。80 年代对美国资本主义的要求是把企业家精神带回美国。"②

美国企业自由、独立不仅有其特殊的历史和认识上的根源,而且有其特殊的内涵。它是美国管理民主的重要方面。美国公司的独立性,是由其法定的权力所决定的。"公司权力是一种由个人以合作方式行使的权力,这些个人由于其在市场中的支配地位,可以做出决定物品生产、销售和消费、技术的开发以及雇用的条件和位置的关键性决定。公司权力实际上影响到社会存在的各个方面——工作、教育、艺术、休闲、通信、交通、娱乐等等。它能够影响(如果不是决定的话)社区、城镇、地区甚至国家的经济条件和命运。"③ 从广泛意义上说,公司权力不仅是一种经济权利,也是一种政治权利和社会权力。

由于公司是美国发展的起点和基础,所以美国自有立法那天起,就赋予了公司各种权利,使其成为了具有独特权力的法律实体。早从 19 世纪后期起,美国政府就赋予了公司作为个人法人地位,并赋予了其各种相应的权力。美国工业资本主义的命运,就死死地纠缠在一起了。由于美国的大公司都是企业的联合体,即都是垄断组织,所以,赋予公司自由发展的各种权力,也就是赋予垄断资本自由发展的各种权力,也是赋予控制公司的个人的权力。正如国外一些学者所分析的,赋予公司法人地位,就给公司披上了人的外衣,如果没有人的外衣,公司就不可能在市场经济中轻易获得超常的法律特权。

美国人所创造的公司的特殊性还在于,无论从哪个角度分析,它都不是只有经济权利的单独的经济组织。国外学者如下的分析,似乎既符合美国的历史,也符合美国的现实。"通观共和国的历史,无论在国内还是在国外,公司都是经济发展和经济扩张的主要力量。然而,美国的公司过去

---

① [美]哈拉尔:《新资本主义》,社会科学文献出版社 1999 年版,第 132 页。
② 同上书,第 326 页。
③ [英]斯科特·鲍曼:《现代公司与美国政治思想》,重庆出版社 2001 年版,第 17 页。

不是，现在也不是一种纯粹的和单纯的经济装置。它产生于政治动乱年代，那时公司常常被赋予垄断权和排他性的特权，但又常常被人们指责为独裁的源泉。从那时起直到现在，公司只不过演变成为一种更强有力的控制美国经济和政治的手段罢了。"①

不过，由于早期公司的规模较小，其权力也相对较小。随着公司规模的不断扩大，公司的权力也在不断扩大。垄断资本产生之后，由于少数垄断寡头积聚巨大的财富和权力，曾被很多人视为威胁，并出现了反垄断法。但之后经过一场大论战，压倒的认识是：从经济学的原则看，大企业挤垮无数小企业不仅是自然的过程，而且其结局也是有益的。垄断组织作为企业在发展过程中的自然、合理的联合、兼并或重组，有利于抑制不合理的竞争，有利于技术进步和生产效率的提高。因此，反垄断法的执行，并没有影响垄断资本的发展，没有影响公司权力的扩大。比如，适应国际垄断资本的发展，为使其能通过大规模的联合和兼并增强其在国际上的竞争力，里根总统和老布什总统，都制定了带有大量修改反垄断法内容的法律和政策。在后帝国时代，美国大公司权力不仅深入到了美国的各个角落，而且已经深入到了世界各地。有西方学者预测，如果美国少数大企业在世界范围内自由运营和发展，将有可能不仅统治世界经济，甚至有可能支配政府。

政府权力与企业权力相互渗透，这是美国一开始就具有的特色。如斯科特·鲍曼所说的："要对公司权力做出精确定义，就必须理解市场结构包括调控市场的规则是如何影响和制约这种权力的行使的。同样要对公司权力对社会的影响的范围加以理论概括，也不仅仅要求我们考虑影响市场的公司决策的性质和作用，还要求我们考虑公司领导人在影响和干预政府的政策和立法方面的能力。"② 政府用法律赋予和规定着公司的有关权力，又用有关法律和政策控制着企业的行为；公司依照政府有关法律的规定，行使自己已有的权力，公司领导人又通过各种合法的途径，影响着政府的有关立法和政策，为自己争取着更大的权力：这就是美国政府和企业在发展中的互动关系。

政府通过有关法律和政策，比如反垄断法和各种各样的税收政策、价

---

① [英]斯科特·鲍曼：《现代公司与美国政治思想》，重庆出版社2001年版，第2页。
② 同上书，第16页。

格政策等，来对企业进行调控，这是显而易见的。公司影响政府和控制政府的途径和手段却要复杂得多。但归纳起来说，主要是两种：一是看得见的手，即公开的、有组织的、合法的途径和手段；二是看不见的手，即个人的、私下暗地的交易的途径和手段。公司对政府的这种渗透，还促使政治腐败在政党、议员、行政管理者和法官中普遍化和制度化。如美国学者所说："公司巨头在使政治腐败制度化的过程中所用的组织技术已经使腐败由过去那种虽然是经常发生但毕竟是地域性的现象转化为有机的和全国性的现象。从城市到州、到全国政府，财阀都通过政党的控制构筑了扩大其影响的周密的系统。"①

关于看得见的手，比如，创办于1933年的由公司领导人组成的商业理事会，每年都要与总统会谈几次，就与自己切身利益相关的问题，直接向总统提出看法和建议。又比如20世纪70年代以来，大约有200家美国大公司总裁所组成的商业圆桌会，它既是跨国公司为解决某一具体问题的游说组织，又是确定公司共同政策和目标的场合。它无论是在国会还是在白宫，都发挥有相当大的影响力。还比如，大公司总裁们还在外交关系理事会、经济发展委员会这类"决策组织"的组建、经费和领导问题上，都发挥有重要作用。除此之外，公司巨头们还在政治上实行联合，组成各种"政治利益集团"，对政府和国会施加影响。

关于看不见的手，比如，用金钱直接贿赂政府官员，使这些官员利用其手中的权力，或在制定有关法律中，或在某一具体问题上，为自己的利益服务。又比如，让公司领导人，特别是退下来的公司领导人，到政府有关部门任职，使这些人凭私下的交情，为自己牟取私利。还比如，通过竞选捐款作为投资，使当选的政府领导人和议员，为自己牟取私利，以作为投资的回报等。

总之，在政府调控下的"民主与自由企业"，始终是美国资本主义的核心。不过，如美国有学者所分析的，在后冷战后，美国巨大的垄断企业不仅已经成为一种经济力量、一种经济权利，而且还演化成一种政治力量、政治权利。少数大的垄断企业，在资本主义的经济、政治和整个社会生活中，越来越成为凌驾于社会之上的特权者。这些企业的董事，都变成了"经济政治家"。美国人担心的是，巨型大公司在全球的寡头统治，特

---

① 见［英］斯科特·鲍曼《现代公司与美国的政治思想》，重庆出版社2001年版，第101页。

别是这些公司精英们的联合统治，公司精英与政府精英日益加深的结合，将可能造成公司对政府的控制，或使政府统治走上法人统治的独裁道路，特别是国际法人统治的道路。

现在,人们都在担心和议论，美国以跨国公司出现的大公司势力，似乎正在逐步压倒国家的力量。这样一来，与资本主义多元哲学对立的公司专制主义就不断壮大。当然，公司专制是通过经济力量，通过各种形式的"赞助"实现的。在越来越多情况下，全国公众听到的声音均受到财团的支持和赞助。自相矛盾的是，在通信方式大大改善的今天，肃静成为象牙塔顶层的格言，无人愿意说出自己的想法，以免招惹是非。人们都小心谨慎、安全为上，生怕触犯大公司的赞助。大众传媒需要尽量扩大广告收入，以便生存下去。而另一方面，记者们也靠政治核心小组把关，对发出的新闻稿进行过滤，以防说出赞助商不爱听的话。这种情况，既是大公司政治专制力量的表现，也从经济、政治和舆论上，纵容着大公司的力量和走向加强专制的趋势。

这里还应当强调的是，无论政府和企业之间的关系如何变化，企业资产者与劳动者之间的压迫被压迫、剥削被剥削的关系，却没有根本性的变化。仍然如马克思所说的："资产阶级通常十分喜欢分权制，特别是喜欢代议制，但资本在工厂法典中通过私人立法独断地确立了对工人的专制。这种法典只是对劳动过程实行社会调节，即对大规模协作和使用共同的劳动资料，特别是使用机器所必需的社会调节的一幅资本主义的讽刺画。奴隶监督者的鞭子被监工的罚金簿代替了。自然，一切处罚都简化为罚款和扣工资，而且工厂的莱喀古士们立法的英明，使犯法也许比守法对他们更有利。"①

这里还特别值得一提的是，在当今金融寡头统治的时代，跨国公司和国际组织在很大程度上，已经成为全球经济的主导和支配的力量。它们为了在全球随欲发展，从经济、政治、思想等各方面，对本国政府和东道国政府施加影响，千方百计使政府屈从于它们的意志，这不仅使政府力量日趋衰弱，而且使民族国家权力日趋衰弱。从人类社会发展看，的确需要全球化，需要民族历史向世界历史的转变，需要国家职能由单纯的政治、暴力镇压的职能转变为经济管理职能；但从现实看，资本主义跨国公司的劳

---

① 《马克思恩格斯全集》第44卷，人民出版社2001年版，第488—489页。

资关系还是一种资本对劳动者的压迫和剥削关系，还是一种专制式的管理，把政府的权力转为公司的权力，似乎有悖于人类文明发展的要求。

二 劳动全球化和全球利益博弈

至今，人们对全球化的研究，似乎还只局限在把它视为资本主义对外扩张的现象，而没有真正把它视为人类社会发展的一个必然阶段。实际上，劳动全球化以及在此基础上发展起来的经济全球化，以及与此联系的全球利益博弈，作为实现共产主义社会的条件和向共产主义社会的过渡，是人类社会发展进步的必然阶段，不管你喜欢不喜欢它，它总是要按照自身的规律向前发展的，不会因有人不喜欢它，反对它，它就停止。

劳动全球化和向新社会的过渡

读读马克思主义的理论，我们完全可以悟到，劳动的全球化，是与世界市场的开拓紧密联系的。从前述我们已经知道，劳动全球化进程，是从大工业开始的。大工业创造了世界市场，而由于世界市场的开拓，是一切国家的生产和消费都成为世界性的了，每个国家的劳动者，每个劳动者的劳动，都被卷入世界市场网络。至1994年农产品被列入世界关贸总协定规范之内，标志着世界真正进入到了以劳动全球化为基础的，以贸易、金融、投资、技术转让这四大市场为主要内容的全球化时期。世界所有国家，包括农业劳动在内的所有劳动，都必须面对全球市场，都无法摆脱全球市场体系的影响或制约。经济是政治的基础，生产劳动的全球化，劳动关系特别是劳资关系的全球化，一切经济关系的全球化，必然带来政治关系的全球化，这些都是劳动全球化的发展实践所证明了的。

在马克思世界历史概念中，最核心的是劳动生产和消费的世界性，即全球化。而当今的劳动全球化，虽然已经有社会主义国家参与，但总体上还是由资本主义主导的属于资本主义劳动全球化时代。而劳动全球化的未来，属于劳动者，属于共产主义。现今的劳动全球化，只是由资本主义劳动全球化时代向共产主义劳动全球化时代的过渡。在马克思世界历史理论中，不仅包括由封建的民族历史向资本主义世界历史时代的转变，也包括由资本主义世界历史时代向共产主义世界历史时代的转变。这个转变同样是个很长的历史过程，其实质内容，是劳动者的彻底解放和全面发展。这个过程也是劳动者个人自由发展和解放的过程。其具体进程的各个阶段，都体现着劳动者个人的发展和解放程度的提高，体现着人类历史的进步。资产阶级虽然开创了世界历史，但它是不自觉的、无意识的。而且在私有制基础上对个人财富无度的贪婪，使其开创世界历史一开始，就有着相悖的胚芽，这就是生产的社会化、国际化和世界化与生产资料私人占有之间的矛盾。随着资本主义生产力的发展和个人财富的积累，这种矛盾也日益发展、日益尖锐，资产阶级成为世界历史继续向前发展的障碍，理所当然的被历史所抛弃，资产阶级的世界历史时代走向终结；与此同时，肩负促进世界历史继续向前发展的无产阶级走上历史舞台，开始了无产阶级的世界历史时代。如果说资产阶级是在无意中开创了世界历史，创造了世界奇迹的话，那么自觉促进世界历史继续向前发展，创造更大的世界奇迹，则是无产阶级的使命。

世界历史的发展有着连续性和继承性。如马克思所分析的，资产阶级在民族史的基础上，开创了世界历史，而资产阶级历史时期负有着为新的世界历史创造物质基础的使命。这种使命一方面是要造成全人类互相依赖为基础的普遍交往，以及进行这种交往的工具；另一方面是要发展人的生产力，把物质生产变成对自然力的科学统治。资产阶级的工业和商业正为世界创造这些物质条件，正像地质变革创造地球表层一样。这就告诉我们，无产阶级只能在资产阶级所创造的资本主义世界历史的基础上完成自己的历史使命。如马克思在《共产党宣言》所论述的，在封建主义生产关系变成生产力发展桎梏的时候，是资产阶级在封建地主阶级所创造的社会生产力的基础上，实现了工业革命，创造了自己的世界历史。而资产阶级就在创造自己世界历史的同时，也就锻造出了置自身于死地的武器和运用这种武器的人，即无产阶级。所以，无产阶级要创造自己的世界历史，就必须在资产阶级所创造的社会生产力的基础上，充分利用这个基础，利用这种武器，才能达到自己的目的。

人们都知道，共产主义意味着联合起来的个人对全部生产力总和的占有。而只有在共产主义的共同体中，劳动者才能使自己作为个性的个人确定下来，个人才能获得真正的自由和发展。也就是说，通过劳动全球化，克服狭隘的民族性和地域性，使个人成为世界性的、普遍的个人，这是实现共产主义的重要条件。而这一点，只有在生产力高度发展的条件下才能实现。如马克思说的，劳动全球化"这种发展之所以是必需的前提，还因为：只有随着生产力的这种普遍发展，人们之间的普遍交往才能建立起来；由于普遍的交往，一方面，可以发现在一切民族中同时都存在着'没有财产的'群众这一事实（普遍竞争），而其中每一民族同其他民族的变革都有依存关系；最后，狭隘地域性的个人为世界历史性的、真正普遍的个人所代替。"①

马克思曾一再强调，无产阶级只有在世界历史意义上才能存在，无产阶级的事业共产主义只有作为"世界历史性的"存在才有可能实现。共产主义对我们说来不是应当确立的状况，不是现实应当与之相适应的理想。我们所称为共产主义的是那种消灭现存状况的现实的运动。这个运动的条件是由现有的前提产生的。此外，有许许多多人仅仅依靠自己劳动为生，有大量劳动力与资本隔绝或者甚至连有限地满足自己的需要的可能性都被剥夺，因而他们已经不仅暂时失去作为有保障的生活来源的工作本身，而是一概处于完全不稳定的地位，所有这一切，都由于竞争的关系而以世界市场的存在为前提。而各个个人的世界历史性的存在就意味着他们的存在是与世界历史直接联系的。

资本主义商业和工业的发展，必然使劳动者的劳动超出国家和民族的范围，使各个个人在生产力发展的一定阶段上的一切物质交往，包括该阶段上的整个商业生活和工业生活，都必然超出了国家和民族的范围，尽管它对外仍然需要以民族的姿态出现，对内仍然需要组成国家的形式。也就是说，每一个单独的劳动者的解放的程度，是与历史完全转变为世界历史的程度相一致的。随着劳动全球化的发展，单独的劳动者随着他们的活动扩大为世界历史性的活动，愈来愈受到日益扩大的、归根到底表现为世界市场的力量的支配。至于个人的真正的精神财富完全取决于他的现实关系的财富，这从上面的叙述中已经一目了然。仅仅因为这个缘故，各个单独的个人才能摆脱各种不同的民族局限和地域局限，而同整个世界的物质生产和精神的生产发生实际联系，并且可能有力量来利用全球人们所创造的一切。各个个人的全面的依存关系、他们的这种自发形成的世界历史性的共同活动的形式，由于共产主义革命而转化为对那些异己力量的控制和自觉的驾驭。关于劳动全球化对向新社会过渡中的积极意义，马克思做了很多论述，归纳起来，主要有如下几个方面：

---

① 《马克思恩格斯全集》第3卷，人民出版社1965年版，第39页。

首先，它为新社会创造了物质基础。马克思非常强调资本主义社会在促进人类相互联系方面的作用，这种作用集中表现在创造世界市场和促进劳动全球化上。马克思说，"以资本为基础的生产，其条件是创造一个不断扩大的流通范围，不管是直接扩大这个范围，还是在这个范围内把更多的地点创造为生产地点"①。马克思还说，"资本一方面具有创造越来越多剩余劳动的趋势，同样，它也具有创造越来越多的交换地点的补充趋势；在这里从绝对剩余价值或绝对剩余劳动的角度看，也就是造就越来越多的剩余劳动作为自身的补充；从本质上来说，就是推广以资本为基础的生产或与资本相适应的生产方式。创造世界市场的趋势已经直接包含在资本的概念本身中。任何界限都表现为必须克服的限制"②。马克思非常强调，资产阶级历史时期负有为新世界相互联系创造物质基础的使命。他写道："资产阶级历史时期负有为新世界创造物质基础的使命：一方面要造成人类相互依赖为基础的普遍交往，以及进行这种交往的工具，另一方面要发展人的生产力，把物质生产变成对自然力的科学统治。"③

其次，它为新社会创造了社会基础。这集中体现在单个个人的生产活动摆脱了民族和地域的局限，同整个世界生产活动联系在了一起，个人的生产活动，同时也是世界的生产活动，从而获得全球性的全面的生产的能力。在马克思看来，世界市场和劳动全球化的开创，就使人们的活动受着世界市场力量的支配，从而把单个个人的活动扩大为世界历史性的活动。马克思说："单个人随着自己的活动扩大为世界历史性的活动，越来越受到对他们来说是异己力量的支配（他们把这种压迫想象为所谓的宇宙精神等等的圈套），受到日益扩大的、归根结底表现为世界市场的力量的支配，这种情况在迄今为止的历史中当然也是经验事实。"④ 马克思还写道："每一个单个人的解放的程度是与历史完全转变为世界历史的程度一致的。至于个人的真正的精神财富完全取决他的现实关系的财富，根据上面的叙述，这已经很清楚了。只有这样，单个人才能摆脱种种民族局限和地域局限而同整个世界的生产（也同精神的生产）发生联系，才能获得利用全球

---

① 《马克思恩格斯全集》第46卷（上），人民出版社1972年出版，第390页。
② 同上书，第391页。
③ 《马克思恩格斯选集》第1卷，人民出版社1995年版，第773页。
④ 同上书，第89页。

的这种全面的生产（人们的创造）的能力。"①

第三，它克服了对生产力发展的限制，并使财富具有了普遍性。马克思认为，资本以自己的力量克服民族界限、民族偏见以及对生产力的各种限制。在马克思看来，"资本按照自己的这种趋势，既要克服民族界限和民族偏见，又要克服把自然神话的现象，克服流传下来的、在一定界限内闭关自守地满足现有需要和重复旧生活方式的状况。资本破坏这一切并使之不断革命化，摧毁一切阻碍发展生产力、扩大需要、使生产多样化、利用和交换自然力量和精神力量的限制"②。恩格斯也说："单是大工业建立了世界市场这一点，就把全球各国人民，尤其是各文明国家的人民，彼此紧紧地联系起来，以至每一国家的人民都受到另一国家发生的事情的影响。"③ 恩格斯还说，"这样，大工业便把世界各国人民互相联系起来，把所有地方性的小市场联合成为一个世界市场，到处为文明和进步作好了准备，使各文明国家里发生的一切必然影响到其余各国；因此，如果现在英国或法国的工人获得解放，这必然会引起其他一切国家的革命，这种革命迟早会使这些国家的工人也获得解放"④。

总之，劳动全球化作为实现共产主义的基础和条件，是人类社会发展进程的必然阶段，人类文明进步的表现，这是毋庸置疑的。不过，由于其至今发展进程中始终存在着矛盾和斗争，存在着掠夺和战争，积累着财富分配的严重不均，所以引起了反对劳动全球化思潮。历史的事实是：残酷地掠夺，使大量财富源源不断从落后国家流到了发达资本主义国家，留给大多数落后国家的只有贫困；残酷的战争，使发达资本主义国家的资本家大发战争横财，使大多数落后国家的大量生命财产涂炭，留给它们的只有灾难。正是这种残酷掠夺和控制，正是给落后国家造成的这种贫困和灾难，凝结成了对掠夺者的无比的仇恨和反抗的无穷力量。可我们应当知道，人们拼力反对的只是残酷的掠夺，而不是劳动全球化本身。劳动全球化不是造成财富不平等的原因，造成财富不平等的根源，是贪得无厌的残酷掠夺。而抑制这种掠夺的是建立治理机制，建立公平合理的国际政治经济秩序。

---

① 《马克思恩格斯选集》第1卷，人民出版社1995年出版，第89页。
② 《马克思恩格斯全集》第46卷（上），人民出版社1972年出版，第393页。
③ 《马克思恩格斯选集》第1卷，人民出版社1995年出版，第241页。
④ 同上书，第234页。

时代的转折和新劳动全球化过程中的政治因素

回顾历史我们知道,1914年之前,劳动已经经历了第一波全球化时期。据史学家们研究,17世纪至18世纪,国际贸易的年增长速度为1%,虽然高于全球收入的增长速度,但两者相差不大。而从19世纪开始,国际贸易增长突飞猛进,年增长率达到前所未有的4%,而且这种增长趋势整整延续了一个世纪。这一时期由于运输、通信的发展和交易成本的下降,在自由贸易思想和政策的影响下,资本流动的激增,使世界大多数国家都经历了前所未有的经济大融合时期。大量人口在各大陆间流动,大批劳工成群结队迁移大欧洲和其他殖民地。当时大英帝国被称为日不落帝国,意思就是说它的殖民地,它的资本,它的产品,都已经遍布全球各地。生活在地球任何地方的人,似乎都会感到英国生产和产品的存在。

凯恩斯在回忆这段历史时,曾有这样的描述:一个伦敦的居民可以自由地将他的财富投资到地球的任何一个角落,而不会有投资果实被别人剥夺之虞。这段时期金融交易的成本是最低的。伦敦、纽约和其他金融中心的利率变化都一样,就好像它们是一个单一市场的一部分。大量资本从充裕的地方自由地流向稀少的地方。而第一次世界大战之后,由于各国政治制度变化所导致的世界格局的变化,以及各国政府政策的变化,这种劳动全球化进程被中断。

20世纪80年代末和90年代初,人类历史发展,又经历了一个重要的转折。即由两极冷战格局,向统一世界市场、并在统一世界市场中向和平发展的转折。这种转折,为以劳动全球化为基础的经济全球化,为世界经济和政治的大发展,提供了不可多得的历史性的机遇。回顾历史,促成这种转折的,主要有如下两大因素:

首先,在1991年,苏联解体,东欧国家政治剧变,经互会和华约组织解散,苏联和东欧社会主义国家放弃了社会主义制度,走上了西方资本主义市场经济的道路,世界"两极冷战格局"和"两个平行世界市场"的局面,已不复存在。人们又一次看到,任何历史事件,都是偶然中有必然,都有着两面性。苏联和东欧国家在发展出现问题和困难时,不是选择总结经验教训,以求获得健康发展,而是选择了放弃社会主义制度,这当然是人类发展中的损失。然而,两极冷战格局的结束,贸易、金融、投资、技术转让等全球性发展的最主要经济和政治障碍的解除,无疑为其全球性的大发展,提供了条件。它们犹如堤坝决口,开始向全球倾泻而下。

其次,几乎所有社会主义国家和发展中国家,在总结经济发展历史经验教训的基础上,都改变了拒绝利用资本主义资本和先进技术,完全靠自力更生发展民族经济的旧观念,放弃了闭关自守的方针和中央集中的计划经济体制,实行了对外开放政策和不同类型的市场经济体制,为发达资本主义国家资本、先进技术和机器设备的进入,敞开了大门。由害怕、反对、封堵资本主义国家资本和技术的进入,转变为积极欢迎这种进入,并千方百计改变国内投资环境,把对资本主义国家开放市场,大力引进资本和先进技术,作为基本国策,从而使资本主义国家商品、资本、技术、设备的进入,如鱼得水。

由于上述两个方面因素的存在,加之新的科学技术发展,特别是信息和网络技术的发展和广泛应用,为金融、贸易、投资、技术转让等的全球性发展,在快速流动、科学管理等方面,都提供了条件。在这些因素和条件的作用下,国际金融、国际贸易、国际投资、一切劳动要素的国际流动,都如生双翼,得到迅速发展。据国际货币基金组织《国际金融统计年鉴》提供的数据,1990 年世界进口贸易额为 35322 亿美元,1995 年为 54408 亿美元,2000 年为 65128 亿美元,2000 年比 1990 年增长了近一倍;据联合国贸发会议《投资发展报告》2001 年提供的数据,世界国外直接投资流出量 1989—1994 年平均每年为 2282 亿美元,1995 年为 3552 亿美元,2000 年为 11499 亿美元。2000 年比 1989—1995 年的平均数增长了 5 倍。

可以说,到 20 世纪 90 年代中期,世界重新进入到了以资本主义国家为主导的,以社会主义国家积极融入的,以金融、投资、贸易、技术转让四大市场为主要内容的,以劳动体系为基础的全球经济体系之中。到如今,世界所有的国家,无论是强国还是弱国,无论是发达国家还是发展中国家,都无不受着这种体系的影响或制约,尽管其在这种体系结构中处于不同的地位;几乎所有国家的国民,其劳动生产要素,劳动生产过程,劳动产品的消费,也都不同程度上与这种体系联系着,受着这种体系的影响和制约。特别是发达资本主义国家的那些重要部门、重要产品,诸如美国的飞机、汽车、电脑、手机、饮料,德国和日本的汽车、家用电器,法国的香水、服装和化妆品等,其劳动生产和消费,都在世界各地无处不在。尤其其中名牌,都无人不晓。这些都体现着劳动全球化的广度和深度。

新劳动全球化的性质和两种力量的斗争

毋庸置疑，当今的劳动全球化，还不是我们所理想的共产主义的那种全世界联合劳动，只是向这种联合劳动的过渡。从其内容看，它还是以资本主义为主体或为主导的。但是，人们已经从世界的发展和变革进程中看到了或感觉到了，新的劳动全球化的性质，已经不同于社会主义国家产生前那次劳动全球化。它已经有了社会主义国家的参与，已经渗透了社会主义的因素和原则。无论在经济、政治、文化和社会生活各个方面，都包含着社会主义原则与资本主义原则的斗争。而且更为值得注意的是，这种因素和原则，作为一种革命的新生的力量，代表着历史发展前进的方向，具有强大的生命力和影响力。

诚然，在至今劳动全球化的发展中，社会主义力量虽然逐渐发展并日益强大，但资本主义不仅在量上占的比重大，而且其所通行的原则，大量的还是资本主义的利润原则。不过可以肯定的是，随着社会主义力量的日益强大，这种主体地位或主导作用，必然逐步向社会主义原则转变，即由资产阶级向工人和一切劳动者转变。社会主义原则与资本主义原则的根本区别就在于：它不是以赚取超额利润为目的，而是以资源的合理配置和有效利用，特别是劳动力资源的合理配制和有效利用，实现合作共赢和共同发展为目的的；它所追求的是利益共享，合理分配，对国家来说，不存在掠夺和被掠夺，对劳动者来说，不存在剥削和被剥削现象。

在马克思主义者看来，劳动全球化的发展，总是与无产阶级革命联合斗争紧密联系着的。按照马克思的分析，工人阶级是随资本主义生产力的发展而发展的，在生产力发展的不同阶段，工人阶级反对资产阶级的斗争也经历了不同的发展阶段。工人反对资本家的斗争，紧随着资产阶级成长和开创世界历史的进程。起初是个别工人，然后是一个工厂的工人，再后是某一个地方的工人，接着是一个国家的工人，最后是整个世界的工人。他们由分散到联合，由一个国家的联合到国际联合，联合的范围和规模越来越大，组织性越来越坚强。与资本、资产阶级和资本主义社会本质上都具有国际性、世界性一样，工人阶级、共产主义社会，本质上也有着国际性和世界性。全世界无产者联合起来，共产主义一定要实现，这是全世界无产阶级的共同呼声，也是世界历史由资产阶级时代转为无产阶级时代的客观规律。

历史事实是，是资本的压迫和剥削，使工人劳动者彻底失去了民族性。工人劳动者没有贪图无偿占有别人劳动而贪婪积累私人财富的民族性屏障，对于他们来说，必须摧毁至今保持和保障私有财产的一切，废除现存的生产方式，从而废除全部现存的占有方式，才能取得生产力。现代的工业劳动，现代的资本压迫，无论在英国或法国，无论在美国或德国，都是一样的，都使无产者失去了任何民族性。更重要的是，马克思认为，工人劳动者阶级只有在世界历史意义上才能存在，共产主义也只有在世界历史意义上才能实现。没有任何民族性，只有在世界历史意义上才能存在、才能实现自己的事业，这就是无产阶级能肩负推动劳动全球化历史使命的基本条件。

正像地质变革创造地球表层一样，资本主义工业和商业的发展，也为劳动全球化创造这些物质条件。在封建主义生产关系变成生产力发展桎梏的时候，是资产阶级在封建地主阶级所创造的社会生产力的基础上，实现了工业革命，创造了自己的世界历史。而资产阶级就在创造自己世界历史的同时，也就锻造出了置自身于死地的武器和运用这种武器的人，即工人阶级。所以，工人阶级要创造自己的世界历史，就必须在资产阶级所创造的社会生产力的基础上，充分利用这种武器，才能达到自己的目的，也一定能达到自己的目的。

新劳动全球化的基本内涵，是自给自足、闭关自守的民族隔离的劳动状态，向开放的、在全球发生着紧密联系的，或联合劳动的发展的进程。与此相适应，旧的与自给自足、闭关自守、古老农业、民族工业相适应的民族精神，也在猛烈的冲击下逐渐退出历史舞台。与大农业、大工业相联系的世界市场，劳动生产和交换的世界化，世界性的民族交往，与国家和民族性的逐渐消失相适应的新的共产主义精神，正在现今的国际舞台上逐步发展着。这既是历史的客观进程，也是一场人类历史大革命，这新与旧的更替和斗争，复杂、深刻、残酷而猛烈。在这种斗争中，作为共产党人，为了达到自己的最终目标，应当是胸怀祖国、放眼世界。应当相信历史发展的客观规律，无论什么时候，都应当信心百倍。

劳动全球化中的合作和全球治理

劳动全球化的内在动因，是合作，是从合作中获得利益。而因为当今的劳动全球化，还是由资本主义所主导的，基于资产阶级对私人财富的贪婪，就使劳动全球化中充满着各种矛盾和斗争。劳动全球化中矛盾的根源，是资产阶级的掠夺和剥削。正是这种掠夺和剥削造成了劳动全球化中劳资之间的矛盾、斗争、利益和财富分配的不公平和不合理。资本主义国际垄断资本遍布于全球各地，在全球各地贪得无厌掠夺超额利润，就把这种矛盾、斗争和不公平带到了全球各地。这就产生了全球性的治理问题，或者说国家权力的转移问题。

历史的事实是：在劳动全球化发展中，资本残酷地掠夺，使大量剩余劳动所构成的财富，源源不断从落后国家流到了发达资本主义国家，留给大多数落后国家的只有贫困和发展中的巨大代价。特别是资本主义国家所发动的对落后国家的残酷的战争，使发达资本主义国家的资本家在大发战争横财的同时，使大多数落后国家的大量生命财产涂炭，留给它们的只有灾难。正是这种残酷掠夺和控制，正是给落后国家造成的这种贫困和灾难，凝结成了无比的仇恨和反抗的无穷力量。从第二次世界大战后至今，世界落后国家反对发达资本主义国家经济掠夺和政治控制的斗争，就从未间断过。

霸权是掠夺财富的重要手段。不过在列强争霸中，其目的都不仅在于掠夺落后国家，还在于掠夺对方。这里要特别指出的是，在前一种掠夺中，对落后国家来说虽然很残酷，但它毕竟还有着破坏旧的社会经济结构，一定程度上带来新思想、新科学技术、新生产方式和生产力的新的发展，并使这些国家尽快融入世界历史的进步作用。而在后一种争夺中，则是纯粹的掠夺财富，给劳动人民带来的纯粹是苦难。

冷战结束后，美国如愿以偿地成为世界唯一超级大国。此时美国统治集团所追求的，已经不是一般性的霸权主义，而是一种综合性的全球霸权主义。这种综合霸权主义，不只是谋求某一个方面的世界霸权，也不是谋求在某一个地区的霸权主义，而是要在全球劳动制度，劳动关系，以及由这种劳动制度和劳动关系所决定的世界经济、政治、军事、文化、社会制度、价值观念等所有方面，都推行霸权主义，在所有这些方面，都要按照美国的思想理念、制度模式、运行规则、运行秩序等进行改造，把整个世界改造成一切都服从美国的国家利益、一切都美国化的世界。我们看到，正是美国的这种追求，这种战略，成为劳动全球化发展的障碍和世界不得安宁的根源。

美国一方面利用其强大的经济、政治、军事实力，对社会主义国家，对社会主义劳动制度进行遏制,对违背美国意愿和利益、美国劳动制度的国家进行经济制裁、军事威胁,甚至用残酷战争的方式,逼迫这些国家就范;另一方面,利用包括各种文化产品、各种媒体、各种宣传工具上的强大的实力,大肆宣传和炫耀资本主义民主自由,以资本主义的劳动生产方式、生活方式和价值观念,对其他国家特别是社会主义国家进行渗透和腐蚀,妄图用和平演变的方式,改变这些国家政权的性质。

然而世界历史永远是全世界人民的历史,不可能变成美国一个国家的历史。活动在这个历史舞台上的,是世界所有国家、所有劳动人民,而不只是美国的统治者,美国这种霸权主义理所当然地遭到包括发达资本主义国家在内的全世界人民的反对。不过,美国是个最实用主义的国家,其任何对外政策,都有为本国利益服务的目的。为了给这种目的披上"合法"的外衣,以得到国际社会的支持,美国惯用的手法,就是欲治人,先加罪于人。美国总能给被其掠夺的对象,先强加上种种罪名,把它说成是"威胁"、"邪恶"、"侵犯人权"、"邪恶轴心"等,然后以"先发制人"的办法,采取和平或战争或并用的手段,达到自己的目的。

在社会主义生产方式产生之前,资本主义生产方式是比过去所有生产方式都先进的生产方式。它的先进性蕴于它的革命性,而它的革命性和先进性才使它具有世界性。从当前世界正在发生着动荡的那些热点地区,人们都不难悟到,一切旧的古老的生产方式,在它的革命性和先进性面前,都显得落后、守旧和不合时宜。不进行变革,实难继续生存。然而,一切落后的、古老的、守旧的东西,都有着它深厚的民族历史和民族基础,它们不会轻易放弃自己原有的生产方式、接受资本主义的生产方式。它必然要与具有先进性、世界性的资本主义劳动生产方式发生激烈的矛盾。尽管资产阶级有廉价商品的重炮,有先进的科学技术,可因为这些商品和科学技术里面包含着财富被掠夺的内容,所以要摧毁着包含着民族利益的坚固的万里长城,征服其顽强的仇外心理,使其接受资本主义的劳动生产方式,谈何容易。这种体现着先进与落后、民族性和世界性之间的矛盾和斗争,既是民族史转变为世界史中的基本的矛盾和斗争,也是世界历史发展中的基本矛盾和斗争。在国家存在、资本主义制度存在的条件下,这种矛盾和斗争,集中体现为国家利益的矛盾和斗争。

马克思在分析资产阶级开拓劳动全球化所遇到的矛盾时,认为它主要表现在四个方面:首先,表现在民族的自给自足、闭关自守和资本主义生产方式所要求的开放性世界市场之间的矛盾和斗争。旧的、靠本国劳动产品满足的需要,要被新的、极其遥远的国家和地带的劳动产品来满足需要所代替;一切封建的、宗法的和田园诗般的劳动关系被破坏,束缚人们的天然的形形色色的封建羁绊被无情地斩断,被各民族的各方面的相互往来和相互依赖所代替。其次,表现在民族工业与资本主义大工业之间的矛盾和斗争。古老的、带有工场手工业性质的民族工业,被产品和原料都具有世界性的新的大工业所代替。第三,封建等级制度、职业贵贱意识与资本主义民主平等制度、商品交换意识的矛盾和斗争。一切封建等级、封建道德、受人尊崇、令人敬畏的职业灵光,都被赤裸裸的利害关系、无情的现金交易所代替。第四,为推行资本主义生产方式,首先要对旧的个体劳动者进行剥夺,剥夺他们旧的劳动条件,把他们变成新的工资雇佣劳动者。资本家总是企图用暴力去扫除那种在本人劳动基础上建立的生产方式和占有方式。因为不扫除这种生产方式和占有方式,就得不到雇佣劳动者来实行资本主义劳动生产方式。

我们能够看到和体会到,虽然资本主义开启的劳动全球化已经发展至今,而那些封建守旧、民族守旧的思想意识,是多么的顽固、多么的不愿退出历史舞台。不过实践也告诉我们,劳动由民族封闭状态走向全球化,这是不可阻挡的历史大趋势。物质生产是如此,精神生产也是如此。随着劳动全球化的开拓,各民族的物质生产和精神生产都相互交融,尤其是精神产品已经成为公共财产。而这些精神产品在落后国家的传播,反过来又对劳动全球化的发展起有特别重要的作用。比如这种传播必然会引发这些国家新的生产力与旧的生产关系矛盾加剧,可见,必然会促进适合新的生产力发展的新的生产关系的产生。实际上,劳动全球化这一进程,就是在体现民族性的民族劳动生产方式与体现世界性的资本主义劳动生产方式的相互矛盾、相互作用中实现的,既体现着民族生产力和生产关系之间的矛盾和斗争,也体现着国际生产力与国际生产力之间的矛盾和斗争。

我们还会体会到,在劳动全球化发展过程中,一切冲突本源性根源,都在于生产力和交换形式之间的矛盾。而且如马克思所说的,不一定非要等到这种矛盾在某一个国家发展到极端尖锐的地步,才会导致冲突的发生。由于广泛的国际交往所引起的同工业比较发达的国家的竞争,就足以使工业比较不发达的国家内产生类似的矛盾。这种矛盾和冲突的结果,往往是通过一场革命实现了历史性的进步。而由于生产力发展的不平衡,以及由这种不平衡所决定的生产关系和社会关系的不平衡,这种革命发生的性质、时间、强度也不相同,融入劳动全球化的道路和进程,也有所不同。

现今劳动全球化发展中的主要矛盾,是广大发展中国家与霸权主义者的矛盾。现今霸权国的资产阶级,正是出于对自身最大利益的考虑和对财富的贪婪,已经变成了劳动全球化的阻力。比如,他们已经不再愿意让任何落后国家和发展中国家通过更深入融入劳动全球化而摆脱落后状态,变为世界比较强大的国家,变成他们利益的竞争对手。它所期望的是,落后的民族国家既要冲破封建枷锁,冲破闭关自守状态,融入到由他们所支配和控制的世界市场中;又要保持一定的或相对的落后状态,即保持在旧制度的一定的束缚之下,因为这种状态才是它进行剥削、获得最大利益的基础和保证。这些国家在劳动全球化进程中永远保持相对落后状态,对它才最有利。基于意识形态和信仰的原因,当前这种矛盾最尖锐的表现是霸权主义国家与社会主义国家的矛盾。霸权主义者最害怕社会主义国家的发展和强大。

为了达到这种目的,他们严密垄断着高新科学技术,不愿看到落后国家通过掌握和发展新技术、发展生产力,而改变落后面貌;他们动辄就对影响其利益的其他国家实行封锁、禁运、制裁等;为了狭隘的民族的利益,他们利用各种保护关税政策,限制进口和出口,实现贸易保护主义;他们在民主、人权、价值观、宗教等领域,推行狭隘的民族主义,等等。所有这些,都是与劳动全球化发展相悖的。广大劳动阶级则与资产阶级相反,在劳动全球化发展中,他们唯一考虑的是促进劳动全球化的健康发展,并在这一发展中进行联合斗争,从而求得自身的解放。所以,在他们还没有当权的国家,他们的利益与要求,与统治阶级是不同的,甚至是对立的;而在他们已经当权的国家,他们的利益与要求,与国家利益和要求,则是一致的。不过,总的看,在资产阶级金融寡头的统治还占主导地位的当今时代,劳动全球化和劳动者解放的发展中,最主要的矛盾和斗争,还是劳动者与资产者的矛盾和斗争,只是这种矛盾和斗争具有了世界的性质,是世界劳动者与世界资产者的矛盾和斗争。其他一切矛盾和斗争,都与这种矛盾和斗争联系着,即都同资本主义必然向社会主义过渡联系着。

有矛盾,有斗争,就需要有治理。而且由于主权国家还是当今国际社会的主要行为体,所以全球治理的难度是很大的。实践已经证明,为了这种治理,国际社会虽然已经作了很大的努力,建立了诸多国际组织、国际机制、国际标准、国际法规等,但还远不能满足劳动全球化发展的需要。特别是这些国际标准、规制和法律,都渗透着霸权主义和强权政治的因素,有着很大的不公平和不合理性,带来了许多诸如贸易秩序不合理,财富分配不公平等负面的影响,使有些人提出了劳动全球化的悖论。

西方有学者把全球化治理中的国家主权与民主政治对立起来,认为要把全球化治理好,就必须二者舍弃其一。实际上,在对全球化的全球治理中,国家主权和民主政治都起着作用,全球化正是在它们共同作用下才得到不断发展的。一个以法律为基础的全球化体系建立和发展,与国家民主制度之间非但没有不可解决的内在矛盾,而且是这种民主政治的扩展。如西方学者所说的,民主制度并不是简单地追求越多人参与越好。就算是外部规则限制了在国家层次的参与人数,它们可能有其他好处可以补偿这一不足,比如优化商议过程,减少派系斗争,提高少数族群的代表性。程序上的保障措施可以防止利益团体占据整个商议过程,保证相关的经济和科学证据能在商议过程中能占一席之地,这样也就优化了整个民主过程。而且,签订具有法律效力的国际条款也是国家主权的体现。

毋庸置疑,全球治理的发展,意味着国家的有关权力向国际社会、国际组织或国际管理机构的转移。这种转移对任何国家来说,都是痛苦的、艰难的,但它对于向新社会过渡来说,却是必然的。向新社会过渡,本质上就意味着私有制的消灭、阶级的消灭和国家职能的转变和最后的消亡。那时候,劳动者在自由劳动的联合体内,进行自由劳动,自己管理自己,充分享受自己劳动的果实。当然,私有制的消灭,阶级的消灭,国家的消亡,都要经历一个很长很长的历史过程。而眼前现实的全球治理,最重要的是改革不合理、不公平的世界政治经济秩序,使劳动全球化能沿着正确的方向和道路健康发展。

应当特别注意的是,当今时代,国家利益既体现着国家统治者的利益,也在不同程度上体现着劳动者的利益。这样,国与国之间在国际资本竞争的同时,在国际劳动市场,特别是劳动力市场上,也进行着激烈的劳动就业的竞争,即劳动者与劳动者自身利益的矛盾和竞争。而且正是这种竞争的存在,才给资本家提供了获得超额利润的机会。不过,随着劳动全球化的发展,随着各种劳动生产要素、市场要素、消费要素、文化要素、制度要素、社会生活要素等的全球化的发展，全球不同劳动生产方式、分配方式、生活方式、消费方式、政治制度、文化和价值观念的大沟通、大碰撞、大融合，加之各种国际组织、国际秩序的不断改革和完善，其作用的不断扩大等，国家的性质和职能也在发生着变化。这些变化预示着，国家已经走上了自行消亡的漫长道路。随着国家专制职能逐渐削弱和经济管理职能的逐渐加强，劳动者与劳动者之间因国家的存在而存在的矛盾，也必然会逐渐得到解决。

三 新劳动全球化的时代性和基本特征

新劳动全球化时代的出现，无疑是人类历史的发展和进步。然而，正是由于这种进步，却造成了两个方面的后果：一方面因资本主义劳动关系的存在，而造成了资本主义世界出现不断的、日趋严重的经济危机和政治危机；另一方面，由于世界性劳动者的觉醒和广大发展中国家，特别是社会主义国家的发展，从而也促进了对资本主义劳动关系的革命和否定。这两者在结合中的不断发展，都威胁着资本主义制度的存在。资本主义国家的统治者，似乎都感觉到了劳动全球化的威胁，所以开始搞孤立主义，搞贸易保护主义，企图阻碍劳动全球化的发展，还出现了一股与全球化相悖的论调，这当然是螳臂当车。新劳动全球化时代，虽然还是由发达资本主义国家主导的，还不是理想的社会主义的劳动全球化时代，只是朝这样时代的过渡，但它毕竟体现的是不可逆转的历史发展的必然进程。它的不可逆转性，是由这一时代劳动的特性、劳动关系和劳动方式变革和劳动生产力的发展所决定的。

脑力劳动地位上升和劳动方式变革

从国际劳动到劳动全球化的发展，体现着人类科学技术和生产力的自然发展进程。其经历的每一个发展阶段，都既是劳动生产力和劳动生产关系发展变革的结果，又是新的劳动生产力和劳动生产关系发展变革的要求。每一个新阶段对前一个阶段来说，都包含着以科学技术为第一要素的生产力巨大进步。至今国内外学者对国际生产力发展变化的研究，大多都还是局限于生产方式和管理方式的发展变化上，而对生产力各要素的发展变化，还没有很科学的分析和概括。劳动生产力的发展变化，主要体现在其要素劳动工具、劳动力、劳动对象的发展变化，以及这些要素在生产过程中结合方式的发展变化上。

我们已经知道，与世界科技革命和产业革命相适应，人类生产力的不断发展，体现在劳动方式上，虽然经历了由机械化到自动化、再到信息控制化，由劳动密集型生产到资本密集型生产、再到知识密集型生产，由体力劳动为主到体力劳动与脑力劳动相结合、再到脑力劳动为主的变化过程，而就当今来说最具有重要意义的、最能体现劳动全球化时代特征的，是脑力劳动地位的提高。从以体力劳动占主导，向以脑力劳动为主的转变，这是劳动全球化时代的最突出的特征。知识劳动者、脑力劳动者成为社会经济发展的中坚力量，成为资本和社会财富增殖的决定因素，这是此时代的巨大进步。

与劳动方式的这种变化相适应，劳动生产关系也在发生着变化。在对国际劳动的研究中，西方学者大多都不谈生产资料所有制和阶级关系的发展变化，而只讲政府与企业关系和企业内部结构的发展变化。人们普遍认为，过于强调体现民主的政府的作用和社会利益，从而影响了企业的自由和创造精神，造成发展中的矛盾和危机。虽然体现民主的政府的作用仍然是不可缺少的，但相比之下企业的自由更为重要。由于信息技术的发展和广泛应用，使现代化的工厂变成了"知识加工系统"，使生产、消费都实现了网络化了，随之企业结构也从塔形等级结构，向分权的平行结构转变。比如参加决策的不仅有政府和企业，还有劳工、消费者和社会集团。通过向专业管理人员和技术人员分散权力，劳工参与决策和购买股份，实现了利润分享和权力分享。这样整个企业就变成了一个利益共同体，或者"公司家庭"，劳资关系也由过去的绝对对立变成了合作对立。

马克思主义者认为，与劳动生产力的发展变化相适应，劳动生产关系同样有一个发展变革的过程。而生产资料所有制，是最基本的劳动生产关系或劳动生产关系的基础，劳动生产关系的发展变革，首先是表现在生产资料所有制的发展变革上。资本主义社会的基本矛盾，是生产社会化与生产资料私人占有之间的矛盾，而解决这一矛盾的根本途径，是使生产资料所有制也适应生产社会化的客观要求而社会化。也就是说，资本主义生产资料所有制发展变化的基本趋势，是社会化程度的不断提高。从资本主义发展历史看，这种发展变革的基本趋势，是由私人所有制走向社会所有制，大致经历了三个不同的阶段。

一是由个体所有制到股份制的发展变化。股份制的出现，是生产资料所有制关系一次带有重大革命性的变化，它为资本主义的资本和生产社会化创造了广阔的途径。马克思曾对它的革命性和深远意义，做过深刻的论述和分析。马克思指出：由于股份公司的成立，"那种本身建立在社会生产方式的基础上并以生产资料和劳动力的社会集中为前提的资本，在这里直接取得了社会资本（即那些直接联合起来的个人的资本）的形式，而与私人相对立，并且它的企业也表现为社会企业，而与私人企业相对立。这是作为私人财产的资本在资本主义生产方式本身范围内的扬弃"。马克思还指出：股份制度"是在资本主义体系本身的基础上对资本主义的私人产业的扬弃；它越是扩大，越是侵入新的生产部门，它就越是会消灭私人产业"。正是随着股份制的出现和发展，资本主义生产资料所有制社会化才能不断发展，资本家们才可能利用社会和集体的力量，不断扩大生产规模，不断改进和革新技术和设备，使生产力得到不断发展。

二是由一般股份制到股份垄断资本所有制的发展变化。股份制是垄断资本形成的重要因素，而信用制度则是资本主义私人所有制转化为股份制的重要基础。如马克思所说的：股份公司的成立，使资本主义的"生产规模惊人地扩大了，个别资本不能建立的企业出现了"。马克思还以修建铁路为例说明了这一点："假如必须等待积累，去使某些单个企业增长到能够修建铁路的程度，那么恐怕直到今天世界上还没有铁路。但是，集中通过股份公司转瞬之间就把这件事完成了。"而如果"没有从资本主义生产方式中产生的信用制度，合作工厂也不可能发展起来。信用制度是资本主义的私人企业逐渐转化为资本主义的股份公司的主要基础"。股份制和信用制不仅使资本主义的资本和生产集中迅速发展了起来，导致了股份垄断资本所有制的出现和发展，而且更重要的是出现了生产资料所有权与经营权的分离，实物资本与股份资本的分离，使几乎所有的生产资料都真正变成了资本。这些都意味着资本主义生产资料所有制社会化程度又大大提高了一步。

三是由私人股份垄断资本所有制到法人股份垄断资本所有制的发展变化。垄断资本之间的激烈竞争，迫使大垄断资本扩大资本和生产规模的欲望越来越强烈，其所需要巨额资本只靠私人以股份形式的联合，远不能满足需要，从而又导致了法人股份垄断资本所有制的产生，并且逐步成为当今资本主义即劳动全球化时代生产资料所有制的主要形式。在资本主义大公司中，法人股东都已占据了支配地位。具有雄厚资本实力的各种社会法人，已经成为企业资本的主体，这是资本主义生产资料所有制关系向社会化发展的又一重大变革。这一变革对资本主义向社会主义过渡，有着特别重大的意义。

在生产资料所有制关系的这种变化基础上，资本主义生产关系的其他方面，也随之变化。比如：在企业管理方面，随着所有权和经营管理权的分离，出现了庞大的管理阶层，即专门经营管理别人资本的新型资本家，有人称之为"公司资本家"。在分配方面，随着资本社会化的发展，资本主义的分配关系也向着社会化的方向发展。比如各种税收的增加和社会福利事业的发展，劳动者购买企业股票数量的增加，年金制度的普遍建立等，都是资本主义分配关系社会化的体现。

这里特别要指出的是，在劳动关系的变化中，劳资关系也相应发生了一些变化。比如随着资本的法人化和允许职工购买企业股票，使企业经营状况与所有人的利益都联系了起来，企业成为包括大小不同利益阶层的劳动者、管理者、资本所有者所构成的在利益上相互联系、相互交织、相互依赖的共同体。但在共同体内，权利的塔形等级制度，生产社会化和生产资料私人占有这一基本社会矛盾，资本压迫剥削劳动者的根本性质，剥削被剥削，统治被统治的不平等不公平的关系，由这种不平等和利益上的巨大差异而导致的各种复杂的矛盾和斗争，都并没有根本改变。企业的决策者、权利获得者，仍然是资本（包括知识资本）所有者，处在这种等级制度最底层的仍然是广大的工人劳动者。比如大跨国公司的老总们的年薪一般都在数千亿美元，而工人的平均小时工资只有 5.5 美元。发达资本主义国家工人收入在国民收入中的比重，一直呈下降趋势，工人阶级贫困化问题，一直没有解决。只是由于有了一些各自的利益，而且这种利益与企业的生存和发展是联系在一起，这就使劳资之间的关系变得非常错综复杂，不像过去劳资之间直接对立那么简单。正是这种由利益带动的错综复杂的劳资关系，维持着资本主义企业的稳定和发展。

科学技术创新劳动加快和地球村的形成

劳动全球化发展，是与科学技术，特别是信息技术的发展紧密联系的。在当今的世界，现代科学技术和信息网络技术，已经成为全球经济的主宰。在人类历史的早期，财富是以拥有多少土地、黄金、白银、珠宝衡量的；在资本主义发展时期，财富是以拥有的资本、石油和机器设备来衡量的；而今天，财富首先是以拥有的科学技术和信息来衡量的。在全球竞争中的成败，即在竞争中获得财富的多少，都要由怎样获得科学技术和获得科学技术的数量和处理质量的速度如何来确定。

劳动全球化时代的所有特征，都同科学技术和信息的高度发展联系着。不仅科学技术，知识和信息都成为重要资本，而且知识和信息本身，也成为重要的生产部门。在这些部门迅速发展的推动下，世界已经进入人们称之为以知识和智力为核心的知识信息社会。值得注意的是，在这样的时代里，也正是因为大量产业和财富、大量的知识和信息资本，都集中在少数垄断寡头手中，形成全球性的寡头经济和寡头帝国。当然，这里所说的知识，是一个整体性的经济概念，即不仅指人们在学习和改造客观世界的生活实践中所获得的认识和经验，而且更重要的是指那些创新的、可以变成资本、并进行产品生产的新的知识和经验，即包括新的科学技术知识、新的有价值的信息、新的有价值的经验等。

在劳动全球化时代，科学技术的发展不仅成为最主要的生产力，而且成为企业和国家的生命线。科学技术的发展和创新，产品的创新和不断更新换代，科学技术和科学技术产品的大量输出，已经成为国家和企业能否在激烈的国际竞争中生存和发展的决定性因素，技术创新和对新技术的垄断，已经成为建立全球统治的基础。因此，无论是国家或是企业，都不断加大了对科学技术研发的投入，使科学技术的发展突飞猛进。劳动全球化时代科学技术发展的规模之大、水平之高、速度之快、成果之巨大，都令人惊讶。

劳动全球化时代，科学技术迅速发展虽然由多种因素所推动，但最主要的仍然是国家和企业这两种力量。从国家角度看，由于科学技术成为国家经济、政治、军事等综合国力增长的决定因素，也是其维护国家安全，在国际竞争中谋求生存、谋求发展的决定性因素。所以各国都不仅不断加大了科学技术研发的投入，而且利用国家的力量，通过制定计划，调动人力，组织重点攻关，甚至组织国际间的广泛合作等，以加快科学技术的发展。尤其值得注意的是，大国之间的军备竞赛，实际上已经成为综合国力的竞赛，成为在科学技术发展上的竞赛，成为抢夺科学技术制高点的竞赛。我们看到，妄图从全球谋求最大利益、称霸世界的美国，几乎所有的大型科技投资项目，都是与军事有关的，需要资金巨大、投入人员众多的战略性的领域和项目,诸如航空、航天、核子、电子、信息、通信、生物、化学等。国家在这些领域的研究和开发,不仅促进了其军事科学技术和军事力量的不断提高,而且带动了整个社会的科学技术研发的热潮,促进了整个社会的经济发展。因为其研究的成果虽然首先是运用于发展军事部门,但有很多也同时,或之后运用于民用部门,达到一举两得的目的。

　　从企业角度看,由于科学技术的发展和输出,已经成为国际垄断资本进行国际扩张,谋求或维持其国际垄断地位的决定因素,所以几乎所有大的国际垄断企业,也都不断加大了科学技术研发的投入。而且此时期,规模巨大的国际垄断企业,已经具备了对重大科学技术项目进行独立研发的力量和能力。为了加强自己在国际竞争中的地位,它们都把新技术开发视为生命,不惜重金,积极开展科学技术的研发工作,从而推动了整个科学技术发展的突飞猛进。比如,进入 20 世纪 90 年代之后,发达国家企业研究与开发费用年均增长率达到 10% 以上,与政府相比,在总的研发费用中所占的比重,达到了 60%—70%。值得注意的是,在这些费用中,那些巨型的国际垄断大企业,占有非常大的比重。在世界企业科技研发投资总额中,世界 500 家最大的企业的投资,一般要占到 65% 以上。正是这些新技术的不断开发和运用,推动了国际垄断企业的不断发展和在全球的迅速扩张。可见,科学技术大发展促进了国际垄断资本的大发展,国际垄断资本的大发展又促进了科学技术更大的发展。二者互为因果,互相推进。

　　正是在这两个因素的推动下,当今在天文学、核子物理学、电子学、生命科学、光学、地质学、海洋学等基础科学,航空航天技术、信息技术、生物技术、新材料技术、能源技术、传感技术、微电子技术、现代通信技术、纳米技术等都得到了飞速的发展,航天飞机、宇宙飞船、星球探测、卫星通信、卫星定位、卫星导航、卫星传播、生物基因、生物克隆、纳米材料、电子商务、数字地球等领域,都取得了惊人的进展,过去连做梦都不敢想的事,都一个个变成了现实。知识和信息技术革命,已经使知识和信息产业成为发达国家整个社会的支柱或主导性产业。对各种信息的获得,对各种信息进行生产、加工、储存、转换、传递、市场交易,以及信息资源管理等方面的技术,包括计算机技术、电子网络技术、通信技术、数字技术、卫星技术、光纤技术等。借助于各种媒体、移动通信和电子网络的作用,这些信息技术的发展和应用,已经深入到了人类社会的各个领域和地球各个角落。可以说,在新的科技革命中,信息技术革命是核心。因为它的应用和影响最巨大、最广泛和最深远。它不仅应用于其他各项科技革命,推动着其他各项科技革命的进展,而且应用于社会经济、政治、军事、文化、教育、机关、企业和社会生活各个领域与各个方面,推动着社会各个方面的发展和加速运转。信息技术的这种巨大的力量和作用,主要表现在:

第一,促进了人类社会的开放性和全球性发展。信息技术和信息产业的发展,特别是网络技术的发展,摆脱了世界经济、政治、文化等各社会领域发展运动和联系的时空局限性,使这些运动和发展不受时间和空间的制约。它不仅可以使发展运动全天候的连续进行,而且拉近了人们之间的距离,把整个世界变成了"地球村",使全球时区的划分和地域距离等,在经济、政治、文化等发展运动和相互联系中,都变得无关紧要。如有的学者所说,它以光纤技术为"路",以多媒体为"车",不受国界限制地把新的信息、知识、文明等,迅速传递到世界的每个角落;跨国投资、资本在全球性的流动、商品交易等,都可以通过计算机在网络上进行,过去需要许多人漂洋过海、经过很多复杂程序才能办妥的事,现在只要坐在计算机旁,轻轻点下有关程序,马上就能办到。这就大大加强了各国之间的联系,加快了经济、政治、文化等全球化的进程,使后现代帝国的发展,具有了越来越强的国际性和全球性。这也是后现代帝国新梦产生的重要根源。

第二,带动了人类社会知识性和智能性的发展。随着信息技术的发展,特别是电子计算机技术、智能化信息网络,以及众多信息产业的发展,使知识在社会发展中的作用越来越大。信息和知识作为无形资产,成为最重要的财富和生产力。与物质生产和物质产品相比,信息和知识产品对推动社会的发展显得更为重要。与此相适应,社会劳动的性质和劳动工具也发生了变革。与体力劳动并存,或者从属于体力劳动的脑力劳动,成为决定社会发展的更重要的劳动。在信息社会,因为生产的特点是知识密集型,是机器人制造,所以反映生产力发展水平的主要标志,已经不是一般劳动者的劳动生产率,而主要是知识劳动者,或者说是脑力劳动者的劳动生产率。随着劳动者科学文化水平和劳动智能的不断提高,特别是随着他们对各种信息技术的掌握和运用,体力劳动和脑力劳动的界线越来越模糊,体力劳动和脑力劳动之间的对立和差别越来越小。可见,由于信息社会是以信息和知识为主导的社会,所以人们常常把信息经济也称为知识经济，把信息社会也称为知识经济社会。由于信息技术发展的不平衡，率先进入信息社会的美国，现正依靠着对大量信息技术和知识的垄断，而维持着其在世界经济、政治等方面的主导和垄断地位。

第三，使人类社会具有了很强的共享性和合作性。由于各种信息技术、网络技术、多种媒体的发展，一方面，使各种信息和知识的传播速度非常之快，达到在信息和知识上一定程度的共享；另一方面，政府、生产者都可以及时、直接了解市场需求情况，并能与消费者进行直接联系，这就既改变了过去那种生产的无政府状态和无计划性，也改变了竞争的性质。这种性质的改变，主要表现在：一是信息时代的竞争，已经不是像过去那样的零和性竞争，不是竞争对手之间一定要绝对对立，一定要达到你死我活，而是共存性和共赢性竞争，在竞争中合作，又在合作中竞争，在竞争中达到共存和共赢；二是信息时代虽然由于生产和财富的高度集中，其垄断的规模、范围和程度，比过去任何时期都要高，都要大，但由于其垄断的性质发生了变化，变成了竞争性的垄断，即依靠在科学技术、经营管理等方面的创新所赢得的一时性的垄断，这种垄断既能阻止竞争对手的进入，又可以通过垄断价格获得垄断利润；三是信息时代竞争的优势主要不是来自于资本、自然资源等有形资产，而主要是来自于信息和知识。这就决定了，一方面是竞争环境变化不断加快，竞争与合作的关系的变化不断加快；另一方面，使持续性竞争得以保持。

第四，使人类社会具有很强的组织性和创新性。有西方有学者认为，农业社会发展的动力是冲突，工业社会发展的动力是对抗性竞争，信息社会发展的动力则是依靠网络协同条件下不断加强的组织的力量。这似乎有一定道理。因为信息社会和知识经济社会，既不是被强力控制下的抹杀个性的有序社会，也不是混沌无序的抵消个性的社会，而是通过信息作用，使每个行为主体不断用组织来实现整体优化的多样化社会。以信息产业和高技术产业为核心的企业，都是具有很强独立性和灵活性的组织化系统。这种组织化系统不断完善和发展变化的决定性因素，是各个方面的不断创新，包括科学技术创新、信息网络系统创新、组织和制度创新、商业观念创新等等。

人们现正在研究能驱动未来经济的颠覆性技术。麦肯锡全球研究所研究人员列出了具有这种力量的12种技术，并估算了它们可能具有的经济潜力。这12种技术是：移动互联网、知识型工作的自动化、物联网、云计算、高级机器人、自动化车辆、新一代基因组学、能源储存、3D 打印机、高级材料、高级油气勘探和采集技术、可再生能源。据这个研究所的计算，上述每一个创新领域在 2025 年将给世界经济带来 1 万亿美元以上的收益。排在首位的移动互联网将带来 3.7 万亿至 10 万亿美元的收益。排在第二位的知识型工作自动化，将带来 5.2 万亿至 6.7 万亿美元的收益。这些虽然只是一种研究和预测，但它足以令人们在技术创新中浮想联翩。这个研究所认为，最具影响潜力的创新，主要是那些多年来一直在以新的方式演变的创新。

知识资本化加快和劳动制度创新加速

马克思说过，资本的趋势是赋予生产劳动以科学的性质，而直接劳动则被贬低为只是生产过程中的一个要素。科学知识是财富最可靠的形式，既是财富的产物，又是财富的生产者。科学获得的使命是：成为生产财富的手段，成为致富的手段。科学因素被有意识地和广泛地加以发展、应用、并体现在生活中，其规模是以往的时代根本想象不到的。

知识资本化，是随资本主义制度的发展而发展的。因为知识作为精神产品，或脑力劳动产品，它是有价值的。马克思在将劳动区分为物质的生产和精神的生产时，就分析了知识的商品属性。无论从用知识武装起来的劳动力角度，或从由知识物化成的劳动工具的角度看，在社会发展的任何阶段，知识都是最强大的生产力。生产力的发展要靠知识的发展来推动，整个社会的发展也靠知识的发展来推动。

在资本主义社会，知识成为资本，成为生产财富的手段，这些马克思也是早就论述过的："自然因素的应用——在一定程度上自然因素被列入资本的组成部分——是同科学作为生产过程的独立因素的发展相一致的。生产过程成了科学的应用，而科学反过来成了生产过程的因素即所谓职能。每一项发明都成了新的发明或生产方法的新的改进的基础。只有资本主义生产方式才第一次使自然科学为直接的生产过程服务，同时，生产的发展反过来又为从理论上制服自然提供了手段。科学获得的使命是：成为生产财富的手段，成为致富的手段"。只是只有到了劳动全球化时代，才形成了知识资本在整个资本主义经济中的支配和主导地位。

劳动全球化时代，也是知识大爆炸的时代。由于知识资本化和知识产业高度发展，使整个社会已经进入到了以知识为引擎的知识经济社会。关于什么是知识,什么是知识经济,理论界同样存在着许多不同的看法和争论,但有些观点则是共同的,或者说是大家普遍接受的。比如,一般都认为,知识不仅包括认知范畴,也包括智能范畴,包括运用知识的能力。诸如:对客观事物认识方面的知识,即知道是什么和为什么的知识,包括原理、规律等科学和事实方面的知识;操作能力方面的知识,即知道怎么做的知识,包括技术、技巧、诀窍等方面的知识;以及管理方面的知识和能力。知识经济就是建立在知识和信息的生产、分配和使用基础上的经济,或者说是知识在整个社会经济中占主导和支配地位的经济。

知识经济之所以成为劳动全球化时代的重要特征,除了因为知识资本已经成为社会的重要资本,成为生产力的基本要素和生产力发展的主要动力之外,还因为知识资本已经独立构成了一种经济关系,成为垄断资本进行全球性扩张的重要手段和内容。其突出表现是:由于知识资本的发展推动了各种信息技术和信息产业的发展,它不仅为各种资本全球性的流动创造了条件,奠定了基础,而且加快了资本全球性扩张的速度和管理的效率。对大量知识资本的垄断和控制,大量知识资本的输出,成为国际垄断资本进行对外扩张、维持其在全球的垄断和统治地位的重要条件。而与此同时,也造成了知识在全球的流动,带动了全球科学技术的大发展。

在劳动全球化时代,掌握核心知识,特别是核心科学技术知识,大量输出外围知识和外围技术,是维持其在全球利益和全球统治的重要手段。关于知识成为生产力的基本要素或第一要素这一点,马克思也早有论述。马克思在《资本论》第二篇"资本流通过程"中就指出:任何科学技术,任何机器设备,都不是自然界造出来的,"它们都是人类劳动的产物,是变成了人类意志驾驭自然的器官或人类在自然界里活动的器官的自然物质。它们是人类的手创造出来的人类头脑的器官;是物化的知识力量。固定资本的发展表明,一般社会知识,已经在多么大的程度上变成了直接生产力,从而社会生活过程的条件本身在多么大的程度上受到一般智力的控制并按照这种智力得到改造。它表明,社会生产力已经在多么大的程度上,不仅以知识的形式,而且作为社会实践的直接器官,作为实际生活过程的直接器官被生产出来"[①]。马克思还用了许多篇幅,论述了"资本的趋势是赋予生产以科学的性质,而直接劳动则被贬低为只是生产过程的一个

[①] 见《马克思恩格斯全集》第46卷(下),人民出版社1980年版,第219—220页。

要素"。科学知识,"即财富的最可靠的形式,既是财富的产物,又是财富的生产者"。"科学这种既是观念的财富同时又是实际的财富的发展,只不过是人的生产力的发展即财富发展所表现的一个方面,一种形式。"① 后现代帝国主义时代的现实,完全印证了马克思的这些论断。

也就是说,至今人类一切物质文明和精神文明,一切巨大的物质财富和精神财富,都是在长期的知识积累和发展中获得的,都是知识不断积累的结果和化身。而到劳动全球化时代,由于知识的特殊地位和作用,其高度资本化和高度社会化,使其不仅成为财富最可靠的形式,而且成为比其他财富更重要的、可以生出更多和更大财富的财富。在这样的时代,不仅知识产业越来越强大,而且各种产业也都越来越知识化。知识的生产、创新、传播、使用,已经渗透到了经济和社会生活各个方面,知识创新已经成为产业创新、生产和产品创新、管理创新、国家职能创新、整个社会生活和社会消费创新的强大基础和推动力。与此相联系,劳动全球化时代还有着如下特点:

首先,人才或者说体现为知识积累的人力资本,成为知识经济发展的基础。由于知识创新的速度日益加快,知识转换为直接生产力的周期日益缩短,知识在国际上的传播加快,这就迫使为了维护自己在国际上的霸主地位的美国国际垄断资本在激烈的国际竞争中都不得不把连续的、不间断的知识创新,作为基本发展战略。谁的知识创新快,谁最先获得知识创新的最新成果,谁就是胜利者。而知识创新的基础或关键,是掌握知识的人才,所以知识创新战略,在一定意义上说,就是人才竞争战略。这就使知识经济时代人才的国际竞争特别激烈。马克思早就指出过:"自然科学本身(自然科学是一切知识的基础)的发展,也像与生产过程有关的一切知识的发展一样,它本身仍然是在资本主义生产的基础上进行的,这种资本主义生产第一次在相当大的程度上为自然科学创造了进行研究、观察、实验的物质手段。由于自然科学被资本用做致富的手段,从而科学本身也成为那些发展科学的人的致富手段,所以,搞科学的人为了探索科学的实际应用而相互竞争。另一方面,发明成为一种特殊职业。因此,随着资本主义生产的扩展,科学因素第一次被有意识地和广泛地加以发展、应用、并

---

① 见《马克思恩格斯全集》第46卷(下),人民出版社1980年版,第211、34页。

体现在生活中,其规模是以往的时代根本想象不到的。"① 在当今时代,知识在全球性生产、传播、应用的规模,竞争的激烈程度,以及体现在社会生活的广度和深度,也都是当时的马克思所想象不到的。

其次,科学知识占有与直接劳动相分离具有加大趋势。马克思早就说过:"资本不创造科学,但是它为了生产过程的需要,却利用科学,占有科学。这样一来,科学作为生产的科学同时和直接劳动相分离,而在以前的生产阶段上,范围有限的知识和经验是同劳动本身直接联系在一起的,并没有发展成为同劳动相分离的独立力量,因而整个说来从未超出制作方法的积累的范围,这种积累是一代代加以充实的,并且是很缓慢地、一点一点地扩大的。"② 而在劳动全球化时代,由于科学技术和知识都成为重要的资本,而且主要集中在少数发达国家的少数大垄断资本手里,这使科学技术、知识与劳动者的分离更加严重。这种分离不仅表现在发达国家内部,而更突出的是表现在广大发展中国家,或者说表现出了层次性。在发达国家,由于科学技术和知识产业的高度发展,绝大部分的劳动者成为知识劳动者,或脑力劳动者。掌握一定的科学技术和知识,成为劳动者就业的基本条件,这无疑是社会的进步。但这些劳动者所有的只是进行劳动或生产产品过程中所需要的科技和知识,而不是有关产业的核心科技和知识,他们同这些关键性的核心科技和知识,仍然处于分离状态。在广大发展中国家,随着先进科技和知识的进入,除了少部分劳动者成为知识劳动者,即核心科技和知识与劳动的分离之外,绝大部分仍然是科技和知识含量很低的传统的体力劳动者,归他们所有的只是进行劳动所需要的很简单的科技和知识,他们不仅同关键的核心科技和知识相分离,而且也同一般的科技和知识相分离。

再次,知识创新和知识的增长具有加速趋势。在劳动全球化时代,知识发展的特点,是老化快、更新快,新的知识总是层出不穷的。由于知识的增长总是呈现加速趋势,所以人类掌握和使用知识的净值的增长也呈现着加速的趋势。由此所决定,任何国家或企业依靠原有知识所取得的优势,都是一时的,而不是永久的。要想持续保持优势,其唯一办法,就是持续不断地进行知识创新,使自己永远站在新知识的制高点上。然而要做

---

① 《马克思恩格斯全集》第47卷,人民出版社1979年版,第572页。
② 同上书,第570页。

到这一点,是十分困难的,应当做的就是永远跑在知识创新的快跑线上。美国经济学家熊比特在论述资本主义的经济发展时,早就指出过,知识创新,包括技术创新、制度创新、组织创新等,是经济发展高速增长的原动力或引擎,新知识的扩散和模仿,是经济继续扩张发展的桥梁,创新扩散和模仿高涨的过程,则是经济持续增长的过程。这里要特别强调的是制度创新。没有不断相应的制度创新,就很难有知识创新和科技创新,很难适应知识和科技创新的加速趋势。任何时候都是,一个创新、扩散、模仿周期过后,必然会发生新的创新、扩散、模仿周期,否则经济的发展就会陷入低谷。实际经济增长的周期,正是起因于这种知识创新的周期。知识经济时代的实践,进一步证明了熊比特的这一理论。只是创新的规模、范围更加广大,创新、扩散、模仿的速度更快。

混合劳动关系的出现和利益关系复杂化

在以法人股份制为基础的劳动全球化时代,资本社会化的不断发展,带来了资本所有权和管理权以及分配关系和阶级关系的变革。在全球性大垄断资本企业的利益和管理中,都不仅包含着不同国家、不同资本家阶层、不同劳动者阶层,以及不同利益者阶层之间的错综复杂的矛盾、博弈和斗争,而且包含着各种形式的合作和利益整合。在以个体私有制为主的资本主义发展的早期阶段,企业利益关系和阶级关系都简单明了:一边是占有一切生产资料的资本家,一边是一无所有的无产者。后者出卖给前者,前者统治和剥削后者。而在劳动全球化发展阶段,由于全球性大企业所有者和经营者的分离,渗透着国家的因素,加之由现代科学技术的发展所带动的社会分工和劳动分工的不断深化,体力劳动和脑力劳动差别的缩小,特别是不同社会制度的因素的作用,就使以劳资利益关系为基础的整个利益关系变得非常复杂。

这种复杂性,首先表现在利益的全球联系上。由于全球性的大企业,都是股份制大企业,其使用的资本都是规模巨大的社会资本,其获得的利益不仅关乎企业的劳动者和直接经营者的利益,而且关乎企业的所有投资者的利益。企业在全球各地的成败,都关乎与企业有利益关系的所有人,因而这所有的人也必然都关心着企业在全球各地的发展。他们不再只从一个国家、一个地区的眼光,审视企业的发展和自己的利益,而是从全球的眼光审视企业的发展和自己的利益。他们总希望与自己利益有关企业所在的国家和地区得到和平、稳定和顺利发展,而不希望这些国家和地区发生动荡、战争和危机。

在劳动全球化时代,在全球谋求发展的企业,都是实力雄厚的大垄断企业,它们凭借自己的强大的实力和长期的管理经验,为调动劳动者的积极性,推行"企业收益分享制"、"职工股份分红制"等多种新的管理方式。在劳动者获得工资收入的同时,还采用让广大劳动者以购买企业股票和年金基金的方式,作为社会投资者而获得了一定的收入。在发达资本主义国家,有40%以上成年人和家庭都持有股票。尽管其持股的数量与大股东们相比是微不足道的,但它毕竟把企业的利益与劳动者的利益联系了起来,一定程度上调动了劳动者的积极性。因为这种制度达到了一箭双雕之效:一方面,它不仅使广大劳动者摆脱了老年后生活的后顾之忧和不安定感,而且能作为投资者获得一些收入,从而为发展造就了长期稳定的社会环境;另一方面,这种数额巨大的年金基金,长期投资于各行各业的社会再生产,因而成为社会经济长期稳定发展的强大推动力。所以,国外有些学者把这种制度的建立和普及视为发达资本主义国家新发展的主要内容或表现,有的则把它视为资本主义制度自我扬弃或"蜕变"的主要表现。

与此相适应,随着股市和金融证券业的迅速发展,以及生产资本与金融资本更加紧密的融合,劳动全球化时代的资本家,也都由家族资本家转变为新型的社会资本家或国际资本家。其中也包括在新的科学技术和生产力发展中所涌现出来的新的暴发户。新的科学技术和新的知识成为了新型的重要的资本,谁掌握了新技术和新知识,无论它是集体或是个人,都可能在同生产资本或金融资本相结合的基础上创办起新型高科技产业,并在很短时间内形成有巨大规模、巨额资本的社会性和国际性垄断集团,使自己在一夜之间变成暴发户,成为拥有亿万资产的新型的具有社会性和国际性的资本家。

企业利益的复杂性,还突出表现在庞大中间阶层的形成上。由于资本所有权和经营管理权的分离,在资本所有者和普通劳动者之间,就出现了庞大的中间阶层。这主要包括高级管理人员和工程技术人员,其地位非常特殊。实际上他们作为程度不同的有产者,一般都拥有较多的企业股票,都既是劳动者,也是投资者和利润分配者,他们既在不同程度上受着大资本所有者的剥削,也在不同程度上剥削着其他劳动者。不过许多人在对新资本主义进行阶级划分时,一般都把他们归为资本家阶级的一部分,列为新型的资本家，或称它们是"公司资本家"。由于这一中间阶层大部分都是由具有较高科技知识和管理技能的"精英"所组成，而且在很大程度上控制着企业的决策权和管理权，所以是现今资本主义社会最活跃最有影响的阶层，被视为资本主义辉煌的创造者。

可见，劳动全球化时代的那些全球性大企业，都是一个矛盾和斗争相互交织的利益共同体。西方学者在论述新资本主义时，普遍提出了企业模式革命的问题，认为一种"开放体系"的公司模式正在发展，按照这种模式，企业董事变成了"经济政治家"并形成了一种"社会契约"，将这些截然不同的利益结合在一个更大的经济共同体之中，从而进一步扩大了企业的使命，使其不仅创造经济财富，而且创造"社会财富"[①]。且不说这种论点的科学性如何，但有一点是可以肯定的，这就是这些巨型国际垄断公司，实际上就是一个小的社会，一个小的独立王国。如上所述，在这个小王国内部，有统治者和被统治者，并存在着不同的资本家阶层和劳动者阶层，存在着不同利益阶层之间错综复杂的矛盾和斗争。但对外它却是一个由大小不同利益相互联系和相互交织的利益共同体，既有利益不等的矛盾和斗争，又有着利益的共同性或一致性。所以与利益矛盾和斗争并存的还有为维护公司整体利益的共同性和团结一致性。不过这里有两点值得特别注意：一是在这个利益共同体的金字塔中，处在最底层的仍是普通劳动者。无论他们手中有没有股票，都身处于被压迫和被剥削最重的地位。因为即使他们手中有一些股票，能拿到一些红利，这些小小的红利加起来同资本家们所获得的利润相比也是九牛一毛；二是从总体上看，在这种利益共同体中，资本主义的雇佣和被雇佣的关系并没有从根本上改变，劳动者并没有摆脱被雇佣和被剥削的地位。他们用工资的积累买企业股票，实质上是资本家们用他们工资的积累去再投资，再赚更多的钱，而付给他们的只是少得可怜的利息。

维持这种利益共同体的，是竞争与合作的新秩序。在企业范围，由于董事会中雇员席位的设立，雇员股份的增加，以及雇员退休基金制度的建立等，使整个企业以各种"契约"为纽带，变成了一个"利益共同体"，使劳资之间的关系变成了斗争与合作并存的关系；在国家范围，由于现代科学技术的高度发展，特别是知识资本的高度发展，使企业不仅创造着个

[①] 见［美］W.E.哈拉尔《新资本主义》，社会科学文献出版社1999年版，第9页。

人财富，同时也创造着社会财富，政府作为整个国家利益的维护者，不仅关心着垄断大企业的发展，也关心着中小企业和整个国民社会福利的发展，这就使整个国家成为了一个"利益共同体"，使企业与企业之间的关系，企业与政府之间的关系，国民与政府之间的关系，也都变成了竞争与合作的关系，这种关系实际上是资本主义开创以来就建立起来的以契约为基础的"社会等级结构"秩序的延续；在全球范围内，由于资本全球化和劳动全球化的大发展，特别是现代科学技术的大发展，把各国的经济甚至政治都紧密地联系到了一起，在全球经济链条上的任何国家或地区的经济或政治出了灾难，都会影响到全球，所以由这种全球化所导致的各种关系，包括各国之间的贸易关系、跨国公司与东道国的关系、东道国与跨国公司母国的关系等，也都成为由利益所决定的竞争与合作的关系。

可见，混合劳动关系的出现和发展，也要求社会制度相应的变革。在劳动全球化时代，在存在不公平、不平等的等级社会结构的大环境下，在矛盾与斗争、竞争与合作中，维持发展与共赢，已经成为人们的基本诉求和基本的秩序。无论是个人、企业还是国家，都只能在既共存、合作、共赢，又矛盾、斗争甚至倾轧的道路上，在相互利益关系博弈的不断变革中前进。这种发展和前进的方向，是人类理想的新社会，这也是世界社会制度的变革的方向，它与资产阶级的愿望是背道而驰的。

第 五 章

国际劳动分工和历史演变

在当今劳动全球化的环境下，由于一切劳动和劳动分工，都寓于全球劳动体系之中，所以本应当使用全球劳动分工的概念。然而这里研究涉及到历史过程，所以还是沿用了国际劳动分工的概念。劳动分工，是提高劳动效率，从而增长财富的重要因素，因而得到了古典经济学家和马克思的重视。亚当·斯密的《国富论》，就是从分析劳动分工开始的。该著作的第一句话就是："劳动生产力最大的改进，以及在劳动生产力的指向或应用的任何地方所体现的技能、熟练性和判断力的大部分，似乎都是分工的结果。"劳动分工的含义，指的是社会劳动在各类劳动生产结构之间的分配。其在人类社会经济发展中所起的作用，特别是对现代工业社会发展所起的作用，是无法估量的。"政治经济学作为一门独立的科学，是在工场手工业时期才产生的，它只是从工场手工业分工的观点来考察社会分工，把社会分工看成是用同量劳动生产更多商品，从而使商品便宜和加速资本积累的手段。"[①] 可以说，人类社会经济发展的历史，就是一部劳动分工产生和发展的历史。同样，国际劳动分工作为国际关系的基础，作为国际贸易和世界市场的基础，其产生和发展的历史，也体现着国际关系发展的历史。因此，认真研究和正确认识国际劳动分工的发展规律，对于正确认识一切国际问题，都有非常重要的意义。

一 国际劳动分工的产生和发展

国际劳动分工，是国民劳动分工突破民族国家疆界的延续。它作为各类生产劳动在全球劳动结构之间的分配，体现着劳动者在国际间各类生产

---

① 《马克思恩格斯全集》第 44 卷，人民出版社 2001 年版，第 78 页。

劳动之间的分配。国际劳动分工的形成有着十分复杂的因素，既有历史的、经济的、自然的、也有政治的。从经济方面看，国际劳动分工应当是由不同生产力和在不同生产力下生产要素的差异，诸如科学技术水平差异、自然禀赋差异、劳动力品质差异等等所引起的，同时它还受着国家和政治制度的极大影响和制约。国际劳动分工，作为提高劳动熟练程度，提高劳动技巧，从而提高劳动生产力、推动生产关系变革的动因和基础，自然是国际政治经济学基础。没有国际劳动分工，就不会有国际劳动关系，不会有研究国际劳动关系为基础的国际政治经济学。国际劳动关系作为国家间经济、社会、政治等综合性的关系，也包含着劳动成果的分配关系。一定的国际劳动分工关系，决定着一定的国际价值分配关系。国际劳动分工关系的类型不同，国际劳动价值的分配方式、性质和量的大小也就不同。

国际劳动分工的产生和意义

国际劳动分工，作为国际劳动生产力和劳动生产关系发展的基础，也是在一定条件下产生和发展的。总的看，国际劳动分工的产生和发展，主要取决于三个基本条件：一是国际社会经济条件，包括科学技术和生产力的发展水平、国际市场、各国融入国际社会的状况以及国际社会经济结构等；二是各国的自然条件，包括资源和禀赋状况、地理位置、气候条件、人口和国土面积等；三是政治条件，包括各国政治制度、综合国力、国家经济政策，特别是对外政策等。其中最根本的，是国际社会经济条件，即由国际生产力、生产方式所决定的国际化和全球化程度。

现代的国际劳动分工，作为资本主义生产方式的产物，它是与大工业的产生和发展紧密联系的。正是由于大工业的产生和发展，使"一种和机器生产中心相适应的新的国际分工产生了，它使地球的一部分成为主要从事农业的生产地区，以服务于另一部分主要从事工业的生产地区"[①]。这种国际分工是随资本主义对外扩张、世界市场的发展而发展起来的。而新的科学技术的出现，是这种分工得以大发展、大变革的基本条件。每次新的技术革命，都会带来一次新的产业结构升级换代，带来国际劳动分工结构的升级换代。

---

① 马克思：《资本论》第1卷，人民出版社1975年版，第494—495页。

历史实践已经完全证明，劳动分工在经济发展和人类文明进步中，有巨大作用和意义。它不仅能提高劳动的熟练程度和专业化程度，从而利于发明创造和改进劳动工具；而且有利于各种劳动资源的充分利用，提高劳动生产率。如果各国都能依据经济发展的需要积极参与国际分工，按照各自有利的资源条件和生产条件，进行分工、生产和交换，当然会使各国的资源、劳动力和资本得到最有效的利用。人们在实践中逐步明白，投在对外贸易上的资本能提供较高的利润率，首先因为这里是和生产条件较为不利的其他国家所生产的商品进行竞争，所以，比较发达的国家以高于商品的价值出售自己的商品，虽然比它的竞争对手卖得便宜。只要比较发达的国家的劳动在这里作为比重较高的劳动来实现，利润就会提高，因为这种劳动没有被作为质量较高的劳动来支付报酬，却被作为质量较高的劳动来出售。对有商品输入和输出的国家来说，同样的情况也都可能发生；就是说，这种国家所付出的实物形式的物化劳动多于它所得到的，但是它由此得到的商品比它自己所能生产的更便宜。

在论及劳动分工产生和类型时，马克思曾这样写道："单就劳动本身来说，可以把社会生产分为农业、工业等大类，叫做一般的分工；把这些生产大类分为种和亚种，叫做特殊的分工；把工场内部的分工，叫做个别的分工。社会内部的分工以及个人被相应地限制在特殊职业范围内的现象，同工场手工业内部的分工一样，是从相反的两个起点发展起来的。在家庭内部，随后在氏族内部，由于性别和年龄的差别，也就是在纯生理的基础上产生了一种自然的分工。随着公社的扩大，人口的增长，特别是各氏族间的冲突，一个氏族之征服另一个氏族，这种分工的材料也扩大了。另一方面，我在前面已经谈到，产品交换是在不同的家庭、氏族、公社互相接触的地方产生的，因为在文化的初期，以独立资格互相接触的不是个人，而是家庭、氏族等等。不同的公社在各自的自然环境中，找到不同的生产资料和不同的生活资料。因此，它们的生产方式、生活方式和产品，也就各不相同。这种自然的差别，在公社互相接触时引起了产品的互相交换，从而使这些产品逐渐变成商品。交换没有造成生产领域之间的差别，而是使不同的生产领域发生关系，并把它们变成社会总生产的多少互相依赖的部门。在这里，社会分工是由原来不同而又互不依赖的生产领域之间的交换产生的。而在那里，在以生理分工为起点的地方，直接互相联系的整体的各个特殊器官互相分开和分离，——这个分离过程的主要推动力是同其他公社交换商品，——并且独立起来，以致不同的劳动只有通过把产品当作商品来交换才能建立联系。在一种场合，原来独立的东西丧失了独立，在另一种场合，原来非独立的东西获得了独立。"①

从历史上看，产生于原始社会中期的第一次社会大分工，即畜牧业劳动与农业劳动的分离，促进了私有制和商品交换的产生。如马克思所说的："分工包含着所有这些矛盾，而且又是以家庭中自然产生的分工和社会分裂为单独的、互相对立的家庭这一点为基础的。与这种分工同时出现的还有分配，而且是劳动及其产品的不平等的分配（无论在数量上或质量上）；因而也产生了私有制，它的萌芽和原始形态在家庭中已经出现，在那里妻子和孩子是丈夫的奴隶。家庭中的奴隶制（诚然，它还是非常原始和隐蔽的）是最早的所有制，但就是这种形式的所有制也完全适合于现代经济学家所下的定义，即所有制是对他人劳动力的支配。其实，分工和私有制是两个同义语，讲的是同一件事情，一个是就活动而言，另一个是就活动的产品而言。"②

产生于原始社会后期的第二次社会大分工，即手工业劳动同农业劳动的分离，促进了商品交换和商品生产的进一步发展，促进了以手工业为中心的城市的出现，并在此基础上形成了城市与乡村的分离。产生于奴隶制初期的第三次社会大分工，即商业劳动从其他产业劳动的分离，不仅大大促进了商品交换的发展，促进了货币信贷的出现和发展，还促使脑力劳动与体力劳动分工的出现和发展。而这二者的发展又反过来，以更大的力量促进了商业、贸易的更大的发展。可见，某一民族内部的分工，首先引起工商业劳动和农业劳动的分离，从而也引起城乡的分离和城乡利益的对立。分工的进一步发展导致商业劳动和工业劳动的分离。同时，由于这些不同部门内部的分工，在某一劳动部门共同劳动的个人之间的分工也愈来愈细致了。这些种种细致的分工的相互关系是由农业劳动、工业劳动和商业劳动的经营方式决定的。在交往比较发达的情况下，同样的关系也会在各民族间的相互关系中出现。

劳动分工发展的程度，体现着一个民族生产力发展程度和社会文明的程度。国际劳动分工的发展程度，也体现着人类在相互交往、相互联系方

---

① 《马克思恩格斯全集》第44卷，人民出版社2001年版，第406—408页。
② 《马克思恩格斯全集》第3卷，人民出版社1965年版，第36—37页。

面的文明程度。"各民族之间的相互关系取决于每一个民族的生产力、分工和内部交往的发展程度。这个原理是公认的。然而不仅一个民族与其他民族的关系，而且一个民族本身的整个内部结构都取决于它的生产以及内部和外部的交往的发展程度。一个民族的生产力发展的水平，最明显地表现在该民族分工的发展程度上。任何新的生产力都会引起分工的进一步发展，因为它不仅仅是现有生产力的量的增加。"① 各民族在国际关系中的地位和作用，从根本上说，决定于其国际分工和国际贸易中的地位和作用。而这种地位和作用，既决定于其生产力发展水平，也决定于其政治制度。回顾人类发展的历史我们就会清楚，国际劳动分工的产生和发展，总是与国际贸易的产生和发展紧密联系的。国际劳动分工不仅是国际贸易产生和发展的源头和基础，而且是一切国际关系、国际问题产生和发展的源头和基础。

历史上，劳动分工产生伊始，就产生了个人利益或单个家庭利益与所有互相交往的人们的共同利益之间的矛盾；同时，这种共同的利益不是仅仅作为一种普遍的东西存在于观念之中，而首先是作为彼此分工的个人之间的相互依存关系存在于现实之中。更重要的是，分工还给我们提供了第一个例证，说明只要人们还处在自发地形成的社会中，也就是说，只要私人利益和公共利益之间还有分裂，只要分工还不是出于自愿，而是被迫的，那么人本身的活动对人说来就成为一种异己的、与他对立的力量。这种力量驱使着人，而不是人驾驭着这种力量。如马克思所说的："受分工制约的不同个人的共同活动产生了一种社会力量，即扩大了的生产力。由于共同活动本身不是自愿地而是自发地形成的，因此这种社会力量在这些个人看来就不是他们自身的联合力量，而是某种异己的、在他们之外的权力。关于这种权力的起源和发展趋向，他们一点也不了解；因而他们就不再能驾驭这种力量，相反地，这种力量现在却经历着一系列独特的、不仅不以人们的意志和行为为转移的，反而支配着人们的意志和行为的发展阶段。"②

国际劳动分工的性质，是由国际劳动关系的性质所决定的。在以资本为主导的国际劳动关系中，从根本上说，劳动生产力发展的不同水平，决

---

① 《马克思恩格斯全集》第3卷，人民出版社1965年版，第24页。
② 同上书，第38—39页。

定着一个国家在国际劳动分工中所处的不同地位，从而也决定着劳动者的地位。在资本主义的劳资关系中，无论是国内劳动分工或国际劳动分工，劳动者都被打上了他们是资本的财产的烙印。"在工场手工业中，也和在简单协作中一样，执行职能的劳动体是资本的存在形式。由许多单个的局部工人组成的社会生产机构是属于资本家的。因此，由各种劳动的结合所产生的生产力也就表现为资本的生产力。真正的工场手工业不仅使以前独立的工人服从资本的指挥和纪律，而且还在工人自己中间造成了等级的划分。简单协作大体上没有改变个人的劳动方式，而工场手工业却使它彻底地发生了革命，从根本上侵袭了个人的劳动力。工场手工业把工人变成畸形物，它压抑工人的多种多样的生产志趣和生产才能，人为地培植工人片面的技巧，这正像在拉普拉塔各州人们为了得到牲畜的皮或油而屠宰整只牲畜一样。不仅各种局部劳动分配给不同的个体，而且个体本身也被分割开来，成为某种局部劳动的自动的工具，这样，梅涅尼·阿格利巴把人说成只是人身体的一个片断这种荒谬的寓言就实现了。起初，工人因为没有生产商品的物质资料，把劳动力卖给资本，现在，他个人的劳动力不卖给资本，就得不到利用。它只有在一种联系中才发挥作用，这种联系只有在它出卖以后，在资本家的工场中才存在。工场手工业工人按其自然的性质没有能力做一件独立的工作，他只能作为资本家工场的附属物进行生产活动。正像耶和华的选民的额上写着他们是耶和华的财产一样，分工在工场手工业工人的身上打上了他们是资本的财产的烙印。"①

　　资本主义劳动分工的这种性质，也决定着其技术进步的性质，使社会生产资料越来越多地转化为资本，就是从这种技术性质产生出来的一个规律。"现在，单个资本家所必需使用的最低限额的工人人数，要由现有的分工来规定。另一方面，要得到进一步分工的利益，就必须进一步增加工人人数，而且只能按倍数来增加。但是随着资本的可变部分的增加，资本的不变部分也必须增加，建筑物、炉子等共同生产条件的规模要扩大，原料尤其要增加，而且要比工人人数快得多地增加。由于分工，劳动生产力提高了，一定劳动量在一定时间内消耗的原料数量也就按比例增大。因此，单个资本家手中的资本最低限额越来越增大，或者说，社会的生活资料和生产资料越来越多地转化为资本，这是由工场手工业的技术性质产生

---

① 《马克思恩格斯全集》第44卷，人民出版社2001年版，第417—418页。

的一个规律。"①

由于国际劳动分工是国际范围内生产力和生产关系相互作用的结果，它不仅反映国际社会再生产过程中人与自然的关系，其本身又是各国生产者之间的一种社会协作关系，所以必然具有自然和社会两重性。从历史角度看，由于国际劳动分工的出现和发展，始终是与资本主义发达国家对落后国家剥削和掠夺联系在一起的，所以它又必然具有进步性和局限性。一方面，它促进了生产国际化和国际专业化，成为世界经济发展的强有力杠杆；另一方面，它作为帝国主义剥削和掠夺的手段，又阻碍国际生产力和国际关系的发展。而且只要资本主义国际分工的阶级内容和社会性质不改变，在这个分工体系中的各个经济部门，一切生产和交换活动，都会被资本垄断集团看作为自己提供最大限度资本利润的一个平台。

比如，工业时代的国际劳动分工，完全是资本主义生产方式的独特创造。最初，"工场手工业分工通过手工业活动的分解，劳动工具的专门化，局部工人的形成以及局部工人在一个总机构中的分组和结合，造成了社会生产过程的质的划分和量的比例，从而创立了社会劳动的一定组织，这样就同时发展了新的、社会的劳动生产力。工场手工业分工作为社会生产过程的特殊的资本主义形式，——它在当时的基础上只能在资本主义的形式中发展起来，——只是生产相对剩余价值即靠牺牲工人来加强资本（人们把它叫做社会财富，'国民财富'等等）自行增殖的一种特殊方法。工场手工业分工不仅只是为资本家而不是为工人发展社会劳动生产力，而且靠使各个工人畸形化来发展社会劳动生产力。它生产了资本统治劳动的新条件。因此，一方面，它表现为社会经济形成过程中的历史进步和必要的发展因素，另一方面，它又是文明的、精巧的剥削手段"②。

当然，就一般意义而言，合理的国际劳动分工，必然会导致国际范围内社会劳动的节约和劳动生产力的提高。虽然包含剥削和掠夺的资本主义国际劳动分工，是一种不合理的国际劳动分工，有阻碍国际生产力发展的一面，但即使如此，作为历史发展的进步，它对参与者有利的方面，还是主要的。马克思曾经分析过，通过国际分工和国际交换，不仅可以互通有无，调节余缺，而且从价值规律的意义上看，它对先进的或富有的国家无

---

① 《马克思恩格斯全集》第 44 卷，人民出版社 2001 年版，第 416 页。
② 同上书，第 421—422 页。

疑是有利的，而对较落后的或贫困的国家也不是完全没有好处。由于它可以使落后或较贫穷的国家获得比本国生产更便宜的技术和产品，可以节约本国劳动，因而也存在着对本国经济发展有利的一面。况且，从人类社会发展的长远看，资本主义的国际劳动分工，也为社会主义国际分工准备了物质前提。所以任何国家都应积极利用国际分工，以加速自身经济的发展。

在几乎所有国家都融入国际社会的当今，国际劳动分工和各国经济发展已经息息相关，每个国家的经济都受整个国际经济发展状况的制约，决不可能游离于国际经济之外而孤立存在和发展。也就是说，国际劳动分工作为不依人们意志为转移的当代整个世界经济发展的客观过程，参加与否，已经是不能以主观意志为转移的了。不过，由于当前的国际劳动关系，特别是国际劳动分工关系，已经发展成为一个非常复杂的全球体系，其中有资本主义的劳动关系、社会主义劳动关系、封建主义劳动关系，甚至还有封建主义以前的劳动方式。当然，占支配地位和主导地位的，还是资本主义劳动关系。只是资本主义劳动关系这种支配地位正在衰落，它将随社会主义在全世界的胜利而逐步消灭。因为国际劳动分工存在着不同的性质，对一个国家来说，并不是参加任何国际分工都能促进本国经济发展的。因此，需要依据本国的和国际的具体情况进行具体选择。如果选择不当，参加与己不利的国际分工，还可能影响甚至阻碍本国经济发展。

国际劳动分工的发展和分工类型的演变

在国际劳动分工的发展过程中，其性质和类型，都在不断发展和变化着。关于国际劳动分工的类型，依据不同标准，有各种不同的划分。除了如前所述，马克思把它分为一般分工、特殊分工和个别分工之外，人们还依据生产要素，把国际劳动分工分为与土地、气候、矿产等自然资源差别有关的劳动分工，比如初级产品生产与工业产品的生产劳动的分工；与生产要素的结构有关的劳动分工，比如劳动密集型产业和资本密集型产业之间的分工；与技术差异或要素生产率差异有关的分工，比如不同优势产业之间的劳动分工；与劳动内容的性质差异有关的分工，比如创造性劳动、创新性劳动和推广性劳动之间的分工等。实践证明，这些不同类型分工在走出国界、发展为国际分工时，其先后次序是不同的。大致是先是一般分工，再是特殊分工，最后是个别分工或专业化分工。而且随着社会生产力的发展，这些分工类型无论在国内或国际上，始终都在不停发展着、变化着，时时都会有新的内容。

无论是一般劳动分工、特殊劳动分工或个别劳动分工，我们都可以依据产业关联性，从纵、横两个角度进行分析。纵向分工，指的是在社会生产过程中有互相衔接关系的不同部门之间的分工，一般情况下，这种分工中的上游部门为下游部门提供必要的生产劳动条件，并控制整个生产的重要环节因而控制着下游部门；横向分工或水平分工，指的是同属一大类产业的各部门之间的分工，它们生产的技术和工艺水平基本相同，各部门有自己的劳动生产范围，生产出使用价值各不相同的产品。它们之间的关系是同一产业不同"亚种"之间的关系。实际存在的分工是立体的混合性分工，比如各种产业之间的分工，产业内部各部门之间的分工，部门内部各个工种之间的分工等，都既有纵向分工，也有水平分工。

无论是国内劳动分工或国际劳动分工，都是随着社会生产力发展而不断发展和不断深化。而且从低级到高级、从简单到复杂的发展进程，呈现着阶梯状。其不断从一个阶梯，上到另一个阶梯，是个自然的、客观的过程，遵循着自身发展的逻辑和规律。国际劳动分工的发展，不仅体现着人类历史发展和进步，而且大大推动着社会生产力的发展。由于历史和政治的原因，至今的国际劳动分工，虽然体现着当今的社会文明和进步，但毕竟还是由资本主义主导的一种不合理的劳动分工，还是人们被迫奴隶般服从的分工，是实现共产主义要消灭的对象。而如马克思说的，消灭这种劳动分工的条件，是社会生产力的高度发展，要经过长期的不断革命的过程。自国际劳动分工产生至今，其发展和变革的过程，大致经历了如下五个时期：

一是前资本主义的殖民掠夺时期。16世纪之前，国际劳动分工规模和范围都很有限，而且在形式自由、缺乏约束机制的情况下，往往呈现不稳定的特点。如马克思所说的，16世纪前，国际分工的形式和表现，与17世纪西班牙人、葡萄牙人、荷兰人、英国人和法国人已在世界各地拥有殖民地时的分工完全不同。自地理大发现和殖民地开拓之后，国际之间的劳动分工，特别是宗主国和殖民地之间的劳动分工，从规模和范围都开始扩大，不过由于缺乏相关制度的约束，这种分工尚没有固定的形式和内容。此时期国际劳动分工的主要特点是，以商业资本为主导，主要是欧洲国家的手工业劳动与被殖民国家的手工业原料劳动之间的垂直性的分工，这种分工中始终存在着暴力掠夺的性质。利用暴力不仅从殖民地国家掠夺大量手工业原料，而且还掠夺黄金、白银、珠宝和稀有产品，这是西方国家资本原始积累的重要来源。

二是自由资本主义时期。应当说，具有固定形式和内容的真正的国际分工，即现代的国际分工，是形成于资产阶级工业革命之后。这种国际分工，最初主要表现为以英国为中心的机器工业生产劳动与世界工业原料生产劳动，主要是农业、矿业生产劳动之间的分工。这种国际分工形成与第一次科学技术革命密切相关。从19世纪下半叶开始，随着第二次科学技术革命的产生和发展，这种形式的国际分工进入了大发展时期。英国利用新的科学技术完成了工业革命，使其成为世界唯一的工业强国，成为世界的工厂和最大的殖民帝国。并仰仗这种地位，在全球推行自由贸易政策，使世界几乎所有国家都成为其工业产品和工业原料市场。不过，由于此时期的资本扩张，主要是表现为贸易的扩张，表现为抢夺商品市场和原料市场，所以这时的国际分工，主要的还是以资源为基础的工业生产与原料生产之间的分工。分工的形式，也主要是垂直性分工。也就是说，这一时期国际分工主要还是通过国际贸易、通过世界商品生产即贸易体系实现的。此时期国际劳动分工的主要特点是，以工业资本为主导的欧洲国家的工业劳动与殖民地国家的工业原料劳动，主要是采矿业劳动和农业劳动之间的垂直性的分工。这种劳动分工造成了工业劳动与农业劳动的对立，或者说是世界城市和世界农村对立。

三是垄断资本主义即帝国主义时期。资本主义发展进入垄断资本主义发展阶段，即帝国主义发展阶段之后，随着帝国主义瓜分世界和大量资本输出，特别是随着在国外投资兴办产业的产生，使国际分工的范围和深度都迅速发展。突出的是国际劳动分工，不仅通过国际贸易实现，而且开始通过直接投资生产来实现。分工形式除了工业生产与原料生产之间的分工之外，有些产业内部的分工也开始国际化。不仅有发达国家与落后国家的垂直性分工，也有发达国家之间的水平性分工，形成了复杂的全球分工体系。只是由于各国生产力发展水平不同，在这一分工体系中，处于中心地位或支配地位的，不仅只是英国，而是有多个发达国家，也称为列强国家。而大多数不发达或落后国家，则仍处于外围地位。如恩格斯早就描绘的那样：依然是行星围绕太阳旋转。

四是第二次世界大战后至20世纪80年代时期。此时期在美国的主导下，国际援助和跨国投资迅速发展，国际资本流动日渐扩大，国际贸易和跨国生产的规模不断扩大，除了世界商品市场体系之外，世界资本市场和技术市场也开始活跃。此时期国际劳动分工的主要特点是：在发达国家之间，除行业、企业之间的分工之外，企业内部分工也迅速发展。分工的形式，也主要是水平性分工。在发达国家与落后国家之间，除发达国家工业产品劳动与落后国家原料产品劳动分工之外，以资本输出为主导的世界发达国家的高技术、高附加值劳动与落后国家或发展中国家低技术、低附加值劳动之间的分工。分工的性质虽然既有垂直性分工，又有平行性分工，但主要还是垂直性分工。在这种分工体系中，垄断资本和国家起有特别重要的作用。特别是随着科学技术的发展及其在生产劳动中作用的加强，随着产业结构的变化，随着金融服务业和知识信息产业的发展，国际劳动分工中，除了工业与农业、制造业与工矿业之间的分工之外，还出现了服务业与其他产业之间的分工，出现了各产业之间、产业内部各种专业部门之间多层面及其复杂的分工局面。特别是此时期还出现了国际劳动专业化分工。它对合理利用劳动资源，从而提高劳动生产率，无疑有积极的作用。

五是国际垄断资本主义时期。自20世纪70年代开始，世界经济发展中出现了两个突出的特点：一是金融全球化的发展，二是跨国公司在全球的迅速发展。如前面阐述过的，至20世纪90年代，以跨国公司为支柱的国际垄断资本已经在资本主义经济中占据了支配和主导作用，资本主义的发展已经进入到了国际垄断资本主义阶段。与此同时，各国经济都被卷入到了全球化中，各国的生产与交换，都被卷入到了世界市场体系中。此时期由于金融服务业、信息知识产业的迅速发展，在产业的国际分工中，除了工业生产与原料生产、制造业生产与一般工业生产之间的分工之外，金融服务业与其他产业、知识产业与其他产业之间的分工，也迅速发展起来。

劳动分工既是生产力发展的产物，又是推动生产力发展的巨大力量。如马克思论述过的，劳动分工发展的不同阶段，总有与之相应的各种关系、各种力量和矛盾相陪伴。不过，至今由劳动分工而产生的扩大了的社会力量，对广大劳动者来说，还是异己的力量。马克思指出："受分工制约的不同个人的共同活动产生了一种社会力量，即扩大了的生产力。由于共同活动本身不是自愿地而是自发地形成的，因此这种社会力量在这些个人看来就不是他们自身的联合力量，而是某种异己的、在他们之外的权力。关于这种权力的起源和发展趋向，他们一点也不了解；因而他们就不再能驾驭这种力量，相反地，这种力量现在却经历着一系列独特的、不仅不以人们的意志和行为为转移的，反而支配着人们的意志和行为的发展阶段。"① 由此所决定，国际分工中个人利益和互相交往的人们的共同利益之间的矛盾，也首先表现在国家和互相交往的人们的共同利益之间，即国际社会共同利益之间的矛盾。

实践证明，在国际劳动竞争中，劳动品质相对较高、劳动生产率高的国家，总是占有优势。诸如：一个率先进入工业化、工业生产技术先进的国家，其工业生产力的素质和生产关系的素质，都必然高于没有工业化或工业化相对落后的国家。其从事工业产品的劳动素质和劳动生产率，自然也会高于其他国家，其工业劳动在国际劳动竞争中，作为素质高的劳动也必然具有优势。一个濒临海洋、有天然良港和海洋资源丰富的国家，其海运业和造船业就必然发达，从事这些行业劳动的劳动素质和劳动生产率，与内陆国家相比，也自然会相对较高，在国际劳动竞争中具有一定的优势；而一个地处内陆、有丰富矿藏的国家，其采矿业和陆路运输业如铁路运输、公路运输业就必然发达，从事采矿业和陆路运输业劳动的劳动素质和劳动生产率，与濒海国家相比，同样会在国际劳动竞争中，具有自己的优势。当然，这只是就纯经济发展的自然规律而言的，如果加上政治制度或外部势力的因素影响，那就另当别论了。

在决定劳动品质的诸因素中，最活跃和起决定性作用的是劳动力的素质。无论从劳动的起源上或从资本积累上说，其他因素的发展和提高，都离不开劳动力这一因素的发展和提高，都是劳动力发展提高的结果，或者都以劳动力的发展和提高为动因和动力。没有劳动力素质的发展和提高，就不会有劳动专业化分工的发生，不会有劳动手段上的革命，不会有机器大工业的产生，不会有现今的信息社会。劳动手段和劳动关系的不断发展和变革，都以劳动力的发展和提高为基础。一个国家劳动结构或产业结构的升级，首先得从劳动力结构升级开始，得从整体劳动力素质升级起步。这已是至今被人类发展历史实践所证明了的道理。

跨国公司的作用和国际劳动分工的新特点

在国际垄断资本主义时期，跨国公司对国际劳动分工发展的影响和作

---

① 《马克思恩格斯全集》第 3 卷，人民出版社 1965 年版，第 38—39 页。

用是巨大的。可以说,此时期国际劳动分工的一切新发展、新变化、新特点,都与跨国公司的作用相联系。由于此时跨国公司对外扩张的主要形式,是直接投资兴办产业,这对发达工业国来说,虽然最需要的仍然是产品和原料市场,但随科学技术、交通工具、电子网络等的高度发展,其获得这些市场的方式和手段,也由单纯的贸易,单纯的资源掠夺,变成了直接有效占领东道国的商品市场、技术市场、劳动力市场和原料市场,直接利用东道国廉价资源和劳动力的优势,进行廉价的生产,以获取更大的利润。由此所决定,此时期国际劳动分工的新发展和新特点,主要表现为三个方面:一是产业内部分工迅速向国际化和全球化发展,二是混合型国际劳动分工网络的形成,三是进入了脑力劳动与体力劳动分工的新时代。

当今的跨国公司或全球公司,都是超大型的巨型公司。其全球性的投资和全球性的经营,就导致了其内部技术专业化分工和生产专业化分工的国际化和全球化发展,这是此时期国际劳动分工新发展、新变化和新特点头一个突出的表现。当今巨型跨国公司所从事的生产,一般都是大型产品或复杂产品的生产,每种产品都有数千或数万个零部件。随着生产专业化和标准化,这些零部件都按照不同国家的不同优势和专业分工的原则,分工在不同的国家进行生产,使公司的内部分工高度国际化,具有了国际分工的一切性质和特点。比如完成波音747飞机的零部件生产的,完成福特汽车零部件生产的,完成许多航天、航空大型项目零部件生产的,都是分布在数个甚至数十个国家的几十个、几百个甚至上千个大公司。

在跨国公司内部劳动分工迅速国际化发展的同时,跨国公司的内部贸易也迅速具有了国际贸易的性质,而且这个数额还特别巨大。如前列举的联合国统计的数据,1997年,世界贸易总额为6.3万亿美元,而跨国公司内部的交易额却高达7.2万亿美元。美国跨国公司每年在海外所实现的销售额约为3万亿美元,为美国对外贸易额的3倍。20世纪80年代以来,像美国、日本等发达国家进出口贸易的内部化率一般都在30%—40%。比如1989年,美国对外贸易的80%是跨国公司进行的。其中出口的1/3和进口的2/5是属于跨国公司内部贸易。

这里还想提及的是,这一新发展、新变化对发展中的东道国是否有利。由于跨国公司将传统工业向发展中国家转移时,其采用"以世界为工厂,以各国为车间"的发展模式,把许多产品转移到发展中国家去生产,却在全球进行销售,并把这种销售算在了东道国的对外贸易中,这自然能使这些国家享受到对外贸易的红利。有的跨国公司还在发展中东道国设立研发机构，这些无疑客观上会促进东道国单一经济结构的改变，有利于这些国家产业的更新换代和多样性发展，有利于这些国家与发达国家水平性国际分工的发展，对这些国家当然是有利的。比如亚洲一些新兴工业体，正是抓住这种机会，以生产标准化产品和利用"成熟技术"为主实现了产业的升级换代，并向高新技术、高附加值的方向发展的。亚洲这些国家产业结构的升级和转移，是世界范围的国际分工由垂直性分工向水平性分工发展的一个缩影。随着这些国家经济的高速发展，这种国际劳动分工肯定会进一步深化。

当然，这只是问题的一个方面。问题还有另一个方面，那就是跨国公司在内部合理分工的基础上，把一些零部件，甚至整个产品转移到这些国家生产，对这些国家扩大就业、加快经济发展，的确是有利的，这也正是这些国家积极吸纳这些投资和进行这种生产的动因和目的。但是，这并不是跨国公司要这样做的目的，其目的是为了利用这些国家各种廉价资源优势，获取高额利润。东道国在享受就业、出口和发展生产力红利的同时，是要付出高昂代价的。其获得的好处与跨国公司的资产者获得的好处是无法相比的。特别是所获得这些好处，并不意味着这些国家和发达国家在国际分工中地位和利益分配关系，有实质性的改变；更不意味着这些国家产业结构就一定能得到调整和升级。

在国际垄断资本主义时期，由于服务业即第三产业、知识产业的迅速发展，就形成了各种产业之间、各产业内部各种专业部门之间，多层面的既有垂直性分工又有水平性分工的极其复杂的国际分工网络。在产业的分工中，除了工业生产与原料生产、制造业生产与一般工业生产之间的分工之外，服务业与其他产业、知识产业与其他产业之间的分工，也迅速发展起来。而且随着技术专业化和生产专业化的发展，产业内部的分工，特别是企业内部分工，也日趋国际化。形成了各种产业之间、各产业内部各种专业部门之间，多层面的极其复杂的分工局面。

此时期，资本对外扩张的主要形式是直接投资兴办产业。对于发达工业国来说，虽然最需要的仍然是产品和原料市场，但随着科学技术、交通工具、电子网络等的高度发展，其获得这些市场的方式和手段变了，不再单纯利用贸易的手段，而是利用直接投资兴办产业的手段。因为直接投资兴办产业不仅可以直接有效地占领东道国的商品和原料市场，而且还可以直接利用东道国其他资源优势，比如人才和廉价劳动力的优势，进行廉价的生产，以获取更大的利润。所以此时期发达国家与其他国家之间的国际分工，主要表现为以技术和知识资源为主导的制造产业内部的分工。国际分工的形式，也由主要是垂直分工，转变成既有垂直分工，也有水平分工，甚至以水平分工为主的综合性或混合性分工。

在这种混合劳动分工中最引人注目的是劳动专业化分工。在国际劳动分工的发展变革中，劳动力仍然是劳动中最活跃、最革命的因素。在劳动生产力发展基础上产生的劳动专业化分工，作为劳动生产力和劳动关系的改进，使劳动者在生产技能、熟练程度、创新意识和判断力等方面，都有一种不断创新和不断提高的趋势，所以它一旦形成，就成为劳动生产率进一步提高的重要因素和促动力。特别是由于劳动专业化分工使劳动程序简化，每个人都只从事一种简单而不断重复的劳动，这除了便于劳动者劳动技能和熟练程度的提高，从而使一个人能干许多人的活外，更重要的是为机器的发明、大量采用和不断地改进，提供了条件。资本主义的机器大工业，就是在劳动专业化分工基础上产生和发展起来的。

应当注意的是，这种新的分工格局，是现代科学技术高度发展的结果，具有高技术的特征。谁掌握高新技术，谁就是这种分工中最大利益的获得者。从生产分工向科研与生产的分工发展，从制造业与初级产品的分工向高技术产品与传统工业的分工的转变，是当代国际分工发展的一个重要特征。历次科技进步形成的国际分工都是以有利于先进国家，不利于后进国家为标志的。在分析当代国际分工的特征及其发展趋势时，除了应看到发达国家分工深化的一面，还应看到发达国家与发展中国家分工内容的变化趋势。特别是应当看到这种分工中的不平等的发展趋势。

这种不平等突出表现在高科技产业和传统产业的分工上。在国际垄断资本主义时期，与新科学技术革命相适应，产生了大批新兴的产业，特别是知识产业和新技术产业。这些产业一般都是利润高的产业。为了适应新的发展形势，发达国家一方面利用新的科学技术成果，对传统产业进行技术改造，加大这些产业的技术含量和产品的附加价值；另一方面，为了重点发展高新技术产业，就通过直接投资的方式，把一些落后的传统产业向其他国家，主要是开放的发展中国家转移，从而导致了世界性产业结构的国际重组，形成了开放的发展中国家或相对落后的工业国家，主要从事传统产业的生产，而发达国家，主要从事高新技术产业的生产的新的世界性产业分工体系或分工格局。这种分工格局相比以前那种原料生产或初级产品生产与工业生产或制造业产品生产分工格局，是一种大的历史性的进步，是更高层次的国际分工。

但就分工中相互关系看，由于经济发展的关键性因素，新技术和新技术产品，都首先是被发达国家所掌握，并在一定时期形成垄断。所以，无论从对传统工业的技术改造看，或是对新技术的研发和应用看，发展中国家或相对落后的国家同以前一样，仍然处于不利的或依附的地位。因为一方面，通过这种产业转移，使发达国家产业结构的技术含量及产品的技术密集度提高，使产品的附加值比重提高；另一方面，转移到发展中国家的传统产业，一般都是技术相对落后或资源性的产业，这些产业即使吸纳了这些国家的廉价的资源和劳动力，其产品的附加值仍然是比较低的，仍然难于在国际市场上同那些高技术产业产品竞争。

从生产力发展的水平看，国际垄断资本主义时期，与进入信息社会和知识经济时代相适应，少数最发达国家，已经进入到了信息化控制、知识密集型、以脑力劳动为主的生产阶段；另一方面，上述发达国家主要从事的高新技术产业，特别是信息和知识产业与发展中国家所从事的传统产业之间的分工本身，就带有脑力劳动与体力劳动之间分工的性质。所以从总体水平上看，国际垄断资本主义时代的国际分工，已经开始进入了脑力劳动与体力劳动分工的新时代。这一时代的突出特点，是脑力劳动的优势地位不断加强。

从国际劳动分工发展的历史进程看，随着科学技术的发展，特别是由于服务业、知识和信息产业的迅速发展，国际分工经历了由各种产业之间的分工为主到产业分工与以技术和知识资源为主导的制造业内部分工并行的过程；分工的形式，也由主要是垂直分工，到既有垂直分工，也有水平分工的综合性分工的转变过程，并形成了有机联系的全球劳动分工体系。在这种分工体系中，决定国际劳动竞争的最主要的或起先导作用的因素，不只是劳动的数量，而更重要的是劳动的品质。而在决定劳动品质高低的因素中，不仅有劳动力、劳动手段和劳动对象等要素的品质，还受社会制度和一定社会制度下所形成劳动关系和政府管理的制约。这些要素和关系，作为生产力和生产关系的对立统一体，它们在相互依存、相互制约、相互矛盾对立统一中，相互促进和发展着。由于历史条件的各不相同，各国劳动生产力素质和生产关系的素质，以及由这些素质所决定的劳动素质和劳动生产率，都是各不相同、千差万别的。这种差别性，就决定了国际劳动分工中的不同类型，决定了各国在国际劳动分工中地位和作用的差别性，决定了由这种差别性所形成的在相互关联、相互制约中运行的国际劳动分工结构的有机整体。

在分析国际劳动分工新发展和新变化的本质和意义时，我们不妨回顾一下马克思特别强调的如下两点：一是发达的以商品交换为中介分工的基础，都是城乡的分离。马克思指出："一切发达的、以商品交换为媒介的分工的基础，都是城乡的分离。可以说，社会的全部经济史，都概括为这种对立的运动。但是关于这种对立，我们不在这里多谈。"① 二是社会内部分工和工厂内部分工既有联系，也有本质区别。马克思指出："社会内部的分工和工场内部的分工，尽管有许多相似点和联系，但二者不仅有程度上的差别，而且有本质的区别。在一种内在联系把不同的生产部门连结起来的地方，这种相似点无可争辩地表现得最为明显。例如，牧人生产毛皮，皮匠把毛皮变成皮革，鞋匠把皮革变成皮靴。在这里，每个人所生产的只是一种中间制品，而最后的完成的形态是他们的特殊劳动的结合产品。此外，还有供给牧人、皮匠和鞋匠以生产资料的各种劳动部门。有人可能像亚当·斯密那样，认为这种社会分工和工场手工业分工的区别只是主观的，也就是说，只是对观察者才存在的，因为观察者在工场手工业中一眼就可以在空间上看到各种各样局部劳动，而在社会生产中，各种局部劳动分散在广大的面上，每个特殊部门都雇用大量的人，因而使这种联系模糊不清。但是，使牧人、皮匠和鞋匠的独立劳动发生联系的是什么呢？那就是他们各自的产品都是作为商品而存在。反过来，工场手工业分工的特点是什么呢？那就是局部工人不生产商品。变成商品的只是局部工人的共同产品。社会内部的分工以不同劳动部门的产品的买卖为媒介；工场手工业内部各局部劳动之间的联系，以不同的劳动力出卖给同一个资本家，而这个资本家把它们作为一个结合劳动力来使用为媒介。工场手工业分工以生产资料积聚在一个资本家手中为前提；社会分工则以生产资料分散在许多互不依赖的商品生产者中间为前提。在工场手工业中，保持比例数或比例的铁的规律使一定数量的工人从事一定的职能；而在商品生产者及其生产资料在社会不同劳动部门中的分配上，偶然性和任意性发挥着自己的

---

① 《马克思恩格斯全集》第44卷，人民出版社2001年版，第408页。

杂乱无章的作用。"①

马克思还指出："诚然，不同的生产领域经常力求保持平衡，一方面因为，每一个商品生产者都必须生产一种使用价值，即满足一种特殊的社会需要，而这种需要的范围在量上是不同的，一种内在联系把各种不同的需要量连结成一个自然的体系；另一方面因为，商品的价值规律决定社会在它所支配的全部劳动时间中能够用多少时间去生产每一种特殊商品。但是不同生产领域的这种保持平衡的经常趋势，只不过是对这种平衡经常遭到破坏的一种反作用。在工场内部的分工中预先地、有计划地起作用的规则，在社会内部的分工中只是在事后作为一种内在的、无声的自然必然性起着作用，这种自然必然性可以在市场价格的晴雨表的变动中觉察出来，并克服着商品生产者的无规则的任意行动。工场手工业分工以资本家对人的绝对权威为前提，人只是资本家所占有的总机构的部分；社会分工则使独立的商品生产者互相对立，他们不承认任何别的权威，只承认竞争的权威，只承认他们互相利益的压力加在他们身上的强制，正如在动物界中一切反对一切的战争多少是一切物种的生存条件一样。因此，资产阶级意识一方面把工场手工业分工，把工人终生固定从事某种局部操作，把局部工人绝对服从资本，歌颂为提高劳动生产力的劳动组织，同时又同样高声地责骂对社会生产过程的任何有意识的社会监督和调节，把这些说成是侵犯资本家个人的不可侵犯的财产权、自由和自决的'独创性'。工厂制度的热心的辩护士们在斥责社会劳动的任何一种普遍组织时，只会说这种组织将把整个社会变成一座工厂，这一点是很能说明问题的。"②

总之，国际劳动分工的发展，有自己特有的规律。这种规律主要表现为：随着国际生产力的发展，国际劳动分工的规模和深度，都会呈现不断扩大的趋势和不平衡趋势，加入国际劳动分工的国家和地区会越来越多，其参加分工的领域会越来越广泛，从而发展不平衡规律也会凸显。基于迅速发展生产力的需要，任何国家都不仅开拓国内市场和国内资源，也同时开拓国外市场和国外资源。特别是在经济、政治、科学文化都日益全球化的时代，积极参与国际劳动分工，在越来越大的程度上融入国际社会，是每个国家的必然选择。

---

① 《马克思恩格斯全集》第44卷，人民出版社2001年版，第410—413页。
② 同上。

国际协作劳动和协作劳动管理的变革

　　国际劳动分工和国际劳动协作，是辩证的统一。分工的另一面就是协作，分工的目的就是为了协作。没有分工就没有协作，但如果只有分工而没有协作，或没有科学的、很好的协作，都不会实现劳动生产力提高的预想的效果。国际劳动分工所产生一切巨大作用，都蕴含在这辩证统一中。这里需要说明一下的是，这里我们是把分工合作和分工协作当作同义语的。合作和协作的意思，都是依据分工的协议和任务，互相配合共同完成某项大型劳动项目。很多教科书或理论专著在研究、阐述国际劳动分工时，似乎忽视了劳动协作，这似乎有些偏颇。实际上，国际劳动协作或合作同国际劳动分工相比，因为它涉及国家主权，所有似乎是更为重要、更为复杂、更难以驾驭的体系。

　　实践证明，协作劳动不仅是一种伟大的劳动力量，而且是一种伟大的社会力量。回望历史，人类至今所取得的一切人间伟大奇迹，有哪一项不是通过协作劳动才创造出来的。随着这种劳动组织形式、组织管理和规模的千变万化，这种力量似乎是取之不尽的。然而，在人们的意识里，也许至今对协作劳动的伟大意义，尚没有足够的认识，特别是对它作为社会生产力的伟大意义尚没有足够的认识。

　　协作劳动或合作劳动，作为一种社会生产力，在不增加投入的情况下，其本身就会增加生产力，就会使生产力提高。我们通常说的社会生产力，就是由协作产生的，本质上是协作生产力。同样，我们常讲的国际生产力，一般都是在国际协作基础上产生的，本质上是一种协作生产力。劳动者摆脱民族国家的局限，充分利用国际劳动生产资源，充分发挥各自的优势，以取得劳动生产的发展和提高，并共同享受这种协作生产力，这是人类发展进步的表现。然而，在国际劳动分工和国际协作还在资本主义主导的情况下，这种进步在许多方面受到局限。

　　马克思说："和同样数量的单干的个人工作日的总和比较起来，结合工作日可以生产更多的使用价值，因而可以减少生产一定效用所必要的劳动时间。不论在一定的情况下结合工作日怎样达到生产力的这种提高：是由于提高劳动的机械力，是由于扩大这种力量在空间上的作用范围，是由于与生产规模相比相对地在空间上缩小生产场所，是由于在紧急时期短时间内动用大量劳动，是由于激发个人的竞争心和集中他们的精力，是由于使许多人的同种作业具有连续性和多面性,是由于同时进行不同的操作,是由于共同使用生产资料而达到节约,是由于使个人劳动具有社会平均劳动的性质,在所有这些情形下,结合工作日的特殊生产力都是劳动的社会生产力或社会劳动的生产力。这种生产力是由协作本身产生的。劳动者在有计划地同别人共同工作中,摆脱了他的个人局限,并发挥出他的种属能力。"①

在劳动全球化的当今,建立在双赢或多赢基础上的国际协作,已经成为世界所有国家的愿望。但需要解决的是怎样才能做到合理的分工和科学的协作,特别是协作中的科学管理。任何协作劳动,无论是国内的或国际的,都好像一支乐队,需要管理和指挥。而在资本主义的协作劳动中,这种管理和指挥职能便成为资本的职能。"一切规模较大的直接社会劳动或共同劳动,都或多或少地需要指挥,以协调个人的活动,并执行生产总体的运动——不同于这一总体的独立器官的运动——所产生的各种一般职能。一个单独的提琴手是自己指挥自己,一个乐队就需要一个乐队指挥。一旦从属于资本的劳动成为协作劳动,这种管理、监督和调节的职能就成为资本的职能。这种管理的职能作为资本的特殊职能取得了特殊的性质。"②

就资本主义协作劳动而言,由于由协作劳动而产生的社会生产力,既增加了资本家的利润,又无需给劳动者支付任何报酬,所以它既是提高劳动生产力的有效措施,也是剥削劳动者的更有利手段,因而它始终是资本主义劳动生产占统治地位的形式。在同一个劳动过程中同时雇用较大量的雇佣工人,构成资本主义生产的起点。这个起点是和资本本身的存在结合在一起的。因此,一方面,资本主义生产方式表现为劳动过程转化为社会过程的历史必然性,另一方面,劳动过程的这种社会形式表现为资本通过提高劳动过程的生产力来更有利地剥削劳动过程的一种方法。马克思曾具体阐述了这种剥削方法的秘密。

工人劳动者把自己的劳动力出卖给资本家这种交换关系的性质,"决不因为资本家购买的不是 1 个劳动力而是 100 个劳动力,或者说,他不是和 1 个工人而是和 100 个互不相干的工人签订合同,而有所变化。资本家

---

① 《马克思恩格斯全集》第 44 卷,人民出版社 2001 年版,第 382 页。
② 同上书,第 384 页。

无须让这 100 个工人协作就能使用他们。因此，他支付的是 100 个独立的劳动力的价值，而不是 100 个结合劳动力的价值。工人作为独立的人是单个的人，他们和同一资本发生关系，但是彼此不发生关系。他们的协作是在劳动过程中才开始的，但是在劳动过程中他们已经不再属于自己了。他们一进入劳动过程，便并入资本。作为协作的人，作为一个工作机体的肢体，他们本身只不过是资本的一种特殊存在方式。因此，工人作为社会工人所发挥的生产力，是资本的生产力。只要把工人置于一定的条件下，劳动的社会生产力就无需支付报酬而发挥出来，而资本正是把工人置于这样的条件之下的。因为劳动的社会生产力不费资本分文，另一方面，又因为工人在他的劳动本身属于资本以前不能发挥这种生产力，所以劳动的社会生产力好像是资本天然具有的生产力，是资本内在的生产力。"①

在这种协作劳动方式中，资本家对工人们的残酷掠夺和压制，始终阻碍着劳动分工的合理性和劳动协作的科学性。"首先，资本主义生产过程的动机和决定目的，是资本尽可能多地自行增殖，也就是尽可能多地生产剩余价值，因而也就是资本家尽可能多地剥削劳动力。随着同时雇用的工人人数的增加，他们的反抗也加剧了，因此资本为压制这种反抗所施加的压力也必然增加。资本家的管理不仅是一种由社会劳动过程的性质产生并属于社会劳动过程的特殊职能，它同时也是剥削社会劳动过程的职能，因而也是由剥削者和他所剥削的原料之间不可避免的对抗决定的。同样，随着作为别人的财产而同雇佣工人相对立的生产资料的规模的增大，对这些生产资料的合理使用进行监督的必要性也增加了。其次，雇佣工人的协作只是资本同时使用他们的结果。他们的职能上的联系和他们作为生产总体所形成的统一，存在于他们之外，存在于把他们集合和联结在一起的资本中。因此，他们的劳动的联系，在观念上作为资本家的计划，在实践中作为资本家的权威，作为他人意志——他们的活动必须服从这个意志的目的——的权力，而和他们相对立。"②

由资本主义性质所决定，资本主义对协作劳动的管理，就其形式来说是专制的。这与资产阶级民主、平等的政治口号，形成了鲜明的对照。因为当今的劳动全球化，当今的国际劳动分工和劳动协作，都还是以资本为

---

① 《马克思恩格斯全集》第 44 卷，人民出版社 2001 年版，第 386—387 页。
② 同上书，第 384—385 页。

主导的，而不是以劳动者为主导的，所以对国际协作劳动管理的主导形式，也仍然是资本主义的，是专制的。资本主义为什么要实行这种管理，这种管理的意义在哪里？马克思做了这样的阐述："如果说资本主义的管理就其内容来说是二重的，——因为它所管理的生产过程本身具有二重性：一方面是制造产品的社会劳动过程，另一方面是资本的价值增殖过程，——那么，资本主义的管理就其形式来说是专制的。随着大规模协作的发展，这种专制也发展了自己特有的形式。正如起初当资本家的资本一达到开始真正的资本主义生产所需要的最低限额时，他便摆脱体力劳动一样，现在他把直接和经常监督单个工人和工人小组的职能交给了特种的雇佣工人。正如军队需要军官和军士一样，在同一资本指挥下共同工作的大量工人也需要工业上的军官（经理）和军士（监工），在劳动过程中以资本的名义进行指挥。监督工作固定为他们的专职。政治经济学家在拿独立的农民或独立的手工业者的生产方式同以奴隶制为基础的种植园经济作比较时，把这种监督工作算作非生产费用。相反地，他在考察资本主义生产方式时，却把从共同的劳动过程的性质产生的管理职能，同从这一过程的资本主义性质因而从对抗性质产生的管理职能混为一谈。资本家所以是资本家，并不是因为他是工业的领导人，相反，他所以成为工业的司令官，因为他是资本家。工业上的最高权力成了资本的属性，正像在封建时代，战争中和法庭裁判中的最高权力是地产的属性一样。"[①] 从实践发展中我们能够体会到，在国际协作劳动中，这种专制管理形式也在发展和变化。特别是在由社会主义国家参与的国际协作劳动管理中，考虑的不仅只是资本价值的增殖，而且还考虑劳动者的切身利益，使劳动者参与管理，也就是说，其专制的程度在弱化。当然，要彻底改变这种管理形式，尚需等待社会主义在全世界的胜利。

在社会主义力量不断壮大，影响不断增强的状况下，和平发展、平等互利、合作共赢，已经成为当今世界的大趋势。不过放眼当今世界协作劳动管理的现实，我们能够觉察到，遍布全球的资本主义大型跨国公司，正是由于这种专制管理，并利用这种管理对东道国进行掠夺，严重影响着国际协作劳动的效果，影响着国际劳动生产力的发展。除此之外，还特别应当注意的是，国际协作劳动的发展，还受着只考虑本国发展，只顾本国利

---

① 《马克思恩格斯全集》第44卷，人民出版社，第2版，第385—386页。

益的狭隘民族主义和霸权主义制约，以及在这种制约下所形成的不合理、不平等的国际协作劳动秩序的不利影响。

二　国际劳动分工结构和升级的决定因素

由于历史和政治的原因，至今世界各国生产力发展水平，以及由这种水平所决定，各国在国际劳动分工中的地位仍千差万别，各不相同。这就在全球形成了不同层次、相互联系、相互制约的非常复杂的、不断发展变化着的国际劳动分工网络。国际劳动分工结构，就是指的这种网络。在这种网络中，各国基于自己科学技术和生产力发展水平的不同，都处于不同的层次上，并显露出不同的特点。国际劳动分工结构与世界产业结构密切联系，世界产业结构的不断发展和升级，必然带动国际劳动分工结构的不断发展和升级。

国际劳动分工结构的内涵和基本特点

当今世界，是各国相互依赖、相互合作、相互博弈的世界。各国科学技术水平、劳动者的素质，以及由此所决定的劳动生产率和在国际劳动分工中地位也各不相同，从而形成了相互交织、盘根错节、非常复杂的国际劳动分工网络。不过，按照主要产业发展水平的高低，主要劳动力在国际劳动中所从事的劳动品质的高低，以及这种产业和劳动在整个国际产业和劳动中的地位和影响程度综合考虑，我们大致上可以把当今的国际劳动分工结构的现状，分为四个大的层次：

第一个层次是，以研发、创新的知识、信息产业和金融产业为主体，属于以脑力劳动为主，体力劳动为副的类型。这些产业包括专门的科学技术研发、信息产业、软件开发、航空航天、金融产品创新等。这些产业的劳动者，主要从事智力型、创造性劳动，是复杂的脑力劳动。其劳动者利用自己的智力和积累起来的科学知识，通过科学技术研究，进行新技术、新产品、新的管理方式的创造、发明与开发。这种产业和劳动，既是世界科学技术革命的动力，也是世界经济和政治发展的动力。当然，从事这种劳动的劳动者，需要极大的教育投资，他们都有很高的专业科学技术知识，有发达、睿智的头脑，国家还需要给他们提供发挥、展示自己智力的环境和条件。虽然各国都有这样的产业和劳动，但大量从事这种产业和劳动的，或者垄断或控制着这些产业和劳动的，却只有极少数西方最发达的资本主义国家。有代表性的是美国和英国。因为这些产业和劳动，都属于附加值无限的产业和劳动，起码是一本万利的产业和劳动，所以垄断或控制了这些产业和劳动，就等于垄断和控制住了整个世界经济发展的源头，垄断和控制住了国际劳动分工的走向和财富的走向。所以这种产业和劳动，成为这些国家综合国力的体现。由于这种产业和劳动，在国际经济、政治、军事发展中，起着重要或决定性作用，所以能使这些国家在国际竞争中处于绝对优势地位。这些产业和劳动的性质决定了，它的发展必然成为国际劳动结构和产业结构升级的引擎。

第二个层次是，以智力型、高科技实体产业为主体，属于脑力劳动与体力劳动并重结合的类型。这些产业诸如高端制造业、电子软件、合成化工、机床制造、电器制造、医药等。从事这些产业的大多数劳动者，也都具有比较高的科学技术知识，有比较高的生产工艺水平和技能。他们利用自己所积累的知识，或利用别人已经有的发明和创造，进行复杂性、技术性劳动。从事这种劳动的劳动者，也需要较高的教育投资，既需要花费脑力，也需要花费体力。一般来说，属于这个层次的主要是工业发达国家，有代表性的诸如德国、日本和西欧一些国家，包括以色列、加拿大、韩国等。它们也是综合国力比较强，在世界经济、政治、军事等事务中起有重要作用国家。

第三个层次是，以传统制造工业、资源矿业和农业为主体，属于脑力劳动与体力劳动相结合，以体力劳动为主的劳动类型。这种类型的绝大部分劳动者，主要是利用别国已经开发的工业生产技术和操作规程，进行传统的制造业诸如汽车制造、家用电器制造和农业、矿业的劳动。从事这些产业的劳动者，虽然也需要利用自己所学到的一般技术知识和技能，也需要花费一定的脑力，需要一定的技术教育，但主要以传统的体力劳动为主。其科学文化知识水平较低，所花费的教育投资较少。属于这种类型的主要是正在实现工业化的新兴国家，诸如以中国、俄罗斯、澳大利亚、印度、巴西等为代表的广大亚洲、拉丁美洲和东欧国家，都属于这种类型。这类国家虽然技术层次和产业结构层次低，但其经济规模却巨大，在国际竞争中具有规模优势和资源优势，所以在国际各种事务中，也起很大的作用。而且在现实中，这些国家是最具有发展活力的国家。

第四个层次是，以传统的农业和矿业资源为主体，属于以笨重体力劳动为主的类型。属于这种劳动类型的国家，基本上还是农业国，主要靠农业和矿业资源，参与国际竞争，工业还很落后。从事这些产业的劳动者，只需要简单的科学技术知识，需要很少技术教育投资。属于这种类型的，主要是非洲落后国家、中东产油国家等。由于这些国家在国际劳动竞争中，主要靠出卖资源的资源性劳动，技术水平低，劳动生产率低，所以综合国力弱小，在国际事务中的作用也不及前三个层次国家。

应当强调的是，对划归某一个层次的国家来说，其所存在的当然都不会只是单一的一个层次，肯定会有不同层次的并存和交叉，我们主要是按占主导地位或主体地位、大量存在劳动而言的。这种国际劳动分工结构是与在专业化协作和社会分工基础上形成的国际产业结构紧密联系的，国际产业结构是随着各国生产力的不断发展而发展变化的，随着国际产业结构的不断发展、变化和升级，国际劳动分工结构必然也不断深化和升级。

历史实践告诉我们，一定的国际劳动分工结构，作为一定社会发展阶段的产物，作为一定科学技术发展的必然结果，有着必然性，包含着特定社会结构、科学技术结构的特征。比如，从简单的劳动生产分工结构，向复杂的劳动生产分工结构的升级和转变；从初级产品与一般制造业劳动生产分工结构，向一般制造业与高技术产业劳动分工结构的升级和转变；再到一般高技术产业与向高端技术产业劳动分工结构的升级和转变，科学技术革命都起有重要作用。历次科学技术革命，都是由最先进的发达国家所开启的。由这种革命所带来的新的国际分工格局，自然是最有利于这些国家的。也就是说，谁掌握了最先进的科学技术，谁就是这种分工中的最大获利者。

人们在实践中越来越认识到，决定一个国家综合国力和国际竞争力的，从原本上说，或者说最根本的因素，既不是市场，也不是政治，而是整体劳动力素质的高低，包括智力和由这种智力所决定的知识、技能和创造力，即劳动力整体的科学技术水平和科学技术的创造力。当然，任何生产劳动，都是在一定条件和社会关系下进行的，各国由劳动力素质所决定的生产力发展水平，也受着地理环境、自然资源状况、社会制度和地缘政治的影响。由于历史、社会制度、自然禀赋、地理环境和地缘政治等原因，各个国家劳动素质也是有高有低，千差万别的。国际劳动整体正是由这种千差万别、不同层次的劳动所构成的相互联系、相互制约、层次分明、高低错落有致的整体。而无论处于何种层次，劳动力的发展，都是最基本的引擎。

当今的世界，由不同产业、不同发展水平、不同劳动的数量和质量所构成的国际劳动分工结构，非常错综复杂。要确切衡量一个国家在这种结构中所处的确切地位，也十分困难。就拿发达国家与发展中国家大量存在的劳动来看，它已经不是过去那种简单的工业劳动和农业劳动的分工，而是包含有工业、农业、服务业等各种产业间和产业内部的十分复杂的分工。而且由于科学技术和生产力发展水平的不同，每个产业中，又包含有核心技术产业、高技术产业、一般技术产业、一般产业间劳动等的非常复杂的相互交叉关系。不过从总体看，发达国家所大量存在的，主要是技术含量高的诸如核心技术劳动和高技术劳动。其占主导地位的是脑力劳动，或知识性的智力劳动。而发展中国家所大量存在的，主要是技术含量低的一般技术产业劳动和一般产业的体力劳动。其占主导地位的是脑力劳动和体力劳动结合的半体力劳动和笨重的体力劳动。

国际劳动分工结构升级和科学技术创新

国际劳动分工结构的升级，意味着产业结构的更新换代和国际竞争力的提高。由于当今的国际分工格局和分工结构，作为现代科学技术发展的结果，具有高技术的特征。也就是说，谁掌握新的高新技术，谁就掌握了最新产业，谁就站在了这种分工结构的上游或高端，谁就是这种分工中最大利益的获得者。从单纯的生产分工向科研与生产分工发展，从初级产品生产与复杂工业制造产品生产的分工，向传统工业制造产品生产与高新技术产品生产的发展，这是当今国际劳动分工发展的一个重要特征。历次由新的科技革命和科技进步而形成的新的国际劳动分工结构，都是以有利于那些在这种科技革命和科技进步中起主导作用的先进国家，而不利于落后国家为标志的。落后国家要提高和改变自己在国际劳动分工结构中的落后地位，必须在教育和科技创新中下大力量，以求得突破性进展。

当然，正因为国际劳动分工结构，是与由国际科学技术结构所决定的产业结构密切联系的，所以科学技术的国际转移，总会带来国际产业结构和劳动分工结构的升级和变化。自20世纪后期开始，与新科学技术革命相适应，世界上产生了大批体现这种新科学技术的新兴产业，特别是知识和信息产业。为了适应新的形势和新的挑战，发达国家一方面利用新的科学技术成果，对传统产业进行技术改造，加大这些产业的技术含量和产品附加值的含量；另一方面，为了重点发展新技术产业，就通过直接投资的方式，把一些技术含量低的传统产业，向其他国家主要是开放的发展中国家转移，从而导致了世界性产业结构的重组，形成了开放的发展中国家或相对落后的工业国家，主要从事传统工业的生产；而发达国家主要从事高新技术产业，特别是核心技术产业生产的新的世界性产业分工体系和分工格局。

也就是说，引领国际劳动分工结构升级的，总是最先进的科学技术所孵化出来的先进产业。历史经验告诉我们，每次走在劳动分工结构升级前面的国家，都有一个"法宝"，那就是具有广阔发展前景、影响到整个世界发展的先进技术和先进产业。在过去30年，美国之所以能在国际劳动分工结构升级中，稳居排头兵的位置，就是因为它一直垄断着引领全球最新技术和最新产业，先是家电、汽车、石油化工、建筑材料等，后是计算机、生物医学、海洋生物、航空航天、信息科技等，几乎所有的世界高科技产业，都在美国兴起。正是这些新技术、新产业吸引了世界大量的投资、大量的财富，带来了美国的繁荣，让其他国家望洋兴叹。

科学技术向发展中国家转移，无疑是一种历史的进步，对发展中国家生产力的发展是一种刺激和带动。然而，更重要的是，它在带动了发展中国家产业结构升级的同时，也促进了发达国家产业结构的升级。而且这种在差距中的相对升级，还是个不断发展的过程，这个过程永远不会停止。但由于经济发展的关键性因素，特别是新技术和新技术产品，被少数发达国家所掌握和垄断；而广大发展中国家仍然处于落后的被剥削的地位。这样，一方面，通过这种产业转移，可以使发达国家的产业结构得以升级，产品的附加值提高；另一方面，转移到发展中国家的传统产业，由于吸纳了这些国家廉价的自然资源和劳动力资源，可以使这些国家得到发展。但由于这些产业的产品，仍然不能与那些被发达国家掌握和垄断的高新技术产业的产品相竞争，结果仍然处于不利的或依附的地位。

由于历史的和无休止追逐超额利润的原因，发达国家总是在不断研发、开创、发展新技术、新产业，在国际产业结构和劳动结构中，总是千方百计使自己处于上游和高端。而对发展中国家来说，总也在想方设法从发达国家吸收所谓新技术和新产业，而实际上从发达国家引进来的新技术和新产业，对发达国家来说，总是相对旧的、换代的、过时的或非核心的。在科学技术高速发展的知识经济时代，新技术的更新换代非常之快，尽管发达国家向发展中国家转移的技术，对发展中国家来说，相对总是新的新技术；可对发达国家来说，相对总是旧的技术，真正的附加值高的、对社会劳动生产率和国家实力的提高起关键作用的高新技术和高新产业，特别是核心技术和核心产业，总是掌握和垄断在自己手中，在科学技术发展水平及由此所决定的劳动生产率上，总是同发展中国家保持一定的差距，使"新"的永远赶不上"更新"的。从而使发展中国家在国际劳动分工中，永远从属于发达国家，永远处于下游和低端。这一点对发达国家非常重要，因为这是在国际劳动剩余价值分配中，使发达国家吃肉，发展中国家喝汤的基础。

历史告诉我们，资本主义国家科学技术向发展中国家的转移，的确有利于这些国家产业结构和劳动分工结构的更新换代，有利于其经济的发展和人民生活水平的提高。但这并不意味着发展中国家在国际劳动分工结构和格局中地位和利益关系的变化，并不意味着同发达国家差距的缩小。因为与此同时，发达国家的产业结构和劳动分工结构也在更新换代，关键是要看谁提高得快。实践证明，光靠发达国家转移的技术，是很难在劳动分工水平上缩小与发达国家差距或赶上发达国家的，至多是等距追赶。其原因有三：

一是这种科学技术转移的主动权操在发达国家手中。这就决定了，在发展中国家引进技术、进行产业结构更新换代和升级的前提，是发达国家先在新的科学技术基础上，向更高一级产业结构的更新换代和升级。也就是说，发展中国家向前迈一步，发达国家也向前迈一步。而且由于新的科学技术的创造有着积累加速效应，发达国家的一步，与发展中国家的一步并不是等距的。比如在20世纪后期，大多数发展中国家借助资本主义的工业技术，在向工业化的产业结构迈进的时候，以美国为首的少数发达国家，已经进入了知识经济时代，已经在向高科技的信息化产业结构升级。所以，发展中国家如果没有在科学技术方面的自主创新，只在引进技术基础上进行产业结构换代升级，不仅不意味着在发展水平上与发达国家差距的缩小，还可能意味着差距的拉大。

二是在信息和知识经济时代，要素禀赋、知识资本成为国际劳动分工中和利益分配中非常重要的甚至是决定因素。尤其是在经济政治全球化的环境中，体现先进劳动生产力的科学技术和各种要素，在发展中国家有着更强烈的需求，表现出更高的稀缺性，从而使富有这些要素的发达国家，在国际分工中处于更有利的优势地位。发达国家向发展中国家转移技术，只是要尽量发挥这些优势，而并不是把这些优势转移给发展中国家。

三是在现代经济发展中，最关键的是核心技术。只要控制了这关键的核心技术，就控制住了整个产业，控制住了整个产业产品的生产、销售和利益分配的主导地位。因此，发展中国家即使能掌握和运用这些技术，进行这种产品的生产和出口，也不意味着自己在技术和产业结构上优势的提高。因为这种产品在国际市场竞争中，所体现的仍然是发达国家的优势和利益。对发展中国家来说，充其量，也只能享受就业、税收、提高国民生活水平的好处，而不能享受技术进步和产业升级优势的利益。而且这种结构还掩盖了发达国家剥削发展中国家的本质，夸大了发展中国家在国际分工中的地位和利益。

当然，这并不是说发展中国家或相对落后国家，就永远得落后下去，永远没有翻身之日，而是说不能把自身的发展完全寄托在资本主义国家身上，不能只依靠资本主义国家的技术转移。如果真的那样，那就真的是永无翻身之日了。决定自己命运的，是自主创新，是自己通过创新性的劳动，在科学和核心技术上获得突破，从而打破发达国家对核心技术的垄断，拥有自己的有自主产权的世界领先的核心技术。开创和掌握自己的核心技术，在新科学技术革命和技术进步中走在前面，这是彻底改变自己地位的关键。对于基础差的发展中国家来说，这是一条很艰难的路，但除此没有别的选择。

现在，一场新的技术革命和产业革命，新的产业升级和劳动分工结构升级，以及争夺新劳动分工结构制高点的激烈竞争，似乎在悄悄地开始。在这场竞争中，具有强大实力和优势的仍然是美国。金融危机似乎使美国觉察到，产业空心，光靠金融引领世界，光靠金融虚拟经济，光靠金融投机掠夺世界，风险似乎太大了。新的奥巴马政府似乎决心要夺回制造业强国的地位，要用新的科学技术、新的产业开拓新的经济增长点，想在新产业领域，重新引领世界。以其眼前的布局看，这种新技术和新产业，主要集中在新能源技术和绿色生物技术两个方面。

美国奥巴马政府上台后在这方面一系列方案的出台，显示其参与这场竞争的决心。而且在诸如建设以智能电网和超导电网为基础的、能够接入包括风能、潮汐能、地热能、太阳能等的电网体系，加大对混合动力汽车技术研发和实际生产的投入，限制排放、排污，加大对排放、排污的收费等方面，都在具体谋划和具体安排。想以此使全球的资本、人才、技术重新回流美国，恢复美国在新技术、新产业世界制高点的地位，巩固自己在世界秩序中的主导力量。很显然，美国是想依仗美元的地位和新能源技术的领先地位，在虚拟经济和实体经济两个方面，都垄断世界和控制世界。这种垄断和控制，意味着国际劳动分工体系中的资本优势、科技优势对资源禀赋优势的更大优势。

国际劳动分工结构升级和教育改革

劳动分工结构的升级，呼唤着劳动者品质的提高。而劳动者品质的提高，又呼唤着教育的发展和变革。国际劳动分工结构，体现着国际社会中各国科学技术、劳动者的智力和品质，以及由此所决定的劳动生产力发展的不同水平。不过，在资本主义国际劳动分工体系中，科学技术的发展并不意味着劳动者个人生产力的提高。由于工人劳动者的智力是作为别人的财产和统治工人的力量与工人相对立的，所以资本主义社会生产力的富有，却是以工人在个人生产力上的贫乏为条件的。如马克思说的："独立的农民或手工业者所发挥（虽然是小规模的）的知识、判断力和意志，——他发挥这些东西，正如野蛮人把全部战争艺术当作他的个人机智来施展一样，——现在只是对整个工场说来才是必要的。生产上的智力在一个方面扩大了它的规模，正是因为它在许多方面消失了。局部工人所失去的东西，都集中在和他们对立的资本上面了。工场手工业分工的产物，就是物质生产过程的智力作为别人的财产和统治工人的力量同工人相对立。这个分离过程在简单协作中开始，在工场手工业中得到发展，在大工业中完成。在简单协作中，资本家在单个工人面前代表社会劳动体的统一和意志，工场手工业使工人畸形发展，变成局部工人，大工业则把科学作为一种独立的生产能力与劳动分离开来，并迫使它为资本服务。在工场手工业中，总体工人从而资本在社会生产力上的富有，是以工人在个人生产力上的贫乏为条件的。"[①]

人们从实践中似乎都可以得出这样的结论：发展中国家在国际劳动分工结构中落后的根源，说到底是生产力落后所导致的教育落后。实践使人们越来越意识到，任何社会的进步和生产力的发展，都离不开教育。世界

[①] 《马克思恩格斯全集》第44卷，人民出版社2001年版，第418页。

上一切先进技术、先进劳动，无不发源于教育，发源于人们知识和智力的开发。一个民族的振兴和强大，最终取决于其整个国民教育的发展。国际社会中发展中国家与发达国家不平等的根源，在于教育的不平等。因此，近些年来，世界上发达国家为了维持自己在国际劳动分工中的优势地位，都越来越重视教育，都把教育作为立国之本，作为实现国家强盛和繁荣的关键，摆在社会经济发展战略的重要地位。美国前总统布什上台伊始就宣布，他要做教育总统。可见教育对于一个国家的经济、政治、军事、文化、道德、社会生活等的发展，是何等的重要。

无论从世界生存竞争的历史或是当今的现实看，国际间的生存竞争，无论是经济的、政治的、军事的或意识形态的，都是劳动者品质的竞争，这种竞争都同在科学技术和科学文化知识发展基础上的劳动升级紧密相联，在一定意义上都可以说是在科学技术和文化知识方面的竞争。而这种竞争归根到底是国民教育，即在提高国民文化素质和科学技术水平方面的竞争。一个国民教育落后，国民科学文化素质很低的民族，不可能成为世界上文明和强大的民族。任何国家物质文明和精神文明的发展，都基于教育的发展。特别是在国际劳动升级大战中，任何国家如若没有教育的迅速发展，就不可能在这场大战中取得优势。

当然，任何国家有效的教育，不仅要根据劳动力发展即生产力发展的需要，而且要以整个经济实力为基础。问题是同发达国家相比，发展中国家都没有引起对教育的足够重视，这从教育投资中就能看出来。发达国家的教育投入一般都占国民生产总值的5%以上，而发展中国家一般都只占到2%—3%。除此之外，教育制度、教育方式，也比较落后。目前许多发达国家的教育家们都认识到，在今后的经济发展中，知识密集型产业将越来越占有优势。整个经济的活力和效率，除了有效的组织管理之外，很大程度上决定于每个劳动者智力、创造力和实际能力的充分发挥。而大多数发展中国家的教育，却仍然是传统的观念和传统的方式，只重视向学生灌输书本知识，只重视要求学生们树立严格遵守纪律的顺从精神，只重视死记硬背书本知识的考试成绩。不重视或不够重视根据经济发展的客观要求，进行各种应用性和实用性强的专业教育，不重视培养学生解决实际问题的能力，或者没有把这些作为主要目标。在教育方式上，也主要是灌输式、填鸭式的，而不是启发式的培养学生的想象力和创造力，培养学生敢于对旧的提出批评、对新的提出独立见解，敢于独立进行各种生产和社会活动的能力,使学生真正得到德、智、体全面发展。在教育结构上,也过于重视基础理论综合性大学,对高科技专业学校、专业技术进修学校的重视不够。

在知识经济时代,几乎所有的国家都在关注教育,都期望通过教育增强自身和整个国家的竞争力。那么在以尖端科学技术为核心、新的科学技术和新的知识层出不穷的知识经济时代,对教育的要求不仅只是向学生灌输知识,更重要的是培养学生的学习能力、思辨能力和独立创造能力。人们已经越来越认识到,教育的本质不应被商业浪潮冲垮。而在商业和金钱的冲击下,目前世界性的教育都面临着严峻挑战,要求在教育方式、教育内容、教育管理、师资队伍建设等多方面都适应新的形势进行变革。

人们已经越来越认识到,在未来的高科技或知识经济时代,教育将成为中流砥柱,教育制度和教育方式的改革,将起有重要作用。因此,世界各国都把教育放在了国家发展战略的重要地位。比如,鉴于未来知识环境的需要,美国明尼苏达大学的克利夫兰教授提出了教育应具有的五大要素:综合脑力劳动教育,以提高利用传统的学科分析方法、洞察力及综合解决问题的能力;社会目标、公众意向、成本、效益和伦理观教育,使一个人能正确判断自己的行动方针;通过学习传统文化、宗教、哲学、艺术和文学,培养自己分析问题的能力和个性;在这种知识环境中进行实际谈判、咨询心理学及领导作风的实践;世界前景以及个人对公共生活负责的教育。完全可以预见,今后哪个国家在教育制度改革方面取得了优势,其在国际劳动力竞争、劳动力结构升级中也必将取得优势,在教育和经济发展方面也必将取得优势。

提高劳动品质,是提高自己在劳动分工中的地位,提高国际竞争力的重要一环。提高劳动品质,核心当然是提高劳动者的品质。而大量事实证明,提高劳动者品质的关键,不仅在于科学技术、劳动知识、劳动技巧的教育和培养;与此同等重要或更为重要的是理想道德教育。尤其是发展中国家,同样的劳动生产条件,同样的劳动产品,为什么劳动品质总比不上发达国家的劳动产品,原因可能有多种,但其中也有的是劳动态度问题。由于理想道德教育的缺失而酿成的劳动不认真、不细致、不求精、不严格按照工艺流程去做,恐怕也是重要原因。

国际劳动分工结构变化中的垄断和特权

诚然，国际贸易、国际投资中的一般超额利润，来源于不合理的国际分工体系。但除此之外，对于资本家们来说，还不仅只满足于此，其所追求的还有超额利润。而实际上，超额利润的产生根源，在于对许多劳动生产条件的垄断，在于许多超经济的因素，或者说特权因素。在资本主义的劳动关系中，任何一种利润形式或剥削形式，都是以对劳动生产条件的某种垄断或独占为前提的。资本主义的不合理的国际分工体系，正是在这种垄断和特权下形成的。在这种体系下，发达国家正是凭借其对有利的生产条件，包括先进科学技术的某种独占或垄断，一方面以比落后国家高得多的劳动生产率生产出大量产品，然后按照国际价格进行交换，从而获得超额利润；另一方面，通过对落后国家的资本投资和技术投资，利用落后国家廉价资源和劳动力，获得更高的超额利润。

在马克思主义的理论中，垄断、独占都是一种特权。资产阶级对生产资料的占有，就是一种特权。在国际劳动和国际分工中，这种特权就表现为霸权。而这种霸权又是靠对世界最新科学技术的垄断、对世界货币和金融的垄断、对军事技术和先进武器的垄断，以及对国际政治经济秩序的控制来支撑的。而广大发展中国家，要提高自己在国际劳动分工结构中的地位，最为核心的任务，就是建设创新型国家，大力进行科技创新、制度创新、管理创新、劳动创新和人才创新。以这种创新发展，打破霸权主义者的各种垄断和特权。

马克思在谈到什么是劳动权时说过，劳动权只能意味着对劳动生产资料或劳动生产条件的支配。资产阶级社会也是一种特权社会，资产阶级革命的意义，只是用在资本主义所有制基础上的金钱特权，代替了以往的一切个人特权和世袭特权。在资本主义社会中，财富是最大的权力。不占有财富的广大劳动者享受的平等权利，只能是在不触犯富人的权力和利益前提下的平等权利，或者只是在富人设计好的契约上签字的自由和平等。资本主义民主制度的思想来源，是《圣经》中有关社会契约和人民主权的内容，这也是欧洲民主思想家们的思想理念。然而，在财富不平等存在，并以财富多寡决定统治者和被统治者、资本所有者和雇佣劳动者存在的情况下，所谓的自由、平等、民权，就失去了在契约内容中的平等权。契约中的那些条款，都是为统治者进行统治，为资本所有者赚钱而制定的，都是具有霸王性的条款。劳动者为了生存，对契约中的那些霸王条款，也不得不接受，不得不在契约上签字。

恩格斯也阐述过，资产阶级正是因为占有了财富、占有了生产资料，才获得了支配劳动者的特权。它甚至使劳动者产生一种错觉，似乎他们是按照自己的意志行动的，似乎他们是作为一个自主的人自由地、不受任何强制地和资产阶级签订合同的。无产者除了接受资产阶级向他们提出的条件或者饿死、冻死、赤身裸体地到森林中的野兽那里去找一个藏身之所，就再也没有选择的余地了。在至今的资本主义社会里，对占有财富不同而社会地位不同的人来说，权利平等都有着不同的含义。特别是在当今，财产的统治权也通过世界市场的发展、现代金融制度和有限责任企业法人而得到增长。

恩格斯还说过，资产阶级的力量全部取决于金钱，所以他们要取得政权就只有使金钱成为人在立法上的行为能力的唯一标准。他们一定得把历代的一切封建特权和政治垄断权合成一个金钱的大特权和大垄断权。资产阶级的政治统治之所以具有自由主义外貌，原因就在于此。在当今的国际劳动分工中，依靠对资本、科学技术等劳动生产资料的垄断，并利用这种特权，以不等价、不平等的方式大量输出到发展中国家，这正是发达国家维持其在全球利益和全球统治的重要、最有效的手段。发达国家，为了发挥自己在知识和技术方面的优势，又不得不把一些知识和技术扩散到国外去，以换取巨额的财富。当然，其向发展中国家输出的，只是一般的、二流的技术，即对它来说是第二代或第三代的技术。对于核心技术，它是坚决垄断，决不输出的。因为只有垄断了这些核心技术，才能保住自己技术制高点的地位，保住其竞争优势，保持其对输入国家的控制。

当然，核心技术是相对的，随着新技术的不断研发，更新的技术就成为核心技术，原来的核心技术自然就变成了可以向外输出的一般性技术，或外围技术。正因为如此，广大发展中国家，特别是新兴工业化国家，也在通过发展教育、科技创新等方式，以打破发达国家的这种垄断和特权。由于人才或者说体现为知识积累的人力资本，是高新技术研发的基础，也是这种垄断和特权的基础。而且由于知识创新的速度日益加快，知识转换为直接生产力的周期日益缩短，知识在国际上的传播加快，这就迫使为了维护自己在国际上特权地位的发达国家的国际垄断资本，在激烈的国际竞争中都不得不把连续不间断的知识创新，作为基本发展战略。可见，在打破和维持这种垄断和特权的斗争中，谁的知识创新快，谁最先获得知识创新的最新成果，谁就是胜利者。而知识创新的基础或关键，是掌握知识的人才，所以知识创新战略，在一定意义上说，就是人才竞争战略。对核心技术的垄断，就是对能不断创造核心技术的人才的垄断。

在当今时代，掌握高技术知识的人才的国际竞争特别激烈。马克思早就指出过："自然科学本身（自然科学是一切知识的基础）的发展，也像与生产过程有关的一切知识的发展一样，它本身仍然是在资本主义生产的基础上进行的，这种资本主义生产第一次在相当大的程度上为自然科学创造了进行研究、观察、实验的物质手段。由于自然科学被资本用做致富的手段，从而科学本身也成为那些发展科学的人的致富手段，所以，搞科学的人为了探索科学的实际应用而相互竞争。另一方面，发明成为一种特殊职业。因此，随着资本主义生产的扩展，科学因素第一次被有意识地和广泛地加以发展、应用、并体现在生活中，其规模是以往的时代根本想象不到的。"[1] 冷战后知识在全球性生产、传播、应用的规模，竞争的激烈程度，以及体现在社会生活的广度和深度，也都是当时的马克思所想象不到的。发达国家对核心技术的垄断，就是以对科技人才的垄断为基础的。

从发达国家的实践看，由于科学知识占有与直接劳动相分离，也为其垄断核心技术提供了条件。马克思说过："资本不创造科学，但是它为了生产过程的需要利用科学，占有科学。这样一来，科学作为生产的科学同时和直接劳动相分离，而在以前的生产阶段上，范围有限的知识和经验是同劳动本身直接联系在一起的，并没有发展成为同劳动相分离的独立力量，因而整个说来从未超出制作方法的积累的范围，这种积累是一代代加以充实的，并且是很缓慢地、一点一点地扩大的。"[2] 不过，冷战后，现代科学技术和知识大多都集中在美国和少数发达国家，或者说只有在这些国家才是高度发展的时代。这种科学技术、知识与劳动者的分离，不仅表现在发达国家内部，而更突出的是表现在广大发展中国家，或者说表现出了层次性。

在发达国家，由于科学技术和知识产业的高度发展，绝大部分的劳动者成为知识劳动者，或脑力劳动者。掌握一定的科学技术和知识，成为劳

---

[1]《马克思恩格斯全集》第47卷，人民出版社1979年版，第572页。
[2] 同上书，第570页。

动者就业的基本条件，这无疑是社会的进步。但大多数劳动者所有的只是进行劳动或生产产品过程中所需要的科技和知识，而不是有关产业的核心科技和知识，他们同这些关键性的核心科技和知识，仍然处于分离状态，能掌握这些核心技术的只是极少数人。在广大发展中国家，引进的所谓先进科技和知识，都不是核心技术和知识，所以即使少部分从事先进技术知识的劳动者，也不是核心和知识的劳动者。而绝大部分仍然是从事科技和知识含量很低的传统的体力劳动者，归他们所有的只是进行劳动所需要的很简单的科技和知识，他们不仅同关键的核心科技和知识相分离，而且也同一般的科技和知识相分离。发达国家垄断资本靠垄断核心技术从全球源源不断获取巨额财富的秘密，就在于这种科学技术的利用和占有同直接劳动者的分离上。

在当今时代，知识创新和知识的增长具有加速趋势。特别是在发达的资本主义国家，知识、科学技术发展的特点，是老化快、更新快，新的科学技术和知识总是层出不穷的。由于知识的增长总是呈现加速趋势，所以人类掌握和使用知识的净值的增长也呈现着加速的趋势。由此所决定，任何国家或企业依靠原有知识所取得的优势，都是一时的，而不是永久的。要想持续保持优势，其唯一办法，就是持续不断地进行知识创新，使自己永远站在新知识的制高点上。美国经济学家熊比特在论述资本主义的经济发展时，早就指出过，知识创新，包括技术创新、制度创新、组织创新等，是经济发展高速增长的原动力或引擎，新知识的扩散和模仿，是经济继续扩张发展的桥梁，创新扩散和模仿高涨的过程，则是经济持续增长的过程。一个创新、扩散、模仿周期过后，必然会发生新的创新、扩散、模仿周期，否则经济的发展就会陷入低谷。实际经济增长的周期，正是起因于这种知识创新的周期。知识经济时代的实践，进一步证明了熊比特的这一理论。只是创新的规模、范围更加广大，创新、扩散、模仿的速度更快。

发达国家的国际垄断寡头们，依靠其在人、财、物等方面的雄厚实力，在科学技术研发、技术和产品创新等方面都走在前面，并利用对这些新技术和新产品的垄断，保持着本行业在全球的寡头控制。比如在飞机制造业中，美国的波音公司和欧洲的空中客车公司两家，就控制了世界民用飞机产量的90%以上；美国的洛克希德马丁公司一家就控制着世界军用飞机产量的40%以上。在汽车行业，美国通用汽车公司、福特汽车公司、戴姆勒—克莱斯勒公司三家，控制了世界汽车产量的50%以上，只通用汽车公司一家，就控制了世界汽车产量的25%以上。在高新技术行业，美国的戴尔、惠普和康柏三家公司，控制着世界电脑销售量的40%以上；摩托罗拉、爱立信和诺基亚三家，控制着世界50%以上的市场；美国微软一家公司，就控制着世界软件生产的绝大部分。

这里需要指出的是，知识创新，科技创新，都是要以雄厚的人力、物力和财力为基础和条件的。而在这些基础和条件方面，目前的世界上，没有任何国家能比得上美国。所以在知识创新、科技创新、核心技术更新换代的能力和速度方面，要想赶上和超过美国，都是很困难的。特别是在军事领域，美国在航天、航空、远程巡航导弹、远程轰炸机和战斗机、核技术、隐形技术、间谍卫星、智能武器、卫星导航、激光武器、航空母舰、核潜艇、宙斯盾等方面的核心技术，都在不断开发、升级和更新换代，要想赶上它或超过它，困难是很大的。

不过在2008年资本主义金融大危机后，一切都在发生着有利于发展中国家的巨大变化。这种巨大变化的总的趋势是：发达国家在科学技术、世界金融、世界贸易等各方面的垄断和特权，在民主、社会制度上的各种神话，开始逐步被打破；而发展中国家的影响力开始逐步上升。

首先，当今世界经济和政治中心正从大西洋向太平洋转移，新兴经济体国际地位的提升势必会改变全球化进程的实质。新兴经济体的健康发展和对于全球经济增长的贡献，世人有目共睹。面对国际金融危机的影响和全球竞争力结构的改变，新兴经济体实施的以科学技术创新为核心的新型生产方式与区域生产贸易链正对全球贸易和投资模式产生深刻影响。新兴经济体之间的关系日趋密切且呈多元化发展趋势，由它们织成的一张针对全球贸易和投资的新关系网正在形成。新兴经济体将在国际事务中扮演更加重要的角色、承担更多的责任，以期在能力范围内主动推动全球治理变革。

其次，发展中国家在国际金融危机中维持增长势，并且产生了新的贸易、投资和金融关系。这种新关系在货币领域表现得尤为明显。我们见证了传统储备货币影响力的逐渐下降，而以人民币为代表的新兴经济体货币则越来越受青睐。这不仅体现了新兴经济体在全球汇市中地位的提升，还反映了新兴经济体在世界贸易中重要性的不断增强。同样的变化也发生在政治层面。不可否认，在面对全球和地区问题时，各国达成共识的过程并不顺利，政治权力再分配也受到一定程度的阻力。但无论怎样，权力再分配势在必行。我们不是生活在一个"零和"世界，而是一个霸权主义瓦解、以合作共识为上的世界。

再次，由于无论是推动各项变革共识的达成，还是为新共识寻找相应的匹配机制，这都是非常艰巨的任务。比如应当如何兼顾自由和效率，在面对全球问题时，联合国和其他国际组织应如何富有成效地发挥作用，这些都不是很容易的事。可以说，无论在国内抑或全球范围内，变革都承受着巨大压力。不过，我们需要牢记在心的是，在当今世界劳动分工中的垄断和特权，是一定要打破的，一个新的世界劳动分工格局，一定会在各种国际规则和国际秩序重新制定过程中形成。而应当记住的是，重塑新的世界劳动分工格局，需要在所有相关参与者之间开展对话，这其中既有发达国家也有发展中国家。这种对话不仅是政治层面的磋商，还应充分体现不同国家的利益、观念和路径。换句话说，新的世界劳动分工格局应融合不同的文化和传统，尊重世界的多样性和多元化，真正地融合世界所有国家的要求和利益。从这个意义上来说，这无疑将是一个十分艰难的过程。

三 国际劳动分工结构中优势和利益分配

应当如何看待国际劳动分工中各国的经济优势和政治优势，这是个十分复杂的问题。古典经济学家亚当·斯密和大卫·李嘉图，曾从纯经济意义上提出了自由贸易理论。这种理论的基本含义，概括起来就是：由于各国自然禀赋的差异和世界市场的存在，在参与国际竞争中，各国都有自己的相对优势。各国都应当依据本国自己的优势，集中发展其相对有利产品的生产，以节约社会劳动，更多地增加使用价值和数量，并在从与他国家的交换中，获得更多的比较利益。对于那些国内虽然需要，但在国内生产相对不利的产品，不必在国内生产，可以通过国际交换而获得。如果各国都按这种比较优势和比较利益原则进行国际分工和国际贸易，各国就都可以从中得到相对的利益。

国际劳动分工中的比较优势和比较利益

马克思在阐述工场手工业分工时，特别指出，由每个工人劳动技能、体力等各方面的状况所决定，其从事的劳动岗位也就不同。从而就发展出了劳动等级制度和工资等级制度。马克思说:"因为总体工人的各种职能有的比较简单,有的比较复杂,有的比较低级,有的比较高级,因此他的器官,即各个劳动力,需要极不相同的教育程度,从而具有极不相同的价值。因此,工场手工业发展了劳动力的等级制度,与此相适应的是工资的等级制度。一方面,单个工人适应于一种片面的职能,终生从事这种职能;另一方面,各种劳动操作,也要适应这种由先天的和后天的技能构成的等级制度。然而,每一个生产过程都需要有一些任何人都能胜任的简单操作。现在,这一类操作也断绝了同内容较充实的活动要素的流动的联系,硬化为专门职能。"[①]

在国际分工中,由各国的具体状况和优势所决定,同样形成了劳动的不同等级制度和工资不同等级。当然,如果各国都真的能按照这种比较利益原则进行国际分工,进行国际贸易,那当然就能形成优势互补,从而在世界范围内达到劳动资源的合理配置,这对各国也当然是公平和有利的。不过正如许多学者所指出的,这种理论既有上述合理性,又有很大的局限性。其在理论上的局限性就是,这种理论是外生性的和静态性的。它需要在满足了许多假设的条件之后,才能起作用。这些条件包括:完全的自由贸易、完全的竞争、规模报酬不变、技术水平不变、劳动生产要素品质相同和数量保持不变、劳动生产要素不能在国际之间流动、不考虑需求的差别和交易成本,等等。很显然,这些假设条件在具体实践中是不可能都得到满足的,因此这种理论很难在实践中体现出它的正确性。

诚然,由于这种理论以劳动价值论为基础,揭示出在这种分工中有比较优势和比较利益存在,可以优势互补,达到资源的合理配置,从而降低生产成本,提高生产效率,使交易双方都能获益。正因为如此,至今还被人们所接受,在国际劳动分工的实践中发挥着作用。然而,由于这种理论是建立在静态分析和各国自然条件的差异基础上的,而忽视了政治制度、科学技术、管理水平、劳动熟练程度等方面的差异和发展变化性,特别是忽视了生产关系因素的作用,所以它不能科学地揭示出双方得利不平等的问题和相对优势变化的题。而这一点,对于揭示当前国际劳动分工和国际劳动分工秩序的实质,却是极为重要的。

发达国家正是利用这一点,通过垄断国际资本市场、科学技术市场、

[①] 《马克思恩格斯全集》第44卷,人民出版社2001年版,第405页。

垄断大宗商品价格,而从全球获得高额利润的。特别是随着科学技术和知识经济的发展,那些有形要素或自然的优势,比如土地、劳动力、自然资源等方面的优势和作用,日益下降,而科学技术和知识的优势和作用,日益提高,这就使许多国家失去了传统部门生产的优势,从而不能获得比较利益。大量历史事实证明,因为在国际经济交往中,主要的优势特别是科学技术和管理方面的优势,总是被少数强国、富国所垄断,这些少数强国、富国总是靠牺牲别国的利益而获得更多的财富。所以在这种比较利益中最大的获利者只能是那些有着垄断优势的强国和富国。如马克思所指出的:"正如一切都已经成为垄断的,在现时,也有一些工业部门支配所有其他部门,并且保证那些主要从事于这些行业的民族统治世界市场。""自由贸易的信徒从每一个工业部门找出几个特殊品种的生产,把它们跟工业发达国家中的一般消费品的最廉价的生产等量齐观,这真是太可笑了。如果说自由贸易的信徒弄不懂一国如何牺牲别国而致富,那么我们对此不应该感到意外,因为这些先生们同样不想懂得,在每个国家内,一个阶级是如何牺牲另一个阶级而致富的。"马克思这一论断的正确性,已被历史发展的事实所证明。

比如,自马克思至今的200多年间,技术和生产力落后、只拥有资源优势的那些国家,尽管都竭尽全力,集中发展资源优势产业,并用这些资源性产品去交换发达国家的工业产品,其结果是,获利小者越来越小,获利大者越来越大,在被科学技术和生产力都先进并处于垄断地位的发达国家的掠夺和剥削中,至今也没有改变自己的落后状态。而大量的财富却源源不断地流入那些发达国家,落后者更加落后,而发达者却更加发达。又比如,世界上资源优势最大者莫过于中东富产石油的国家,它们通过出售本国石油的确获得了大量的石油美元。而这种大量的石油美元不仅未能使这些国家摆脱科学技术和生产力落后的面貌,反而不得不把这大量的石油美元又存入发达国家,使其成为发达国家在全球进行资源掠夺的资本。伊拉克战争,和围绕伊拉克战争的发达国家之间的石油战充分证明,石油资源极为丰富的中东国家,至今仍然是发达国家激烈争夺的最肥的肉。

总之,亚当·斯密和大卫·李嘉图的比较优势和比较利益理论,是最有利于科学技术发展领先的工业发达国家。至今,历史的发展证明,国际劳动分工结构发展变化,是与科学技术革命紧密相关的,一定程度上,国际劳动分工的发展都是科学技术发展的结果。尤其当代的国际劳动分工,它作为现代科学技术高度发展的结果，具有高技术的特征。谁掌握高新技术，谁就是这种分工中最大利益的获得者。由此所决定，发展中国家一味只靠自己的资源优势是没有出路的，必须在利用自己资源优势的同时，加速科学技术和工业的发展，改变劣势，改变在这方面的落后状况，才能提升自己在国际竞争中比较优势和比较利益的档次。国际劳动分工中的比较优势和劣势，并非是一成不变的。所有在国际劳动分工中的要素优势、禀赋，包括经济的、政治的、社会的、资源的、科学技术的等，都会随着现代科学技术的发展，而发生变化，原来的比较优势或比较劣势都可以向着相反的方向发生变化。

随着资本全球化和劳动全球化的发展，我们在考虑比较优势和比较利益时，还必须从具体实践出发，把技术进步、不完全竞争、规模经济、资本的国际流动、要素质量差异、政府政策作用等因素考虑在内，把诸多因素结合起来，从动态上进行研究。在市场竞争不完全，政府和大跨国企业可以通过政策行为影响产业结构，影响国际劳动分工中的利益关系时，国际贸易的动力不再只是比较利益，或资源禀赋的比较优势，而是由本国传统优势、国际产业结构、跨国公司的具体特性、政府政策的干预力度及历史惯性等复杂的综合因素。特别是在全球寡头统治结构下，人们对国际贸易带动经济增长与发展的动态利益的追求，越来越强烈。而这又反过来成为技术进步的巨大动力。

国际劳动分工结构中的劳动力优势和人口红利

发展中国家在国际劳动竞争中不仅有着自然资源的优势，还有一大优势，就是人口多，劳动力资源丰富，不少人称之为"人口红利"。所谓"人口红利"，不仅是指一个国家的人口多，劳动力人口占总人口比重较大，劳动力资源相对丰富，而且还指由于经济发展水平相对落后，在国际竞争中劳动力相对便宜，当然还包含着广大人口消费和储蓄在量上的优势，即在拉动资本积累和消费市场扩大方面的优势。这些都为经济发展、参与国际竞争创造了有利的人口条件。孤立看，"人口红利"不意味着经济必然增长，但一个国家一旦融入到了劳动全球化和国际劳动分工结构之中，则"人口红利"势必会成为其参与国际竞争和经济增长的重要优势。回顾新兴工业化国家和在国际竞争中处于有利地位的发展中国家，其发展过程中，人口红利都起有重要作用。

诚然，无论亚洲、拉丁美洲还是非洲，发展加快的国家，在一定程度上，靠的就是人口红利。不过，从国际劳动分工结构发展和升级的历史看，在国际劳动竞争中，发展中国家的劳动力优势，即所谓人口红利，主要是表现在数量上。这种人口红利主要是粗放式的，大量是农村人口、农村劳动力，人口、劳动力的科学文化素质和品质，以及工资水平，都是比较低的。教育水平低、成本低，则是其主要优势所在。而随着这些国家经济发展水平、劳动者科学技术水平、劳动生产率水平、劳动者工资水平的提高，以及由此所决定的在国际产业结构和国际劳动分工结构中地位的变化，人口红利也逐渐呈现减少趋势。

比如，基于参与国际竞争和国际生存的需要，这些国家都在加快发展方式的转变和产业结构的升级，对劳动者科学技术水平、文化知识水平、劳动工艺水平的要求越来越高。而这些国家由于教育经费和教育发展水平的局限，劳动力发展和提高，还不能适应这种发展，从而造成就业形势十分严峻。有相当一部分劳动年龄人口，甚至成为社会负担。要改变这种状况，只有通过发展各种教育，提高劳动力素质，才能达到这种转型和提高劳动生产率的目的。这样随之而来的是劳动力教育投资的增长，及其必然带来的工资的提高，一句话，劳动力成本提高。

又比如，人口红利是一定国际劳动分工结构条件下产生的，是发展的和相对的。随着劳动力由低文化知识、低经济收入向相对较高文化知识、较高经济收入发展和转变，其在国际劳动力竞争中的优势，必然趋减。这些国家劳动工资与发达国家劳动工资水平的接近，就意味着这种竞争优势的减弱。当然，如果发达国家的劳动力教育、劳动力品质、劳动工资与这些国家等距发展和提高，发展中国家在原来基础上上一个台阶，发达国家也在原来基础上上一个台阶，那这种人口红利则不会趋减。而实际上不是这样，发展中国家在这些方面的发展和提高比发达国家要快，处于追赶发达国家的状态。

还有一个因素是人口本身的再生产。历史的实践已经证明，发展中国家随着总体人口教育水平、科学文化知识水平、物质文化生活水平和医疗水平的提高，人口出生率一般都会呈现下降趋势和人口老龄化趋势。因此，从长期看，这些国家总人口中劳动人口比重将减少，养老保险负担将加重，在国际劳动竞争中最有利或绝对有利的时期将过去。之后，只能追求相对有利的人口红利。而且劳动力优势只是在国际竞争中获得发展的一个条件，一种机会，能否很好利用这个有利条件，抓住这个机会，把这种优势发挥出来，那还要看其他许多因素。同样有着人口优势的许多发展中国家，在国际竞争中却呈现出千差万别的情况，就说明了这一点。

值得注意的是，人口红利与资本红利、科学技术红利是对立统一、相互依赖、相辅相成的。决定经济的长期增长因素，不只有劳动力增长，还有资本积累和技术进步。我们看到，在当今国际分工中，发展中国家在发挥劳动力优势获得利益、获得发展，享受人口红利的同时，发达国家也在发挥资本和科学技术优势获得更大的利益和发展，享受着资本和科学技术红利。发展中国家人口结构的变化，以及劳动力在不同地区和不同产业部门分布的变化，肯定会对这些国家的经济结构，在国际劳动分工中的相对优势产生重要的影响；同样，发达国家资本和科学技术结构的变化，其在不同地区和不同产业部门分布的变化，也肯定会对这些国家在国际劳动分工中相对优势的变化产生重要影响。我们不仅要重视劳动力供给变化对经济增长带来的影响，更要重视资本和科学技术变化对经济增长带来的影响。

更值得注意的是，人口红利同资本红利和科学技术红利相比，其性质及其在财富分配中的作用是不同的。劳动力低价优势，实质是能为资本提供超额利润的优势，对发展中国家来说，是出卖廉价劳动力资源，如列宁说的是为了劳动者的生存，只要能生存，能改善劳动者的生活，而不惜让外国资本家拿去2000%利润的资源被掠夺的性质，其所得是在被剥削、被掠夺中得到生存和发展；而资本和科学技术优势，则是剥削廉价劳动者、掠夺财富的优势，其所得是巨额财富。所以发展中国家在享受人口红利和发达国家在享受资本和科学技术红利的时候，感觉、滋味是完全不同的。

国际劳动分工结构中的科技优势和垄断利益

在国际劳动分工结构中，发达国家的优势，一般都是科学技术优势。而这种优势一般都带有垄断性。它给科学技术垄断者带来的利润不但很高，而且是别人无法得到的。也就是说，在三者的各得其所中，具有科学技术优势，或者说垄断高新科学技术的发达国家，所获得的利益是最高的，其在国际博弈中无偿占有别人的劳动也是最多的，而且发展中国家、科学技术落后国家，是无法与其竞争的。

在劳动全球化的当今，人们都爱谈互相依赖，爱谈在互相依赖的合作中的双赢。的确,当今的国际劳动分工结构中,各国相互间的关系是相互依赖或相互依存的关系。我中有你,你中有我,你离不开我,我也离不开你。各国的经济发展,都在相互渗透和相互制约着。任何国家的发展都离不开同国际的联系,离不开同其他国家的交往和合作。于是,一个很时髦的词"双赢",被广泛接受。然而,人们对这种双赢的本质,这种双赢对发达国家和发展中国家分别意味着什么,它有什么不同的含义,却缺乏深思或缺乏清醒的深思。

其实,所谓"双赢"或"共赢",简单地说,就是各得其所。就这个意义上说,它是平等的,各方都可以接受的。然而各得其所的意义和量是不同的,其付出也是不同的,弱者总是付出多于所得,强者总是所得大于付出,总会无偿占有弱者的劳动。也就是说,在这种双赢中,是存在着剥削和被剥削关系的。什么叫剥削,用马克思的话说,就是无偿占有别人的劳动。资本主义雇佣劳动关系中,这种剥削关系就是被这种各得其所所掩盖的。

在资本主义雇佣劳动关系发展的历史上,资产阶级经济学家们很早就提出了劳资双赢的说法。总的看,一定国际分工体系下的利益来源和利益分配,涉及国际资本、土地、劳动三者之间的关系。关于资本家、土地所有者、劳动者收入的来源和分配,资产阶级庸俗经济学家曾提出了一个简明的三位一体的各得其所的公式,这就是:资本—利润,土地—地租,雇佣劳动—工资。在生产过程中,资本家出资,得到利润;土地所有者提供土地,得到地租;雇佣劳动者提供劳动力,得到工资。这看起来的确是各得其所,合情合理。然而,如马克思批判的那样,这个公式实际上把资本主义社会生产过程的一切秘密都掩藏起来了,把体现资本主义生产方式独特特征的剩余价值形式,给排除了。为了能把这个问题说清楚,这里我们不妨多引用马克思的几段话。

马克思称这样的经济学家为庸俗经济学家。马克思说:"庸俗经济学所做的事情,实际上不过是对于局限在资产阶级生产关系中的生产当事人的观念,教条式地加以解释、系统化和辩护。因此,毫不奇怪,庸俗经济学对于各种经济关系的异化的表现形式——在这种形式下,各种经济关系乍一看来都是荒谬的,完全矛盾的;如果事物的表现形式和事物的本质会直接合而为一,一切科学就都成为多余的了——感到很自在,而且各种经济关系的内部联系越是隐蔽,这些关系对庸俗经济学来说就越显得是不言自明的（虽然对普通人来说，这些关系是很熟悉的）。因此，庸俗经济学丝毫没有想到，它作为出发点的这个三位一体：土地—地租，资本—利息，劳动—工资或劳动价格，是三个显然不可能综合在一起的部分。"①

在阐述资本家、土地所有者、工人劳动者的收入源泉时，马克思说："不管这些关系在其他方面看起来多么不一致，但它们都有一个共同点：资本逐年为资本家提供利润，土地逐年为土地所有者提供地租，劳动力——在正常条件下，并且在它仍然是可以使用的劳动力的时期内——逐年为工人提供工资。每年生产的总价值中的这三个价值部分，以及每年生产的总产品中和它们相适应的部分，——在这里我们先撇开积累不说，——可以每年由它们各自的所有者消费掉，而不致造成它们的再生产源泉的枯竭。它们好像是一棵长生树上或者不如说三棵长生树上的每年供人消费的果实，它们形成三个阶级即资本家、土地所有者和工人的常年收入。这些收入，是由职能资本家作为剩余劳动的直接吸取者和一般劳动的使用者来进行分配的。因此，资本家的资本，土地所有者的土地，工人的劳动力或者不如说他的劳动本身（因为他实际出售的只是外部表现出来的劳动力，而且像以前所说的那样，在资本主义生产方式的基础上，劳动力的价格必然会对他表现为劳动的价格），对资本家、土地所有者和工人来说，表现为他们各自特有的收入（利润、地租和工资）的三个不同的源泉。它们从下述意义上讲确实是收入的源泉：对资本家来说，资本是一台永久的吸取剩余劳动的抽水机；对土地所有者来说，土地是一块永久的磁石，它会把资本所吸取的剩余价值的一部分吸引过来；最后，劳动则是一个不断更新的条件和不断更新的手段，使工人在工资的名义下取得他所创造的一部分价值，从而取得由这部分价值来计量的一部分社会产品，即必要生活资料。其次，它们从下述意义上讲是收入的源泉：资本会把价值的一部分，从而把年劳动产品的一部分固定在利润的形式上，土地所有权会把另一部分固定在地租的形式上，雇佣劳动会把第三部分固定在工资的形式上，并且正是由于这种转化，使它们变成了资本家的收入、土地所有者的收入和工人的收入，但是并没有创造转化为这几个不同范畴的实体本身。相反，这种分配是以这种实体已经存在为前提的，也就是说，是以年产品的总价值为前提的，而这个总价值不外就是物化的社会劳动。但在生

---

① 《马克思恩格斯全集》第46卷，人民出版社2003年版，第925页。

产当事人看来,在生产过程的不同职能的承担者看来,事情却不是以这种形式表现出来,而是相反地以颠倒的形式表现出来的。为什么会这样呢,在研究的进程中,我们将进一步说明。在那些生产当事人看来,资本、土地所有权和劳动,是三个不同的、独立的源泉,每年生产的价值——从而这个价值借以存在的产品——的三个不同的组成部分,就是从这些源泉本身产生出来的;因此,不仅这个价值作为收入分归社会生产过程的各个特殊因素时所采取的不同形式,是从这些源泉产生出来的,而且这个价值本身,从而这些收入形式的实体,也是从这些源泉产生出来的。"①

马克思的结论就是,地租、利润都是剩余价值的一部分。他说:"因此,土地所有权、资本和雇佣劳动,就从下述意义上的收入源泉,即资本以利润的形式使资本家吸取他从劳动中榨取的剩余价值的一部分,土地的垄断以地租的形式使土地所有者吸取剩余价值的另一部分,劳动以工资的形式使工人取得最后一个可供支配的价值部分这种意义上的源泉,也就是从这种作为媒介使价值的一部分转化为利润形式,第二部分转化为地租形式,第三部分转化为工资形式的源泉,转化成了真正的源泉,这个源泉本身产生出这几个价值部分和这几个价值部分借以存在或可以转化成的那些有关产品部分,因而是产生出产品价值本身的最后源泉。"②

马克思阐明了,在三位一体中资本主义生产方式的神秘化、物化、物质生产关系与其历史规定性的直接融合已经完成:这是一个着了魔的、颠倒的、倒立着的世界。他说:"在资本—利润(或者,更好的形式是资本—利息),土地—地租,劳动—工资中,在这个表示价值和一般财富的各个组成部分同财富的各种源泉的联系的经济三位一体中,资本主义生产方式的神秘化,社会关系的物化,物质生产关系和它的历史社会规定性直接融合在一起的现象已经完成:这是一个着了魔的、颠倒的、倒立着的世界。在这个世界里,资本先生和土地太太,作为社会的人物,同时又直接作为单纯的物,在兴妖作怪。古典经济学把利息归结为利润的一部分,把地租归结为超过平均利润的余额,使这二者在剩余价值中合在一起;此外,把流通过程当作单纯的形态变化来说明;最后,在直接生产过程中把商品的价值和剩余价值归结为劳动;这样,它就把上面那些虚伪的假象和

---

① 《马克思恩格斯全集》第46卷,人民出版社2003年版,第930—931页。
② 同上书,第936页。

错觉，把财富的不同社会要素互相间的这种独立化和硬化，把这种物的人格化和生产关系的物化，把日常生活中的这个宗教揭穿了。这是古典经济学的伟大功绩。然而，甚至古典经济学的最优秀的代表，——从资产阶级的观点出发，必然是这样，——也还或多或少地被束缚在他们曾批判地予以揭穿的假象世界里，因而，都或多或少地陷入不彻底性、半途而废和没有解决的矛盾中。另一方面，实际的生产当事人对资本—利息，土地—地租，劳动—工资这些异化的不合理的形式，感到很自在，这也同样是自然的事情，因为他们就是在这些假象的形式中活动的，他们每天都要和这些形式打交道。庸俗经济学无非是对实际的生产当事人的日常观念进行训导式的、或多或少教条式的翻译，把这些观念安排在某种合理的秩序中。因此，它会在这个消灭了一切内部联系的三位一体中，为自己的浅薄的妄自尊大，找到自然的不容怀疑的基础，这也同样是自然的事情。同时，这个公式也是符合统治阶级的利益的，因为它宣布统治阶级的收入源泉具有自然的必然性和永恒的合理性，并把这个观点推崇为教条。"①

上面引用的马克思这些话，无非是想说明一个问题，那就是体现共赢的三位一体公式，掩盖了其中的剥削和被剥削的关系。而我们今天讲的在国际合作中的双赢中，同样有着剥削和被剥削的关系，不能说因为共赢，因为三者谁都离不开谁，离开了就无法生存，而这种关系就不存在了。如果从各有所得来说，的确是共赢。无论是资本家和土地所有者，还是资本家和雇佣劳动者，都是共赢。在今天的国际合作中也一样，无论发达国家和发展中国家，或发达国家和落后国家，或发达资本主义国家和社会主义国家的合作，也都的确是共赢。问题在于由科学技术和生产力发展水平的不同所决定，发达国家资本家和土地所有者所得到的总是利润或剩余价值的绝大部分，而发展中的社会主义国家和落后国家所得到的部分，总是少得可怜。更重要的是这些剩余价值还多是用这些国家低廉资源、劳动力和劳动创造出来的。当然，发达国家的资本家可以说，落后国家、雇佣劳动者这种损失都是值得的，因为如果没有发达国家的资本和技术，没有生产劳动得以进行，自己就会被饿死。而落后国家、雇佣劳动者也可以说，如果没有落后国家，没有雇佣劳动者，没有雇佣劳动者的劳动，生产劳动同样不能进行，资本家既得不到利润，更得不到超额利润。即使他们都有大

---

① 《马克思恩格斯全集》第46卷，人民出版社2003年版，第940—941页。

量积累,坐吃山空之后,也会被饿死。

在这个意义上说,无论是发达国家或落后国家,无论是资本家和雇佣劳动者,各自的贡献、各自的所得,都是为了自己的生存。不过,这里要说的,不是三者之间的相互依存的关系,而是在三者作用下劳动创造财富的分配和占有,利润或剩余价值完全归资本家,是不公平和不合理的。实际上,对发达国家和资本家来说,其所追求的不仅是生存,更重要的是财富积累,也就是剩余价值即无偿占有别人劳动的积累,和在此基础上的权势积累。也就是说,在特定的国际分工体系下,在双赢和各有所得中,存在着发达国家对落后国家、资本家对雇佣劳动者劳动的无偿占有或剥削。

既然如此,那么落后国家为什么还要积极开放,积极把自己融入这种全球化中,忍受这样的剥削呢?理由很简单,为了生存和发展。历史已经充分证明,在阶级存在的社会中,国际分工始终具有双重性:一是剥削、掠夺和不平等性,即较发达和较富有的国家对较落后和较贫穷的国家进行剥削和掠夺;二是双赢性或进步性,即具有促进落后国家经济发展、促进整个世界经济发展的作用。这种进步性的根本原因,在于它在实现过程中的互利性。其产生剥削和掠夺性的原因,不仅在于资本的剥削和掠夺的本性,而且还在于国际分工常常是建立在强国和弱国之间不平等的基础上的,在于有许多超经济的因素和力量。而其双赢性,则要以比较正常的、基于生产力发展的需要为前提。正如马克思所说的,国际分工和国际交换既存在着较富有的国家剥削和掠夺较落后或较贫穷的国家的一面,同时,由于它可以使较落后或较贫穷的国家获得比在本国生产更便宜的技术和产品,可以节约本国的劳动,因而也存在着对较落后或较贫穷的国家有利的一面。正因为如此,国际分工才得以不断发展。

历史的发展还证明,任何后进的国家,要想赶上并超过先进的国家,不开展同先进国家的经济关系,不首先把先进国家那些先进的东西吸收过来,是不可能办到的。列宁在许多著作中以实例深刻地阐述了这一基本思想:世界上所有先进的东西,都是劳动人民在长期生产斗争实践中创造出来的,是人类智慧的结晶。所以,落后的国家只有尽快地了解和掌握先进的东西,并在广泛应用的基础上加以创造和发展,才能达到后来者居上。这也是一条客观规律。从资本主义国家发展的具体历史情况来看,美国、德国和日本的发展,都充分证明了这条规律。积极参与国际分工,是后进国家赶上先进国家的必由之路。

对于落后国家特别是社会主义国家来说，迅速发展生产力，在不断增加社会财富的基础上逐步改善和提高广大人民群众的物质文化水平，是至关重要的。如果不是这样，无产阶级政权和社会主义制度就会失去存在的意义。正是在这个意义上，列宁才把积极参与资本主义的国际分工同改善和提高国内人民的生活状况联系起来，并把它作为尽快改善和提高人民物质文化水平的重要手段。列宁一再强调，为尽快改善国内经济和人民生活的状况，必须采取重大的、实际的步骤和措施，尽快打开同资本主义国家发展经济关系的局面，并准备在发展这种关系中，为了达到上述目的而作出较大的牺牲、损失，以及出现的不愉快的事情。列宁在论述实行租让制政策时，就强调应当把改善工农的生活状况作为这一政策的基础。他说：如果我们由于偏见而不能改善工农的生活状况，那我们就会给自己造成更大的困难，从而使苏维埃政权的信誉扫地。你们知道，我们一定要实现这种改善。只要能够改善工农的生活状况，我们不惜让外国资本家拿去2000％的利润，——而改善工农生活状况这一点是无论如何应当实现的。

在当今的国际劳动分工中，广大发展中国家，虽然得到了资本和技术，扩大了就业，使广大人民的生活有了较大提高，在工业化的道路上得到了较快的发展，但为此也付出了巨大的代价。普通工人，特别是农民工，同样劳动时间所得到的收入，只相当于发达国家工人的百分之几甚至千分之几。为了国家的生存和发展，的确向外国资本家们付出了高出数倍甚至数十倍的利润。更为严重的是，大量的宝贵资源被野蛮地开发和浪费；水、空气、土地的大量污染，不知何时、要花费多少金钱才能得到治理。如果把这些都算进去，发展中国家付出的何止是2000％啊！

第六章

全球劳动力市场体系和有尊严劳动

在以往对国际市场的研究中，很重视对国际商品市场、资本市场、金融市场、技术市场的研究，却忽视了对劳动力市场的研究，这也是一种很大的偏颇。其实，在所有的国际市场中，起基础作用、决定性作用的，却恰恰是国际劳动关系和国际劳动力市场。这里需要指出的是，国际劳动力市场与跨国劳动的国际劳工市场是两个不同的概念，不应当混淆。在对国际劳动力市场的研究中，很重要的问题是劳动条件和劳动者的地位改变。无论从人类社会发展的现状还是未来看，世界各国似乎都应当遵照世界劳工组织所提出的劳工标准，使每个劳动者都能进行有尊严的、体面的劳动。

一 全球劳动力市场体系的形成和发展变化

劳动力，顾名思义，是指进入劳动年龄，有劳动能力的人。劳动力成为商品，和其他商品一样，可以在市场上自由买卖，这是资本主义社会的基础。资本家只有在劳动力市场上买到劳动力，才能进行生产活动，获得剩余价值。资产阶级对世界商品市场的开拓，也包含着对世界劳动力市场的开拓。只是因为在国家主权的作用下，劳动力在国际间自由流动，至今还受着国家主权的制约和限制。可喜的是，自20世纪末以来，由于跨国公司在全球的迅速发展，改变了过去那种任何国家都不能越过一个国家的主权，从这个国家购买劳动力的局限，使国际劳动力市场已经由被国家主权制约下的分割状态，向着全球劳动力市场体系迅速发展，这是国际劳动力市场发展中的一大革命。当今，国际劳动力市场正在跨国公司的带动下，按照自身的发展规律，向前发展着。

国际劳动力市场的产生和含义

关于国际劳动的产生和基本含义，在第二章中我们已经作过阐述。实际上，国际劳动力市场的产生和概念，都蕴含在国际劳动的产生和概念之中了。不过，我们这里说国际劳动力市场，是广义的国际劳动力市场。我们说的国际劳动力，就是从事那种劳动要素和产品都超出国界的生产劳动的劳动力，所以国际劳动力市场，就是指为了使这种国际生产劳动能够进行的有关劳动力雇佣、交流、转移、合作的场所。在劳动全球化、跨国公司全球化的背景下，国际劳动力市场与国际劳务市场、劳工市场有联系，但不是同一概念。国际劳动力市场包含有劳动力的国际流动，但不能把劳动力的国际流动等同于国际劳动力市场。因为国际劳动与国外劳动不是同一概念。对一个国家来说，也许很多在国内进行的劳动，不发生劳动力国际流动的劳动，却实际上属于国际劳动，从事这种劳动的劳动力，也属于国际劳动力；也受着国际劳动力市场的影响或支配，本质上属于国际劳动力市场的组成部分。

国际劳动力市场产生的基本条件，是劳动力成为商品，这种商品与其他商品一样，可以在市场上进行自由买卖。应当说，在15、16世纪开始的商业霸权殖民掠夺时期，随着资本主义世界市场的开拓，国际劳动力市场就已经产生。那时的商业资本家，都是货币主义者，而货币主义者，又都是世界主义者。他们都从整个世界的眼界，进行殖民掠夺，既掠夺财富，也掠夺劳动力。不过，那时的劳动力买卖和使用，都带有超经济的暴力和强制的性质，或者带有奴隶制或封建制性质，还不是建立在大工业基础之上的现代的劳动力市场。

劳动力成为商品，是资本主义制度的标志。不过在资本主义商品经济中，劳动力不是一般的商品，而是一种特殊的商品。这种商品的特殊性，在于它的使用价值实现的过程即其劳动生产过程，不仅包含有转移在劳动过程中所消耗的劳动资料的价值，而且还包含有创造的新价值，剩余价值。劳动力的消费过程，即剩余价值的生产过程。在劳动力市场上，也就是在劳动力买卖的流通或交换过程领域，表现出了资本主义的自由、平等和人权，如马克思所说的：在劳动力买卖的流通或交换领域，确实是天赋人权的真正伊甸园。他指出：＂劳动力的买和卖是在流通领域或商品交换领域的界限以内进行的，这个领域确实是天赋人权的真正乐园。那里占统治地位的只是自由、平等、所有权和边沁。自由！因为商品例如劳动力的买者和卖者，只取决于自己的自由意志。他们是作为自由的、在法律上平等的人缔结契约的。契约是他们的意志借以得到共同的法律表现的最后结果。平等！因为他们彼此只是作为商品所有者发生关系，用等价物交换等价物。所有权！因为他们都只支配自己的东西。边沁！因为双方都只顾自己。使他们连在一起并发生关系的唯一力量，是他们的利己心，是他们的特殊利益，是他们的私人利益。正因为人人只顾自己，谁也不管别人，所以大家都是在事物的预定的和谐下，或者说，在全能的神的保佑下，完成着互惠互利、共同有益、全体有利的事业。"①

而一旦离开了劳动力市场，离开了劳动力的流通或交换领域，资本主义雇佣劳动的性质，雇佣劳动的真实面貌就显露出来了。同样如马克思所说的："劳动力的消费，像任何其他商品的消费一样，是在市场以外，或者说在流通领域以外进行的。因此，让我们同货币所有者和劳动力所有者一道，离开这个嘈杂的、表面的、有目共睹的领域，跟随他们两人进入门上挂着'非公莫入'牌子的隐蔽的生产场所吧！在那里，不仅可以看到资本是怎样进行生产的，还可以看到资本本身是怎样被生产出来的。赚钱的秘密最后一定会暴露出来。"② 马克思还说道："一离开这个简单流通领域或商品交换领域，——庸俗的自由贸易论者用来判断资本和雇佣劳动的社会的那些观点、概念和标准就是从这个领域得出的，——就会看到，我们的剧中人的面貌已经起了某些变化。原来的货币所有者成了资本家，昂首前行；劳动力所有者成了他的工人，尾随于后。一个笑容满面，雄心勃勃；一个战战兢兢，畏缩不前，像在市场上出卖了自己的皮一样，只有一个前途——让人家来鞣。"③

正是由于其有这种特殊性，追求剩余价值的资本主义生产劳动，无论是国内生产劳动或国际生产劳动，都只有在劳动力市场上能够买到适合的劳动力，其生产劳动才能进行。不过，与世界一般商品市场不同的是，在国家主权、意识形态、语言差别、国家利益的影响下，世界劳动力市场却受着更多国家主权和国家疆界的制约。国际市场上商品的品质，是由劳动

---

① 《马克思恩格斯全集》第44卷，人民出版社2001年版，第204—205页。
② 同上书，第204页。
③ 同上书，第204—205页。

的品质所决定,而劳动的品质又是由劳动力的品质所决定,所以资本家为了获得最大的利润,自然都想在国际劳动力市场上买到品质最好的劳动力。然而,受国家主权和疆界的制约,这一点是很难办到的。

资本主义对国际劳动力市场的开拓,是同对殖民地的开拓同步的。在这种开拓中,始终运用着国家力量和企业力量,或者说政治力量和经济力量,是在这两种力量的结合中进行的。不过,在不同的时期,基于客观条件的不同和变化,发展的不同时期,运用的重点不同。国际劳动力市场开拓初期,更多的、起决定性作用的,还是国家的力量,或政治的力量。殖民者及殖民地的商品市场和劳动力市场,都是靠国家的政治暴力开拓出来的。垄断资本主义时期,虽然出现了国际垄断组织,但资本家的国际同盟诸如在钢铁、电器、石油等行业的国际卡特尔、国际托拉斯、国际辛迪加等,它们主要的还是以垄断国际商品销售市场和原料市场为主要目的的国际卡特尔和国际辛迪加,而不是以跨国劳动生产和销售为一体的国际托拉斯。在它们的产生和发展中,国家政治力量还起着重要作用。

在复杂的国际劳动分工中,由于行业、职业的区别,根据不同的标准,可以把国际劳动力市场划分为各种不同的类型。诸如:工业劳动力市场、农业劳动力市场、采掘劳动力市场、建筑劳动力市场、服务业劳动力市场、熟练劳动力市场、非熟练劳动力市场、脑力劳动力市场、体力劳动力市场、蓝领劳动力市场、白领劳动力市场,等等。不仅如此,按照马克思主义劳动力市场理论,与其他商品市场相比,劳动力市场还有一些区别和特点。比如,从自由买卖的角度看,劳动力作为商品与其他商品没有什么区别,而从具体的交换性质来看,劳动力市场与其他商品市场,却有一个很大的区别,那就是其他商品和其所有者是分离的,而唯有劳动力这一商品及其所有者是二为一体,不能分离的。劳动力永远是附着在其所有者劳动者身上的。这就决定了,劳动力市场上的劳动力买卖,本质上是劳动力使用权的交换。此外,其他商品交换中,一般是价格起有决定性的作用,而劳动力交换中除了价格即工资这一重要因素外,还有人情和雇主经济条件、发展前景、管理方式、工作环境、福利待遇等方面的因素。

国际劳动力市场,是世界市场的重要组成部分。它是随着国际生产力的发展、国际贸易和国际投资不断扩大、资本在国际间的自由流动,而不断发展和深化的。国际劳动力市场和国际商品市场一样,由于各国发展水平的不同,存在着品质优劣、高低的差别。因为无论对整个世界或对每个国家来说，劳动力品质的优劣、高低，或者是从劣到优、从低到高，都是社会生产力、科学技术、社会教育等综合因素发展的过程，所以总的发展状况和趋势是：社会生产力、科学技术、社会教育相对落后的国家劳动力的品质，总是相对低于那些先进国家。不过，在社会生产力、科学技术、社会教育发展不平衡规律的作用下，这种先进与落后，不是一成不变的，而是在竞争中不断变动着的、超越着的历史过程。

全球劳动力市场体系的发展和变化

全球劳动力市场体系的形成，是社会生产力发展的结果，对人类文明进步有着积极的意义。马克思和恩格斯早就论述过，单是大工业建立了世界市场这一点，就把全球各国人民，尤其是各文明国家的人民，彼此紧紧地联系起来，以至每一国家的人民都受到另一国家发生的事情的影响。只有单个人的活动扩大为世界历史性的活动，人们才能获得全球的这种全面的生产的能力。他们指出："资本按照自己的这种趋势，既要克服民族界限和民族偏见，又要克服把自然神话的现象，克服流传下来的、在一定界限内闭关自守地满足现有需要和重复旧生活方式的状况。资本破坏这一切并使之不断革命化，摧毁一切阻碍发展生产力、扩大需要、使生产多样化、利用和交换自然力量和精神力量的限制。"[①] "每一个单个人的解放的程度是与历史完全转变为世界历史的程度一致的。至于个人的真正的精神财富完全取决他的现实关系的财富，根据上面的叙述，这已经很清楚了。只有这样，单个人才能摆脱种种民族局限和地域局限而同整个世界的生产（也同精神的生产）发生联系，才能获得利用全球的这种全面的生产（人们的创造）的能力。"[②]

国际劳动力市场的形成和大发展，是在18世纪资产阶级工业革命之后。工业革命在带来工业迅猛发展的同时，也带来了资本对外扩张的迅猛发展，带来了对国际劳动力的迅猛增加，带来对世界劳动力市场的开发。到19世纪末20世纪初，世界列强已经把殖民地瓜分完毕。如列宁说的，世界除了殖民国家，就是殖民地、半殖民地和其他附属国家。这就意味着，此时无论是殖民国家的劳动力，或是殖民地、半殖民地和附属国的劳

---

① 《马克思恩格斯全集》第46卷，人民出版社1972年版，第393页。
② 《马克思恩格斯选集》第1卷，人民出版社1995年版，第89页。

动力，都被卷入了世界市场，只是被卷入的范围和程度有所不同；意味着包括世界劳动市场在内的整个资本主义世界市场体系，已经形成。研究全球经济的美国著名经济学家丹尼·罗德里克说，从经济全球化的状况看，现今的发展水平刚超过了1913年，而说到劳动力的全球化，我们甚至还没有赶上当时的程度。除了半殖民地国家外，广大殖民地国家、附属国家的劳动力，都被卷入到了世界劳动力市场体系。这话也许说的有些过，当时各国劳动力都被卷进了世界劳动力市场体系，这的确是事实。

比如，以当时资本主义最发达的国家，也是最大的殖民国家，被称为"日不落"的英帝国为例，其国内的工业生产劳动，不只是为了满足国内的需要和消费，而很大部分是为了要销往世界各地；其殖民地国家国内为工业国家生产工业原料的生产劳动，比如棉花、矿产等资源的生产劳动，也不是为满足国内的需要和消费，而是为了运往殖民国家，满足殖民国家工业生产的需要。这样，殖民国家和殖民地国家从事上述生产劳动的劳动力，自然都同时被卷入到了国际劳动力市场。这些劳动力的价值，都要在国际劳动力市场上的竞争中，进行比较和确定。

在此时期的国际劳动力市场中，当然也包含有劳动力国际流动，但这种流动带有很大的强制性和掠夺性，比如奴隶贩卖、强制性移民等。在强制性移民中，当然也有很大一部分是因为生活所迫或寻求发财的机会。这是因为：一方面，工业发达国家工业迅猛发展，需要大量劳动力，特别是廉价的劳动力；另一方面，许多新的殖民地，是未开垦的处女地，很需要有钱人投资开发。因此，当时劳动力流动的显著特点是：无法生活的穷人，向工业发达国家流动，目的是寻找工作，养家湖口；发达国家的有产者，向殖民地国家流动，目的是通过掠夺性开发，发财致富。比如，据专家统计，在18世纪30—60年代，就有数百万计的爱尔兰人流入英国，英国的劳动力有近半数来自国外。与此同时，英国和欧洲其他工业国家也大量向美洲、大洋洲、亚洲、非洲移民，其数量高达数千万。正是这些移民，成为开发美国、澳大利亚、新西兰、南非等许多国家白人的主体，成为这些国家开发和发展的主体。

国际劳务市场的新发展和新变化

世界劳务市场是世界劳动力市场的一个重要组成部分，它是世界经济资源分布和需求变化所导致的国际间人力资源的流动。在经济全球化加速的背景下，随着科技的发展及人民生活水平的提高和产业结构的调整，劳务需求行业也不断发生变化，信息产业、生物工程、环保工程、计算机软件和硬件、电信、金融、保险、旅游业等朝阳产业对劳动力的需求日益增加，并逐步取代了传统的建筑、纺织、土木工程等产业，另外，医务人员、律师、教师、农技人员的需求也在不断增多，当代国际劳务市场出现了新的发展趋势。

以劳务市场总的状况看，由于西方发达国家经过几十年的经济复苏和发展，以劳动密集型为主的基础设施工程的建设业已完成，产业结构也发生了深刻的变化，劳动密集型项目已被技术密集型和资本密集型项目所取代。上个世纪 80 年代以来，世界劳务市场不景气。实际上国际劳务需求的减少主要是对普通劳务需求的下降，大批被裁减下来的外籍劳务人员主要是从事普通劳务的非熟练工人。在一些国家和地区所奉行的保护主义政策主要也是针对普通劳务人员流入的限制，从目前的发展趋势看，这种状况不会有大的改变，而智力和技术劳务市场的繁荣发展趋势是当代世界劳务市场发展的主导力量。由于现代科技发展日新月异，对劳动力素质的要求越来越高，全球范围内各类技术人才和管理人才普遍短缺，尤其是一专多能的复合型人才短缺的现象更为严重。据世界银行统计，美国引进的外籍劳务 60% 以上是技术工人和专业技术人员，西德这一比例达到 70%，其他发达国家和发展中国家也都程度不同地存在着类似的倾向。普通劳务比重下降，技术劳务比重上升，这种趋势正在促进国际劳务市场结构的变化，逐步形成以高层次劳务为重点的多层次、多行业的劳务市场结构。

随着经济的发展和人民生活水平的提高以及科技的巨大进步，一方面推动劳务市场向高层次方向发展，同时又带来了脏、累、险岗位的大量空缺和第三产业服务型劳务的迅速增长。发达国家和一些比较发达的发展中国家，脏、累、险工作由于无人问津，而呈现供给不足现象，只好雇用外籍劳务去填补，如清洁工、搬运工、矿工、渔工及钢铁厂和化工厂的一些工种，等等。在经济发展和人民生活水平提高的同时，发达国家和比较发达的发展中国家的产业结构也随之发生了很大的变化，服务业在国民生产总值和就业人口中的比重日益上升，服务业劳务市场发展前景广阔。例如，社区及公共事务服务行业在很多国家存在短缺，韩国短缺 50% 公共交通服务人员，英国和香港缺乏家政服务人员、厨师、等等。另外，在金融、保险、广告、旅游和咨询服务等行业也存在着一定的劳务需求。因此，今后外籍劳务在服务业中的就业范围将越来越广，就业率也将越来越高。

目前，世界上大多数国家普遍存在着普通劳工尤其是智力型和技术型劳务短缺的状况。西方发达国家和比较发达的发展中国家和地区，许多社会地位底、工资少、耗体力的工作常常无人问津，欧盟有300万人，美国有近千万人，他们专门在那里拾遗补缺，从事当地人不愿做的工作。发达国家和东欧、独联体国家人口下降和老龄化的发展趋势，加剧了劳动力短缺同发展经济之间的矛盾，尤其是专业技术性劳务的短缺更为突出。同时由于国内劳动成本的不断上升又影响了产品在国际市场上的竞争力。在这种压力下，一些国家和地区不得不放宽移民管制。2004年初，美国总统宣布推动移民政策法案改革，意欲逐步开放劳工市场，为有意到美工作的外国劳工提供临时、短期的就业机会。这项法案如获国会通过，将给目前在美的近千万非法移民3年临时工作和居留许可。日本政府多年来，通过"研修生"方式变相扩大了对外籍劳务的吸收。2003年，日本雇用外国劳工27.4万，比前一年增加4.6万，其中熟练工4.4万，技能实习生5万。日本要保持经济长期稳定，每年需补充60万劳力，因此开放劳务市场只是个时间和方式问题。西班牙政府一直对劳工输入实行配额政策，但为吸收更多的外籍劳务人才，2004年的配额已增加到5.2万，预计在有效控制非法移民潮后，西班牙的劳工配额将大幅度增加，每年会超过25万。另外，东南亚一些新兴的工业国家和地区在经济高速增长中出现结构性劳务短缺的情况下，也相继放松了对外籍人员入境的限制。

总的说来，尽管目前国际劳务市场还存在对外籍劳务这样或那样的限制，对劳务的工种需求不尽相同，发展的潜力各不一样，劳务竞争十分激烈，但国际劳务市场的总体趋势仍在继续稳定地发展，前景广阔。

单从劳务市场的状况看，亚洲地区持续快速增长的经济状况，导致了其对劳动力需求的增加，使亚洲劳务市场成为具有巨大发展潜力的市场，在国际劳务市场中的地位举足轻重。亚洲劳务市场包括中东劳务市场和东亚、东南亚劳务市场。中东劳务市场的发展主要得益于本地区所蕴藏的丰富的石油和天然气资源。沙特阿拉伯、科威特、阿联酋、卡塔尔等产油国家是中东地区集中全球劳务最主要的市场。20世纪70年代末80年代初，国际石油价格经历了两次大幅度提价，使得中东产油国获得了巨额的石油美元收入。为了将这些资金用于本国的经济开发和基础设施建设，从而发展本国的国民经济，人口稀少、劳动力不足的产油国家开始从本地区其他非产油国家招募劳务，后来又吸引了东南亚大批劳务进入中东市场，中国也于1979年以承包工程的形式向该地区输出劳务。

此后，连年战争和政局动荡，影响了中东劳务市场的发展。产油国经济低迷，劳务市场也随之萎缩，许多外籍劳务撤回了本国。近年来，随着世界石油价格的攀升，中东劳务市场又开始复苏。东亚、东南亚地区包括日本、中国香港、新加坡、马来西亚、中国台湾、泰国和韩国等，曾是向中东劳务市场输出劳务的生力军，同时他们也吸引了大批其他国家的劳务人员进入本国或地区。东亚、东南亚劳务市场的兴起主要取决于这些国家产业结构调整所造成的结构性劳动力短缺，其大规模输入的多是一些初级劳动力。各国政府为了保护本国劳务，又都制定了各自的政策法规，在不同程度上限制外籍劳工的大规模进入。随着这些国家市场对高级劳务人员的需求有所上升，有更多高素质的外籍劳务开始进入东亚、东南亚劳务市场。

二 时代的转折和国际劳动力市场含义的变化

20世纪90年代初，世界形势发生了根本性的转折。随着苏联和东欧国家政治制度的剧变，两极冷战格局宣告结束。这种变化不仅带来了国际直接投资、跨国公司全球性发展新高潮，而且带来了劳动全球化发展的新高潮。由于这种发展对国家权力的约束带来了挑战，所以一时出现了这样的议论：国家主权过时了，国界消失了，距离不再存在，地球变成了平的，我们的身份不再由出生地决定，国家政治被一个更新的、更容易变的、超越了国界的代表形式所替代。权力已经从本国的决策层转移到了跨越国界的监管网络；政治权力转移到了各种国际性的非政府组织；跨国公司和各种身份不明的国际机构决定了我们的经济生活。这显然有点言过其实，不过它却道出了人类社会发展的大趋势。

国际直接投资和国际劳动力市场发展中的转折

资本主义发展进入到了垄断资本主义阶段之后，随着资本主义对外扩张方式的变化，世界劳动力市场的范围、内涵和性质，也都有了变化。垄断资本主义最主要的特征，是资本输出，即直接投资。发达资本主义国家的垄断资本,特别是大垄断资本,通过对殖民地国家或落后国家进行直接投资生产,直接利用当地的廉价的劳动要素,特别是劳动力,直接投资生产,就地销售,摆脱了生产和销售的许多中间环节和国家疆界的限制,自然能获得更高的超额利润。据专家统计,1900年仅英、法、德、美和荷兰五国对外直接投资就高达222.6亿美元,1913年达到385.5亿美元。1938年,英、美、德、法、日五国的私人对外直接投资就高达462.9亿美元,其中英、美两国就有344亿美元。到1939年,美国垄断资本在海外的分公司就有715家。

在资本主义列强重新瓜分世界而引发的两次世界大战中,基于战争的需要,在资本主义国家的大力支持和扶植下,资本主义生产的国际化和私人对外直接投资,都有了巨大的发展。到1975年,发达资本主义国家的资本输出额已经高达5800亿美元,其中私人投资占到八成以上。以跨国公司形式的私人直接投资,以及由此所引起的生产国际化,导致了劳动力市场的质的变化。以这种跨国公司形式进行生产劳动的劳动力,其国际性已经不只是在其劳动生产的商品的国际性意义上,而是在其劳动要素、劳动具体过程意义上的直接的国际性。跨国公司发展,实际上就意味着跨国劳动的发展,它使国际劳动力市场因国家主权而被分割的状态,开始相互联系并趋于统一。可见,资本输出、跨国直接投资,特别是跨国公司的发展,标志着国际劳动力市场发展中的一种重大转折。

如果说在国际直接投资产生之前,没有国际直接投资国家国际劳动力含义,以及作为国际劳动力市场的含义,都只是从国际贸易、国际商品交换的角度和意义上来看的。而国际直接投资包含了直接的劳动力的购买和使用的整个过程,不仅涉及资本的国际转移、劳动力的国际转移,而且涉及具体生产过程、生产技术、生产管理、企业理念和企业文化的转移和控制。也就是说,母国向东道国输入的不仅有资本、生产力,还有与此相应的生产关系。与国际直接投资相适应,国民社会资本也直接转化为国际资本,国民劳动力也直接转化为受国际劳动力市场支配的国际劳动力。

与这种变化相联系,国际间的劳动力流动,也有了新的特点。与发达国家跨国公司在发展中国家投资增长的同时,发展中国家知识型和技术性劳动力,却在大量向发达国家流动。发达国家跨国公司在发展中国家投资,是为了利用发展中国家的廉价的资源和劳动力,降低成本,以获取超额利润;发达国家用相对发展中国家高、对发达国家来说仍然是很低的工资，吸收发展中国家的知识型、技术型劳动力，甚至不惜用高薪引诱特殊人才，这就不仅有获取超额利润的目的了，而是有着长远保持自己科技、劳动力创造能力，控制高劳动附加值生产的战略考虑。20世纪50年代之后，由发展中国家流入美国的劳动力，每年都有数十万甚至上百万。流入欧洲发达国家的劳动力，也不少于这个数字。到20世纪后期，在国际间流动的数百万劳动力大军，主要是发展中国家的劳动力大军，这种形式的劳动力转移，对发展中国家来说，其有害性也是长远的。

随着新兴工业化国家的出现，随着资源特别是能源在世界发展中作用的提高，此时期国际劳动力流动还有两个突出特点：一个是从尚未工业化的发展中国家向新兴工业化国家和大量输出石油国家流动。比如向新兴工业化国家韩国、澳大利亚、新西兰等国，向石油输出的海湾国家的流动。当然，吸纳流动劳动力最多的还是美国，约占流动国际劳动力的半数以上。另一个是随着发展中国家的发展，随着跨国公司的发展，发达国家高技术劳动力向发展中国家的流动也在增加。这主要是发展中国家为了自身的更快发展，高价从发达国家引进的科技人员，跨国公司派遣的高级科技和管理人员，由发达国家承包的重大基本建设工程的工程设计人员和施工技术人员等。

国际劳动力市场的这种发展，从抽象上说，无疑应当有利于劳动力资源在国际间的合理配置，并得到合理有效的利用，但由于资本追求最大利润现实所决定，实际上并非如此。劳动力市场产生和发展至今，从总体上说，当然对发达国家是有利的，因为发达国家有着强大的资本。如果说它对发展中国家也有利的话，发展中国家获得的利益，也是付出高昂代价的。如列宁说的，为了能够生存和发展，即使付出很高的代价，也是值得的。"如果我们由于偏见而不能改变工农的生活状况，那我们就会给自己造成更大的困难，从而使苏维埃政权的信誉扫地。你们知道，我们一定要实现这种改善。只要能改善工农的生活状况，我们不惜让外国资本家拿去2000%的利润，——而改善工农生活这一点是无论如何应当实现的。"这也是任何贫困落后国家摆脱贫困、走上发展的不二之路。

冷战时代的结束和劳动力市场发展的新高潮

自1917年俄国爆发十月革命和苏维埃政权建立，到1991年苏东政治剧变，世界上曾出现过资本主义和社会主义两个阵营和两个平行市场的时代。之后又演变为苏美争霸的冷战局面。在这种局面下，由于政治力量的作用，国际劳动力市场始终处于分割的状态。跨国投资和劳动力的国际移动，都受着意识形态和政治的制约，主要都只表现在各自阵营的内部，如果跨阵营转移，就被视为叛逃。

  冷战时期，意识形态、不同制度国家的国界，一直是国际劳动力市场发展坚固的篱笆。发达国家利用这种篱笆，主要通过两种途径制约国际劳动力市场的发展：一是利用经济封锁、经济制裁、保护贸易等阻碍资本主义国家与社会主义国家之间的投资、贸易和经济交流；二是限制移民和劳务输入。就资本主义国家内部看，起家最早的欧美发达资本主义国家，它们主要是通过出口自己的工业产品，用不等价交换的方式，掠夺其他国家。从事国际劳动的，主要只是这些发达国家的劳动者，劳动力市场也主要由这些发达国家所控制。其他落后国家或发展中国家，只是在被发达国家掠夺原料部门，主要是农业和工矿业，从事国际劳动。而从劳动力的人数看，后者却远远高于前者。这些劳动力对于国际劳动力市场来说，是一种潜在的资源和力量。

  欧美发达国家为了维持本国高的生活水平，虽然严格限制着移民和劳动力输入。不过，由于这些国家科学技术发展和产业的升级，本国劳动力大都转向技术和知识密集型的新兴行业，而在当地人们不愿从事的一些脏、累、险的低收入工种，在那些工作强度大、工作环境脏和差的部门，以及条件差、生活水平低的边远地区，因劳动力的缺乏，才允许劳务输入。因为在这种情况下，外籍劳务不仅是其经济发展的需要，而且不会妨碍本国工人的就业和生活水平。总之，这些国家都把外籍劳务的就业限制在技术水平低、劳动强度大、劳动条件差、收入水平低的行业和部门，从而抑制了国际劳动力市场的正常发展。

  当然，由于科学技术和经济的高速发展，这些国家始终存在着对科技劳动者或者说熟练劳动者的需求。比如美国，随着产业结构从资本密集型向技术和知识密集型的转化，高科技产业部门对高层次劳务人员显示出更高的需求，很多企业需要教育程度较高的雇员，而大量美国学生对学习失去兴趣，尤其是黑人和拉美人的辍学率提高，导致有些岗位招不到合适的人选。这样，一些需要一定技术的熟练劳动者部门，甚至高科技产业部门，如半导体、生物工程、计算机、人工智能及航天部门，都接受了一些外籍劳动者。不少来自发展中国家的科学家、研究人员、技术人员和工程师等都活跃在美国经济的各个行业，并发挥着重要作用。这样做，无论从经济发展需要的角度或节省教育费的角度看，对其都是非常有力的，而对发展中国家却是非常不利的。尽管如此，国际劳动力市场也仍然被主权国家的国界所局限着。

在20世纪80年代之前，发展中国家由于对外开放程度低，社会主义国家因受着计划经济体制和两个平行市场的影响，广大的劳动力还主要是从事国民劳动，从事国际劳动的劳动力比重还不大。以体现国际劳动力市场状况的国际贸易量为例，直到1981年，世界发展中国家出口贸易额才只有5399亿美元，只占世界出口贸易总额（20129亿美元）的26%。20世纪80年代之后，基于如下几方面的原因，世界劳动力市场迅速扩大。

一是市场经济的全球化。苏东国家发生政治剧变后，华约解体，经互会解散，两极冷战格局结束，两个平行市场对立的局面消失，加之前苏联和东欧社会主义国家都实行了西方的以私有制为基础的资本主义市场经济制度，中国和其他社会主义国家也放弃了高度集中的计划经济体制，实行了社会主义的市场经济制度，从而出现了市场经济全球化大潮，这就为资本在全球的流动。所谓市场经济，其实质和基础，是商品生产。市场经济全球化的发展，就是指商品劳动生产的全球化发展。这种发展自然为劳动力市场的全球性大发展，提供客观环境和条件。

二是发展中国家改革开放。随着两极冷战格局的结束，包括社会主义国家在内的所有发展中国家，都开始实行对内改革和对外开放，即通过以开办经济特区，设立跨国公司等方式，从发达国家引进资金、先进技术、先进管理，以加速劳动生产力发展的战略和政策，从而在加速本国生产力发展的基础上，扩大对外贸易、对外经济合作和经济交流，这些都自然也带动了国际劳动力市场的迅速发展，促进了国际劳动力市场态势的变化。

三是科学技术的发展和交通运输工具的改进。科学技术是重要生产力，无论是国民生产力的发展还是国际生产力的发展，以及与这种生产力发展相适应的生产关系的变化，都靠科学技术来推动。马克思在许多著作中都阐述过，资产阶级之所以能挖掉工业脚下的民族基础，开拓了世界市场，是因为蒸汽机的发明和运用，并在此基础上形成了机器大工业。能否拥有先进科学技术和用先进科学技术开发出的先进产业，这对一切文明民族都是生命攸关的问题。20世纪90年代后，正是新的科学技术革命，特别是交通和通讯技术、信息和电子网络技术革命，促进了劳动生产的全球化和劳动力市场的全球化，使远隔千山万水的不同肤色、不同语言、不同信仰、不同国籍的人们成为地球人，共同生活在地球村。

上述三方面在发展进程中是相互联系、相互促进的。基于这些原因，此时期国际劳动力市场的发展非常迅速。我们可以从国际贸易和国际直接投资这两个方面看出来。到 2007 年，国际直接投资额已经达到了 2 万多亿美元，比 1990 年增长了 15%。

篱笆的突破和新全球劳动力市场体系的新内涵

20 世纪末至今，国际劳动力市场不仅规模更大，发展水平更高，而且呈现出了一些新的特点。了解和研究这些特点，对于认清世界经济发展趋势，认清我国在世界经济发展中的地位和面临的挑战，更有效参与国际竞争，有重要意义。总的来看，当今劳动力市场的基本特征主要表现为：全球劳动力市场一体化趋势明显；全球劳动力相互联系、相互依存性不断加深；各种劳动力优势，得到了程度不同的相应发挥；同类劳动力的劳动报酬差距，趋于缩小，不同类劳动力的劳动报酬差距，趋于扩大。

国家主权和国家主权下的国界，一直是国际劳动力市场自由发展的障碍。而突破这一障碍的，是 20 世纪 80 年代后跨国公司的迅速发展。此时期国际劳动力市场的发展，是与以跨国公司为主体的国际垄断资本的发展紧密相连的。而国际垄断资本，是资本主义海外扩张的产物。国际垄断资本的主要形式，就是跨国公司。自 20 世纪 80 年代开始，跨国公司就迅速发展，其对整个世界经济、政治、社会产生的影响日益增大，并逐步成为国际社会重要行为主体之一。到 20 世纪 90 年代，随着经济、政治全球化的发展，两极冷战格局的结束，世界上包括国际投资、国际贸易、国际技术转让等几乎所有领域，都基本上被少数巨型国际垄断资本，即巨型跨国公司所控制。

而从 20 世纪末至今，以美国为主导的跨国公司全球性的扩张，对世界经济与政治都发生着重大影响。跨国公司的发展，不仅改变了人类社会生产和交换的模式，改变了财富的来源与分配结构，也改变了政治权力的构成和运行方式，改变了整个国际政治和经济关系。关于跨国公司对国际劳动力市场发展的作用，我们已在第五章作了专门的阐述，我们这里只是强调，由于它的发展，使阻挡国际劳动力市场发展的国家主权这一篱笆，被突破了。

我们这里说的劳动力市场全球化，其本质的含义是，在资本全球化和生产、交换、消费全球化体系中，劳动力买卖、雇佣，也已经形成了全球性相互联系、相互影响、相互依赖的体系。任何劳动生产，都是资本与劳动力结合的过程，国际生产自然是国际资本与国际劳动力结合的过程。而从历史过程看，无论是资本的国际化或劳动力的国际化，都以跨国公司的发展为主要动力和平台。因为跨国公司就是国际资本与国际劳动力结合的产物，它既体现着国际资本市场的发展过程和发展水平，也体现着国际劳动力市场的发展过程和发展水平。跨国公司虽然早在资本主义对外殖民掠夺时期就产生了，但在前两个时期，因其规模较小，所以对国际劳动力市场的影响也较小。

跨国公司生来就具有全球性，哪里利润高、哪里赚钱多，就到哪里去。过去是劳动力围绕资本转，围绕资本主义国家劳务政策转；而现在是资本围绕劳动力转，围绕劳动力资源潜力巨大的发展中国家的政策转。跨国公司到哪里，资本就到哪里，国际劳动力市场就发展到哪里。正是跨国公司遍布全球的大量投资，促进了劳动力市场的大发展和全球化。无论是最发达的美国劳动力，还是最不发达的一些非洲国家劳动力，都被卷进了这种相互联系、相互制约的全球劳动力市场体系之中。

无论在什么样的国家，只要是在跨国公司进行劳动的劳动力，就意味着向投资国的相对的国际转移。如果说发达国家的公司到发展中国家投资生产，是资本向发展中国家转移的话，那么发展中国家在跨国公司生产的劳动力，就自然意味着向发达国家转移。对这种转移，无论是发达国家还是发展中国家都不仅不阻止，而且是求之不得的。

由上述原因可见，自20世纪末开始，世界劳动力市场的发展，是在国际生产的意义上的发展。如果说过去的世界劳动力市场体系，主要是从世界贸易、世界市场体系的意义上间接而言的，那么此时期世界劳动力市场体系，则是从国际劳动生产体系的意义上直接而言的。前者的国际劳动，包含直接使用国际劳动要素的少，而后者的国际劳动，则包含直接使用国际劳动要素的多，或主要是直接使用国际劳动要素的国际劳动。

三　国际劳工标准和有尊严劳动

历史实践证明，由于社会生产力的提高、社会财富的增加、社会再投资的增长，总是赶不上人口的增长，所以在劳动异化状态下，失业就成为社会的常态，只是在不同的时代、不同的国家，其严重程度有轻有重而已。大量失业劳动者的存在，就使劳动者在劳资斗争中处于不利地位，在出卖自己的劳动力时，资产者就会压低价格，降低劳动标准和条件，眼前的现实就是这样。虽然世界劳工组织一再倡导各国都要按照劳工标准，积极改善劳动条件，使劳动者能进行体面劳动，但现实的情况依然很严重。

国际劳工标准和对国际劳动市场发展的影响

随着人类文明的发展，劳工权益保护日益受到国际社会的关注，旨在保护劳工权益的劳工标准，自然受到各国的重视。国际劳动标准，是由国际劳工组织制定的，它产生于第一次世界大战之后。列强旨在重新瓜分世界的第一次世界大战，不仅打破了英国主导的国际劳动分工秩序，自然也打破了在这种分工下的劳工制度；而且激化了列强之间的矛盾，激化了列强国家劳资之间的矛盾。这样在俄国十月革命影响下，工人运动高涨，促生了国际劳工组织。该组织由政府和劳资双方代表共同组成，其一项重要职能，就是制定规范性的文件。文件的性质分两种：一是具有法律约束力的公约，二是不具有法律约束力的建议书。于1919年召开的第一届大会上和大会之后通过了关乎劳工标准的一系列公约，其中一些为"基础公约"，一些为"核心公约"，目前国际公认的劳工标准，就源于此。

国际劳工标准的产生，是人类社会发展进步的表现。作为劳工权益的保护，它包括劳资关系的多个方面，不仅包括劳工的经济权益，也包括劳工的政治权益，诸如结社自由、同工同酬、禁止歧视、最低就业年龄、劳动就业、劳动时间、劳动环境、劳动保护、劳动工资等，这些方面标准的制定和执行，对劳工们无疑是有利的。然而，劳工标准产生于发达国家，由于它们经历了200多年工业发展的历史，积累起了巨额的社会财富和劳动环境，劳工劳动条件、工资待遇、劳动保护等方面都大大优于发展中国家，所以劳工标准又成为当今发达国家用以在国际劳动、国际贸易、国际合作等国际关系中，压制发展中国家的一种重要武器和手段。

大多发展中国家工业发展的历史都很短，劳工标准起步晚，标准低，而且很不完善，在涉及劳工标准的许多方面，都比不上发达国家，还一时难于解决。家庭贫困和非人道主义劳动尚普遍存在，诸如童工问题、过度劳动问题、强制劳动问题、工作和就业歧视问题、收入不足问题、劳动环境恶劣问题、劳动保护问题等，都困扰着广大发展中国家。不断完善和提高劳工标准，已经成为这些国家参与国际竞争，实现经济发展和政治稳定的一个大问题，应当引起足够的重视和不懈努力。而且劳工标准是个动态概念，随着社会物质文明和精神文明的发展，它的内涵和外延也都在发展和提高，即使劳工标准较高的发达国家，也有个继续提高的问题。

劳工标准低，是发展中国家在国际分工、国际竞争中的一大优势。特别是新兴经济体取得的巨大成就和惊人奇迹，那都应当归功于劳工标准低。然而，随着劳动全球化的发展，随着人类文明的发展，劳工标准的不断提高和全球化趋势，已经成为必然。比如：全球民主化浪潮和公益主义非政府组织的兴起，为这种提高和全球化发展注入了动力；发达国家抵制低劳工标准产品、标示区别高劳工标准产品、敦促跨国公司拒绝与低劳工标准生产者合作等社会活动蔚然成风；发达国家弱势群体和社会团体反对"社会倾销"、反对本国企业向劳工标准低的发展中国家转移的呼声日趋强烈；发达国家政府坚持劳工标准与国际贸易挂钩，极力把西方的劳工标准多边化，把它纳入国际贸易制度中；国际劳工组织也围绕"社会条款"、"社会标签"等问题展开了激烈争论，等等。

当然，发达国家在劳工标准问题上所采取的一切行动，其目的都是在搞贸易保护主义，限制发展中国家的出口，为了其本国资产阶级的利益，而不是真的为本国劳工的权益。这些行动作为对付发展中国家的武器，我们自然要坚决反对。不过话又说回来，只靠低劳工标准取得奇迹，不仅代价是高昂的，而且是靠牺牲劳工的利益取得的，它不是发展中国家的长久之计，更不是社会主义国家的长久之计。发展中国家不应当把发展的目的放在单独追求财富和财富的快速增长上，而是应当把发展的目的放在改善劳动者的生活和劳动条件上。回望发展中国家取得奇迹的历程，如果说过去付出了经济上的巨大代价，承受了经济上的巨大风险的话；那么如果不改变这种状况，今后也许将付出政治上的巨大代价，承受政治上的巨大风险。

改变单纯追求高产值的发展模式，不断完善、规范和提高劳工标准，不仅是发展中国家面临的长期任务，而且是国际劳动力市场健康发展的重要课题。无论从改善劳工的社会地位、劳动和生活条件，提高劳动力素质，实现国际社会公平竞争、公平分配劳动成果，消除两极分化以及劳动力的国际流动，建立公平、公正、合理的国际政治经济新秩序等看，劳工标准在国际经济和国际社会发展中的积极作用，都是显而易见的。

我们看到，由于跨国公司在全球范围内发展，以及各国进出口贸易的迅速发展，使得劳工标准在全球范围内的扩散速度日益加快，劳工标准全球化趋势正不断加强，劳工标准对世界劳动力市场影响和对世界经济与政治发展的作用，越来越突显。世界经济与政治发展中的许多矛盾和问题，诸如：世界性劳动者福利待遇低和财富分配不均的问题，全球范围劳工与劳工之间、雇主与雇主之间、劳工与雇主之间、劳工与政府之间、国家与国家之间贫富差距不断扩大和矛盾不断加剧问题，世界性竞争不公平、不平等和许多贸易纠纷问题等，都有待于提高和规范国际劳工标准来解决。

劳工标准的执行和有尊严劳动的实现

应当说，"有尊严劳动"是马克思提出的概念，而"体面劳动"是国际劳工组织在新的形势下提出的概念。两个概念相比较，从字面上我们就可以看得出来，作为消除劳动异化，实现劳动解放的一项措施，"有尊严劳动"的提法比"体面劳动"的提法更为科学。我们都知道，在特定的劳动分工结构下，一定时期由劳动力品质状况、供求状况、就业状况，在国际竞争中的地位、潜力和趋势等状况，构成了国际劳动力市场态势。一个国家国际劳动力的数量和品质，既决定着其在国际劳动竞争中的地位，也决定着其在国际劳动财富中的贡献和应享受的份额。由于历史和政治的原因，世界各国教育水平、科学技术、劳动力品质、劳动生产力发展水平等，都千差万别，其在国际劳动力市场中的地位和作用也各不相同，其执行劳工标准和实现有尊严劳动的现状，也各不相同，都只能根据具体情况进行分析。

不过从总的态势看，当前世界劳动力市场发展的态势是：在21世纪，特别是这次金融大危机之前，西方发达国家市场处于强势，其对执行劳工标准和在有尊严劳动方面做得比较好；而发展中国家市场处于弱势，所以对劳工标准的执行和在有尊严劳动方面做得也比较差。在此之后，西方发达国家的市场趋弱，其对劳工标准的执行和在有尊严劳动方面开始下滑；而发展中国家，特别是新兴经济体国家的市场趋强，所以在执行劳工标准和有尊严劳动方面，都有很大的进步。即使如此，总的情况也还赶不上发达国家。

国际劳工组织作为世界唯一为劳工说话的组织，其提出的劳工标准和一些实现体面劳动的倡议和一些具体做法，对劳动者还是有利的。但由于经费的窘迫和其他政治方面的原因，在许多事情上都是心有余而力不足。进入劳动全球化之后，劳工标准问题在世界发达国家和发展中国家的贸易中产生了争执。根据这种情况，国际劳工组织于20世纪末，提出了双方都能接受的"体面劳动"的概念。这一概念的基本内容，就是要使每个劳动者都有工作的机会，都能按照劳工标准自由、平等地选择自己的职业和进行自由、平等的劳动，得到平等的待遇和报酬，得到应有的劳动保护和尊严。从这些内容看，与其说是体面劳动，不如说是有尊严的劳动。

从这些内容看，自由、平等、保障、安全和尊严，其不仅是劳动者个人的目标，也是国家发展的目标，是整个世界发展的目标。这里之所以要强调尊严，要用有尊严的劳动代替体面劳动，是因为对劳动者来说，在劳动中有尊严，受到应有的尊重，实在太重要了。"尊严是最能使人高尚、使他的活动和他的一切努力具有更加崇高品质的东西，使他无可非议、受到众人钦佩并高出于众人之上的东西。"① 能给人以尊严的劳动，是能独立进行创造的劳动。"能给人以尊严的只有这样的职业，在从事这种职业时我们不是作为奴隶般的工具，而是在自己的领域内独立地进行创造；这种职业不需要有不体面的行动（哪怕只是表面上不体面的行动），甚至最优秀的人物也会怀着崇高的自豪感去从事它。"②

国际劳工组织提出的体面劳动的内容，反映了不同社会制度下的各国劳动者的最低的普遍需求，要争取实现一种使各项权利和其他发展目标都可融洽地共存的广泛共识，很不容易。当前体面的、有尊严的劳动，面临着许多现实缺陷。比如：缺乏充足的就业机会、不完善的社会保护、被剥夺工作中的权利，以及社会对话中的不足等等，这都是发展中国家和发达国家劳动者面临的共同问题。

在传统的资本主义发达国家，由于它们技术先进，资本力量雄厚，历来是世界工业产品和技术的出口最多，对外直接投资和吸引外国直接投资最多的地区。因此，它不仅是世界国际劳动力市场规模最大、劳动力品质最高、劳工标准最完善的地区，而且是促进和带动世界其他地区国际劳动力市场迅速发展的地区，在世界劳动力市场体系中起着举足轻重的作用。

---

① 《马克思恩格斯全集》第1卷，人民出版社1995年版，第458页。
② 同上。

这些国家的劳动力，绝大多数都是从事国际劳动的国际劳动力，因他们都掌握着高端生产技术，在高端产业从事高附加值产品的生产。这些高端产品主要不是供本国消费，而主要是为了要到国际市场上去销售，因为通过这种销售不仅可以换回供本国消费的产品，还可以得到更多的利润。所以长期以来在劳动条件、劳动待遇等方面，都大大高于发展中国家。

长期以来，这些国家就是利用劳动力市场的这种巨大优势，通过规模巨大高品质国际劳动力的国际劳动，创造出了巨大的国际劳动产品，并利用这些产品通过不等价交换，获取了大量由利润堆积起来的财富——资本。为了使这些资本给他们增殖出更多新的利润，他们便把这些资本直接投资到其他地区的其他国家，从而带动了其他地区其他国家国际劳动力市场的发展。直至今日，这一地区仍然是世界对外投资规模最大的地区。比如以联合国贸易和发展会议《世界投资报告》提供的数据为例，2010年，世界对外投资最多的国家是美国和德国，美国为3290亿美元，德国为1050亿美元。这些主要是投到其他地区的巨额直接投资，自然是刺激其他地区国际劳动力市场发展的重要因素。

当然，问题还有另一面。在世界劳动力市场体系中，其他地区国际劳动力市场的迅速发展，特别是国际劳动力市场规模的迅速扩大，意味着这一地区国际劳动力市场的相对缩小。比如，进入21世纪后，特别是2008年世界金融大危机之后，基于两个方面的原因，导致了这一地区国际劳动力市场的发展趋于弱势：一是这些国家高品质的劳动力都从事高端技术和知识产业，主要是高知识含量的核心技术及信息、服务、金融业的劳动，而一般性的工业生产劳动，都随对外直接投资转移到了其他地区，这也就等于把工业劳动力的优势也转移到了其他地区；二是由于金融投机的过度膨胀，2008年开始爆发了世界性金融危机，导致了这一地区服务业的急剧萎缩，大量劳动力失业，对外直接投资也急剧下降。比如还以联合国贸发会议《世界投资报告》提供的数据为例，2010年以这一地区为主体的世界对外直接投资，由2007年的2万多亿美元下降到了1.24亿美元，下降了38%。

与这种失业相适应，在世界劳动力市场格局中，在发展中国家劳动条件、劳动待遇趋于提高同时，而发达国家却趋于下降；这一地区也由过去的劳动力短缺、从国外大量汲取劳动力，转变为劳动力外流。一直以来，作为世界最发达的经济体，欧盟和美国的薪酬和福利体系，对外来劳动无疑极具吸引力,是亚洲、拉美、东欧、中亚、非洲发展中国家的劳动力都向往的地区。而如今,一来由于金融危机的冲击,二来由于发展中国家的新经济体薪酬和社会福利的提高,这一地区的劳动力不得不到发展中国家去寻找职业,这一地区由劳动力输入型变成了劳动力输出型。

发展中国家的进步和面临的挑战

发展中国家历来有丰富的劳动力资源。过去只是由于工业落后,巨大劳动力资源不能得以开发和利用,大量劳动力不得不到发达国家寻找出路,一直处于劳动力流出的状态。自20世纪80年代开始,这一地区发展中国家走上改革开放道路,情况发生了巨大的变化。为了利用这一地区廉价的劳动力资源,获取更高的利润,大量跨国公司带着资本和技术到这一地区投资,使这一地区劳动力资源的优势得以发挥。劳动力优势的发挥,国际劳动力市场的发展,是这一地区创造奇迹的法宝,正是在发挥劳动力资源优势的基础上,这一地区工业迅速发展,经济很快腾飞。无论从国际劳动力市场的规模还是劳动力的品质上看,当今这一地区,在世界劳动力市场体系中,都已经起有举足轻重的作用。

当然,就具体国家而言,由于历史条件、劳动力资源、地缘政治环境等的不同,发展也极不平衡。比如走在最前面的韩国和新加坡,还有中国的台湾、香港。它们在20世纪60—70年代就已经开始利用自己劳动力资源的优势,通过引进外资和技术,使国际劳动力的规模和品质,都实现了跨越性的发展,从而使自己的经济也实现了跨越性的大发展。到20世纪80年代,当世界人口和劳动力最多的中国、印度走上改革开放之路时,它们已经是资本和技术的输出地,加入了对中国大陆的资本和技术输出队伍。它们不仅自己完全卷入了世界劳动力市场体系,而且在促进和带动着中国大陆向这一市场体系进发。而自其在向中国大陆投资、输出资本和技术时起,便意味着,在这一地区劳动力市场体系中,它们在劳动力资源方面的优势,开始逐渐消失。

至于这一地区的发展中国家,自20世纪80年代之后,随着整个经济的发展和腾飞,在体面劳动或有尊严劳动方面也取得了很大的进步。但与发达国家比较起来,仍有不小的差距,而且面临着巨大的挑战。中国和印度,是至今世界劳动力资源优势最大的国家。它们不仅劳动力数量大,而且非常廉价。这两个国家都正是利用劳动力的这种优势,取得了经济发展的奇迹。尽管这两个国家都面临着提高工资的压力，引进资本和技术的潜力仍然很大，劳动力资源的优势将是长期的。

值得注意的是，这种优势不仅表现在数量上，还表现在品质的不断提高上。引进先进技术、先进管理和此基础上的创新，带动了技术教育和各种科技人才的培养，出现了大批知识和技术含量高的熟练劳动者，从而改变国际劳动力结构，提高总体国际劳动力的品质。看来，在今后相当时期内，这两个国家劳动力资源优势，还不会丧失。当然，这些发展中国家也有失业，但那主要不是因为经济危机和生产萎缩造成的失业，而是在产业发展和产业结构升级所造成的结构性失业，与资本主义国家因经济危机和生产萎缩所造成的失业有着不同的性质。

拉美国家也都有着丰富的劳动力资源。而且受发达资本主义国家的影响，这些国家劳动力的品质相对于亚洲落后国家和非洲国家，尚有一定优势。不过受发达国家移民政策的限制，在20世纪90年代之前，这些国家劳动力优势同样没有得到发挥。20世纪90年代之后，随着劳动全球化发展，以巴西为代表，他们充分利用劳动力资源优势，参与国际竞争，加快经济发展，提高了其在整个国际劳动力市场和经济中的作用和地位。

非洲历来是富有劳动力资源的地区。不过由于生产力发展落后，经济发展水平低，及其所拥有的自然环境资源条件等，决定了非洲在国际劳动力市场竞争中只有量的优势，而缺乏质的优势。而且现在看来，这种局面在短期内很难从根本上扭转。首先，非洲地区经济基础较差，尽管非洲各国也都采用了一些能促进本国经济发展的政策，但是由于资金的缺乏，支付信誉较差，从而在一定程度上影响了非洲劳务市场的发展。其次，除了尼日利亚、喀麦隆、加蓬、安哥拉及刚果等少数几个产油国家以外，大部分非洲国家都缺乏良好的投资环境，他们要么处于气候炎热的热带地区，要么就在茫茫无际的沙漠地带。

国际劳动力市场发展，意味着各国开放程度的提高，国民生产与国际生产相互联系和相互依赖的加强。不过，即使到了劳动全球化的今天，由于意识形态、国家主权和国家利益的作用和影响，在全球统一国际劳动力市场的发展中，还存在着许多问题，在一些领域和地区，被分割的状况依然存在。如世界劳工组织在一份报告中所说的，现在世界受雇的占全部成年人2/3的男女劳动者，形成的全球劳动力市场，构成了庞大的劳动世界。在这个世界中，约有半数是在农村或半农村从事生计，他们虽然是潜在的全球工人，但却仍被排除在全球化利益之外。不过，建立公平、合理的国际劳动分工秩序，建立统一的国际劳动力市场，不仅已经成为各国经济社会发展客观要求，而且是人类实现科学发展的必然逻辑。

总之，虽然世界各国似乎都不反对体面、有尊严劳动的原则，然而，因各国的国情不同，实行的力度和重点也不尽相同。各国都在选择适合自己情况的具体做法，探索适合本国、本地区甚至本企业体面、有尊严劳动具体模式。而国际劳工组织主要是倡导、帮助和服务成员国加大实现这一目标的力度。比如，国际劳工组织亚太局针对亚洲和太平洋地区的实际情况，编制了一套体面劳动指标。这套指标体系以体面劳动的四个战略目标，即工作中的权利、就业、社会保护和社会对话为核心，包括有20多个核心的指标，在一些国家推广实验，并承诺到2015年在亚洲实现体面劳动。

第七章

国际劳动分工秩序的发展和变革

如果说国际劳动生产关系,是国际贸易、国际金融等一切经济关系的基础的话,那么在特定国际劳动生产力和劳动生产关系基础上形成的国际劳动分工秩序,就是以国际贸易秩序、国际金融秩序为核心的整个国际经济秩序的基础。它在形成和发展过程中,又与国际政治秩序相互影响着。体现国际劳动分工秩序的国际经济政治秩序,是在一定历史条件下,基于整个国际经济、政治、军事、自然资源,以及地缘环境等多种因素的作用所形成的。回顾一下历史我们就能看出,国际劳动分工秩序形成和发展,都受着政治力量的很大影响。可以说,最初的国际劳动分工秩序,是少数强国利用自己经济、政治和军事实力的优势,采取炮舰政策,在殖民掠夺过程中形成的。从它形成伊始,就是以垂直分工为主的不公平、不合理的秩序,就是其凭借各种优势和实力,弱肉强食的秩序。在其之后的发展中,虽然随着优势在国际的转移和优势内涵的变化,其内涵和形式也有所变化,但本质的东西,即强国利用自己的各种优势对落后国家进行掠夺这一点,却始终依然如故。这里说的各种实力和优势,不只是指自然资源优势、劳动力品质优势,而且还包含有地缘优势、产业优势、科学技术优势、政府管理优势、国家政治和军事优势等之内的综合性的优势。

一 国际劳动分工秩序产生与强权政治

国际经济秩序的形成和发展,总是与国际政治秩序的形成和发展纠缠在一起的。历史上,任何国际秩序,无论是经济的还是政治的,都不仅是优势秩序,实力秩序,而且是强权秩序。这种秩序的形成和发展,不仅同强权政治,而且往往同残酷的战争联系在一起。从人类社会发展的未来和大趋势看,或者从马克思主义的理想看,依据人类社会发展的需要,由类似全球政府性管理机构或治理机构，管理或治理全球的事务，不仅是可能的，而且在某些方面，似乎已经成为了现实。然而，正是由于强权政治的存在，而且其很大程度上决定着所有国际秩序的性质，所以要真正建立公平、合理的国际劳动分工秩序，达到全面、理想的全球治理，尚需经过很长的历史时期。

国际劳动分工秩序产生和政治暴力

历史告诉人们，由于受国家主权的制约，国际劳动分工秩序与国民劳动分工秩序不同，它不是纯经济的产物，而是经济力量和政治力量共同作用下的产物。而且从历史的发展看，有时候，政治力量的作用还往往超过经济力量。就资本主义世界而言，如果说国民劳动分工秩序是资本主义生产方式产物的话，那么国际劳动分工秩序则不仅如此，它还是资本主义对外实行强权政治、进行侵略和暴力的产物。国际劳动分工秩序的出现和发展，始终是和资本帝国主义借助国家政治、军事力量进行对外掠夺相联系的。忽视这一点，正是一切关于国际分工、国际分工秩序的理想主义者们脱离实际之处。

国际分工秩序的产生，是与西方国家的暴力殖民侵略和殖民掠夺联系着的，而这种侵略和掠夺的开启，又是与新航路的开辟联系着的。麦哲伦等人的环球航行，不仅开辟了新航路，而且发现了新大陆，这对于欧洲国家经济的发展，有着重大的影响。比如，它引起了商业上的革命，开创了世界市场，引起了商路及商业中心的转移，以及商业经营方式的转变。比如出现了信贷金融机构，出现了股份公司和交易所等，从而促进了资本主义生产方式的迅速发展。更重要的是，它引起了东、西两半球的汇合，促进了欧洲同亚洲、非洲、美洲之间的经济和文化交流，促进了欧洲资本主义全球性的扩张。

马克思和恩格斯曾高度评价新航路的开辟和新大陆的发现的重要意义。他们认为在 16 世纪和 17 世纪，由于地理上的发现而在商业上发生的并迅速促进了商人资本发展的大革命，是促使封建生产方式向资本主义生产方式过渡的一个主要因素。认为美洲的发现、绕过非洲的航行，给新兴的资产阶级开辟了新天地。东印度和中国的市场、美洲的殖民化、对殖民地的贸易、交换手段和一般商品的增加，使商业、航海业和工业空前高涨，因而使正在崩溃的封建社会内部的革命因素迅速发展。正是由于这一新航路，欧洲同非洲、亚洲、美洲之间贸易迅速扩大，各地许多新商品，诸如玉米、甘薯、马铃薯、烟草、可可、香料，以及各种当时鲜为人知的蔬菜瓜果，如花生、向日葵、西红柿、辣椒、南瓜、菜豆、菠萝等，特别是中国盛产的茶叶、丝绸、瓷器、药材和手工艺品等，在欧洲市场上涌现。新航路的开辟，还引起了商品在价格上的革命。新兴的工商业资产阶级以及和市场有关的或采取某些资本主义经营方式的贵族和富农都获得了暴利。反之，劳动人民因日用品价格上涨，实际工资下降而日益贫困化。

欧洲国家航海技术和航海工具的发展，为新航路的开辟和新大陆的发现创造了机会；也为那些掌握这些技术和工具的力量强大国家的殖民侵略和殖民掠夺创造了条件。那些对外殖民侵略和殖民掠夺的先行者，诸如葡萄牙、西班牙、荷兰等，他们都是依靠政治暴力，依靠炮舰政策，在亚洲、非洲和美洲建立殖民地，并强迫殖民地根据自己的需要，而进行劳动分工和劳动生产的。由此可见，在国际劳动分工秩序的形成中，政治和军事暴力因素的作用，既是强大的，也是强制的。

历史告诉我们，欧洲所有资本主义国家，在其产生之初，基本上都是依靠自己的船坚炮利，通过对外军事侵略和野蛮的殖民主义政策开始起步的。他们不仅掠夺殖民地的财富，而且强行使殖民地在经济和劳动上都成为其附庸。它们根据自己的需要，强行使殖民地国家只从事农业、采矿业等工业原料和能源生产的劳动。这种状况甚至一直延续至今。也就是说，当今的不合理、不公正国际劳动分工秩序，就是从那时，从那种政治暴力中开启的。正是在这种劳动分工秩序下，才造成了亚、非、拉广大原殖民地国家和落后国家，至今大多数还仍然是从事农业、矿山、油井等工业原料生产劳动的科学技术落后的世界的农村。即使后来少数落后国家通过利用发达国家的资金和技术，自强奋斗，付出了高昂代价，使自己成为真正的发展中国家，或者初步工业化国家，但也仍然是技术相对落后的世界城市和乡村的结合部。而那些发达国家始终占据着世界先进科学技术和先进产业、高技术制造业的制高点和世界中心城市的地位。

一般的或从理想状态讲，如果能在各国优势基础上形成公平、合理的国际劳动分工秩序，自然是能在国际范围内实行劳动要素包括资金、技术、劳动力、人才、原材料、能源、信息、知识等的合理配置，从而合理的利用、节约这些资源，提高劳动效率。但历史的事实是，至今的国际分工秩序一直是在少数发达资本主义国家依靠强权政治，依靠对科学技术、对国际资本市场和技术市场的垄断所主导的,是他们利用自己在科学技术、政治和军事上的优势,从谋求他们自身最大利益出发而形成的,因而它不仅不能实现上述那些资源的合理配置和有效利用,而且起着反作用。它虽然有利于少数发达国家的发展和财富的积累,但对落后国家和整个世界的发展是十分不利的。历史上频繁发生的各种各样的世界性经济危机,发达国家与落后国家差距的不断拉大,就充分说明了这一点。

就是说这种不合理、不公正国际劳动分工秩序的有害性,最突出的表现就是,少数发达国家为谋取本国利益的强制手段,依靠牺牲别的国家来致富,使这种秩序违背了或扭曲了国际生产力发展的客观规律。如马克思在谈及自由贸易理论时所说的:"正如一切都已经成为垄断的,在现实,也有一些工业部门支配所有其他部门,并且保证那些主要从事于这些行业的民族统治世界市场。例如,在国际交换中,棉花本身在贸易中比其他一切成衣原料具有更大的意义。自由贸易的信徒从每一个工业部门找出几个特殊品种的生产,把它们跟工业最发达的国家中一般消费品的最廉价的生产等量齐观,这真是太可笑了。如果说自由贸易的信徒弄不懂一国如何牺牲别国而致富,那么我们对此不应该感到意外,因为这些先生们同样不想懂得,在每一个国家内,一个阶级是如何牺牲另一个阶级而致富的。"① 可见,如果说一些国家靠牺牲别的国家致富,是以往国际劳动分工秩序的本质的话,那么消除靠牺牲别国利益致富,则是将建立的新的国际劳动分工秩序的本质。

商业掠夺和商业霸权国际劳动分工秩序的形成

我们从国际劳动分工秩序的形成中,能够充分体会到创新劳动在社会变革和国际竞争中的巨大力量。通过上一节的分析我们知道,不合理的国际劳动分工秩序,是在强权政治中,在商业殖民侵略和殖民掠夺中开启的。可能人们不会想到,现在正因债务危机而请求国际援助的葡萄牙和西班牙,在当年,由于其勇于冒险的商人最先掌握先进的航海技术和工具,竟是殖民掠夺国际分工秩序的始作俑者之一。15 世纪末,正是善于冒险的商人,在封建贵族的支持下,利用造船和航海方面科学技术成就,利用地缘海港的有利条件,开始了冒险远征,走上了殖民掠夺的道路。而走在最

---

① 《马克思恩格斯选集》第 1 卷,人民出版社 1995 年版,第 228—229 页。

前面的，就是葡萄牙，紧接着的是西班牙。

当人们回顾这段历史的时候，都不禁会想，从当时的科学技术发展水平、生产力发展水平上看，亚洲国家，特别是中国，并不落后于欧洲。比如天文学、航海技术、制图技术、火药技术等，中国都不落后，那么为什么亚洲，特别是中国没有建立起商业霸权呢？这也许有许多非常复杂的原因，但就社会根源来讲，重农轻商观念的强大、统一的封建制度、残酷的政治手段，阻止了商业和大商人的发展。而在欧洲国家，不仅没有这样的强大的观念和政治统治，而且与商业和商人发展相关的银行家、与国家政治密切联系的武器商和手工业生产者，都不仅是社会的重要成员，而且成为国家经济与政治的重要支柱，他们与封建贵族在利益上是相通的。国家政治制度和法律制度，都体现了封建贵族与商人、商业、世界市场的共生性。也因此对商业、商人的发展和海外掠夺，提供强大的经济、政治和军事的支持。

从1486年到1522年，葡萄牙人先后发现了非洲的好望角，发现了通往印度的新航路，发现了美洲大陆和菲律宾群岛。这种地理大发现，与重大科学发现具有同样的意义。它不仅大大刺激了这些大商人开拓世界市场，获取更大财富的野心，而且为他们实现其野心提供了广阔的天地。他们不仅借封建贵族的政治权势，建立专门垄断海外贸易的公司，还利用金融贵族的权势，设立商品和证券交易所。借助这些机构，他们把大批欧洲的手工业制品，主要是呢绒、毛织和金属制品，运到殖民地，进行强买、强卖、贱买、贵卖等方式，大肆掠夺殖民地国家的黄金、白银、工业原料和各种稀缺资源，包括奴隶。从而开启了以商业优势或商业霸权殖民掠夺的国际分工秩序。这种秩序的基本特点是，殖民国家主要从事手工业生产，殖民地国家主要从事手工业原料，主要是棉花、烟草等的生产和奴隶的供应，而大商人作为工业原料和生产和消费的中间环节，通过掠夺性的强买强卖、贱买贵卖等暴力手段，赚取高额利润。

像葡萄牙这样，利用国家权力，以最残暴的暴力手段进行殖民掠夺，既是人类历史上最黑暗、最可耻、最血腥的一页，也是欧洲国家的起家史，是它们为什么能够在国际分工中一直保持强势，至今还是世界发达国家的秘密。葡萄牙是个小国，国土面积只有9万多平方公里，可当时它却是个商业先进国。作为世界上第一个殖民者，其占领的殖民地遍布亚洲、非洲和拉丁美洲，面积超过它本国领土面积的110多倍。其主要的掠夺对象是亚洲和非洲。比如，在亚洲马来半岛、印度、锡兰、中国、日本，在非洲的几内亚、黄金海岸、南非，在美洲的巴西等地，都霸占有殖民地或建立有殖民据点。葡萄牙人从 1517 年起开始和中国通商。1553 年，葡商借口遭遇风暴，要求上岸曝晒水浸货物，乘机贿赂明朝官吏，入居我国的澳门。1557 年后，竟自设官府，建城垣，修炮台，窃据澳门为其殖民地。

葡萄牙商人对殖民地除了采取直接的暴力掠夺方式外，另一种掠夺方式是以暴力作后盾，进行垄断贸易。垄断贸易实质上是一种间接掠夺方式。葡萄牙商人控制的殖民点，都是沿海的良港，依靠这些殖民点直接进行海盗式的抢劫，是其获得财富的重要方式。垄断贸易方式即把不值钱的欧洲手工业产品，用很低的价格买进，运到殖民地再高价卖出，把从殖民地掠夺的或低价收购的珍贵物品运到欧洲再高价卖出，从中赚取几倍、几十倍，甚至成千上万倍利润。

据历史学家们提供的资料，至 1508 年，葡萄牙侵略者先后占领了亚丁湾入口处的索科特拉岛和波斯湾入口处的忽鲁谟斯岛，以及印度西北岸的第乌港，从而完全控制了连接红海和亚洲南部的海路，开始垄断东方的贸易。值得人们深思的是，当时的葡萄牙不过是一百五十万人左右的小国。而它所侵略的对象，却多是文化发达、人口稠密的国家。所以它不可能占有大片领土，只能以侵占军事据点为主，同时采取垄断商路、利用商站公开掠夺和进行欺诈性"贸易"相结合的手段。直到苏伊士运河开通以前，由于葡萄牙封锁了旧的商路，致使环绕南非的海路长期成为欧亚之间贸易的主要通道。在通过垄断贸易对殖民地劳动者进行掠夺时，其手段是非常残酷的。比如他们在劫夺货物时，经常把被劫的船只连同乘客一起沉入海底，或将被俘的亚非各地居民割掉耳鼻后释放，借以扩大恐怖气氛。

国际劳动分工秩序形成中的掠夺和杀戮

紧跟葡萄牙之后，走上殖民掠夺道路的是西班牙。西班牙掠夺的对象主要是美洲。15 世纪末到 16 世纪前期，西班牙先后占领了海地、古巴、墨西哥、秘鲁、智利等几乎南美洲。他们同样利用枪炮残酷杀害印第安人，在抢夺金银财宝的同时，强迫印第安人从事奴隶劳动为他们开垦土地，开采金矿等，如有反抗，就格杀勿论。很多印第安人的村庄被烧杀抢劫一空。西班牙不仅成为 16 世纪欧洲最大的殖民帝国，而且用血与火写下了殖民掠夺的分工秩序。据专家估计，1545 年到 1560 年间，西班牙每年从非洲掠夺的黄金达5500公斤，白银246000公斤，此外还有大量的烟草、棉花和珠宝等。

紧接着，加入了这个殖民掠夺的行列的，是荷兰、英国和法国，最后还有美国。而且它们所采取掠夺手段之残暴，比其前者都有过之而无不及。其最无人性的是奴隶贸易。由于它们在美洲、西印度惨无人道地大量杀戮土著民族，造成矿山和种植园的劳动力大量短缺。于是，从非洲贩卖奴隶到这些地方，就成为最有利可图的买卖。它们像猎捕动物那样，在非洲大地上到处猎捕黑人，许多黑人部落在殖民者猎捕队的破击下被消灭，许多被猎捕的黑人在逃跑中、或被困死于森林中。

为了从贩卖奴隶中获得无本万利的收获，他们不惜采取"盗人"的制度。马克思在揭露荷兰在殖民掠夺中所犯罪行时，曾这样写道：荷兰"经营殖民地的历史，'展现出一幅背信弃义、贿赂、残杀和卑鄙行为的绝妙画卷'。最有代表性的是，荷兰人为了使爪哇岛得到奴隶，而在苏拉威西岛实行盗人制度。""他们走到哪里，哪里就变得一片荒芜，人烟稀少。"①据专家估计，从16世纪到19世纪，由非洲运到美洲的黑人，就约达1500万人。非洲在奴隶贸易中死亡、失踪的约有1亿人。

历史以铁的事实告诫人们，西方国家是从践踏人权致富、起家的，它们是最没有资格讲人权的。它们心里清楚，它们讲人权不比如人们都知道的，由商业贸易起始的殖民贸易，那是在政治暴力下或者以政治暴力作为先导发展起来的。如马克思所分析的，伟大的地理发现以及其后殖民地的建立，好几倍地扩大了商品的销售，促使手工业变为手工工场，斗争已经不仅发生于个别的地方的生产者之间，地方的斗争本身也发展了民族斗争的规模，发展成为十七世纪及十八世纪的商业战争。最后，大工业以及世界市场的产生，使斗争普遍化，同时使它具有空前未有的剧烈性。在个别资本家之间，在整批生产部门之间，在整批国家之间，存亡的问题，都由他们是否拥有自然的或人工造成的生产的有利条件来决定。失败者被无情地排除。

商业霸权殖民掠夺国际劳动分工秩序，是一种强制性不公平、不合理的劳动分工格局，维持这种分工格局的机制，在殖民国家之间，主要是通商条约，在殖民国家与殖民地国家之间，无论是战争抢夺、不平等和约或

---

① 《马克思恩格斯全集》第23卷，人民出版社1972年版，第820页。

条约、通商条约等，都以暴力为后盾，充满着杀戮。殖民国家抢夺的殖民地，都是用侵略战争、屠杀或强制移民霸占的。其对殖民地的统治，也都是血腥的暴力为后盾的专制、独裁统治。这些国家的大商人在殖民掠夺中所建立机构，也都有国家力量的背景或支持。比如葡萄牙大商人建立的印度公司，荷兰大商人建立的东印度公司和西印度公司等，都是得到政府授予特权的、拥有武装力量的殖民侵略机构。

由于各殖民国家商业资源和殖民掠夺发展的不平衡，特别是涉及商业发展的科学技术发展的不平衡，其在世界竞争中的霸主地位，也不断在变化。自15世纪到18世纪，这种霸主地位，就经过了四次更迭。15世纪是葡萄牙，16世纪是西班牙，17世纪是荷兰，18世纪是英国。这种更迭过程，更是充满着战争和杀戮。

这一时期，商业无疑是先进产业，商业劳动也无疑是先进劳动。依靠这种产业和劳动的优势，大商人不仅在殖民掠夺中获得了巨额财富，建立了自己的殖民统治，而且还创建了为自己殖民掠夺辩护的政治经济学，即重商主义政治经济学。重商主义者，是货币主义者，认为只有货币才是财富。其实，这是葡萄牙、西班牙、荷兰殖民掠夺给他们的启示。这三个国家都是欧洲小国。它们的资源和人口都很少，但就因为它们依靠在殖民地掠夺来的大量金银，而成为欧洲最富有的国家，成为世界的霸主。从这三个国家的实践中，他们得出这样的结论：货币是财富的唯一形态，一个国家财富的多少，决定于其拥有的以金银为代表的货币的数量。因此，一个国家财富的来源，就是在国家力量的干预下，除了自己开采金银矿以外，主要就是发展商业，发展对外贸易。而此时期葡萄牙、西班牙、荷兰、英国、法国殖民掠夺的实践，已经为重商主义理论的本质作了很好的解读。

总之，自15世纪开始，直到18世纪英国工业革命取得胜利，国际劳动分工秩序一直是由商业主导的商业霸权秩序。不能否认，这一秩序的社会经济基础是手工业劳动。在此期间，世界性的手工业生产得到了很大的发展。到17世纪上半期，古老的行会手工业已经发展成为资本主义的工场手工业。在古老的行会手工业中也生长出资本主义要素来。行会的上层分子，亦即富裕的作坊主人通过残酷地剥削工匠及学徒而致富，并且扩大了经营规模，因之这样的作坊逐渐地便带有资本主义手工工场的性质。在制铁等部门还产生了手工工场的组织形式。正是手工工场的发展，对外贸易的增长，推动了金融事业的发展，引来了英国工业革命，从而颠覆了这种商业主导的商业霸权秩序，开始向新的秩序演变。

二 国际劳动分工秩序演变和演变中的霸权更替

国际劳动分工秩序自产生以来，其发展演变进程，我们大致可以把它划分为三个大的历史时期：一个是自其产生到18世纪末，为商业主导的商业霸权秩序时期；二是从18世纪末到20世纪70年代，为工业主导的工业霸权秩序时期；三是从20世纪70年代至今，为金融主导的金融霸权秩序时期。应当说，从英国工业革命取得胜利至20世纪70年代，国际劳动分工秩序基本上都是以工业主导的工业霸权秩序。不过从支配这种秩序的主要力量即主导产业和霸权国的变化，我们又可把此阶段划分为三个小阶段，即工业主导的工业霸权秩序，资本主导的资本霸权秩序，和科技主导的科技霸权秩序。从国际劳动分工秩序形成和发展的历史看，其中最主要的因素，当然是科学技术和由科学技术带来的船坚炮利。人类历史上，正是由于大的科技革命和由这种革命的发展所带来的产业革命、世界市场、世界生产力的发展，才使国际劳动分工秩序经历了自在殖民掠夺中形成以来不同发展阶段。从如下关于国际劳动分工秩序发展里程的阐述中，可以看得出来，这不同的阶段，虽然都有着不同的性质，但就强国掠夺弱国这一点上，则是相通的。

工业主导和工业霸权秩序

殖民掠夺时期的霸权国家，依靠的是商业或商人。而支撑这些商人，把这些国家推向霸主宝座的，有三个支柱：一是国家的力量，二是地理大发现，三是手工业生产。而这三者中，最基本的、长期起作用的是手工业生产。商业资本的生命，在于买和卖，从买卖中获得资本增殖。而买卖运动的前提又是产品，有价值、能在买卖中使商人赚到钱的产品。在人类社会发展中，生产永远是社会发展的基础，一个国家发展的基础。15世纪到18世纪，欧洲国家无论商人之间竞争或国家间综合国力的较量，手工业发展状况，都起有根本性作用。

一般来讲，应当是工业上的霸权带来商业上的霸权。然而在殖民掠夺时期，也就是在工场手工业时期，由于地理大发现和封建统治因素的作用，却是商业上的霸权造成了工业上的优势。葡萄牙、西班牙、荷兰，都依靠强大的商业造就了强大的国家，曾称霸一时。但优质的工业产品，始终是它们确立商业霸权的基础。它们为了获得最大的商业利用，都不得不贩运英国和法国的工业产品到殖民地去卖。如马克思所说的，它们作为一个占统治地位的商业国家走向衰落的历史，就是一部商业资本从属于工业资本的历史。

历史的转折发生在18世纪后期。在商业殖民掠夺中，英国却后来居上。其原因有三：一是在对外殖民掠夺中，不仅开拓了国外市场，而且增加了资本原始积累；二是在国内大规模的圈地运动中，大批农民转化为工资劳动者，既保证了劳动力的供应，又扩大了国内市场。三是利用这些积累的资本和所开拓的巨大的国内外市场，加速了工场手工业的迅速发展，并在这种发展的基础上，发生了资产阶级政治革命和资产阶级工业革命，从而完成了工场手工业到机器大工业的转变。18世纪60年代英国工业革命，既是产业革命，也是科学技术革命，应当算是世界第一次科学技术革命。其革命的最重要的成就，是蒸汽机的发明和运用，使人类进入了蒸汽时代。蒸汽时代的开始，就标志着商业霸权时代的结束和工业霸权时代的开始。

商业殖民掠夺时期那些曾经不可一世的商业霸主，都一个接一个地衰落了。原因在哪儿？在于商业与社会基础的矛盾。人们常说的工商业这句话，有着内在的逻辑联系。商业发展的基础应当是工业，而工业的发展又依靠着商业。如马克思所阐述过的，资本的运动就是在工业生产过程中买卖。有资本的积累才会有工业生产的发展，有工业生产的发展，才有买卖的发展。而那年代的那些商业霸主，却是立在封建贵族统治下的农业基础上的。他们在国外所掠夺的金银，没有用到或没有完全用到工业发展的原始资本积累上，而是大部分被封建贵族为维持庞大官僚统治机构、维持宗教活动和维持寄生糜烂的奢侈生活所耗费掉了。而英国的情况却与它们相反。

英国则由于社会制度和国际斗争环境因素所决定，其殖民掠夺财富，没有完全用于贵族的奢侈消费，而很大一部分是用在了工商业的长期投资和积累。诸如交通运输的改善、工业技术的开发等。这些都促进了工场手工业的迅速发展，以及工场手工业向机器大工业的转变。16世纪中叶以后，毛纺织业在英国工场手工业中已经非常普遍和发达，几乎成为普及英国城乡的全民性的工业。前已述及，工场手工业，作为一种协作劳动方式，已经是资本主义的生产劳动方式。而英国经过工业革命后的机器大工业，则是成熟的资本主义生产方式。资本主义生产方式即工业生产方式，它同封建生产方式相比，自然是先进的生产方式，有着巨大优势。

如果说欧洲自15世纪60年代葡萄牙开始走上商业霸权道路，到18世纪60年代英国工业革命300多年的这段历史，是欧洲商业强国争夺世界商业霸权的"战国"时代的话，那么自英国工业革命到19世纪60年代这100多年间，则是在英国垄断下的欧美工业强国争夺工业霸权的相对稳定的时代。英国工业革命是资本主义国家工业化的起始阶段，它的本质，是以机器为主体的工厂制度代替以手工业技术为基础的手工工场的革命。它既是技术革命，也是劳动生产关系的变革。它发生和取得成功的前提，是资产阶级政治革命。这一革命给英国带来的工业繁荣和奇迹是惊人的。如恩格斯说的："所有过去应用蒸汽机和机器获得的惊人成果，和1850—1870年这20年间的巨大产量比起来，和输出与输入的巨大数字、和积累在资本家手中的财富以及集中在大城市里的劳动力的巨大数字比起来，就微不足道了。"①

正是依靠工业革命的巨大成就，英国不仅率先确立了工厂制度，而且成为"世界工厂"。巨大的工业生产力，使英国海军力量和先进武器，世界无敌，带来了英国船坚炮利。使其逐步确立了在世界工业生产和贸易中的垄断地位，成为世界最大的殖民帝国。到1820年，英国工业生产额就占到世界工业生产总额的一半，1850年，英国在世界贸易总额中的比重，达到了21%。1876年英国殖民地面积已经达到2250万平方公里，殖民地人口达到了25190万人。就是说，19世纪以来，随着英国对世界市场的垄断，使英国在包括亚洲、非洲、拉丁美洲众多殖民地国家的殖民掠夺中，获得了巨额财富，造就了被称为"日不落"的大英帝国。整个世界除了殖民统治者国家，就是殖民地国家和各种类型的半殖民地国家，形成了以英国为中心的国际贸易和金融网络，即以英国为中心的国际劳动分工体系和国际劳动分工秩序。

在工业霸权基础上的殖民掠夺劳动分工秩序，继承和发展了商业殖民掠夺方式和方法，除包含有商业殖民掠夺的掠夺性和残酷性。除了用暴力直接掠夺黄金、白银、珍宝等财富外，适应工业发展的需要，更重视对工

---

① 《马克思恩格斯选集》第4卷，人民出版社1972年版，第280页。

业原料和能源等资源的掠夺。这种掠夺实现,当然主要靠的仍然是殖民统治和在这种统治下的不等价交换。不过,大量的廉价工业产品,也成为了重要的武器。如马克思所说的:"资产阶级,由于一切生产工具的迅速改进,由于交通的极其便利,把一切民族甚至最野蛮的民族都卷到文明中来了。它的商品的低廉价格,是它用来摧毁一切万里长城、征服野蛮人最顽强的仇外心理的重炮。它迫使一切民族——如果它们不想灭亡的话——采用资产阶级的生产方式;它迫使它们在自己那里推行所谓的文明,即变成资产者。一句话,它按照自己的面貌为自己创造出一个世界。"①

在工业殖民掠夺劳动分工秩序中,不断开拓世界市场,在全世界掠夺工业原料并把工业产品销售到世界各地,这已成为了资产阶级的生命线。"不断扩大产品销路的需要,驱使资产阶级奔走于全球各地。它必须到处落户,到处开发,到处建立联系。资产阶级,由于开拓了世界市场,使一切国家的生产和消费都成为世界性的了。使反动派大为惋惜的是,资产阶级挖掉了工业脚下的民族基础。古老的民族工业被消灭了,并且每天都还在被消灭。它们被新的工业排挤掉了,新的工业的建立已经成为一切文明民族的生命攸关的问题;这些工业所加工的,已经不是本地的原料,而是来自极其遥远的地区的原料;它们的产品不仅供本国消费,而且同时供世界各地消费。旧的、靠本国产品来满足的需要,被新的、要靠极其遥远的国家和地带的产品来满足的需要所代替了。过去那种地方的和民族的自给自足和闭关自守状态,被各民族的各方面的互相往来和各方面的互相依赖所代替了。物质的生产是如此,精神的生产也是如此。各民族的精神产品成了公共的财产。民族的片面性和局限性日益成为不可能,于是由许多种民族的和地方的文学形成了一种世界的文学。"②

工业殖民掠夺劳动分工秩序,仍然是靠直接殖民统治、各种建立在暴力基础上的不平等条约等,来维持的强权秩序。英国对印度和中国的殖民掠夺,就是最好的例证。印度地大人多,是英国最大的殖民地。英国通过对印度的直接殖民统治,把当时拥有2亿多人口的印度,变成了其最大的工业产品销售市场和工业原料产地。19世纪中叶,英国销售大印度的纺织品占其全部纺织品产量的1/4,从而彻底摧毁了印度的纺织品手工业。在

---

① 《马克思恩格斯选集》第1卷,人民出版社1995年版,第276页。
② 同上。

英国政府的直接统治下，迫使印度沦为其农业附庸，按照英国工业发展的需要种植棉花、黄麻、茶叶、鸦片等。自1840年英国发动对中国的鸦片战争后，强迫中国与其签订了多种不平等条约，其不仅利用这些不平等条约从中国掠夺了大量的黄金、白银；而且强迫中国开辟通商口岸，用条约中的特权控制中国的关税，用鸦片贸易既掠夺中国的巨额财富，又毒害中国人的健康，真可谓是惨无人道。

与工业优势殖民掠夺秩序确立相适应，产生了资产阶级古典政治经济学。资产阶级政治经济学，是工场手工业时代的产物。在阐述政治经济学作为工场手工业这种社会实践的反映而产生时，马克思阐述了这样的思想：政治经济学作为一门独立的科学，是在工场手工业时期才产生的，它只是从工场手工业分工的观点来考察社会分工，把社会分工看成是用同量劳动生产更多商品，从而使商品便宜和加速资本积累的手段。同这种看重量和交换价值的观点截然相反，古典古代的著作家只注重质和使用价值。由于社会生产部门的分离，商品就制造得更好，人的不同志趣和才能为自己选择到适宜的活动范围，如果没有限制，在任何地方都作不出重要的事情。因此，产品和生产者由于分工而得到改善。他们偶尔也提到产品数量的增加，但他们指的只是使用价值的更加丰富。他们根本没有想到交换价值，想到使商品便宜的问题。这种关于使用价值的观点既在柏拉图那里，也在色诺芬那里占统治地位。前者认为分工是社会分为等级的基础，后者则以他所特有的市民阶级的本能已经更加接近工场内部的分工。在柏拉图的理想国中，分工被说成是国家的构成原则，就这一点说，他的理想国只是埃及种姓制度在雅典的理想化；与柏拉图同时代的其他人，例如伊索克拉特斯，也把埃及看成是模范的工业国，甚至在罗马帝国时代的希腊人看来，它还保持着这种意义。

正因为资产阶级古典政治经济学是产生于资本主义关系很不完善、不成熟的工场手工业时代，而不是产生于资本主义各种关系完善、成熟的大机器工业时代，所以它不能揭示资本主义制度的本质。它的革命作用，只是表现在为歌颂资本主义生产方式，为资本主义生产方式的确立和发展鸣锣开道。当资本主义发展到大机器工业时代，资本主义的一切关系，一切矛盾都充分发展，充分暴露的时候，它的革命性作用就消失了。相反，生活在资本主义大工业时代的马克思，目睹资本主义各种关系中各种矛盾的发展，特别是工人阶级和资产阶级的矛盾和斗争，并通过对这些矛盾的深入研究，从分析异化劳动切入，发现了剩余价值，从而揭示出了资本家剥削工人的秘密，实现了对资产阶级古典政治经济学的革命，建立了马克思主义即无产阶级的政治经济学。

资本主导和资本霸权秩序

资本主导，就是资本密集型产业主导。基于三个方面的原因，工业掠夺国际劳动分工秩序，必然地又被资本掠夺国际劳动分工秩序所代替。一是随着工业革命在欧洲大陆国家的普遍展开和发展的不平衡，强国之间争夺殖民地的斗争不断尖锐。特别是随着工业革命的先进科学技术成果在军事上的应用，改变了这些国家经济力量和军事力量的格局，使改变原有殖民地占有格局，成为一些国家的必然要求。二是工业殖民掠夺的野蛮性和残酷性，激起殖民地人民反抗殖民统治的加剧，迫使殖民统治者不得不改变统治方式，以缓和这种斗争。三是殖民统治者，特别是英国殖民统治者，在长期的殖民掠夺中，积累了大量的财富和资本，为这些资本找到投资赚钱的场所，也成为资本家攫取更多利润、更多财富的要求。由于这三个方面的原因所决定，大国均势的变化，国际劳动分工秩序的改变，都已经成为大势所趋。

转折发生在19世纪末。在18世纪60年代到19世纪60年代的这100多年间，以英国为中心的欧洲强国已经把殖民地瓜分完毕。19世纪中期开始，基于工业革命在欧洲国家的普遍发展和在这种革命发展中科学技术、经济和军事实力的不平衡，世界又呈现出了以英、法、德、意、美、日列强重新瓜分世界的局面。这种转折的动力，仍然是科技革命和船坚炮利。19世纪20年代开始，一场新的世界科技革命和产业革命，即电力和内燃机科学技术革命发生。紧跟这一革命之后的，是新的世界性产业革命，使电力、电动机械、化学、冶金等重工业成为主要产业，使资本主义发展进入到了电气、化学和内燃机时代，从而大大促进了生产力的大发展，给资本家带来了更巨大的财富和资本。

科学技术的力量是巨大的。在每次科学技术革命中，谁占据了先机，谁就能成为王者，成为国际劳动分工秩序的主宰。在这次科技革命中，获得先机、走在前面的，自然是英国。过去，英国对殖民地掠夺，主要是靠霸占殖民地的工业品市场和工业原料基地。主要的手段是商品输出。在这次科技革命中，由于资本的巨大积累和国内投资市场的狭窄，开始用资本输出的办法，向殖民地直接投资，从而获得更多的超额利润。与商品输出相比，资本输出由于能直接利用殖民地国家廉价的劳动力和资源，就地生产、就地消费，还减少了运输费用，无疑是更为有利的赚钱手段。

美国是工业殖民掠夺的后来者。它直接占有的殖民地不多，而且在工业革命和科学技术发展上，也落后于英国。不过在这次科技革命中，它却大胆、有效地利用英国大量的资金、先进科学技术成就和技术人才，加上自己在社会制度和劳动方式上的特点和优势，很快就赶了上来。美国资本主义自一开始就以其独特性，在其发展的各个阶段，都表现出了自己的独到之处和巨大的竞争优势。美国利用这次科技革命的契机，采用新的科学技术，调整了产业结构，建立了一大批新兴产业部门。正是这些独特性和巨大的竞争优势，使其科学技术和社会生产力的发展，在资本主义国家中能够后来居上，并一直都鹤立鸡群。

美国垄断资本向外扩张的突出特点，是垄断资本通过各种国际联合、通过与金融资本的结合，进行国外直接投资、进行跨国经营等，更直接和更有效地强占世界市场，夺取高额利润。美国国际垄断资本产生和发展，作为长期的历史进程，其每一步、每一个阶段，都体现着由被掠夺者的血汗凝成的财富，流向国际垄断资本手里，向国际垄断资本的母国集中和积聚的趋势。美国是个"公司资本主义"国家，美国国际垄断资本的主体是跨国公司。如同公司在美国国内显示出的优势一样，跨国公司在国际上也显示出了它的巨大优势。这种优势表现在跨国公司发展的各个时期。

早在19世纪末，随着美国对外扩张的发展，美国的大公司便开始进行国际化经营，积极寻求在国外建立发展的基地。如1789年，美孚石油公司就开始向国外倾销产品。宾希法尼亚铁路公司、远西部轮船公司、兰德麦克来尼公司和纽约人寿保险公司等，都向国外派出了常驻代表，有的还建立了分支机构。1867年，美国胜家缝纫机公司已经在英国设立了分公司，成为美国第一家真正的跨国公司。这标志着由资本主义发展所必然要产生的国际垄断资本的发展，已经开始起步。

之后，美国的螺丝公司于1876年在加拿大设立了分公司，美国的侯氏印刷公司于1881年在英国设立了分公司。从1876年到1887年，在加拿大经过注册的美国公司的分号、子公司已有47家。1896年，美国的匹兹堡冶炼公司，即后来的美国铝公司，同瑞士的铝业公司联合，建立了铝业国际卡特尔。1898年美国的奥蒂斯升降机公司兼并了其他8家升降机公司后，总资产已经高达1100多万美元，承揽了世界几乎所有高层建筑的升降机的生产，并在第一次世界大战时成为巨型控股公司。与此同时，通用电气公司自1892年在加拿大设立分公司，到第一次世界大战前，已经成为在加拿大、英格兰、法国、德国和日本都有分支机构的大跨国公司。此时期国际垄断资本的发展，主要是资源、能源，特别是在电力、石油和钢铁部门。到20世纪初，由于重新瓜分世界的需要，资本主义国际垄断组织的发展速度加快。当时的国际垄断资本，如"通用电气公司"和洛克菲勒的"煤油托拉斯"，都有一定规模的国际垄断企业。

美国采取垄断资本主义的劳动生产方式，即托拉斯劳动方式，在经济和军事实力迅速增长的同时，也以跨国公司的方式，迅速向世界扩张。到19世纪80年代，美国工业总产量已经占世界总产量的30%以上，超过英国，居世界第一位。靠新的科学技术和国家力量的支持，并在与金融资本的结合中成长起来的托拉斯这种劳动组织形式，是一种先进的劳动生产方式，美国在利用英国资金、先进技术和人才上取得的成功，与这种劳动生产方式密切相关。跨国公司、资本输出，是美国掠夺落后国家的主要方式。这种掠夺方式在列强重新瓜分世界中，有着特别强大的竞争力。如果说工业掠夺殖民地时代，是商品输出时代，是靠廉价的商品之重炮轰开落后国家的大门的话，那么资本掠夺殖民地和落后国家时代，是资本输出时代，是资本吸引力之糖衣重炮，轰开了落后国家的大门。

列宁在其《帝国主义是资本主义的最高阶段》一书中，曾引用德国《银行》杂志如下一段话，充分说明资本输出在当时是多么的受欢迎："在国际资本市场上，近来正在上演一出很值得阿里斯托芬动笔描写的喜剧。国外很多国家，从西班牙到巴尔干，从俄国到阿根廷、巴西和中国，都在公开或秘密地向巨大的金融市场要求贷款，有时还要求得十分急切。现在金融市场上的情况并不怎么美妙，政治的前途也未可乐观。但是没有一个金融市场敢于拒绝贷款，惟恐相邻的市场预先同意贷款而换得某种报酬。在缔结这种国际契约时，债权人几乎总要占点便宜：获得贸易条约上的让步，开设煤站，建设港口，得到利益丰厚的租让，订购大炮。"[①]

资本殖民掠夺劳动分工秩序，同样是强者控制的秩序。自19世纪末至20世纪初，国际劳动分工秩序，一直在以英美两国为主导的欧美列强

---

① 见《列宁选集》第2卷，人民出版社1972年版，第786页。

控制的格局。自第一次世界大战之后,由于美国综合国力的日益强大,则逐渐变为完全由美国为主导。第一次世界大战打乱了大国之间旧的力量平衡,也打乱了旧的世界经济秩序,集中表现在美国迅速取代英国,成为世界最大的债权国。许多国家向美国支付战争债务,使大量金钱源源不断流入美国,美国的黄金储备量占世界黄金储备总量的一半。这使美国有足够的力量和条件向海外大量投资。

在资本殖民掠夺国际劳动分工秩序下,虽然掠夺的手段变了,但其本质仍然是掠夺工业市场和原料,大量存在的仍然是工业生产国与原料生产国之间的分工。虽然有了产业内部分工的内容,而分工的主要形式,仍然是垂直性分工。这种掠夺方式与单纯依靠国际贸易方式相比,除了因能直接利用当地的廉价劳动力、原料、资源、市场而取得了更大的效果、更大的超额利润外,还由于它带有援助或帮助殖民地国家或落后国家发展的色彩,从而也在很大的欺骗性中,为其带来了政治红利。

这种劳动分工秩序的维持,也仍然靠的是直接的殖民统治。除此之外,对其他落后国家,主要靠列强国家国际垄断同盟依据各自实力所签订的世界性协定或条约,瓜分世界市场和势力范围。而如列宁所说的,这些协定或条约达成的方式,有时是和平的,有时是非和平的,一切都要依据当时的利益关系和具体环境而定。和平的也好,非和平的也好,这些协定、契约或条约,体现着资本家同盟在经济上分割世界所形成的一定的关系。与此相联系,各个政治同盟、各个国家,也通过签订协定、条约等,在瓜分殖民地领土和势力范围中也形成了一定的关系。值得注意的是,这种关系的确定常常是暴力的结果。各个政治同盟为瓜分和重新瓜分世界所引起的两次世界大战,充分说了这种斗争的残酷性。

顺便提一下,与资本国际化和这种国际劳动分工秩序相适应的,是国际政治经济学的产生。列宁的《帝国主义是资本主义的最高阶段》一书,正是在种资本国际化和国际劳动分工秩序的环境中写出来的,它,可以说是国际政治经济学的精彩之作。在这部著作中,列宁从资本主义生产集中和垄断入手,对资本主义的对外扩张性、资本输出、国际金融资本对世界的统治、国际垄断资本同盟对世界的瓜分、帝国主义列强对世界的掠夺和瓜分、帝国主义的历史地位、帝国主义时代的国际关系等,都作出了很精彩的论述。从这部著作中我们可以领悟到,随着世界历史的发展,特别是随着国际贸易、国际金融、国际投资、国际技术交流和各式各样的国际合作的发展,世界经济和世界政治相互影响、相互作用、相互依赖的深度和广度也日益加深,使经济问题日趋政治化,政治问题都包含着经济的动机,经济问题已经上升到国际关系的最高点,国家的命运和人民的生活,已经紧紧与世界市场联系在了一起。在此情况下,我们在改革开放中要坚持以马克思主义为指导,就有必要去认真研究、认真挖掘马克思关于国际政治经济学的理论,这也是我们马克思主义基本理论研究一项长期任务。

科技主导和科技霸权秩序

科技主导,就是先进科技产业主导。新的转折发生在1929—1933年大危机之后。第一次世界大战后,英国实力削弱,世界殖民统治霸主地位动摇,各殖民地纷纷要求独立。慑于日益高涨的殖民地民族解放运动的发展,从1926年开始,英国不得不允许要求独立的原殖民地国家,实行在英国控制下的独立。1931年按照《威斯敏斯特法案》,形成了英联邦的组织形式。英联邦由英国原来的殖民地和附属国组成,是英国通过联邦首脑会议、部长会议、秘书处、基金会等,对这些国家在经济、政治、军事、文化上施加影响、加以控制的组织,享受在这些国家的特权。尽管如此,英联邦的出现,标志着旧殖民体系开始瓦解。随着殖民地国家人民反帝、反殖民统治的民族、民主独立解放运动的蓬勃发展,到第二次世界大战结束,大多数殖民地国家在政治上都获得了独立,旧殖民体系已完全瓦解。建立在旧殖民掠夺基础上的国际劳动分工秩序,也因此而开始发生转变。

转变的另一个重要因素,是新的科学技术革命。第一次世界大战后的1929年,美国制造业产量已经占世界总产量的43%。20世纪40年代开始,世界又发生了第三次科学技术革命,即电子科学技术和核子科学技术革命。随着这场革命的深入发展,美国的高分子合成技术、激光技术、生物工程技术、新材料和新能源技术、宇航技术、海洋工程等技术,都相应发展了起来,并成为新的重要工业部门,使世界进入了核子、电子时代。特别是在此期间发生了第二次世界大战,美国利用战争的需要和机会,大搞军事科学技术的研究和开发,又大大提高了美国的科学技术水平,拉开了与其他国家的差距。

科学技术和经济的发展,必然带来军事上的强大。在这两次科学技术革命中都占得先机的美国,乘欧洲列强在两次世界大战中都受损严重之机,迅速发展了自己经济和军事实力,不仅拉开了与落后国家的差距,也拉开了与其他发达国家的差距。在科学技术发展、经济实力和军事实力上，世界没有任何国家可以与之相比。昔日的那些列强，也不得不受它的支配和摆布。这也使它们与美国之间劳动分工的性质发生了变化。在汽车和钢铁年代，美国和英、法、德、日、意在生产技术方面，基本上处于同一水平，所以那时候它们之间的分工，基本上是水平性分工。而在新的科技革命和知识经济发展中，美国却一枝独秀，成为信息和知识产业的唯一大国。在此领域与那些国家之间的分工，也具有了垂直分工的性质。

20世纪60年代之后，在核子和电子技术基础上，又发生了信息技术革命。在这次科技革命中，美国的信息技术、微机技术、数字技术和网络技术又得到了迅速发展，服务业，特别是信息、知识产业，又成为了其经济的主要部门。在这两次科技革命中，美国都占据了先机，其在新工业技术、航天航空技术、信息和网络技术等几乎所有方面，都取得了巨大成就。在高科技时代，知识、信息都成为重要的资本。生产技术、设备和相关知识的输出，已经成为控制高端技术或核心技术的发达国家，控制、掠夺发展中国家和落后国家，获得超额利润的主要手段。在这种掠夺中，对廉价劳动力的掠夺比对原料、资源的掠夺更为重要。少数发达国家把附加值低的劳动密集型产业、低技术产业都输出到发展中国家，而自身只从事附加值高的高技术产业，即技术密集型、知识密集型产业的生产，这样就使发达国家与发展中国家或落后国家的劳动分工，带有了脑力劳动和体力劳动分工的性质。

值得注意的是，由于殖民地、半殖民地国家基本实现政治独立，资本主义发达国家无法再使用强制手段，禁止它们发展自己的民族工业。于是发达国家就乘发展中国家在发展自己的民族工业中，缺乏资金、技术和设备，而且需要从发达国家得到这些的机会，通过向发展中国家转移一些附加价值低的劳动密集型产业的技术和生产设备，达到一箭双雕的目的。一方面利用这些过时落后的技术设备，用加强劳动者劳动强度，降低劳动成本的方法，从发展中国家获得很高的利润；另一方面，抑制发展中国家资本密集型和技术密集型工业的发展，使它们在资本产品和核心技术上继续依赖自己。发达国家还利用对自己有利的国际经济旧秩序，通过对市场和价格的垄断等方式，使一些农业和矿物原料生产国，继续保持与自己在殖民主义时期形成的那种分工形式。

在这种劳动分工秩序中，起主导作用的，自然是以美国为首的具有科技实力、经济实力和军事实力的发达国家。由国际劳动分工秩序所决定的国际贸易秩序、国际金融秩序也都由少数发达国家所控制和支配。第一次世界大战后至20世纪70年代的一切国际组织、国际协定、国际公约、国际法律等，都是依据它们的利益和意志，或者说主要是以美国的利益和意志制定出来的，都是不公平、不合理的，需要改革的秩序。

三　当今国际劳动分工秩序的性质和特点

当今的国际劳动分工秩序，是指20世纪70年代以来以金融业为主导的金融霸权劳动分工秩序。实际上，这种秩序是在第二次世界大战后就开始逐步形成的。第二次世界大战即将结束的1944年，在美英的倡议下，美、苏、英、法、中44个国家的代表在美国新罕布尔州的布雷顿森林举行会议，讨论和制定战后国际货币金融合作计划。会议依据美国提出的怀特计划和英国提出的凯恩斯计划，最后制定了《国际货币基金协定》和《国际复兴开发银行协定》，即布雷顿森林协定，并在协定基础上建立了布雷顿森林体系，1945年协议正式签字，并正式成立了国际货币基金组织和国际复兴开发银行。布雷顿森林会议，是世界经济领域里的一次具有重大历史意义的会议。会议上美国凭借经济、政治和军事实力的优势，迫使与会国同意它的方案，从而确立了战后时期以美元为中心的资本主义货币金融体系，确立了美国在国际货币金融领域的霸权地位。从此世界也进入到了货币金融主导的国际劳动分工秩序新时代。

金融主导和金融霸权秩序的基本特征

在资本主义社会，劳动权利是由资本决定的。随着资本主义发展，金融资本的地位和作用不断提高，少数金融寡头不仅统治了各资本主义国家国内的经济生活乃至政治生活，并在不断向外扩张中，在与其他国家的金融资本争夺和勾结中，形成了国际金融寡头。如列宁所分析的，这些金融寡头结成国际联盟，力图统治整个世界。世界发展的实践，完全证实了列宁这些论断。如今，国际金融资本的势力不断增强，除了各发达资本主义国家的金融垄断资本外，在它们控制下的世界银行和国际货币基金组织等国际金融机构同它们联合，已成为整个世界经济的真正主宰。它们不仅控制着世界的生产和贸易，而且也由此控制着世界劳动力市场。正因如此，有学者则把如今金融全球化时代的国际垄断资本主义，称为国际金融垄断资本主义。

美国的金融。美国在国际金融霸权中的霸权地位，集中体现的对国际货币的操纵上。人们注意到，在前苏联和东欧国家发生政治剧变后，这种操纵不仅变为全球性的了，而且也更加严厉了。因为在货币金融主导的国际劳动分工秩序中，谁操纵了国际货币，谁就能通过全球性的金融活动，控制和支配整个世界的贸易和生产活动，就能对世界进行掠夺。在当今的美国，大量的劳动力，尤其是白领劳动力，其从事的都是金融业，其所谓的"劳动"，就是金融投机。美国就是依仗着其对世界金融的控制，用金融投机对其他国家的实体经济进行着掠夺。

美国动不动就攻击别国是货币操纵国，其实美国才真正是世界的货币操纵国。当今世界上，有条件操纵货币的，只有美国，别的任何国家都没有条件。这个基本条件，不仅在于对世界银行和国际货币基金组织的控制，更重要的是美元的地位。它通过控制这两个国际组织，就能按照本国的利益控制国际货币的流向，影响别国的汇率；它利用美元的地位，就能肆无忌惮地搞赤字预算，肆无忌惮地举债，肆无忌惮地印制美元，以进行债务绑架和美元掠夺。据美国《华尔街日报》网站披露，虽然从2008年9月到2011年底，美联储已经印制了1.8万亿美元的新钞，但这仅是美联储决策者在热身。2012年9月他们以刺激增长和降低事业为名宣布，今后将不设期限以每月400亿美元的速度实施第三轮量化宽松政策，即印制更多美元的政策。

现在人们似乎都很乐意谈论美国衰落。然而，认真思考一下就会知道，美国的衰落只是一种趋势，只是由于为了自己的利益而穷兵黩武、制造谎言、实行双重标准等行为的不断暴露，其在人们心目中的神话和影响力的衰落。由于受到国内债务的拖累和金融危机的严重冲击，当前美国的确面临诸多严重问题，其经济总量在世界经济总量中所占比例的确有所下降。特别是在其盟友深陷衰退，新兴大国正在挑战其霸权和整个国际秩序时，其日子的确很不太好过。可纵观世界，似乎还没有出现能挑战美国霸权，与美国抗衡的对手。金融危机的确使得美国的经济实力和国际影响力受到了一定的影响，但美国的货币金融霸权并没有动摇，在这种霸权下的美国综合国力的全面性，美国对全球资金市场、商品生产、技术市场的控制，对国际贸易特别是大宗商品价格的控制，对最新科学技术变革的实力和引领能力，对教育和科学技术制高点的控制，特别是对重点国际游戏规则制定权的控制，也一如既往。美国在军事实力、教育水平、科研力量、人口构成、人口品质等方面的数据仍然遥遥领先。美国通过联合国、关税及贸易协定、国际货币基金组织、世界银行等组织以及其他地区性合作组织，仍然牢牢控制和主导着国际体系，其在国际劳动分工体系中的霸权地位，并未有实质性削弱。如有学者说的，由于控制国际体系手段的多样化、国内政治的党派平衡和国际机制对霸权国家的塑造效应，美国具有丰富的战略调整经验和能力。鉴于此，美国将会克服新兴大国崛起和金融危机对其霸权带来的困境。完全可以预见到，美国霸权特别是金融霸权，仍有很强的生命力，并且其霸主地位仍会维持较长时间。

人们已经日益认识到，美国是一个具有很强自我变革和自我批判精神的国家，这种精神带来的战略调整能力和自我恢复能力，是惊人的。美国历史上曾出现过无数次大大小小的经济危机和社会危机，但它都在艰难中度过了，其度过的妙方在何处，就是实行自我调整和变革。马克思在《共产党宣言》中说的"资产阶级除非对生产工具，从而对生产关系，从而对全部社会关系不断地进行革命，否则就不能生存下去"这句话，在美国得到了证实。跟随每次大的危机出现而来的，都是大的调整和变革。这也使我们反思到，无论对一个国家或整个世界来说，危机也都有着两面性：破坏性和通过变革而带来的更大的发展性。而且从美国变革的历史中人们吃惊地发现，这种变革的方向和大的趋势，都是马克思所揭示的对资本主义制度的自我扬弃和走向新的更理想的社会。

毋庸置疑，这种金融霸权国际劳动分工秩序，是美国利用其对世界货币和金融的控制，对世界三大市场的控制，从而对世界，特别是对发展中国家进行掠夺的秩序，理所当然地受到发展中国家的抵制。我们看到，进入 21 世纪以来，以中国、俄罗斯、巴西、印度等国家为代表的新兴大国，一直保持着经济高速增长的势头。其在世界 GDP 中的份额比重越来越大，它们已快速成长为世界经济的主力军。但从国际劳动分工体系的结构特点看，在国际劳动分工秩序中，它们仍长期处于美国等西方国家所主导的国际体系的边缘地位。

长期以来，美国等西方发达国家都将自身的利益施加在国际机制的设计和国际规则的制定中，不但自己能够持久获益，并且制定了集体行为的规范。国际秩序规范、规则与新兴国家原有的政策体系格格不入，所以让它们倍感压力。在这种情况下,新兴国家或者改变传统的经济政策,加入西方所主导的国际经济机制,或者联合起来,打破这种旧的国际体系和国际秩序枷锁,建立符合自己利益的新的国际体系和国际秩序,然而这有很大的难度。诚然,所有新兴国家对由西方国家所主导并主要服务于西方国家的现行国际体系和国际秩序,都极为不满,它们也通过各种努力,力图从力量对比、组织规范、国际共识与共同议题等方面,推动国际力量格局的演进,加速建立新的国际体系和国际秩序进程。可人们普遍认为,这些联合努力还不足以对原来的体系和秩序进行有效的制衡,更不足以改变美国主导的金融霸权国际劳动分工秩序。

在当今金融霸权统治时代,我们不禁会想起列宁关于金融资本的理论。列宁早就阐述过,帝国主义的特点,恰好不是工业资本而是金融资本。现在证明,列宁的论断是正确的。金融资本作为银行资本与工业资本融合的产物,它是生产集中和生产社会化发展的必然结果。由于各个国家的贸易关系越来越密切,越来越广泛,资本不断从一个国家流入另一个国家。银行,这些把各地的资本收集起来并贷给资本家的资本大仓库,逐渐从国家银行变成了国际银行,它们把各国资本收集起来,分配给欧洲和美洲的资本家。大股份公司的建立已经不是为了在一个国家内开办资本主义企业,而是为了同时在几个国家内开办资本主义企业。随着国际金融资本的形成,国际金融寡头的经济实力乃至政治实力进一步膨胀,必然会进一步加强资本主义的世界扩张,与此同时,资本输出替代商品输出成为资本主义世界扩张的占主导地位的手段和途径。这个过程的结果必然是国际金融寡头对世界的统治。

列宁说,金融资本集团日益紧密的国际交织,这是唯一真正普遍的和确凿无疑的趋势,它不是近几年来才有的,也不是一两个国家才有的,而是全世界的、整个资本主义的趋势。至今的实践证明了列宁的说法。列宁列举出具体例子说明,造成这种趋势的根本原因是这种交织可以带来更高的利润。除了攫取高额利润这一目的之外,它们还有着政治的目的。金融资本作为存在于一切国际关系中的巨大力量,可以说是起决定作用的力量,它甚至能够支配而且实际上已经支配着一些政治上完全独立的国家。帝国主义列强瓜分世界就意味着,它们有占有殖民地和势力范围的特权,并依靠这些特权获得经济和政治利益。一国的大金融资本也随时可以把别国即政治上独立的国家的竞争者的一切收买过去,而且它向来就是这样做的。这在经济上是完全可以实现的。不带政治"兼并"的经济"兼并"是完全可以实现的，并且屡见不鲜。

实践证明，金融寡头统治时代，金融资本可以把某一个国家排挤出而且必将排挤出大国的行列，夺走其殖民地和势力范围，夺走小资产阶级所享有的大国的特权和额外的收入。这是已由战争证明了的事实。列宁还以美国的托拉斯为例说明，金融资本排除竞争者，还不限于只用经济手段。他说：美国的托拉斯是帝国主义即垄断资本主义经济的最高表现。为了排除竞争者，托拉斯不限于使用经济手段，而且还常常采取政治手段乃至刑事手段。但这并不否认用经济手段就不能实现垄断，如果认为用纯粹经济的斗争方法在经济上不能实现托拉斯的垄断，那就大错特错了。相反地，现实处处证明这是可以实现的：托拉斯可以通过银行、发行股票破坏竞争者的信用，它在一定时期内把价格压低到成本以下，不惜为此付出巨大的代价，以便迫使竞争者破产，从而收买它的企业和原料产地。

在金融资本的密网布满了全世界的时候，不仅在金融资本基础上生长起了非经济的上层建筑，即金融资本的政策和意识形态；而且还出现了企业间的大规模的兼并。企业兼并，靠的是金融资本和银行资本，金融资本和银行资本是兼并的现代经济基础。从这个意义上来说，兼并就是投入到被兼并国家的千万个企业的亿万资本，获得政治上有保证的利润。兼并成为这种国际劳动分工秩序的必然，如列宁说的，如果不采取坚决的步骤打碎资本的枷锁，即使有放弃兼并的愿望，也是做不到的。因此，兼并无非是大银行统治的政治表现和政治形式，而大银行统治从资本主义中产生是必然的，这不是由于谁的罪过，因为股票是银行的基础，而股票的聚集则是帝国主义的基础。大银行靠数千亿资本统治整个世界，它通过各种金融业务，与国际各生产部门的垄断者结成同盟，主导或支配着整个世界的生产劳动，主导或支配着整个世界的贸易，这就是当今国际劳动分工秩序的本质和主要特征。

在对这种国际劳动分工秩序的研究中，我们不能不提及的一个问题是，关于建立马克思主义国际政治经济学的问题。在这种国际劳动分工秩序主导下，全球劳动生产体系的发展，决定和制约着全球政治体系的发展。分析任何国际经济问题，都不能脱离国际政治问题，不能忽视了政治因素的作用和影响，马克思主义政治经济学的重要特征，就是分析任何经济问题，都始终注意其政治因素的影响和政治后果。全球经济和全球政治作为一个难分难解的辩证统一体，其本质和发展规律，正是马克思主义国际政治经济学的根本任务。

金融霸权秩序和资产阶级的寄生性

布雷顿森林会议通过的主要内容包括6项原则：（1）各国确定比价的原则；（2）各国货币兑换性与国际支付结算原则；（3）国际储备资产的确定；（4）取消外汇管制；（5）国际收支的调节；（6）建立永久性的国际金融机构——国际货币基金组织和世界银行（即国际复兴开发银行）。在上述内容中，关于货币平价与货币比价确定的原则，即所谓美元同黄金挂钩，其他国家货币同美元挂钩的双挂钩原则，构成以美元为中心的国际货币制度的两大支柱。所谓美元与黄金挂钩，就是说，国际货币基金组织的成员国，必须确认美国政府在1934年规定的35美元一盎司的黄金官价，并把这一官价作为国际货币制度的基础。美国承担各国按黄金官价向美国兑换黄金的义务。各国政府必须协助美国维持黄金官价。所谓其他货币与美元挂钩，就是各会员国货币对美元的汇率按各自货币的含金量与美元确定比价。如货币含金量的变动超过10%，则必须得到国际货币基金组织的批准。各国政府之间在进行即期货币买卖和黄金交易时，汇价和金价的变动幅度不得超过法定汇价和黄金官价的上下1%的范围。各国政府有义务干预金融市场和黄金价格，以保持汇价和金价的稳定。可见，布雷顿森林体系的"双挂钩"原则，不仅确立了以金融为主导的国际劳动分工秩序，而且确立了美国在这一秩序中的中心或霸权地位。

由于资本主义制度和富国霸权这双重因素的作用，这种金融主导的国际劳动分工秩序还有一个重要特点，就是垄断资产阶级的腐朽性和寄生性。由于它们利用货币和金融的特性，利用它们控制的银行和金融组织，可以不通过实际的劳动生产经营活动，而靠运营金融和金融衍生产品，靠着运营这些产品中的投机、欺诈和赌博就能获得巨额财富，靠"剪息票"就能过上各种奢侈、糜烂的生活。列宁在剖析垄断资本主义特征时，特别强调这种秩序的腐朽性、寄生性乃至垂死性的"趋向"，认为这是资本主义技术进步和生产力发展中的桎梏。

列宁指出："帝国主义就是货币资本大量聚集于少数国家，其数额，如我们看到的，分别达到1000—1500亿法郎（有价证券）。于是，以'剪息票'为生，根本不参与任何企业经营、终日游手好闲的食利者阶级，确切些说，食利者阶层，就大大地增长起来。帝国主义最重要的经济基础之一——资本输出，更加使食利者阶层完完全全脱离了生产，给那种靠剥削几个海外国家和殖民地的劳动为生的整个国家打上了寄生性的烙印。""在世界上'贸易'最发达的国家，食利者的收入竟比对外贸易的收入高4倍！这就是帝国主义和帝国主义寄生性的实质。"①

列宁还指出："帝国主义是寄生的或腐朽的资本主义，这首先表现在腐朽的趋势上，这种趋势是生产资料私有制下的一切垄断所特有的现象。共和民主派的帝国主义资产阶级和君主反动派的帝国主义资产阶级之间的差别所以日益消失，正是因为两者都在活活地腐烂着（这决不排除资本主义在某些工业部门，在某些国家或在某些时期内惊人迅速的发展）。第二，资本主义的腐朽表现在以'剪息票'为生的资本家这一庞大食利者阶层的形成。英、美、法、德四个先进帝国主义国家各拥有1000亿—1500亿法郎的有价证券资本，就是说，各国每年的收入都不少于50亿—80亿法郎。第三，资本输出是加倍的寄生性。第四，'金融资本竭力追求的是统治，而不是自由。'政治上的全面反动是帝国主义的特性。行贿受贿之风猖獗，各种各样的巴拿马案件层出不穷。第五，同兼并密切联系着的那种对被压迫民族的剥削，特别是极少数'大'国对殖民地的剥削，使'文明'世界愈来愈变成叮在数万万不文明的各族人民身上的寄生虫。罗马的无产者靠社会过活，现在的社会靠现代无产者过活。西斯蒙第这个深刻的见解，马克思曾特别加以强调。帝国主义稍微改变了这种情况。帝国主义大国无产阶级中的特权阶层，部分地也依靠数万万不文明的各族人民过活。"②

当然，列宁强调资本主义的这种腐朽性和寄生性，并不是要否定资本主义的技术进步和迅速发展，而只是说这种发展是建立在腐朽和寄生性基础上。列宁指出："垄断，寡头统治，统治趋向代替了自由趋向，极少数最富强的国家剥削愈来愈多的弱小国家，——这一切产生了帝国主义的这样一些特点，这些特点使人必须说帝国主义是寄生的或腐朽的资本主义。帝国主义的趋势之一，即形成为'食利国'、高利贷国的趋势愈来愈显著，这种国家的资产阶级愈来愈依靠输出资本和'剪息票'为生。如果以为这一腐朽趋势排除了资本主义的迅速发展，那就错了。不，在帝国主义时

---

① 《列宁全集》第27卷，人民出版社1990年版，第412页。
② 《列宁全集》第28卷，人民出版社1990年版，第70—71页。

代，某些工业部门，某些资产阶级阶层，某些国家，不同程度地时而表现出这种趋势，时而又表现出那种趋势。整个说来，资本主义的发展比从前要快得多，但是这种发展不仅一般地更不平衡了，而且这种不平衡还特别表现在某些资本最雄厚的国家（英国）的腐朽上面。"①

美国前国务卿基辛格曾经说过，如果你控制了石油，你就控制了所有国家；如果你控制了粮食，你就控制了所有的人；如果你控制了货币，你就控制了整个世界。货币金融控制，已经成为当今发达国家掠夺落后国家的重要手段和工具。实践使我们看到，少数控制金融的富国的寄生性，对许多为了生存不得不引进和利用发达国家的资本，不得不融入国际金融体系的被寄生国来说，不仅也是一种被掠夺，而且与暴力掠夺相比，还是一种更隐蔽、更残酷的被掠夺。以美国为首的富国，正是利用《国际货币基金协定》和《国际复兴开发银行协定》的"双挂钩"原则，通过操纵金融，特别是操纵金融衍生产品，控制国际市场和国际投资；通过霸王条款、不等价交换、发行货币、金融投机等手段，不仅掠夺了发展中国家或穷国的大量财富，而且破坏了这些国家的资源和生态，破坏了这些国家发展的潜力。

金融霸权秩序和全球性道德危机

金融霸权秩序所铸成的道德危机，主要表现是，在金融资本统治下，资本主义的腐朽性和寄生性加深，投机、欺诈代替了劳动和诚心；贪婪、享受、生活糜烂，代替了奋斗和勤俭。列宁早就说过，在金融霸权秩序下，金融资本是作为一种存在于一切经济关系和一切国际关系中的巨大力量，可以说是起决定作用的力量，它甚至能够支配而且实际上已经支配着一些政治上完全独立的国家；一国的大金融资本也随时可以把别国即政治上独立的国家的竞争者的一切收买过去，而且它向来就是这样做的。这在经济上是完全可以实现的。不带政治"兼并"的经济"兼并"是完全"可以实现"的，并且屡见不鲜。列宁特别告诉我们，资本主义已经发展到这样的程度，商品生产虽然依旧占统治地位，依旧被看作全部经济的基础，但实际上已经被破坏了，大部分利润都被那些干金融勾当的"天才"拿去了。这种金融勾当和欺骗行为的基础是生产社会化，人类历尽艰辛所

---

① 《列宁全集》第 27 卷，人民出版社 1990 年版，第 436 页。

达到的生产社会化这一巨大进步却造福于投机者。

与这种劳动分工秩序中的腐朽性和寄生性相适应的,是它的赌博性和欺骗性。由这种国际劳动分工秩序的性质所决定,资产者必然为不通过组织实际的生产劳动,而靠投机、赌博和欺骗占有别人劳动,获得财富寻找机会。如马克思和恩格斯所说的,赌博和欺骗是金融垄断资本统治的基础和重要手段。与此紧密联系的是轻视劳动、贪图享乐、生活糜烂的道德堕落和道德危机。因为金融控制者主要靠所有权证书的价格变动而进行掠夺,而所有权证书的价格变动而造成的盈亏,就其本质来说,越来越成为投机和赌博的结果。投机、赌博已经取代劳动,表现为夺取资本财产的本来的方法,并且也取代了直接的暴力,这体现着资本主义社会本质,也预示着资本主义社会道德堕落和道德的危机。

资本主义社会发展的动力,是用剥削他人劳动的办法来发财致富。而资本主义的银行信用制度,则把这种发财致富,发展成为最纯粹最巨大的赌博欺诈制度,并且使剥削社会财富的少数人的人数越来越减少;另一方面,造成转到一种新生产方式的过渡形式。马克思写道:"如果说信用制度表现为生产过剩和商业过度投机的主要杠杆,那只是因为按性质来说具有弹性的再生产过程,在这里被强化到了极限。它所以会被强化,是因为很大一部分社会资本为社会资本的非所有者所使用,这种人办起事来和那种亲自执行职能、小心谨慎地权衡其私人资本的界限的所有者完全不同。这不过表明:建立在资本主义生产的对立性质基础上的资本增殖,只容许现实的自由的发展达到一定的限度,因而,它事实上为生产造成了一种内在的、但会不断被信用制度打破的束缚和限制。因此,信用制度加速了生产力的物质上的发展和世界市场的形成;使这二者作为新生产形式的物质基础发展到一定的高度,是资本主义生产方式的历史使命。同时,信用加速了这种矛盾的暴力的爆发,即危机,因而促进了旧生产方式解体的各要素。信用制度固有的二重性质是:一方面,把资本主义生产的动力——用剥削他人劳动的办法来发财致富——发展成为最纯粹最巨大的赌博欺诈制度,并且使剥削社会财富的少数人的人数越来越减少;另一方面,造成转到一种新生产方式的过渡形式。正是这种二重性质,使信用的主要宣扬者,从约翰·罗到伊萨克·贝列拉,都具有这样一种有趣的混合性质:既是骗子又是预言家。"①

马克思认为，即使把股份制度撇开不说，信用为单个资本家或被当作资本家的人，提供在一定界限内绝对支配他人的资本，他人的财产，从而他人的劳动的权利。对社会资本而不是对自己的资本的支配权，使他取得了对社会劳动的支配权。马克思写道："股份制度——它是在资本主义体系本身的基础上对资本主义的私人产业的扬弃；随着它的扩大和侵入新的生产部门，它也在同样的程度上消灭着私人产业——撇开不说，信用为单个资本家或被当作资本家的人，提供在一定界限内绝对支配他人的资本，他人的财产，从而他人的劳动的权利。对社会资本而不是对自己的资本的支配权，使他取得了对社会劳动的支配权。因此，一个人实际拥有的或公众认为他拥有的资本本身，只是成为信用这个上层建筑的基础。以上所述特别适用于经手绝大部分社会产品的批发商业。在这里，一切尺度，一切在资本主义生产方式内多少还可以站得住脚的辩护理由都消失了。进行投机的批发商人是拿社会的财产，而不是拿自己的财产来进行冒险的。资本起源于节约的说法，也变成荒唐的了，因为那种人正是要求别人为他而节约。他的奢侈——奢侈本身现在也成为获得信用的手段——正好给了另一种关于禁欲的说法一记耳光。在资本主义生产不很发达的阶段还有某种意义的各种观念，在这里变得完全没有意义了。在这里，成功和失败同时导致资本的集中，从而导致最大规模的剥夺。在这里，剥夺已经从直接生产者扩展到中小资本家自身。这种剥夺是资本主义生产方式的出发点；实行这种剥夺是资本主义生产方式的目的，而且最后是要剥夺一切个人的生产资料，这些生产资料随着社会生产的发展已不再是私人生产的资料和私人生产的产品，它们只有在联合起来的生产者手中还能是生产资料，因而还能是他们的社会财产，正如它们是他们的社会产品一样。但是，这种剥夺在资本主义制度本身内，以对立的形态表现出来，即社会财产为少数人所占有；而信用使这少数人越来越具有纯粹冒险家的性质。因为财产在这里是以股票的形式存在的，所以它的运动和转移就纯粹变成了交易所赌博的结果；在这种赌博中，小鱼为鲨鱼所吞掉，羊为交易所的狼所吞掉。在股份制度内，已经存在着社会生产资料借以表现为个人财产的旧形式的对立

---

① 马克思：《资本论》第 3 卷（1894 年），《马克思恩格斯全集》第 46 卷，人民出版社 2003 年版，第 499—500 页。

面；但是，这种向股份形式的转化本身，还是局限在资本主义界限之内；因此，这种向股份的形式转化并没有克服财富作为社会财富的性质和作为私人财富的性质之间的对立，而只是在新的形态上发展了这种对立。"①

我们在当今的实践中看到，与国际金融资本向新的发展中国家扩展同时发生的，是国际劳动者，主要是国际工人劳动者反抗国际资本斗争的联合。如果说金融资本在国内欺骗行为的基础上使生产社会化，那么其在国际上欺骗行为的基础则使生产国际化。如列宁举例分析当时俄国的情况时说的：由于俄国的具体情况，最近一个时期，外国资本家特别愿意把自己的资本投到俄国来，在俄国建立自己的分厂，设立公司，以在俄国开办新的企业。他们贪婪地向年轻的国家扑来，因为这个国家的政府比其他任何国家的政府都更加对资本有好感、更加殷勤，因为他们在这个国家可以找到不如西方工人那样团结、那样善于反抗的工人，因为这个国家工人的生活水平低得多，因而他们的工资也低得多，所以外国资本家可以获得在自己本国闻所未闻的巨额利润。而在国际金融垄断资本把手伸进俄国的同时，俄国工人也把手伸向国际工人运动。工人只有进行反对国际资本主义的共同斗争，各国工人争取解放的斗争才会取得成就。因此在反对资本家阶级的斗争中，无论是德国工人、波兰工人或法国工人，都是俄国工人的同志，同样，无论是俄国资本家、波兰资本家或法国资本家，也都是他们共同的敌人。

特别是在金融全球化的今天，少数富国不仅控制和支配着国际货币和金融，而且控制和支配着与国际货币金融、货币金融产品相联系的信息和服务业，控制和支配着从事这些产业的劳动者。由于信息、网络、数字化的作用，发达国家的诸多脑力劳动产品，比如金融产品、信息产品、知识产品、网络产品的优势，都是容易在国际间进行流动的，而发展中国家的优势，比如廉价劳动力，特别是体力劳动力的优势，却是不能跨国自由流动的，不能到劳动力稀缺的发达国家得到比较高的利益。更严重的是，发展中国家的、对发展中国家发展有重要作用的不多的科技人才，还被发达国家千方百计地用高薪收买的办法挖走，这对发展中国家的发展就更为不利。

---

① 马克思：《资本论》第3卷（1894年），《马克思恩格斯全集》第46卷，人民出版社2003年版，第497—499页。

四　国际劳动分工秩序的变革和变革中的斗争

前文已经阐述了，现今的国际劳动分工秩序，是在霸权国家的强权主导下、依据它们的利益和意志形成的。对于广大发展中国家或相对落后国家而言，它是一种不公正、不合理的秩序。从20世纪末开始，在以中国为代表的发展中国家，在利用发达资本主义国家的资金、技术和设备发展自己方面，取得了举世瞩目的惊人成就。尽管付出了极为沉重的代价，让发达国家攫取去了巨额财富，但毕竟使自己发展起来了。被称为新兴经济体的金砖国家，已经成为世界经济、政治中不可忽视的力量。它们作为广大发展中国家的代表，都深受不合理、不公正、旧的国际劳动分工秩序危害，都迫切要求变革这种秩序，要求建立新的公平、合理的国际劳动分工秩序。

国际劳动分工秩序变革的要害和基本要求

正如国际劳动分工是国际贸易和国际金融的基础一样，国际劳动分工秩序则是国际贸易秩序、国际金融秩序以至整个国际经济秩序的基础。国际劳动分工秩序的不公平和不合理，就决定着国际贸易秩序、国际金融秩序以至整个国际经济秩序的不公平和不合理。而整个国际经济秩序的不合理性的恶性发展，反过来，又加剧了国际劳动分工秩序的不合理性。旧国际劳动分工秩序的要害，是在少数发达国家操纵下的权力不平等，国际组织规则、规制的不合理、不公平，从而造成的国际交换的不合理和不公平。而改变这种状况，实现国际劳动分工秩序中的权利平等和等价交换，则必须对旧的国际劳动分工秩序进行改革，建立的新的国际劳动分工秩序。

旧的国际劳动分工秩序的不公平、不平等性，主要表现为：在发达国家垄断资本和技术、控制重要国际组织和各种国际规则制定的情况下，造成发展中国家和一切落后国家对发达国家的依附式关系。在这种关系下，至今这些国家从事的还主要是附加值低的农业、矿业、低技术劳动密集型产业的劳动，在国际贸易组织、经济与合作组织、货币金融组织中，在涉及自己劳动者切身利益的问题上，特别是在各种规制、规则的制定上，都缺乏应有的掌控权和话语权。

现在世界上的男女劳动者，绝大部分都受着垄断资本的控制，而且约有40%的劳动者仍靠土地为生。而这些劳动者的大部分是集中在发展中国家。某些最低收入的发展中国家，甚至有四分之三以上的劳动者仍在从事农业生产。他们中的多数都很贫穷，与发达国家劳动者相比，他们的工作与生活常因薪酬微薄而很艰难，而且有许多风险和不安全因素。他们的劳动强度虽然很大，但其劳动成果在世界市场上因劳动分工秩序不公平、不合理，在不等价交换下，而实际获得却很少。他们都拉家带口，得到的微薄的劳动所得，还不足以将自身及其家庭提升到每天 2 美元的贫困线之上。即使从事那些合资企业、来料加工企业的工业劳动者，由于企业的资金、技术，生产、管理、销售、分配，都控制在发达国家跨国公司的资本家手中，企业的大部分利润都被外国资本家拿走，他们的对社会经济发展至为关键的创业精神，也常常在为生存的奋斗中耗尽，而得到的却只是那点微薄的加工费。

在现今金融主导的国际劳动分工秩序下，由于国际资本市场、技术市场和商品市场上的不公平制度和不公平交换，一方面，迫使发展中国家必须不断向发达国家出口资源产品和廉价工业品，来形成贸易顺差，才能积累起进口发达国家资本货物和技术设备的外汇资金；另一方面，国际劳动分工秩序操纵者美国，不仅利用不等价交换对发展中国家进行掠夺，而且向发展中国家坐收每年近 200 亿美元的"铸币税"，迫使一些发展中国家出让货币政策的独立性。在国际金融体系的分工中，美国等少数发达国家凭借"双挂钩"特权和储备货币特权，控制着的大量金融虚拟产品，而发展中国家却用自己的外汇储备购买这些虚拟产品，从而形成了"金融中心—外围"关系。

进入 21 世纪以来，资源外向型的发展中国家，希望通过诸如欧佩克这样的国际资源组织，来控制像石油这类不可再生资源大量流失；加工贸易型的发展中国家，也希望通过期货等现代避险工具来减少贸易自由化后的风险。但在发达国家金融自由化政策唤起的几十万亿美元的金融投机浪潮下，无论国际资源组织决定增产还是减产，无论加工贸易国家抑制还是扩大消费，都无法扭转国际期货市场的暴涨暴跌。这对许多发展中国家的发展带来了巨大的危害。一些新兴市场国家试图模仿美国等发达国家走大量进口廉价初级产品和制成品、大量出口虚拟产品的道路，从而成为在剥削"外围国家"的国际分工体系中分一杯羹的"半中心国家"，但在发达国家所主导的国际经济秩序下，虽然付出了比收益更加惨重的代价，却依然没有改变依附中心国家发展的"半外围国家"地位。

权力的不平等以及所造成的规则、规制不平等，是国际交换不公平的根源。实现权力平等从而规则、规制平等，是发展中国家为建立新的劳动分工秩序进行斗争的核心问题。我们都知道，为了改变不合理的国际劳动分工秩序，自20世纪60年代开始就进行着不懈的斗争。经过长期斗争，终于促使联合国大会于1974年通过了《各国经济权利和义务宪章》等文献，明确规定经济制度的选择权、经济发展方针和政策的自主制定权、经济活动的管辖权、重要资源和战略产业的控制权、国际经济秩序的平等制定权、国际市场的自由权等，是每个国家神圣的经济主权，各国都有义务尊重它们。

然而，在霸权主义国家的控制下，发展中国家的经济主权仍然受到了各种损害。诸如：发达国家打着经济全球化的旗号，把国际经济组织和区域经济组织协议凌驾于发展中国家的经济主权之上，迫使发展中国家对涉及自己根本利益的经济主权进行限制，甚至单方面放弃部分经济主权；发达国家通过一些不平等的条约，迫使一些发展中国家改变原来的经济发展方针和政策，从而损害发展中国家经济发展方针和政策的自主制定权；发达国家利用现行国际分工秩序，在迫使发展中国家开放市场的同时，却对它们实行苛刻的贸易保护主义，从而损害了它们的外贸管理权；发达国家通过一些国际经济组织不公正的游戏规则，剥夺或者架空了发展中国家的平等权和话语权；极少数发达国家利用发展中国家在接受世界贸易组织协议时，对它们的利益作出更多的承诺，损害发展中国家在国际市场上的自主权等。这些就使广大发展中国家尽管作出很多让步、很多牺牲，进行过很多努力、很多斗争，却仍然难于摆脱在国际劳动分工中依附于发达国家的"外围国家"的地位。

也就是说，当今的全球经济，仍然是在不公正、不合理的劳动分工秩序下运行的。在这种运行中，民族国家和跨国公司是最重要的行为主体。拥有巨量跨国公司的霸权主义国家，虽然对全球经济进行着控制，是全球治理的主要角色，但在全球经济舞台上，它们追求的目标，都是为了自己的利益，这就是问题的症结所在。在这些国家的操纵下，即使能达成一些协议，或制定了一些共同的规章，往往都是对它们最有利，因而得不到所有成员国的切实遵行。这样就使全球经济的运行基本上仍然是市场机制的自发力量在起作用，缺乏正当合理和有效的治理。正如有学者所说，如果各国能根据平等协商、互利共赢的原则行事，很多问题是可以找到利益平衡点，达成一致协议，制定一定规则。但事实并非如此。国际经济组织框架内达成的协议，不是没有，但为数并不多。

总的来看，国际劳动分工秩序的变革是大势所趋，国际社会政界、学界从各自的立场出发，提出了诸多变革的意见和方案，但由于霸权主义者作怪，在国际劳动分工秩序变革中的矛盾重重，进展非常缓慢。从发展趋势看，主要发达国家面对这种大趋势，也不得不作出变革的姿态，提出了一些改革的设想，但这些设想都以不影响它们的特权，不影响它们的主导和支配地位为原则。而对广大发展中国家来说，为了自身的利益，对改革的基本要求，正是要打破它们的特权和支配地位。可见，在国际劳动分工秩序的变革中，发达国家和发展中国家之间的斗争和博弈，还是长期的。

国际劳动分工秩序变革的经济力量和政治力量

从前文中我们已经知道，现行国际劳动分工秩序是在发达国家强权政治下形成的。经济是政治的基础，发达国家的政治力量，是由其经济力量决定的。同样，发展中国家为了自身的利益要改变这种不合理的秩序，最终还要靠经济力量。经济力量的强大，决定着政治力量的强大。科学技术水平低，劳动力的科学文化水平低，从事脑力劳动或高端产业劳动者少，科学技术含量高、附加值高的产业少，这是发展中国家存在的根本性的弱点。要彻底改变自己在国际劳动分工中的不利地位，首先得在大力发展科学技术基础上，提升自己的劳动的素质和产业结构。

在具有资源特别是劳动力优势的发展中国家，利用发达国家的资本和技术发展自己，解决就业和人民的温饱问题，已经被证明是一条正确的道路。然而，仅限于依靠发达国家的资本和技术，不仅不能改变自己在国际劳动分工秩序中的地位，而且会越来越加深对发达国家的依附性。摆脱对发达国家依附的唯一正确的道路，就是使自己变成科学技术强国、劳动力素质强国、产业结构先进强国、综合国力强国。

实践逐渐使人们形成了这样一种新的观念：任何一个民族的生存条件，最终都取决于由综合劳动力所决定的综合国力。争取民族生存的优势，最根本的是加速综合劳动力的发展和由此所决定的经济实力的增长。不断增长以经济实力为核心的综合国力，则是改变一个国家在国际分工中地位的基础。世界经济发展的历史证明，基于各方面条件的变化，世界各国经济实力的增长是非常不平衡的，相对地位不断发生着变化，永远没有一成不变的优势。所以，在增长综合经济实力从而争取生存优势方面的较量，是一场永无终点的马拉松。

人们也越来越认识到，在决定综合国力的诸多因素中，科学技术是最为重要的。改变一个国家在国际分工中的地位，改革不合理的国际分工秩序，首先应当从发展科学技术、提升发展中国家科学技术发展水平，改变世界科学技术国际结构开始。科学技术作为最重要的劳动生产力，像梦幻一样，改变着意识形态、生产方式和生活方式。每次以高新技术的开发和应用为特征的世界性科学技术革命，都给世界经济、政治、军事带来巨大的发展，对各国劳动生产率和经济效益的提高，对各国综合国力和国际地位的提高，其作用都是巨大的，令人想象不到的。发展科学技术方面的竞争，在很大程度上决定、支配着其他一切方面的竞争。正是基于这样的认识，少数发达国家都通过政府的法律制度、财政和各种经济政策，特别是国家的科学技术创新体系和各种制度，以求稳固自己在世界科学技术上的领先地位和控制制高点的地位。这也正是它们以求继续支配和控制国际劳动分工秩序的最根本的手段。

广大发展中国家也越来越认识到，科学技术的发展，是发展中国家生存和参与国际竞争的生命线。发展中国家引进发达国家的资本和技术，是为了达到两个目的：一是把自己的优势发挥出来，二是把发达国家的优势拿过来。只有在引进的基础上自主创新，在高端技术、核心技术方面打造自己的品牌、自己的专利，打破发达国家的垄断，实现超越，才能改变自己在国际劳动分工中的地位，改变国际劳动分工秩序的现状。

实现在科学技术上的超越，这是一场特殊形式的非军事的国际大战。从长远的角度看，它对世界力量对比变化、对各种秩序的影响，比军事大战都有过之而无不及。它不仅决定着各国在地球上的地位和命运，而且还涉及人类对地球之外宇宙空间的争夺。从事这场战争的士兵，是人才，是富有科技创新能力的人才。而培育、打造这些人才的工厂，是学校，是发达的教育。待发展中国家在教育、人才、科技为先导的综合、整体实力超过发达国家之后，也就是劳动数量和质量、劳动力的数量和质量都超过发达国家之后，将改变包括经济、政治、思想、军事在内的整个世界版图。一直以来为发达国家所控制、以发达国家利益为核心的各种秩序，都将发生革命性大变革。当然，实现这种超越需要很长的历史时期，需要几代人的艰苦努力，决不是在短期内能够轻而易举实现的事。

被公认的率先进入知识经济时代的美国，是世界最发达国家。一方面，为了利用发展中国家的廉价资源和劳动力，赚取更大利润；另一方面，想依靠自己在知识、技术、金融上的巨大优势，集中对发展中国家进行技术和金融掠夺。其从20世纪末开始把本国的传统制造业转移到了发展中国家，从而失去了世界制造业第一大国的地位，中国成为世界制造业第一大国。可一来其全球金融赌博酿成的世界性金融危机，既危害了世界许多国家，也给美国经济带来严重后果；二来财富的创造终归靠劳动，靠制造业的发展。发展中国家，特别是中国，正是利用这些制造业，既迅速增加了社会财富，又改变了产业结构和劳动力结构，提高了劳动力的素质和劳动的附加价值，提高了在国际劳动分工在科学技术水平、劳动力素质、综合国力等，从而也增加了推进建立新国际劳动分工秩序的进程。

值得注意的是，奥巴马上台后，又想利用自己的科学技术优势，发展新的制造业，企图夺回世界制造业第一的位置。基于人口、领土、资源禀赋、经济实力、政治实力和军事实力优势基础，美国发展制造业也并非难事。更重要的是，美国要新发展的制造业，决非传统制造业，而是在高端科学技术带动下具有更高附加值的高端制造业。如果其愿望得到实现，无论中国或其他发展中国家，都仍然会处于国际劳动分工结构中的下游。而且就对国际劳动分工秩序的控制来看，不只是美国一个国家，还有西方诸多发达国家。无论经济、政治或军事上，它们联合起来的力量都是巨大的。不要说发展中国家的力量一时还联合不起来，即使能联合起来，也抵不过或制衡不了它们对国际劳动分工秩序的控制。

根据世界银行统计，美国2011年的GDP仍是世界第一，虽然其占全球GDP比重已经从1945年的50%降至21.5%。但美国在军事实力、教育水平、科研力量、人口素质和构成等方面的数据仍然遥遥领先。国际体系和国际劳动分工秩序，依然比较牢固地处在美国主导之下。更为重要的是，美国是全球高等教育和科技研发最为强劲的国家。依据美国国家自然科学基金会（NSF）发布的2012年《科学与工程指标》提供的资料，2009年，美国拥有2070万正式注册的本科生，分别有134000名和41100名科学与工程专业的硕士生、博士生顺利毕业。长期以来，2/3的本科生和63%的科学与工程专业的研究生受到了联邦政府的财政资助。在科研成果方面，美国科技学术方面的论文达到全球总数的26%，排名第二的中国占全球的9%。不仅如此，美国持续对科技研发予以有力支持，于2009年投入400亿美元，占全球份额的31%。2010年美国知识技术密集型产业产值为3.6万亿美元，占全球份额的33%，而中国仅占全世界总额的7%。因此，美国是目前为止对高等教育和科技创新投入最大、回报最大的国家。新一轮的产业革命无论以何种形式展开，它最有可能发起的地方仍然是美国。

美国霸主地位一时难以动摇的原因，当然有多个方面。比如美国的主导地位依然有着比较雄厚的国际基础。美国通过提供安全和各方面的援助，不仅实现着对联合国、关贸总协定、国际货币基金组织、世界银行等组织的控制，而且尽管其为了自身利益，不惜制造谎言、实行双重标准等卑劣手段而失去了诚信，但其在国际体系和国际劳动分工秩序中的霸权地位，还是获得了大多数国家认可。当然，正如有学者分析的，美国维护的国际体系的责任，仅仅是以其为主导的国际安全体系和国际金融体系的稳定，而对于自由贸易体系和联合国体系，则基本上将责任分给了众多国家，在国际军控、气候变化、国际法律等义务方面则尽力选择逃避以减轻负担。

又比如，美国处理国际责任的灵活方式，也有利于保持其在国际体系中的主导地位。如有学者分析的，美国维持其霸主地位的力量，首先来源于其对国际体系控制手段的多样化。在权力构成上，美国有硬权力与软权力的组合；在权力运用的方式上，把单边主义、孤立主义、双边主义、多边主义结合运用；在机制的选择上，美国根据需要，既可以选择沿用旧有机制，也可推动之前存在但作用不大的机制，也可另起炉灶重新创立一个机制。有趣的是，无论是哪一种具体的手段，美国都不会为之"痴迷"，这种手段不行了，就用下一种。特别是其通过对国际机制的塑造，为国际体系内的行为体确立规则，使其降低了直接施展权力所付出的成本，并且收益更加持久。当它想要让某项国际机制成为维护美国霸权体系的工具时，就出面承担该项机制的各项成本，并且动员其他盟友共同加入，这是美国很擅长的一手。

总之，无论从经济力量还是政治力量上看，无论新兴大国的兴起还是世界金融危机，都没有出现根本改变当前大国基本战略态势的对比和权力结构的迹象，以美国主导的金融霸权国际劳动分工秩序，没有发生根本上的动摇。建立新的国际劳动分工秩序，仍然任重而道远。当然，从发展中国家的发展势头、特别是从最大发展中国家中国的发展势头看，发展中国家超越发达国家这一天总会到来，但需要做长远打算，保持信心，坚持长期奋斗，才能实现自己的梦想。我们必须基于这样一个基本的判断，来认识国际劳动分工秩序的变革和变革发展的走向。

国际劳动分工秩序变革的基本任务和当务之急

改革当今国际劳动分工秩序的当务之急，是要改变不合理的规则和规制。而由于当今的国际劳动分工秩序，是被美国和美国主导下的少数发达国家所把持，所以国际劳动分工秩序改革，实质上是发达国家和发展中国家综合国力的较量。又由于发展中国家的综合国力与这些发达国家的综合国力相差悬殊，所以这种较量是长期的。在发展中国家的综合国力还没有赶上和超过发达国家之前，它是不可能实现真正的合理和公平的，只能是向着这个目标不断前进。当前国际劳动分工秩序改革面临的任务，就是按照联合国大会1974年通过的《各国经济权利和义务宪章》的要求，逐步解决发展中国家在资金和核心技术上对发达国家的过度依赖，跳出廉价资源和劳动力的陷阱，在发展新技术新兴产业能力的基础上，减轻以致最后摆脱长期处于国际产业分工链条低端、并遭受不平等交换盘剥的困境。《各国经济权利和义务宪章》反映了广大发展中国家改革不合理的国际劳动分工秩序、享有与西方发达国家平等发展权利的要求和呼声，也是彻底改革旧的国际劳动分工秩序很重要的一步。

完成国际劳动分工秩序改革任务的一项重要斗争，是反对霸权主义和强权政治。霸权主义和强权政治，是造成现行国际劳动分工秩序不公正、不合理的重要原因，是进行国际劳动分工秩序改革的桎梏。只要霸权主义存在，一切国际秩序，就不可能实现合理和公平。当今的霸权主义有许多新内涵和新的特征，而这些新内涵和新特征，都与国际劳动分工秩序改革有关。比如，控制国际核心技术的转移和流动，控制国际关系游戏规则的制定，控制货币的印制和国际资本流动，控制尖端武器的制造和贸易，控制全球性的军事部署和态势等，这是美国霸权主义的重要新内容，而这些都严重抑制着发展中国家在国际劳动分工地位的改变和提高，抑制着国际劳动分工秩序改革的顺利进行。

美国哈佛大学教授塞缪尔·亨廷顿曾有这么一段话，也许比较全面地揭露了这种霸权主义的特征:"向他国施压,使它们接受美国的人权和民主价值观和做法;阻止他国获得可能会对美国的优势构成挑战的军事力量;在其他国家的领土上或在其他社会中强行实施美国法律;根据他国执行美国有关人权、毒品、恐怖主义、核扩散、导弹扩散、现在又是宗教自由等方面的标准的情况加以分门别类;对达不到美国标准的国家实行制裁;打着自由贸易和公开市场的旗号推动美国公司的利益;从美国公司的利益出发制定世界银行和国际货币基金组织的各项政策;干预与其没有多少直接利害关系的地方性冲突;胁迫他国奉行有利美国的经济政策和社会政策;推动美国在海外的武器销售,同时又阻止他国进行类似的销售。"[①]

从技术扩张的角度看,美国垄断资本向全球的扩张主要是靠科学技术和经济力量,靠垄断资本的强大国际联盟。科学技术和经济利益真正成为了这种特殊霸权主义的基础和动力。如果说以前阶段资本家同盟要从经济上分割世界,实行殖民政策和帝国主义政策,首先是以强大的军事实力为基础,在政治上和领土上分割世界,争夺"经济领土",是一种政治和军事为先导的殖民帝国主义的话;那么在后帝国阶段,则首先是以强大的经济和科技实力为基础,先争夺在全球的科技制高点,以控制核心技术为手段,争夺在全球市场竞争上的优势,从本国利益出发,主导和控制他国经济,主导和控制世界经济的发展。这是一种主要依靠科学技术和经济力量进行扩张和控制的一种"技术经济霸权主义"。

从国际货币金融和国际贸易领域看,美国还牢牢控制着美元的印制权,牢牢控制着世界银行和货币基金组织,控制着这两个领域游戏规则的制定,实行着严重的金融霸权主义和贸易霸权主义。大叫贸易自由的美国,却从本国利益出发,对贸易自由采取实用主义的政策,对美国出口有利的产品,就大叫自由贸易,要别国开放市场;而对别国向美国出口有利的产品,就以反倾销等各种手段,进行贸易保护,限制别国的出口。而且还动不动就采取经济制裁、贸易报复等打压别的国家。甚至强迫别的国家进行货币升值,强迫别的国家不许与中国进行军火贸易,等等,这也表现出了赤裸裸的"贸易霸权主义"。

从扩军和军事威胁的角度看,美国拼命在研制更新、更现代化的各种武器,拼命在扩展自己的军备;努力加强其对北约的控制,并积极推动北

[①] 见美国《外交》双月刊,1999年3—4月号。

约的东扩和南进；在加强其在世界各地的军事基地，并依据其新的全球战略的需要，正在世界许多地方建立新的军事据点；其正在实行战略转移，把军事重点从欧洲转向亚洲，集中遏制中国。这些都说明，美国一方面为了本国的利益，不仅依仗其在经济和技术上的优势，大力扩展军备，以保持在军事力量上的长远的绝对优势和强大军事威慑力；另一方面，却不许别的国家发展军事力量，把别的国家发展军事力量都视为是对美国的威胁。这些事实说明，美国是世界上最强大、最具有野心的"军事霸权主义者"。

从人权干涉的角度看，美国不仅没有放弃其政治和意识形态进攻的手段，而且加强了这种手段。它以维持地区稳定、维护人权等为名，对影响其谋求本国利益，影响其推行美国化的国家或地区，进行经济制裁和各种干涉，甚至进行军事打击或政治颠覆，把势力扩展到自己尚没有插足的地方。这说明后帝国主义是一种干涉帝国主义。这种干涉的实质，或者说是后帝国观念的支柱，是所谓美国的责任感和美国的利益。美国有大量人权问题的不良记录，美国发动血腥战争、残害无辜百姓，都是在践踏着人权，然而美国为了自身的利益，在人权问题上却采取实用主义的双重标准。美国的所谓责任感，就是要用一切手段把美国的社会制度和价值观念推行到全世界；美国的利益就是要在世界上建立以美国为主导的、符合美国利益的政治经济秩序。谁妨碍了美国的利益，谁反对美国的霸权主义，谁就是违反了人权。这是一种典型的霸道逻辑，典型的"人权霸权主义"。

所有这些霸权主义，都阻碍着国际劳动分工秩序的改革。特别应当注意的是，目前几乎所有重要的国际经济运行的"游戏规则"，总体上是在西方国家主导下制定的，虽然其中有符合社会化大生产的一面，但由于它被美国等少数发达国家所控制，这些国家总要利用自己优势和强权政治，谋取本国的最大利益。特别是美国正在加紧实施其全球战略，为了追求本国的利益，鼓吹"新干涉主义"；推行新的"炮舰政策"，不惜采用武力，到处干预别国内政。它不顾当代世界丰富多彩的客观实际，企图把自己的社会制度、发展模式和价值观念强加于人，动辄以孤立、制裁相威胁，这种霸道行为只能以损人开始，以害己告终。凭借不公正、不合理的国际经济秩序，把自己的发展建立在他国贫困落后的基础上，这是加剧世界发展不平衡、不稳定，造成发达国家与发展中国家贫富差距拉大的根源。就是说，建立公正合理的国际政治经济新秩序，就是要坚决反对霸权主义和强权政治，任重道远。

改革国际劳动分工秩序的当务之急，是消除在发达国家控制下的国际规则制定的不民主性，加大发展中国家的发言权，照顾发展中国家的利益，以消除发展中国家的贫困和落后，改变其在国际劳动分工结构中的不利地位。长期的殖民主义统治和不公正、不合理的国际经济秩序，造成许多第三世界国家的贫困落后状态。消除贫困，是当代世界的重大课题。发达国家应该从提供资金、减免债务、转让技术、平等贸易等方面，支持和帮助发展中国家振兴经济，提高人民生活水平和教育水平，这也符合发达国家的长远利益。各国经济共同增长和普遍繁荣，是人类努力的方向。因为世界经济是一个相互联系、相互依存的整体。发展中国家需要发达国家的资金和技术，发达国家需要发展中国家的原料和市场。发达国家应尊重发展中国家的利益和需要，增加对发展中国家的经济投入和技术援助。通过这种援助，使发展中国家逐步摆脱单纯原料和工业品市场的地位。

国际劳动分工秩序改革，应当进一步发挥联合国的作用和加强发展中国家之间合作。在联合国的决策机制中，成员国不分大小强弱，均为一票。这种机制比国际货币基金组织等的决策机制要公平、合理许多。因此，有些发展中国家和学者主张用联合国的决策机制，来改革国际组织和国际秩序，增加发展中国家在这些组织和秩序中的话语权、决策权，使这些组织和秩序能反映广大发展中国家的呼声和要求。与此同时，发展中国家应当在发展科学技术、提高劳动力和劳动质量、反对霸权主义和强权政治等方面，进行切实有效合作，以集体的力量更快、更有效地发展自己，改变自己在国际秩序中的地位。

国际劳动分工秩序改革应遵循的原则，应当是中国一贯主张的在互相尊重主权和领土完整、互不侵犯、互不干涉内政、平等互利、和平共处等原则的基础上，建立和平、稳定、公正、合理的国际新秩序。这种新秩序最核心的问题，是消除强权政治，实现在制定规制、规则上的权力平等。这种新秩序，主张在平等互利基础上加强和扩大经济、科技、文化的交流与合作，促进共同发展与繁荣，反对经济贸易交往中的不平等现象和各种歧视性政策与做法，反对强国依仗自己对高端科学技术的垄断，依仗自己的经济和军事实力，继续对发展中国家进行剥削和掠夺的做法。要通过对国际劳动分工秩序为基础的所有国际经济新秩序的改革，形成良好的国际分工、国际贸易和国际金融等的体制和规则，促进世界经济平衡有序的发展,为世界经济增长营造公平、稳定、高效的金融环境。现在发展中国家正在这一原则指导下,力图利用发达国家的资本和技术,大力发展自己的技术、自己的工业、自己的经济,进行创造性劳动,以摆脱对发达国家的依附,改变旧的劳动分工秩序。

第八章

虚拟经济全球发展和劳动者地位的变化

当今的世界,是虚拟经济全球化的时代。虚拟经济脱离实体经济无度发展和恶性膨胀,导致了全球经济泡沫的恶性膨胀和劳动者地位的降低,这是当今世界面临的最大威胁。虚拟经济的概念由马克思提出的虚拟资本衍生而来。马克思认为,虚拟资本是在借贷资本和银行信用制度的基础上产生的,它的主要形式是有价证券,包括股票、债券等。虚拟资本可以作为商品买卖,通过流通运转,使资本增值,财富增加,但其本身并不具有价值;它代表的实际资本已经投入生产领域或消费过程,而其自身却作为可以买卖的资产滞留在市场上。虚拟经济就是从具有信用关系的虚拟资本衍生出来的,并随着信用经济的高度发展而发展的。现今一般都把虚拟经济等同于包括货币、原生金融和衍生金融在内的整个金融业,这似乎有些宽泛了。在历史上,虚拟经济是基于实体经济发展的内在需要而产生的,并以推进实体经济的发展为基本目的。在这里想告诉读者的是,虚拟经济的发展,有着两面性,有度的或坚持为实体经济服务的虚拟经济,肯定有利于劳动资源的配置,有利于劳动生产力的发展;但无度的虚拟经济的恶性膨胀,特别是经济泡沫的恶性膨胀,对经济稳定、健康发展,绝对是有害的。有学者惊呼:当今的经济泡沫正在压垮世界。

一 虚拟经济的特性和新的掠夺方式

我们都知道,在经济学意义上,经济的含义就是指社会物质生产劳动和再生产劳动。这就是说,劳动是经济的最基本、最核心的内容。虚拟经济本质,却恰恰是脱离了实际的生产劳动的以钱直接生钱的活动。虚拟资本在金融市场运动中,先把投资者的货币转换为金融产品,主要是证券,如借据、股票、债券等,然后在适当的时候,再通过金融市场的交换运动，把这些借据、股票、债券，再转变为增殖了的钱。如马克思说的，这样就给人一种错觉，似乎不劳动也可以赚钱。实际上，虚拟经济的发展不仅仍然要以实体经济、实体劳动的发展为基础，在虚拟经济发展运动中的许多环节上，诸如在考虑虚拟经济产品的定价、预期收益的估算中，人们心目中总有一杆不能动摇的秤，那就是实际的劳动量。虚拟经济的发展，任何时候都离不开实体经济，当今世界经济正是在虚拟经济和实体经济并存中，在其相互影响、相互制约、相互作用中发展运动的。虚拟经济的发展，既为世界在大规模和平发展、合作共赢中提供了机遇和条件，也为垄断资本全球性的掠夺，冒险家们在全球投机、豪赌提供了机会和场所。

虚拟经济的两面性和资本主义最后的动力

实际上，正是因为在人们心目中总有那么一杆秤，一杆用实际劳动量作为准星的秤，才能有虚拟经济的存在和发展。在资本主义社会，虚拟经济历来都是高风险经济，是冒险家的乐园，它不仅为冒险家们的投机和豪赌提供了场所，同时，它又是一种新的掠夺手段，它为富人掠夺穷人，为富国掠夺穷国提供了机会。在现今的世界上，它像一匹飘忽不定、难于驾驭的野马，要想用其所长，避其风险，不仅需要有高超驾驭它的技巧和能力，而且需要强大的实力。它恶性膨胀和恶性膨胀的后果，再次真切地诠译了异化劳动的意义和本质，生动地描绘了劳动者被自己的劳动所支配、所统治的生动景象。

按照马克思主义的理论，虚拟经济就是收入资本化了的经济，或者说是金融化了的资本。在历史上，金融资本对资本主义的发展，一直起有非常重要的作用。如马克思说的，银行信用制度是促使资本主义生产方式发展到它所能到达的最高和最后形式的动力。马克思认为，在资本主义社会，银行信用制度以社会生产资料在私人手里的垄断为前提，所以，"决不要忘记，第一，货币——贵金属形式的货币——仍然是基础，信用制度按其本性来说永远不能脱离这个基础。第二，信用制度以社会生产资料（以资本和土地所有权的形式）在私人手里的垄断为前提，所以，一方面，它本身是资本主义生产方式固有的形式，另一方面，它又是促使资本主义生产方式发展到它所能到达的最高和最后形式的动力"[①]。与此相适应，它

---

① 《马克思恩格斯全集》第46卷，人民出版社2003年版，第685页。

自然也是促使资本主义自我扬弃和向新的社会制度转变的动力。

以银行和信用制度为核心的金融业，是资本主义生产方式造成的最人为和最发达的产物。资本主义国家的银行和金融机构，对商业和工业拥有的权力越来越大。在20世纪70年代之前，虽然商业和工业的现实运动仍然完全处在它的领域之外，而它对于它们的现实运动也是采取被动的态度。当然，银行制度同时也提供了社会范围的公共簿记和生产资料的公共分配的形式，但只是形式而已。我们已经知道，单个资本家或每个特殊资本的平均利润，不是由这个资本直接占有的剩余劳动决定的，而是由总资本占有的剩余劳动总量决定的，每个特殊资本仅仅是按照它在总资本中所占的比例从这个剩余劳动总量中取得自己的股息。资本的这种社会性质，只是在金融资本即信用制度和银行制度有了充分发展时才表现出来并完全实现。现在我们都已经看到，银行和金融机构都已经不是处在工业和商业运动之外了，而是不仅直接参与到了工业和商业运动之内，而且成为了工业和商业的支配者和统治者。

历史向我们证明了，资本主义的银行信用制度，无论从其性质或作用上看，都具有两面性。这种制度一方面把社会上一切可用的，甚至可能的，尚未积极发挥作用的资本交给产业资本家和商业资本家支配，从而大大促进产业资本和商业资本的大发展；然而，因为这个资本的贷放者和使用者，都已经不是这个资本的所有者或生产者。因此，信用制度和银行制度扬弃了资本的私人性质，从而自在地，但也仅仅是自在地包含着资本本身的扬弃。也就是说，银行制度从私人资本家和高利贷者手中夺走了资本的分配这样一种特殊营业，这样一种社会职能。但是这样一来，银行和信用同时又成了使资本主义生产超出它本身界限的最有力的手段，也是引起危机和欺诈行为的一种最有效的工具。如马克思说的："信用制度固有的二重性质是：一方面，把资本主义生产的动力——用剥削别人劳动的办法来发财致富——发展成为最纯粹最巨大的赌博欺诈制度……另一方面，又是转到一种新生产方式的过渡形式。"[①] 这种二重性，贯穿于资本主义金融业的方方面面，我们研究、观察资本主义银行和信用制度的一切问题，都时刻不能忘记这种二重性。

在研究认识资本主义银行和信用制度时，尤其不能忘记马克思这样的

---

① 《马克思恩格斯选集》第2卷，人民出版社1995年版，第521页。

话："银行制度用各种形式的流通信用代替货币，这表明货币事实上无非是劳动及其产品的社会性的一种特殊表现，但是，这种社会性，和私人生产的基础相对立，归根到底总要表现为一个物，表现为和其他商品并列的一种特殊商品。最后，毫无疑问，在由资本主义的生产方式向联合起来劳动的生产方式过渡时，信用制度会作为有力的杠杆发生作用；但是，它仅仅是和生产方式本身的其他重大的有机变革相联系的一个要素。与此相反，关于信用制度和银行制度的奇迹般的力量的种种幻想所以会被赋予社会主义的意义，是由于对资本主义生产方式和作为它的形式之一的信用制度完全没有认识。"[1]

人们都已经知道，商业信用，即从事再生产的资本家互相提供的信用，是资本主义信用制度的基础。而由于资本主义再生产过程的全部联系都是以信用为基础的，所以只要信用突然停止，危机自然就会发生。生产过程的发展促使信用扩大，而信用又引起工商业活动的扩展。马克思认为："这种商业信用的界限就其自身来考察是：1. 产业资本家和商人的财富，即在回流延迟时他们所能支配的准备资本；2. 这种回流本身。这种回流可能在时间上延迟，或者商品价格也可能在这段时间内下降，或者在市场停滞时，商品还可能暂时滞销。首先，汇票的期限越长，准备资本就要越大，回流因价格下降或市场商品过剩而发生减少或延迟的可能性也就越大。其次，最初的交易越是依赖对商品价格涨落的投机，回流就越没有保证。很明显，随着劳动生产力的发展，从而大规模生产的发展，1. 市场会扩大，并且会远离生产地点，2. 因而信用必须延长，并且 3. 投机的要素必然越来越支配交易。大规模的和供应远地市场的生产，会把全部产品投入商业当中：但是要使一国的资本增加一倍，以致达到商业能够用自有的资本把全国的产品买下来并且再卖掉，这是不可能的。在这里，信用就是不可避免的了；信用的数量会随着生产的价值量一起增长，信用的期限也会随着市场距离的增大而延长。在这里是互相影响的。生产过程的发展促使信用扩大，而信用又引起工商业活动的扩展。"[2]

正因为资本主义再生产过程的全部联系都是以信用为基础的，所以如马克思所说的，乍看起来，好像整个危机只表现为信用危机和货币危机。

---

[1] 《马克思恩格斯全集》第46卷，人民出版社2003年版，第686—687页。

[2] 同上书，第544页。

事实上问题只是在于汇票能否兑换为货币。"但是这种汇票多数是代表现实买卖的,而这种现实买卖的扩大远远超过社会需要的限度这一事实,归根到底是整个危机的基础。不过,除此以外,这种汇票中也有惊人巨大的数额,代表那种现在已经败露和垮台的纯粹投机营业;其次,代表利用别人的资本进行的已告失败的投机;最后,还代表已经跌价或根本卖不出去的商品资本,或者永远不会实现的资本回流。这种强行扩大再生产过程的全部人为体系,当然不会因为有一家像英格兰银行这样的银行,用它的纸券,给一切投机者以他们所缺少的资本,并把全部已经跌价的商品按原来的名义价值购买进来,就可以医治好。并且,在这里,一切都以颠倒的形式表现出来。"①

　　虚拟经济发展至当今,其活动中的"纸制复本"已经被"电子复本"所取代,已经被"价值符号"所取代。所以就其流动性、不稳定性和风险性来说,都大为增加。比如,随着信息技术的快速发展,股票、有价证券等虚拟资本无纸化、电子化,其交易过程在瞬间即刻完成。正是虚拟经济的高度流动性,提高了社会资源配置和再配置的效率,使其成为现代市场经济不可或缺的组成部分。比如,由虚拟经济自身的性质所决定,各种虚拟资本在市场买卖过程中的价格决定,更多地取决于虚拟资本持有者和参与交易者对未来虚拟资本所代表的权益的主观预期,而这种主观预期又取决于宏观经济环境、行业前景、政治及周边环境等许多非经济因素,增加了虚拟经济的不稳定性。比如,由于影响虚拟资本价格的因素众多,这些因素自身变化频繁、无常,不遵循一定之规则,且随着虚拟经济的快速发展,其交易规模和交易品种不断扩大,使虚拟经济的存在和发展变得更为复杂和难以驾驭。非专业人士受专业知识、信息采集、信息分析能力、资金、时间精力等多方面限制,虚拟资本投资成为一项风险较高的投资领域,尤其是随着各种风险投资基金、对冲基金等大量投机性资金的介入,加剧了虚拟经济的高风险性。正是由于这些特性,其才能快速引导资金流动,促进和调整经济资源在各实体经济部门和企业间的配置,提高经济效益。

---

① 《马克思恩格斯全集》第46卷,人民出版社2003年版,第555页。

虚拟资本过度和劳动者地位的降低

虚拟经济的本质，说白了，就是钱生钱的经济活动。随着这种活动的发展，实际劳动者的社会地位，自然被边缘化、被降低了。而在资本主义的发展历史上，虚拟资本早就出现。作为生息资本，它是随私人货币借贷的产生而产生的。虚拟资本的概念是马克思很早就提出来的。在《资本论》第三卷中，马克思在很多地方分析了虚拟资本的形成和实质。马克思从分析资本主义的信用制度和股份制度入手，主要通过对汇票、支票、银行券、股票、国债、股份公司等职能和作用的分析，揭示了虚拟资本的内涵和主要特征。什么是虚拟资本？按照马克思主义者的观点，所谓虚拟资本就是资本化了的、脱离了资本的现实增值过程的资本。或者说是在借贷资本和银行信用制度基础上产生的虚拟资本，就是其本身来说没有价值，但却可以通过其循环运动而产生巨额利润和财富的资本。

不难想象，虚拟资本为什么会产生，产生后又为什么会大行其道，就是因为在人们的心目中，任何虚拟资本虽然本身没有价值，但却体现着想象的价值和想象的劳动。而且这种想象的价值和想象的劳动，还都有相应的明码标价，那些标价的依据，正是经验的或想象的按劳动时间计算的劳动量。最为值得注意的是，无论何种虚拟经济产品，都依据投资者的需要，通过适当的运作变现，能够变成现实的货币和物质财富。这就决定了，虚拟资本自它产生的那天起，就使人产生了资本可以自行增殖的观念，也就是钱能生钱的观念。在这种用钱就可以直接生钱的观念中，似乎这种增殖与实际的资本运动，与实际的生产劳动，与劳动者，都没有了任何关系。我们注意到，国内外有些学者，正是据此提出对马克思劳动价值论质疑的。

其实，虚拟资本，作为实际资本和实际劳动成果的积累和转化形式，不仅产生于实际的劳动生产过程，而且其发展始终都脱离不开实际资本和实际劳动。劳动者，劳动者的实际劳动，是一切虚拟资本产生和发展的源头和基础，是劳动者的劳动为金融市场的发展，为那些金融投机者在金融市场上纵横捭阖提供了乐园。利息和各种红利，无论采取何种价值形式，都只能是利润的一部分，只能是剩余劳动或剩余价值的一部分。不过，一旦实际的剩余劳动通过银行和信用制度被资本化了以后，那给人的感觉似乎是资本成了能够自行增殖的机器。正如马克思在阐述虚拟资本时指出的:"人们把虚拟资本的形成叫作资本化。人们把每一个有规则的会反复取得的收入按平均利息率来计算,把它算作是按这个利息率贷出的一个资本会提供的收益,这样就把这个收入资本化了;例如,在年收入＝100镑,利息率＝5%时,100镑就是2000镑的年利息,这2000镑现在就被看成是每年取得100镑的法定所有权证书的资本价值。对这个所有权证书的买者来说,这100镑年收入实际代表他所投资本的5%的利息。因此,和资本的现实增殖过程的一切联系就彻底消灭干净了。资本是一个自行增殖的自动机的观念就牢固地树立起来了。"[1] 而这个观念的树立,正意味着劳动者在社会中地位的下降。

马克思认为,银行家资本的最大部分纯粹是虚拟的。而这种虚拟的银行家资本,大部分并不是代表银行家自己的资本,而是代表公众在他那里存入的资本。马克思写道:"在资本主义生产发达的国家,银行的准备金,总是表示贮藏货币的平均量,而这种贮藏货币的一部分本身又是自身没有任何价值的证券,只是对金的支取凭证。因此,银行家资本的最大部分纯粹是虚拟的,是由债券(汇票)、国债券(它代表过去的资本)和股票(对未来收益的支取凭证)构成的。在这里,不要忘记,银行家保险箱内的这些证券,即使是对收益的可靠支取凭证(例如国债券),或者是现实资本的所有权证书(例如股票),它们所代表的资本的货币价值也完全是虚拟的,是不以它们至少部分地代表的现实资本的价值为转移的;既然它们只是代表取得收益的要求权,并不是代表资本,那么,取得同一收益的要求权就会表现在不断变动的虚拟货币资本上。此外,还要加上这种情况:这种虚拟的银行家资本,大部分并不是代表他自己的资本,而是代表公众在他那里存入的资本——不论有利息,或者没有利息。"[2]

当今的银行资本,一般都由现金和有价证券两部分组成。银行家资本的这些现实组成部分,决不因为这些不同要素是代表银行家自有的资本,还是代表存款即别人所有的资本,而会发生什么变化。马克思在分析银行资本时,曾这样写道:"银行资本由两部分组成:1. 现金,即金或银行券;2. 有价证券。我们可以再把有价证券分成两部分:一部分是商业证券即汇票,它们是流动的,按时到期的,它们的贴现已经成为银行家的基本业

---

[1] 《马克思恩格斯全集》第46卷,人民出版社2003年版,第528—529页。
[2] 同上书,第532页。

务；另一部分是公共有价证券，如国债券，国库券，各种股票，总之，各种有息的而同汇票有本质差别的证券。这里还可以包括地产抵押单。由这些物质组成部分构成的资本，又分为银行家自己的投资和别人的存款，后者形成银行营业资本或借入资本。对那些发行银行券的银行来说，这里还包括银行券。我们首先把存款和银行券撇开不说。很明显，银行家资本的这些现实组成部分——货币、汇票、有息证券——决不因为这些不同要素是代表银行家自有的资本，还是代表存款即别人所有的资本，而会发生什么变化。不论银行家只用自有的资本来经营业务，还是只用在他那里存入的资本来经营业务，银行家资本的上述区分仍然不变。"①

总之，只要是脱离实际生产劳动过程的想象中的资本，或者只要它只是作为经济权利证书，无论它以什么样的形式积累或增殖，都应当是在想象劳动基础上的虚拟价值。马克思在分析这种情况时指出："即使假定借贷资本存在的形式，只是现实货币即金或银的形式，只是以自己的物质充当价值尺度的商品的形式，那么，这个货币资本的相当大的一部分也必然只是虚拟的，也就是说，完全像价值符号一样，只是价值的权利证书。当货币在资本循环中执行职能时，它虽然会暂时成为货币资本，但它不会转化为借贷货币资本，而是或者换成生产资本的要素，或者在实现收入时作为流通手段付出去，因此，不可能为它的持有者转化为借贷资本，但是当它转化为借贷资本，并且同一货币反复代表借贷资本时，很清楚，它只是在一点上作为金属货币存在，而在所有其他点上，它只是以资本索取权的形式存在。按照假定，这种索取权的积累是由现实积累，也就是由商品资本等等的价值转化为货币而产生的；虽然如此，这种索取权或权利证书本身的积累，既不同于它由以产生的现实积累，也不同于以贷放的货币为中介而实现的未来积累（新的生产过程）。"②

人们都看得出来，由虚拟资本运动所造成的钱能生钱的观念，使当今人们对金钱的崇拜，已经发展到了极限。又因为在虚拟经济与实体经济的紧密联系中，虚拟价值和虚拟财富，不同于虚假价值和虚假财富，它在一定条件下瞬间就能变为实际价值和实际财富。所以那些投机者对虚拟价值、虚拟货币的掠夺，也发展到了极限。如一些学者说的，今天我们是生

---

① 《马克思恩格斯全集》第46卷，人民出版社2003年版，第526页。
② 同上书，第575—576页。

活在一个极限的金钱世界中。人们都在做着金钱的游戏，游戏的规模极其宏大且危险。它那复杂的玩法以及水中月、镜中花似的成长、繁荣和巨额财富，都让玩家如痴如醉。正是由于这种观念的存在，本来的用途是标示价值和便利交易的金钱，却摇身一变，成为创造财富的主角。似乎不用劳动，不用做任何工作，只要人人借钱，人人进行金钱游戏，就可以人人致富了。

这里需要提醒读者的是，由于虚拟资本或虚拟经济作为脱离了实际生产劳动过程，作为在金融市场上钱生钱活动的这种性质所决定，实际上只是属于有钱富人的游戏，是富人掠夺更多财富的手段，与穷人似乎没有多大缘分。比如，这种游戏的前提是首先要有钱。钱越多，自然能生出的钱就越多。在银行、信托、保险、基金、证券这些金融机构不断发展和创新中，在其操控下的各种金融产品，其最大的交易者，各种优惠条件的最大享受者，都是有钱的富人。诸如有高收益各种证券产品、理财产品、信托产品等，似乎都只和富人有缘，而和穷人无缘。加之管理上的问题，富人还总能在交易中做到高收益，零风险。所以这种游戏到头来，获得巨额财富的只是那些少数富人，只是那些了解内幕的高手或主宰。这也正是随着虚拟经济的发展，富人越来越富，穷富之间的差距越来越大的根源。

更为可怕的是，全球性以钱能生钱为核心的虚拟经济发展，不仅扭曲了人们的意识，而且扭曲了实际劳动生产中的资源配置方式，降低资源配置效率，阻碍农业、工业等实物经济的发展。人们在实践中都看到了，在泡沫经济兴起阶段，由于投资于股市、汇市和房地产等，可以得到远非实体经济能比的高得多的回报率，所以使大量资本从实体经济部门流入股市、汇市或房地产业，资金失衡又会引致利率大幅上升，使实体经济部门的发展因融资成本过高而萎缩甚至停滞。同时股市、汇市和房地产业的高收益使大批人才流入泡沫经济领域，使劳动成本因人力资本短缺而迅速提高，生产成本的过度膨胀会降低实物经济部门在国际上的竞争能力。而泡沫的破裂，金融危机的爆发，更是破坏了全球经济的稳定和发展。

虚拟资本的特性和新的掠夺方式

虚拟资本的特性和意义，虚拟资本与实体资本的区别，在于它能以改换的形式重复出现，从而不仅以虚增的量，而且以多种形式，在多种场合发挥实际作用。马克思在分析虚拟资本时阐明了，随着生息资本和信用制度的发展，一切资本好像都会增加一倍，有时甚至增加两倍，因为有各种方式使用同一资本，甚至同一债权在各种不同的人手里以各种不同的形式出现。这也就是说，体现在虚拟资本中的劳动，能以不同形式出现，比如一个劳动以存款形式存入银行，银行又把它以贷款或购买股票、国债等形式去投资，它就似乎变成了两个劳动，倍增了。马克思指出："随着生息资本和信用制度的发展，一切资本好像都会增加一倍，有时甚至增加两倍，因为有各种方式使用同一资本，甚至同一债权在各种不同的人手里以各种不同的形式出现。这种'货币资本'的最大部分纯粹是虚拟的。全部存款，除了准备金以外，只不过是银行家账上的结存款项，但它们从来不是作为现金保存在那里。如果存款用在转账业务上，它们就会在银行家把它们贷出以后，对银行家执行资本的职能。银行家彼此之间通过结算的办法，来互相偿付他们对这种已经不存在的存款的支取凭证。"①

在虚拟资本中，一个实际的资本究竟被虚增了多少倍，也就是说它以多少次作为不同商品资本的价值形式执行职能，那就取决于金融市场状况。马克思在分析这种情况时指出："既然同一货币额根据它的流通速度可以完成多次购买，它也可以完成多次借贷，因为购买使货币从一个人手里转到另一个人手里，而借贷不过是货币不以购买为中介而从一个人手里转到另一个人手里。对任何一个卖者来说，货币都代表他的商品的转化形式；而在每一个价值都表现为资本价值的今天，说货币在各次借贷中先后代表各个资本，其实只不过是以前那种认为货币能先后实现各个商品价值的说法的另一种表现。同时，货币还充当流通手段，使那些物质资本从一个人手里转移到另一个人手里。在借贷中，它并不是作为流通手段从一个人手里转移到另一个人手里。只要货币在贷出者手里，那么货币在他手里就不是流通手段，而是他的资本的价值存在。在借贷中，贷出者就是在这个形式上把货币转给另一个人。如果 A 把货币借给 B，B 又把货币借给 C，而没有以购买作为中介，那么同一个货币就不是代表三个资本，而只是代表一个资本，一个资本价值。它实际代表多少个资本，就取决于它有多少次作为不同商品资本的价值形式执行职能。"② 也就是说，通过在金融市场

---

① 《马克思恩格斯全集》第46卷，人民出版社2003年版，第533—534页。
② 马克思：《资本论》第3卷（1894年），《马克思恩格斯全集》第46卷，人民出版社2003年版，第534—535页。

的这种运作，资本剥削的效率成数倍地增加了。

虚拟资本的这种特性，使它成为一种新的掠夺劳动的形式和手段，即金融投机掠夺形式和手段。这种用投机、欺诈、赌博代替暴力的掠夺方式，不流血却极其残酷。资本主义的信用不仅为单个资本家提供在一定界限内绝对支配别人的资本、别人的财产、从而别人的劳动的权利；而且在资本社会化的环境中，对社会资本的支配权，也就使他取得了对社会劳动的支配权。因此，一个人实际拥有的或公众认为他拥有的资本本身，只是成为信用这个上层建筑的基础。20世纪70年代后，随着发展中国家和社会主义国家改革开放政策的实行，随着这些国家从资本主义国家引进大量的资金和技术，随着金融衍生品的层出不穷，国际金融垄断资本如鱼得水，它们在国际金融市场上叱咤风云，纵横捭阖，利用自己的优势，控制市场；利用金融工具，进行各种投机；从国内广大劳动者身上，从发展中国家，掠夺了大量财富，个个都捞得脑满肠肥，淋漓尽致地暴露了它们贪婪的本性。西方有学者把金融资产者们表现出的这种贪婪、豪赌、诱惑、嫉妒等，称为动物精神，这似乎触及到了事情的本质。

金融体系最发达的国家，是劳动价值形式最多、金融产品最多，表现最复杂、进行金融掠夺和金融投机最疯狂的国家。在当今世界，金融体系最发达，各种金融衍生工具最多，占有虚拟资本最多，实力最强，而且主导着全球金融秩序的，是以美国为首的少数西方发达国家。这些国家通过操控以美元为中心的全球金融货币体系，操控包括期货在内的所有金融产品的价格等，进行大量投机活动，以掠夺其他国家大量的财富。由于这种掠夺不直接通过直接的生产过程，而且打着公平交易的旗号，所以既带有极大的腐朽性、寄生性，又带有极大的欺骗性。

在当今时代，金融体系不发达的发展中国家，是这些国家金融掠夺的主要对象。在金融体系不完善的情况下，发展中国家是国际大金融投机者大发横财的最好的对象。比如，在20世纪90年代，这些国家就用大量飘忽不定、难于驾驭的虚拟资本对这些国家进行冲击和掠夺，使不少国家发生严重的金融危机，并在危机中遭受到极其巨大和惨重的损失。1994年，正是在这种资本的冲击下，墨西哥比索与美元的汇价，一夜之间从3.74:1下降到了5.9:1，下降了60%。并造成股市剧烈动荡，股值下降了11%。这种动荡还波及巴西、阿根廷、智利和秘鲁。1997年，泰国因这种资本的冲击，国内银行出现挤兑，股价暴跌，汇市动荡，泰铢与美元的比价，也下跌了近60%。这次金融风暴，还冲击到了菲律宾、马来西亚、新加坡、印度尼西亚等国家，被称为最严重的金融危机。这次危机不仅给这些国家的经济造成严重的损失，而且严重影响了这些国家经济的发展势头。权威人士估计，这次金融危机可能使整个亚洲地区经济倒退10年。

马来西亚前总理马哈蒂尔看到本国经济所遭受的巨大损失，对这种大投机者痛骂不止，骂他们是"毒品贩子"，是想用金钱控制世界，他们的目标只有一个，就是赚钱。然而，这种痛骂是没有用的。正像大投机家绍罗什所说的：资本全球化固然有许多优点，但并非十全十美。资本全球化需要资本自由流动，自由市场有其自我调节的力量。问题在于能正确认识这种风险，并制定防范风险的能力。

如马克思所阐述过的，在国际金融市场上，证券作为"有权证书"，事实上也是现实资本的证书，是现实资本的"纸制复本"。只是由于它已经和现实资本相脱离，现实资本只是存在于这种"复本"之外，所以它的价值额的涨落和它所代表的现实资本的价值变动已经完全无关。它的价格变动所造成的盈亏，就其本质来说，越来越成为赌博的结果。而且这种赌博取代劳动的夺取资本财产的方法，比直接的暴力的方法更迅速、更有效。正因为金融市场具有这些特性，所以它在发展过程中也存在着自己的危机，不过这种危机是与生产过剩的工业危机性质不同的危机。也如恩格斯曾深刻地描述说："运动的步伐逐渐加快，慢步转成快步，工业快步转成跑步，跑步又转成工业、商业信用和投机事业的真正障碍赛马中的狂奔，最后，经过几次拼命的跳跃重新陷入崩溃的深渊。如此反复不已。"①

人们已经注意到，在虚拟国际资本存在的条件下，利用操纵汇率进行国际掠夺，已成为国际货币控制国的拿手好戏。比如，当今美元作为国际贸易最主要的结算货币和储备资产，美元的汇率走势对全球经济产生着巨大影响。美国就利用美元的这种地位和作用，通过控制美元汇率，对全球受美元影响的国家和地区进行着掠夺，使巨量财富随着美元汇率的升值或贬值，转移到了美国。当美元升值时，美国贸易逆差增加，国际债务增加，其贸易国的美元储备增加，美元资产积累增加；而当这些美元资产增加到一定程度，美元汇率贬值，美国对外贸易逆差减少或顺差增加，等于美国以低价回收美元和美元资产，从而获取了巨额财富，与其贸易或储备

---

① 恩格斯：《马克思恩格斯文集》第9卷，人民出版社，第292—293页。

美元资产的国家白受损失。

当然，汇率不是随便哪个国家都能操纵的，操纵汇率需要被操纵的货币具有一定的条件，其中重要的是在全球生产、贸易、融资中的巨大的、特殊的能力和霸王地位。比如，作为资本它不仅能跨越国界在全球游弋，而且能发现和猎获最佳的投资场所，找到最廉价的劳动力，并实现与其结合生产出廉价的商品；作为储备资产，它能受到几乎所有国家的青睐和欢迎；其在全球活动中的游刃有余需要有国际组织和控制这些组织的强国的有力支持，以及先进信息技术和全球网络技术的配合。很显然，世界上具有这些条件的货币只有美元，具有操纵美元汇率能力的只有美国。

虚拟经济过度和劳动者贫困的加剧

在资本主义社会，随着虚拟经济的发展，富人越来越富，其聚敛的财富越来越多，穷富之间的差距越来越大，这是世人都看到的事实。自资本主义发展进入到帝国主义阶段之后，随着银行和货币金融机构的迅速发展，随着债券、股票的产生和发展，特别是随着各种金融工具和金融市场的迅速发展，虚拟资本的发展极为迅速。到20世纪末，这种大发展已经使世界形成了能与实体经济相对应的虚拟经济，形成了实体经济与虚拟经济并存的二元经济结构。虚拟经济在全球迅速发展的关键，是资本主义信用制度和信息技术的迅速发展、垄断资本进行国际扩张速度的加快，以及在此基础上的各种金融产品和衍生工具的迅速发展和全球金融市场体系的形成。在这种全球金融体系中，各国国内的金融市场与国际金融市场都紧密地联系在了一起，它们相互交织、相互推动，使虚拟资本在全球流动的速度越来越快，规模越来越大。

据统计，20世纪80年代以来，世界经济年平均增长率为3%左右，国际贸易年增长率为5%左右，而国际资本流动的年增长率却高达25%，全球股票总价增长了2.5倍。根据国际货币基金组织统计的数据计算，1997年年底，世界虚拟资本总量为140万亿美元，到2000年，增至160万亿美元，大体相当于世界国民生产总值总和的5倍。世界虚拟资本每天的流动量，大约是2万亿美元左右，约为世界日平均贸易总额的50倍。[①] 虚拟资本的膨胀速度之快，规模之大，由此可见。特别是国际垄断寡头最集中的

---

① 见成思危主编《虚拟经济理论与实践》，南开大学出版社2003年版，第5页。

美国，虚拟资本在国民经济中作用极为突出。以 2000 年，美国主要股票交易所的市场交易值为例，美国证券交易所为 9454 亿美元，芝加哥交易所为 11901 亿美元，纳斯达克为 197988 亿美元，纽约证券交易所为 110600 亿美元，这四个交易所总计为 329943 亿美元，为美国国内生产总值 98729 亿美元的 3.3 倍。在过去 20 年，发达国家由于金融产业的迅速发展，实体产业不断萎缩和空洞化，其经济发展极度依赖金融资本的发展。据专家统计，1980 年至 2007 年，全球银行资产、债券存量和股票市值与全球国内生产总值比例，从 100% 猛增到 400%。

由于金融产业获利的速度快，而且受国界的制约小，所以发达资本主义国家，特别是在国际货币体系中占有特殊地位的美国，就成为世界虚拟经济发展的推动者。当今以美元为核心的世界货币体系，是美国全球竞争力和全球掠夺的核心力量。在其还是制造业大国、强国和引领全球产业的时候，尽管有发达的金融业，但对外的经济循环都是与实体经济高度关联的。而当其虚拟经济迅速发展，实体产业萎缩和空洞化，致使虚拟经济过快发展，使虚拟经济与实体经济失去平衡的时候，其对外经济循环就完全脱离了实体经济，变成为纯虚拟经济的循环。比如，美国用美元从其他国家买回供国内消费的产品和资源，拿到美元的国家又用美元从美国购买债券和其他金融产品。这样，不断大量回流的美元就可以支撑银行大举放款，人们就可以用借款，维持高消费。在这一循环中，美国从其他国家得到的是实际的物质产品和资源，而其他国家从美国得到的却只是债券和其他金融产品。这种转变意味着美国对世界的实体产业掠夺到金融掠夺或美元掠夺的转变。因为在这种循环中，美国从其他国家得到的是实体经济，而其他国家从美国得到的却是虚拟经济。这样，在玩弄虚拟经济老手、投机和赌博都见长、又在世界金融中有着支配地位、善于利用美元进行掠夺的美国面前，只好束手就擒。

关于什么是虚拟经济，目前学界从不同的角度，有着不同的定义和争论。比如：有的从传统的理论经济学的角度分析，认为虚拟经济是一个虚拟的价值系统，或者说是以资本化定价方式为基础的价格系统或特定的经济运行关系，虚拟价值系统是与实体价值系统相对应的；有的从金融发展的角度分析，认为虚拟经济指的就是金融系统，虚拟经济就是金融经济；有的从系统学的角度分析，认为虚拟经济是在经济系统中存在的一种经济活动模式，是经济活动中的软件，而实体经济是经济活动中的硬件；有的从金融工具发展的角度分析,认为虚拟经济是与实体经济相对应的一种经济形态,它属于金融范畴,主要是指股票、债券、金融衍生品等各种虚拟资本工具的发展。应该说,这些定义都从一定角度揭示了虚拟经济的本质,相互之间并没有矛盾。而且有越来越多的人倾向认为,虚拟经济应当是一种由虚拟资本运动所引起、各种经济系统和运动模式所组成的综合性的经济形态。虚拟经济不仅包括金融市场、金融系统,而且还包括期货市场、期货和期权交易系统,资本各种信息和网络系统等。所以,它涵盖的内容比虚拟资本更为广泛。

以实体经济为基础的虚拟经济,有着自己独立的运动轨道和规律。一方面它借助于各种信息技术和网络技术,具有很高的流动性,特别是在国际间的流动,这正是国际垄断资本发展所需要的,也对推动经济全球化,推动世界经济的发展,有积极的作用;另一方面,虚拟资本的价格决定,不像实体经济那样受制于价值规律,而更多的是受制于持有者的预期。这种预期又受着各种社会环境、政治环境的变化,以及各种人为因素的影响,所以其变化无常,没有一定之规,这就为各种各样的投机、赌博活动,大开方便之门。不是依靠实际货币流通,而是依靠票据流通的虚拟经济,是一种高风险高泡沫性的经济。可以说,投机性与泡沫性,是它的基本特征。因为它用投机、赌博代替了实际的劳动,所以它的发展必然使劳动者边缘化,不仅社会地位降低,在与资产者的斗争中更加弱势,而且在财富分配中更加贫困。又因为它的发展既削弱了实体经济发展,给实体经济发展造成了极大的不稳定性,甚至使整个经济突然跌入深渊,所以它既可以使冒险家瞬间成为亿万富翁,又可以使亿万富翁瞬间一贫如洗。

恩格斯在分析资本主义金融市场时认为,金融市场一旦产生,就具有了自己的独立的运动和运动规律,就必然反映和影响着其他产业和其他经济活动。不过,在资本主义金融市场中,总的说来,它是头足倒置地反映出工业市场的运动。恩格斯指出:"然后便发生像在商品贸易中和后来在金融贸易中的那种情形:这新的独立的力量总的说来固然应当尾随生产的运动,然而它由于它本来具有的、即它一经获得便逐渐向前发展了的相对独立性,又反过来对生产的条件和进程发生影响。这是两种不相等的力量的交互作用:一方面是经济运动,另一方面是追求尽可能多的独立性并且一经产生也就有了自己的运动的新的政治权力。总的说来,经济运动会替自己开辟道路,但是它也必定要经受它自己所造成的并具有相对独立性的政治运动的反作用,即国家权力的以及和它同时产生的反对派的运动的反作用。正如在金融市场中,总的说来,并且在上述条件之下,是反映出,而且当然是头足倒置地反映出工业市场的运动一样,在政府和反对派之间的斗争中也反映出先前已经存在着并且在斗争着的各个阶级的斗争,但是这个斗争同样是头足倒置地、不再是直接地、而是间接地、不是作为阶级斗争、而是作为维护各种政治原则的斗争反映出来的,并且是这样头足倒置起来,以致需要经过几千年我们才终于把它的真相识破。"①

恩格斯还阐述了,由于金融市场上的人所看到的工业和世界市场的运动,恰好只是金融和证券市场的倒置的反映,所以在他们看来结果就变成了原因。恩格斯指出:"在那里,您总可以在经济方面学到许多东西,特别是如果您随时注意,苏黎世毕竟只是第三等的金融和投机市场,因而在那里得到的印象都是由于双重的和三重的反映而被削弱、或者被故意歪曲了的。但是您在实践中会熟悉全部机构,并且会不得不注意从伦敦、纽约、巴黎、柏林、维也纳收到的第一手的交易所行情报告,这样,您就会看到反映为金融和证券市场的世界市场。经济的、政治的和其他的反映同人眼睛中的反映是完全一样的,它们都通过聚光镜,因而都表现为倒立的影像——头足倒置。这里只缺少一个使它们在我们的观念中又正立起来的神经器官。金融市场上的人所看到的工业和世界市场的运动,恰好只是金融和证券市场的倒置的反映,所以在他们看来结果就变成了原因。"②

恩格斯还分析了,金融贸易不仅有自己独特的运动规律,而且其对实际生产运动的反作用也是很强大的和厉害的。恩格斯指出:"金融贸易和商品贸易一分离,它就有了——在生产和商品贸易所决定的一定条件下和在这一范围内——它自己的发展,它自己的本性所决定的特殊的规律和阶段。加之金融贸易在这种进一步的发展中扩大到证券贸易,这些证券不仅是国家证券,而且也包括工业和运输业的股票,因而总的说来支配着金融贸易的生产,有一部分就为金融贸易所直接支配,这样金融贸易对于生产的反作用就变得更为厉害而复杂了。金融家是铁路、矿山、铁工厂等的占有者。这些生产资料获得了双重的性质:它们的经营应当时而适合于直接生产的利益,时而适合于股东的需要。关于这一点,最明显的例证,就是

---

① 《马克思恩格斯全集》第37卷,人民出版社1971年版,第486—487页。
② 同上书,第484页。

北美的铁路。这些铁路的经营完全取决于叫做杰·古耳德、万德比尔特等人当前的交易所业务——这种业务同某条特定的铁路及其作为交通工具来经营的利益是完全不相干的。甚至在英国这里我们也看到过各个铁路公司为了划分地盘而进行的长达数十年之久的斗争，这种斗争耗费巨额的钱财，它并不是为了生产和运输的利益，而完全是由于竞争造成的，这种竞争的主要目的仅仅是为了让握有股票的金融家便于经营交易所业务。"① 这就是说，以虚拟资本和信用为基础的虚拟经济的发展，不仅颠倒各种关系，使实体劳动者的地位降低的同时，在同资本家斗争中更加处于弱势，在社会财富中所占的份额，也日趋减少，实际生活水平，也相对降低。

二 虚拟经济脱轨和全球经济泡沫化

人们越来越认识到，当今全球经济的泡沫化，根源于虚拟经济在全球的脱轨。在虚拟经济领域，所有金融产品中体现的劳动或价值，都是虚拟的，都是在实际价值基础上成数倍甚至数十倍虚高了的虚拟价值。这种价值只存在于人们的心理和预期中。不过如上述，在虚拟经济与实体经济的相互联系、相互转换中，任何形式的虚拟经济产品，都可在一定条件下按虚高的价值变成现实的货币。而且变现后可以直接进入消费，无论是生产消费或生活消费。这样就隐含着一个很大的矛盾：实际一个劳动的价值，投入虚拟经济领域后，却虚增了数倍；而当它以数倍的虚增而变为真实的货币进入消费时，就意味着，原来只有一个劳动的价值，现在却能实际消费了数个、数十个，甚至数百个劳动的价值。这一矛盾如何出现，又如何解决，是个需要从理论和实践上解决的重要课题。其中之谜，也许就是抵押劳动的存在。

虚拟经济中的炒作和金融财富泡沫

当今世界，由于虚拟经济不仅已经渗透到了社会的各个领域，而且已经渗透到了每个人的实际生活，它已经成为了一种完整独立的经济体系、经济模式或经济形态，从而使整个社会经济的运转，步入了实体经济和虚拟经济两股轨道。两股轨道既有联系，又有区别；既相互依赖，又相互独

---

① 《马克思恩格斯全集》第 37 卷，人民出版社 1971 年版，第 485—486 页。

立。这也造成了财富的二元结构,即实体财富和虚拟财富。而且无论国家或是个人,其所占有虚拟财富的比重还不断增长着。根据国际货币基金组织 2001 年的统计,1981—1985 年,金融资产占家庭财富的比重,美国为 69.7%,日本为 42.5%,法国为 37.8%,英国为 51.9%,加拿大为 58.6%;而到了 1996—1999 年,就分别增加到了 82.2%、58.2%、58.8%、68.8%、70.2%。其中,美国都是最高的。

劳动本质是生产使用价值,即生产实际的能够满足人们物质文化生活需要的物质财富。而在虚拟经济领域,因为资本和价值都是虚拟的,所以财富也是虚拟的。它作为虚拟的金融财富,只是表现为一种契约或权利。金融资产或金融财富最大的特点,是流动性强和泡沫性大。流动性过剩和泡沫膨胀,是这种财富存在的经常性状态。比如这种财富的主要载体股票、债券、各种标的的期货、期权合约和其他衍生证券等,在心理因素的作用下,都始终存在着泡沫的因素。特别是各种金融衍生证券交易的蓬勃发展和资产、债务证券化的推行,由于其杠杆效应或风险转移效应的作用,更使这种泡沫成倍放大。这种泡沫的出现,意味着实体经济与虚拟经济、真实需求与投机需求、真实财富与虚拟财富相背离,或者说,价格与价值相背离。

当然,在一定条件下,通过市场经济规律或国家宏观经济杠杆,能在一定程度上制止或矫正这种背离。但这种矫正作用主要表现在对基础金融领域,诸如银行、货币、外汇、债券、股票等方面,而对在此基础上产生的各种金融衍生品,却很困难做到。金融衍生工具和衍生产品最大特点之一,在于它通过预测股价、利率和汇率等金融现货在未来一定时期内的市场走势,用支付少量保证金签订合约进行交易的方式,用少量的资金就可以进行几十倍金额的金融衍生品交易。也就是说,他利用这种契约,可以买到比本金高几十倍的金融衍生产品,按照他预期的价格,他的所得比他的投入,会得到几十倍的增加。在追求财富、追求高利欲望驱使下,投机狂潮难于抑制,泡沫的形成、泡沫破裂,以及这种破裂造成的灾难,都很难避免。可见,金融财富是一种虚高的风险财富。

无法抑制的发财欲望,过度的投机性,加上交易过程中的各种操纵、炒作和欺诈,使各种金融产品中的泡沫、房地产泡沫、网络经济神话等,给金融财富造成的虚假性和风险性,危害极大。在金融家的操纵下,欺诈加上炒作,就使虚拟经济在全球迅速膨胀。无论何种产品,只要进入虚拟经济领域，都可以拿来进行欺诈和炒作，并在欺诈和炒作中大捞一把。这也使虚拟经济的发展严重脱轨，不是在为实体经济发展服务，而是为了贪婪私人财富在控制实体经济，破坏实体经济的稳定和平衡，使整个经济走上了用投机、欺诈、赌博取代劳动的邪路。

现在很多人都认识到了，在金融寡头统治下，财富转移效应是推动每一次泡沫形成、膨胀与破裂周期中价格波动的源泉，也是造成泡沫危机的动因之一。但在利益驱动下，人们是不会吸取教训的。当然，人们总是想把财富投到利润最高的领域和产品中，如果财富转移效应很强，推动投资转向新领域，自然会带来经济的发展和繁荣。而当新的投资都急速、狂热涌入这一领域的时候，投资就会大大超过经济发展的实际所需，泡沫开始产生和发展，预期收益就会降低，投资者幻想破灭，财富大量缩水，甚至化为无，泡沫转化为危机。

如列宁说过的，由于金融资本的特殊性质，它产生之后，很快就成长为金融寡头，整个资本主义很快就变成了金融寡头的统治。如列宁所分析的，当时有关金融寡头骇人听闻的统治的骇人听闻的事实，是太触目惊心了，所以在几乎所有资本主义国家里，都出现了有关金融寡头统治的著作。不过，这些著作虽然都反映了这种统治的事实，但却没有揭露这种统治的内幕和本质。列宁在他的帝国主义理论中给自己提出的任务，就是揭露这种统治产生的内幕，分析资本垄断组织的经营是怎样必然变成金融寡头统治的，它统治的主要手段，它获得的不正当收入的来源和数量，它的统治与国会的联系等。

列宁以美国托拉斯为例说明，金融资本在排除竞争者、维持自己统治时，还特别强调，它不限于只运用经济手段，还常常运用政治手段，甚至刑事手段，打击竞争者。并通过龌龊手段，破坏竞争者的信用、破坏竞争者的原料运输等。列宁还具体分析了金融资本是如何操纵股份公司股票业务，并通过这种操纵加强自己的实力的。列宁特别提到，所谓股票占有权的"民主化"，实际上不过是加强金融垄断寡头实力的一种手段而已。在列宁之后，银行资本和工业资本融合方面，由于股市的高度发展，特别是各种金融工具和金融市场的发展，虚拟资本极度膨胀，国际垄断资本主义阶段银行资本与工业资本融合的程度也是过去根本无法相比的。在这种融合的基础上，形成了"金融寡头"在全球性的统治。

由于金融产品交易速度快，所以财富的得来和失去也快。虽然在投机狂热加上炒作的情况下，各种金融产品的价格变幻莫测，财富的转移也变幻莫测。巨额财富瞬间可以转移到他人之手，亿万富翁瞬间可以变为分文皆无；而资本虽然不多，但一旦投机得手，一夜之间就会暴发为亿万富翁，但这毕竟是特殊情况。在金融市场上叱咤风云、游刃有余靠的是实力。在金融财富的争夺中，由于那些具有巨大财富、又控制和支配着国际货币和国际金融的大国，这些大国的大国际金融垄断资本，有能力操纵市场、操纵价格，这样，在国际金融市场信息不透明、不对称的情况下，攫取巨额财富的，总是这些国家和这些国家的大金融垄断资本；而受损的、被掠夺的总是发展中国家，特别是这些国家众多弱势的小的投资者。这也正是这些年虽然全球经济发展了，但穷富差别却越来越大的原因。

虚拟资本不仅使金融财富泡沫日趋严重，而且还致使全球经济和政治的其他领域泡沫的恶性发展。2012年7月3日，美国市场观察网站发表《扼杀资本主义的10大爆炸性泡沫》一文中，就指出了美国与金融泡沫有关的如下十种情况：一是医保泡沫，美国医保已经占到其国内总产值的15%，继续脱离实际的增加，将会导致医疗体系的解体；二是政府泡沫，美国大批债务制造了新财富涌入本国，使华盛顿社会与其治理的国家分离，虽然美国人努力生活，但政府却呈出售状态，有数万美元的政府合同业务联邦预算被出售给出价最高的竞标者；三是高管薪酬泡沫，2011年美国银行高管薪酬上涨了20%，而银行股票却下跌了61%，广大中产阶级损失了36%；四是不平等泡沫，美国喜欢标榜自己是充满生机的国家，喜欢用数字说明某个人的生活机会在多大程度上取决于他的收入，而不幸的是，今天的数字却显示美国梦是个神话，穷富收入差距在拉大，2008年以来，占1%的富人的收入增长了93%，收入和财富在最顶层聚集，中层被挖空，底层越来越贫困；五是债务泡沫，美国媒体上有很多大学毕业生受到大学债务拖累的故事，美国正在杀死有竞争能力的未来，存款可怜巴巴，中午做完一份工作，午夜之后还得完成第二份工作；六是全球失业泡沫，数千万青年失业，这比"阿拉伯之春"、"占领华尔街"的人更多，政府受到警告，应在青年人因失业而爆发之前，让他们就业，而政府可能不会采取行动，直至反资本主义革命运动席卷全球；七是石油泡沫，全球石油垄断者都注意到，2008年以来，石油价格经历了从未有的暴跌，业内人士用"毁灭"和"严重紧张"等术语描绘对石油独裁者来说是"噩梦一般的景象"的未来；八是风险泡沫，美国复苏受到全球经济风险的威胁，美国消费者对"历史上最大消费狂欢的后果"反应冷淡，美国经济增长的41%靠出口，而出口增长的83%来自亚洲、拉美和欧洲，由于这三个地区都处于困境之中，美国可能很快步其后尘；九是增长缓慢泡沫，金融咨询机构被警告，新的常态及紧缩措施的标志是经济增长缓慢，股票涨幅适中且有选择性，利率依然保持低位，要客户为低回报现实做好准备，个人投资者和美国资本主义一样，都面临欧债危机、美国大选后的"财政悬崖"和全球新兴市场衰退这三个末日景象；十是资本主义泡沫，自私削弱了美国作为领导者的地位，世界处于漂浮、转变甚至越来越混乱的状态，而只专注于一己之利，没有道德指南，没有未来眼光，看不到短视的后果，这些威胁可能导致资本主义和美国一起垮台。

抵押劳动消费和虚假繁荣

在论述资本与劳动的关系时，马克思早就说过，工人出卖劳动力，一般都是先把劳动力的使用价值预付给资本家，资本家在这种劳动力的使用价值实现以后，才付给工人工资。马克思指出："劳动力这种特殊商品的特性，使劳动力的使用价值在买者和卖者缔结契约时还没有在实际上转到买者手中。和其他任何商品的价值一样，它的价值在它进入流通以前就已确定，因为在劳动力的生产上已经耗费了一定量的社会劳动，但它的使用价值只是在以后的劳动力的表现中才实现。因此，劳动力的让渡和劳动力的实际表现即劳动力作为使用价值的存在，在时间上是互相分开的。但是，对于这类先通过出售而在形式上让渡使用价值、后在实际上向买者转让使用价值的商品来说，买者的货币通常执行支付手段的职能。在资本主义生产方式占统治地位的一切国家里，给劳动力支付报酬，是在它按购买契约所规定的时间发挥作用以后，例如在每周的周末。因此，到处都是工人把劳动力的使用价值给资本家；工人在得到买者支付他的劳动力价格以前，就让买者消费他的劳动力，因此，到处都是工人给资本家以信贷。这种信贷不是什么臆想，这不仅为贷方碰到资本家破产时失掉工资所证明，而且也为一系列远为经常的影响所证明。"[①]

在资本和劳动都全球化的今天，由于虚拟资本和虚拟经济的发展，各种买卖契约的发达和无孔不入，不仅到处是劳动者把自己劳动力的使用价

---

① 《马克思恩格斯全集》第44卷，人民出版社2001年版，第202—203页。

值预付给了资本家,到处都是劳动者给资本家以信贷,而且这种预付或信贷的规模越来越大,预付和信贷的时间越来越长。于是就产生了一个问题,一个特别值得注意的问题,那就是随着规模的扩大和时间的延长,资本家在既无法用实际货币工资偿还工人,又无法把自己生产的商品在市场上卖出去实现劳动力的使用价值时,很自然地就产生了一种平衡,产生了信贷消费即抵押劳动消费。即在劳动者把自己的劳动力预付或信贷给资本家的同时或之前,资本家用自己产品偿还劳动者。不用现实的货币工资,只用之后支付劳动的契约,就可以得到贷款,满足一切消费,只要劳动者乐意。

抵押劳动消费是资产阶级的发明,它对资本主义经济的发展,对资产者加重对劳动者的剥削,都有极重要的作用。它的推行,使资产者们既不用为付工资发愁,也不用为产品卖不出去发愁,真是一箭双雕,坐享利润。对消费者来说,信贷消费的含义,就是用之后的劳动偿还,是一种抵押劳动或赊欠劳动消费。由于采取这种抵押劳动或赊欠劳动消费的方式,在没有进行劳动之前,就可以享受到未来劳动的成果,何乐而不为呢?加上资产阶级用虚假繁荣,用"享乐主义"或"消费主义",引诱劳动者,于是又很自然地出现了不顾后果的过度贷款、过度消费,于是劳动者就跌进了信贷消费的陷阱。

在金融业和金融化成为经济核心的当今,经济的增长已经越来越倚重于借贷消费。当然,科学地、适度地信贷或抵押劳动消费,由于它在一定程度上缓解了劳资之间、生产和消费之间的矛盾,调动劳动者劳动的积极性,所以的确能够促进社会生产力的发展。我们看到,第二次世界大战之后,正是由于抵押劳动消费的大行其道,带来了资本主义长期稳定发展,开创了资本主义历史上最扬眉吐气的一个时代。许多产品,诸如汽车、住房、家电、旅游、日用消费品等一切商品,的确都以信贷消费方式,进入了普通劳动者的家庭,他们的确尽情地在进行超前享受。对资本家来说,历来令其头疼的劳资关系和生产过剩危机,似乎都解决了,只要加班加点地快快生产,利润就滚滚而来。看到这种状况,他们自然是乐得合不上口了,自由主义的经济学也大行其道了。

表面看起来,在抵押劳动消费中,劳动者和资本家似乎真的是各得其所了。资本家们解决了支付工资和商品市场的难题,顺利实现了投资和利润;而对劳动者来说呢,也不仅得到了工资,而且得到了享受,似乎是件美事。而如果深入思考，就会明白，劳动者的这种靠借债享受，实际上是享受自己今后几年、几十年甚至一辈子的劳动成果，是享受自己的赊欠劳动。也许在享受这种劳动时是乐得合不上口，而当这种借债享受需要偿还时，需要用自己今后几年、或几十年甚至一辈子的艰苦劳动去偿还，也就是说把自己今后几年、几十年甚至一辈子的劳动力都出卖给了资本家时，就会感到自己不知不觉已经变成了抵押劳动消费的奴隶，变成了房奴、汽车奴，一句话，变成了资本家的奴隶，当感觉到这一点时，自然就会感到苦不堪言。这里，异化劳动本质，资本主义制度的本质，都再一次得到了淋漓尽致的表现。

可见，依靠抵押劳动消费所带来的繁荣，是一种虚假繁荣。这种繁荣不仅包含着劳动者现今的劳动和消费，而且还包含着其今后的劳动和消费。回顾第二次世界大战后这半个多世纪，抵押劳动消费在给资本家带来了巨额财富的同时，却给劳动者带来了满身的永远也偿还不清的债务。据统计，2012年，美国居民的信用卡平均债务已经达到了3480美元，比上世纪80年代增长了285%。在媒体关于欧洲债务危机报道中我们也能了解到，包括英国在内的不少家庭因为还不起债务，变得一无所有，只能扛着满身债务被扫地出门。

寅吃卯粮和全球性债务危机

生产劳动，是人们消费的基础。消费不能超出劳动所创造的实际财富。虚拟经济的不断发展，信贷消费的不断发展，不仅导致了个人消费过度和个人债务沉重，还导致了整个社会消费过度和国家债务沉重。诸如医疗保险、各种社会福利、最低保障、公共娱乐设施等，都盲目发展，无度提高和扩大，从而导致国家财政入不敷出。解决的办法，就是寅吃卯粮，一是搞赤字预算，二是国家借债。结果赤字越来越大，国债越积越多，债期越来越长，利息越来越高。自然不可避免要出现债务危机。

有一个天经地义的简单道理，那就是债总是要还的，寅吃卯粮是不能长期维持的。用新增的劳动，新增加的财富，偿还一切债务，这是唯一的出路。正是由于到期的债务还不上，还得要维持当年的支出，只得滚动式的借新债还旧债这种恶性循环，使政府不堪重负，叫苦不迭。当债务规模增大到一定程度，外债清偿率超过20%时，债主对其偿债能力开始置疑，国家信用降低，无人再敢购买国债时，债务危机就不可避免。当今欧洲国家所发生的债务危机，就是这种消费过度后果的写照。马克思早就说过：随着公债的产生，不可饶恕的罪恶，已经不再是亵渎圣灵，而是破坏国债的信用了。

公共信用是资本的信条，而实体劳动是这一信条的基础。然而，公共信用制度、国债制度发展的结果，却破坏了这一信条。关于这一点，马克思也早有论述，他指出："公共信用制度，即国债制度，在中世纪的热那亚和威尼斯就已经产生，到工场手工业时期流行于整个欧洲。殖民制度以及它的海外贸易和商业战争是公共信用制度的温室。所以公共信用首先在荷兰确立起来。国债，即国家的让渡，不论是在专制国家，立宪国家，还是共和国家，总是给资本主义时代打下自己的烙印。在所谓国民财富中，真正为现代人民所共有的惟一部分，就是他们的国债。因此，一个国家的人民负债越多就越富这一现代学说是完全合乎逻辑的。公共信用成了资本的信条。"①

公债是资本积累的强有力的手段，而国债使交易所的投机和现代的银行统治兴盛起来。如马克思所说的："公债成了原始积累的强有力的手段之一。它像挥动魔杖一样，使不生产的货币具有了生殖力，这样就使它转化为资本，而又用不着承担投资于工业，甚至投资于高利贷时所不可避免的劳苦和风险。国家债权人实际上并没有付出什么，因为他们贷出的金额变成了容易转让的公债券，这些公债券在他们手里所起的作用和同量现金完全一样。于是就有了这样产生的有闲的食利阶级，充当政府和国民之间中介人的金融家就大发横财，包税者、商人和私营工也大发横财。因为每次国债的一大部分就成为从天而降的资本落入他们的手中，——撇开这些不说，国债还使股份公司、各种有价证券的交易、证券投机，总之，使交易所投机和现代的银行统治兴盛起来。"②

与国债同时发展起来的是国际债务的发展。国际债务或国际信用，作为国家积累的源泉和手段，自然体现着财富在国际间的转移。如马克思说的："随着国债同时发生的，国际信用制度出现了。国际信用制度常常隐藏着这个或那个国家原始积累的源泉之一。例如，由于没落的威尼斯以巨额货币贷给荷兰，威尼斯的劫掠制度的卑鄙行径就成为荷兰资本财富的这

---

① 《马克思恩格斯全集》第44卷，人民出版社2001年版，第865页。
② 同上。

种隐蔽的基础。荷兰和英国的关系也是这样。在 18 世纪初,荷兰的工场手工业已经远远落后了,荷兰已不再是一个占统治地位的工商业国家。因此,荷兰在 1701—1776 年时期的主要营业之一就是贷放巨额资本,特别是贷给它的强大竞争者英国。现在英国和美国之间也有类似的情形。今天出现在美国的许多身世不明的资本,仅仅在昨天还是英国的逐步化了的儿童血液。"①

2009 年 12 月,希腊因为政府财政赤字过高,全球三大信用评级机构相继调低希腊主权信用评级,从而揭开希腊债务危机亦即欧洲债务危机的序幕。到 2010 年无论是国际公认的债务余额占 GDP 60% 的警戒线,还是财政赤字占 GDP 3% 的警戒线,欧洲很多国家均已超标。特别是希腊,由于未实现既定的财政紧缩目标,债务违约风险骤升,引起金融市场动荡。这年 9 月 12 日,希腊一年期国债收益率飙升至 117%,两年期收益率也接近 70%,五年期信用违约互换价格飙升 937 个基点,创历史新高,成为全球最贵的信用违约互换产品。数据显示,希腊政府今年前 8 个月的预算缺口达 181 亿欧元,扩大了 22%,目前其现金仅够维持运行至 10 月。有学者认为,从数字和技术上看,希腊已经"破产"。

欧洲债务危机的原因,表面看起来是消费过度,从而引起借债太多。然而细琢磨起来,其原因颇为复杂,有经济的,也有政治的。比如从西方政治体制上看,高工资、高福利和各种利益提高的许诺,已经成为竞选者争夺选民的重要手段,致使这些国家不顾国力的实际,而实行超高福利政策,居民养成了享受超高福利习惯,形成超高福利文化。为了选举的需要,各参选党派就不得不竞相承诺提高福利的价码,选民的胃口也越吊越高。如有学者说的,这种"超高福利文化"的"无限性"与民主政治体制趋向的"极端性"形成尖锐矛盾。当选后为了兑现竞选承诺,就得提高财力,而为了提高财力,就得增加税收。再加上西方逐步加剧的人口老龄化、劳动力成本不断上升,造成产业空心化,这就又产生了经济衰退与增税的矛盾。经济衰退增税困难,又要维持党派权利和争取连任,出路只有一条,那就是实行赤字财政,大肆举债。

当然,经济衰退的原因不仅是人口老龄化,根本上说还是劳资关系没有解决好。比如国内生产总值是劳动者创造的,可由于虚拟资本和虚拟劳

---

① 《马克思恩格斯全集》第 44 卷,人民出版社 2001 年版,第 866 页。

动的发展，资产者可以通过金融操控获得巨大的财富。也就是说，他们可以通过金融操控无偿占有劳动者大量的劳动，而使劳动者在自己创造的这个大蛋糕中所占的份额却不断减少。而且现在谁都明白了，要证明这一点，用10%的富人占有国家80%的财富，而90%的穷人只占有国家财富的10%这一数字也就足够了。而且我们看到，欧洲国家在解救这次债务危机中，无一不是采取紧缩政策，降低工资，减少工作岗位等，受害者还是普通劳动者，还是穷人群体。欧洲国家民众罢工、示威游行和骚乱此起彼伏，就证明了这一点。

值得注意的是，债务危机不仅发生在发达国家，也发生在发展中国家。在发展中国家发生债务危机的原因更为复杂。发展中国家借债，不是为了维持高福利，而是为了发展生产力。发展中国家发生债务危机的原因，有的是不顾国力或高估了自己偿债能力，导致借债规模过大；有的则是由于社会原因而使用不当或管理不当，造成债务的生产能力和创汇能力都很低。比如，许多债务国在大量举债后，没有根据投资额、偿债期限、项目创汇率以及宏观经济发展速度和目标等因素综合考虑，制定出外债使用走向和偿债战略，不顾国家的财力、物力和人力等因素的限制，盲目从事大工程建设。由于这类项目耗资金、工期长，短期内很难形成生产能力，创造出足够的外汇，造成债务积累加速。同时，不仅外债用到项目上的资金效率低，而且还有相当一部分外债根本没有流入到生产领域或用在资本货物的进口方面，而是盲目过量地进口耐用消费品和奢侈品，这必然导致投资率的降低和偿债能力的减弱。而不合理的消费需求又是储蓄率降低的原因，使得内部积累能力跟不上资金的增长，进而促使外债的进一步增加。有些国家则是大量借入短期贷款在国内作长期投资，而投资的方向主要又都是房地产和股票市场，从而形成泡沫经济，一旦泡沫破灭，危机也就来临了。

债务危机引起的社会后果非常严重。随着债务危机的发展和经济的衰退，大批工厂、企业倒闭或停工停产，致使失业人口剧增。在高通货膨胀情况下，职工的生活也受到严重影响，工资购买力不断下降，对低收入劳动者来说，更是入不敷出。失业率的上升和实际工资的下降使债务国人民日益贫困化，穷人队伍越来越庞大。另一方面，因偿债实行紧缩政策，债务国在公共社会事业发展上的投资经费会越来越少，人民的生活水平也会日趋恶化。因此，人民的不满情绪日增，他们反对政府降低人民的生活水平，反对解雇工人，要求提高工资。而政府在债权银行和国际金融机构的压力下，又不得不实行紧缩政策。在此情况下，自然会导致民众用游行示威甚至以暴力的方式表示对现状的极度不满，从而导致政局不稳和社会动乱。

三 虚拟资本全球化和社会不公平的加深

平等和公平，作为共产主义的基础，是共产主义政治的论据。当然，这里说的社会平等和公平，包含有公平合理和权利平等双层含义。我们知道，自阶级社会一产生，人们所面对的社会现实，就是不公平和不平等的社会，穷富差别的社会，有剥削者阶级，也有靠出卖劳动力的劳动者阶级。人们不仅所占有财富的多寡和方式不公平和不平等，而且由这种不公平和不平等所决定的经济、政治、社会地位和各种权利，包括生命权、自由权和追求幸福的权利，都是很不公平、不平等的。而虚拟资本在全球的发展，更加剧了这种不平等和不公平。正是由于这种不公平和不平等存在和发展，使穷苦劳动者的不满和暴动威胁到富人财产安全，富人精英们才想出了采取契约、法律进行管理或统治的所谓民主体制。然而契约起草者和法律制定者，一开始就都是富人，他们制定契约和法律的目的，就是如何能保护自己自由追逐财产的权利和维护自己财产的安全。也就是如何维护这种不公平，并使其世代相传。

社会不公平和不平等的根源

马克思说过，如果说封建贵族统治时期占统治地位的概念是荣誉、忠诚的话，那么在资产阶级统治时期占统治地位的概念则是自由、平等。实际上，平等是法国的用语，它是指人在实践领域中对自身的意识，也就是人意识到别人是和自己平等的人，人把别人当作和自己平等的人来对待。平等表明人的本质的统一、人的类意识和类行为、人和人的实际的同一。也就是说，它表明人对人的社会的关系或人的关系。人们都知道，资产阶级社会的平等，只是在法律上的，而不存在于实际中。而且这种法律上的平等，也是一种在富人和穷人不平等前提下的不平等。恩格斯曾经说过：资产阶级革命，只是为了用金钱的特权代替已往的一切个人特权和世袭特权。这样，他们通过选举权和被选举权的财产资格的限制，使选举原则成为本阶级独有的财产。这种法律上的平等，实际上就是在富人和穷人不平等的前提下的平等，恩格斯把它简单概括为一句话，就是简直把不平等叫做平等。

财富占有的不公平和不平等，是一切不公平和不平等的根源和基础。而在资本主义社会，这种基础是不能侵犯的。私有财产神圣不可侵犯，这是资本主义制度的基础和最基本的特征。资本主义法律规定，每个人对财产的追求、获取、拥有和继承，都是不能被剥夺的权利。这是资本主义法定的基本人权。每个人都有获取、占有和继承财产的权利，这看起来似乎是一种公平和平等的权利，但由于它是建立在原来的财产占有极不公平和不平等的基础上的，所以这种公平和平等放在不公平和不平等的基础上，其结果就仍然是一种不公平和不平等的权利。马克思曾经说过，就资本主义民主制度而言，美国的民主制度在资本主义世界是最好的。然而，法权关系毕竟是由经济关系决定的，正是由于这种不公平经济关系的决定性作用，即使这种最好的民主制度，其法定民主权利，也是一种不公平和不平等的权利，这也是美国民主制度固有的、自身难于克服的致命缺陷。

西方学者们承认，资本主义和民主、平等，并不是一体的或互补的体系。相反，它们运行所遵循的是两种不同甚至相矛盾的规则。资本主义的规则是以各种财产权不平等为基础的经济特权为主导；而民主的规则是以个人权利为基础的平等权为主导。资本主义民主制度的要害或最根本性的缺陷，就在于它是建立在财产占有的极不平等的基础上的，这种不平等的存在，就决定了其政治上"平等权"的虚伪性。资本主义民主制度中的所有弊端，都是在这一基础上产生的。

资本主义的民主、平等，一开始就是建立在财产占有极不平等基础上的，是由少数富人制定并为保护少数富人权力和利益服务的。财富占有的极不平等，以及把这种极不平等变成铁的法律，就使人人生而平等、一切权力属于人民这些冠冕堂皇的文字变成了空话。那些开口不离上帝和圣经，而只考虑如何掠夺财富、如何保护自己财富不受侵犯、如何使自己的财富通过继承代代相传的巨富们，实际上已经成为了上帝和圣经的叛逆。比如民主、平等口号叫得最响的美国，就是西方国家中两极分化最严重、最不平等的国家。越来越少的人手中掌握了越来越多的金钱和权力。而与此同时，越来越多的人变得越来越贫穷。

可见，财富占有的不平等，就使资本主义的民主、平等失去根基。资本主义社会大量存在的金钱政治和在这种政治下的腐败,形形色色的丑闻,都淋漓尽致地揭示出,资本主义的人权、民主、平等,是富人的民主和平等,而不是穷人们的民主、平等。在资本主义这种民主、平等中,腐败也成为一种具有微妙形式的腐败,这种腐败不是通过老一套的行贿受贿,而是通过重视财富和经济力量的特殊文化的方式来运作,从而形成了一个金钱政治与腐败相结合的根深蒂固的政治经济体系。

从实践中人们都可以看到,这种不平等的财产权,是资本主义社会结构的阶级性和等级性的基础,也是资产者赖以统治的基础。比如在美国社会中,财富实际上是最大的权力。不占有财富的广大劳动者享受的自由、平等和民主,只能是在不触犯富人的权力和利益前提下的自由、平等和民主,或者只是在富人设计好的契约上签字的自由、平等和民主。资本主义民主制度的思想来源,是《圣经》中有关社会契约和人民主权的内容,这也是欧洲民主思想家们的思想理念。然而,在财富不平等存在,并以财富多寡决定统治者和被统治者、资本所有者和雇佣劳动者存在的情况下,所谓的自由、平等、民权,就失去了在契约内容中的平等权。契约中的那些条款,都是为统治者进行统治,为资本所有者赚钱而制定的,都是具有霸王性的条款。劳动者为了生存,对契约中的那些霸王条款,也不得不接受,不得不在契约上签字。资本主义的自由、平等、民权,对广大劳动者来说,最后就只体现在了这个"签字"上。只要你和统治者、资本所有者一同在契约上签了字,你就同统治者和资本所有者一样,享受了自由、平等和权利。资本主义的阶级关系和等级制度,正是靠这种契约来维持的。

恩格斯曾经指出,资产阶级正是因为占有了财富、占有了生产资料,才能支配劳动者。"它甚至使他们产生一种错觉,似乎他们是按照自己的意志行动的,似乎他们是作为一个自主的人自由地、不受任何强制地和资产阶级签订合同的。好一个自由!无产者除了接受资产阶级向他们提出的条件或者饿死、冻死、赤身裸体地到森林中的野兽那里去找一个藏身之所,就再也没有选择的余地了。"[①] 恩格斯早在一百多年前就指出的由财产占有的不平等所决定的合同、契约签订者的这种表面平等而实际不平等的性质,直到目前在资本主义社会也没有得到根本性的解决。也如马克思所

---

① 《马克思恩格斯全集》第2卷,人民出版社1957年版,第360页。

指出的:"在自由竞争情况下,自由的并不是个人,而是资本。只要以资本为基础的生产还是发展生产力所必需的、因而是最适当的形式,在纯粹资本条件范围内的个人运动,就表现为个人的自由。然而,人们又通过不断回顾被自由竞争所摧毁的那些限制来把这种自由教条宣扬为自由。"① 这种自由对每个占有财富和社会地位不同的人来说,都有着不同的含义。

更值得注意的是,在现代,在资本主义的这种财产的统治权,也通过世界市场的发展、现代金融制度和跨国公司企业法人,而得到增长。当今的跨国企业控制着千百万人的生活,不动声色地一心盯着利润,并且航行在愈来愈徒有虚名的主权的民族—国家海洋里。对这些财富占有者来说,自由、平等和民主就是自由地获取财富,获取特权。正是由于这种特权和对这种特权的无度的追求,使民主在资本主义国家都变成了一种装饰品。各种民主制度常常只是各个先进的资本主义国家社会生活中的装饰品而已:自豪地展示给来访者,并为大家所赞美,但很少使用。在那些事情切实进行的地方,——在诸如家庭、军队、工厂和办公室这类核心机构里——什么都有,就是没有民主,没有平等。

总之,资本主义民主、平等制度中一切问题的总根源,就在于这种财富占有的不公平和不平等。由于这种不公平和不平等的存在,就使一切自由、人权都变成了由金钱所决定的特权。如恩格斯所说的:"资产阶级的力量全部取决于金钱,所以他们要取得政权就只有使金钱成为人在立法上的行为能力的惟一标准。他们一定得把历代的一切封建特权和政治垄断权合成一个金钱的大特权和大垄断权。资产阶级的政治统治之所以具有自由主义外貌,原因就在于此。资产阶级消灭了国内各个现存等级之间一切旧的差别,取消了一切依靠专横而取得的特权和豁免权。他们不得不把选举原则当做统治的基础,也就是说在原则上承认平等;他们不得不解除君主制度下书报检查对报刊的约束;他们为了摆脱在国内形成独立王国的特殊的法官阶层的束缚,不得不实行陪审制。就这一切而言,资产者真像是真正的民主主义者。但资产阶级实行这一切改良,只是为了用金钱特权代替以往的一切个人特权和世袭特权。"② 恩格斯还强调:"他们通过选举权和被选举权的财产资格的限制,使选举原则成为本阶级独有的财产。平等原

---

① 《马克思恩格斯全集》第46卷(下),人民出版社1980年版,第159页。
② 《马克思恩格斯全集》第2卷,人民出版社1957年版,第647—648页。

则又由于被限制为仅仅在'法律上的平等'而一笔勾销了,法律上的平等就是在富人和穷人不平等前提下的平等,即限制在目前主要的不平等的范围内的平等,简括地说,就是简直把不平等叫做平等。"①

2012年10月23日,西班牙《起义报》登载了戴维·布鲁斯写的一篇题为《富豪民主》的文章这样写道:"如果民主被定义为'富人的富祉就是美国的富祉',那么它就是一个美好的概念,他们愿意拿出数以百计的资金来保证这一概念是赢得大选的概念。"文章还写道:"财富的过度集中以及严重的经济不平等正在威胁着世界上最强大的民主。不平等现象已经达到1928年以来的最高水平,1%人口控制着国内财富的40%,而贫困、饥饿、平均收入等所有指数都持续恶化。"记者莫耶斯透露,在所谓复苏的第一年所创造的收入中,93%被1%富人掠走。不仅如此,在现代史上从未出现过像现在这样的情况,即占人口1%的最富有人口是如此巨额财富的主人,却交纳如此少的税。所有这一切都是近30年逐步实现的,无论是民主党还是共和党人担任总统,或者说,这是两党的成果,或者用官方语言来说,这是美国民主的成果。

此文还特别指出:"实际上,当某个政治家胆敢提及这一美国现代史上最具决定性的事实时,富豪们就会指责这些批评人士是反民主的,是社会主义的,是谋求挑起阶级战争的。"文章分析了,既然这一问题如此突出、如此严重,那么美国历届总统候选人,历届政府高层人物,为什么都没有质疑造成这种不平等的制度呢?"其中原因之一,就是这些候选人和高层人士的大部分,都属于1%富豪俱乐部。据统计,2010年美国众议员的平均财富为590万美元,参议员的平均财富为1310万美元。另一个原因是,他们几乎所有的人,都要依靠这1%的人才能当选。""越来越不平等的国家现实,揭露出美国现在的民主,实质上是一个富人有、富人治和富人享的民主,是一个富豪民主,这与竞选中有关民主的花言巧语形成了鲜明的反差。"

当今的世界,财富不均带有普遍性,美国是这样,整个世界也是这样,只是发达国家更为突出罢了。美国《外交政策》双月刊2012年11月号就登载了迈克尔·林德写的一篇文章《超级富翁》就分析了这种情况。文章写道:"在人类历史上,要成为那个最高级的俱乐部,即全世界超级

---

① 《马克思恩格斯全集》第2卷,人民出版社1957年版,第647—648页。

富人俱乐部的一员，没有比现在更好的时机了。2010年，全球44%财富都集中在全球1%最富裕的人的手中。与此同时，世界人口中最贫困的那一半，约有35亿人口，却在食品价格不断上涨的重压下，勉强度日，他们只握有不到全球1%的财富。"另据美国《洛杉矶时报》网站2013年10月的一份报道，全球约半数财富掌握在1%最富有的人手中。10%最富有的人掌握着世界财富的86%。据瑞士信贷银行研究报告，美国富豪占世界富豪总数的46%。而且那些超级富豪的财富，都是靠金融投机掠夺来的，他们大部分财富的形式，都是股票、债券和其他金融资产。

金融掠夺方式的发展和权势不公平的扩大

现今的人，都特别爱谈论幸福，都在为自己的幸福而奋斗。然而殊不知，由于财富占有不平等的缘故，追求幸福的权利也是不平等的。如恩格斯说的："至于说到他人追求幸福的平等权利，情况是否会好一些呢？费尔巴哈提出这种要求，认为这种要求是绝对的，是适合于任何时代和任何情况的。但是这种要求从什么时候起被认为是适合的呢？在古代的奴隶和奴隶主之间，在中世纪的农奴和领主之间，难道谈得上有追求幸福的平等权利吗？被压迫阶级追求幸福的欲望不是被冷酷无情地'依法'变成了统治阶级的这种欲望的牺牲品吗？——是的，这也是个道德的，但是现在平等权利被承认了。资产阶级在反对封建制度的斗争中和在发展资本主义生产的过程中不得不废除一切等级的即个人的特权，而且起初在私法方面、后来逐渐在公法方面实施了个人在法律上的平等权利，从那时以来并且由于那个缘故，平等在口头上是被承认了。但是，追求幸福的欲望只有极微小的一部分可以靠观念上的权利来满足，绝大部分却要靠物质的手段来实现，而由于资本主义生产所关心的，是使绝大多数权利平等的人仅有最必需的东西来勉强维持生活，所以资本主义对多数人追求幸福的平等权利所给予的尊重，即使有，也未必比奴隶制或农奴制所给予的多一些。至于说到幸福的精神手段、教育手段，情况是否好一些呢？就连'萨多瓦的教师'不也是一个神话人物吗？"[①]

不公平和不平等的历史与人类社会历史一样悠久。自古至今，其范围日益扩大，其后果也越来越严重。实现公平和平等，是人们的美好愿望和

---

① 《马克思恩格斯选集》第4卷，人民出版社1995年版，第238—239页。

向往，然而在当今的世界，不公平和不平等不仅仍无处不在，而且在虚拟资本的推动下，迅速扩大。虚拟资本的存在，为资产者无偿占有劳动，掠夺和聚敛财富提供了新的更大的空间和场所。他们利用对虚拟资本的运作，对金融产品的控制，对消费信贷的支配等各种金融手段，不仅无偿占有劳动者过去的劳动和今天的劳动，从而无偿占有了劳动者未来的劳动，使资产者与劳动者在占有财富方面的差距越来越大，不公平和不平等越来越严重。

自金融掠夺代替暴力掠夺之后，这种掠夺方式也在不断发展着。财富占有的不公，正是随着它的发展，而不断加深和扩大的。在当今的金融掠夺时代，资本主义财富占有的不平等程度，是19世纪以前所无法相比的。比如在过去25年里，美国上层阶级的财富无限增长，而人数却日益减少。他们的生活与普通人截然不同，他们中的很少人，会再把孩子送到公立学校，送亲人上战场的情况就更少了。他们手中握有市场上大量的股票，使股票市场根本不能成为衡量劳动人民经济状况的可信指标。20世纪70年代以来，由于虚拟资本和金融业的发展，资本主义社会财富占有不平等的程度急剧扩大。至2000年，美国最靠前的占人口1%的富人，拥有美国全部资产超过40%，而靠后的80%的穷人，只拥有这些财富17%；从所拥有的股票看，2002年，前者持有所有股票的近48%，而后者却只拥有4%。其中个人拥有的金融财富，2002年到2003年一年之内就从2.1万亿美元增至3万亿美元，增长了45%。许多大公司高管年薪超过1000万美元，而大部分工人年薪平均却只有1万美元，最高和最低水平相差数千倍。

据阿根廷南南网站报道，现在全球最富有的200人所拥有的财富，约为2.7万亿美元，而全球最穷的35亿人所拥有的财富，才只有2.2亿美元。而这些最富有的人，主要是集中在美国和其他少数资本主义发达国家。世界富国和穷国收入的差距，在资本主义殖民统治时期是3:1，之后发展到35:1，现在已经发展到80:1。跨国公司的巨额财富，都是靠对穷国的掠夺得来的。这些公司靠在穷国利用前所未有的廉价的土地、自然资源、劳动力资源等大发横财。据美国马萨诸塞大学经济学家罗伯特·波林统计，在这种掠夺中，贫困国家每年都要失去大约5000亿美元的国内生产总值。

在金融业带来的"繁荣"时期，财富剧增的或增长最快的，当然是那些能控制金融业的那些富人，而包括中产阶级的普通劳动者的财富，却没有增长或增长微乎其微。比如，1971—2007 年，美国企业平均工资从每小时的 17.6 美元下降到了 10 美元，企业高管和普通员工的工资差距从 40:1 扩大到 357:1；还比如 1973—1995 年，占美国人口 0.01% 的最富的人家庭收入增长了 7 倍，而中产阶级家庭收入平均每年却下跌了 0.4%。2003—2005 年，美国 1% 最富的人的收入增加额为 5250 亿美元，超过了 20% 穷人收入总额 3830 亿美元的 37 个百分点。

据法国《外交世界》主编伊格纳西奥·拉莫内提供的数据，1960 年世界 5% 最富人口其所在国家的年收入总额，是世界 5% 最贫困人口所在国家的年收入总额的 30 倍，而到现在扩大到了 82 倍。在全球 60 亿人口中，只有 5 亿人过着舒适的生活，有数 10 亿人深陷在贫困之中。即使世界最富裕的美国，现在仍有 3200 万居民的预期寿命低于 60 岁，有 4000 万居民没有医疗条件，有 4500 万居民生活在贫困线以下，有 5200 万居民为文盲。

据美国哈佛大学教授尼尔·弗格森在美国《新闻周刊》网站 2013 年 6 月 26 日发表的《美国梦的终结？》一文中提供的资料，21 世纪头 10 年期间，占美国顶层 1% 富人的平均收入，是其他人平均收入的 30 倍。2008 年金融危机中，暴露出来的由资本主义制度造成的财富分配的极端不公和在此基础上的社会地位的不平等的事件，都是骇人听闻的。危机对最脆弱的社会群体、对广大劳动者的打击最为无情。最令人不平的是，金融资本疯狂掠夺财富所造成的社会灾难，最后却还要劳动者来买单。而且金融资本的一切投机、掠夺活动，都是按照资本主义制度，即在资本主义法律框架内按照资本主义社会制度允许、社会所公认的利润最大化的原则和逻辑行事的。也就是说，在资本主义社会，所有这些掠夺穷人的活动，都是合法的，都体现着资本主义社会的本质。

在资本主义国家，财富是权力和权势的象征，占有了财富就拥有了权力和权势。连资产阶级学者也不得不承认，财富的不平等所带来的权力和权势不平等，必然使人堕落和腐败，绝对权力和权势，必然导致绝对堕落和腐败。有学者认为，美国是当今世界拥有财富最多、最不平等的国家，或者说是权力和权势最大、最不平等的国家，因而也是世界最堕落和最腐败的国家。当今被债务危机折磨着的失败的欧洲，就是太过迷恋美国制度，跟随美国走金融自由发展的道路所致。

社会的进步和平等含义的变化

针对资本主义社会的不平等，工人阶级提出了自己的平等观和要求，这种要求的基本含义和实际内容，就是消灭阶级、消灭私有制。阶级不消灭，私有制不消灭，就不会有真正平等的实现。"无产阶级所提出的平等要求有双重意义。或者它是对明显的社会不平等，对富人和穷人之间、主人和奴隶之间、骄奢淫逸者和饥饿者之间的对立的自发反映——特别是在初期，例如在农民战争中，情况就是这样；它作为这种自发反映，只是革命本能的表现，它在这里，而且仅仅在这里找到自己被提取的理由。或者它是从对资产阶级平等要求的反映中产生的，它从这种平等要求中吸取了或多或少正当的、可以进一步发展的要求，成了用资本家本身的主张发动工人起来反对资本家的鼓动手段；在这种情况下，它是和资产阶级平等本身共存亡的。在上述两种情况下，无产阶级平等要求的实际内容都是消灭阶级的要求。任何超出这个范围的平等要求，都必须要流于荒谬。"①

平等的命题是说不应该存在任何特权，平等仅仅存在于同不平等的对立中，如果把平等当成最高原则和最终真理，那是荒唐的，平等不是永恒真理。资产阶级把权利公平和平等，说成是资本主义社会大厦的基石，实际并非如此。如恩格斯说的，劳动决定商品价值，劳动产品按照这个价值尺度在权利平等的商品所有者之间自由交换，这些就是现代资产阶级全部政治的、法律的和哲学的意识形态建立于其上的现实基础。当然，商品交换这种表面平等实质上的不平等，也是一种进步，也意味着劳动者一定程度的政治解放，意味着人类文明的发展。我们这里说的资本主义的不平等，指的是由这种不平等发展所造成的巨额财富集中在少数人手中而导致的种种特权。

从大爱的视觉看，从所有人的幸福看，如马克思所说的，占有财富的权利，应当是一种不平等的权利。比如社会主义的按劳分配就既是一种平等权利，又实质上也不是一种不平等的权利。马克思说道："所以，在这里平等的权利按照原则仍然是资产阶级的权利，虽然原则和实践在这里已不再互相矛盾，而在商品交换中，等价物的交换只是平均说来才存在，不是存在于每个个别场合。虽然有这种进步，但这个平等的权利总还是被限

---

① 《马克思恩格斯选集》第 3 卷，人民出版社 1995 年版，第 448 页。

制在一个资产阶级的框框里。生产者的权利是和他们提供的劳动成比例的；平等就在于以同一尺度——劳动——来计量。但是，一个人在体力或智力上胜过另一个人，因此在同一时期内提供较多的劳动，或者能够劳动较长的时间；而劳动，要当着尺度来用，就必须按照它的时间或强度来确定，不然它就不成其为尺度了。这种平等的权利，对不同等的劳动来说就是不平等的权利。它不承认任何阶级差别，因为每个人都像其他人一样只是劳动者；但是它默认，劳动者的不同等的个人天赋，从而不同等的工作能力是天然特权。所以就它的内容来讲，它像一切权利一样是一种不平等的权利。权利，就它的本性来讲，只在于使用同一的尺度；但是不同等的个人（而如果他们不是不同等的，他们就不成其为不同的个人）要用同一的尺度去计量，就只有从同一个角度去看待他们，从一个特定的方面去对待他们，例如在现在所讲的这个场合，把他们只当作劳动者；再不把他们看作别的什么，把其他一切都撇开了。其次，一个劳动者已经结婚，另一个则没有；一个劳动者的子女较多，另一个的子女较少，如此等等。因此，在提供的劳动相同、从而由社会消费基金中分得的份额相同的条件下，某一个人事实上所得到的比另一个人多些，也就比另一个人富些，如此等等。要避免所有这些弊病，权利就不应当是平等的，而应当是不平等的。"①

也就是说，工人阶级提出的权利平等原则，只是社会主义的原则，而不是未来共产主义的原则。共产主义平等不是权利，而是一种需要。衡量这种需要的，不只是劳动一个尺度，而还有道德尺度，生存需要尺度，人类共同生存尺度等。不过，如马克思所说过的，"这些弊病，在经历长久阵痛刚刚从资本主义社会产生出来的共产主义社会第一阶段，是不可避免的。权利永远不能超出社会的经济结构以及由经济结构所制约的社会的文化发展"②。社会主义只能为实现这种平等创造条件，如前面说过的，只有到了在生产力高度发展之后，在迫使人们奴隶般地服从分工的情形已经消失，从而脑力劳动和体力劳动的对立也随之消失之后；在劳动已经不仅仅是谋生的手段，而且本身成了生活的第一需要之后；在随着个人的全面发展，他们的生产力也增长起来，而集体财富的一切源泉都充分涌流之后；

---

① 《马克思恩格斯全集》第25卷，人民出版社2001年版，第19页。
② 同上。

一句话，在消灭了财富占有的私有制之后，才能实现这种不平等的平等。

人们都知道，资本主义社会的不平等，根源在于社会制度。如前所述，当前资本主义社会的不平等，在经济上突出表现，是收入不平等和穷富差别越来越大。比如美国，现在的收入不平等和贫富不均，都处在一个世纪以来的最高点。原因在于在美国的社会制度中，制定了牺牲广大人群的利益，而让少数富人受益的法律规则。这种法律规则使那些处在社会顶层的人，享受着国家蛋糕的较大的份额，处在贫困线以下的人数在上升，处在中位收入的人群与顶层人群的差距在拉大。自命为中产阶级国家的美国，事实上已经不复存在了。又比如，那些通过提供推动技术进步的知识，而真正改变了我们社会的人们，诸如激光、车床、脱氧核糖核酸的发明者，却只能拿到相对微薄的收入；而得到优厚报偿的华尔街的金融高管们，还有那些拿着巨额收入扬长而去的金融家们，却让全球经济处于毁灭的边缘。倘若涓滴经济学尚有可信之处的话，那么人们或许能对贫富不均泰然处之，但是，据专家提供的数据，今天美国人的中位收入低于 15 年前的水平，全职男性的中位收入甚至低于前 40 年的水平，而那些顶层人们的收入却从来没有像今天这样好过。造成这种状况的原因，是金融管理条例使掠夺性的信贷和肆意妄为的信用卡业务畅通无阻，这些做法使金钱从低层流向高层，而全球化的规则，即资本可以全球自由流动，劳动力却不能自由流动，却进一步强化了资本家和劳动者讨价还价的条件；即资本家会用撤离资本威胁劳动者，使其作出让步。

在资本主义实践中，平等和效率总会发生矛盾。越来越多的人都认识到了，只有放弃把追求增长速度和效率作为唯一目标，我们才会拥有更为公平的社会。而现在，我们正承受着为追求速度和效率而导致的贫富不均付出的高昂代价：经济、政治和整个社会的动荡，以及增长的放慢。第二次世界大战后的前几十年，整个世界的收入不平等和贫富差距的程度，比 1980 年之后要低，而发展速度却比 1980 年之后快得多。1980 年之后，随着收入不平等和贫富不均加剧，随着收益和财富大量流向高收入阶层，增长速度却逐步慢了下来。有越来越多的证据证明，平等、增长和社会稳定之间，肯定有着某种联系。

无论在历史和现实的资本主义发展中，都不乏这样的例子：由于其价值观和体现这种价值的法律所决定，使经济发展处于扭曲状态，人们追求的不是把整个蛋糕做得更大，而只是属于自己的部分更大；不是投身于实际的劳动而获得自己的收益,而只是热中于在投机中获得收益;致使那些高层人群的收入都是通过寻租、通过金融投机取得的。那些金融精英巧取豪夺,威胁着资本主义生存,所以,整个资本主义世界是一片变革声。而如果不对价值观、社会制度、法律进行根本性的变革,从而在根本上限制追求高收益的寻租行为,使收益向低收入人群倾斜,使社会变得更为平等和公平,问题就不会得到根本性的解决。

第九章

投机、赌博取代劳动和世界金融危机

这里的研究想要告诉读者的是，因为一切财富都是实体劳动创造的，所有社会的发展归根结底得靠实体劳动、实体经济的发展。要增加消费，提高和改善生活，靠的是扎扎实实的艰苦的劳动，靠在实际劳动中增加财富，而决不能靠借债，更不能靠投机和赌博。然而，资本主义信用制度，却使少数人越来越具有纯粹冒险家的性质。因为财产在这里是以股票、证券的形式存在的，所以它的运动和转移就纯粹变成了交易所赌博的结果；在这种赌博中，小鱼为鲨鱼所吞掉，羊为交易所的狼所吞掉。投机、赌博取代劳动，这是当今发达资本主义国家存在的致命弊病，是资产阶级阶级性的突出表现，也是人类进步面临的最大威胁，是万恶的渊薮。在阐述资产阶级金融掠夺方式时，马克思一针见血地指出：赌博已经取代劳动，表现为夺取资本财产的本来的方法，并且也取代了直接的暴力。可这些揭示金融掠夺本质的很重要的话，似乎被人们忘记了。

我们知道，劳动全球化作为经济政治全球化的基础，不仅在科技革命尤其是信息技术革命的条件下，通过国际贸易、国际金融、国际投资以及技术人员的国际流动，使世界各国各地区的经济越来越紧密地结合成一个高度相互融合、相互依存的有机整体，而且也使它们在相互联系中互相影响、互相促进、共同发展，从而迎来了全球经济发展的新局面，使人类文明发展进入了新阶段。然而，自20世纪70年代之后，由于虚拟经济在全球的发展，使全球经济逐步金融化。可以说金融化，是当今资本主义的典型特征，也是全球经济的典型特征。由于投机、赌博取代劳动，是资本主义金融资本的本质属性之一，所以随着全球经济的金融化和金融垄断资本在全球的统治，全球经济发展中投机、赌博代替劳动便大行其道。当今世界经济发展中，威胁人类生存和发展的一切问题，一切危机，都无不根源于此。

一 投机的理论和历史

对投机一词，虽然历来褒贬不一，可它从未像现在这样引人关注。现在的投机话题和投机领域实在太多了：金融投机、股票投机、期货投机、黄金投机，等等。而且人们还把这种投机称为炒，炒汇、炒股票、炒期货、炒黄金、炒房，等等，凡能投机的行当，都有人去炒。其实，如果投机作为人们对未来机会的一种预测和把握，适时抓住机会，获得成功，这并不是坏事。比如在美国，现在每天都有数百万个人投资者参与股票、期货和金融产品的交易。自20世纪90年代以来，美国经济的成功很大程度上是投机的结果。不过现在人们从实践中似乎有了这样的认识：如果股价是建立在企业真实盈利能力之上的，那么投机者或许造不成多大的破坏；但如果企业本身变成了投机者吹出来的泡泡，那么问题就严重了。如果一个国家的资本发展成了投机、赌博活动的副产品，那么其前途就堪忧了。

投机的产生和双面性

善良的人们一听到投机、赌博这类词语，似乎就觉得有些倒胃口。其实，投机和赌博都是人们经常会看到的行为。不过投机和赌博还是有区别的。单就投机来说，它也具有善恶两面性。一方面，它作为一种良性力量，的确是资本主义制度正常运转所不可或缺的。它在经济运转中起着管道的作用，能让新的信息最终反映到价格上，如果没有投机者，市场就会到处是瓶颈，经济危机会更加频繁。特别是像互联网等新技术，初期非常依赖于股市投机者的活动。所以一些西方经济学家认为，抑制投机会让资本主义失去活力。另一方面，由资产阶级的本性所决定，它有着恶性的一面，那就是资产阶级的投机者都是对私人利益和私人财富无止境的贪婪者，他们无法抑制的贪婪欲望，使其丧失应有的理智，把整个经济导入了危机和虚幻泡沫的深渊，而他们却从中大发横财。贪婪的、失去理智的投机，就是赌博。当前世界性的投机活动猖獗，致使有西方学者这样说：现在的全球经济似乎正在被投机者挟持为人质。

投机作为一种经济行为，它产生于商品交换，最早的投机行为主要表现在商业中。比如亚当·斯密所提到过的有人能通过投机交易实现暴富，说的就是投机商人,而不是金融炒家。这些商人可能是企业家,只是他们的经营业务是不固定、不规律的。今年是个谷物商人,明年可能就变成了茶叶商人,不管做什么贸易,只要他们预见到其中的回报率可能高于其他贸易时,他们就会进入,而当回报率下降到其他贸易的水平时,他就会退出。投机者的主要特征,是随时准备抓住短期的获利机会而暴富,所以传统上一般把投机定义为:从市场价格的变动中获利的企图和行为。投机也需要投资,但它同其他产业投资者的投资有着不同的含义。当然,在具体实践中,要分清它们的区别和划清它们之间的界限是很困难的。有学者主要根据目的性把它们做了这样的区分:投资的首要目的是保护资金,而投机的首要目的是增加财富。而盲目的、只凭一时冲动而不顾后果的投机,就是赌博。

以贪婪私人财富为人生价值的资产阶级,都非常崇拜投机精神。在他们看来,人的一生就是一场投机,人类天生就喜欢交换东西和预测未来。而这两种天性合在一起,就构成了金融投机行为。投机精神是人类与生俱来的。有学者认为,在人类的历史上,已知最早的投机案例,可以追溯到公元前2世纪共和国时期的古罗马。当时,罗马的金融体系已经具备了现代资本主义的很多特征。比如法律允许财产自由转让,并出现了计息借贷和换汇交易商。在整个罗马的版图之内,货款支付都可以通过银行家的汇票来实现。大量资金汇集于罗马,就像后来的阿姆斯特丹、伦敦和纽约一样。信用的概念已经形成,船只以及其他财产的保险也初具雏形。罗马民众表现出了累积财富的热情,与之相伴的是毫无节制的炫耀、挥霍和赌博。

当时的罗马,已经有了类似于今天股份公司的资本家公会。从收税到建造神庙,罗马政府把自身的很多职能外包给了资本家公会。公会是独立于会员的法人实体,所有权分成了股份。他们也有行政管理人员,有公开的账目,偶尔召开股东大会。很多公会的规模相当大,雇用着好几万名奴隶。股份分两种:一种是大资本家持有的大额执行股权,另一种是小额股权。未登记小额股权的交易方式比较随意,类似于现代的场外交易。公会建立了一个遍及罗马全境的信使系统,以便收集信息,使他们能够计算出合同竞标时应该出价多少以及经营中的公司值多少股份。虽然这些股票吸引了很多政治家和大资本家,而很多人把购买公开发售的股票视为赌博,所以谨慎的人避之不及。

中世纪欧洲曾出现过敌视金融投机的文化。比如封建制度曾废除了很多罗马时期的金融交易，并以实物支付取代了现金交易。还复活了亚里士多德倡导的"公平价格"的理念，认为跟实际价值相比，卖得贵或买得便宜都是不公平和不合法的。认为追逐利润不仅堕落，而且还会危及整个国家。把过度贪财、贪权和贪色列为三大罪恶。不过到中世纪晚些时候，意大利的一些城邦又开始发行可买卖的政府证券。政府证券的交易从13世纪中期又开始了。到这时，投机似乎已经走上了正常的发展轨道：在1351年，威尼斯政府通过了一项法令，禁止散播谣言打压政府公债的价格。

到16世纪中期，金融市场已经形成了信用的集体观理念，债券价格开始反映对违约等未来事件的预期。反映投机市场情形的详细证据多了起来。在16世纪下半叶，由于宗教战争、大量新教徒和犹太难民逃离了西班牙，带着资金和交易技能来到了荷兰，阿姆斯特丹趁机崛起，16世纪90年代出现了荷兰"经济奇迹"。到了17世纪初期，荷兰共和国成了欧洲最发达、最繁荣的经济体。荷兰商人遍及全球，他们到挪威买木材，到西印度群岛采购糖，到马里兰买烟草，到威尔士投资锻造厂，到瑞典购置不动产，买下了俄国沙皇的出口垄断权，并向西班牙在拉丁美洲的殖民地供应奴隶。虽然金融资本主义的很多制度和惯例并不是荷兰人发明的，比如银行业务、复式记账、股份公司、汇票以及股票市场等。然而，荷兰人却在一个以高度进化的牟利动机为中心的重商主义经济体中，安全可靠地整合了这些东西。作为欧洲首家中央银行，阿姆斯特丹维瑟尔银行，为荷兰商人提供了一种各国普遍认可的货币，使得他们能够在全球畅通无阻地交易和结算。为了筹集资金，荷兰各市政当局发行了债券和彩票，受到公众的追捧。到了17世纪初期，来自欧洲各地的资金大量涌入荷兰，投资于各种金融资产，从不动产到养老金、市政公债、汇票以及中期贷款。阿姆斯特丹不仅是一个货物集散地，更是当时全球的金融之都。

1610年成立的阿姆斯特丹交易所，从事交易各种金融产品和服务，如大宗商品、外汇、股权、海上运输保险等，既是货币市场和金融市场，也是股票市场。这里自然成了考验投机活动的熔炉。期货合约在这里很常见，有各种商品的期货交易，其中包括谷物、鲱鱼、香料、鲸油、糖、铜、硝石以及意大利丝绸。投机者还可以用股票做抵押借贷，最高额度是股票市场价值的五分之四。这些金融产品制造了利用金融杠杆的机会，使得股价的小幅上涨就能给投机者带来更高的收益，这也刺激了投机者的贪婪和狂躁。贪婪和狂躁，失去理性的预期和炒作，必然的结果是失去一切和沉沦。

此时期荷兰这种投机狂热招致的恶果，对郁金香的狂热炒作，是个最典型的例子。荷兰人对鲜花的热情，一方面是因为荷兰地势平坦，土壤肥沃，给球茎培育提供了完美的环境；另一方面，由于地狭人稠，花园不能太大，因此只能建一些小花圃，在中央种上最好的花卉，以其鲜艳夺目的色彩来驱散周围乡间的单调。所有花卉中最尊贵的就是郁金香。于是郁金香就成为他们炫耀和追逐财富的工具。在16世纪中期，荷兰把郁金香球茎从土耳其引入，开始只养在贵族和植物学家的花园里，很快成为欧洲贵族、资本家、银行家们带有异国情调的园艺新宠。植物学家千方百计培育新的品种，收藏家们根据花的色彩来给郁金香分类，并用气派的军衔来反映它们的园艺等级，郁金香的价格不断上升，于是郁金香就跟财富联系在了一起，开启了投机狂热。

投机狂热的恶果和历鉴无济

在这种投机狂热的炒作中，17世纪前期，郁金香的价格越炒越高，泡沫不断膨胀。在1624年，一株以"奥古斯都"命名的郁金香，能卖到1200个荷兰盾，足够在阿姆斯特丹买下一座独栋城区住宅。奇怪的是，却很少有人试着证明这种天价的合理性。而大多数签订购买合同的投机者，从一开始想的就是赶快再以更高的价格卖出去。然而到1637年2月的一天，郁金香市场突然崩溃了。而且谁也弄不清楚造成这种恐慌的原因在何处。谣言四起，人们都说不会再有买家了，郁金香变得一文不值了。合约因此无法兑现，违约一起接着一起。职业花商虽试着找违约的投机者追款，但都无功而返。有些想暴富的人抵押和变卖了自己的家产，结果却是倾家荡产。郁金香狂热变成了郁金香恐惧，类似于1929年美国股市大崩盘后公众对普通股的反感。

投机狂热，一般都发生在一种新产业、新技术、新产品出现的初期。因为在此时投机者会高估潜在的收益。而且投机是与信用紧密联系的，有经济学家认为，信用与投机的关系，是形与影的关系。17世纪末和18世纪初，在英国发生金融革命。这一革命的重要内容，就是加强信用即各种票据的作用。据专家说，到了17世纪90年代，英国流通汇票的总值超过了王国的货币总量。这种新的信用形态虽然具有了很多跟货币一样的属性，但它跟黄金不同，信用可立可破，没有信就没有用，信用的价值依赖于信任。信用的特点，就是不断地变化，难以捉摸，不受控制。投机依靠信用，而投机中的失败无不根源于信用危机。

为了减少风险，投机者和赌博者都在不断地分析风险和概率，正像有学者说的，这种分析可以看成是理性主义的延伸，促进了概率论的发展。但实际上基于对高收益的贪婪，任性往往总是代替了理性。在新的金融世界到处弥漫着投机和赌博心理，因为股市的实质就是赌博。斯密在《国富论》中写道：骄傲自大，高估自己的能力，这种古老的人性弱点已经引起了古往今来的哲学家和道德家的注意。但是，还有很多人会荒唐地认定自己能有好运气，这一点尚未引起足够的重视。然而，这很可能更为普遍。任何一个身体和精神状态尚可的人，都或多或少地有这样的倾向。每个人都会或多或少地高估赢的机会，低估输的机会，而对于稀缺的东西，任何一个还算健康的人都会高估其价值。

发财致富，是人生大事。如果不想依靠艰苦的劳动致富，而是把希望寄托于交易中的投机致富，那就走上了一条魔鬼路。然而，贪婪快速获得财富欲望，使一些人醉于投机和冒险，他们根本不去考虑这些。金融市场上的交易依赖于转瞬即逝的信心状态，为了牟利而大家相互"忽悠"，也是个不可忽视的因素。在那些所谓专家的蛊惑下，在那投机狂热的浪涛中，他们满脑子想的都是一夜暴富，心里感觉都是机会就在眼前。虽然投机与危机、投机与破产、狂热与崩溃总是联系在一起的，一旦由于某种原因造成信心丧失，市场立即就会崩溃。历史上这样的教训可以说堆积如山，可这对他们似乎毫无用处，历史对他们无鉴，甚至昨天对今天也无鉴。

历史告诉我们，投机也是有周期的，无论由什么交易对象所引起，它总是要经历信心恢复、狂热、信心崩溃这样一个周期过程。而且这种周期是与经济周期一致的。每次新经济周期的起点，也是新投机周期的起点。由于资本主义经济的繁荣越来越倚重于金融业和投机，所以经济周期与投机周期联系的也越来越紧密。回顾历史，无论 17 世纪发生在荷兰的郁金香投机，或 19 世纪发生在英国的采矿投机和铁路投机，或 20 世纪发生在美国房地产投机，都经历了这样的周期和相应的经济周期。投机信心的恢复，往往由对某个全新的投资对象利好的预期所引起，而投机的正反馈，节节高升的股价和收益，自然把投机推向狂热，并诱使更多没经验的投资者入市，引起极度兴奋的情绪，失去了理性，而且变得更有渗透力，会蔓延到更规范的领域。与此同时，股票借贷收益放大，信贷过度扩张，随之欺诈行为激增，经济陷入困境，一场危机的序幕已经拉开。

在金融交易中，投机就像传染病。比如某个意外事件会引发股价预期的不断攀升，从而使得投机者蠢蠢而动。在某些大众心态中，这种迅速致富的例子会唤起许多效仿者，于是投机就会远远超出对股价涨幅的合理预期，发展到毫无理由和依据的地步。然而，一旦投机进入了狂热阶段，这些就会跟着水涨船高，大规模的信贷扩张也随之发生。各阶层人等都被卷入其中，无论尊卑贵贱或者精明与否，甚至某些地位和条件极其优越的人也来凑热闹，大家都希望靠这种方法获得巨大财富。就是说这种传染病一旦发生，就必然会经历一个周期，才能平静下来。

政府官员、议会议员、股票经纪人和监管人，他们所关心的都是怎样趁机为个人牟利，而不是抑制股市的过度投机。于是自由放任政策与政治腐败的结合，便成为投机狂热的一个普遍特征或共同的特性。前期的荷兰、后来的英国、现在的美国，其金融投机似乎都具有这些特性。在危机或将要崩溃时，迫于压力，他们也会实行一些加强监管的措施，但由于这种特性所决定，这种监管也只能意味着下一个循环周期的开始。

对于那些违背常理的投机者，还很崇拜"博傻"投资策略，或者常常以"博傻"理论为自己增长信心。比如投机者明明知道股价已经高于其内在价值很多了，却仍然要购买，因为他相信或者一心想的是，稍后股价会升得更高，因为稍后肯定会有"更傻的傻瓜"以更高的价格接盘。有人也把这种策略说成是"理性泡沫"，而这种策略的重要前提，是有更傻的傻瓜的存在和一定会购买。然而，一旦恐慌到来，更傻的傻瓜会立即消失，崩溃会立即到来。可投机者是不会汲取历史教训的，每当牛市到来的时候，这种理论总是会受到青睐，还把它美其名为"势头投资"。

历史还告诉我们，投机狂热的形成，都需有适合炒作和投机的对象，而且这种对象的确是很有发展前途和潜力的。比如17世纪荷兰的郁金香，18世纪英国的南海计划，19世纪英国的铁路，20世纪的美国的对冲基金，21世纪美国的房地产，都是投机合适的对象，都引起了投机的狂热和这种狂热的后果。在这种投机中，投机者不是根据可靠的信息采取行动，而是被幻想所驱使。当然，也许有些想积累财富的投机者，开始因为没有找到理性的投资对象，所以匆忙之间就进入了前景看似光明的陌生投资领域。

而当他们发现这些外表光鲜的投资能带来丰厚的利润时，他们就会更加放心大胆地贸然大量进入。起初的诱惑是高利息，但是这很快就变成了次要的，他们开始一心想着卖掉生息的本金来获取巨大的收益。只要这种出卖本金的操作能够实现，狂热就会持续，而当这种操作无法再实现时，崩溃就开始了。也就是说在周期的上升阶段，人们会渐渐相信繁荣将永远持续，投机进入狂热，直到崩溃。在投机狂热中发生在投资者身上的大量欺诈和骗局，直到危机发生后才会被大家所知。

投机、冒险和美国人的天性

善于投机和冒险，似乎是美国人的天性。这种天性又似乎在很大程度上源于殖民冒险。那些人怀揣对美好未来的梦想，移民来到这块北美大陆，一切都要靠自己冒险、奋斗。美国人似乎很崇拜富人，无论怎么穷，都会对有钱人的享受投以渴望和羡慕的目光。他们有着无穷的想象力，始终执著地期待命运尚未赐予的美好最终能实现。他们不仅具备充满希望的未来愿景和自我改善的动力，而且也愿意为了达到自己的目标而承担巨大的风险。事实上，移民美国本身就非常冒险。到边远地区拓荒风险更大。很多研究美国的人都认为，美国人的致富的欲望、冒险欲望似乎已经刻在了美国人的基因里。甚至连富有的美国人，也都不满足于自己已有的运气，愿意再去冒险以求改善。这似乎始终是这个国家活力的源泉。

在美国人眼里，投机、冒险似乎都是一种游戏。在19世纪末的股市恐慌之后，伦敦的《旁观者》杂志困惑地评论说：美国的百万富翁破釜沉舟，不留退路，仿佛他们已经没有什么可失去的了。就像有些人自己开玩笑说，金融投机不过是有些昂贵的游戏。他们似乎把融资借钱当成一场所费不赀的游戏。英国人再怎么喜欢冒险投机，也会担心变得一贫如洗。至于法国人，更是宁肯枪崩了自己，也不愿从富人沦为穷人。相反，美国的百万富翁会为了赢10块钱而去冒险投机，而且万一他输了，他也会若无其事地再从店员做起。这种不怕输的精神值得赞许，但它也让美国聚集了全世界最堕落的赌徒。

投机的实质就是冒险，投机的经济学作用就是风险承担。学者们普遍认为，相比较而言，似乎没有哪国人会比美国的投机者更愿意承担高风险。很多时候，股市的风险转移会超出正常的商业风险，风险本身就变成了一种目的。在这样的情形下，投机会变成纯粹的游戏，在美国投机、冒险作为一种全民运动,兼具战争的残酷和中彩的回报。在美国这样的社会里,财富是决定地位的最终因素,所以美国人总是担心在物质上落于人后。有人这样评价美国:美国社会的指导原则并不是要在绝对意义上变得更富有,而是要在相对意义上避免变得更贫穷。在牛市期间当个袖手旁观的看客,这最容易让一个美国人感到自己比别人穷。因此在美国,保持和恢复经济平等的斗争在股市中最为激烈,每个人都特想发现别人在做什么,特想预测别人打算做什么。正如凯恩斯带着旧大陆对新大陆的所有文化蔑视评论说:甚至在金融领域之外,美国人往往也过分热衷于了解一般大众认为的一般看法是什么,这种国民弱点会在股市中遭到报应。

美国的投机史,是从土地投机开始的。在独立后的一个世纪里,美国一直处在土地投机的狂热之中。比如,在 18 世纪末,缅因州、佐治亚州和纽约州有数百万英亩的大片土地被交易。发展中的城镇也是投机的对象。事实上,首都华盛顿特区就是土地投机者的杰作。美国独立 40 年后,芝加哥成为了最热门的新兴城市。在土地投机的同时,铁路投机也成为全民投机游戏对象。虽然股市投机在美国独立后很快就出现了,但真正大规模投机是在 18 世纪 90 年代之后。其投机狂热主要是炒作政府债券和银行股份。美国金融投机的一个重要特点,是股市从一开始就被大户所控制,他们的操作规模是旧大陆望尘莫及的。

操纵股价,从中渔利,这是美国金融投机者的看家本事。起初投机的主要手段是囤积股票,19 世纪这种操作手法才在美国成为了投机的标志。囤积的目的是为了获得足够多的股票以迫使股价上涨,并挫败那些卖空后期望以更低价格回购的空头。当操盘手对一只股票进行了有效的囤积之后,他就能向卖空者开出任何价格,因为根据法律,卖空者必须回购股票来补仓。大量囤积通常由非正式合伙的多个投机者一起完成,实际上就是由所谓的基金来进行这种狡诈的市场操纵。当然,这种囤积和市场操纵,是一场很激烈的博弈和冒险,可能成功,也可能失败,其中策划囤积和市场操纵的操盘手起有非常重要的作用。

进入 19 世纪中期,投机的另一种手段抵押贷款在美国兴起。美国叫"通知贷款"或保证金贷款。尽管这种手段早在 17 世纪初的阿姆斯特丹就已经开始,但此时它们对纽约股市的支配达到了前所未有的程度。银行给经纪人提供贷款,后者拿客户的证券作为抵押。这种信贷之所以称为抵押贷款或"通知贷款",是因为银行有权随时要求或者"通知"贷款人还款。它们也被称为"保证金贷款",因为贷款额度与有价证券的市值之间有一个安全差额,也就是保证金。比如这个差额可以是相对保守的20%,也可以是比较冒险的5%,甚至更低。有人说"保证金"这个词儿,蕴含了股票投机的精髓。

此时重量级的股市操盘手没时间理会转瞬即逝的矿业和石油泡沫,因为他们注意力集中在铁路股上。在这个市场板块中,操纵已经成了一门艺术,因此投资回报也更加确定。操盘手的最大目标就是成功地囤积足够的铁路股票,然后通过操作市场价格,而获得暴利。他们操纵市场价格的办法虽然五花八门,但归结为一条,就是卑鄙的欺骗。诸如散布谣言和虚假信息,"诱抛"、"诱买"、"虚抛"、"虚买"等,以引诱他人入套、上当。所以有学者一针见血地指出,在美国股市中,最大的风险既不是不可避免的风险,也不是纯粹的经济风险,而是因为它们大多是股市操盘手人为制造出来的。

在19世纪的大部分时间里,美国都是英国投资者眼中的新兴市场。他们不断地购买美国各州政府的债券,投资铁路公司,然而时常遭受损失。到了19世纪末,南美又引发了新一轮的投机狂热,等到结束时,亚历山大·巴林的家族银行倒闭,手中剩下了一大堆阿根廷公用事业债券。跟一个世纪前英国的投机热潮一样,20世纪20年代的美国牛市也是从南美债券的泛滥开始。当经济进入萧条期之后,这些借债的南美国家全都开始拖欠债务。在20世纪30年代初期,美国海外放贷的紧缩加深了全球经济的萧条。20世纪90年代的美国牛市也伴随着投机性的放贷和投资,对象也是南美、远东以及前苏联的成员国等新兴市场。这些海外投资背后的动机跟19世纪20年代英国的投资者类似。

进入20世纪,正是在投机推动下,随着牛市不断出现,特别是出现美国已经进入了一个无限繁荣的新时代的论调,人们似乎也相信自1924开始的"柯立芝繁荣"会持续下去。1928年夏天,胡佛在发表的总统候选人提名演讲中也对"新时代"充满了乐观,宣称贫穷即将消失。人们太过于相信这新时代了,太过于相信股市不会再有大风险了,于是新的投机狂热又开始了,甚至用抵押未来、用已经把未来大幅贴现的价格买入股票。在"新时代"的理念之下,对股票的重新估值使得股价涨到了收入的30倍,而反对这种重新估值的论据非常有说服力。自1924年以来,股价的上涨速度是企业收入增速的3倍,高利率也开始抑制经济的活力。由于工资没有上涨，分期付款借贷的扩张已经达到了极限。

在这种投机狂热中，富人变得更富了，工会的力量则被削弱了，劳工无法分享到生产力提高所带来的利益。尽管企业利润占国民收入的比重上升了，但工人的实际收入却减少了。然而，维持经济的发展需要增加工人劳动者的消费，否则必将发生危机和恐慌。也就是在这时，资本家想出了一个聪明的办法，就是贷款消费，即抵押未来消费。既然企业的产品需要消费者，而消费者又没有钱买，那就用抵押未来、分期付款的办法买。于是一切买不起的消费品，都可以分期付款。这被看成是又一个进步有益的新时代。为了满足眼前的享受和欲望，消费者似乎忘乎所以，都在尽情挥霍他们的未来。而等到1929年开始的大危机的未来真的变成现实时，他们这才发现自己已经是囊空如洗。

1929年开始的资本主义空前严重的大危机，告诉人们，自由无度的金融投机和赌博的后果是多么的严重。罗斯福的"新政"抛弃了20世纪20年代自由放纵的个人主义，用政府对经济事务的干预和引导取而代之。原本掌控一切的市场力量，现在被联邦福利、住宅和就业计划、银行存款保险、物价与收入政策、最低工资法规以及很多其他的措施取代了。不管是在股票、债券、土地还是大宗商品上，投机都不再扮演经济生活的关键角色。凯恩斯抨击了以往投机者和股市在资本分配上享有的重要地位。他认为，投机者或许不会像泡沫一样伤害稳定的创业热情，但是如果企业成了投机旋涡中的泡沫，那形势就严峻了。当一个国家的资本发展沦为赌场活动的副产品时，后果可想而知。

历史的经验教训再沉痛，对那些投机者来说，似乎都无关痛痒。经过罗斯福新政，美国经济不仅得到了恢复，而且又有了新的发展。面对这新的发展，原来一些主张自由主义经济学的人，又开始活跃了起来。最具代表性的就是芝加哥大学的经济学教授米尔顿·弗里德曼。他一直认为，市场在根本上是可以自我修正的机制，不管是通过价格管制来抑制通胀，还是通过强迫管理层来缓解失业，政府想要干预市场运行的企图注定会失败。在他看来，市场是散播信息和提供激励的最佳方式，不管其间可能会出现怎样的不公平。他断言所有社会都是建立在贪欲之上的，社会组织要解决的问题在于，怎样建立制度来尽量减小贪欲的危害。

他还认为，投机不太可能对经济产生有害的副作用，因为那些所谓低卖高买、"破坏稳定"的投机者必然会亏钱，其他人则会因他们的损失获利。而受到误解和诽谤的投机者找出了未来的经济热点,并使它们反映到当前的价格上,从而防止了短缺,为稀缺资源的有效分配作出了贡献。像承保人一样,投机者也愿意承担资本主义过程中某些不可避免的风险。如果他们是出于追逐私利,那就更好了。那些有效市场学派的经济学家们,也非常同情投机者。他们认为,如果市场是有效的并始终保持均衡,如果股价的变化永远随机,那么投机行为的动机就不可能是非理性的,其结果也不可能是破坏稳定的。

正是在这种理论的蛊惑下,投机者不仅复活,而且有了大发展的新的社会、技术和信息投机。诸如接连发生的金融衍生品革命、里根革命、克林顿经济学等,都为新的投机狂热,给予了理论指导和强大的信心。这种过分乐观的自由市场或有效市场理论告诉投资者,用多高的价格购买金融资产都不贵,从而怂恿他们把价格哄抬到不可持续的水平。在这经济自由主义和信息技术的新时代,金融创造力也进入了新的兴盛期,其影响之深远不亚于 18 世纪初的那次金融革命。正如我们所看到的,金融衍生品其实就是通过合约人为创造的证券,其价值源于某种标的资产,所以它本身就会助长投机。进入 20 世纪 80 年代,金融创新又带来了很多新的金融工具诸如可转让浮动利率债券、收益权证、可回售债券、蝶式互换、货币互换、利率互换、互换期权、合成股权以及无息票债券,等等。据专家估计,到了 1996 年年底,未偿付金融衍生品合约的总额约在 50 万亿美元左右,由于大多数衍生品交易是远离交易所的场外交易,所以没有人知道确切的数字。

20 世纪 70 年代以来,这场新的世界金融革命,是由美国带动的。其主要特点是:面向大众化,注意力从过去的大公司、大投资者,转向了普通的劳动者;从单一银行经营发展为银行、证券、保险、信托等分支网络混合经营;金融自由化和证券自由化大发展;新的金融产品、新的金融工具、新的交易方式、新的金融机构层出不穷。不可否认,这场创新运动使世界大量资本涌向了美国,从而使美国拥有了操纵国际金融市场、控制世界硬通货、主宰国际资本市场的机会和条件,也为美国带来了近 40 年的发展和繁荣。与此同时,也种下了祸根。

新金融产品和金融工具的激增助长了投机,这似乎是毋庸置疑的。当然,一个人眼中的保险,可能就是另一个人眼中的投机,如果持有金融衍生品头寸的同时采取了其他避险措施,也就是说,其风险可以通过持有标的证券来平衡，或者是被正常的商业风险所抵消，那么持有金融衍生品就是对抗潜在损失的保险措施。然而，如果未采取对冲避险措施，那么持有金融衍生品就是高度投机。事实上投机者的确很快就抓住了新金融衍生品市场提供的超高杠杆率的投机良机，大肆投机，引来了新的金融投机狂潮和最后2008年的大崩溃。

二 投机、赌博取代劳动和罪恶的渊薮

新的世界金融危机的现实使我们认识到，在缺乏严厉监管的情况下，金融全球化，金融资本在全球经济中的主导和支配地位，同时意味着投机、赌博代替劳动在全球经济中所占的重要地位。我们回忆一下2008年发生的世界金融大危机，看看美国的华尔街，看看美国那些"股神"们的那些所作所为，就会知道，金融投机、赌博取代劳动对社会的危害、造成的社会后果，有多么严重。掠夺性的贷款，利用信贷狂热消费，五花八门的金融工具和金融产品，影子金融市场，泡沫经济的洪流，堆积如山的债务等等，这些在成功地把大量财富由财富的创造者工人身上转移到资产者手中的同时，不仅把美国金融体系和经济，而且把全球金融体系和经济，带到了万丈深渊边缘。历史和现实都证明，投机、赌博取代劳动的全球化，是罪恶的渊薮。

从银行到赌场和从金融家到赌神

从发展历史看，最初的金融投机，作为工农业生产者基于对未来生产和市场发展变化趋势的预见，作为一种使生产继续发展和防范损失的手段，有其必要性和积极的作用。但是随着金融资本规模不断扩大和作用不断加强，投机也不断恶性发展，不仅变成为纯粹的赌博，而且成为主导社会经济发展的力量，这就必然要出问题。其实，金融资本的这种投机性和赌博性，以及其必然带来的社会后果，马克思早就阐明了，只是没被人们所重视。

人们都知道，最初的银行是进行货币交易的场所，它始于文艺复兴时期的意大利，银行这个词就来源于进行这种交易的桌子或长凳。银行最大的作用就是让人们闲置的货币能自由流通。由于它通过发挥各种票据的作用，不仅使货币交易和流通成为循环往复、无穷无尽的过程，而且使银行

成为现代金融的核心。它通过不断扩大业务,放大了货币的供给,让商人、企业家、投资者不断扩大了自己的业务规模。人们都有了这样的认识:正是由于银行的发展,货币也经历了由商品货币到纸币再到信用货币的变化过程。货币变得越来越虚拟、不真实,变得和用它换来的真实商品越来越疏离。钱不仅只是交易手段,而且能自我塑造。一方面,在现代技术下,钱已经变成纯粹的、没有任何内在价值的信息;另一方面,钱又是一切,借钱、赚钱、用钱生钱,已经成为人类存在活动的核心组成部分。然而,如有学者说的,银行作为货币机器的基础和金融业务的永动机这种职能,至今都没有变过。也如加尔布雷斯说的,以往对银行和货币的研究,总是用复杂性来逃避。不过,这一点对马克思来说却是例外。

马克思在阐述银行业务时曾这样写道:"作为纸制复本,这些证券只是幻想的,它们的价值额的涨落,和它们有权代表的现实资本的价值变动完全无关,尽管它们可以作商品来买卖,因而可以作为资本价值来流通。它们的价值额,也就是,它们在证券交易所内的行情,会随着利息率的下降——就这种下降与货币资本特有的运动无关,只不过是利润率趋向下降的结果来说——而必然出现上涨的趋势,所以,单是由于这个原因,这个想象的财富,就其原来具有一定名义价值的每个组成部分的价值表现来说,也会在资本主义生产发展的进程中扩大起来。由这种所有权证书的价格变动而造成的盈亏,以及这种证书在铁路大王等人手里的集中,就其本质来说,越来越成为赌博的结果。赌博已经取代劳动,表现为夺取资本财产的本来的方法,并且也取代了直接的暴力。这种想像的货币财产,不仅构成私人货币财产的很大部分,并且正如我们讲过的,也构成银行家资本的很大部分。"①

以往很长时期的金融产业,其功能主要是依靠银行等金融机构为实业提供借贷活动,从实业成功赚取的利润中,以利息形式获得回报。银行作为最初的金融信用机构,主要从事中介性的活动,诸如存款、贷款、汇兑、储蓄等业务。资本主义的信用和银行制度,是适应资本主义生产发展的需要产生的,原本是从属于资本主义生产方式,为工农业生产服务的。但随着经济的不断发展,其规模和在经济中的作用也不断提高。虽然它自身不是像农业和工业那样的实际生产部门,它也不生产任何实际物质产

---

① 《马克思恩格斯全集》第46卷,人民出版社2003年版,第540—541页。

品。不过一旦它与农业和工业部门进行结合而变成了金融资本金融产业，那可就变成另外一个样子了。

关于金融资本的产生、本质、特征和作用，列宁在帝国主义理论中都进行了科学的阐述，这里我们不妨回忆一下。列宁指出："银行和工业日益融合或者说长合在一起，——这就是金融资本产生的历史和这一概念的内容。"① "大规模的垄断代替了自由竞争。极少数资本家有时能把一些工业部门整个集中在自己手里；这些工业部门转到了往往是国际性的卡特尔、辛迪加、托拉斯等联合组织的手里。因此，垄断资本家不仅在个别国家内，而且在世界范围内，在金融方面、产权方面、部分地也在生产方面，控制了整个的工业部门。在这个基础上就形成了极少数大银行、金融大王、金融巨头的空前未有统治，他们实际上甚至把最自由的共和国都变成了金融君主国。"②

金融资本对世界的统治，是从自由资本主义后期开始，到帝国主义时期完成的。"'金融资本集团日益紧密的国际交织'。这是唯一真正普遍的和确凿无疑的趋势，它不是近几年来才有的，也不是两个国家才有的，而是全世界的、整个资本主义的趋势。"③ "帝国主义的特点，恰好不是工业资本而是金融资本。"④ "帝国主义是金融资本和垄断组织的时代，金融资本和垄断组织到处都带有统治的趋向而不是自由的趋向。这种趋势的结果，就是在一切政治制度下都发生全面的反动，这方面的矛盾也极端尖锐化。"⑤

自20世纪70年代末期以来，随着发达资本主义国家向金融资本主义转变，其金融业功能也发生了变异，即它不再只从事对实业的借贷活动、融资活动，也不单靠对实业贷款中获得利息，而是直接投资于企业和大量金融产品和金融工具，自己利用自己优势在直接参与金融产品的经营活动中，为自己融资、牟利。特别是通过各种风险管理，通过对各种金融工具和金融衍生产品管理和管理中的投机、赌博，用货币套取更多的货币，获得别人所不能的巨大利益。如今的资本主义国家的银行和金融机构，已经

---

① 《列宁全集》第27卷。人民出版社1990年版，第362页。
② 《列宁全集》第39卷，人民出版社1990年版，第205页。
③ 《列宁全集》第26卷，人民出版社1990年版，第243页。
④ 《列宁全集》第27卷，人民出版社1990年版，第403页。
⑤ 同上书，第432页。

变成了惟利是图的金融资本统治者，为了贪得无厌的私利，它们既没有国家概念，也没有道德底线，更谈不上社会责任。在它们那里只有为了私利而拼命进行的投机和赌博。从20世纪末开始，一些发达国家，特别是美国，金融业以至整个经济，都已经被投机、赌博风潮所淹没。如有学者说的，投机和赌博似乎成为了人们唯一的"美德"。2012年3月14日，美国《纽约时报》登载的原高盛高管格雷格·史密斯所披露的高盛公司冷酷无情剥削客户，只顾自己牟取暴利的大量事实，就证明了这一点。

这样在金融资本的统治下，不仅银行变异成为赌场，而且在银行变异成赌场的同时，那些金融家们也变异为赌神。他们已经从原先的"中介者"演变为对他人的控制者，控制了那些曾经由他们"中介"的交易和商品，并把这些交易变成纯粹的投机和赌博。工业发展靠的是科技创新精英和管理创新精英，而在金融资本统治的虚拟经济中，却靠的是"金融家"和"操盘手"。回顾历史我们能够看到，这一转变过程随着时间的推进而不断加速。尤其是20世纪70年代以来，由于主要国家的制造业衰退，利润率下降，从而使金融投机和赌博逐渐成为了完全的主导者。全球到处在炒股、炒房、炒地皮、炒汇率、炒期货等，一时间巨大的热钱流到处冲击着全球经济。有经济学家称之为全球赌博大联盟、大展示运动。

在这种投机和赌博狂热中，金融衍生产品产生和发展，起有重要推波助澜的作用。20世纪70年代后，随着金融自由化的发展，金融衍生产品也随之发展起来。因为它产生的初衷，原本是为了规避风险、套期保值和降低交易成本，所以作为金融工具发展迅速。短短三十多年，层出不穷的金融衍生产品，似乎无孔不入，很快就渗透到诸如外汇、债券、存贷、股票等所有金融领域，各种期货、期权，诸如外汇期货、利率期货、股票指数期货、可转换债券、备兑认股权证、各种利率期权、互换期权、各种信用金融衍生工具等都迅速发展了起来。而其在实践中发展的结果，却惊人的与其初衷正好相反。因为它为投机和赌博提供了更多的平台和简便，所以不仅放大了金融风险，并把这种风险引流到各种货币之中，引流到整个世界，制造了全球性的金融混乱，被称为"金融野兽"。

这头"金融野兽"的兽性，就是投机和赌博。是因为利欲熏心的投机和赌博使它兽性大发，在全球到处肆虐。20世纪90年代后所发生的、影响巨大的各种世界性金融丑闻、世界性的金融危机，都足以证明它的可怕和威力。人们都在担心，在世界金融体系不合理和非常脆弱的情况下，如果不能联合起来制服这头野兽，一旦国际金融市场的某一环节出现问题，就必然会通过金融衍生品迅速扩散并放大，进而波及整个国际金融体系，引发全球性的金融危机甚至导致整个世界经济的大崩溃。

全球金融化和全球投机、赌博潮

了解资本主义发展史的人都知道，投机，是资本主义制度、资本主义价值观的产物，它渗透于资本主义发展的各个时期和各个领域。资本主义每次经济危机，似乎都与这种投机有紧密联系。这里我们不妨回忆一下早在150多年前，马克思在《欧洲的经济危机》一文中写的那段话："欧洲的投机狂在目前时期的一个显著特点，是它的普遍性。过去也有过投机狂，粮食的、铁路的、采矿的、银行的、棉纺业的，总之，有过各种各样的投机狂。但是，在1817、1825、1836、1846—1847年严重的商业危机时期，投机狂虽然波及了工业和商业的一切部门，而占主导地位的，只是某一种投机狂，它赋予每一个时期特殊的色调和性质。当时投机之风遍及一切经济部门，但是每一个投机者只限于在自己的专门部门活动。相反地，目前的投机狂的代表者的指导原则，却不是在一个固定的方面进行投机活动，而是普遍地进行投机活动，并且把它集中起来的骗术推行到一切经济部门。此外，目前的投机狂在产生和发展方面，也还有一个不同的地方，这就是它不是开始于英国，而是开始于法国。目前这一类法国投机者和上述时期内进行活动的英国投机者的关系，就像十八世纪法国的自然神论者和十七世纪英国的自然神论者的关系一样。一个提供材料，另一个制定概括的形式，使自然神论得以在十八世纪传遍整个文明世界。"①

20世纪70年代后，随着金融全球化的发展，金融投机和赌博也在全球不断发展，至20世纪末和21世纪初，已经是波涛滚滚席卷全球了。只要是金融产品或可借金融产品进行运作的产品，诸如期货、期权、股票、外汇、利率、契约等等，利用其价格走势，都可以用来豪赌一把。而且还可以用数十倍的高杠杆，撬动更大的赌博，赚取更多的金钱。对于疯狂的赌博者来说，好像真的能够做到给我一个支点和足够长的杠杆，我可以撬动地球；给我足够多的借款，我可以挣得世界上所有的金钱。

在金融投机者看来，现代的经济活动，都是围绕金钱展开的，都是借

---

① 《马克思恩格斯全集》第12卷，人民出版社1962年版，第54页。

钱投机、赌博赚钱。不过与马克思时代不同的是，当今的投机狂的领军者，不是工业部门，也不是商业部门，而是金融部门。正因为如此，当今的投机具有很强的国际性。因为货币的性质和银行性质所决定，金融统治一开始就是国际性的。如列宁说的"银行，这些把各地的资本收集起来并贷给资本家的资本大仓库，逐渐从国家银行变成了国际银行，它们把各国资本收集起来，分配给欧洲和美洲的资本家。大股份公司的建立已经不是为了在一个国家内开办资本主义企业，而是为了同时在几个国家内开办资本主义企业。资本家的国际协会出现了。资本的统治是国际性的。"①

实际上第二次世界大战之后，世界就真的进入如列宁说的"金融资本是一种存在于一切经济关系和一切国际关系中的巨大力量，可以说是起决定作用的力量，它甚至能够支配而且实际上已经支配着一些政治上完全独立的国家；……不过，对金融资本最'方便'最有利的当然是使从属的国家和民族丧失政治独立这样的支配。"②"马克思主义是根据日常生活中千万件事实所表现的阶级矛盾和阶级斗争来判断'利益'的。小资产阶级幻想和高谈矛盾的和缓，并提出'论据'说，矛盾的尖锐化会招致'不良的后果'。帝国主义就是有产阶级各阶层屈服于金融资本，就是五六个'大'国（其中多数现在都参加战争）瓜分世界。大国瓜分世界意味着，它们的一切有产阶层都从占有殖民地和势力范围中获得利益，都从压迫其他民族、因自己属于'大'国和压迫民族而身居大有收益的职位和享有特权中获得利益"③。

列宁还指出："这难道不是像庸人那样规劝金融家放弃帝国主义吗？用破产来恐吓资本家，就等于劝交易所经纪人不要到交易所去做投机买卖，因为'许多人都是这样倾家荡产的'。资本就是靠同它竞争的资本家和同它竞争的国家的破产获利，以实现更高程度的积聚，因此经济竞争即在经济上促使对手破产的斗争愈尖锐、回旋余地愈'狭窄'，资本家就愈是力求辅之以军事手段来促使对手破产。向土耳其之类的地区输出资本，可以像向殖民地和附属国输出资本那样十分有利，因为在这种情况下金融家比向自由的、独立的、文明的国家如美国输出资本要多获两倍的利润。

---

① 《列宁全集》第2卷，人民出版社1990年版，第82页。
② 《列宁全集》第27卷，人民出版社1990年版，第395页。
③ 《列宁全集》第26卷，人民出版社1990年版，第244页。

这样的地区剩下的愈少，为控制和瓜分土耳其、中国等国的斗争就愈加剧烈。关于金融资本和帝国主义时代的经济理论就是这样告诉我们的。事实也是这样告诉我们的。"①

新的金融投机、赌博潮，开始于20世纪末。那时的世界，"资本主义已经发展到这样的程度，商品生产虽然依旧'占统治地位'，依旧被看作全部经济的基础，但实际上已经被破坏了，大部分利润都被那些干金融勾当的'天才'拿去了。这种金融勾当和欺骗行为的基础是生产社会化，人类历尽艰辛所达到的生产社会化这一巨大进步却造福于……投机者"②。"金融资本对其他一切形式的资本的优势，意味着食利者和金融寡头占统治地位，意味着少数拥有金融'实力'的国家处于和其余一切国家不同的特殊地位。"③ 金融资本的投机性、赌博性和对发展中国家、落后国家，特别是对这些国家人民的危害之大，我们回顾一下1994年在国际大赌枭制造的亚洲金融危机就一目了然了。这场危机的发生、发展和结果，是对列宁这些话，对金融资本统治性质的精彩解读和诠释。诸如巴菲特、索罗斯这些大赌枭们，在这次危机中都充分显示了其巨大的能量和作用。

由在金融资本的基础上生长起来的非经济的上层建筑，即金融资本投机、赌博和掠夺的意识形态所决定，金融投机、赌博得到了政府的政策支持。比如得到祝福支持的企业兼并，就是金融资本扩张势力的重要方面，而如列宁阐述过的，兼并的本质就是投入被兼并国家的千万个企业的亿万资本获得政治上有保证的利润。"资本主义发展的结果是，少数几个极富的国家——这样的国家不超过4个，这就是英国、法国、德国和美国——聚集了数以千亿计的大量财富，把这种力量聚集在大银行和大资本家手里（这样的大银行和大资本家在这些国家里各有两三个，最多不过半打），这是一种巨大的力量，这种力量伸展到全世界，在瓜分领土、瓜分殖民地这种直接意义上瓜分了整个地球。地球上的一切地方都有这些强国的殖民地。这些国家在经济上也重新瓜分了全球，因为在地球的每一块土地上都有租让企业渗入，都有金融资本的线索渗入，这就是兼并的基础。兼并不是凭空臆造的，兼并的产生并不是由于有人突然从自由的爱好者变成了反

---

① 《列宁全集》26卷，人民出版社1990年版，第246页。
② 《列宁全集》27卷，人民出版社1990年版，第342页。
③ 同上书，第374页。

动分子。兼并无非是大银行统治的政治表现和政治形式，而大银行统治从资本主义中产生是必然的，这不是由于谁的罪过，因为股票是银行的基础，而股票的聚集则是帝国主义的基础。大银行靠数千亿资本统治整个世界，把整个工业部门同资本家和垄断者的同盟联结起来，——这就叫作帝国主义，它把全世界分成了三个极富有的掠夺者集团。"① 我们这里要说的是，这种在金融资本基础上生长起来的这些富有的掠夺集团，始终得到资产阶级政府的支持和救助。

金融的主导的新发展和赌博取代劳动的新比拼

从资本主义制度一诞生，货币、金融在其经济发展中就起有特别重要的作用。不过对于资产阶级来说，货币是作为颠倒黑白的力量出现的。"它把坚贞变成背叛，把爱变成恨，把恨变成爱，把德行变成恶行，把恶行变成德行，把奴隶变成主人，把主人变成奴隶，把愚蠢变成明智，把明智变成愚蠢。因为货币作为现存的和起作用的价值概念把一切事物都混淆了、替换了，所以它是一切事物的普遍的混淆和替换，从而是颠倒的世界，是一切自然的品质和人的品质的混淆和替换。"② 对货币占有者来说，"谁能买到勇气，谁就是勇敢的，即使他是胆小鬼。因为货币所交换的不是特定的品质，不是特定的事物，人的本质力量，而是人的、自然的整个对象世界，所以，从货币占有者的观点来看，货币能把任何特性和任何对象同其他任何即使与它相矛盾的特性和对象相交换，货币能使冰炭化为胶漆，能迫使仇敌互相亲吻。"③

不过直到第二次世界大战之前，主导社会经济的还主要是农业和工业，以及在农业和工业基础上的商品贸易和技术贸易。而到了战后，特别是到了20世纪70年代之后，随着各种交通和通讯技术的发展，随着各种复杂、晦涩、危险的金融"工具"的出现，金融已经主导和统治了整个世界经济和人们的生活。今天，人们都生活在一个"金融化"的世界当中，而主导金融自身的，则是越来越疯狂、越来越危险的投机和赌博，是投机和赌博取代劳动的全球性大比拼。如有经济学者所说的，那些作为投机、

---

① 《列宁全集》第30卷，人民出版社1990年版，第251页。
② 《马克思恩格斯全集》第3卷，人民出版社2002年版，第364页。
③ 同上。

赌博者掠夺财富的花样翻新的金融工具，与其说是工具，不如说是炸弹。现在，那些"随机魔鬼"、"堕落天使"在世界每个角落到处游逛，被这些金融工具、被全球性的投机和赌博，拖入自我毁灭和灾难的事件，遍地皆是。

历史上，作为农业和工业发展需要而产生的金融业，对农业和工业的发展的确起过很大的促进作用。从18世纪荷兰的发展中，19世纪末英国的发展中，以及20世纪美国的发展中，都可以看出金融业的不可或缺的重要作用。值得注意的是，这种作用都是政府严格监管下发挥的，它真正是作为工具在发挥作用的。而在20世纪70年代之后，特别是在最近几十年来，金融对整个全球经济的主导程度是亘古未有的，政府对其监管不仅逐步放松，而且最后完全取消了，这就使全球性投机和赌博在主导人们生活的同时，破坏和吞噬着实体经济的发展，给世界带来了巨大的灾难。

人们都会记得，20世纪60年代末，当美国的工业繁荣接近尾声时，金融化向着今天的样子迈出了第一大步。也正是在这些年当中，西欧与日本的经济重建使它们的生产能力，特别是汽车、钢铁、化工、家用电器等方面的生产能力，得以与美国相匹敌。更重要的是，世界经济缓慢地进入了产能过剩之中。这些进展引发了20世纪90年代及之后令人眼花缭乱的兼并与收购浪潮。正是在这种兼并和收购过程中，金融资本以其自身的优势，建立了自己的主导地位和统治。金融垄断资本，是这次兼并收购行为的最大受益者和最终落脚点。

第二次世界大战后金融资本在全球的扩张，我们还可以从其收入和营业量看出来。金融垄断资本企业的收入，在其数量和性质上都有着特殊的含义，既有利息上的含义，也有利润上的含义。不过从金融企业与非金融企业相比较来看，非金融公司获得的利润与金融公司获得的利息相比，是呈明显的下降趋势。以美国为例，据专家统计，1949年非金融企业公司利润高达金融企业利息收入的十倍以上，而十年以后，下降为5.1倍，再十年以后，又降为2.5倍，再十年以后，则下降到不到1倍，再十年以后，也就是1989年，非金融业的公司利润已经开始低于金融公司的利息了。

我们仍以美国为例。随着金融化的不断深入，利息在传统经济中的角色被逐渐抛弃，这昭示了整个资本主义功能的巨大转型。比如20世纪60年代开始，公司利润本身就包含了大量的利息所得，这不仅是因为金融类企业在所有企业中的占比有大幅上升，更是因为巨型生产企业与大型金融机构合并或创立了自有金融机构，例如通用汽车和通用电气都是大型的资金贷方。于是，华尔街的规模与范围自20世纪70年代以来发生了极其迅速的扩张，其政治势力也大大增强。20世纪20年代前期，金融部门附属于国会和白宫，全年由美国企业产生在交易所发生的金融交易额比国民总产出要少若干美元。然而到了20世纪90年代通过每天二十四小时连续的套利和投机，金融部门已经吞下了每年超过实际经济营业额30倍或40倍的交易量。每个月，几十家巨型的国内企业和交易所都要通过电子化的货币、期货、衍生工具、抵押债券等方式，完成总额超过美国全年国民生产总值的交易量。

20世纪70年代以来，正是在美国的带领下，金融强盗在国际组织诸如世界银行、世界贸易组织和北美自由贸易协定的帮助下胡作非为，投机和赌博已没有休止，并且被国际化。虽然这种投机和赌博曾多次引起金融危机，使金融机构面临破产，但每逢此时，国家就用紧急救助为这些机构输血，使矛盾一次次积累下来。直至世界几乎所有的人都掉进了股票、债券、衍生品、对冲基金泥潭。在产业结构中，大量投资都从基本产业流入金融服务业，主导世界金融业的发达国家，把大量基本产业，特别是传统工业，都输出到发展中国家，而自己主要靠金融服务、金融投机，以及与此有关的高端的信息技术和信息产业，即靠华尔街、靠硅谷来维持对世界的剥削、掠夺和统治。

随着货币在国际间的自由兑换，外汇投机或金融投资开始在全球加速蔓延。这种投机与证券投机、房地产投机相结合，形成巨大的投机潮，成为少数人聚敛财富的重要场所。国际资本流动，不再是为了贸易或生产投资，而是为了投机或赌博。依据国际结算银行的记录，1986年每天外汇交易额已经达到了1860亿美元，其中用于贸易和生产投资的不到10%，90%用于了投机和赌博；而五年后的1991年，每天外汇交易额达到了8000亿美元，其中用于贸易和生产投资的只有3%；现今每天外汇交易额高达1.5万亿至2万亿美元，实际用于贸易和生产投资的只有1%，99%都用于了投机。

除此之外，金融部门的增长还与下面这些变化及其互作用有关：现金、权益和养老基金的重要性日益凸显；家庭、企业和政府债务不断增加，保险公司扩张、变强并与其他金融公司的合并；业余和专业的金融投机者剧增，国际金融投机在火暴的衍生品市场中快速增长，等等。

还有一个重要因素不能忽视，那就是金融创新的诱惑。在消费信贷、抵押贷款的促动下，这种诱惑使人疯狂。诱惑的过程一般是这样的：比如，有自己的住房，是许多工薪者的梦。而且都希望通过信贷市场，能帮自己达成这个愿望。于是，金融垄断资本第一步要做的，就是给信贷消费、按揭市场，主要是房地产市场，引入更多的竞争；接着，是允许非银行机构从事房屋贷款业务，让它们提供更多有创意的，让人更容易供得起的房屋按揭，让那些没有从传统的按揭供应商那里得到好服务的人买得起房子；最后，将这些贷款放到一个池子里，打包成证券，卖给投资者，以求降低风险。他们还把这些房屋贷款的还款额，根据其风险的大小，分成债券的不同部分，持有高风险部分的投资者得到的利益高一些。然后，他们又叫信贷评级机构来证明这些按揭支持证券风险较低部分是很安全的，退休基金和保险公司可以放心投资。如果还是有人觉得紧张不安，他们又创造了衍生产品，购买了这些衍生产品的投资者，就好像是买了预防证券发行人违约的保险。

　　金融家们教给穷人的信条，就是大胆借钱。因为借钱不仅能满足消费，还能生钱。许多工薪者经不住这种诱惑，大量比较贫困，本来买不起房子的家庭，通过贷款拥有了自己的房子。还有许多人，甚至穷人，也利用低压贷款的方式，进行住房投机，梦想巨额财富从天而降。在这个过程中，大投资者得到了高回报，费用和佣金撑涨了金融投机者和赌博者的腰包，金融经济学家和决策官员证明了自己，都认为自己的梦想实现了，资本主义的矛盾解决了。而实际上呢？所有的风险都压在了贷款买房者的身上。

　　现在西方经济学者也在担心，取消监管和金融全球化发展，会使得金融市场波及范围和治理范围之间存在着一道鸿沟。这道鸿沟在国内体现在大量系统性风险不受任何监督和监管上；在国际上体现在反复无常、很容易导致危机的资金流到处横行上。不需要它们时，到处都是；用得着它们时，鬼影都不见。过去近百年，美国金融业的相对稳定，这得益于美国中央大街和华尔街之间，也就是实体经济和金融行业之间难得的相互包容。这种等价交换实际很简单：自由运用是在监管下进行的。政府大力治理商业银行，制定、实施了严格的监管措施，作为监管的交换条件，也就为商业银行提供了存款保险、最后贷款人等职能。大量披露、透明度要求妨碍了股票市场的发展。

在20世纪80年代，美国撤销了这种监管运动，取消了有关监管机构和活动，这就使世界逐步陷入了一个史无前例的全球投机和赌博的时代。放开监管的倡导者们说，监督和监管只会妨碍金融创新，而且政府机构无论如何也跟不上科技发展，可行的只有自我监管。很多有着奇怪字母缩写名字的金融工具应运而生，我们后来知道即使是最精明的市场玩家，对这些金融工具的风险特征也一无所知。这样，20世纪80年代以来，狂热投机成为金融世界没有伪装和掩盖的行为。开始这些投机者还仅限于专业人士，但之后随着许多"无知者"也跳入这个圈子后，这种投机便成为了全球性的大潮。如学者们所说的，连乡村小镇的人，也被卷进这一大潮。尽管有许多人在这种大潮被血洗到要轻生的地步，但眼望着那些成功者，谁都不会汲取教训，轻易罢手。

人们都看到了，那些波涛汹涌的"无知者"，在金融机构的蛊惑和引诱下，想尽各种办法，特别是通过电子邮件打通了进入赌场的道路。在疯狂"专业人员"的刺激下，在快快发财、快快享受引诱下，"无知者"也疯狂了。这种疯狂在房地产投机中，表现得尤为突出。过去无法得到贷款、无法得到住房的，而在金融去规则化的现在可以通过贷款得到了；过去住房条件差的，也可以通过贷款换成条件好的；原来条件好的可以换成更好的，豪华可以更豪华，而且还可以用抵押贷款的方式，买第二套、第三套房子，今天买下，明天就卖出去，从中大赚一笔。这也许就是房地产泡沫的根源。

金融创新，为投机和赌博者提供了新的刺激。美国投机者用来兜售金融创新的话是那么动人：金融创新将风险集中起来，再把它们分散到那些最有能力承受风险的人身上，这样，以前贷不上款的人现在可以贷到款了。如果在这个过程中，某些人，或者某些机构举债过高，他们要为此付出代价。金融市场会进行自我监督和处罚。这么好的东西，谁能反对？曾经有益于社会的银行活动成为了现在诸多赌博行为中的一种。然而，美国里根政府照顾到了这件事情，那些罪魁祸首都毫发无损。然而，多达600多万人被怂恿获得了抵押贷款，他们购买了住房，成为了"次贷者"。据媒体报道，这些人中有2/3以上不具备获得常规住房贷款的素质。显然，还有问题可能被低估了，若干年以后，这些债务人所面临的利率将是储贷协会时期（5%）的三倍，再加上更高额度的月付款，好日子不再滚滚而来。这些人所拥有房屋市价已低于其负债，他们无法再支付月供，而只能失去自己的家，遭受经济和精神的双重迫害。而另外"1/3"是以投机为目的购买第二套住房的中产阶级，他们认为市场将处于永恒的增长之中。最近，美国前财政部部长保尔森声称，这 1/3 人将有资格获得国家补助。前面那 2/3 人该怎么生活，在何处度日？他们丧失了自己的家，同时经济的萎缩还使失业率不断上升。还有那些在公司破产以后仍拿着高额红利的金融经理们，他们呢？他们会不会偿还哪怕一毛钱？

当然，我们也不否认在这种投机大比拼中，也会有利用抵押贷款进行赌博成功，而一夜暴富者。如马克思所说的："即使得到贷款的产业家或商人是没有财产的人，那也是由于相信他会用借来的资本执行资本家的职能，占有无酬劳动。他是作为可能的资本家得到贷款的。一个没有财产但精明强干、稳重可靠、有能力和经营知识的人，通过这种方式也能成为资本家。因为在资本主义生产方式中，每一个人的商业价值总会得到或多或少正确的评价。这是经济学辩护士们所赞叹不已的事情，这种情况虽然不断地把一系列不受某些现有资本家欢迎的新的幸运骑士召唤到战场上来，但巩固了资本本身的统治，扩大了它的基础，使它能够从社会下层不断得到新的力量来补充自己。这和中世纪天主教会的情况完全一样，当时天主教不分阶层，不分出身，不分财产，在人民中间挑选最好的人物来建立其教阶制度，以此作为巩固教会统治和压迫俗人的一个主要手段。一个统治阶级越能把被统治阶级中的最优秀的人物吸收进来，它的统治就越巩固，越险恶。因此，现代信用制度创始人的出发点，并不是把一般生息资本革出教门，而是相反，对它予以公开承认。"①

回顾金融投机所造成的金融危机的历史，看看当前债务危机和金融危机的现实，整个金融系统所具有的高度投机性和赌博性，不禁使我们感到不寒而栗。可为了避免全球经济的崩溃，负债还在继续增加，投机、赌博还没有终止，"恐惧"仍占据着我们报纸每天的头条，危机的旋风还在金融世界呼啸着，人类发展该走向何处，每个人似乎都不得不深思。

三 抵押劳动过度和世界性大危机

资本主义经济危机，是资本主义基本矛盾，即生产力和生产关系之间

---

① 《马克思恩格斯全集》第 46 卷，人民出版社 2003 年版，第 679 页。

矛盾的产物。如马克思所说的：资本主义"工业和商业的历史，只不过是现代生产力反抗现代生产关系、反抗作为资产阶级及其统治的存在条件的所有制关系的历史。只要指出在周期性的重复中愈来愈危及整个资产阶级社会生存的商业危机就够了。在商业危机期间，总是不仅有很大一部分制成的产品被毁灭掉，而且有很大一部分已经造成的生产力被毁灭掉。社会突然发现自己回到了一时的野蛮状态；仿佛是一次大饥荒、一场普遍的毁灭性战争，使社会失去了全部生活资料；仿佛工业和商业全被毁灭了"①。

生产过剩危机和金融危机

按照马克思的理论，资本主义生产是建立在三个事实基础上的。资本主义经济危机，就是由这三个事实酿成的。这三个事实是："1.生产资料集中在少数人手中，因此不再表现为直接劳动者的财产，而是相反地转化为社会的生产能力，尽管首先表现为资本家的私有财产。这些资本家是资产阶级社会的受托人，但是他们会把从这种委托中得到的全部果实装进私囊。2.劳动本身由于协作、分工以及劳动和自然科学的结合而组织成为社会的劳动。从这两方面，资本主义生产方式把私有财产和私人劳动取消了，虽然是在对立的形式上把它们取消的。3.世界市场的形成。在资本主义生产方式内发展的、与人口相比显得惊人巨大的生产力，以及虽然不是与此按同一比例的、比人口增加快得多的资本价值（不仅是它的物质实体）的增加，同这个惊人巨大的生产力为之服务的、与财富的增长相比变得越来越狭小的基础相矛盾，同这个日益膨胀的资本的价值增殖的条件相矛盾。危机就是这样发生的。"②

自资本主义产生那天起，经济危机的瘟疫始终就与其相伴相随。不过直到20世纪90年代前，人们所关注的主要是商业危机或生产过剩危机。所谓生产过剩，不是说生产的财富过多了，人们消费不完了。恰恰相反，它是从资本性质即利润原则所造成的人们消费赶不上生产力的发展，人们消费水平太低而造成的生产相对过剩。"资本的生产过剩，从来仅仅是指能够作为资本执行职能即能够用来按一定剥削程度剥削劳动的生产资料——劳动资料和生活资料——的生产过剩；而这个剥削程度下降到一定

---

① 《马克思恩格斯选集》第1卷，人民出版社1995年版，第277—278页。
② 《马克思恩格斯全集》第46卷，人民出版社2003年版，第296页。

点以下，就会引起资本主义生产过程的混乱和停滞、危机、资本的破坏。资本的这种生产过剩伴随有相当可观的相对人口过剩，这并不矛盾。使劳动生产力提高、商品产量增加、市场扩大、资本在量和价值方面加速积累和利润率降低的同一些情况，也会产生并且不断地产生相对的过剩人口，即过剩的工人人口，这些人口不能为过剩的资本所使用，因为他们只能按照很低的劳动剥削程度来使用，或者至少是因为他们按照一定的剥削程度所提供的利润率已经很低。"①

基于货币金融在商业和生产中的特殊作用，商业危机和生产过剩危机总是与货币金融危机紧密相连的。马克思在分析19世纪发生的资本主义经济危机时，就阐述了这种关系。他说："十九世纪的商业危机，特别是1825年和1836年的大危机，并没有使李嘉图的货币学说得到进一步的发展，但是确实使它得到新的应用。这已经不再是个别的经济现象，不是休谟眼中的十六、十七世纪的贵金属贬值，或者说，也不是李嘉图眼中的十八世纪和十九世纪初期的纸币贬值，而是使资产阶级生产过程中的一切因素的矛盾都爆发出来的世界市场大风暴；人们从这个生产过程的最表面和最抽象的领域即货币流通的领域中去寻找这种大风暴的根源和抵御它的方法。这个经济气象学派所依据的真正的理论前提，实际上不过是以为李嘉图已经发现了纯粹金属流通规律这一信条。留给他们去做的，是使信用券或银行券流通也从属于这个规律。商业危机的最普遍和最显著的现象，就是商品价格在长期普遍上涨之后突然普遍跌落。商品价格的普遍跌落可以说成货币同一切商品相对比其相对价值上涨，相反，价格的普遍上涨也可以说成货币的相对价值的跌落。两种说法都是叙述现象而不是解释现象……说法虽然不同，但课题并没有改变，正如这一课题从德文译成英文也并不改变一样。因此，李嘉图的货币理论用在这里特别合适，因为它赋予同义反复以因果关系的外貌。商品价格为什么周期性地普遍跌落？因为货币的相对价值周期性地上涨。反过来问，商品价格为什么周期性地普遍上涨？因为货币的相对价值周期性地跌落。可以同样正确地说，价格的周期性涨跌就是由于价格的周期性涨跌，这同样是正确的……我们已经知道，按照李嘉图的看法，价格的这种普遍波动就是在纯粹的金属流通中也必然发生，但由于涨跌的交替发生而抵消，例如，流通中的货币不足引起

---

① 《马克思恩格斯全集》第46卷，人民出版社2003年版，第284页。

商品价格的跌落，商品价格跌落引起商品向国外输出，商品输出引起货币输入，货币输入再引起商品价格上涨。流通中的货币过多则相反，那时会输入商品和输出货币。尽管这种普遍的价格波动产生于李嘉图式的金属流通的性质本身，但是它的尖锐的和暴力的形式即危机形式却属于发达的信用事业时期，所以十分明显，银行券的发行不是完全按照金属流通的规律来调节的。"①

在马克思和恩格斯看来，虽然金融业有其自身的发展规律，因而也有自己的危机发生，但每次货币金融危机，总要带来商业和生产过剩危机。金融危机和生产危机的基础都是生产过剩，但值得注意的是，这种过剩危机的始作俑者之一，却是金融投机。回顾资本主义历史上发生的危机，似乎每次危机都有货币金融投机的作用。正是因为如此，金融危机也总是表现为生产过剩危机的预兆、先导或先声。我们知道，对资本家来说，其提高利润的办法，主要是两个：一是尽量压低劳动力的价格，二是尽量提高产品销售价格。其每次盲目扩大投资和盲目扩大生产的一个最重要原因，都是对劳动者消费能力的乐观估计。正是这种过高估计，每次经济危机之前，总会有一个基于这种估计的投资热潮和经济的虚假繁荣时期。一边拼命压低劳动者的价格，削弱劳动者的消费能力；一边却又高估劳动者的消费能力，这就是造成生产过剩的症结。不过从生产过剩危机与金融危机的关系看，每次危机的主体虽然都是生产过剩，但在导致生产过剩的原因中，都有货币金融投机的因素。我们不妨以20世纪30年代大危机和21世纪初的世界金融大危机来证明这一点。

抵押劳动消费和20世纪金融大危机

第一次世界大战之后，由于战后恢复的需要，特别是由于采取了用赊欠方式或抵押贷款方式，也就是抵押劳动的方式，刺激消费的办法，一段时期消费增加很快，资本家们的利润激增，食利阶层和大富豪人数迅速增大，暂时的消费狂热和虚假繁荣，使人们在对资本主义社会的认识上也出现了迷茫。比如在美国，一时间"美国不会再发生危机"、"美国例外论"、"美国正经历第二次工业革命"、"美国资本主义将进入永久的繁荣"、"美国新资本主义将消灭贫困和危机"、"不是马克思，而是福特给

---

① 《马克思恩格斯全集》第46卷，人民出版社2003年版，第620页。

工人指出了幸福之路"等论调甚嚣尘上。正是在这种鼓噪下，基于对劳动者消费能力以至整个社会的消费能力的过高估计，产生了空前的投资热潮，及以住房建筑和日用消费品为主导的经济泡沫和暂时的繁荣。

实际上，由于劳动者消费能力不仅不像资本家估计的那样大大提高，实际上不仅提高有限甚至还下降了。由于财富的大部分都集中在少数富豪手里，穷富两极分化也急速扩大。1929年，占人口1%的富豪，占有国民财富总额的59%，而87%的普通劳动者，却只占国民财富总额的10%。1920—1929年，美国生产率增长了55%，而工人的工资只增长了2%。由于广大劳动者贫困，即使采取扩大消费信贷，即赊销的寅吃卯粮的方式，劳动者的购买力也在下降，住房和日用消费品也很快就供大于求。然而，出于对利润的追逐，资本家们的投资却依然在增加。其国内外市场明明已经在缩小，而工业生产却仍在扩大，交易所的投机狂热反而愈演愈烈。

泡沫越涨越大，总有破灭的时候。可谁能想到呢，泡沫的破裂和大崩溃的到来，似乎太过突然了。1929年夏，美国似乎还是一片歌舞升平。工业生产指数1923—1925年平均为100，1928年上升到110，1929年升到126。同时美国的股市行情也在看好。而时隔一个月，大崩溃却从天而降了。这年10月，纽约证券市场发生第一次暴跌，拉开了大危机的序幕。这年所遭受的股灾，堪称资本主义历史上最惨烈的崩盘。整个危机期间，股票价格连续下跌90%，高峰时期，全国平均每股由365美元跌到了81美元，降低了78%。1929—1932年间，全国由于跌价引起的证券贬值共计840亿美元，超过1928年美国国民收入总额817亿美元。从1929年爆发到1933年结束的资本主义历史上空前严重的大危机，虽然是一次生产过剩危机，但正如上面所分析的，生产过剩危机与金融危机是密不可分的，无论哪种危机先爆发，另一种危机必然紧随其后。这次大危机不仅使那些奇谈怪论破灭，而且对资本主义经济的打击也空前严重。危机最严重时其全国工业比危机前下降了55%，全国有13万多家企业倒闭。破产的银行达一万多家，占银行总数的近50%，整个银行信贷系统濒临瘫痪状态。到1933年，美国工业生产总值和国民收入暴跌近一半，商品贸易下降了三分之二。

在这次危机之前，在那种虚假的经济繁荣中，美国股票买卖非常兴盛。不光投机商人大搞股票买卖，普通人也想买股票发财，政府推行的方便贷款政策更助长了股票贸易。1924年，纽约证券交易所登记额为270亿美元，1929年8月长到近900亿美元。股票发行面社会上的资金，而股票稍稍跌价人们就赶紧抛出手头的股票，于是财政信贷成为美国经济中最薄弱的环节。此外，当时许多美国银行是单独经营，缺少战胜金融风暴的足够财力。所以在风暴袭来时一家银行倒闭，储户必然纷纷到其他银行取款，从而造成整个金融市场的崩溃。

从这次大危机的发生和发展过程看，它的起因是由于采取抵押劳动消费方式所引发的消费泡沫的破裂，是实际产品大大超过实际的消费能力；其发展过程也是从大量产品积压，从而造成非金融企业破产开始，而后是工业股价下跌，造成大量金融企业破产。所以它本质上是属于传统的生产过剩危机，它是由于广大劳动者消费能力的降低而出现的。

在每次资本主义经济危机中，受害最深的总是广大劳动者。在这次危机中，失业的人数多达1300万，加之半失业的人数共计1700多万人。而那些大的公司不仅能得到政府的救助，而且每年仍然付出几十亿美元的股息和利息。据专家统计，仅罗斯福执政期间，政府对银行的救助贷款就高达30多亿美元。广大劳动者虽然进行了罢工、游行等多种形式的斗争，政府也通过拨款举办公共工程解决就业，但直到危机结束，失业大军仍在1000万人左右。直到第二次世界大战爆发后，美国经济在大发军火财的基础上，才有了根本性的转折。

值得注意的是，这次大危机为美国政府全面干预经济，国家与金融寡头进行更紧密、更广泛的"结合"，提供了一次新的大好机会。在危机期间，美国政府为了使美国摆脱危机，实行了一整套干预经济的措施，诸如财政信贷和货币政策、工业复兴政策、城市政策和农业政策等，其中没有一项不是通过加强国家对垄断资本的控制和扶植，在国家力量与垄断资本力量的结合中，以免其破产，从而增加整个社会摆脱经济危机的信心。

尤其在财政信贷和货币政策方面，建立国家证券交易委员会，通过《证券交易法令》，以加强国家对证券交易的管理和监督；建立联邦储备委员会，并赋予其直接管理全国货币、信贷和利率的权力，通过新的《银行法》，以加强政府对货币和信贷的管理；实行新的货币政策，由国家直接掌握黄金储备、实行货币贬值、国家高价收购白银等。这样不仅稳定了作为美国整个经济基础的银行制度，在资金上对垄断资本加以支持，而且增强了垄断资本在国际上的竞争力。

在工业政策方面，建立国家产业复兴局，通过《产业复兴法》，一方面通过政府有关法律，承认广大工人的基本权利和利益，改善劳资之间的关系；并依靠政府的力量，增加就业、扩大社会消费等，以减轻生产过剩的压力，为垄断资本创造资本和产品市场。另一方面，通过举办大量公共工程，增加政府投资，为垄断资本注入资本和提供新的发展机会，同时也扩大了就业和社会需求。只1933—1942年间，美国联邦政府和地方政府所办公共工程的投资，就高达170多亿美元。

在城市和社会政策方面，通过鼓励大企业吞并小企业，鼓励垄断寡头之间进行合并等，以促进垄断资本的巩固和发展；成立联邦救济署，通过《紧急救济法》，对失业者实行社会救助。在1933年，美国救济的政府拨款，就达30亿美元。这既在一定程度上缓和了社会矛盾，也在一定程度上增加了社会消费。特别值得注意的是，在罗斯福"新政"过程中，垄断资本寡头及其心腹们，还被大量地安排到"新政"所产生的大量"调节"经济的政府管理部门，并窃据重要职位。这也加强了政府与垄断资本之间"合作"。

这次大危机之后，美国政府为了抑制资本家之间，特别是垄断资本家之间的盲目性竞争，防止像这样的大危机和大破坏的再次出现，美国大力推行凯恩斯主义，联邦政府对社会经济生活的干预继续加强，国家垄断资本继续发展，而且以美国为首的整个资本主义世界，还出现了国家直接干预经济的思潮，自由放任的信条受到批判。以美国罗斯福推行"新政"为开头，都相继推行了一整套非军事性的干预政策和措施，包括财政信贷和货币政策、工业和农业政策、城市和社会政策等，从而在资本主义发展历史上出现了国家垄断资本的第二次大发展。然而，这种国家垄断资本的发展，并没有使资本主义的根本矛盾得到解决。

房地产投机狂热和21世纪金融大危机

在第二次世界大战中，美国既发了战争横财，又获得了丰厚的政治红利，成为世界的霸主和主导者。战争结束后，它在主导世界战后经济恢复安排上或政治安排上，都遵从美国利益原则，为其战后经济的发展奠定了雄厚的经济基础和政治条件。加之其巧妙利用与前苏联冷战的契机，迎来了战后长期稳定大发展的时期。在这种大发展中，金融资本异军突起，在各种金融产品和消费信贷的带动下，出现了以住房为主要内容的消费热，出现了暂时繁荣，20世纪60年代，美国金融业创造的利润，还不到国内产业利润的 2%，到 20 世纪 90 年代，美国以金融业为主体的第三产业，已经成为整个经济的主导。而到 2004 年，美国金融业创造的利润已经超过 3000 亿美元，占国内产业利润的 40% 多。

美国出现的这种金融资本繁荣，是与金融衍生产品的产生和迅速发展密切相关的。20 世纪 80 年代之后，由于国际政治经济形势的变化，导致了金融自由化、金融证券化、金融国际化和国际一体化的发展，从而使各种金融风险都更加复杂化和多样化，更加难于防范。更重要的是，现代化的通信技术和计算机信息处理技术的飞速发展及其在金融业中的运用，不仅大大降低了金融交易成本，提高了金融交易的效率，并使金融交易突破了时间和空间的限制，创造全球性金融市场，而且使更多非金融部门纷纷参与金融活动，加强了金融资本的力量和统治。而与此同时，银行与非银行金融机构之间、金融机构与非金融机构之间、本国金融机构与外国金融机构之间的竞争日趋激烈。

激烈的竞争，迫使各金融机构不得不利用金融创新，利用新的金融工具，来保持自己在竞争中的优势，保持并扩大自己的市场份额。于是在新的通信技术和计算机信息处理技术的帮助下，各种具有复杂交易程序的金融衍生品交易，如雨后春笋迅速发展了起来。这种新的金融产品和金融工具，与房地产投机狂热结合在一起，就成为推动美国经济泡沫的巨大潮流。因为高效率的信息处理系统能及时提供有关汇率、利率、股价、期价等变化的瞬间动向，能帮助交易者识别、衡量并监控各种风险，寻求交易机会。特别是大型交易网络和计算机的运用，使得金融创新的供给者可以直接或间接地与原先在分散、单个市场的最终用户联系起来，加快金融创新工具供求的结合，促进了金融衍生品发展。

当然，银行之所以成为金融衍生产品的重要推手，积极参与金融衍生产品的开发和普及，自然有其内在的动机和动力，那就是赚钱和打击竞争对手。比如：20 世纪 80 年代开始，受金融自由化和证券化影响，非银行金融机构利用其新颖而富有竞争力的金融工具，与银行展开了争夺资金来源和信贷市场的激烈竞争，投资人和筹资人更多地通过证券市场直接融资，使银行传统存贷业务日渐萎缩，银行在金融市场上的份额急剧下降。同时，银行自身的资产在日益加剧的利率、汇率和股市风险下，也迫切需要更加有效的避险工具。为了规避自身的风险，保住原有的客户并赢得新客户，把失去的市场重新夺回来，于是银行积极地设计开发金融衍生品，并担当金融衍生品交易的中介甚至推手,成为推动金融衍生品发展的重要角色。

又比如:世界金融市场大动荡和各国金融管制放松,使银行在竞争压力下片面追求资产规模扩张,致使信贷资产质量极度恶化,信贷资产风险加大,累计坏账金额不断增加,银行危机频繁发生。为防止一国跨国银行危机引发多国银行危机乃至世界性金融危机,国际银行业加强了对银行的联合监管,对银行资本充足性提出了较高要求。银行提高资本充足率的主要途径是扩大资本,或是调整风险资产配置,减少高风险传统信贷资产。为此银行掀起将表内资产表外化热潮。而金融衍生交易是表外业务的重要内容,它可在不增加银行资产情况下,为银行带来丰厚的费用收入,成为银行新的盈利增长点,为增加银行资本提供资金来源,是提高资本充足率的有效措施。因此,金融衍生品市场吸引了为数众多的金融机构,并因此而迅速发展起来。

据专家提供的数据,在2008年,全球金融衍生合约市场的规模已经达到了760亿万美元,相当于过去20年全球的产出总额;2009年,全球金融衍生合约市场的规模仍有605万亿美元;而在20年前,这一数字还不到10万亿美元。诚然,金融衍生工具和衍生产品的初衷,是为了锁定和转移金融风险,可实践中人们却更愿意用它来投机、赌博、制造风险和制造杠杆。实际上,实践的结果与其初衷相反,它成了更大风险、更高杠杆率的有力制造者。而且因为这些产品对公众都不透明,市场无法对其合理定价,在各种炒作下其价格成倍虚高,因而成为投机者掠夺财富的有效武器。

总之,无论从各类金融衍生品的产生和发展来看,或是从它的本质和实践的结果来看,它们都无一例外地是为了迎合人们管理各种金融风险的需要,套利与投机的需要,而产生和发展起来的。但是,由于无论何种金融衍生品都是一柄双刃剑,都具有高利润与高风险并存的特征,还给人一种虚幻的安全感,所以,在其交易过程中,以获利为目的的两种交易形式,即套利和投机,都日趋狂热。因为在这两种交易形式中,投机者和赌博者虽然在主观上都以获利为目的,但在客观上扩大了市场容量,提高了市场的流动性,创造出了新的"市场",创造了经济泡沫,创造了暂时繁荣或虚假繁荣。而且当问题真的出现时,其非但不能转移风险,还会通过杠杆放大损失,所以其创造的最终结果,必然是金融危机的发生。

20世纪末美国出现的情况，与20世纪30年代大危机前十分相似。所不同是，不仅消费可以用抵押贷款或抵押劳动的方式，而且各种金融投资也可以用抵押贷款或抵押劳动的方式。在信贷消费、贷款投资和五花八门金融产品的带动下，出现了消费狂热、信贷狂热和投机狂热。只要你愿意，你就可以贷款买房，而且由于对房价走势高估，还有保险公司为你提供担保，只要你有财产抵押，你就可以用抵押的方式进行住房投机赚钱。抵押信贷消费方式和投资方式，也就是赊欠或抵押劳动消费方式和投资方式，在这里充分显示了它的诱惑威力。似乎有了这种方式，资本主义社会的基本矛盾，特别是生产和市场的矛盾都一并解决了。似乎有了金融资本和信息技术，只要用电脑进行金融服务加金融投机，财富就可以滚滚而来，资本主义就可以走向永久的繁荣。这也是那些金融家和政府官员们所宣扬、所梦想的。

住房建设，住房信贷，是美国刺激消费、刺激经济的一项重要政策。其在解救上世纪30年代的大危机时设立的房利美和1970年设立的房地美，都是为了为住房建设融资和为民众购房提供贷款，从而刺激内需的。这"两房"虽是私人持股的企业，但却享有政府隐性担保的特权，因而其发行的债券与美国国债同样的评级。从上世纪末期开始，在货币政策宽松、资产证券化和金融衍生产品创新速度加快的情况下，"两房"的隐性担保规模迅速膨胀，其直接持有和担保的按揭贷款和以按揭贷款作抵押的证券由1990年的7400亿美元爆炸式地增长到2007年底的4.9万亿美元。

"两房"通过购买商业银行和房贷公司流动性差的贷款，通过资产证券化将其转换成债券在市场上发售，吸引投资银行等金融机构来购买，而投资银行和金融机构，又利用金融衍生品金融交易，成倍扩大和推高了金融产品的基础价值，助长了短期投机行为的泛滥。诸如雷曼兄弟那样的金融精英们，由贪婪财富的本质所决定，在这种投机狂潮中更是推波助澜，疯狂投机赚钱。美国政府连续下调联邦存款利率，也为这种投机火上加油。

然而，贷款是要付利息的。而且这种利息不都是用今后的赊欠劳动还，而是采取按揭的方式，每月都要按契约规定用现有的劳动，即现有的工资还。一旦由于实体经济不景气，失业或工资不能按预期增长，还不上按揭贷款，住房市场必然缩小，从而引起房价降低，住房泡沫破裂，所谓的"次贷危机"自然不可避免，而且来势出人预料的凶猛。

2001—2003 年，美国联邦储备局连续下调联邦基金利率。银行扩大向信用度极低的借款者推销住房贷款，也就是发放次级抵押贷款，促使房地产市场泡沫日益膨胀。2004—2006 年，美联储不得不连续提息，使房市大幅降温，房价下跌。随着利率上涨和房价下降，次贷违约率不断上升，最终导致 2007 年夏季次贷危机的爆发。这场危机导致过度投资次贷金融衍生品的公司和机构纷纷倒闭，并在全球范围引发了严重的信贷紧缩。美国次贷危机最终引发了波及全球的金融危机。2008 年 9 月，雷曼兄弟公司破产和美林公司被收购标志着金融危机的全面爆发。随着虚拟经济的灾难向实体经济扩散，世界各国经济增速放缓，失业率激增，一些国家开始出现严重的经济衰退。

2007 年，美国第二大次级房贷公司新世纪金融公司破产，美联储立即向其注入流动性资产，以稳定市场信心。2008 年，美国房贷两大巨头房利美和房地美股价暴跌，持有其债券的金融机构大面积亏损。美国财政部和美联储被迫对其接管，以表明政府对市场的决心。紧接着，是总产值高达 1.5 万亿美元的两大顶级投资银行雷曼兄弟和美林相继出了问题，前者被迫申请破产保护，后者被美国银行收购。资产高达 1 万亿美元的全球最大的保险商美国国际集团也不能为继被政府接管。这场金融风暴不仅吞没了美国的金融市场，埋葬了华尔街，而且危机很快蔓延到实体经济，发展成全面经济危机。企业大量破产和裁员，失业人数迅速增多，消费支出不断缩减，越来越多的居民无力支付房贷而失去住房。没有卖出的住房也越来越多，房价进一步被压低，不仅次贷购买者无力偿还贷款，即使优级贷款的拖欠率也达到创纪录的高度。整个发达国家都陷入了金融危机和债务危机的泥潭，简直是上世纪 30 年代那场大危机的再现。

我们看到，由于金融衍生产品的泛滥，这次危机中房地产投机已远远离开房地产和其他实体经济。不过房地产投机仍然在危机中扮演着重要的基础性角色。房地产投机所酿成的房地产泡沫，达到令人吃惊的地步，这在美国历史上还属罕见。自 20 世纪 90 年代开始，随着信息技术、网络技术的发展和金融衍生产品的泛滥，美国房地产泡沫被迅速吹大，并成为美国经济增长的重要引擎。据专家统计，从 1994 年到 2006 年，美国房地产抵押贷款增长了 2.86 倍，其中次贷发行规模更增长 19.12 倍。到 2008 年初，美国住房抵押贷款规模已达 12 万亿美元。随着住房信贷泡沫的膨胀，汽车贷款、银行信用卡、学生贷款等各种消费贷款也大幅膨胀。房地产信贷市场的参与者，不仅有广大购房者和房地产开发商，而且有银行和金融机构，包括信贷发放者、投资银行、商业银行、保险公司、对冲基金、中介机构等。这些金融机构都把参与和扩大房地产信贷业务看作是谋取利润的最好时机，采取各种手段进行投机，而随着房贷泡沫的破裂和危机发生，这些参与者无一幸免。危机发生后，不仅房地产商遭遇毁灭性的打击，而且金融机构、整个金融体系都濒于崩溃。而且由于房价下跌，大量居民不仅失去住房，还陷入消费债务的泥潭。

　　危机发生后，美国政府采取各种措施应对，诸如实行量化宽松的货币政策，大规模的救市和经济刺激计划等。据美国媒体披露的资料，截至2009年3月，美国政府承诺为金融救援计划和美联储的各种救援计划提供的资金至少已达2.98万亿美元，这个数字还不包括奥巴马政府为实施刺激经济复苏计划将花费的7870亿美元资金。如果把这部分资金算在内，则将近4万亿美元。至于全球为抗击金融危机而支付的开支，更是一个惊人的天文数字。2009年8月8日，英国《每日电讯报》援引国际货币基金组织（IMF）的统计数据表明，世界为抗击金融危机而支付的开支总额已达11.9万亿美元，接近全球年经济产出的1/5。IMF的数据表明，花费仍在持续上升，其中80%以上资金是由发达国家支出的，其账单达10.2万亿美元。发展中国家支出了1.7万亿美元。发达资本主义国家，之所以肯花费如此巨资应对这次危机，足以说明这次危机的严重性和对资本主义的重要性。由于这次危机不仅是整个资本主义金融系统的危机，而且是整个资本主义的经济危机、信用危机和信念危机，那些被卷进来的与国家统治集团紧密结合，形成权势利益共同体的巨型企业，特别是那些金融巨头一旦崩溃，必将给整个资本主义的生存带来巨大灾难。

　　在资本主义每次危机中，受害最深的，总是下层劳动者；在政府解救危机中的受益最大的，也总是资产者。在每次危机中，政府总是成为投资者或者说投机者的救助者和保护人。这次危机也不例外。我们不妨看看如下统计数字：2007—2008年，美国大企业高管所得的红利、企业红利总额、国家紧急援助资金额，美林为8500万美元、95亿美元、100亿美元；美国银行为3600万美元、113亿美元、150亿美元；高盛为31300万美元、121亿美元、100亿美元；摩根士丹利为6400万美元、99亿美元、100亿美元；花旗集团为5400万美元、207亿美元、450亿美元；富国银行为4000万美元、80亿美元、250亿美元；摩根为9100万美元、136亿美元、250亿美元。而那些被引诱、被愚弄贷款消费的穷人们，因还不起贷款，只能落得个住房被收走，变得一无所有，只能背负着满身债务，流落街头的下场。信贷享受，一切美好，都变成了一场梦。

这次危机之前，美国政府为了满足大资本的需要，政府把劳动者的收入和公共基金中的大量资金，都转移到金融垄断资本，这为投机泛滥提供了肥沃土壤，使大量财富在金融泡沫中流入大投机者的口袋，从而损害了社会、国家和广大劳动者的利益，矛盾日积月累，酿成了这次灾难性的大危机。由于资本主义经济危机的根本原因，是劳动者贫困，每次危机，无论它以什么形式出现，都与劳动者贫困和因这种贫困而消费不足相关。因此，每次危机的救治，最根本的着眼点应该是减轻对劳动者的压迫和剥削，解决劳动者的贫困。然而，由于政府的资产阶级性质所决定，历次危机的救治所首先考虑的都是援助资产者。这次危机拯救的办法也不例外，不是从改善国民收入分配，首先改善广大劳动者的生活状况，以促进消费、刺激生产的发展，比如通过增加失业救济、提高社会福利、增加工资补贴等办法，把钱首先花在劳动者身上，以大幅提高广大劳动者的购买力，不是从根源着手；而是相反，仍然是采取过去的老套路，政府一方面用大量的劳动者的纳税钱，去挽救大金融垄断资本，另一方面，采取裁员、减低工资、削减公共福利等，把危机的灾难转嫁到劳动者的身上，从而使矛盾在新的环境中重新开始积累。

四 抵押劳动消费陷阱和危机深层原因的思考

无论在对历史上资本主义生产过剩危机原因的研究中，还是对新近资本主义金融危机原因的探究中，都有一个明显的缺欠，就是多从资本主义国家国家管理、国家宏观调控政策等技术层面上看问题，而不是从劳资关系上、从根本制度上看问题，所以就往往抓不住问题的本质。而回顾历史，我们似乎能够发现，第一次世界大战后的每次资本主义大的经济危机，都与两个因素有关：一是赊欠劳动消费，二是金融投机。而这两个因素都正是由资本主义劳资关系本性所决定的，都是这种关系发展的产物。

资产者的新发明和劳动者贫困的新陷阱

马克思认为，资本主义一切经济危机的根源，总是广大劳动者的贫困和他们的消费受到限制。而与此相对比的是，资本主义却只顾竭力发展生产力，而不顾广大劳动者收入的提高和消费的提高，提出什么社会的绝对的消费能力才是生产力发展的界限。资本主义经济危机历史，完全证明了马克思的论断，我们研究资本主义经济危机的根源，似乎还得回到马克思的这些理论上来。马克思指出："假定整个社会只是由产业资本家和雇佣工人构成的。此外，撇开价格的变动不说，这种变动使总资本的大部分不能在平均状况下实行补偿，并且出于整个再生产过程的普遍联系（特别是由信用发展起来的这种联系），这种变动必然总是引起暂时的普遍停滞。同样，我们撇开信用制度所助长的买空卖空和投机交易。这样，危机好像只能由各个不同部门生产的不平衡，由资本家自己的消费和他们的积累之间的不平衡来说明。然而实际情况是，投在生产上的资本的补偿，在很大程度上依赖于那些非生产阶级的消费能力，工人的消费能力一方面受工资规律的限制，另一方面受以下事实的限制，就是他们只有在他们能够为资本家阶级带来利润的时候才能被雇用。一切真正的危机的最根本的原因，总是群众的贫穷和他们的消费受到限制，而与此相对比的是，资本主义生产竭力发展生产力，好像只有社会的绝对的消费能力才是生产力发展的界限。"①

然而，当资本主义发展进入到垄断资本主义阶段之后，资产者却有了一种刺激劳动者消费的新发明，那就是借贷消费方式，或者是抵押劳动消费方式。当然，只有那些实力雄厚的大垄断资本，有能力和有条件实行这种方式。这种方式一出现，就被资产者们吹得神乎其神，似乎有了这种方式，资本主义社会的基本矛盾，诸如劳资之间、生产力和生产关系之间、生产和消费之间、生产和市场之间的矛盾，都一并迎刃而解了，劳动者的贫困问题解决了，资本主义可以永久发展、永久繁荣了。

赊销，就是因买者没有能力付现买商品的情况下，按照买卖双方商定的条件，卖者先把商品贷售给买者，到期后买者再付清货款。这种方式虽然是随商业的出现而出现的一种促销方式，但直至自由资本主义后期，它毕竟只是一种辅助性的销售方式。它成为一种主要的或占主导地位的销售方式，是到了垄断资本主义之后。这究竟是一种什么样的发明、是什么样的销售方式、体现着什么样的劳资关系、真的有那么神吗？这里我们不妨

---

① 《马克思恩格斯全集》第46卷，人民出版社2003年版，第547页。

略加分析。

在传统的劳资关系中，劳动者通过劳动力市场把自己的劳动力出卖给资本家，只有在给资本家劳动了一定时间之后，才能以工资的形式拿到报酬。也就是说劳动者要想得到劳动报酬，必须先把自己的劳动预付给资本家。从劳资关系的角度看，劳动力市场上的买卖并不是现金交易，而只是一种契约的签订，或者说是劳动者先把自己的劳动力赊销或赊贷给了资本家。无论什么样形式的劳动报酬，对劳动者来说，都必须先把自己的劳动力赊卖给资本家，先按照契约规定的时间，实现劳动力的使用价值——生产出劳动力的成本和剩余价值——劳动，之后，才能得到劳动报酬。在赊销或赊贷期间，也就是从在劳动力市场上把自己的劳动力卖给资本家，到劳动期满这段时间里，资本家是不付任何利息的，劳动者是一无所获的。

而当今的赊销或贷销，主要是资本家对劳动者急需而又买不起的商品的赊销。赊销的具体方式五花八门，但最多的是分期付款的信贷方式。对于劳动者买不起的消费品，都可以通过贷款按揭方式买到，之后通过自己劳动偿还贷款。从暂时或短期看，这种方式首先解决了资本家的商品市场问题，这是资本家们所梦寐以求的。因为对资本家来说，市场就是财富，有了市场就有了利润。同时也解决了劳动者的需求问题，买不起房的有房住了，买不起车的有车开了，做梦都享受不到的东西，可以享受了，这也是广大劳动阶层、工薪阶层所梦寐以求的。因为对广大劳动者来说，住房、汽车等，都是最基本的劳动和生活需要；对资本家们来说，最担心的就是产品销售不出去。实行这种销售方式之后，似乎资本主义社会的一切问题都解决了，广大劳动者通向富裕的道路，资本主义永久繁荣的道路，找到了。

而从长远看怎么样呢？从长远看，它除了使资本家们从中获得巨额财富之外，对广大劳动者和整个社会，都不过是个消费大陷阱。消费是由劳动生产决定的，这是常识。只有已经劳动生产出来的成果，才能供消费。换句话说，一个人也好，一个国家也好，都只能消费自己已经劳动生产出来的财富。比如一个人在没有任何财富储备和积累的情况下，他一年劳动所得的财富是 10 万元，那这 10 万元就是他消费的最高限，超过 10 万元，他就没有可消费的了。要想多消费，没有别的办法，只有一条路，那就是借债消费。一个人，一个国家如果都靠寅吃卯粮过日子，都靠借债消费，那后果当然是不言自明的。

资本家们发明的这种销售方式，实际上就是一种借债消费方式或抵押劳动消费方式。长期以来，由于社会制度的原因，劳动者劳动成果的很大一部分，集中和被控制在资本家们的手里。如今，资本家们为了利用这些已有的无偿占有的劳动成果，去无偿占有新的更多的劳动成果，为了解决商品的积压，又把这些东西以信贷赊销方式，赊销或贷销给劳动者，劳动者不仅要用自己现今和之后的劳动偿还买这些商品贷款，而且还得付出利息。这就意味着，劳动者贷买这些商品的代价是，要用自己眼前和今后的劳动，既为工业资本家生产出利润，还要为金融资本家生产出利息。资本家把商品赊销或赊贷给劳动者的同时，劳动者也就把自己眼前和今后的劳动力，或几年，或几十年，或终生，都抵押给了资本家们。在这些年里，劳动者只能背负着债务，背负着债务的利息，用自己更辛苦的劳动偿还这沉重的债务、沉重的利息。马克思阐述的异化劳动的本质，在这里又再次表现了出来。劳动成果支配和统治着劳动者，昨天的劳动不仅支配统治着今天的劳动，还支配统治着以后的劳动，贷销的奥秘，我们在这里似乎看到了。

然而，在迫不得已的情况下，谁愿意借债呢？谁愿意做"房奴"、"车奴"？对大多数劳动者来说，贷款购买的都是为了劳动、生存的必需品，比如住房、汽车等。除此之外，资本家们向劳动者和整个社会灌输"享受"意识，也是推动这种消费方式的发展，造成消费热的原因之一。在一些人的意识里，"享受"似乎是至高无上的。为了它似乎可以不计后果，不惜代价。只要现在能享受到，即使之后成为"房奴"、"车奴"也都再所不惜。于是就沉醉于借债"享受"的陷阱里，在精神和肉体上都不得不作出极大的牺牲和付出巨大的代价。

在实践中我们看到，因为这种"享受"意识，正如套在劳动者脖子上无力摆脱的枷锁，正迎合了资本家们的愿望，于是得到了整个社会的热炒，形成了全球的"享受"热、信贷消费热，随着这种狂热，消费泡沫在全球不断蔓延，个人债务不断积累。据统计，现在美国的个人债务平均已经高达美元。债务人和债权人的关系与劳动力市场上劳动者与资本家的关系是不同的。在劳动力市场上，劳动者和资本家表面上还保持着卖者和买者之间平等的关系，还有讨价还价的权力；而在债权人和债务人之间，欠债还钱，天经地义，没有任何讨价还价的余地。

马克思说，工资的提高和生活条件的改变，能"在工人身上激起资本家那样的发财欲望,但是,工人只有牺牲自己的精神和肉体才能满足这种欲望"①。"工资的提高引起工人的过度劳动。他们越想多挣几个钱,他们就越不得不牺牲自己的时间,并且完全放弃一切自由,为贪欲而从事奴隶劳动。这样就缩短了工人的寿命。"② 现在,不是工资提高在工人身上刺激了发财的欲望,而是"享受"刺激了这种欲望。而在现实中我们看到,工人的绝大部分,即使作了精神和肉体上的巨大牺牲,也未能实现这种欲望。"国民经济学家对我们说,一切东西都可用劳动来购买,而资本无非是积累的劳动;但是,他同时又对我们说,工人不但远不能购买一切东西,而且不得不出卖自己和自己的人性。"③

2012年2月1日,英国《金融时报》登载了一篇美国前劳工部长罗伯特·赖克写的文章《贪得无厌的消费者正在破坏民主制度》。文章写道:将资本主义金融危机归咎于金融全球化和高得离谱的高管的薪酬实在太过简单了。从更深的层面上讲,此次危机标志着消费者和投资者对劳动者和公民的胜利。真正的危机集中在:作为消费者和投资者时,越来越考虑的是划算的买卖,而作为劳动者和公民时,却让自己声音获得重视的能力越来越弱。投资者从来没有像现在这样强大过。然而,这些划算买卖的代价,是社会就业和薪酬的降低,以及日益扩大的社会不平等。至今还没有任何人找到让资本主义回归平衡的方式。你可以随心所欲地指责全球金融化和世界各地的企业,但请把一些指责留给那些贪得无厌的消费者和投资者吧,这些人几乎存在于我们每个人心中。

无论是被迫借债消费也好,或是主动借债消费也好,都会按自己在借债期间的劳动量,即劳动收入,计算着如何还清债务。这种计算都是按照经济发展的正常情况,或按照一定增长率一直增长的情况,以及自己身体一直健康的情况,一旦经济的发展或自己的健康情况出了问题,或因经济衰退,或因疾病,造成失业,劳动不能按照计划进行,就会因不能按期偿还债务,而使自己变得一无所有,而且一身债务,加倍贫穷。这里我们再一次领悟到马克思下面这段话的意义:"在社会的增长状态中,工人的毁灭和贫困化是他的劳动的产物和他生产的财富的产物。就是说,贫困从现

---

① 《马克思恩格斯全集》第3卷,人民出版社2002年版,第229页。
② 同上书,第227页。
③ 同上书,第230页。

代劳动本身的本质中产生出来。不言而喻，国民经济学把无产者即无资本又无地租，全靠劳动而且是靠片面的、抽象的劳动为生的人，仅仅当作工人来考察。因此，它可以提出这样一个论点：工人完全像每一匹马一样，只应得到维持劳动所必需的东西。国民经济学不考察不劳动时的工人，不把工人作为人来考察，却把这种考察交给刑事司法、医生、宗教、统计表、政治和乞丐管理人去做。"①

投机、赌博掠夺和两种积累

在疯狂的投机和赌博中，受两种蛊惑的影响，不少普通劳动者也被吸引到了信贷消费市场和金融赌场上：一是"提前享受"，通过贷款消费，以后的劳动成果，今天就能尽情享受到；二是"钱能生钱"，只要手里有钱，通过巧妙理财，就可以不通过劳动，而获得财富。于是出现了全球性的、有广大普通劳动者、普通工薪阶层参加的信贷消费热、炒房热、炒地热、炒股热、期货热、古董热、炒汇热、炒息热、炒金热、炒邮热，等等，似乎只要是有价值的东西，都可以拿来炒，都可以被利用来进行投机、赌博赚大钱。

信贷消费对广大劳动者来说，意味着什么，有着什么样的后果，前面我们已经阐述过了；而金融投机、赌博的后果，比前者要更可怕、更严重。赌场深似海，何况赌枭云集。因为各种金融产品的主要功能，都不在于即时交易，而在于建立在预期基础上的规避风险或投机。所以其在交易过程中存在的风险，诸如市场风险、信用风险、流动性风险、结算风险、法律风险、操作风险等，都根源于那些金融家利用自己掌握信息资源的优势，在利益驱动下的投机所致。

谁都知道，所有金融产品，都是通过对未来的预期来实现价值的，而未来的发展方向和实际情况，又都是不确定的，其价格都是在这种不确定下不断变动的。虽然这种变动规律充满着偶然性和或然性而难于捉摸，然而掌握金融知识其变动过程信息多的那些金融家们，取胜的几率总是要大于失败的几率，背后的那些实力雄厚的操控者，更是常胜将军；而资金少、掌握信息少、又缺乏基本知识的普通劳动者，只能是牺牲品。在这种大鱼吃小鱼，小鱼吃虾米的利益投机和赌博中，普通劳动者始终不能摆脱

---

① 《马克思恩格斯全集》第3卷，人民出版社2002年版，第232页。

虾米的地位。无论何种赌场,始终都是投机者和赌博者的乐园,而不可能成为劳动者的天堂。

值得注意的是,金融风险虽然隐藏在金融活动的各个方面,诸如市场风险、信用风险、流动性风险、操作风险、结算风险和法律风险等,但最本质的是与投机密切相关的信用风险。特别是那些金融衍生品,它们本身就是虚拟资本的产物,是虚拟资本的虚拟资本,是双重虚拟资本。其在交易过程中,投资者主要利用价格的波动,通过复杂的持有和适时地抛出而获得风险收益。在高杠杆性的推动下,国际金融衍生品价格与其资产价格相脱离的现象,自然倍加严重。由于各种衍生品的信息流通和交易的达成变得更加简易快捷,这在进一步放大了国际金融产品的虚拟性的同时,也为各种投机和赌博,提供了更多的平台、手段和方便。正是金融衍生品的这种高杠杆性、高虚拟性、高速和便捷性,才深得那些大投机者、赌博者的青睐。

对于金融产品投资者来说,其成败很大程度上取决于信息。投资者从签订交易契约到契约的执行过程,都要根据市场价格变动的信息,不断计算和衡量自己的得失。而进行这种计算和衡量的依据,就是市场变化的信息。投机者正是利用信息资源获得的不对称,而获得巨大掠夺性利益。比如利用隐瞒信息、扭曲信息、制造虚假信息等手段,引诱投资者在不知情中盲目入市,在投资者入世后,又利用隐瞒实际的盈亏情况,控制和利用价格波动,甚至用做假账的手段,欺骗不掌握信息的投资者,使无知的投资者输光赔净。

发达国家利用金融掠夺手段从全球各地掠夺财富的数量规模之巨大,是过去任何历史时期都无法比拟的,从而造成的世界收入的两极分化的程度之大,也是过去任何历史时期无法比拟的。全球财富源源不断地从各地流入那些金融大国,流入那些金融大国的金融资本的钱袋子里。自20世纪80年代之后,这两个蛊惑人心的发明的实践结果怎么样呢?结果是金融资本在各种投机中从劳动者身上掠夺了大量财富,导致了两个加速积累:一个是财富在控制世界金融的发达国家、在发达国家资产者手里加速积累;另一个是债务在劳动者手里,特别是发展中国家劳动者手里加速积累。这两个加速积累的必然结果,是广大劳动者贫困的加深,从而加剧了世界富国与穷国之间、富人与穷人之间的两极分化。

特别是在最近的10年间,对冲基金、私募股权基金等不受政府监管的金融机构所掌握的资产,已经膨胀到占整个世界金融资产的四成。这些金融机构大量使用借来的即别人的钱参与竞争,进行各种投机和财富掠夺。这种地下金融系统比正规金融系统更残酷。它们的哲学就是今天赚的是我的,明天损失的是你的,即使在神前偷盗,只要在人间法律中不被视为偷盗,就什么都能干。它们用别人的钱进行肆意投机,其每项投资,所追求的都是个人收益,贪欲无限膨胀。

据专家统计,1820年,世界最富有国家和最贫穷国家人均收入差别之比为3:1,到1913年就扩大为11:1,1950年扩大为35:1,1997年扩大为44:1,1992年扩大为75:1,2000年则扩大为75:1。世界排前三名的大富翁的资产总额,超过世界最贫困的26个国家6亿多人口资产总和。1996年,位于世界富裕阶层最上层的358位大富豪的资产总值,超过了世界上23亿贫困人口年均收入的总和,这23亿贫困人口占世界总人口的45%。1973—1996年间,美国5%最富人口与5%最贫困人口的家庭收入的差距扩大了50%以上,1991年,美国10%最富裕的人口的资产,占美国总资产的83.2%。1990年美国企业高管的工资大体上是普通员工的150倍。

世界亿万富翁所拥有的净财产总和,1999年为25.5万亿美元,2000年增至27万亿美元,几乎相当于当年世界的国内生产总值。在美国《福布斯》杂志刊载的世界亿万富翁排行榜上,2001年世界亿万富翁有497名,其总财富达到了1.73万亿美元。其中前10名的总财富为2680亿美元。而这10名中除了一名为法国人外,其余9名都是美国的。2003年世界亿万富翁为476人,其总财富达到了1.4万亿美元,相当于英国的国民生产总值。2002年,世界首富比尔·盖茨的个人财富为528亿美元,2003年为407亿美元,相当于像匈牙利、新西兰这样国家的国内生产总值。在这些大富翁中,无论在人数上或总资产上,美国都占50%以上。

财富在富人手中加速积累和债务在劳动者手中加速积累的根源,是在经济发展和增长中,劳动者的收入总是相对下降所致。国内外学者很多都看到了,近二三十年来,美国劳动生产率提高和经济的增长,实际上都是靠金融投机推动、靠债务和进口支撑的虚假性的或虚拟经济的增长,其国内实体经济的劳动生产率,并无真正大的增长。比如:在2002年,美国第一资本金融公司的首席执行官理查德·费尔班克行使了360万股的期权,获利近2.5亿美元,他为此而支付的是税率较低的资本收益税,而不是所得税。他的个人所得超过了《财富》杂志1000强公司之中半数以上公司的年利润，而这其中包括了固特异轮胎、锐步和一号码头这样的公司。这个国家前 100 位大公司的首席执行官们的中位收入在 2005 年猛增了 25%，达到了 1790 万美元。

随着对高收入者减税，不仅使财富更多、更快地集中在少数人手中，而且少数金融精英阶层更利用工人的养老金进行投机而大饱私囊。比如在 1982 年，收入的中位数是 13950 美元，对于收入超过 8.5 万美元的最高税率降为 50%，而此前一年收入为 85600 美元一级的税率为 59%。1987 年，针对收入超过 9 万美元的最高税率降为 38.5%。在 1988 年，对于收入超过 71900 美元的最高税率降至 33%，对于收入超过 149250 美元的则降至 28%。1991 年，收入的中位数是 20469 美元，针对收入超过 3.2 万美元的最高税率降为 31%。在 1993 年，针对收入超过 25 万美元的最高税率升至 39.6%。在 2003 年，对于收入超过 311950 美元的最高税率减为 35%。2009 年，收入的中位数是 33168 美元，对于收入超过 372950 美元的最高税率减为 35%。与金融精英们大肆积累财富同时进行的，是实际生产部门劳动者的失业，即使那些还有工作的劳动者，他们的工资和福利也降到了不能维持最低生活水平的地步。

正如美国学者克鲁格曼所说，美国收入的不平等和两极分化，与美国政治两极化存在因果关系。为了推高需求制造虚假繁荣，让低工资的劳动者们也可以轻松地获得以次级债为形式的贷款，而不是向作为消费者的他们支付生活工资，从而以牺牲制造业部门为代价，为金融部门创造了更多的虚幻的利润。这种不正常的情况最终导致了债务泡沫，这一泡沫于 2007 年破裂并造成了全球性的影响。在他看来，如果 2008 年的金融危机发生在 1971 年，美国很可能有更有效的应对方法。因为在当时，两党能达成广泛的共识和采取坚决的行动，并且能就所需的具体行动达成一致。但"今天，由于收入的极端不平等，造成了党派分歧和知识阶层的困惑影响美国的恶果"。在过去的一个世纪中，社会财富的两极分化总是与政治上的两极化相生相伴，"权钱交易，用财富购买权力，小部分人财富的不断增加就能成功收买一个政党，这也就毁了政治合作的前景"。

在克鲁格曼看来，当下共和党盲目服从哈佛大学教授曼昆的金本位思想，并将其视为教条，其幕后黑手就是少数的亿万富翁们，这些教条能为制定出符合其利益的政策奠定理论基础。而这群人已经控制了整个政党。克鲁格曼认为，阻碍了经济的并不是结构性问题，所有的证据都指向需求不足，这只需通过实施财政和货币刺激政策即可迅速治愈。真正的结构性问题在于我们被少数富人阶层手中权力扭曲致瘫的政治体系。而经济复苏的关键在于找到避开其负面影响的方法。各界之间不但没有共识，而且建议苍白无力，让人们怀疑：民主体制是否还有能力从宏观层面采取任何强有力的措施。

从 1979 年到 2007 年间，收入最高的 1% 的美国人的真实收入（去通胀后）增长了 275%，最高层五分之一收入的人的增长 85%，最低层五分之一收入的人的增长仅有 18%。在金融资本的统治下，那些收入上百亿的富翁，他们实际创造的价值比他们的收入要大得多的多。有些专家估计很可能是 10 比 1 或 20 比 1。比如当很多人花几百美元购买 iPhone 和 iPad 的时候，实际上他们宁愿花比市场价格更高的钱购买这些东西。这些"自制"富翁的收入与他们实际所创造的价值相去甚远。这些高收入前 0.5% 的人，大多是大公司的最高层管理人员，只有少数是影视体育明星。掌管 10 亿元资产公司的人比掌管 1 亿元资产公司的人的薪酬要高很多倍。总之无论怎样分割数据、怎样选择衡量指标，经济两极分化都是不容否认的事实。

然而奇怪的是，面临劳动者工资水平不断下降的事实，整体消费却在不断攀升。美国经济增长似乎对消费的增长更加依赖。在 1994 年到 2004 年十年之间，在劳动者工资处于停止或增长率很低的情况下，消费增长超过了国民收入的增长，个人消费支出在 GDP 中的比例从 67% 上升到了 70%。到底该如何解释这一奇怪的现象？答案只有一个，那就是：在这段时间里，劳动者维持自己的最低生活的唯一办法，就是靠借贷消费，不断地依靠借贷来达到收支相抵。

美国是一个负债消费的社会，负债消费是美国家庭财务的一大特色，背负债务既是一个还债的过程，同时也是积累家庭资产的过程。2010 年美国有 74.9% 的家庭背负债务。家庭背负的债务总额为 13.9 万亿美元，占家庭资产总额的 16.4%。美国家庭债务的主体是房屋贷款，总额在 10 万亿美元。消费信贷债务约 2.4 万亿美元。美国负债家庭背负的债务中位值为 70700 美元，平均债务额为 130700 美元。美国有近 75% 的家庭背负各种债务。按照家庭收入来看，高收入家庭背负债务的比例较高，低收入家庭背负的债务比例较低。这说明，低收入家庭不仅挣得少，想欠债都不容易，因为银行不会轻易把钱借给还不起债的家庭。2010 年，美国最低收入家庭有52.5%的家庭背负债务，是各个收入段家庭背负债务比例最低的。中下收入家庭背负债务的家庭比例为66.8%，似乎在收入上有了点本钱，可以借钱过日子了。美国中等收入以上家庭，不论中等收入还是高收入家庭，背负债务的家庭比例全部超过八成。在中等收入家庭，有81.8%的家庭背负债务，中上收入家庭的比例为86.9%，高收入家庭的比例为88.9%，最高收入家庭的比例为84.5%。另据专家统计，1979—2007年，美国普通劳动者工资年增长率为－0.04%，而消费增长比这一比率快好几倍，从而导致家庭债务迅速增加，从1982年的占可支配收入的59%，上升到2009年的129%。

从债务的种类看，主要有住房债务、信用卡债务和消费信贷债务。当前，美国有47%的家庭背负着自用住宅贷款债务，有39.4%的家庭背负信用卡债务，有46.3%的家庭背负消费信贷债务，包括汽车贷款、高等教育贷款、家具、家用电器和其他耐用消费品等分期付款债务。当然，同样是负债消费，高收入和低收入家庭背负的债务在种类上有很大不同。2010年，美国收入最低家庭和中下收入家庭主要体现在生活上的债务，相反背负住房贷款债务的家庭比例并不高。最低收入家庭中有34.1%的家庭背负消费信贷债务，23.2%的家庭背负信用卡债务，而背负自用住宅债务的家庭比例仅为14.8%。中下收入家庭的情形与最低收入家庭差不太多，40.8%的家庭背负消费信贷债务，33.4%的家庭背负信用卡债务，而背负自用住宅债务的家庭比例为29.6%。中等收入家庭背负住宅贷款债务的比例大幅上升，有51.6%的家庭欠有住房贷款，背负消费信贷债务和信用卡债务的家庭比例也高于中下收入以下家庭，49.9%的中等收入家庭背负消费信贷债务，45%的家庭背负信用卡债务。到了高收入家庭，74.5%的家庭背负住房贷款债务，58.8%的家庭背负消费信贷债务，51%的家庭背负信用卡债务。

当前，美国家庭背负的债务主要是住房债务。2010年，美国家庭债务平均为130700美元，自用住宅贷款负债家庭背负的贷款债务平均为154300美元，消费者信贷负债家庭的信贷债务平均为23500美元，信用卡负债家庭的信用卡债务平均为7100美元。如果从家庭负债的中位值观察，美国负债家庭的负债额中位数是70700美元，其中自用住宅贷款债务中位数为109600美元，消费信贷债务中位数是12600美元，信用卡债务中位数是2600美元。

消费信贷债务是美国家庭的第二大债务，由于收入不同、年龄不同，美国家庭的高等教育贷款债务、汽车贷款债务和其他消费品贷款债务的比例组合也存在很大的差异。按照全美家庭的整体数据，高等教育贷款债务占消费信贷债务的45.1%，汽车贷款债务占39.3%，其他消费品贷款债务占15.6%。在中等收入以下家庭和高收入家庭，高等教育贷款债务在消费信贷债务中所占比例最高。中上收入家庭和最高收入家庭，汽车贷款债务在消费信贷债务中所占比例最高。最低收入家庭的其他消费品贷款债务是所有收入段家庭中比例最高的，美国穷人家庭拥有的现代化家庭用品并不少，原因何在？主要是靠借款来买。

由于家庭债务的不断增加，在过去10年，美国家庭债务占家庭资产的比例是直线上升的。2001年全美家庭债务与家庭资产比为12%，2007年上升到14.8%，2010年到达16.4%。2010年，除了最穷和最富的家庭，其他收入段家庭债务与资产比均超过20%，中上收入家庭债务与资产比最高，为27.7%。其次为中等收入家庭，家庭债务与资产比为26.5%。高收入家庭债务与资产比为23%，中下收入家庭债务与资产为21.4%。上述四类收入家庭构成了美国中产阶级家庭的主体，造成家庭债务与资产比升高的原因主要为家庭资产缩水、收入下降以及负债额上升。

对于出生在美国的普通劳动者家庭的人来说，从上学开始到退休为止，都得背负着债务过日子。美国人积攒家底其实是一个不断还债的过程，即用辛苦劳动偿还债务的过程。比如买房子30年分期付款，得等房贷还完了，自己也老了，这房子才真正属于自己。从年轻时资不抵债，到奋斗到资债相抵，要被迫付出多少劳动，只有劳动者自己知道。收入最低家庭为了生活，很多家庭是靠借债度日，因此债务与收入是所有收入段家庭中最高的，每月需要偿还的债务占月收入的23.5%。其他收入段家庭需偿还债务与收入都维持在20%以下，中等收入家庭和中上收入家庭每月需偿还的债务占收入19%，而最高收入家庭每月需偿还的债务只占家庭月收入的9.4%。如果偿债额与收入比超过40%，这就表明欠债有些过头了，如不及时调整，家庭就有可能陷入债务危机。美国有13.8%的家庭偿债额与收入比超过40%，这部分家庭可谓是欠债过多家庭，家庭生活会因债务负担过重而产生财务问题。不论是穷人还是富人，美国各收入段家庭都有一定数量的家庭存在偿债额与收入比过高的现象，但收入越低的家庭，偿债额与收入比过高的家庭比例却越高。

总之，近几十年来，贷款消费热、金融投机热，依靠虚假消费所支撑的美国经济，其所带来的财富占有的两极分化，所带来的劳动者的贫困，所带来的经济泡沫，后果是严重的。2008 年开始的金融危机，正体现了这种严重性。正如美国学者们所说，美国经济的悲剧并不仅仅由于过度消费一项，而且还因为少数人以牺牲大多数人为代价残酷地追逐财富。

　　美国和西欧国家一样，借债消费热不仅表现在个人和家庭，而且表现在国家。资产阶级统治者为了缓和国内劳资之间、居民和政府之间的矛盾，特别是那些政客们为了拉选票，历来都不顾社会生产力的实际增长状况，采取增加社会福利的办法，大选中的许诺一个比一个高，实际生产能力达不到，就只好搞赤字预算，寅吃卯粮，靠发国债维持。赤字越来越大，国家债务越积越多。据统计，2008 财年美国财政赤字创下了 4550 亿美元的新纪录，较上一财年增长了 180%；2009 财年受金融危机严重影响，美国的财政赤字规模达到 1.42 万亿美元，较 2008 财年飙升了 207%；2010 财年美国财政赤字为 1.3 万亿美元。据美国财政部公布的数字，到 2011 年 5 月，美国债务已达法定的 14.29 万亿美元上限。2011 年，联邦政府的债务将升至 15.23 万亿美元，超过当年国内生产总值约 15.17 万亿美元，已经突破了 100% 经济大关。有专家依据 2008 年的数据计算，美国联邦政府债务累计已经高达 65.5 万亿美元，相当于美国国内生产总值的 4 倍多，超过了整个世界的国内生产总值。目前美国的国债相当于每个美国人负债 4 万 5 千美元，而在 2008 年支付的债务利息，就已经超过了 2500 亿美元。

　　另据统计，截至 2007 年 10 月 1 日，美国审计署计算的美国政府长期债务达到了 52.7 万亿美元。为便于理解，审计署把它分解成以下数字：美国居民每个人 17.5 万美元（2007 年美国的人均 GDP 是 46280 美元），每个全职员工 41 万美元，每个家庭 45.5 万美元。为了应付目前的债务，美国政府每天都得对付 18.6 亿美元的新债。据英国《金融时报》2008 年 11 月 24 日罗布·阿诺特的文章称，目前，美国政府、社会保障、企业、个人及非营利组织的债务合计已经达到国内生产总值的 8 倍，按 2007 年美国 14 万亿美元的国内生产总值计算，债务总计已超过 100 万亿美元。

　　美国债务如此严重，之所以尚未发生债务危机，这是因为它在国际金融体系中有着特殊的地位。它依靠这种特殊地位，短期还可以把债务的风险转嫁给国内的人民和世界其他国家，特别是大的债主身上。并以此要挟这些国家不得不继续把钱借给它，继续买它的国债。比如，至今中国已经持有美国国债1万多亿美元，日本为9千多亿美元。当然，这两个国家都将面临美国国债的直接贬值风险和日后如何重新定价的风险。

危机的背后和原因的原因

在分析资本主义经济危机的原因时，恩格斯有这样一段很精彩的话：资本家们"大干这种普遍地漫无秩序地追逐利润的勾当，由于自己的贪得无厌，更加加强了混乱和奔忙，这种贪得无厌使他们发疯似地哄抬物价和扩大生产。一种疯狂的竞赛开始了，连最稳重最有经验的人都给迷住了。铁、纱、布匹开始大量生产，好像要把整个人类重新装备起来，好像在月球上的某个地方发现了有几十亿消费者的新市场。忽然有一天，国外的一些根基不稳的投机家由于要钱用就开始出售货物——自然是低于市场价格，因为他们是迫不及待的。一个人一卖，其他人也跟着卖，物价开始波动起来，大吃一惊的投机家们把自己的货物抛到市场上去。市场混乱起来了，信贷动摇了，商店一家跟着一家停止付款，一家跟着一家宣告破产。原来当地的和运输途中的商品已经比消费所需要的多了2倍。这个消息传到了当时还在开足马力进行生产的英国。这里的人们也惊慌起来，国外的破产引起了英国国内的破产，商业停顿又使许多商店倒闭了。这里的人们在惊恐之余也把所有的存货都抛到市场上去，这又引起了更大的惊慌。危机就这样开始了"①。

在马克思和恩格斯看来，金融危机总是与信用危机紧密联系的，它实际上不过是生产过程和再生产过程本身的失常的表现。"在再生产过程的全部联系都是以信用为基础的生产制度中，只要信用突然停止，只有现金支付才有效，危机显然就会发生，对支付手段的激烈追求必然会出现。所以乍看起来，好像整个危机只表现为信用危机和货币危机。而且，事实上问题只是在于汇票能否兑换为货币。但是这种汇票多数是代表现实买卖的，而这种现实买卖的扩大远远超过社会需要的限度这一事实，归根到底是整个危机的基础。不过，除此以外，这种汇票中也有惊人巨大的数额，代表那种现在已经败露和垮台的纯粹投机营业；其次，代表利用别人的资本进行的已告失败的投机；最后，还代表已经跌价或根本卖不出去的商品

---

① 《马克思恩格斯全集》第2卷，人民出版社1965年版，第368—369页。

资本,或者永远不会实现的资本回流。这种强行扩大再生产过程的全部人为体系,当然不会因为有一家像英格兰银行这样的银行,用它的纸券,给一切投机者以他们所缺少的资本,并把全部已经跌价的商品按原来的名义价值购买进来,就可以医治好。并且,在这里,一切都以颠倒的形式表现出来,因为在这个纸券的世界里,在任何地方显现出来的都不是现实价格和它的现实要素。而只是金银条块、硬币、银行券、汇票、有价证券。在全国金融中心,例如伦敦,这种颠倒表现得尤为明显。"①

我们从实践中领悟到,金融投机、赌博活动的猖獗,是引起金融危机的一个直接原因,而适应这种投机而刺激起来的信贷扩大带来的营业活动的过度扩张,则又是造成生产过剩的一个重要因素。比如2008年金融危机,直接原因是由美国房地产的次贷直接引起的。在购房热、房贷热中,没有工作、没有收入、没有资产的"三无人员"贷款买房热等,这种被称为"次贷"热的金融产品,经过打包和担保,竟然成为了全球投资者的投资或投机对象,为次贷等金融创新产品担保的各种保单也成为投资或投机的对象,其数量远远超过房地产贷款本身。正是这种金融投机活动和虚假的需求膨胀,在负债人员实在付不起有限的房产贷款的时候,货币作为支付手段的矛盾出现了,买与卖之间的链条断裂了,于是借贷银行破产,这种"金融海啸"很快就给实际生产过剩造成了巨大灾难。揭开问题的实质看,资本为什么要在这些金融衍生产品上投资,为了利润,而且是为了通过投机的手段获得高额利润。投资的结果为什么会造成灾难呢?是因为劳动者,特别是"三无人员"贫困,因这种贫困而出现的生产相对过剩。

尽管世界纷纷以美国为例,来解剖此次世界金融危机的原因,也提出了多种不同的观点和看法,但迄今为止,许多人的研究,还只是局限于容易觉察到的直观的领域,诸如国家政策失误、掠夺性的放贷、危险的金融工具、撤销管制、影子金融市场、泡沫经济等,而并没有从信贷消费的本质,从发生上述问题的制度原因上,去探求这次美国陷入灾难和把全球经济也拖进灾难深渊的深层原因。应当认识到,不是由于金融化,而是由于资本主义金融制度所决定的金融资本对财富的贪得无厌、利欲熏心,并为此进行狂热投机、赌博,使投机、赌博取代了劳动,才使广大劳动者贫

---

① 马克思:《资本论》第3卷,《马克思恩格斯全集》第46卷,人民出版社2003年版,第555页。

困，把美国经济和世界经济拖入了灾难的。美国的家庭债务、政府债务和企业债务，之所以像天文数字般堆积，根源也在这里。正是由于这个根源的存在，正是上述那些作为刺激经济发展的手段，那些金融产品的发展，才成功地把美国历史上最多的财富由财富的创造者工人身上转移到财富占有者——由美国金融资本构成的上流社会手中，使美国家庭债务、政府债务和企业债务，像天文数字般堆积起来。这些债务在刺激经济增长的同时，也必然引起美国经济和世界经济的不断动荡和危机。关于这一点，资产阶级学者们也都看到了。也许前法国总统尼古拉·萨科齐的特别顾问亨利·盖诺说的对，这场危机与经济循环或外部冲击无关。这是一场内生性危机，其根源是经济的过度金融化。由于拿别人的钱大肆投机的行为被允许，风险不断累积，繁荣不断夸大，杠杆效应无限放大，金融化让一场系统性危机爆发的条件得以具备。可见，这场危机是世界资本主义制度不断金融化，不断被金融资本支配，被投机、赌博取代劳动的结果。

比如有学者认为，新自由主义的经济政策对这次金融危机的产生负有不可推卸的责任。因为这种经济政策加深了贫富差距，使资本主义的基本矛盾尤其是生产的无限扩大同人们的购买力相对下降之间的矛盾不断激化，从而导致这次危机产生。这些学者认为，在过去三十多年中，资产阶级的政策从凯恩斯主义逐渐转向了新自由主义。这种新自由主义政策的显著表现，就是从国家干预下"松绑"，从而在经济中的战略部门，恶化了劳动关系，降低了劳动人民的实际收入。这样，劳动人民消费水平在一定程度上就需要通过增加个人抵押贷款来维持。在遭受如此剥削的重压之下，个人抵押贷款呈现了爆炸性的增长。所以，新自由主义的泛滥，则是这场危机的直接祸根。恶化了劳动关系，降低了劳动人民的实际收入，这抓住了问题的本质。然而，恶化了劳动关系，降低了劳动人民的实际收入，根源在资本主义制度，无论其采取自由主义政策或加强政府干预政策，只要不改变资本主义制度，不消除异化劳动，只要制度还是资本主义，经济危机就不可能消除，无论它是生产过剩危机或金融危机。

比如，还有学者认为，这场危机起源于生产过剩、过度积累与市场萎缩、消费需求不足。从表面上看的确是这样的，问题在于造成这种局面的原因何在呢？当然是广大劳动者的贫困。如果政府不采取办法去提高工人工资和劳动人民的收入，而只是通过刺激信贷，仅仅使金融资本持有者获益，那就不仅不能解决根本问题，而且会加深危机。有学者认为，这场金融危机不仅暴露了美国,而且暴露了世界性生产与消费之间、资产者与劳动者之间累积的矛盾,即金融资本严重脱离产业资本,通过金融手段掠夺劳动者,创造虚拟需求、虚假消费,而支撑虚假的泡沫繁荣。用金融手段"创造的"虚拟消费需求,并真实的消费,一旦泡沫破裂,危机马上到来,并立即蔓延到整个美国经济体系和迅速传导到整个世界。

比如还有学者认为,这场危机的原因,在于国家的错误操纵和政界故意的错误刺激,表面看,的确是这样的。诸如:中央银行向经济界注入太多的资金,从而为房地产市场的投机泡沫奠定基础;华盛顿的政治决定为偿付能力差的美国公民打开住房贷款通道,从而创造了风险极大的次级抵押贷款市场;国际联网的金融市场的不充分监管结构,也是政界作出错误决定的结果等。这里的问题是,国家为什么会出现这些错误。比如或明或暗地为超大规模银行提供担保,有失妥当地赋予评级机构大权,实行过度宽松的货币政策,对大型保险公司监管不力、从体制上鼓励草率的抵押贷款等,这些失误或错误,都不是偶然的,而都是由资本主义制度的本质——资产阶级惟利是图和贪得无厌所决定的;是由资本主义国家的本质——为资产阶级利益服务所决定的。就是说,这次危机的发生并不是因为一些贪婪的金融家违背了资本主义制度下虚幻的道德规范,也不是由于信用评级机构的失败,更不是由于管理机制没有履行自己的职责。这不是哪个人、哪个机构的错,而是资本主义制度的错,是资本家们的贪婪所造成的。危机的现实,真的迎合了下面这段话,马克思曾引用的别人的那段话:"一旦有适当的利润,资本就胆大起来。如果有10%的利润,它就保证到处使用;有20%的利润,它就活跃起来;有50%的利润,它就铤而走险;为了100%的利润,它就敢践踏一切人间法律;有300%的利润,它就敢犯任何罪行,甚至冒绞首的危险。"这就是资本的本质和特点。

比如还有学者把这场危机的根源归咎于全球化,认为是全球化导致了世界富国和穷国之间、富人和穷人之间的经济不平等,导致了全球性的失业和购买力下降。如《2007—2008人类发展报告》公布的数据显示,世界40%的人每天靠不到2美元生活,他们经济收入总和还不到世界收入总和的5%,而20%的富人的收入却占到世界总收入的75%。由于全球就业增长率低于国内生产总值的增长率,这样,在生产增加的同时,广大劳动者的实际购买力却下降了。在这种情况下,资本家们为了维持其利润,唯一的办法就是鼓励穷人借贷消费,从而导致坏账和金融危机的出现。这里似乎有个误区。自达20世纪90年代末出现世界性金融危机以来，有人就把由资本主义制度、由进入投机和赌博造成的问题，诸如穷富两极分化加剧、失业扩大、危机接连不断等，都归咎到全球化上，好像这些都是因全球化造成的，这似乎是走进了误区，本末倒置了。世界经济发展的事实，特别是发展中国家发展的事实，新兴工业化国家发展的事实，都已经从多个方面证明了，全球化是人类社会发展进步的表现，它有利于全球性资源的合理配置，有利于落后国家利用国际资源尽快发展自己，尽快摆脱落后面貌。只是由于不合理、不公平的国际政治经济秩序的存在，由于国际垄断资本掠夺性本质的存在，特别是由于金融垄断资本全球性投机、赌博的存在，严重干扰了全球化的正常、健康发展，导致了许多问题的出现。这次危机和以往的所有危机的根源，都是资本主义制度，而不是全球化。

当然，我们也看到了，在探讨这次金融危机根源时，也有不少学者，特别是进步学者，是从资本主义基本矛盾切入进行研究，提出了许多很有价值的观点。比如认为在这次危机中，资本主义生产的社会化和生产资料被资本家占有之间这一基本的不可调和的矛盾，就显得特别明显，美国和欧盟成员国以金融行业出现破产爆发出来的经济危机，是资本主义基本矛盾发展的一种表现，导致这次金融危机的根源，在于资本主义生产而不是货币流通。相互竞争的公司和行业对超额利润的追求，金融系统的投机和赌博，都加剧了资本主义经济发展的不平衡和矛盾，加剧了生产和人们消费之间的矛盾。有学者还提出，近20年来，资本主义世界一直都在使用瓦解社会主义制度、颠覆苏联等社会主义国家之后所获取的各种资源，通过世界性的金融投机，制造虚假繁荣，但却忽视了资本主义制度自身的内在矛盾，这些矛盾的发展最终导致了绝对的合乎规律的结果——整体性的世界经济危机。这场危机爆发，标志着资本主义世界对苏联瓦解和东欧社会主义国家剧变资源利用的终结。

有些学者还从道德的角度研究了这次金融危机的根源，认为，资本主义宣扬的道德是虚幻的，然而这次金融危机暴露出来的是，那些贪婪的金融资本家们，连这种虚幻的道德规范也不顾了。金融投机和赌博，破坏了传统的商业道德，信用危机，信任危机，金钱对审计和评级机构的渗透等，在这次金融危机中，都表露得淋漓尽致。从信任、责任等道德层面论及金融危机原因可谓大有人在。连美国总统奥巴马，在其总统就职典礼的演说中，也把导致美国"正处在危机之中"的一个重要原因，归结为"一些人的贪婪和不负责任",他后来还一再批评华尔街的"不顾后果的贪婪和冒险行为"。美国《新闻周刊》国际版主编法里德·扎卡里亚也认为,道德危机"可能是我们面临的问题的症结"。在他看来,虽然最近10年世界各地发生的大多数事情都是合法的,但极少有人采取负责任、值得尊敬、高尚的行动。这可能听上去像一件小事,但它绝不是小事。没有任何一种体制,无论是资本主义还是社会主义或其他任何体制,能在没有核心道德规范和价值观的情况下发挥作用。贪欲的无限膨胀,伦理道德的颓废,则被一些学者认为是这次金融危机的根本原因。

还有学者把这次危机看成是资本主义"经济体系即将瓦解的深度表现"。比如俄罗斯综合战略研究所所长、经济学博士奥列格·维汉斯基认为,虽然这次危机里的很多东西可以用孔德拉季耶夫的长波理论、茹格利亚尔的标准周期理论,以及金融监管机制不健全来解释,但是,还应该看得比这更深远一些。在他看来,如果深刻洞察到资本主义经济体系中正在发生的以下两大变化:第一,生产力的性质将发生根本性的变化。从广度上看,工人将摆脱机器的束缚,不再成为它的附属品,而这正是工业经济原有的特点。第二,雇工与资本的关系将根本改变,主要表现是知识工人的出现。知识工人不仅参与商品生产,而且对公司进行了智力投资。而且这种资本会随着他们离开公司而被带走。由于这种无形资产的比重不断增加,并在整个公司中占主导地位,拥有部分这种资产(特别是知识)的雇工实际上已经成为所有者。这种情况破坏了资本主义生产关系的本质,并为新的生产关系形成奠定了基础,那么谁都不会否认目前的经济危机是以资本主义经济为基础的经济体系即将瓦解的深度表现。

第十章

金融危机的影响与世界性的制度变革

这里需要再次提醒读者的是，决不要把发展中的危机，看成绝对的坏事。对社会的变革和发展来说，危机也有着两面性。危机作为发展中弊端和矛盾长期积累的爆发，有严重的破坏作用，像马克思说的它像一场瘟疫；而另一方面，它也必然要带来解决这些弊病和矛盾的变革，从而带来新的更大的发展。每次大危机都带来了大发展的历史事实，人们从回望中都会体验到。更重要的是，不断爆发的经济危机，解决危机中的不断变革，正是证明资本主义社会必然要被新的社会形态代替的航标。每次救治危机的变革，都必然涉及到劳资关系和劳动者的解放，涉及到劳动者对解放道路的新的探索。如马克思和恩格斯反复所强调的，要证明资本主义必然要被新的社会制度代替，只要指出其不断发生的周期性的经济危机就足够了。资本主义历史上所发生的一切经济危机，都有着共同性东西，比如：每次危机的根源，都是资本对劳动者剥削加重，致使广大劳动者的贫困、消费能力下降，从而造成的生产相对过剩；每次经济危机中受害最深的，都是劳动者；政府每次危机解救的办法和措施，都对资产者更有利等。这些似乎都是共同的。最值得注意的是，每次危机都暴露出劳动者社会地位低下恶果和对劳动者解放的呼唤；每次危机的解决，都标示劳动者解放的前进。然而，在资本主义制度不断发展前进中，在资本主义劳资关系的不断发展前进中，每次危机也都有着各自不同的具体环境、具体内容、具体形式和具体特点，这些才是我们应当重点研究的东西。

一 新的危机和新的起点

在2008年的这次金融大危机，是在资产者怀着对前苏联和东欧社会主义国家不战而胜的喜悦，扛着资本主义社会是人类最高理想的大旗，在所谓"高歌猛进"的特殊环境中发生的。它的发生和 20 世纪 30 年代那场大危机的发生一样，戳穿了有关资本主义的各种神话，把资本主义的真实面目，在世人面前暴露无遗，其对资本主义、对资产者们的打击之大，可想而知。同时它也使人再次猛醒、再次深刻反思，反思资本主义的本质，反思资本主义的各种神话，反思创造财富的广大劳动者彻底解放的出路。

顶冠光环和光环上的爆炸

早在第一次世界大战前，资本主义金融垄断资本势力就开始膨胀。其在之后的膨胀，不仅表现在与工业资本相结合，而且表现在与国家力量相结合，以致形成了金融寡头对整个经济的统治。在政府力量的支持下，金融寡头通过大规模的融资、兼并等手段，逐步控制了工农业生产，使其在经济与政治中的作用不断加强，不仅统治了各资本主义国家国内的经济生活乃至政治生活，并在不断向外扩张中，在与其他国家的金融资本争夺和勾结中，形成了国际金融寡头。这些金融寡头结成国际联盟一开始，就力图统治整个世界。实际上我们已经看到，如今国际金融资本寡头的势力似乎实现了他们的愿望。各发达资本主义国家的金融资本和在他们控制下的世界银行和国际货币基金组织等国际金融机构紧密联合，很大程度上已成为整个世界经济的真正主宰。

金融寡头的统治，还表现在对新的科学技术的控制上。20 世纪 80 年代之后，随着科学技术和生产力的迅速发展，美国的产业结构得以不断调整，管理体制得以不断改革。由于科学技术迅速发展，特别是高、精、尖科学技术的发展，诸如相对论、量子力学、分子生物学和系统科学的创立，及其带动下原子能、电子计算机、宇航工程、生物工程等方面惊人的发明和创新。诚然，这些新的科学技术，大大提高了劳动生产率，促进了工业、农业和整个经济的大发展，可在金融资本统治下，美国把大量的工业、农业，特别是传统的工业、农业生产都转移到了国外，主要靠金融手段出卖和经营科学技术专利赚钱，而自己主要经营的，是核心技术产业和与军事有关的工业生产部门。这样就造成了一边是科学技术突飞猛进在进步，一边却是传统的煤炭、钢铁、纺织等工业，相对萎缩。

密集的各种高新知识的信息技术，是当今资本运动的高度信息化的前提条件。各种高新技术、高新知识、信息传递和信息网络，已经成为最重要的生产力，而且这种生产力是超过国界的生产力，是一种国际生产力或世界生产力。以网络为核心的各种信息的迅速传递，对于各种形态资本的国际运动，对于国际垄断资本在激烈竞争中的生存和发展，都有决定性的意义。而资本在国际间的自由流动和迅速转移，是国际垄断资本发展的一个重要条件。而提供这一条件的社会基础，是资本的高度金融化和资本运动的高度信息化。美国在这两个方面都有着优势。在资本高度金融化，特别是资本的高度股份化和证券化方面，美国都走在世界的前面。在资本的高度股份化和证券化的环境中，几乎所有的产业从投资到生产、销售的每一个环节，以至整个企业的生命，都无不受着金融的制约和控制。

从美国的实践我们看到，由于这种金融寡头不仅逐步控制了各种先进科学技术和各种实际生产活动，用一种新的方式加强了对世界的掠夺和国内劳动者的剥削，从而为美国的发展创造的新的"动力"和"奇迹"。与金融寡头统治相联系发展的，有三种与劳动者实际生活相关的新的经济现象，也迅速发展和膨胀：一是股票市场，二是信贷消费，三是社会福利。无论从基础上看，还是从发展进程上看，这三者的发展都与金融资本与国家力量相结合的金融寡头统治密切相关。资产者们把这三者的发展鼓吹为资本主义民主、自由的"福利国家"，为资本主义戴上了神话般的光环，招引了世界不少崇拜者。

当然，就美国而言，不仅头顶有这样的光环，还身披有在两次世界大战中收获的政治袈裟，享受着大战肥厚的政治红利和经济资源。特别是自20世纪90年代之后，还享受着对苏联和东欧社会主义国家不战而胜的丰厚的政治、经济、文化和意识形态上的红利和资源，一切似乎对美国都是那么得有利，好像美国统治世界的梦就要实现了，按照美国面貌把地球建成美国村的战略似乎就要成功了。政治上的"光环"、经济上的"奇迹"，使其忘乎所以，似乎作为耶稣信徒的美国人，都是上帝的宠儿，都不需要监管，都能在自由市场中自律，于是金融衍生产品自由泛滥，消费信贷自由泛滥，投机、赌博自由泛滥，在这种自由泛滥中，金融家们赚得盆罐满盈，劳动者们却被剥得流落街头，最终导致了这次金融危机。

对美国来说，这次头顶光环的爆炸，不仅使其神话破灭，光环落地，而且许多劳动者的幸福梦也成了泡影。这次危机暴露出，美国这个世界上最大的富翁，其国内有的劳动者却贫穷得惊人。据美国官方提供的数字，2011年，美国有1800万个家庭吃不饱，有4670万人要领食品卷，食品得不到保障的家庭，占家庭总数的5.7%。这次危机同上世纪30年代大危机一样，使世界劳动者再次觉醒，使美国神话再一次遭到质疑。

劳动者的声音和新制度的呼唤

这次危机与20世纪30年代那场大危机一样，因为其造成的恶果非常严重，而且还都是带有根本性的，因而治理起来难度也非常之大。看看至今还没有完全消退的这场危机及其之后的救治，自然就会想起马克思在《共产党宣言》说的那段话："在商业危机期间，总是不仅有很大一部分制成的产品被毁灭掉，而且有很大一部分已经造成的生产力被毁灭掉。在危机期间，发生一种在过去一切时代看来都好像是荒唐现象的社会瘟疫，即生产过剩的瘟疫。社会突然发现自己回到了一时的野蛮状态；仿佛是一次饥荒、一场普遍的毁灭性战争，使社会失去了全部生活资料；仿佛是工业和商业全被毁灭了，——这是什么缘故呢？因为社会上文明过度，生活资料太多，工业和商业太发达。社会所拥有的生产力已经不能再促进资产阶级文明和资产阶级所有制关系的发展；相反，生产力已经强大到这种关系所不能适应的地步，它已经受到这种关系的阻碍；而它一着手克服这种障碍，就使整个资产阶级社会陷入混乱，就使资产阶级所有制的存在受到威胁。资产阶级的关系已经太狭窄了，再容纳不了它本身所造成的财富了。——资产阶级用什么办法来克服这种危机呢？一方面不得不消灭大量生产力，另一方面夺取新的市场，更加彻底地利用旧的市场。这究竟是怎样的一种办法呢？这不过是资产阶级准备更全面更猛烈的危机的办法，不过是使防止危机的手段越来越少的办法。"①

和以往的危机一样，这次危机中受害最深的，仍然是广大的劳动者。恩格斯在分析资本主义经济危机时，曾说了这样一段话："这种定期重复的商业危机会产生什么后果？第一，虽然大工业在它的发展初期自己创造了自由竞争，但是现在它的发展已经超越了自由竞争的范围。竞争和个人经营工业生产已经变成大工业的枷锁，大工业必须粉碎它，而且一定会粉碎它。大工业只要还在现今的基础上进行经营，就只能通过每七年出现一次的普遍混乱来维持，每次混乱对全部文明都是一种威胁，它不但把无产者抛入贫困的深渊，而且也使许多资产者破产。因此，或者必须完全放弃大工业本身（这是绝对不可能的），或者大工业使建立一个全新的社会组

---

① 《马克思恩格斯选集》第1卷，人民出版社1995年版，第277—278页。

织成为绝对必要的，在这个新的社会组织里，工业生产将不是由相互竞争的单个的厂主来领导，而是由整个社会按照确定的计划和所有人的需要来领导。第二，大工业及其所引起的生产无限扩大的可能性，使人们能够建立这样一种社会制度，在这种社会制度下，一切生活必需品都将生产得很多，使每一个社会成员都能够完全自由地发展和发挥他的全部力量和才能。由此可见，在现今社会中造成一切贫困和商业危机的大工业的那种特性，在另一种社会组织中正是消灭这种贫困和这些灾难性的波动的因素。这就完全令人信服地证明：（1）从现在起，可以把所有这些弊病完全归咎于已经不适应当前情况的社会制度；（2）通过建立新的社会制度来彻底铲除这些弊病的手段已经具备。由此可见，现代社会中造成一切贫困和商业危机的大工业的那种特性，在另一种社会组织中却正是消灭这种贫困和这些有害的动荡的因素。"[1]

愈演愈烈的欧洲债务危机，沉重打击了欧洲的所谓"福利国家"或"福利社会"。不少人认为，长期以来，正是那些金融资本统治者，打着建立"福利国家"旗号，对广大劳动者进行肆意掠夺，加剧了劳动者的贫困。国家的统治者，为了维护其统治，不顾实际国力，狂热增加社会消费，造成长期赤字预算，寅吃卯粮，用未来的劳动，用巨额的债务，来维持今天的虚假繁荣，从而酿成了这场债务危机。造成这次金融危机的根本原因，是资本主义制度下金融制度和金融投机。历史实践反复告诫人们，劳动已经创造出来的财富，是消费的基本界限。即使在经济困难时期，为了刺激经济，适当搞些财政赤字，也必须在经济繁荣时期用财政盈余弥补过去的财政赤字，这样经济社会才能平稳、持续发展。

然而，债务危机的历史却使人看到，资本主义制度下的金融制度投机性，却扭曲了经济发展的这一基本规律。由于社会财富越来越多地装进少数大资产者的口袋，在这种情况下，社会福利、社会消费不断增加，财政盈余的年份越来越少，必然引发金融危机和债务危机，致使资产者们都不得不通过高额的赤字支出来应对，这样就造成财政赤字年年积累，国家债务和家庭债务年年积累。欧洲众多国家的国家债务占 GDP 的比重不断上升，至今已经达到了很高的水平，而且未来预期还会继续上升。根据国际货币基金组织的数据，希腊到 2010 年年底国家债务占 GDP 的比重已经达

---

[1]《马克思恩格斯全集》第 4 卷，人民出版社 1958 年版，第 364 页。

到 133%，即使拥有欧盟和国际货币基金组织提供的 7500 亿欧元的脱困基金支持，到 2013 年年底，该数字仍有可能升至 149%。

更重要的是，这些国家政府救治危机的措施本末倒置，不是首先帮助深受危机之害的劳动者，不是首先救助失业，增加社会福利，使劳动者摆脱穷困；反而仍然是首先救助资产者，这就必然招致广大劳动者的反对。美国劳动者通过互联网组织起来的占领华尔街游行抗议运动，几乎席卷到所有的大城市。华尔街是美国资本主义制度和金融体制的象征，很明显，"占领华尔街"就是要对这个制度和体制发出抗议。抗议者誓言，要把华尔街变成埃及的解放广场。他们宣称，他们反对美国政治中的权钱交易，反对政府只为资产者服务和资产者对劳动者掠夺所造成的财富不均和社会不公正，反对美国政治领袖在解决经济危机中的不够有作为的表现。抗议者们表示，没有人可以代表他们，因为由每个受害者自己来发言是最合适的了，这是为了不重演错误：让少数人主宰一切，多数人被迫沉默。他们高举标语，谴责大企业利用金钱影响政治，要求政府将更多资源投入到保障民生的项目中去，而不是补贴大企业或在海外发动战争。

正如媒体报道的，事实已无法否认：曾占领西班牙广场、希腊城市和以色列街头的社会不满情绪来到了美国，并从纽约向其他城市蔓延。"在'阿拉伯之春'之后，人们都惊呼'美国之秋'或许已经到来。" 21 岁的美国失业青年路易莎说，她失学是因为上学必须支付高昂的贷款利息，而现在又不得不在吃饭和看牙医中间作出选择。许多人都是出于类似原因来华尔街安营扎寨的。媒体和民众将愤怒的纽约人与"阿拉伯之春"联系在一起。面对住房、医疗和教育价格飞涨，看到一方面银行接受大量救助，另一方面成千上万的人却遭到辞退或停发工资，抗议者的不满显而易见。他们大都在 26 岁以下，还有大学教授、工程师甚至交易所的前交易员，大多是白人和中产阶级。纽约、波士顿和其他城市愈演愈烈的抗议活动表明，美国历来尊重不加约束的资本主义，如今却不能再把这种态度视作想当然。许多美国人显然认为社会发展方向出现了根本性错误，质疑经济体制不再平等地把果实分给社会各阶层。

媒体分析认为，"占领华尔街"抗议活动是美国民众自发谋求更好生活的一次努力，也是草根阶层试图影响决策的一次重要尝试。抗议者主要来自中下阶层民众，其中很多人都没有工作。他们不仅抗议就业问题，而且抗议社会的不公。在华盛顿、洛杉矶、旧金山和丹佛等 50 多个大城市，示威者高举的标语牌五花八门，诉求的内容多种多样。有记者在现场看到，示威口号主要包括"抗议美国政客只关心公司利益"、"谴责金融巨头利用金钱收买政治"、"呼吁重新夺回对美国政经决策的影响力"等。另外，环保、人权等也是此次运动的诉求内容。布蕾·莱姆比茨（美国马萨诸塞州的大四学生）："我们组织这些抗议活动就是要告诉民众，美国目前的体制已经行不通了，必须找到解决的办法。我们的抗议就是要发出草根的声音，让社会来关注这些平日被边缘化的群体，并吸引更多人和媒体的参与。詹姆斯·韦瑟比（专程从康涅狄格州赶来的美国州、县、市政雇员联合会成员）："政府对工会所代表的普通人的权益视而不见，一直站在有钱人一边，让社会贫富分化日趋严重。""我们来就是要告诉大家，改变美国的时候到了，没有工作、经济低迷，不能再这样下去了。""在美国，1%的富人拥有着99%的财富。我们99%的人为国家纳税，却没有人真正代表我们。华盛顿的政客都在为这1%的人服务。""我们之所以发起本次抗议行动，是因为感觉美国已经到了必须改变的时刻。很多人失去了工作，无家可归，整个国家都在受伤害，而造成这些后果的那些人却置身事外，没有受到任何惩罚。"

媒体在分析"占领华尔街"运动的原因时，这样认为：自3年前华尔街因自身不负责任的行为酿成国际金融危机以来，美国社会对华尔街的抗议和责难就从未平息。许多美国民众认为，政府的救援让华尔街并未因自身的贪婪而受到惩罚。如今，华尔街已恢复元气，却未能和普通民众共度时艰，反而热衷于内部分红，这使得积蓄已久的民怨最终爆发。"占领华尔街"的直接导火索正是华尔街大银行要向消费者收取更高的账户费用，从而转嫁去年通过的金融监管改革法给银行带来的成本负担。此外，由于内外因素的影响，美国经济持续疲软，失业率仍维持在9%以上，导致贫困人口大量增加。美国人口普查局最新发布的报告显示，2010年美国贫困率为15.1%，贫困人口达到4620万人，为52年来最高。与此同时，社会财富高度向以华尔街为代表的少数富有的美国人集中。有数据显示，最富有的5%美国人拥有全国72%的财富。贫富差距进一步拉大，必然导致社会矛盾深化。

"占领华尔街运动"震惊美国两党。不过两党的态度迥异。共和党则鲜明站在大金融资本一边，对运动持否定态度。众议院共和党领袖坎特将示威者称为"刁民"，共和党总统竞选人之一罗姆尼认为这一运动"很危险"，是"阶级斗争"。另一位共和党总统竞选人凯恩则说："别抱怨华尔街，别抱怨大银行。如果你没有工作，你不富有，只能怪你自己。"而民主党方面，奥巴马公开表示，抗议是美国民众沮丧情绪的反映。美国经历了大萧条以来最严重的经济危机，但那些把美国拖入危机的肇事者今天仍然反对政府旨在消除华尔街滥权行为的金融监管措施。众议院民主党领袖佩洛西称民众这种自发的行动将产生效果，这代表了民主党的主流观点。国会议员、纽约民主党人路易丝·斯劳特说，由银行业引发的2008年经济衰退增大了贫富悬殊，而"我们却被告知无法增缴百万富翁和亿万富翁的税款"，"我很骄傲'占领华尔街'活动站出来向猖獗的贪婪抗议"。

由于"占领华尔街"的游行抗议运动的经济、政治诉求十分明确，就是要求改变美国不公平不合理的政治经济制度。美国人民已无法忍受长期被资本操控的命运，因此必然遭到统治者的镇压。成千上万的美国人走上街头，呼喊着"我们代表99%"、"华尔街需为一切危机负责"、"将金钱踢出选举"、"要工作，不要战争"、"现在就革命"、"重塑美国"等口号，目标直指华尔街毫无节制的贪婪、美国政府不负责任的放纵，以及民生维艰的萧条现状。示威者将不满的怒火喷向深陷贫富悬殊、金权交易、党派恶斗、战争泥淖的美国政治经济制度和社会体系。他们坦言，"组织这些抗议活动就是要告诉民众，美国目前的体制已经行不通了"。对于这些人，美国警方不仅戒备森严，多次进行大规模拘捕，还使用喷射辣椒水，甚至发生暴力冲突。

包括德、英、法、意在内的几乎所有欧洲国家，由于债务危机严重，其解救危机的财政紧缩政策牺牲了劳动者的利益，也同样引发了广大劳动者持续的、大规模的抗议游行活动。欧洲国家为了降低赤字，摆脱债务危机，各国政府均从削减薪水在内的公共开支、降低社会福利等方面寻找出路，大幅削减包括公共教育和卫生开支在内的社会福利开支，却在不断给金融业注资，为引发3年前金融危机的罪魁祸首大型银行"埋单"，这使因经济低迷而收入大减的普通民众的日子更加艰难。愤怒的人们因此不得不再度走上街头为自己的生计呐喊。表达他们对自己一向引以为荣的资本主义制度的不满。游行者说，情况越来越糟，但是始终无法找到问题的根源，这是一场资本主义制度的危机。他们要求改变资本主义制度，改变对工人不公正，要求对经济增长和就业无效的劳动力市场进行改革。他们高举"向富人收税，给穷人教育"等标语，坚决反对提高退休年龄，降低公共部门的薪酬水平，减少现有的就业保障和福利水平，要求增加劳动者、增加穷人的收入。总之，发生在美国的"占领华尔街"运动，发生在欧洲的抗议以牺牲广大劳动者利益的财政紧缩政策的大规模游行活动，使得这些国家不得不思考今后发展的方向和出路。他们似乎在冥冥中感到了新的社会制度的呼唤。

全球合作应对危机和合作应对的新含义

这次金融危机，虽然主要发生的资本主义国家，但由于受全球化中相互依赖关系所制约，也波及社会主义国家和发展中国家。所以采取积极措施应对这次危机的，不仅有资本主义国家，有社会主义国家和发展中国家，而且是在相互沟通、密切合作中合作应对的。在这种合作应对中，意识形态的对立，似乎已经退到了次要地位，而协力救治，共同发展，合作共赢，已经成为了主旋律。因为无论什么样的国家，克服危机造成的损失，使生产尽快恢复，这对国家、对劳动者都是有利的。也就是说，在劳动全球化的时代里，无论是经济危机的危害或救治，都有了新的内涵。社会主义国家救治危机的目的，是为了劳动者；资本主义国家救治的目的，是为了资产者。

这场金融危机再次证明，由于资本主义社会基本矛盾的存在，资本主义信用制度和国际金融市场的发展，既促进了资本主义社会生产力的发展，也加剧了资本主义社会矛盾和政治斗争。建立在资本主义生产的对立性质基础上的资本增殖，只容许现实的自由的发展达到一定的限度，因而，它事实上为生产造成了一种内在的、但会不断被信用制度打破的束缚和限制。利用信用制度加速了生产力的发展，使物质生产发展和世界市场的发展都达到空前的高度，这是资本主义生产方式的历史使命。在资本主义社会，借贷资本的运动反映着债权人与债务人的信用关系，即资本主义的信用关系。在资本主义商业信用与银行信用这两大类型中，商业是资本主义信用制度的基础。随着资本主义生产不断增长和信用体系日趋完善及其规模的强劲扩张，股份公司、公司债券等得到广泛发展。股票、债券、公债和一切不动产抵押证券通称为有价证券。这些东西的出现，并没有克服财富作为社会财富的性质与作为私人财富性质之间的对立。而所有这些现象，在大多数发展中国家，甚至社会主义国家，也同样存在着。

公共信用制度，即国债制度，在中世纪就已经产生，到工场手工业时期流行于整个欧洲。如马克思早就阐述过的，国债，即国家的让渡，不论是在专制国家、立宪国家，还是共和国家，总是给资本主义时代打下自己的烙印。在所谓国民财富中，真正为现代人民所共有的唯一部分，就是他们的国债。因此，一个国家的人民负债越多就越富这一现代学说是完全合乎逻辑的。公共信用成了资本的信条。随着公债的产生，不可饶恕的罪恶，已经不再是亵渎圣灵，而是破坏国债的信用了。

当然，在金融和金融产品存在的国家里，公债不仅是资本原始积累的强有力的手段之一，而且它还为金融投机提供了条件。它像挥动魔杖一样，使不生产的货币具有了生殖力，这样就使它转化为资本，而又用不着承担投资于工业，甚至投资于高利贷时所不可避免的劳苦和风险。国家债权人实际上并没有付出什么，因为他们贷出的金额变成了容易转让的公债券，这些公债券在他们手里所起的作用和同量现金完全一样。于是就有了这样产生的有闲的食利阶级，充当政府和国民之间中介人的金融家就大发横财。因为每次国债的一大部分就成为从天而降的资本落入他们的手中，——撇开这些不说，国债还使股份公司、各种有价证券的交易、证券投机，总之，使交易所投机和现代的银行统治兴盛起来。这也就说，加强对金融和国债的监管，抑制投机，防止投机狂热和危机的发生，是所有国家面临的任务。

从资本主义信用制度和虚拟资本的发展中，我们不难悟出，在金融衍生工具不断翻新的情况下，经济泡沫必然产生的原因。信用的数量会随着生产的价值量一起增长，信用的期限也会随着市场距离的增大而延长。在这里它们是互相影响的。生产过程的发展促使信用扩大，而信用又引起工商业活动的扩展。这种商业信用的界限就其自身来考察是：产业资本家和商人的财富，即在回流延迟时他们所能支配的准备资本；这种回流本身，可能在时间上延迟，或者商品价格也可能在这段时间内下降，或者在市场停滞时，商品还可能暂时滞销。首先，汇票的期限越长，准备资本就要越大，回流因价格下降或市场商品过剩而发生减少或延迟的可能性也就越大。其次，最初的交易越是依赖对商品价格涨落的投机，回流就越没有保证。很明显，随着劳动生产力的发展，从而大规模生产的发展，市场会扩大，并且会远离生产地点。

实践已经证明，各种金融创新的出发点和在一定时期内，的确能推动投资、消费和整个经济的增长。然而，由于这些金融产品交易的基础，都是虚拟劳动,是预期劳动或想象劳动,缺乏客观、实际、严格、合理的局限,在错误引导和恶炒中,极容易产生恶性膨胀和泡沫。不仅在资本主义国家是这样,其他所有国家也都是这样。比如,由投资银行创立的抵押债务债券,每一种债券都集中了来自国家不同地区的几百份抵押贷款。投资者一般是其他的金融机构如保险公司和养老基金,包括国内和国外的。投资者可以依据自己资金状况,选择不同品种和不同级别进行投资,级别不同,投资的预期收益和风险也不同,但所有的投资者,都希望得到更高的利率补偿。以房屋抵押贷款为例,由于泡沫需求所致,美国房屋价格自第二次世界大战以来,在全国范围内只涨不跌,这就产生了错觉,似乎即使屋主无力偿付房贷,还可以取消他们对抵押品的赎回权,房屋可以在已升值的基础上再次售出,这样总的风险将会很低。

特别是那些发行抵押债务债券的投资银行,似乎觉得自己既能收取发行费,又能收取额外的管理费用,只会赚而不会赔。于是像美林、雷曼这些投资银行,就大举收购了它们自己的贷款中介商,以便形成源源不断的抵押债务债券流。然而,如一些学者所分析的,一个建立在家庭负债以及房产的泡沫基础上的经济扩张是难以为继的。缺乏实际工资增长强有力的支撑,房屋价格的上升和借款的增加虽然在一个较长的时期里推动了消费的增长,但它们也为经济危机的到来铺平了道路,而危机最终终结了这一时期的繁荣。后来这些公司的垮台对金融危机起了推波助澜的作用。

在信息技术和网络发达的全球化的背景下,一个国家出现问题,自然会以最快的速度向国际蔓延。美国这次金融危机对欧洲的影响之大,对中国、印度、巴西等国的影响之大,每个人都可以亲身感受到;国内生产总值在欧洲只占2.3%的希腊,其债务危机却搅得整个欧洲不安,甚至威胁到整个欧洲大陆的沉浮;这些都告诉我们,为消除危机影响,恢复经济平衡和活力,世界最大的经济体美国、中国、欧盟等,必须紧密合作,特别是在贸易、投资、金融、基础设施和科学技术等方面紧密合作,才能奏效。实际上这些国家也是这么做的。

金融危机对全球实体经济造成灾难性的冲击,不仅发达国家国民生产都在下降,失业增加,而且必然地会向新兴国家、发展中国家乃至全球蔓延。据经济合作与发展组织和国际劳工组织最近的报告显示:经合组织2/3的国家工人工资下降,分配不平等增长。如此严重、剧烈的全球性衰退,靠一个国家或数个国家都难于救治,必须靠世界各国联合行动来救治，如果救治不力，将严重地影响全世界最贫困的人口和社会弱势群体的生活甚至生存。而救治的核心，首先应当是建立有利于广大劳动者和社会弱势群体的合理、包容、公正的金融世界市场体系。在具体政策上，政府的财政货币政策的基点，应当放在支持实体经济发展、创造就业岗位、增加就业、扩大社会保障网、援助弱势群体等方面，要采取有力措施，纠正产生危机的经济不平衡现象，诸如美国和世界经济其他地区间的不平衡，金融与实体经济的不平衡，劳动者与雇主间谈判力的不平衡等。

在国际合作救治危机中，应着重为银行和进入机构制定有制约的准则，并鼓励更大的透明度，以便金融市场回归主要职能，即保证向实体经济提供稳定足够的资金。其中之要，是采取一切办法，诸如对银行和大的金融集团进行严格监督，特别是对它们的资产和会计规则进行严格监管；建立必要的国际机制，以对国际投资和资本流动，特别是投机基金和风险资本，进行严格监督、管理和规范；采取有力措施限制在商业交易中，包括大宗商品和能源市场交易中的投机行为；通过对行政人员、企业高管的职责、薪酬、风险管理和企业赢利分配的监督和治理，以最大限度地预防金融投机和经济泡沫，预防金融危机的发生。在这种国际合作救治中，应当利用和发挥一切国际组织、国际机构的作用，使其在保护发展中国家权益方面，在保护劳动者权益方面，有更大的作为。

历次的世界性经济危机，特别是金融危机都告诉人们，资产者为贪图利润而肆意地投机、欺骗、赌博，造成了何等严重的社会恶果。按照马克思的理论，这个结果不只是劳动者的失业、贫困等消极的一面，而且还有积极的一面，那就是它加速了旧生产方式的衰败和新的生产方式即社会主义生产方式的到来。这一点也许更加重要。也许资产阶级在整个世界庆祝自己用金融资本投机、诈骗剥削劳动者获得巨大利益、巨大成功的时候，一种新的生产方式的产生似乎已经不远了。

二 危机的救治和金融全球化的反思

这次危机的严重程度，堪与20世纪30年代那场大危机相比。它把整个资本主义制度的丑恶暴露无遗，对资产阶级统治者的打击之大，前所未有，也震撼着所有的人。资本主义制度为什么会如此，它还是不是像以前所宣传那样的理想的社会制度，它还能存在多久，它应该向何处去，所有的人都在思考着。基于资本主义制度本质所决定，政府对每次危机的拯救办法，都是用大量资金，去帮助那些濒临破产的资本家。这次也不例外。比如，对大金融机构和地产投机商的财政援助，实际上是政府给予大资本家的一份大规模的集体福利。政府既没有制定抑制银行投机的严厉措施，也没有制定和采取新的更为严厉的监管措施，以阻止其继续实行自私贪婪的金融战略，这就是救市政策的核心问题。而且这些救治办法恰恰是以牺牲劳动者的利益为代价的，劳动人民将会遭受失业、削减社会福利和养老金、削减公共卫生和教育经费、冻结薪金、失去住房等损失。政府对银行和地产投机商的救助，实际上是把他们因贪婪私利而欠下的债务社会化，最终转嫁给劳动者，使劳动者甘心情愿地背负因金融资本贪婪私利而造成的额外负担。

金融全球化和问题的症结

这次危机的爆发，人们对全球金融业的发展和金融监管，不得不进行深入反思。历史地看，金融业和金融产品的产生和发展，最初都是建立在生产发展需要的基础上的。适合劳动生产发展、服务和促进劳动生产发展的金融业和金融产品，似乎可以肯定，对经济发展是有利的。试想，如果没有强大的金融业，没有强大的资本市场，没有强大的证券市场，就不会有战后资本主义的大发展，更不会有在那些耗资巨大的大型科技项目、工业生产项目上的奇迹，不会有预示人类社会进步的全球化的大发展。问题不是出在金融全球化和金融产品本身，而是出在缺失监管下投机和赌博的泛滥，出在以投机、赌博代替劳动，出在那些金融家贪婪地用投机和赌博掠夺劳动者。

如果金融资本的发展不脱离实际的生产活动，如果金融资本赚取的利润能用于再生产，那么实际的生产过程就会雇佣更多的劳动力，从而导致更大程度的需求，导致更大范围的生产增长。然而，那些金融资本家们所考虑的不是国家，更不是劳动者，而是追求个人财富无度地增加，他们太渴望、太迫不及待地想获得更高的利润、更多的财富了。而且他们不是通过实际生产过程获得，任何生产活动对他们来说都获利太慢了。所以他们主要是通过投机、通过金融产品投机运作，而转瞬间就获得巨额财富。正因为如此，这次危机的发展进程，始终体现和伴随着富国和穷国之间、富人和穷人之间经济不平等的发展。

由于金融业和金融产品的这些作用，20世纪末期，股市以前所未有的速度增长，电信和互联网领域出现了投资热，使更多的技术产品走向了商品化。从某种程度上看，所有这些现象，都代表了创业活动的活跃，互联网公司获得了动力，手机用户在全世界范围内持续增长，而且新的产品还在不断涌现。在这一创新发展中，金融体系的作用得到突出表现。然而，在那些对财富贪欲无度投机者的操控、热炒、引诱下，出现了投机狂潮，导致了金融市场和整个经济中的泡沫。最后泡沫的破裂，出现金融大危机不可避免。危机中尽管金融业和金融产品受到严重打击和挫折，金融基础设施却一如既往地支持创新型活动。

然而，在这次危机中，国际债务危机对欧洲国家的打击，实在是刻骨铭心，它们都不得不反思在国债问题上往日得意的含义。国家负债，是符合通过议会来统治和立法国家的金融贵族集团的直接利益的。国家赤字，正是这些人投机的真正对象和他们致富的主要源泉。每一年度结束都有新的赤字，每过四至五年就有新的公债，而每一次新的公债都使金融贵族获得新的机会去盘剥被人为地保持在濒于破产状态的国家，因为国家不得不按最不利的条件向银行家借款。这样由国家经手花出的巨款，又使各式各样骗人的供货合同、贿赂、贪污以及舞弊勾当有机可乘。在发行公债时大批地骗取国家财物，而在承包国家工程时则零星地骗取。议会与政府之间所发生的事情，在各个官厅与各个企业家之间反复重演着。

在大量赤字和国债存在的情况下，由于议会能把主要开支转嫁于国家而保证投机金融贵族得到丰厚利润，那些金融贵族利用国家支出和公债掠夺财富时，就更加贪婪，更加肆无忌惮。危机中暴露出的那些丑闻，都证明了这一点。讲到这些，我们不禁会想到马克思的这段话："既然金融贵族颁布法律，指挥国家行政，支配全部有组织的社会权力机关，而且借助于这些现实状况和报刊来操纵舆论，所以在一切地方，上至宫廷，下至低级的咖啡馆，到处都是一样卖身投靠，一样无耻欺诈，一样贪图不靠生产而靠巧骗他人现有的财产来发财致富；尤其是在资产阶级社会的上层，不健康的和不道德的欲望以毫无节制的、时时都和资产阶级法律本身相抵触的形式表现出来。在这种形式下，投机得来的财富自然要寻求满足，于是享乐变成放荡，金钱、鲜血汇为一流。金融贵族，不论就其发财致富的方式还是就其享乐的性质来说，都不过是流氓无产阶级在资产阶级社会上层的再生罢了。"①

在这场危机发展和救治现实中我们感到，马克思似乎就站在我们旁边。正是在这些金融贵族贪婪无度，污秽不堪，在广大人民大声疾呼要打倒金融贵族统治的时候，那些金融贵族之外的资产者，才高喊要反"腐败"，工业资产者也感到自己的利益受到威胁，中小资产阶级也充满了道义的愤慨，所有人的义愤和想象力似乎都被激发起来了，反思、变革运动，似乎阻挡不住了。

信用卡的作用和悖论

信用卡的发明，改变了人的观念。其实信用卡起源很早，它是商铺为招揽顾客而为顾客提供的一种消费信贷，消费者可以赊账购买商铺的商品。信用卡打着富有感染力和诱惑力的"没有储蓄也可以实现享受欲望"的旗号，强势进入市场。过去，人们因为没有储蓄和现钱，不得不推迟自己享受的需求和欲望；那些工资只能勉强维持最低生活需要的劳动者，何敢谈享受；那些稍微有剩余的劳动者，也只能用加倍劳动，勒紧腰带，花钱精打细算，放弃眼前的享受，努力存钱，增加积蓄，以谨慎和耐心筹划着以后的日子。而现在有了信用卡，似乎一切都变了，不需要再这样做了。一张信用卡似乎可以使整个过程颠倒过来，人们把享受的欲望全都寄托在今后的劳动上，先享受再用劳动还。只要有那个小小的卡片，就可以尽情消费，尽情享受，想买就买，无须等到用辛苦的劳动挣够钱。

发明者为了避免信用卡的功效被缩小，避免便捷的信用卡仅仅给借款人带来一次性满足，就必须把债务变成能够创造利润的长期资产，解除借款人对还不起债务的担心。他会告诉借款人说，无法偿还你的债务吗？别担心！因为我们跟过去万恶的放债人不一样，他们要求借款人在事先约定好的期限内，必须还清债务，而我们是现代的、友好的、微笑的放债人，我们不急着要回我们的钱，而是为您提供更多的方便、更多的贷款，使你不但可以偿还旧债，还能有钱增加新的消费，满足自己新的喜好。我们的目的就是让你们没完没了地欠我们债，没完没了给我们付利息，欠的越多越好，欠的多，我们得的利息就多，我们手里的财富越多。

在资本主义金融市场上有个秘密，谁也不愿意点破。那就是，实际上

---

① 《马克思恩格斯全集》第10卷，人民出版社1998年版，第134—135页。

银行都不希望债务人还清债务。如果及时还贷，不再有欠债，也不会再有利息。而债务产生的利息才是现代友好且非常聪明的放款人源源不断的财富来源。拒绝提前消费，忍住不贷款的人，对放债者来说是无用的；而出于谨慎或古老信誉感快速还款的人，对放债人而言，也是噩梦。银行和放债人美梦是，大量欠债人的永远存在，他们为这些欠债人"服务"的永远存在，只有这样，财富才能源源不断流入他们的腰包。如有学者所一语道破的，信用卡这一杰作的伟大之处，就是把国民中的绝大部分，变成了一支庞大、惊人的欠债大军。

这里我们能够悟出，在救治金融危机中，政府为什么不拿出钱去帮助那些欠债人，让那些欠债人还清债务呢？原因很简单，因为那将意味着把靠信用和信贷消费的现代资本主义埋葬。这次金融信用危机，不会是资本主义的终结，而会和过去一样，资本定将寻求新的能够获利的场所，开始新的掠夺。比如在这次救治危机中，那些银行无法通过惯用的试探和引诱手段获得的东西，则由国家通过强制执行来实现，强迫民众以集体的形式背负起规模前所未有的巨大的债务，并且以尚未出生的几代人的生活水平作抵押。

我们试想，如果没有投机和赌博，如果没有利益的贪欲和掠夺，如果是在劳动者联合体内，信用卡也许会是按劳分配理想工具。不能否认，几十年来，全球金融体系对全球经济增长的确作出了贡献。问题出在对个人财富贪欲，以及在这种贪欲基础产生的无度的投机所造成的金融泡沫，其中最危险的泡沫恰出现在关乎劳动者生活的房产部门。利己主义是资本主义的本质。这种本质集中体现为社会关系中的孤立和无情。人和人之间除了赤裸裸的利害关系，除了冷酷无情的现金交易，除了欺诈和掠夺，就再也没有任何别的关系了。只要这种本质不改变，资本主义就必然要被淹没在无情的利己主义的冰水之中。这次危机就是完美的例证，资本主义这个魔法师，已经不再能够控制自己用魔法召唤出来的魔鬼了。

结构性投资工具与抵押债务债券近似，其投资的债务范围很广，包括信用卡债务、学生贷款以及汽车贷款等，而且被设计成为永久性的。当抵押债务债券所持的抵押贷款随着时间推移偿付完毕，抵押债务债券也就自我清偿了。而结构性投资工具售出商业票据，使投资者能够买入新增贷款以取代那些已经到期的、清偿了的贷款。银行除收取发行费和管理费外，还由于它们在法律上是独立的实体，不受要求银行在平衡表上保有一定资产储备的限制，使得银行可以从中获利。然而，在金融危机爆发之时，银行为了维持它们的声誉，它们只有将结构性投资工具置于其资产平衡表中，因而也就不得不承担它们所负的债务。

信用违约掉期是债券违约的一种保险形式。如果债券的发行方违约，那么违约掉期的持有者将就损失掉的利息付款和本金获得补偿。因为信用违约掉期的购买者，不必拥有它为之提供保险的资产，而且任何一个希望对一家公司或一个政府的违约进行投机的人都可以购买，所以交易量很大。据有学者统计，到 2007 年年末，美国售出的信用违约掉期总值已达到 45 兆亿美元。在信用违约掉期的销售者中，雷曼兄弟和世界最大的保险公司美国国际集团（AIG）较为突出。美国政府允许雷曼兄弟破产，但当它发现雷曼破产的影响已经危及整个西方的金融体系的稳定时，它感到必须拯救美国国际集团，为此投入了 1800 亿美元，最终获得了公司超过 80% 的股权。

这次危机告诉我们，信贷消费由它的固有本质所决定，在它带来发展活力的同时，必然破坏发展的平衡和稳定。正是由于消费信贷的存在，全球金融的扩张和支配地位的确定，在加速资本和财富积累的同时，也播下了危机的种子。发达国家宽松的货币政策和神秘的金融操纵，投机和赌博泛滥，让包括即便他们没有储蓄的消费者也能够更快享受到住房、汽车的同时，由于这种金融驱动型经济产生的收益，都被那些金融操纵者所窃取，所以也使中产阶级萎缩，广大消费者深陷债务泥潭。更值得注意的是，在金融全球化的背景下，发达国家信用过剩和信贷泡沫，还导致了发展中国家，特别是新兴工业化国家的生产过剩生产泡沫，使全球经济陷入混乱。

评级机构也是危机的促进因素。在整个工业化世界，特别是在欧洲，许多企业都深受金融危机的影响。在全球化时代，美国以外的银行和保险公司都被抵押债务债券的高回报和 3A 的评级所吸引。它们没有意识到，由这些抵押债务债券发行者花钱雇来的评级公司从来也不会对实际资产包括抵押债务债券，或者房屋抵押方每月的支付能力进行评估，相反，它们将评级建立在以揭示违约可能性为目的的数学模型上。最终欧洲的一些主要银行和保险公司不得不由它们的政府来帮助它们解困。此外，由于全球经济下滑影响了世界上所有的国家，即使一些国家没有受到投资萎缩的影响，它们也不得不面对出口需求下滑的问题。许多国家的政府都增加了它们的支出以弥补私人需求的减少，从而减少危机的损害。

历史的前进与前进中的曲折

这次危机的爆发，暴露出当今劳动全球化中的许多问题，使人们不得不在对于金融业和信息技术交互作用下所产生的劳动全球化和金融全球化进行反思的基础上，考虑全球化体系的治理和秩序变革问题。在跨国公司主导下、在主权国家还是国际社会主要的、决定性的行为体下的全球化，能否进行全球治理，如何进行这种治理等，围绕这些问题正展开着世界性的讨论。有人正是以无论国内或国际，主要治理功能还都是由主权国家的政府决策为由，把很多问题都归罪于全球化本身，提出了全球化的悖论，这似乎有悖于人类发展进步的客观规律。

首先，由于在全球化中，资本主义发达国家在金融业和信息技术这两个方面，都占有极大优势，而这两者结合在一起，就造成了和强化了在整个世界范围内资本对劳动力的优势。当资本自由流向劳动力成本最低的地区时，国际劳动力市场上劳动者与资本家讨价还价的能力就被严重削弱了。特别是发达资本主义国家，越来越多的劳动岗位被外包到了海外，包括服务型岗位如呼叫中心等，技术型岗位如软件开发等。此外，由于先进科学技术的发展，自动化、智能化、机器人等在生产流程中的运用，就可以在更少的人力或者没有人力的情况下，生产出更多、更标准的产品，劳动力的作用和影响力进一步被减弱。与此相联系的是在世界范围内，资本收益与劳动力收益之间的差距开始扩大，随之而来的就是收入与财富分配的不平等日趋严重。很显然，造成这种状况的原因，不是全球化本身，而是资本家对劳动者的强势，资本对劳动剥削的加强。

其次，在全球化中，由于资源的合理配置和技术进步等因素的作用，使世界劳动生产率的提高和产出增加的步伐加快。并促进了全球劳动分工的不断深化和趋于合理化，从而有利于整个世界生产潜力的发挥，有利于整个世界劳动生产率的提高，更有利于发展中国家的发展，特别是有利于新兴工业化国家的发展。更为重要的是，它有利于这些国家劳动力素质的提高，有利于这些国家在国际劳动分工中地位的改变。当然，全球化中新技术的影响，与全球性社会制度变革和这种变革的社会进程产生互动。世界在全球化中的稳定和发展，呼唤着消除世界上大多数人所遭受的经济掠夺和不公正待遇，呼唤着资本主义发达国家不仅要减少对发展中国家的掠夺和剥削，而且能拿出更多的从发展中国家掠夺来的利润，去帮助发展中国家，去解决它们的贫困，解救整个世界的社会公平和经济发展问题。现在这种一方面是生产能力史无前例的增长，而另一方面是贫困加剧的局面，无论如何是无法再维持下去了。

第三，全球化最大功绩，是它通过资本全球化，通过跨国公司，打破了市场特别是劳动力市场的阻隔，形成全球市场体系。这有利于对落后国家和发展中国家资源特别是劳动力资源的开发和利用，有利于全球经济的均衡发展，这不仅对落后国家和发展中国家有利，对发达国家也有利。然而，就是因为这一点，全球化却遭到了发达国家的抱怨，认为是发展中国家低廉的劳动力，夺走了发达国家劳动者的饭碗，造成了发达国家的问题。表面上看，好像是这样，其实不然。对于资本家们来说，到发展中国家投资，资本流向发展中国家，完全是为了超额利润，资本家对发展中国家劳动者的剥削和掠夺，要比对本国劳动者剥削和掠夺，深重得多，残酷得多。如果资本家们不那么贪婪，能用在落后国家和发展中国家所掠夺的超额利润在国内进行投资或用于失业津贴，那么失业问题和贫困问题就不会那么严重。可那些资本家们以及他们的政府，却没有这么做，反而把从发展中国家掠夺来的钱除了塞满自己的腰包之外，大量花在制造武器，发动对外战争上。所以问题不是出现在资本的全球化上，也不是出在发达国家向发展中国家投资上，而是出在资本对利润的贪得无厌上。过去发达国家之所以能够长期维持国内的高工资，正是利用对技术、商品和劳动力市场的垄断，靠在这种垄断基础上对广大落后国家的掠夺而实现的。资本家们叫嚷是发展中国家低廉劳动力夺走了本国劳动者的饭碗，那是为了转移国内矛盾，掩盖自己；而劳动者也这么说，那是不明了事实真相。

此外，随着全球化的深入在、技术的日新月异和国际竞争日益加剧，对劳动者的数量和对他们所需技能的要求，也都发生了变化。比如美国，自20世纪80年代采取提高利率的办法，吸引全球流动资金进入美国金融市场开始，财富迅速大量地流入金融资本和金融资本中最富有的家庭，从而引发了金融资本的迅速膨胀，金融服务业迅速发展。与此同时，工业特别是制造业萎缩，失业增加，工资下降，在劳资关系斗争中，开始处于弱势或守势。包括那些原来有劳力储备的企业，比如储备有一支忠诚的、熟练的劳动力队伍，在劳动力方面很有竞争优势，但由于科学技术的发展和更新换代，现在已经成了劣势。公司作为过剩劳动力保留的缺少新技能的员工,或工资水平大大高于市场价格的员工,遇到的情况自然会更糟。对这些国家而言,关键问题是如何适应新技术所导致的国际劳动力市场的新变化,实现相关经济制度的变革。

虽然经济全球化给发达国家带来了前所未有的繁荣昌盛,也使一些发展中国家众多劳动者脱离了贫困,但全球化也存在根本性的矛盾:国内市场与全球市场的矛盾。国内市场通常建立在国内的监管及政治制度基础之上,但全球市场却缺乏统一的监管和制度的基础。因为没有统一性的监管,没有全球性的反垄断权力机构,没有全球性的最后贷款人,没有全球性的社会安全网,必然的结果是不稳定、低效率,群众基础薄弱。政府是每个国家的政府,而市场却是全球性的市场,这就是全球化中的致命弱点。

正是有这一致命弱点的存在,金融全球化在给世界带来更多的投资和更快的增长的同时,也带来了动荡和发展不平衡;在各国内部,金融全球化在带来财富增加的同时,也带来了贫富的分化。在阶级还存在的社会里,无论是国内或国际上,市场都不是自我创造出来的,都不能自我监管,不能自我稳定,不能自我合法化,市场经济要健康发展,就需要有政府的作用,政府的合理干预和监管。实践中,只有那些采取加强政府监管的国家,才避免了动荡和取得进展。可见,要给全球化一个更为稳固的基础,我们需要在市场和政府管制之间找到平衡。针对全球化中的问题,不少学者对全球化发出了责难。其实,有一些责难是混淆了因果关系而走向了谬误。当然,更多的人则是以治病的善意,希望全球化能健康发展。

这一致命弱点的解决,涉及许多复杂的经济、政治和社会问题,所以不是易事,需要有一个人类发展进步的长期过程。比如,健康发展的全球化,不仅需要有一个全球性的经济体系,还需要有一个相应的全球性的政治体系。这两个体系的建立,必然要涉及国家主权的弱化或让度。而在这次反思中,有些资产阶级学者却反其道而行之,认为资产阶级的民主和国家主权应该压倒全球化。民主国家有保护自己国家社会制度的权利,当这种权利和全球化发生冲突时,全球化应当让步和服从。认为给民主国家更多自主权能使全球经济基础更稳固,发展更健康。这实际上是一种是非颠倒,是想把一个国家的利益放在国际社会利益之上,让国际社会服从一个或几个所谓民主国家的利益。这也正是全球化中问题的症结。正确的做法应当是,把国际社会的利益放在国家利益之上,在一个或几个国家的国家利益与国际社会利益发生矛盾时，国家利益应当服从国际社会的利益。

当今的世界，是贫富两极分化的世界。把这种状况出现的原因，归罪于全球化，这当然是一种无稽之谈。的确，世界人均收入排在前10%的富裕国家，和比人均收入排在最后10%的国家，差距不知道有多少倍。即使前一类国家中排在最后10%穷人的收入，比后一类国家中排在前10%的富人的收入也会高出若干倍。于是就出现了宁愿在富裕国家当穷人，而不愿在贫穷国家当富人，因为在一个富裕国家里当穷人要比在一个贫困国家里当富人的收入要高得多。翻开全球化发展的历史，世界一直是划分为少数富裕国家和多数在不同程度上挣扎的贫困国家。即使在世界经济发展突飞猛进的年代，贫穷国家也很难缩小与富裕国家的差距，穷富之间的鸿沟一直在加深。据有学者提供的数据，工业革命初期，世界上最富裕地区与最贫穷地区的比例为2:1，现在这个比例为20:1，最富裕国家和最贫穷国家的比例已经上升到80:1。然而，这种贫富差别，不是全球化本身造成的，而是因为存在着不公平、不合理的国际政治经济秩序所致的发达国家对发展中国家的掠夺造成的。

发展中国家贫困最直接的原因是科学技术落后，劳动生产率低。这些国家劳动者的劳动所产生的效益甚至还不能为自己提供足够的食物和住处，更别说诸如医疗保健和教育等其他需求了。导致生产效益低的原因，自然很多也很复杂，但最主要的是缺乏足够的资金、先进技术和设备，而这些都被发达国家垄断着，这是发达国家对发展中国家进行掠夺的基础和手段，发达国家正是依靠这种垄断，对发展中国家进行残酷的掠夺。发展中国家想要从发达国家得到核心技术设备，根本没有可能，即使得到一般性的技术和设备，也需要付出高昂代价。利用发达国家的资金、技术和设备劳动所创造的收益的绝大部分，都被发达国家拿走了，怎能不贫困。如果没有不合理、不公平政治经济秩序的存在，没有垄断资本掠夺的存在，让每个人都有机会进入市场，得到所需的投资和技术，并得到公平、合理和科学的治理，全球化完全有可能铲除所有导致贫困以及让贫困持续下去的社会弊端，成为推动落后地区迎头赶上发达地区的强大动力。

三 危机的救治与社会制度的变革

经济危机虽然是由资本主义制度所决定的社会"瘟疫"，但每次危机的发生和救治，又都会带来新的反思和新的社会变革。资本主义社会正是在这种不断危机、不断反思和不断变革中发展和前进的。不断反思、不断变革，是资本主义生命之所在。如马克思说的："资产阶级除非对生产工具，从而对生产关系，从而对全部社会关系不断地进行革命，否则就不能生存下去。生产的不断变革，一切社会状况不停的动荡，永远的不安定和变动，这就是资产阶级时代不同于过去一切时代的地方。"① 而且这种反思和变革，也总是按照马克思所指的方向，向着马克思所揭示的那种新的理想社会前进。变革的作用和结果，总是对资本主义的自我扬弃。然而，也许这次危机所涉及的利益关系太过于复杂了，所以由这次危机所引起的反思和变革中，存在着一些逆流，很值得注意。

社会福利制度与前进中的难题

资本主义国家的社会福利建设，开始于19世纪80年代。德国建立养老金制度，应当算是它的起点。之后，经过约半个世纪的逐步发展，形成了普及化、全民化的包括医疗保健、失业津贴、养老和社会最低生活保障等在内的所谓福利制度。随之，他们也称自己为福利国家，并以此自豪。而发展到20世纪80年代之后，由于竞选政治等原因，使这种社会福利不断膨胀，导致政府财政赤字和国债的不断增加，终于导致了今天的债务危机。

加强政府国民收入再收入功能，不断提高居民在社保、教育、住房、医疗等方面的社会福利和社会最低保障，这无疑是社会进步的表现。然而，在资本主义债务危机愈演愈烈的情况下，人们对资本主义国家的福利制，不得不进行深入反思。从历史上看，无论是学界或政界，对"福利社会"也有着不同的看法，认为有些社会福利，比如最低生活补贴或最低贫困线的不断提高，固然有利于弱势群体，有利于社会稳定，但它也有负面作用，比如影响劳动者就业的积极性，及其在工作中学习、从而不断提高其自立能力和社会地位。因此器重个人自立能力的美国，与欧洲相比，最低工资标准和生活补贴标准都比较低。2004年，一个全年每个工作日都上班的人，以最低工资标准计算，每年的收入为10712美元，2003年美国三口之家的贫困线是14824美元。据美国商务部提供的数据，2002年，美国

---

① 《马克思恩格斯选集》第1卷，人民出版社1995年版，第275页。

尚有4360万公民没有医疗保险，有16.3%的儿童生活在贫困中。

资本主义社会是极端依赖市场的社会。一切东西包括劳动力的价值都要靠在市场上衡量和实现。如果一个人在劳动力市场上的价值不足以为其自身和其家庭提供最低生活工资，这仅被认为是不幸。比如在美国，一个人若失去工作可能也就失去了他的社会地位和健康保险。如果不幸他又生了病，情况自然会更糟。相反，如果一个人在劳动力市场上得到很高价值的认可，并实现了就业，并能在那里创新、努力工作并取得成功，其得到的回报也是可观的。劳动者似乎意识到，只有努力工作，才能使经济得到增长，从而使生活水平得到提高，这似乎是美国比其他资本主义国家更具有活力的根源。

应当说，福利制度本质上是一种趋于平等的制度，它预示着人类发展的未来和进步，体现着人类劳动的根本目的和社会公平。它实质上是把劳动者过去应得而没有得到的劳动报酬的一部分，归还给劳动者，应当是消除劳动异化、解放劳动者的重要步骤。不过，这里有两个很现实的问题值得提出来研究：一是这部分同资产者从劳动者身上剥削去的部分相比，还是太小了；二是马克思在创立共产主义理论时，有人就提出质疑说，共产主义会使懒惰之风兴起。马克思批判了这种说法，认为消除了雇佣劳动关系和劳动异化，人们都为自己而劳动，所以不会有懒惰之风的兴起。

然而，在资本主义现阶段，雇佣劳动关系和劳动异化都仍然存在的情况下，如果社会福利和社会保险过高，使不参加劳动的人同样可以勉强维持生活，这当然对提高劳动者劳动的积极性是不利的。发达资本主义国家的现实，似乎能证明这一点。或许是这些国家忽视了劳动和劳动职业教育，或许是福利制度与劳动之间缺乏有力的协调机制，的确出现了劳动者劳动积极性下降和基础劳动技能下降的事实。有机构对包括美国在内的一些发达国家的调查证实，16至65岁的人群在解决基础问题、阅读和数学技能方面，都低于世界平均水平。这不仅引起了这些发达国家的注意，更应当引起社会主义国家的警惕。

第二次世界大战后，欧洲国家正是用高社会福利，赢得了国民，赢得了长期的稳定和发展。从道德和平等的理想看，这种依靠对资产者们的高税收为基础和维持的高社会福利政策，对社会稳定和刺激劳动者的积极性，是非常有意义的。然而如上所述，一是它在一定程度上带有我们常说的"吃大锅饭"的隐疾，二是其增长没有建立在生产力增长的基础上，所以也阻碍了整个社会的投资、创新、就业和奋斗精神。如在德国，据有关专家提供的数据，到 2002 年为止，工资税中有 41% 用来满足医疗保健、失业保险和养老金的需求。由于解雇工人很困难，雇主在雇用一个 20 多岁的工人时，必须考虑这可能是为期 40 年的承诺。因为风险很高，于是企业家们倾向于通过尽可能采取自动化生产的办法或通过在海外建厂、尽可能将生产外包来最大限度地减少新雇工人。其结果是高失业率，尤其是年轻人的高失业率，成为欧洲大陆经济体的通病。

还有个实际问题，困惑着欧洲大陆各个福利国家，那就是它们都面临着人口老龄化和赡养比例上升的问题，特别是每一个积极劳动力都对应着退休职工人数上升。由于这些福利国家都主要依赖工资税来为退休人员提供转移支付，而税收增长的不可持续性，使得它们要维持现有的福利（养老金、医疗费用，特别是失业保险）水平都很难。因为税收增加不仅会给在职的积极劳动力带来沉重的负担，还会给企业带来压力。看来福利制度的改革势在必行。然而从欧洲国家的情况看，这种改革的阻力很大。应当明确的是，人类发展生产的目的，就是要改善和提高人们的生活和福利，所以这种改革的方向、目标，不应当是要否定这种制度本身，而是要使这种制度怎么与生产的发展相适应。社会福利的发展，要在经济发展的基础上，靠发展生产，不能靠借债、靠寅吃卯粮。变革重点，自然应当是劳资关系和借债消费。

这次危机的爆发，使人们对资本主义的劳资关系，不得不进行深入反思。在劳资关系的变革方面，战后各资本主义国家，也采取了一些措施。比如为了使劳资关系和谐，作为制度创新，采取多种形式如资本—劳工协议、参加国家在企业监事会等以改善劳动者的地位，让职工参与企业决策。这对提高劳动的积极性，都起有非常重要的作用。在第二次世界大战结束后的几十年里，虽然经济危机不断，但美国生产力仍迅速发展，国内生产总值快速增长，普通美国家庭的生活水平也将近翻了一番。之所以取得这一成绩，除了享受得天独厚的国外资源以及有利于美国的和平环境之外，还得力于危机中的反思和变革，特别是有关劳资关系方面的变革。

这次危机告诉我们，这些变革只是缓和了劳资之间的矛盾，而并没有根本解决资本对劳动的掠夺和剥削问题。如前所述，金融资本家对劳动者的残酷剥削和掠夺，是酿成这次危机的根本原因，那么解救这次危机的根本，自然就在于变革这种劳资关系。比如通过工资政策、税收政策、社会福利制度等，以提高劳动者的地位，增加劳动者的收入，让掠夺者为自己的掠夺酿成的后果，出点血，付出应有的代价。而不应反而让被掠夺的广大劳动者为肇事的掠夺者埋单。然而，实际正好相反，几乎所有西方国家的政府，都仍然站在掠夺者一方，顶着广大劳动者一浪高过一浪的反抗游行示威的压力，仍在降低社会福利、降低工人工资方面冥思苦索。这不能不说是一股逆流。

不过我们也已经看到，同20世纪30年代大危机时的情况一样，迫于劳动者的呼声和反抗运动压力，各发达国家的统治者，也不得不对资本主义制度进行一些变革。比如美国总统奥巴马就提出了新的改革政策措施。奥巴马把自己的"新政"，称为"进步主义和实用主义的哲学"，其内容与罗斯福救治20世纪30年代大危机时的罗斯福"新政"类似，就是加强国家干预。从加强国家干预的内容看，其中具有进步意义的重要一项，是保护工人劳动者，特别是贫困者和其他弱势群体的权益，抑制贫富分化，推进社会公平。

奥巴马入主白宫以来，在他发表的演说、讲话、访谈、报告中的确提出了一些带有战略性和根本性的问题。比如：提出鼓励增加储蓄和投资，使美国从借钱挥霍的时代走向省钱投资的时代，这是美国增长与繁荣的新的基础；提出重新分配财富，并向中产阶级和广大低收入者倾斜，不能只照顾富人的利益；提出建立公平的社会，向所有积极肯干的人提供机遇，以实现共同利益；提出对银行和金融体系进行全面改革，加强对整个金融领域的严格监管；提出大力促进新技术，培植新产业，开发替代能源和可减少污染的技术以及与政策目标有关的其他新产业；提出富裕的国家不能再漠视本国以外的苦难，不能再毫无顾忌地消耗全世界的资源，应当对于贫穷国家的人民予以帮助，等等。这些人们都赞同，如果真的能这样做，不仅对本国劳动者，而且对世界劳动者都是有利的。

在奥巴马的"新政"中，有一项重要内容，是实行医疗保险改革，提高社会福利。医疗保障是奥巴马社会福利计划的重要组成部分。在发达资本主义国家，美国是唯一未实现全民医保的发达国家，据专家统计，2008年，全美3亿人口中约3600万人没有医保，还有数以百万计的美国人医保不足。然而，同其他发达资本主义国家相比，美国医保开支数额是最高的，只是医保的公平性差，其质量并不占明显优势。如果医保开支进一步增长，将使赤字不断扩大，美国财政将不堪重负。而且对医疗体系进行彻底改革，涉及医生、护理人员、医院、制药公司、保险公司、其他大企业、老年人群体等多个强大利益集团的利益，如何协调，的确绝非易事。

诚然，奥巴马这一改革是一项全面彻底的医改方案，旨在向大约3600万目前未享受医保的美国民众提供此项福利，从而使全美医保覆盖比例从现在的85%最终达到96%，接近全民医保。其中最大项目是由政府出资的两项，即针对65岁以上老年人的医疗保健项目和帮助低收入者的医疗补助项目。其他多数美国人都由工作单位提供医保。法案草案规定，公司、企业都必须为雇员上保险，或支付相当工资总额8%的费用；对那些数以百万计无法从工作单位获得医保的人，联邦政府将提供补贴，以帮助他们购买保险。根据该法案，所有美国公民都必须购买医疗保险。奥巴马的这个医改计划如得到实施，在短期内，必然会增加政府财政负担，即使按奥巴马的估计，至少也要9000亿美元，许多专家的估计是1万亿美元。因此不能在这改革中得到好处的人，特别是一些利益集团，都起劲地反对这一改革。奥巴马的这一改革，究竟能取得多大的效果，还有待观察。

人们都意识到了，世界新兴发展中国家，特别是亚洲的新兴发展中国家，随着经济的发展，目前正面临着建设福利国家的革命。西方发达国家建成福利国家，将近用了一个世纪的时间，而从当前新兴国家，特别是中国和印度的实际情况看，这些国家社会福利建设的速度非常之快。目前，中国的养老金制度已经由城市扩大到农村，有2.4亿农村人口被覆盖，几乎所有的农村人口都享受到了医疗保险。印度大约有1.1亿人口享受到了医疗保险，有4000万贫困人口，可以享受到每年最多100天的最低工资报酬。然而，这些国家虽然经济发展很快，但因原来的底子薄，当前的经济实力与发达资本主义国家有很大的差距，所以社会福利建设只能在经济实力许可的范围内进行。应当汲取欧洲国家的教训，不要搞不切合实际、政府负担不起的承诺，不要用慷慨的最低工资而扼杀劳动力市场，这关系到这场革命的成败。

自由市场与问题的根源

这次金融危机，打破了自由市场万能的神话，也动摇了华盛顿共识。自亚当·斯密开始，就推崇"那只看不见的手"，可那究竟是一只什么样的手，这次危机的事实，也许给出了很好的答案。那些主张自由市场经济的人，有一个主观臆想的前提和善良的愿望：市场的参与者，都有一种内在的诚信。而实际上，在资本主义市场所体现的劳资关系中，市场参与者资本家暴露出来的本性，却恰恰不是内在的诚信，而是内在的投机、欺骗和惟利是图。看来，资本主义的信念、制度、规则的本质，在这次危机面前暴露无遗，似乎都不得不修改和变革。

事实是简单和明确的：如果参与市场的人都有着内在的诚信，都只是为了市场的发展和繁荣，没有惟利是图的投机，那何来的借贷杠杆的滥用、金融衍生产品的失控和管理的失败，以及必然导致的欠债、次贷的泛滥和高得离谱的银行高管的薪酬呢？而这些却恰恰是资本主义市场经济中，最为本质、已经把资本主义发展带到悬崖边的东西。站在悬崖边的那些曾经与强大的既得利益集团站在一起，反对政府监管，主张资本家自己管理自己的人，似乎受到了极大的讽刺和嘲笑，也不得不改弦更张了。他们看到了，在充满为私利而激烈竞争的市场中，惟利是图的投机、掠夺会发展、泛滥到何等危险的地步，单靠那只"无形的看不见的手"者们的"自我管理"，所带来的是什么样的严重后果。由此人们似乎也明白了，资产阶级的国家、政府本质上是为资产阶级服务的，但它毕竟和那些惟利是图的投机者，有着区别，不是一回事。

现在几乎世界所有国家和政府，似乎都已经意识到，在为私利竞争的市场中，那种认为靠自我管理、自我约束就能解决一切问题的思想是天真、幼稚和危险的。因为竞争者真正关心的并不是市场的健康发展，而只是战胜竞争对手，获得更大、更多的个人财富。为了战胜竞争对手，他们不择手段，投机、欺骗、赌博等，无所不用其极。只要不被发现，他们会用尽所有手段。在他们的心目中，占支配地位的是无尽的贪欲，而不是自我约束。美国在危机中暴露出来的金融公司的各种丑闻，都证明了这一点。

人们似乎越来越看清了，在金融资本统治世界的今天，单靠金融服务和分散的小型管理，无论如何都已经不能满足全球金融发展的需要了，建立适合全球金融完全融合的全球金融管理体系，已经迫在眉睫。特别是对诸如商业银行业、投资银行业、保险业、对冲基金、主权财富基金、金融衍生产品、私人股本等，如何分别管理；如何限制金融杠杆的作用，如何评估风险，应提供多少不同的公开交易产品；如何界定证券交易委员会、货币审计办公室、储蓄管理局等诸如此类的机构的权限，都需要有一个统一的严密的体制。

不过，实际上资本主义的问题不是用加强政府管理就能根本解决的。长期以来，资本主义总是在实行凯恩斯主义或自由市场主义之间来回摇摆，而无论摆向哪方，却总是要出问题。原因何在？原因在于无论实行什么主义，都没有把广大劳动者的利益，放在应有的位置。每次问题总是出在劳动者贫困、消费力下降上。如有学者说的，现在大家似乎都变成凯恩斯主义者了。即便是美国的右派也加入到了凯恩斯主义的阵营中，他们都充满了无限的热情；可谁知道到什么时候，大家又都变成自由主义者了呢？可是每次危机的发生，都会出现理性和证据对意识形态和利益的胜利。每次人们都会有这样的议论：没有政府和监管的市场不行，而政府和监管权力过大没有市场的自由也不行，既要有监管，又要有自由，似乎只要找到这两者的最佳结合点，问题就解决了。其实，关键或核心问题，在于监管和自由的立足点及内容上。如果立足点总是站在资产者一方、掠夺者一方，所实行的监管政策也总是有利于资产者一方、掠夺者一方，这个最佳结合点是永远找不到的，危机问题也永远避免不了。市场无法自我纠正错误，监管也无法自我纠正错误，因为错误的根源在制度。

在救治危机中，人们有许多美好的假设和愿望：假如政府能把大量预算都用在刺激劳动生产上，刺激就业上，而不是用在支持金融垄断资本上；假如金融资本家们把大量的钱都用在投资于实体经济发展上，而不是用于金融投机和掠夺财富上；假如政府制定的税收和开支计划能加大对科技、基础设施和环保领域的投资，并在为穷人减税、提高失业津贴的同时，提高对富人的征税，从而降低赤字、缩小贫富差别。那危机就不会爆发。然而，假设只能是假设，美好的愿望也只能是美好的愿望，历史的教训是，危机过后，一切都会在新的周转中慢慢复归。人们现在已经看透，美国总统奥巴马政府救治危机措施的本质，就是收益归富人，损失归社会，埋单归穷人。

美国学者布热津斯基在其新著《战略远见：美国与全球权力危机》中，也不得不承认美国模式已经丧失了动力。他认为，美国模式的根本原则和经济活力，以及国民和政府的意志力，都已经失去了昔日的影响力。美国影响力的核心和关键，历来都是理想主义与现实主义的结合，这是强大精神力的源泉。而近十年来，这两大灵感源泉都丧失了动力。比如在中国崛起的同时，美国的公共债务增加，在阿富汗和伊拉克战争中的落败，以及2008年的金融危机，这些都动摇了人们对美国维持世界霸权能力的信心。

布热津斯基还具体分析了当前美国所面临的六大威胁必须改革。一是国债的增加和不可持续性，他说目前美国的国债已经占到国内生产总值的60%，应该执行真正意义上的改革，实现开源节流；二是漏洞百出的金融体系，不能再继续下去；三是日益加剧的不平等现象和限于停滞的社会流动性，依据基尼系数，美国已经被列入世界上最不平等的大国之列，这威胁到国家的社会共识和民主稳定性；四是日渐衰败的国内基础设施，基础设施是经济增长和效率的关键，是国家活力的象征，历史上帝国的成功，国内基础设施功不可没，罗马帝国是这样，大英帝国也是这样；五是美国人对当今世界缺乏认识，对世界的现状知之很少，在大西洋和太平洋之间，美国仍然是个孤岛，这应归罪于美国的教育；六是日益瘫痪的、党派色彩浓厚的政治制度，当选人和政府承诺越来越难以兑现，在预算、医疗保健和金融问题上，达成共识已经越来越困难。

的确，布热津斯基所分析的这些都是事实，但这种分析还都属于表层，没有触及到金融资本对劳动者掠夺这一根本矛盾。这一根本矛盾不解决，美国经济、政治的下滑，美国现行社会制度被新的社会制度所取代，那是必然的。尽管它还具有很多优势，诸如：其在世界国内生产总值中它还占有26.3%，在科技和创新能力上还具有巨大潜力，在物质资源、精神资源、人口、信念等方面还有着很大的潜力和动员能力，在军事上还具有没有一个大国能与之匹敌的优势等，但只要其在解决劳资关系问题上不能有大的作为，其衰败，其为新的社会制度所取代，那都是迟早的事。

我们看到，美国总统奥巴马为了摆脱此次严重危机，而进行变革的重要措施之一，就是建立严格的金融监管体制，加强对金融的监管。其实，奥巴马一入主白宫，就立即提出对金融监管的方案设想。其基本思路是：提高对所有金融机构的资本和流动性要求，对影响最大的金融公司提出更加严格的要求，要求所有这类大公司都要接受美联储的统一管理；针对现有监管机制没有为消费者和投资者提供足够保护的情况，政府计划将提供一个更强有力的全面保护消费者和投资者的框架；针对过去联邦政府没有遏制并管理金融工具和金融产品创新的状况，政府计划建立一个机制，专门对这些可能威胁金融系统稳定和整个经济稳定的金融活动进行监管等。

然而，这些是与华尔街的那些贪婪的投机者和冒险家格格不入的。那些人由其本性所决定，他们最希望的就是抛弃一切监管，使自己能自由自在地进行投机和财富掠夺。因此其方案设想一出,就引起了激烈争论。那些新自由主义者反对任何金融监管,他们为自己辩护的理由,就是对于那些不讲诚信和贪婪无度的金融家只需要打翻在地的,政府不需监管。但事实一再证明,如果没有政府的严格监管,那些不讲诚信和贪婪无度的大银行家和金融投机者,是不会被发现和被打翻在地的。在没有监管的自由市场上,他们纵横捭阖,游刃有余。所以,奥巴马的改革效果究竟如何,其前景实难预测。

不过,话又说回来,如果根本制度不解决,光靠市场监管解决不了根本问题。诚然,近半个世纪以来新自由主义在全球的推行,的确加重了世界和各国的不平等与贫富差别现象。而财富和收入分配的不平等,不单是缺乏监管自由市场造成的,而主要是由生产资料的私有制度造成的,解决这一问题的根本出路,是改变这种私有制度。依据当前的实际情况,诸如发展和壮大国有经济、集体经济和合作经济,重点从企业产权、微观层面和初次分配解决不平等和贫富对立问题;诸如加强税收和国民收入再分配的调控,不断降低低收入阶层的税收和提高高收入阶层的税收,不断提高城乡居民在社保、教育、住房等方面的公共福利和政府保障水平等。人们已经认识到,世界范围内各地区、各国家和社会阶级间的不平等是资本主义发展固有的。这种社会制度和社会秩序下的发展,只是私人垄断资本活动范围的扩大,丝毫无助于化解资本主义给各国带来的灾难。这只有在替代思想和替代制度意识的基础上,选择社会主义,进行实实在在的变革才能解决。

银行信用制度的发展和资本主义的自我扬弃

银行信用制度是适应资本主义劳动生产社会化而产生的。作为扬弃资本主义私有制,或者使资本主义私有制过渡到共产主义公有制的手段,它的产生和发展是必然的。尽管世界发生了多次金融危机,它依然在发展着、前进着。前面已述,发生金融危机的症结不在银行信用制度本身,而在于它的资本主义性质,在于资产者利用它进行无度投机、掠夺,在于这种掠夺使财富占有更趋于两极分化、劳动者贫困更为严重。它的继续发展预示着资本主义制度自我扬弃的发展和新社会的到来。

任何事物的发展都是历史的、辩证的和有着不以人们意志为转移的规律的。因为信用制度以社会生产资料在私人手里的垄断为前提,所以,一方面，它本身是资本主义生产方式固有的形式，另一方面，它又是促使资本主义生产方式发展到它所能到达的最高和最后形式的动力。银行信用制度，是资本主义生产方式造成的最发达的产物，它不仅对商业和工业拥有极大的权力，同时也提供了社会范围的公共簿记和生产资料的公共分配的形式，但只是形式而已。这次金融危机，使我们加深对马克思理论这样的理解：单个资本家或每个特殊资本的平均利润，不是由这个资本直接占有的剩余劳动决定的，而是由总资本占有的剩余劳动总量决定的，每个特殊资本仅仅是按照它在总资本中所占的比例从这个剩余劳动总量中取得自己的股息。资本的这种社会性质，只是在信用制度和银行制度有了充分发展时才表现出来并完全实现。另一方面，还不仅如此。信用制度和银行制度把社会上一切可用的甚至可能的、尚未积极发挥作用的资本交给产业资本家和商业资本家支配，以致这个资本的贷放者和使用者，都不是这个资本的所有者或生产者。因此，信用制度和银行制度扬弃了资本的私人性质，从而自在地，但也仅仅是自在地包含着资本本身的扬弃。

这次金融危机，也使我们进一步加深了对马克思下述理论的理解：由于股份公司的成立，那种本身建立在社会生产方式的基础上并以生产资料和劳动力的社会集中为前提的资本，在这里直接取得了社会资本的形式，而与私人相对立，并且它的企业也表现为社会企业，而与私人企业相对立。这是作为私人财产的资本在资本主义生产方式本身范围内的扬弃。它越是扩大，越是侵入新的生产部门，它就越会消灭私人产业。正是由于这个原因，当信用制和股份制刚产生时，马克思就认为它是资本主义过渡到新社会的过渡点。他明确指出，在股份公司内，由于职能已经同资本所有权分离，因而劳动已经完全同生产资料的所有权和剩余劳动的所有权分离。资本主义生产极度发展的这个结果是，财产不再是各个相互分离的生产者的私有财产，而是联合起来的生产者的财产，即直接的社会财产。而且信用制与股份制在成为资本再转化为生产者的财产所必需的过渡点同时，也成为所有那些至今还和资本所有权结合在一起的再生产过程中的职能，就转化为联合起来的生产者的单纯职能，即转化为社会职能的过渡点。

现在我们看到，信用制和股份制在促进资本主义私有制扬弃方面的作用，日益突出和明显。真的如马克思所说的，由于股份资本的出现，使资本主义的生产规模惊人地扩大了。法人股份垄断资本所有制形式的出现，是资本主义生产关系又一质的变化，是资本主义所有制关系的第三次变革。法人股份垄断资本所有制，作为股份资本为主体的垄断资本所有制，是与金融资本的发展紧密联系，在国际垄断资本主义阶段占支配地位的所有制形式。这种所有制形式是在国际垄断资本主义发展阶段适应巨大国际垄断的不断发展而逐步形成的，它既是国际垄断资本主义阶段资本主义的基本特征，也是国际垄断资本发展的基础。国际垄断资本为适应资本主义经济的日趋国际化和国际竞争不断加剧的新的发展形势，为了不断向全球扩展，其所需筹资规模之大、筹资速度之快，是任何私人股份垄断资本企业都难达到的，它必须要具有强大经济实力并作为社会法人的社会经济组织的积极参与和支持，这就是法人股份垄断资本所有制形成的基本动因。法人股份垄断资本所有制的基本特征，就是具有雄厚资本实力的社会法人，成为企业投资或持股的主体，成为企业股东的主体。这些法人主要包括工商企业、商业银行、投资银行、年金基金、保险公司、社会共同基金等。从这些法人的资本来源和性质，我们就可以看出，从私人股份垄断资本所有制形式到法人股份资本所有制形式的转化，亦即股东的法人化和非个人化，是资本主义所有制关系的新的重大变化。这种变化不仅有量的内容，而且有质的内涵。它意味着资本主义生产资料占有的社会化程度的提高，意味着对资本主义生产资料私人占有制的进一步扬弃。

与这种所有制形式发展相适应，出现了生产资料所有权与经营权相分离，形成了专门的经营管理阶层。管理者阶层直接支配公司的资本，独立进行一切实际生产和经营活动。而作为股份资本的所有者，主要是持股分利，其寄生性由此凸显。当然，管理者阶层一般也都程度不同的持有公司的股份，持有股份多的，实际上已经成为股份资本的所有者，一种新型的资本家。这种所有权与经营权的分离，也是由股份资本本身的性质所决定的。由于经理阶层所经营管理的是别人的资本，而资本所有者则转化为单纯的所有者，很多成为单纯的货币资本家，从而使资本具有更大的社会性。在这种社会性中，职能已经同资本所有权相分离，因而劳动也已经完全同生产资料的所有权和剩余劳动的所有权相分离。资本主义所有制关系高度发展的这个结果，正是资本再转化为生产者的财产所必需的过渡点。与此同时，还出现了实物资本与股份资本相分离，即一边是企业内部实物资本的运转，一边是企业外部金融资本的运转。两者虽然有着紧密联系，但却在不同的环境和市场中各自独立运转，这既为企业资本来源向更大规模和更高垄断程度发展提供了更广阔的社会环境和条件，也给企业带来了更大的风险和不稳定性。

在金融全球化的当今，国际垄断资本正是通过运用这些雄厚的法人股份资本，垄断和控制着世界先进的科学技术、主要产业、国际市场以及整个世界经济的导向。由于这些国际垄断资本不仅通过国内股市，而且还通过国外股市筹措和运作大量资本，其持股者不仅有国内的法人，而且有国外的法人，其管理者和劳动者，也不仅有国内的，也有国外的，所以其企业的所有者、管理者和劳动者，均具有了广泛的国际性。可见，法人股份垄断资本所有制，不仅有了很强的社会性，而且具有了很强的国际性，或国际社会性，是对资本主义所有制的更多的扬弃，是向新的社会制度的一种新的更直接的过渡。特别值得注意的是，银行信用制度发展在推动资本社会化、劳动生产社会化的同时，还推动了资本主义财富分配关系等其他关系方面的社会化或者自我扬弃。

总之，每次危机所引起的资本主义制度的变革，无论被称为是对资本主义制度的重塑、再造或自我扬弃，都是在资本主义制度范围之内进行的，不能触及和改变这种制度核心——私有制以及在此基础上的资产者对劳动者劳动的无偿占有。所以尽管变革不断，却始终不能解决资本和劳动的对立，不能解决财富占有的不平等和大量贫困人口的存在。诚然，其在促进全球化和技术革命方面的变革，有利于人们相互联系和沟通；有利于人们对社会不公问题的共同觉醒。不过即使如此，财富占有制度、资产者无偿占有劳动者劳动的制度，至今尚未得到根本解决，它仍然是当今存在的一切矛盾和对立的根源，是恐怖主义存在的根源。

第十一章

危机的救治和劳动者解放道路的选择

消除劳动异化，使劳动者得到彻底解放，使劳动的本质复归，这是人类文明发展的最终归宿。这次危机再次证明了，由于没有以劳动者解放为指针，正确解决劳资关系，是危机的根源，而以劳动者解放为指针，正确解决劳资关系，自然也是解救危机的根本。然而，抱着资本主义制度不放的资产者们，却依然反其道而行之。至今政府拯救危机的措施，仍然不是以劳动者的解放为目标，而是以保护资产者的资本为目标。因此，其本身又是产生新危机的因素，使资本主义终不能摆脱危机、萧条、繁荣、危机的恶性循环。这也再次证明，劳动者的解放只能靠劳动者自己起来斗争取得，劳动者的解放不仅要有信仰、政党、纲领这三大法宝，而且还必须选择正确的道路。

一 正本清源和新的起点

新的危机，体现着资本主义发展中的新矛盾。毋庸置疑，这些矛盾也是劳动者在争取自身解放斗争发展到新阶段所遇到的新矛盾。如何解决这些矛盾，资产者和劳动者当然都在考虑。不过，由于利益的不同，其考虑的出发点、具体政策措施及其实施办法，都会有所不同，甚至根本对立。在新的复杂的形势下，劳动者为自身的解放需要未雨绸缪，有适合新形势的新的思维。而且这次危机中我们看到了，当劳动者以游行示威、占领华尔街等方式进行斗争时，结果和过去一样，并没有什么实质性的收效。实践也许会使走在抗议街头的那些劳动者猛醒，解放自己道路的选择问题，似乎依然尖锐地摆在自己面前。如何正本清源，把此次危机作为自己解放自己斗争的新的起点。

理论上的误解和归真

关于劳动者解放,是走暴力革命道路,或和平过渡的道路,马克思主义者基本的、一贯的主张是:哪种方式更有效、更可靠,就用哪种方式。而且由于各国的具体情况不同,所以究竟用什么方式更可靠,这应当由各国劳动者自己选择。有人说马克思主义者崇尚暴力,这是天大的误解。事实是:"能不能用和平的办法废除私有制?但愿如此,共产主义者当然是最不反对这种办法的人。共产主义者很清楚,任何密谋都不但无益,而甚至有害。他们很清楚,革命不能故意地、随心所欲地制造,革命在任何地方和任何时候都是完全不以单个政党和整个阶级的意志和领导为转移的各种情况的必然结果"①。为了破除这种误解,还马克思主义一个真实,这里我想多引用一些马克思和恩格斯的原话,以便大家对这一问题进行深入思考。

我们都知道,在资本主义国家掌握国家暴力的是资产阶级。当劳动者进行和平斗争发展到一定程度,威胁到资产阶级统治和生存的时候,首先动用暴力,用暴力镇压劳工运动的,恰恰是资产阶级。劳动者的暴力革命的道路,完全是被动的,被逼出来的。认为马克思主义者崇尚暴力的人,完全把事情弄颠倒了。"如果旧的东西足够理智,不加抵抗即行灭亡,那就和平地代替,如果旧的东西抗拒这种必然性,那就通过暴力来代替。"②但"几乎所有文明国家的无产阶级的发展都受到暴力压制,因而是共产主义者的敌人用尽一切引起革命。如果被压迫的无产阶级因此最终被推向革命,那时,我们共产主义者将用实际行动来捍卫无产者的事业,正像现在用语言来捍卫它一样"③。马克思"无产阶级不通过暴力革命就不可能夺取自己的政治统治"的话,正是在工人劳动者面对资产阶级强大暴力的情况下而说的。

在以往对劳动者解放道路的研究中,都把劳动者的政治解放和经济解放分裂了,因而出现了片面性和形而上学。比如只强调劳动者的解放首先是政治解放,是夺取国家政权,然后才能取得经济解放。因而在取得政权

---

① 《马克思恩格斯选集》第1卷,人民出版社1995年版,第239页。
② 《马克思恩格斯选集》第4卷,人民出版社1995年版,第216页。
③ 《马克思恩格斯选集》第1卷,人民出版社1995年版,第239页。

的道路上，也只强调暴力革命，忽视经济的、和平的斗争，完全否定了和平斗争取得胜利的可能性。其实，马克思和恩格斯都没有否定这种可能性。"可以设想，在人民代议机关把一切权力集中在自己手里、只要取得大多数人民的支持就能够按照宪法随意办事的国家里，旧社会可能和平地长入新社会，比如在法国和美国那样的民主共和国，在英国那样的君主国，英国报纸上每天都在议论即将赎买王朝的问题，这个王朝在人民的意志面前是软弱无力的。但是在德国，政府几乎有无上的权力，帝国国会及其他一切代议机关毫无实权，因此，在德国宣布某种类似的做法，而且在没有任何必要的情况下宣布这种做法，就是揭去专制制度的遮羞布，自己去遮盖那赤裸裸的东西。"①

毋庸置疑的是，无论理论或实践上，劳动者采取何种方式和道路解放自己，这是由所面临的客观斗争形势决定的，是与时俱进的，是随形势的发展变化而变化的。比如1872年马克思考虑到当时英国与法国的不同情况，认为凡是利用和平宣传能更快更可靠地达到目的的地方，举行起义就是不明智的；而在法国，战争这种暴力则不可避免。比如恩格斯晚年时，鉴于新式炮弹的惨烈杀伤力，一直在考虑必须制订新的革命策略，但是还拿不出一个定见。1895年恩格斯认为，1848年的斗争方法，今天在一切方面都已经陈旧了；我们采用合法手段却比采用不合法手段或采用变革办法要获得多得多的成就。但随后又说明这种策略的改变仅仅针对当时的德国，就是对德国，明天它也可能就不适用了。

对于和平方式中的议会斗争或议会道路，马克思和恩格斯都不仅不否认，而且还给予了充分的评价。"法国先生们应当在11月份表明，他们能够干什么。十二个马克思派和四个布朗基派，五个阿列曼派和两个布鲁斯派再加上几个独立的社会主义者和大约二十四个米勒兰派的激进社会主义者，在议院里是一个相当大的班底了，他们应该引起显著的震动，如果他们大家能够采取一致行动的话。"② "由于选举改革草案，无论如何最近一个月你们的宣传工作又要活跃起来。冷热病得到了最早剧烈发作的机会，这很好。现在人们将稍微冷静地看待事物了。不管那里发生什么事情，政府和帝国议会必将使你们掌握新的武器，到明年，你们的人起码将有三十

---

① 《马克思恩格斯全集》第22卷，人民出版社1965年版，第272—273页。
② 《马克思恩格斯全集》第39卷，人民出版社1974年版，第130页。

个，或者六十个进入议会。无产者参加这种陈腐的、划分为等级的会议！他们将向法国人证明，无产阶级并不是第四等级，象那些喜欢用错误的类推法的人所说的那样，而是一个充满青春活力的完全现代的阶级，它不能同这个陈腐的、等级制的废物和平共处，而是要炸毁它，然后才能够着手解决它本身的任务——炸毁资产阶级。我一想到我们的人将首次出现在帝国议会就感到高兴。"①

劳动者的代表进入议会，这当然是劳动者斗争的结果。但更重要的是，进入议会的代表一定要为劳动者的利益和解放而斗争。"我认为，当前我们正处在高潮时期，这个时期是从比利时工人取得选举权开始的。在比利时以后，奥地利发起了争取选举改革的运动；随后，德国无产阶级不久前提出把普选权从帝国国会扩展到德意志各邦议会的要求。法国和意大利为对付工人政党而颁布的镇压法令，以及正在德国制定的类似法令，并不会比奥地利政府的强制手段更有效果。现在社会主义运动到处都比所谓公共权力更强大。至于比利时工人，10月14日他们就有了更加牢固得多的阵地。他们第一次认识了敌我力量；今后他们就能够很熟练地确定自己的策略。你们是三十五万比利时公民的喉舌这个事实得到正式承认以后，您和其他社会主义者议员就会具有更大的分量，对你们的声音就会更加注意倾听。随同你们一起'庄严进入'议会的是整个比利时无产阶级，这种进入不但对你们大家而且对整个欧洲的无产者都是件喜事！"

劳动者代表进入议会人数增加所激起恩格斯的兴奋，也说明了恩格斯对议会道路所寄予的希望。"我深信，我们将比1890年多获得70万张选票，也可能多100万张。这样一来，我们总共得到的票数如果不是200万张，也将是225万张。但是我们得到的议席数目将不会同这个数字相适应。如果席位是平均分配的话，我们在选举中得到150万张选票之后，就应在上届帝国国会里有80名议员，而不是36名。自从帝国成立时规定选区以来，选区居民的分布已经变得对我们不利了。选区本来是按下列原则规定的：10万居民产生1名议员。但是柏林直到现在仍然只选6名议员到帝国国会去，虽然现在柏林的居民已经超过160万。按照规定，柏林应当选出16名议员。另一个例子是：科伦现在已有25万居民，可是它仍然只选1名议员。……是的，我们要在所有的400个选区提出候选人。对我们

---

① 《马克思恩格斯全集》第39卷，人民出版社1974年版，第195页。

来说，重要的是对我们的力量进行一次检阅。"①

在阐述议会斗争的影响时，恩格斯特别提到了对部队的影响。"我认为，我们党担负起掌握国家管理的使命的时候已经不远……可能到本世纪末您就会看到这一点。真的！请您看一看从我们开始议会斗争以来我们的拥护者的人数吧。它随着每一次选举不断增长。我个人深信，如果上届帝国国会存在到它的法定期限，换句话说，如果选举到1895年才举行，那末我们将会得到350万张选票。全德国的选民是1000万，其中参加投票的人数平均是700万。如果在总数700万选民当中有350万选民拥护我们，德意志帝国就不能再像现在这个样子存在下去。还有，请不要忘记这一点，这一点非常重要，就是我们的选民人数反映出我们在军队里的拥护者的人数。在1000万选民当中我们已经有150万，就是说大约全体居民的七分之一站在我们这边，并且可以认为，每6个士兵里就有1个是我们的。当我们有350万张选票的时候（这个时候不远了），整个军队就会有一半站到我们这边。……当我们取得多数时，我们的军队将自觉地做法国军队曾经本能地做过的事情，拒绝向人民开枪。是的，无论吓坏了的资产者怎样说，我们可以确定大部分居民转到我们这边来的时间，我们的思想既在工人当中，也在教师、医生、法学家和其他人当中到处传播。如果明天我们必须掌握政权，我们就需要工程师、化学家、农艺师。我坚信，他们当中有许多人已经准备同我们在一起。再过五年或者十年，这样的人材在我们这里将会超过我们所能使用的数量。"②

1871年巴黎公社失败后，欧洲劳动者革命斗争的中心转移到了德国。与法国不同的是，德国劳动者走的路不是暴力革命，而是争取选票的议会斗争。恩格斯不仅肯定了这种道路，而且给予了很高的评价。"在法国，要从1871年6月的流血牺牲中复元过来，自然需要多年的时间。在德国则恰恰相反，工业因获得法国数十亿滋润补助，简直像处在温室条件下一样愈益迅速发展起来，因而社会民主党更加迅速和勇往直前地成长起来。由于德国工人善于利用1866年实行的普选权，党的惊人的成长就以无可争辩的数字展现在全世界面前：社会民主党所得的选票在1871年为102000，1874年为353000，1874年为493000。接着就是当局以反社会党

---

① 《马克思恩格斯全集》第22卷，人民出版社1965年版，第626页。
② 同上书，第629—630页。

人法的方式来承认了这一成就；党暂时被击败了，所得选票在1881年降到了312000。但是党很快就克服了这种情况，正是受非常法压迫、没有报刊、没有合法组织、没有结社集会权利的情形下，才真正开始了迅速的增长；1884年为550000票，1887年为763000票，1890年为1427000票。这时国家的手也就变得软弱无力了。反社会党人法消失不见了，社会党人的选票增到了1787000张，即占总票数的四分之一以上。政府和统治阶级使尽了一切手段，可是毫无用处，毫无成效，毫无结果。当局，从更夫以至首相，都不得不接受——并且是从可恶的工人方面接受！——表明自己无能为力的明显证据，而这种证据计达数百万之多。国家已经走入绝境，工人却刚才起程。"①

恩格斯认为，争取选票的议会斗争，是德国工人劳动者给予世界各国同志们一件新的武器——最锐利的武器中的一件武器，他们向这些同志们表明了应该怎样利用普选权。"但是，德国工人除了单以自己作为一个最强有力、最有纪律并且是迅速增长的社会主义政党的存在，就已对工人阶级事业作出这头一个贡献以外，还对它作出了第二个重大贡献。他们给予了世界各国同志们一件新的武器——最锐利的武器中的一件武器，他们向这些同志们表明了应该怎样利用普选权。普选权在法国是老早就已存在的，但它在那里因受波拿巴政府滥用而获得了一种恶劣的名声。公社之后，就没有工人政党能去利用它了。在西班牙，普选权也是自共和国成立时起就已施行了的，但在西班牙拒绝参加选举早已成为一切严肃的反对党派的通例。瑞士试行普选权的结果，也根本不能鼓舞工人政党。罗曼语各国的革命工人都惯于把选举权看做陷阱，看做政府的欺骗工具。在德国，就不是这样。'共产党宣言'早已宣布，争取普选权、争取民主，是战斗无产阶级的首要任务之一，而拉萨尔重又提出了这个要求。当俾斯麦不得不实施普选权作为使人民群众对他的计划发生兴趣的唯一手段时，我们的工人立刻就很认真地对待了这件事情，把奥古斯特·倍倍尔选进了第一届制宪帝国国会。从此以后，他们就一直这样使用选举权，以致使他们自己得到了巨大的利益，并成了世界各国工人效法的模范。如果用法国马克思主义纲领中的话来说，选举权已经被他们……——由向来是欺骗的工具变为解放工具。并且，即使普选权再没有提供什么别的好处，只是使我们能

---

① 《马克思恩格斯全集》第22卷，人民出版社1965年版，第600—601页。

够每三年计算一次自己的力量;只是通过定期标志出的选票数目的意外迅速的增长同样地既加强工人的胜利信心,又加强敌人的恐惧,因而成了我们最好的宣传手段;只是给我们提供了关于我们自身力量和各个敌对党派力量的精确情报,从而给予了我们一根能估计我们行动的比例尺,使我们既可避免不合时宜的畏缩,又可避免不合时宜的蛮勇,——即使这是选举权所给予我们的唯一的好处,那也就很够了。但是它给我们的好处还要多得多。当进行竞选鼓动时,它给了我们最好的手段到民众还远离我们的地方去接触人民群众,并迫使一切政党在全体人民面前回答我们的进攻,维护自己的观点和行动;此外,它在帝国国会中给我们的代表提供了讲坛,我们的代表在这讲坛上可以比在报刊上和集会上更有威望和更自由得多地向自己在议会中的敌人和议会外的群众讲活。既然竞选的鼓动和帝国国会中的社会主义演说不断地突破反社会党人法,那末这项法律对于政府和资产阶级究竟有什么用处呢?"①

当然,利用和平斗争方式,进行合法斗争,不只是议会斗争,还有更广泛的领域。而且由于这种方式效果明显,所以引起了资产阶级的恐惧。"但是由于这样有成效地利用普选权,无产阶级的一种崭新的斗争方式就开始被采用,并且迅速获得进一步的发展。原来,在资产阶级借以组织其统治的国家机构中,也有许多东西是工人阶级可能利用来对这些机构本身作斗争的。工人开始参加各邦议会、市镇委员会以及工商业仲裁法庭的选举;他们开始同资产阶级争夺每一个由选举产生的职位,只要在这职位换人时有足够的工人票数参加表决。结果,资产阶级和政府害怕工人政党的合法活动更甚于害怕它的不合法活动,害怕选举成就更甚于害怕起义成就。"②

最值得思考和研究的,还有马克思恩格斯在《共产党宣言》中提出的那个资产阶级除非使生产工具,从而使生产关系,从而使全部社会关系不断地革命化,否则就不能生存下去的结论。如果说上述的那些方面是从无产阶级与资产阶级的对立、无产阶级反对资产阶级斗争的意义上思考社会主义革命的方式和道路的话,那么马克思的这个结论提醒我们,还应该从资本主义自身发展中思考社会主义革命的方式和道路。无论从理论逻辑还

---

① 《马克思恩格斯全集》第22卷,人民出版社1965年版,第601—603页。
② 同上书,第603页。

是历史实践看，资本主义之所以能生存至今、发展至今，原因何在？最根本的就是它使生产工具，从而使生产关系，从而使全部社会关系不断地革命化。这里需要思考的是，这种革命化的性质和方向如何，它对社会主义革命的方式和道路有什么样的影响，这种革命化使资本主义距离社会主义是近了，还是远了，结论似乎可想而知。

从当今资本主义社会信用和股份制的发展中，从这种发展所必然带来的资本主义生产关系变化中，特别是从最具决定性的生产资料所有制关系的变化中，我们都不难看出，资本主义革命化的方向，如马克思所论述的，是资本和生产的社会化；这种革命化的本质，也如马克思论述的，是资本主义生产方式范围内对资本主义私人产业的扬弃，是由资本主义生产方式转化为联合的生产方式的过渡形式；这种革命化的结果，还是如马克思论述的，使资本主义距离共产主义更近了，已经走在了过渡到社会主义的过渡点上。

也就是说，当今我们看待世界社会主义的力量，不只应看到社会主义国家的力量，也要看到资本主义国家内部社会主义的力量，不只要看到这种力量在政治方面的表现，还要看到其在经济方面的表现。而且其在经济力量方面的发展和强大，是带有着根本性和决定性的。世界社会主义国家的力量不断发展和强大下去，资本主义国家的"革命化"不断更加深入地持续下去，那么将来会不会出现社会主义力量强大到足以迫使资产阶级以和平方式交出政权接受社会主义的那一天，的确是值得思考的问题。

总之，结论还是恩格斯说的：共产主义者是最不反对采用和平方式革命的人，如果旧的东西足够理智，不加抵抗即行灭亡，那就和平地代替，如果旧的东西抗拒这种必然性，那就通过暴力来代替。诚然，通过暴力方式可以取得成功，这已被历史实践所证明；而通过和平方式历史上还没有取得成功的先例。不过历史实践告诉我们，历史在向前发展，人类在不断进步，劳动者的力量，民主的力量在不断增强，这是大势所趋。各种斗争环境都使人们对和平形式和暴力形式的代价，进行不断的重新的估计，究竟采取何种方式，劳动者自会依据对自己力量和这种代价的估计，作出正确选择。

历史的回顾和新的思考

3000多年前，随着私有制、阶级产生和奴隶制社会确立，被统治、被压迫、被剥削的劳动者,便走上了反抗压迫、反抗剥削、争取自身解放的血与火的漫长道路。从奴隶社会的奴隶劳动者、到封建社会的个体劳动者、再到资本主义社会的雇佣劳动者,争取自身解放的斗争每前进一步,都是那么的艰难、那么的残酷、那么的鲜血淋漓。虽然付出了那么多的牺牲和鲜血,至今仍然还没有得到彻底的解放,仍没有真正成为当权者,也没有具备成为当权者的条件,仍没有像马克思所说的那样,成为自己支配自己劳动的自由的劳动者。斗争的道路依然很艰难、很漫长。

长期以来,工会是组织工人劳动者为争取自身解放,与资产阶级进行斗争的重要组织。然而,由于各种经济、政治和自身方面的原因,它的作用很受局限。在斗争实践中,劳动者逐渐认识到,要在解放自己的事业上有大的作为,还必须建立自己的政党,走世界大联合的道路。直到第一次世界大战之前,由于资产阶级对工人劳动者压迫、掠夺的残酷性和暴力性,无论理论上或实践中,劳动者都把自己的解放寄托于暴力革命方式。而且从 20 世纪初至 20 世纪中期,俄国和一批东欧国家、中国和几个亚洲国家社会主义革命的胜利,使世界劳动者对采取暴力方式争得自身解放,更充满着信心和希望。由于这些取得了社会主义革命胜利的国家,劳动者得到了解放,劳动者劳动的积极性得到极大的发挥,无论在经济或政治上,都呈现出欣欣向荣的发展势头,与资本主义国家不断发生危机和衰退,形成了鲜明对照。

不过,人们都还记得,20 世纪 30 年代,当资本主义世界被那场大危机折磨的时候,苏联工业化建设取得的巨大成就,正招引着全世界人民的向往和羡慕,招惹着所有资产阶级的嫉妒。也就是从那时起,也许是基于社会主义强大的威慑,也许是自感到资本主义社会弊病实在太多,所以在工会和劳动者反对资本剥削和压迫斗争日趋激烈的形势下,开始改变统治和掠夺劳动者的方式,试图通过推行"福利社会"、"人民资本主义"等,来缓和阶级矛盾。特别是第二次世界大战后,随着金融资本统治的加强,随着金融掠夺方式逐步取代了暴力掠夺方式,成为资产阶级掠夺劳动者的主要方式,用暴力革命方式解放劳动者的道路,在劳动者的意识中也逐渐淡薄,似乎通过工会组织的和平斗争方式,也能改变劳动者的地位,实现劳动者的解放。

从前一章的论述中,我们看到,自 20 世纪 30 年代之后,特别是第二次世界大战后,随着"福利社会"和"人民资本主义"的推行,的确不仅带来了资本主义生产资料所有制关系的自我扬弃,而且带来了资本主义劳动方式的变化,社会阶层和阶级结构的变化,以及劳资关系和分配关系的变化,使劳资关系相对和平和稳定,劳动者积极性得到发挥,出现了长时期的经济繁荣,劳动者的生活水平有所提高。这些变化,从本质上说,也都是劳动者地位的变化和劳动者解放程度的提高,使劳动者对以和平方式求得自身解放,产生了实际的希望。然而,到20世纪90年代后,随着资本金融化和金融全球化的迅速发展,随着高新科学技术,特别是信息和网络技术的迅速发展和应用,资本主义世界的劳资关系又变得更为复杂,更为有利于资产者,而不利于劳动者,工会的作用也日渐势微。在这种情势下,满怀以和平方式争得解放的劳动者,又跌入了金融的陷阱,跌入了对自身解放道路的迷惘。诸如在如下一些新变化中,劳动者如何进一步开展为自身解放的斗争,着实需要新的思维。

比如,由于资本金融化和金融全球化,带来了财富分配的社会化和国际化趋势。当然,我们不能同意有些西方学者那种认为当今的资本主义社会已经发生了"收入革命",已经发展成为"福利国家"或"人民资本主义"的观点。但随着资本和财富生产的社会化和国际化发展,资本主义的收入分配制度和分配方式,确实发生了一些重要的质的变化,这种变化的总趋势就是社会化和国际化。关于财富分配社会化的主要表现,除了资本主义国家和各种社会福利事业的不断发展之外,主要是广大劳动者以购买企业股票和年金基金的方式作为社会投资者而获得了一定的收入和社会财富。也许人们普遍都意识到了,西方一些国家,特别是美国,之所以能长期保持旺盛的发展活力和较强劲的发展势头,其重要原因之一,就是企业年金制度的建立和普及。因为这种制度达到了一箭双雕之效:一方面,它不仅使广大劳动者摆脱了老年后生活的后顾之忧和不安定感,而且能通过年金基金的投资获得一些收入。尽管同资本所有者的收入相比这是微不足道的,但它对资本家来说,却有着四两拨千斤的作用。它不仅调动了劳动者积极性,而且发展造就了长期稳定的社会环境;另一方面,这数兆亿美元的年金基金,长期投资于各行各业的社会再生产,自然成为社会经济长期稳定发展的强大推动力。所以,国外有些学者把这种制度的建立和普及视为资本主义新发展的主要内容或表现,视为资本主义制度自我扬弃或"蜕变"的主要表现。关于财富分配国际化的主要表现,除了参与分配的不仅有母国的资本所有者和劳动者,而且有世界各地参与投资和生产的资本所有者和劳动者，还包括向东道国交纳的税负。

比如，由于资本金融化和金融全球化，带来了新型的资本家，即社会资本家和国际资本家。这类资本家主要有两个来源：其一是由传统的家族资本家演变而来。在垄断资本主义前的资本主义社会，资产阶级主要由传统的家族资本家或个体资本家构成。这些家族资本家开始主要靠家族掠夺和积累的资本发展，并由其成员直接进行家庭式的管理。在这种企业中有产者和无产者、剥削者和被剥削者的界限简单明确。进入垄断资本主义时期之后，随着资本的不断积聚和生产规模的不断扩大，在这些企业中有相当一部分发展成了家族式的垄断集团。而到了国际垄断资本主义时期，随着资本和生产社会化，特别是随着资本和生产国际化的不断发展，随着股市和金融证券业的迅速发展，以及生产资本与金融资本更加紧密的融合，这种家族式的垄断集团又进一步发展成了社会化和国际化的垄断集团。与此相适应，家族资本家也随之转化为新的社会资本家或国际资本家。其二是由新的科学技术和生产力发展所涌现出来的新的暴发户而来。在国际垄断资本主义时期，新的科学技术和新的知识成为了新型的重要的资本，谁掌握了新技术和新知识，无论它是集体或是个人，都可能在同生产资本或金融资本相结合的基础上创办起新型高科技产业，并在很短时间内形成有巨大规模、巨额资本的社会性和国际性的垄断集团，使自己在一夜之间变成暴发户，成为拥有亿万资产的新型的具有社会性和国际性的资本家。

比如，由于资本金融化和金融全球化，带来了无产者和资产者之间庞大的中间阶层。进入国际垄断资本主义发展阶段之后，由于资本所有权和经营管理权的分离，在资本所有者和普通劳动者之间就出现了庞大的中间阶层。这个阶层不仅包括企业的高级管理人员和工程技术人员，还包括中下级管理人员，他们的地位非常特殊。与普通劳动者相比，他们作为程度不同的有产者，一般都拥有较多的企业股票，既是劳动者，也是投资者和利润分配者。那些高管和技术人员，实际上就是新型的管理资本家，有人也称为"公司资本家"。即使那些中下层管理人员，他们也不同于普通劳动者。他们既在不同程度上受着大资本所有者的剥削，也在不同程度上剥削其他劳动者。由于这一中间阶层大部分都是由具有较高科技知识和管理技能的"精英"所组成，而且在很大程度上控制着企业的决策权和管理权，所以是现今资本主义社会最活跃最有影响的阶层，对资本主义的不断发展起着特别重要的作用。

比如，由于资本金融化和金融全球化，带来了矛盾和斗争相互交纵的企业等级利益共同体。西方学者在论述新资本主义时，普遍提出了企业模式革命的问题，认为一种"开放体系"的公司模式正在发展。按照这种模式，企业董事变成了"经济政治家"并形成了一种"社会契约"，将这些截然不同的利益结合在一个更大的经济共同体之中，从而进一步扩大了企业的使命，使其不仅创造经济财富，而且创造"社会财富"。且不说这种论点的科学性如何，但有一点是可以肯定的，这就是在国际垄断资本主义阶段的巨型国际垄断公司，实际上就是一个小的社会，一个小的独立王国。如上所述，在这个小王国内部，有统治者和被统治者，并存在着不同的资本家阶层和劳动者阶层，存在着不同利益阶层之间错综复杂的矛盾和斗争。但对外它却是一个由大小不同利益相互联系和相互交织的共同体，既有利益不平等的矛盾和斗争，又有着利益的共同性或一致性。整个公司在全球的发展状况，在国际市场竞争中的成败，确实涉及公司内部每个成员的切身利益。所以与利益矛盾和斗争并存的还有为维护公司整体利益的共同性和团结一致性。不过这里有两点值得特别注意：一是在这个利益共同体的金字塔中，处在最底层的仍是普通劳动者。无论他们手中有没有股票，都身处于被压迫和被剥削的地位。因为即使他们手中有一些股票，能拿到一些红利，这些小小的红利加起来同资本家们所获得的利润相比也是九牛一毛。二是从总体上看，在这种利益共同体中，资本主义的雇佣和被雇佣的关系并没有从根本上改变，劳动者并没有摆脱被雇佣和被剥削的地位。他们用工资的积累买企业股票，实质上是资本家们用他们工资的积累去再投资，再赚更多的钱，而付给他们的只是少得可怜的利息。

比如，由于资本金融化和金融全球化，带来了劳资之间斗争的国际性。巨型国际垄断集团的子公司或分公司遍布全球各地，其公司的许多员工甚至大多数员工都分散在世界许多国家。与此相联系，国际垄断资本公司劳资之间的矛盾和斗争，不仅存在于国内母公司中，也同时存在于国外所有的子公司或分公司中，这种劳资之间矛盾和斗争的分散性和国际性，总的看是有利于资方，而不利于劳动者。这是因为，一方面，分散在世界许多国家的劳动者相隔千山万水，加上不同国家主权的局限，他们不可能紧密团结一致进行反对资本家们压迫和剥削的斗争，这在很大程度上削弱了劳动者反对资产者斗争的力量；另一方面，国际垄断资本为获得比国内更高垄断利润而在国外投资，其必然的选择是那些资源条件比国内更好的国家或地区。除了自然资源条件之外，最主要的就是人力资源条件，即选择那些劳动力最丰富、最廉价的地方。其结果是，在垄断资本通过使用廉价劳动力获得高额垄断利润的同时，就造成了子公司廉价劳动力对母公司高价劳动力的无情的排挤。正如马克思早已论述过的，资本家们在为利润而进行残酷竞争的同时，也加剧了无产者为工作即为生存的残酷竞争。这种竞争的加剧，也更有利于分散劳动者反对资产者的力量，有利于维护垄断资本的剥削和统治。

比如，由于资本金融化和金融全球化，带来了竞争与合作的新秩序。我们看到，在有的企业内部，由于董事会中雇员席位的设立和雇员股份的增加，以及雇员退休基金制度的建立等，使整个企业以各种"契约"为纽带，变成了一个"利益共同体"，使劳资之间的关系变成了斗争与合作并存的关系；在资本主义国家内部，由于现代科学技术的高度发展，特别是知识资本的高度发展，使企业不仅创造着个人财富，同时也创造着社会财富，政府作为整个国家利益的维护者，不仅关心垄断大企业的发展，也关心中小企业和整个国民社会福利的发展，这就使企业与企业之间的关系、企业与政府之间的关系、国民与政府之间的关系，都变成了既有斗争也有合作的关系。在全球范围内，由于资本全球化的大发展，特别是现代科学技术的大发展，把各国的经济甚至政治都紧密地联系到了一起，在全球经济链条上的任何国家或地区的经济或政治出了灾难，都会影响到全球。由这种全球化所导致的各种关系，包括各国之间的贸易关系、跨国公司与东道国的关系、东道国与跨国公司母国的关系等，也都成为由利益所决定的既有斗争也有合作的关系。在国际垄断资本主义时代，斗争与合作，已经成为基本的秩序。无论是个人、企业或国家，似乎都只能沿着这种秩序前进。

面对在上述这些变化中跌入金融陷阱、债务陷阱的劳动者，似乎感到了，金融统治、金融掠夺，似乎比工业统治、暴力掠夺，更加残酷，更加难于摆脱。恩格斯早就阐述过这样的思想：资产阶级宪法的本质是富人统治穷人。穷人是无权的，是备受压迫和凌辱的，宪法不承认他们，法律虐待他们。资本主义社会是利益统治的社会，而且这种利益统治必然表现为财产的统治。封建奴役制的废除使现金支付成为人们之间唯一的纽带。因此，财产同人的精神的要素相对立的自然的、无精神内容的要素被捧上宝座，最后，为了完成这种外在化，金钱、财产的外在化了的空洞抽象物，就成了世界的统治者。人已经不再是人的奴隶，却变成了物的奴隶，人的关系的颠倒完成了；现代的资本主义，是一种完善、发达而普遍的出卖，比封建时代的农奴制更不合乎人性、更无所不包；卖淫比初夜权更不道德、更残暴。人们虽然不再是人的奴隶，却变成了物的奴隶、金钱的奴隶，而且后者比前者更不合乎人性、更不道德、更残暴。

在资本金融化和金融全球化的发展中，正是用疯狂投机、赌博代替劳动，肆意用金融投机和赌博掠夺劳动者，从而酿成这次严重的世界金融危机。在这场危机中劳动者似乎感受到了这种金钱统治、金钱奴役的残暴性。然而，这种残暴毕竟不是暴力残暴，不是血与火、刀与枪杀戮的残暴，而是戴着"公平交易"光环的契约的残暴。劳动者如何对付这种残暴，如何摆脱金融陷阱，从金钱奴役下解放出来，需要有新的理论和新的实践。当今西方深受金融危机之害的国家的劳动者，似乎正在进行着各种探索，但看来单靠上街游行、占领华尔街等和平斗争方式能否得到成功，还有待于观察。还有没有其他更可靠有效的方式，劳动者面临着新的思考和选择。

历史中的教训和现实中的觉醒

劳动者经过近千年的斗争，从人的奴役下解放出来；又经过近500年的斗争，摆脱了封建专制的统治；同资本主义金钱奴役的斗争，至今也已有300多年了。从当今的状况看，与资本原始积累和资本主义初期相比，这300多年所取得的进步和成就是不能否认的。其在经济上的集中表现，就是如上所述的劳动者的社会福利、医疗保险、养老保险有了最低保障；其在政治上的集中表现就是如上所述的在一定程度上参与了国家的政治进程。回顾历史，有许多深刻的教训，令人心酸；而眼观现实，新的觉醒，新的斗争形势，又犹如春风扑面，令人兴奋。

我们都还记得，第二次世界大战后初期，曾有过世界共产主义运动、世界劳动者求解放运动辉煌发展的时期。而进入20世纪80年代之后，由于诸多原因，比如虚拟劳动的全球化，导致世界性的劳动者边缘化，劳动利益的多元化和劳动财富占有的两极分化，劳动者社会福利的增加等，劳资关系或利益关系，已经不是像初期那样的简单明了：一边是无产阶级，一边是资产阶级，无论从阶级关系或利益关系上，都是鲜明的两军对垒；而是利益关系多元化，利益等级共同体，阶级关系复杂化的社会。与此相应,一些代表劳动者的政党,包括一些共产党,或者已经碎片化,或者已经成为争夺利益的竞技场。它们不再具有明确信仰体系和思想,意识形态日益混杂。加之劳动分工的细腻化和专业化,使集体主义和团结精神失去力量。工会产生以来就倡导的团结就是力量,被谴责为狭隘团体主义。

在全球化深入发展的今天,研究劳动者的解放,研究劳动者的解放斗争,研究劳资关系的发展,都必须把它放在全球化的大背景下进行。事实证明,全球化既为资产者创造了掠夺劳动者的新机会和新方法,也为劳动者解放斗争提供了新环境和新挑战。然而当下很多人只看到了全球化对劳动者解放斗争不利的一面,比如认为在全球化中劳动者不仅是受害者,而且由于劳工及其组织都受到主权国家的约束,所以不利于劳动者的解放运动;而没有看到对劳动者解放斗争有利的一面,比如劳动者本质上就具有国际主义精神,进行国际合作或联合,是劳动者解放运动中历史悠久的优良传统。

当然,在主权国家还是国际社会主要行为体的情况下,劳动者进行国际合作面临着诸多困难需要克服。比如传统上,劳动者想提升自己利益的方式之一,是集体和雇主进行协商谈判。而在国际化和全球化的情况下,劳动者要跨越国界与资产者进行谈判,就面临许多困难与障碍。这些困难与障碍不仅来自资产者的反对,经济成本的巨大,还来自各国的雇佣关系制度不同,以及缺乏国际性的规章制度等。所以从当今的具体情况看,即使是在跨国集体协商的发展似乎最有利的欧洲,由劳动者集体直接与资产者协商也是有限的。不过,事在人为,关键是要有这种意识和创造机会。比如全球工会联合会与跨国企业之间就最低劳动基准所达成的自愿性协定国际框架协议,就是个很好的例子。协议中不仅包含有工人劳动者结社自由和集体与资产者的集体协商权,而且也给予工会在总公司的正式代表权。

的确,全球化环境下,跨国企业一般都有把主要的雇佣关系扩散到东道国的倾向。在跨国公司的影响下,母国和东道国劳资关系就有着趋同的趋势。比如美国跨国企业都会把如下的一些倾向带到东道国:采取高度集权化的人力资源政策,强调绩效管理、工作场所的多样化与反工会主义等。当然,这种跨国企业雇佣关系转移,也受到各东道国雇佣制度、政府安排以及公司总部与子公司的权力关系影响。不过这种影响力比较小,特别在涉及双方利益、劳动条件等问题上,其资产者也趋于联合起来共同对付劳动者。所有这些，对劳动者当然都是不利的。这也迫使母国和东道国的劳动者，必须联合起来共同对付联合起来的资产者，才能获得一定的效果。

随着信息技术和网络技术的发展，网络化组织的雇佣关系也开始发展。而且由于网络的技术的发展和在雇佣关系中的运用，已经使雇佣关系的概念变得模糊且零碎。因为在网络雇佣关系中，被雇佣的劳动者，其雇主实际上不只是单一的企业，而是一个包括供货商、承包商、总公司、分公司等组成的复杂的企业群。在这些情况下，雇主与员工之间的雇佣关系，不再是纯封闭的事情，而是以契约联动的客户、转包商、代理商之间复杂的关系。雇佣关系的网络化和零散化，既影响到工会的发展，更影响到劳动者斗争的集体力量。

单从劳资关系的角度看，工人劳动者斗争的重心，是工资水平、工作时间、工作条件、工作方法与工作程序等。进行这些斗争的方式主要是集体协商和罢工游行。工会是工人劳动者与资产者进行斗争的重要组织。起始的工会主要是由掌握技术性的人组织起来的，直到第二次世界大战前，加入工会的还主要是白领工人。在工会发展进程中，增加最快的，也主要是非体力劳动者。第二次世界大战后，随着工人劳动者社会福利的增加和劳动力结构的变化，工会的发展呈现弱势，与此相适应，工人的罢工斗争也处于弱势。

直到21世纪初，特别是这次世界金融大危机发生后，广大劳动者在深受危机之害、之苦中，才如梦初醒，才认识到，在资本主义社会，社会保险、社会福利、参与管理等一切措施的目的，都不是真正为了劳动者的解放，使劳动者真正当家作主，而只是为了资产者贪婪的利润。因为资本的增殖离不开劳动者，劳动者生存得越好，体魄越健壮，劳动积极性越高、创造性越强，为资产者所创造的利润就越多，资产者的钱袋子就越满。劳动者从资产者那里获得的一切好的东西，有利于劳动者解放的东西，对资产者来说，那也是一种不可缺少的投资。一旦这种投资过多了，威胁到了他们的利润，他们就会毫不动摇地把它收回去。劳动者使自己获得解放的最根本的手段，是推翻资本主义制度，使自己变成生产资料的所有者，从而消灭剥削、消灭财富分配不公。劳动者在这次危机的爆发和救治中似乎也体会到了，要实现这一点，光等待资产者的恩赐是不行的，必须起来进行坚决斗争。于是世界性的大罢工运动才突然空前高涨起来。这次世界性大罢工、大游行规模之大、口号之激烈，都令人有一种感觉：劳动者求解放斗争运动的又一个春天，似乎就要到来了。

从对历史的经验和教训的总结中，从对现实的观察和体会中，劳动者似乎看到了、也体会到了，面对金钱统治的世界，面对复杂的客观环境，要想取得解放自己斗争的胜利，必须具备三个最基本的条件：一是必须有自己统一的信仰、纲领和坚强的组织；二是必须有能代表自己利益、代表自己组织，用正确人生观、价值观和先进科学技术知识武装起来的政党的领导；三是必须通过不断的学习，用正确的人生观、价值观，用先进科学技术知识武装自己，使自己不断成熟起来。只有这样才能坚定信仰、坚定信念，并把各种自发的斗争变成自为的斗争，每次斗争都做到认识统一，目标明确，组织得当，方法正确，才能取得预期的效果，从胜利走向新的胜利。

二　议会斗争的实践和劳动者的成熟

实现劳动者的解放，首先是要争得民主，掌握国家政权。就当今资本主义国家的情况看，的确如马克思所说的，劳动者既没有掌握政权，也没有成熟到掌权的程度。参加议会斗争，就是让劳动者在议会斗争中，逐步成熟起来，直到成熟到掌权的程度。资产阶级民主制度作为向社会主义过渡的政治手段，尽管它还不能消除社会祸害，使劳动者真正得到解放，但它毕竟消灭了封建等级制度和封建特权，把资产阶级从封建制度下解放出来，实现了他们的政治解放，并为劳动者的解放创造了前提，这当然是历史的进步。参加议会斗争的最终目的，当然是以劳动者的民主制度代替资产阶级的民主制度。当然，劳动者掌权，建立劳动者的民主制度，并不是最终目的，而只是实现最终目的的第一步。人类社会文明的发展，不仅是资产阶级的解放，也不仅是劳动者的解放，而是人的解放。按照马克思的理论，人的解放的基本含义，是使人的世界和人的关系回归于人自身。政治解放一方面把人归结为市民社会的成员，归结为利己的、独立的个体；另一方面把人归结为公民，归结为法人，只有当现实的个人把抽象的公民复归于自身，并且作为个人，在自己的经济生活、自己的个体劳动、自己的个体关系中间，成为类存在物的时候，只有当人认识到自身"固有的力量"是社会力量，并把这种力量组织起来，因而不再把社会力量以政治力量的形式同自身分离的时候，只有到了那个时候，人的解放才能完成。

议会斗争和选举制度

通过议会斗争，会使劳动者从现实中日益明白，资产阶级民主制度建立，本质上是在废除封建等级制度和封建特权的同时，确立了资产阶级的金钱等级制度和金钱特权。发达资本主义国家，特别是美国选举制度的金钱化，就是这种金钱等级制度和金钱特权的生动体现。始终把选举与地位和财产联系在一起，选举日益被财产和金钱所控制，这是资本主义选举制度的天生弊端，而且越来越成为所有人的共识。人们还都明白，资本主义国家的宪法，都是由靠无偿占有劳动的富人制定的，主要体现了这些人的意愿。按照这一宪法的财产规定进行选举，选举出的无论是总统还是大多数议员，都只能是拥有相应财产的富人阶层，他们并不能真正代表广大劳动者的利益和意愿。能真正代表广大劳动者的利益和意愿的劳动者的代表，总归是极少数。即便如此，也体现着广大劳动者的力量。

在资本主义国家，财富和政治权力相融合，财富决定政治权力分配，政治权力又成为掠夺更多财富的工具，先有钱后有权势，再利用权势攫取更巨大的财富，这是其选举制度、民主政治制度的遗传基因。那些靠已有财富当了官的人，不仅可以高官厚禄，而且还有许多利用权钱交易的新的发财机会。在这些国家，金钱是政治的母奶，通往最高权力的路是用金钱铺就的，总统和议员的权力都是用金钱换来的。这些大量的金钱从哪里来，除了很少一部分联邦政府的拨款外，绝大部分是大企业和各种利益集团的捐款。这些捐款当然都是要得到回报的，是有自己的利益上的动机的。所以，每次的竞选，表面上看是候选人之间的竞争，而实际上幕后是各利益集团之间的较量，是有钱人的游戏，权钱之间的交易。这种幕后的、黑暗的、不择手段的、包括各种弄虚作假的权钱交易，就决定了这种民主选举的虚伪性。

在资本主义国家选举中，通过捐款这种形式，使当选者和捐款者双方都得到利益：当选者因有大量捐款而获得权力，捐款者因捐款而获得特别的利益。两者通过选举活动，而各得其所，这就是资本主义选举政治的特色。而在这种活动中，各种游说利益集团有着特殊重要的作用。一方面，各种游说集团通过捐款，从国会或政府那里得到自己所要的利益；另一方面，国会议员和政府官员们，不仅通过这些捐款获得席位，而且还可以通过这些游说集团获得新的金钱利益。可见，美国的游说政治，就是捐款政治，就是行贿受贿政治。

目前，资本主义国家选举中的金钱性，更是恶性膨胀。无论是总统或者议员，其能否有作为候选人和当选的机会，就看他能否筹到足够多的钱款，也就是能否找到足够多的支持他的富豪。金钱对于美国政治的极端重要的作用，近年来随着当选政治高位的花费"行情"的飙升而达到了前所未有的程度。政客最重要的本领是筹款，这已成为资本主义国家选举政治中颠扑不破的行为准则，不容置疑的金玉良言。资本主义国家选举制度的这种金钱化，使其失去了民主的性质和意义，也使其政治制度失去了优势。由于选举中的"内线人物"的肆虐，使社会腐败日益猖獗，而且出现了"邪恶"的选举、"邪恶"的统治或统治中的"邪恶"，使选举日益成为权力与金钱、金钱与权力的交易。

由于金钱竞选，使当选者必然代表金钱者的利益，必然为金钱者服务，使政府的发展和经济政策越来越有利于最富的人，而不利于劳动者，特别是不利于最穷的劳动者，从而使两极分化越来越严重。在金钱等级制度中，形形色色的亿万富翁、公司总裁、资深政客、军事首脑、国家和地区的媒体及企业的精英，牢固地控制着国家的制高点。他们的权力巨大无比，势不可挡地盘踞在大都市中，并与其他社会管理精英相勾结，拥有巨大的财富和全球最好的智囊和其他资源。对他们来说，法律或道德的约束已不复存在。

事实证明，资本主义选举日益金钱化暴露出，资本主义国家的民主，不是真正的劳动者当权的民主，而只是一种掩人耳目的宣传。人们都看到了，当今资本主义的选举制度，已经不那么神圣了，它已经演化为一种金钱游戏。比如美国自2010年最高法院裁决关于禁止企业为政治活动捐款的法律违宪之后，企业资本毫无阻拦地源源不断流向了政客们的竞选活动。专家估计，美国在2012年的竞选中的花费，要超过2008年选举将近一倍。正是那些超级候选人越来越依赖企业捐款，所以才形成了这样的恶性循环：金钱成为选举进程中的绝对主人，由企业决定游戏规则，金钱在选举结果中扮演主角地位，广大劳动者的选票越来越无足轻重。金融寡头企业在这次危机过程中的各种拙劣表现，淋漓尽致地证明了这一点。

世人都看得清楚，虽然以民选为标记的资本主义民主政治制度，已经被金钱关系腐蚀得破烂不堪。然而，劳动者想通过议会斗争来改变这种制度，使自己得到政权和自身的解放，那似乎过于天真了。这种情况只能教育劳动者，为劳动者组织提出新的斗争任务，并为其将来建立自己的民主制度提出了警示。资产阶级这种民主制度的金钱性，体现了资产阶级民主的本质，体现出它不是劳动者的民主，而是剥削者的富人的民主。揭露资产阶级民主的这种本质，提高劳动者对这种本质的认识，从而消除广大劳动者对这种民主的幻想，这应当是当今劳动者参加议会斗争的急切任务。

资本主义社会民主和从微观斗争做起

毋庸置疑，劳动者只有在具体的现实斗争中才能逐步成熟。金钱关系的渗透，也使资本主义这种民主政治制度出现了一些新的、向前的东西，值得人们深思的东西。比如各种社会利益集团出现和发展，就是其中之一。像美国，的确如有学者所称，现在已经进入了"利益集团爆炸时代"。各种利益集团林立，并活跃在社会的各个角落，已经成为当今美国政治的一个突出特点。在任何国家，政治民主与社会民主都是紧密相连的。而社会民主又体现的是各种不同阶层的利益和要求。利益的多样性，不同利益阶层为了自己利益参与国家政治的渴望，以及美国社会民主的缺失，是利益集团形成的重要原因。

利益集团兴起，体现着社会民主力量的壮大，自然给劳动者的解放斗争，提供了新的机会和平台。对于每个劳动者来说，直接面对的都是具体的、微观的现实，如工厂、社区、组织、写字楼等，虽然规模很小，但斗争应当从这里开始，自身的解放也应当从这里开始。微观力量的凝聚，可以使斗争规模逐步扩大，一致发展到一个地区、一个国家和整个世界。全球化的进展和这种进展中的复杂性和相互依赖性，使人们更为相信马克思主义经典著作所说的，劳动者掌权的社会主义，不可能在一个国家建成。而所有国家同时发生革命，也没有可能，所以唯一的出路，就是以微观斗争开始，逐步凝聚力量，走向全球联合，取得全球性的最后胜利。

微观斗争的形式，自然多种多样，这要依据具体环境和条件而定。20世纪资本主义政治体制变化的一个重要方面，是政党作用的下降。自20世纪60年代开始，随着选民教育水平的提高以及党对选举活动控制的减弱，越来越多的选民对政党失去了热情，并在选举活动中采取独立的立场。越来越多的选民更倾向于相信自己对候选人的判断，而不必根据政党的看法去投票。各种利益集团的纷纷出现，正是政党作用下降的结果。

这里所说的利益集团，不仅是指政治利益集团，也包括其他利益集团。每个利益集团，都是一个具有共同利益、持有共同态度、能向社会其他集团提出要求的集团。如果它通过向政府的任何机构提出其要求，它就变成一个政治性的利益集团。也有人称政治利益集团，就是一部分人组织起来为追求共同利益而对政治过程施加压力。政治利益集团虽然不像政党组织那么严密，但要成为一个利益集团，必须具备的条件和要素是：首先是一个有组织的集团，要有一定数量的成员；集团成员具有共同的利益、纲领和目标；它们为了共同目标有能对政府和议会施压的手段，使政府的政策符合它们的利益。

利益集团活动的强盛，也使其成了资本主义政治体系中的"次体系"，成为公民参与政治新的重要渠道，成为这种民主制度的重要组成部分，在决策过程中具有相当大的影响力，几乎涉及所有政策领域，政府、利益集团和政党已成为当今美国政治生活中起决定性作用的三个主要方面。这些利益集团在追求各自的政治目标过程中形成了一种互动关系，这种互动关系构成了政治过程。

这些利益集团由共同的利益而组成，形式多种多样五花八门，诸如企业集团、劳工集团、农业集团、教育集团、民权集团、环境保护集团、宗教集团、族裔利益集团以及各种政治和社会集团，等等。利益集团同政府机构的关系是十分密切的。如劳联—产联同劳工部，各农场主集团同农业部，各企业集团同商业部，都有密切关系。重要的利益集团在政府机构中都有它们的联系渠道；政府部门的高级官员多有利益集团的背景，一些内阁部长是由利益集团推荐或同利益集团协商取得其支持以后任命的。

利益集团活跃，体现着资本主义社会利益的多元化和复杂化。它说明构成资本主义民主制度的不只是政治民主，还有广泛意义上的社会民主，即政治以外的经济、社会、行业组织、文化等各种领域的民主。资本主义社会是一个存在极大差别和极不平等的等级结构，人们的经济地位、政治信仰、文化背景、价值观念差异很大，利益的差别性和多样性体现得十分典型，这是形成利益集团的根本原因。美国利益集团兴旺发达，数目和种类之多，堪称世界之最。一项全国调查表明，60%以上的成年人至少参加一个社团。数量庞大的利益集团在决策过程中扮演着其他政治行为体无可替代的政治角色。

利益集团用多种多样的手段对议会、政府、法院施加影响，这就导致美国政治生活中多元的矛盾、斗争和妥协，无数的集团成为美国权力结构的重要组成部分。早期的制宪者承认社会上有不同的利益集团，但不承认它们在政府中的作用。倒是利益集团的发展和运作在很大程度上贯彻了美国宪法的精神实质，而且在政治进程中填补了宪法留下的空白。由于利益集团可以超越地域的限制，集中和反映各种利益，它们被看成是政党政治的补充。在实际生活中，它同议会、政府、最高法院、政党并行，已经成为美国民主政治体系中起决定性作用的一个方面，构成了第五种政治力量。

利益集团的形式虽然多种多样，但20世纪70年代之后，其发展最快、影响最大的组织形式，还是政治利益集团。比如美国的政治行动的委员会，不仅发展快，而且影响大。在美国，这些集团在政治体制运转中，已经成为很具影响的力量，对美国的选举、议会的立法、政府的政治决策等，都起着越来越大的作用。另外是游说集团，其发展之快、数量之多都令人惊奇。比如美国，据游说于两党之间的大游说集团杜克多集团老总考夫曼介绍，仅在华盛顿，类似于杜克多的游说组织就有900多家。游说组织主要是受企业委托，影响政府的决策过程。这些集团除了对美国联邦政府、州政府进行游说活动外，还对国外政府进行游说活动。此外，还有调查方面的业务。请游说公司进行游说活动，都是要花钱的，而且价格不低。所以，一般情况下，财力雄厚的大公司才请游说公司进行游说活动，小公司一般找行业协会对政府进行游说活动。这里我们又看到了美国政治的金钱性。游说集团在影响美国内外政策的制定上，起着重要的作用。而推动游说集团游说活动的，是金钱。实际上，金钱在美国内外政策制定上，发挥着重要的作用。

议会斗争和政府决策

对广大劳动者来说，利用可以建立利益集团这种空间，积极利用参与利益集团的活动和斗争，自然是实现最终目标进程中的一种很好的机会。很多学者都认为，因为利益集团从更多的方面和领域，代表和反映了更广泛和更多阶层的利益，所以它们的活动对暴露美国社会的矛盾、促进政府对这些矛盾的解决、使政府能听到更广泛阶层的呼声、政府立法和政策能体现更广泛民众利益等方面，都有一定的积极作用。所以资本主义国家政府在承认这些利益集团合法性的同时，也注意控制这些集团的过激行为，使这些利益集团的活动日益规范，并被越来越多的人所接受。劳动者是社会最基本、最大的组成部分。基于在劳动分工中劳动岗位和利益的不同，劳动者可以组成多种利益集团，参与政治和经济斗争，对政府决策施加有利于劳动者的影响。

有人把这些利益集团与参与政策制定的"中间结构"，视为政府机构的一部分。这种中间结构，包括一大批利益集团、公司、工会、教会、各种专业性团体、新闻媒介、政党等，这些组织介于政府和人民之间，成为政府机构和人民联系的纽带。它们既不处于从属地位，也不处于统治地位。这种多元化的结构是资本主义社会权力分配的重要表现形式。国内也有学者认为，利益集团之所以能在资本主义政治中发挥重要作用是由多方面因素决定的，如独特的历史背景、自由主义政治哲学、社会利益的多元化等。更为重要的是，资本主义的政治制度允许和鼓励各种社会力量参与政治过程，保证各种利益都能反映到政府的决策层中来。比如美国宪法修正案第一条明文规定：人民有言论、出版自由，有和平集会和向政府请愿的权利。其重要目的之一就是要保证各种不同的社会成分有充分参与政策制定的权利。根据宪法原则，美国政体有意识地鼓励那些非权力机构对政府的决策施加影响，这些组织行使相当一部分决策权，并因此成为美国权力结构的组成部分。多元化的权力结构使得多种力量在决策过程中起作用，美国的政治过程表现为许多权力中心之间的相互作用。

在资本主义社会的日常政治生活中，政治的基本场所是社会而非国家，国家的权力是分散的，并非由政府或某个单一集团所控制。社会中包含许多在利益和价值方面相互冲突的群体，它们由个体组成，个人通过参加群体来集中利益、影响政策。在竞争性的政治市场中，各种群体依据自己的资源即支持率取得影响力。利益集团自身不图谋组织或取代政府，但它的积极行动对政府构成压力。各种利益集团之间相互竞争，确保社会中的多种利益要求有组织地进入政治过程。也就是说，劳动者解放自己的斗争，就孕育在这日常生活中。

比如，作为利益集团的身份，以自己的力量和斗争，影响政府决策。在资本主义国家政策制定是一个复杂过程。一个完整的政策制定过程的周期，一般都包括以下几个阶段：提出问题和政策构想；拟定各种供选择的政策方案；政府制定出政策；执行政策和反馈；评价政策和修改政策，产生新的政策。在这个长期的政策制定周期中，政府是直接的决策者，而参与和影响政策制定的则还有其他各种力量和角色，例如企业界、金融界、法律界、基金会、大学、新闻界、文化机构以及各种民间组织和团体等。政府作为直接决策者就处于政策制定的后期阶段，各种社会力量和社会机构则积极参与前两个阶段，并且发挥重要的乃至决定性的作用。这就是说，在资本主义社会的政治中，政策是集团之间、集团与政府之间相互作用的产物。利益集团对决策的影响是通过它们在美国政治过程中的具体运作来实现的，集团的运作包括它们的活动及活动手段。

对政府施加影响的手段是多样的，但主要通过政府机构及政府不同部门之间的相互作用来进行的。它们这些手段包括劝说、诉讼、制订法规、游行示威、竞选活动、院外活动等。它们虽然并不谋求控制政府，但为了自己的利益，它们通过这些活动，用尽所能对政府和议会施加影响和压力，以使一些立法和决策能符合自己的利益。在这些手段中最为活跃和有效的是各种形式的院外活动。还可以通过现代社会所能提供的所有媒体——报刊、电视和广播以及一切能够使用的现代宣传技术来影响舆论。集团活动的渠道是通向政府组织机构的，而各种决定就是由这些机构作出的。各个集团可能试图对选举、立法过程、政府计划实施方法或法院等施加影响，也可能试图影响初选和大选中各级政府公职候选人的挑选，为将来影响政策打开通道。

在资本主义国家，国会对作出大量决策的行政系统起着重大的制约作用；国会身负的立法、拨款权力是决策的重要内容，而这直接关系到利益的分配；立法从倡议到最后形成法律，是一个冗长、复杂的讨论并不断修正的过程，这就为利益集团施加影响留有较大的活动余地。另外，国会与行政部门的权力斗争，两党政治地位的下降，也成为利益集团可利用的因素。因此，国会是利益集团活动的主要对象，各种利益集团都试图从多方面影响国会议员的行为。利益集团对国会施加用心的最常用的手段是对国会的游说，这种游说活动又称院外活动，有人据此也把政治利益集团称为游说集团或院外集团。利益集团对国会的游说，常用的方法主要有两种：同国会议员和其助手直接接触，出席各种有关委员会和小组委员会的听证会。利益集团可能安排选民向议员发出大量竭力主张它们观点的信件和电报，或者打发一批批的选民到国会大厦向他们的议员去面陈它们的看法。更为有效的是，它们可能准备详细的意见书，在国会的常设委员会作证时递交，或者用来说服一些国会议员，使他们相信它们的理由是正确的。许多利益集团在华盛顿或各州的政府设有常驻办事处，以便同国会议员和州议员保持密切的个人接触；其他集团雇佣专门对议员进行疏通活动的专职人员，这些专职人员可能代表好几个无力派出自己代表的集团。集团雇佣专职人员在立法过程中进行院外活动谋求利益的做法历来已久，比如今天美国法律全书中的很多重要法规来源于利益集团的办事处。

利益集团对政府各项决定的关注并不只限于立法方面，行政系统也是它们施加影响的对象。资本主义国家的行政机构，一般都是按业务范围分工的，管辖着涉及不同利益的部门，部门之间有合作也有矛盾，与之相关的利益集团恰恰利用这一特点来达到自己的目的。此外，许多立法倡议来自行政主管部门。行政也立法，即行政法规，更何况它还制定许多重要的政策。各司其职的各部，特别是行政系统管理范围更为专门的独立的管制委员会，每天都作出其管辖范围内的决定——制定政策或提出立法建议，这些都涉及十分具体的利益，既维护某种利益，同时也就可能损害了其他利益。

在资本主义国家，由于法院在解释法律和制定全国政策中的特殊地位和作用，因而利益集团必然卷入到法院的活动中去，并且像对议员和行政官员那样竭力向法官陈述自己的观点，虽然它们采取的方法不同。如果一个集团未能在国会阻止一项不符合自身利益的立法通过，它就会以各种理由，包括该项立法是否符合宪法原则，向法院提出诉讼。利益集团所采取的策略必须是在法庭上尽可能有说服力地阐明自己的理由。它还可能利用法院作为达到积极政治目的的手段。采用这种做法最突出的事例是，全国有色人种协进会在反对种族隔离的斗争中把向州和联邦法院提出诉讼作为一种长期的策略手段而获得了成功。

当然，作为利益集团进行斗争，其影响力是有局限性的、间接地体现出来的。因为利益集团的目标不是上台执政，而是通过其活动影响政府的政策来维护和争取本集团成员的利益，维护和实现本集团所追求的理想和目标。利益集团的活动不仅受到宪法的保障，而且集团可以通过选举或舆论决定官员们的政治命运是集团影响政策行之有效的手段，政府在制定政策时必然要考虑集团的意见。虽然不能无限制地夸大集团对政策的影响，但美国政治生活中作出的每项决定，不管是国会中有关委员会的法案，总统的政策声明、有关法律方面的意见，或是一项有关政府机关的规定，都影响着美国社会中的一个或更多的集团。受到影响的集团正愈来愈意识到政府一系列重要决定的作用,并力图对之能够有所影响。

特别值得注意的是,由于劳动者与决策者之间缺乏一种利益传递机制,所以直接影响决策的力量还是有限的。而且各利益集团都为自己的利益而生存和活动,以自己的利益作为评判是非的标准和决定自己活动的手段,在缺乏社会协调机制的情况下,其在活动的过程中就自然要产生错综复杂的矛盾、斗争和弊端。劳动者在这种斗争中,如何应对各种复杂的情况和复杂的利益关系,如何处理与别的利益集团的关系,如何利用和团结别的利益集团,如何发挥自身优势,实现自己的目的,都需要未雨绸缪。

比如,利益集团在关系它们自身利益的问题上,为了要对决策者施加影响,必须对有关问题做深入的研究,以此来说服决策者,这正是决策者所需要而往往又无力进行的工作。利益集团搜集的情况,从社会、经济、政治和法律各方面提出论点来支持国会或行政部门的观点,为决策者所利用,起到了助手作用。利益集团可以通过各种舆论手段把政府的情况告诉人民。一些利益集团根据自己的标准,对国会议员在"关键性表决"中的投票记录进行评议,分别打分,起着重要监察员的作用。不过这些作用都是理性的,实际上事情要复杂得多。各集团的利益是存在矛盾的,由于追求自身利益的局限,其进行的社会调查和所得出的结论,其对议员的评议和打分,并不都是客观公正的、符合实际的,还有可能误导决策者。

比如,特殊利益集团通过向公职候选人捐助竞选费,为他们进行所谓"独立"竞选活动,以影响竞选结果,为今后直接游说打开通道。集团代表制具有一种偏袒上层阶级的和亲企业界的偏见,那些能在华盛顿拥有一些有经验的院外活动人员的集团,在影响国会方面占有很大的优势。一些集团是通过在竞选运动中的捐献和"内部"联系,来取得接触国会的途径的,而并非由于它们成员的多少。这种施加影响的方式严重地歪曲了代表制的过程。美国着重于利益集团的政治制度,不仅意味着许多集团是政治进程中的重要角色,而更为重要的是,特殊的利益集团将会居于支配地位。美国有民主程序的制度可能在一定程度上成为最有势力的利益集团谋取私利的掩饰。通过政治行动委员会,特殊利益集团的作用得到了增强。能够支付庞大竞选费用的只有少数集团,这些集团影响政策的效果在相当程度上是靠金钱优势取得的。集团之间的不平等尤其表现在有关经济政策的制定方面。如果一项立法或某项政策直接关系到经济利益的分配时,集团影响力的大小主要取决于它们的规模和经济实力。即使其他小集团或别的社会成分也能参与到政治过程中来,但它们的影响是微不足道的。

比如,利益集团各种金钱性活动,也加剧了社会中的行贿受贿和腐败。这在选举中表现的就很突出。资本主义国家的竞选法允许公司、工会、特殊利益集团和其他团体建立政治行动委员会向国会议员候选人和政党直接捐款,还规定这些组织为总统和国会议员竞选所进行的"独立"活动开支不受限制。这一规定为利益集团合法地直接或间接影响各级选举,尤其是国会选举开了绿灯。但无数集团组织的活动及其效果造成美国政治权力中心的进一步增多。权力分散有利于制定折中的政策,这类政策往往调和了各集团之间的分歧,代表了利害相关集团之间分歧最小的意见。但在那些需要采取协调一致的有效行动的关键性政策范围内,这种折中方法似乎起着潜在的破坏作用。根据意见一致的原则而产生的妥协政治,使利害相关的集团有机会拖延并大量修改终将形成的政策。政府无法高效地解决那些需要集中管理的、涉及国家利益或公共利益的许多事务。特别是在涉及面广的问题上,决策与众多的集团利害相关,为了维护各自的利益,各相关集团参与到政治过程中来,相互之间进行无休止的争执。由于利益集团对国会议员的选举和政府官员的任命都有重要影响,他们不得不考虑集团的意见。利益相左的集团在国会和行政部门都有自己的代言人,他们为各自服务的利益集团尽力陈述自己的主张。其结果是各执一词、相互拆台、讨价还价、议而不决。这就影响了政府的行政效率。所以,许多人认为,利益集团政治虽然有积极的一面,但也在一定程度上损害了公共利益,也使政府变得无能,很难取得积极的、一致的意见。总之,利益集团的弊端倒是更应该引起广大劳动人们的重视。

三 最后的斗争和全世界劳动者的联合

这次世界金融大危机已经用不争的事实告诉人们,资本全球化时代,也是资产者世界大联合的时代。面对这样的时代,全世界的劳动者的解放,也必须联合起来,进行最后的斗争。正如国际歌中所唱的:起来,饥寒交迫的奴隶,起来,全世界受苦的人!满腔的热血已经沸腾,要为真理而斗争!旧世界打个落花流水,奴隶们起来起来!不要说我们一无所有,我们要做天下的主人!这是最后的斗争,团结起来到明天,英特纳雄耐尔就一定要实现。这是最后的斗争,团结起来到明天,英特纳雄耐尔就一定要实现！从来就没有什么救世主，也不靠神仙皇帝。要创造人类的幸福，全靠我们自己！我们要夺回劳动的果实，让思想冲破牢笼。快把那炉火烧得通红，趁热打铁才能成功！这是最后的斗争，团结起来到明天，英特纳雄耐尔就一定要实现。《共产党宣言》的最后一句话，就是全世界无产者联合起来。全球化作为人类历史发展的新阶段，正为全世界劳动者联合起来实现英特纳雄耐尔，提供了广阔的舞台和条件。

全人类的事业和历史的遗产

如前所述，劳动者追求的最高目标，不只是劳动者的解放，而是人的解放。人的解放在原则上，是超乎资产阶级和无产阶级之间的对立的。它只承认这种敌对在目前的历史意义，否认它在将来存在的必要，而且正是以消除这种敌对为目的。所以，只要这种敌对还存在，劳动者对他们的奴役者的愤怒就是必然的，这也正是工人运动的最重要的杠杆。但人的解放是要消灭这种对立，实现所有人的解放，因为它并不仅仅是工人的事业，而是全人类的事业。就劳动者的解放而言，自打资产阶级开辟了世界市场，实现了资本在全球的自由流动，实现了生产、交换和消费的全球化，在劳资斗争中，资产阶级已经实现了全球性的联合。这迫使劳动者也不得不联合起来同联合起来的资产阶级进行斗争。

在历史上，劳动者求解放的斗争有过几次大高潮，也有过几次大联合。与此相适应，也出现过像第一国际、第二国际和共产国际这样大的国际组织。这种联合斗争和联合组织，自然都带有明显的时代特征。即便如此，在这种联合斗争中的无论是经验，还是教训，对当今的联合和斗争，都有很宝贵的借鉴意义。比如在如下一些问题上，就很值得在比较中进行深入思考。

19世纪50年代末，由于资本主义在各国的迅速发展，工人劳动者的力量不断壮大，各国工人运动重新活跃起来，出现了加强国际联合的需要。为适应这种需要，于1864年，国际工人协会即第一国际应运而生。在马克思和恩格斯的指导下，第一国际采取了一系列有力措施，促进了各国工人运动的发展和联合，促进了科学社会主义与国际工人运动的结合。正是在第一国际大力支援和组织下，爆发了巴黎公社革命。正如有人说的，巴黎公社革命，是第一国际精神的产儿，是工人劳动者无产阶级夺取政权的第一次伟大尝试。

资本主义世界市场的开拓，工业和贸易的迅速发展，只是增加了资产阶级的财富，工人群众的贫困并没有减轻。经济危机，加深了无产阶级和殖民地人民的苦难，激起了工人阶级和人民群众反对资产阶级剥削的斗争。欧美国家的工人运动在经过了1848年革命失败后十年的低落后重新高涨起来。随着工人运动的深入发展，欧洲各国工人相互支持，并与民族解放运动遥相呼应，形成了与资本主义斗争的新局面。马克思说过，国际工人协会并不是某一个宗派或某一种理论的温室中的产物。它是无产阶级运动自然发展的结果，它的新颖之点就在于它是工人们自己为自己立的。

国际工人协会在《成立宣言》提出，无产阶级利益同资产阶级利益是根本对立的，各资本主义国家财富和实力的巨大增长，完全属于有产阶级，工人阶级必须为争取改善自己的生存条件而斗争。在工人阶级反对资产阶级的斗争中必须把经济斗争和政治斗争结合起来。必须把夺取政权作为工人阶级自己的伟大使命。马克思在强调各国工人之间的团结是革命胜利的重要条件时，认为如果忽视这种兄弟团结，他们分散的努力势必遭到共同的失败。而且强调，应当努力做到使私人关系间应该遵循的那种简单的道德和正义的准则成为各民族之间的关系中的至高无上的准则，成为争取工人阶级解放的总斗争的一部分。在协会的《临时章程》中，还规定了协会的性质、组织结构和活动方式，确定协会要成为追求共同目标即追求工人阶级的保护、发展和彻底解放的各国工人进行联络和合作的中心，体现了民主集中制的组织原则。特别值得注意的是，《章程》还强调，工人阶级的解放应该由工人阶级自己去争取，工人阶级不仅要争取平等的权利和义务，而且要消灭任何阶级统治，使本阶级在经济上获得解放。

虽然由于种种原因，协会被迫解散了，但它对世界工人劳动者，特别是欧美工人劳动者的解放斗争和国际联合，有着巨大功绩。最突出的是两点：第一点是，协会成立后，始终把自己同各国工人运动联合在一起。无论是在西欧各国普遍爆发的罢工斗争，还是在欧亚诸国开展的民族解放运动，都得到了第一国际的热情支持和帮助。特别是第一国际为工人阶级制定了政策和策略，使分散的工人斗争逐步走向联合，形成了国际范围内工人阶级的独立运动，使一般工人运动转变为国际共产主义运动。第二点是，协会始终坚持以无产阶级国际主义精神团结教育各国无产阶级。协会是无产阶级国际团结的象征，在它的号召和影响下，各国工人在斗争中互相援助，团结协作，大大增强了各国无产阶级的团结和共同斗争的意识。

无产阶级在国际性的联合斗争中根本利益的一致,正是第一国际的精神遗产。联系一下现实,我们不难意识到,这两点正是对当今劳动者解放斗争有着实际借鉴意义的非常宝贵的遗产。

第一国际的解散,并不意味着劳动者解放斗争的结束。正如马克思在第一国际宣布解散时所说的:"至于我个人,我将继续自己的事业,为创立这种对未来具有如此良好作用的所有工人的团结而不倦地努力。不,我不会退出国际,我将一如既往,把自己的余生贡献出来,争取我们深信迟早会导致无产阶级在全世界统治的那种社会思想的胜利。"① 到了19世纪70—90年代,由于垄断资本的发展,劳资矛盾不断加剧,工人解放运动又重新高涨了起来,出现了新工运高潮。工人在自己的组织工会领导下,积极参加争取民主权利和改善劳动、生活条件,特别是争取8小时工作制的斗争。尤其值得注意的是,斗争的中心从英国转移到了美国。1885年,美国共发生700多次罢工斗争,1886年美国工人举行了争取8小时工作日全国总罢工。参加各城市举行集会和示威游行的,共有35万名工人,芝加哥4万多名工人在示威游行中同警察发生激烈冲突,遭到政府残酷镇压。这种缩短工作日的罢工斗争,在国际工人运动史上具有重大意义。还特别值得注意的是,由于马克思主义广泛传播,工人阶级政党和团体在欧美各国普遍建立,这次工人运动的内容更加丰富,规模和范围不断扩大,从而又出现了进行新的更大规模国际联合的要求,于是在1889年第二国际又应运而生。

领导当时的工人劳动者解放运动的,不仅有工会,还有普遍建立的社会主义政党。当时世界的主要国家,特别是欧美主要资本主义国家,先后都建立了社会主义政党组织,如德国社会主义工人党、丹麦社会主义工人党、美国社会劳工党、法国工人党、西班牙社会主义工人党、意大利工党、英国社会主义同盟、比利时工人党、挪威工人党、奥地利社会民主工党、瑞典社会民主工人党、瑞士社会民主党等。这些政党虽然严格说还都不是马克思主义的政党,但却都提出了各自改造资本主义和实现社会主义的主张,都积极组织工会,领导工人劳动者开展解放自己的斗争。由于各国这些政党的主张,都是根据自己国家的实际情况提出来的,加之各自对社会主义的理解不同和成熟程度不同,所以政党多、主张多、思想也复

---

① 《马克思恩格斯全集》第18卷,人民出版社1964年版,第180页。

杂，如何在国际联合斗争中统一思想、统一认识、统一步调，形成合力，是个非常困难的事情。

第二国际正是在劳动者解放斗争这种新的形势下建立的。从它提出的口号：全世界无产者联合起来！从政治上和经济上剥夺资本家阶级，实行生产资料社会化！社会革命万岁！社会民主国际万岁！如此等等，就可以体会出，它不仅是在新形势下建立，而且有着新的更成熟的面貌，肩负着新的斗争任务。这种新形势的最主要特点是：无论是工运还是共运内部都有不同派别、不同思想主张的出现。比如在工运内部还出现了工人贵族阶层，出现了各种背叛劳动者利益的机会主义和改良派。第二国际就是在这种不同派别、不同思想、不同主张的激烈争论中产生的，它的建立预示着国际工人运动已进入到了一个新的时期，预示着它的艰难。适应新的斗争形势的要求，其在组织形式、组织原则、组织成分和活动方式上，都有着鲜明的时代特点。这些特点就决定了它的脆弱性和不坚定性，决定了虽然它在宣传马克思主义，推动工人劳动者解放，推动工人运动的国际合作等方面，都起有重要作用，但在它发展的后期，由于机会主义和修正主义逐渐掌握了主导权，最终导致内部分化而必然瓦解。

虽然第二国际瓦解了，但如果深入回顾和思考它自建立到瓦解的过程，就不难悟出许多很有价值的思想遗产和如何选择革命道路、斗争策略、活动方式等方面的遗产，而这些都正是当前劳动者进行国际合作所需要的。其实，从它建立开始到最终瓦解，其所面临的内部派别和派别之争，根源于三个问题：一个是不同劳动者阶层之间，各党派、团体之间的利益多元化和协调问题，另一个是国家利益和国际利益的矛盾和协调问题，第三个是如何通过协商形成统一的斗争纲领和统一行动问题。这三个问题不仅是当时难解的问题，也是今天难解的问题。从当时斗争的具体情况和主要领导看，它并没有用新的思维、与时俱进的思维，认识和看待在当时形势下的诸如工人贵族、机会主义、修正主义、无政府主义、和平改良主义、工联主义、和平过渡、议会斗争、世界战争中的国家利益和国际利益、劳动者的国家利益和国际利益等内在的真实含义、矛盾性、一致性，并以此来决定自己的组织形式、组织原则、组织成分和斗争目标、斗争策略、活动方式。

第一次世界大战结束后，在俄国十月革命的影响和推动下，世界劳动者解放运动再次风起云涌，比如，1918年柏林爆发了50多万人的政治大罢工，汉堡、基尔、科伦、莱比锡等地的工人纷纷响应，参加者逾百万人。同年，在布达佩斯工人和士兵起义冲击下，奥匈帝国崩溃，匈牙利独立，并明确提出解除资产阶级武装，武装无产阶级，建立苏维埃政权的革命口号。1919年，匈牙利首都士兵和工人举行武装起义取得胜利，建立苏维埃政权，实行无产阶级专政，并组成由原社会民主党人占多数的苏维埃政府，采取了一系列革命措施，如组建红军和革命法庭，实行工矿企业及交通运输、住宅、银行的国有化，垄断对外贸易，改善劳动人民生活等。匈牙利苏维埃政权的建立引起国际帝国主义的恐慌。协约国调重兵向匈牙利进攻，国内反革命势力则乘势反扑，社会民主党右派妥协退让，匈牙利苏维埃共和国被国内外反动势力联合绞杀。与此同时，在罗马尼亚、南斯拉夫、波兰，也爆发了大规模的革命运动。此外，英国、法国和意大利等国家的工人运动迅速高涨。美国、日本等国家的工人罢工运动和人民群众的斗争也蓬勃展开。仅在1918年，美国就发生了1500次罢工事件。

各国工人运动的高涨，客观上要求成立一个新的国际组织来推动和指导各国劳动者的解放斗争。由于当时各国工人政党已经建立，于是，共产国际又称第三国际产生了。共产国际建立后，在积极支持和指导各国共产党的建立和革命活动、积极支持和指导各国工人运动的发展、积极支持和指导各国人民反法西斯斗争等方面，发挥了积极作用。尽管在认识和指导思想上，仍然没有解决第二国际所遇到的那些问题，特别是没有解决根据各国革命运动发展的实际情况，实事求是地制定出不同的方针、不同的斗争策略，犯有极左毛病，但有一点是特别值得肯定的，那就是建立国际工人统一战线的策略。这一策略采取国际代表协商的办法，解决斗争中的实际问题，取得了比较好的效果。

最了解各国斗争实际情况的，还是各国工人劳动者自己，是各国共产党或工人党自己。随着各国共产党或工人党的成长壮大和指导工人运动的日益走向成熟，共产国际这种高度集中组织形式，已经不再适应各国革命斗争的需要，于1943年它解散了。同第二国际一样，它同样也留给后人有宝贵的遗产。比如，不能实事求是地正确认识现实的发展，不能依据现实的发展认识马克思主义的与时俱进性，不能把马克思主义与各国的具体实际相结合，忽略各国革命的特殊性，把马克思主义教条化、把共产国际的指示和苏联经验神圣化，这是它的致命弱点；还比如，只重视政治斗争，而轻视经济斗争，轻视劳动者为改善自己的生活条件的斗争，轻视劳动者斗争的物质基础,致使自己的指导脱离劳动者,这也是它留给后人的宝贵教训;还比如,忽视或轻视了在现实的资本主义经济发展中,特别是在资本主义等级工资制度的发展中,中间阶层或中等收入者的含义、作用和力量,忽视或轻视了劳动者致富含义和对劳动者解放的意义,始终把中间的社会政治力量当成主要敌人和打击的主要方向,这实际上削弱了自己,壮大了敌人。这些经验和教训对当今劳动者解放斗争,都是非常宝贵的。

跨国公司和劳动者联合斗争的起点

在全球化时代,跨国公司是资本主义社会存在和发展的基础,是当今国际社会具有法人地位的独立经济体。它在国际社会结构中占有非常特殊、非常重要的地位。无论从跨国公司的性质、作用和发展趋势分析,我们似乎都可以得出这样的结论:在当今时代,跨国公司作为国际资本剥削国际劳动者最主要的阵地,作为国际劳动者与国际资产者直接斗争的第一线,劳动者争取自身解放的斗争,理所应当以此作为起点;当今劳动者解放斗争的国际联合,也应当以此作为起点。无论从哪个角度分析,都似乎应当得出这样的结论。

资本主义国家的人都非常崇拜跨国公司,崇拜这种公司的精英们,认为是这些公司精英们的创造精神,给资本主义国家带来了发展和繁荣,给资本主义国家的人民带来了幸福。资产阶级的政府虽然都还凌驾于跨国公司之上,但却以法律形式赋予它很大的权力。在自由企业的体制下,企业权力随着政府权力的扩大而扩大,企业权力随着政府权力的增强而增强。政府权力与企业权力的紧密结合,是资本主义国家管理民主的基本特征,并给予了其强有力的统治和竞争力。

在资本主义的意识形态和法律中,自由企业一直占有非常重要的地位。人们已经普遍认为,资本主义国家和法人企业的职能已经结合起来。政治权力和经济权力虽然是两种不同的权力形式,但它们已变得相互联系和依赖。但这并不意味着两种权力必然将完全合并。不难想象,这两种权力如果完全合并,就有可能导致国家和整个社会的法人统治。可当今的事实是,在资产阶级眼里,跨国公司的发展对国家是最重要的。它的成功、它的繁荣是压倒一切的。在他们看来,跨国公司管理人员在管理中通过个人才能的发挥,不仅能为国家创造财富,而且可以使社会得到稳定,所以应当赋予他们权力，为他们创造机会。因为资本主义再也不能用权威和官僚机构来控制劳动者，所有必须设法为管理人员创造真正的企业家的机会，用他们的管理控制劳动者。

资本主义国家的学者也认为，跨国公司企业家们的巨大创造精神，是经济繁荣的基石。而企业家们的这种创造精神，又是由金钱和经济利益所燃起的，是由相应的权力所保证的。其中有人如此说：政治和造反是60年代的特色，寻找自我是70年代精神的特点，金钱和经济利益将燃起80年代的激情。80年代对资本主义来说，是企业家精神的回归。也许连小学生都会想到，企业家们的这种创造精神和创造行动，当然也包含着对劳动者剥削的内容。

前面已经提到，资本主义国家的企业管理是专制的。大跨国公司权力是一种由个人以合作方式行使的权力，这些个人由于其在市场中的支配地位，可以作出决定物品生产、销售和消费、技术的开发以及雇用的条件和位置的关键性决定。公司权力实际上影响到国际社会存在的各个方面：如资本流动、生产、贸易、金融、教育、艺术、休闲、通信、交通、娱乐等等。它还能够影响社区、城镇、地区甚至国家的经济条件和命运。从广泛意义上说，跨国公司权力不仅是一种经济权力，也是一种政治权力和社会权力。所以对于普通劳动者来说，无论是争取经济权力的斗争还是争取政治权力的斗争，其斗争的国际联合都应当从这里开始，这是劳动者解放斗争国际联合的起点。

今天的大跨国公司，都是大的企业联合体，无论从哪个角度分析，它都不是只有经济权力的单独的经济组织。无论在国内还是在国外，它都是经济发展和经济扩张的主要力量，已经演变成为一种强有力的控制资本主义国家经济和政治的重要力量。它不仅深入到了母国的各个角落，而且已经深入到了世界各地。如果任少数巨型大企业在世界范围内自由运营和发展，它们不仅可能统治世界经济，甚至有可能支配国际组织和各国政府。

这里值得特别注意的是，资本主义国家政府和企业关系的本质，是政府为公司服务或为资本家服务。而公司正是为了得到这种服务才支持政府。这一方面是因为政府的法律和政策，一开始就是由公司资本家们所制定的，一开始就体现着他们的意志和利益，至今的政府官员都仍然是资产者；另一方面，随着发展的新形势，需要有新的法律和政策的时候，公司领导人又会通过各种渠道，影响政府对这些法律和政策的制定，尽力使这种新的法律和政策仍然能体现他们的意志和利益。随着垄断资本主义的不断发展，政府和公司日益结合，而且这种结合包含着深刻的社会和政治影响。随着这种结合过程的继续发展，政府的政策将越来越受到法人的需要和目标的影响，越来越体现大公司集体的意志和利益。

政府通过有关法律和政策，来对企业进行调控，主要是两种渠道：一是看得见的手，即公开的、有组织的、合法的途径和手段；二是看不见的手，即个人的、私下暗地的交易的途径和手段。关于前者，比如，创办由公司领导人组成的商业理事会，由大公司总裁所组成的商业圆桌会议等，通过与总统直接会谈和向国会游说，就与自己切身利益相关的问题，直接向总统提出看法和建议。它们既是跨国公司为解决某一具体问题的游说组织，又是确定公司共同政策和目标的场合。它无论是在国会还是在白宫，都发挥有相当大的影响力。还比如，大公司总裁们还在外交关系理事会、经济发展委员会这类"决策组织"的组建、经费和领导问题上，都发挥有重要作用。除此之外，公司巨头们还在政治上实行联合，组成各种"政治利益集团"，对政府和国会施加影响。关于后者，比如，用金钱直接贿赂政府官员，使这些官员利用其手中的权力，或在制定有关法律中，或在某一具体问题上，为自己的利益服务。又比如，让公司领导人，特别是退下来的公司领导人，到政府有关部门任职，使这些人凭私下的交情，为自己牟取私利。还比如，通过竞选捐款作为投资，使当选的政府领导人和议员，为自己牟取私利，以作为投资的回报等。

当今大跨国公司的董事们，都变成了"经济政治家"。他们依靠手中的金钱，日益成为资本主义经济、政治和整个社会生活中特权者。人们担心的是，这些巨型大公司在全球的寡头统治，特别是这些公司精英们的联合统治，公司精英与政府精英日益加深的结合，将可能使世界走上法人统治的独裁道路，特别是国际法人统治的独裁道路。事实的确如人们担心的，巨型跨国公司的势力，似乎正在逐步压倒国家的力量。"在越来越多情况下，全国公众听到的声音均受到财团的支持和赞助。自相矛盾的是，在通信方式大大改善的今天，'肃静是象牙塔顶层的格言'，无人愿意说出自己的想法，以免惹是生非。人们渴求'划算的赞助'用于学术调研，因此都小心谨慎、安全为上，生怕触犯大公司的赞助。大众传媒需要尽量扩大广告收入，以便生存下去。而另一方面，记者们也靠政治核心小组把关,对发出的新闻稿进行过滤,以防说出赞助商不爱听的话。"① 这种情况,既是大公司政治专制力量的表现,也从经济、政治和舆论上,纵容着大公司的力量和走向专制的趋势。

这里还应当强调的是,无论政府和企业之间的关系如何变化,企业资资产者与劳动者之间的压迫和剥削的关系却没有根本性的变化。仍然如马克思所说的:"资产阶级通常十分喜欢分权制,特别是喜欢代议制,但资本在工厂法典中通过私人立法独断地确立了对工人的专制。这种法典只是对劳动过程实行社会调节,即对大规模协作和使用共同的劳动资料,特别是使用机器所必需的社会调节的一幅资本主义的讽刺画。奴隶监督者的鞭子被监工的罚金簿代替了。自然,一切处罚都简化为罚款和扣工资,而且工厂的莱喀古士们立法的英明,使犯法也许比守法对他们更有利。"②

这里还应当提及的是,企业与政府的关系始终与企业内部劳资关系紧密联系。比如,资本剥削所造成的劳动者的贫困,远非企业给政府的税收所能解决。除了维持生存正常开支外,劳动者的失业救济、最低生活保障、医疗保险等,这些社会福利费用,使只靠税收维持的政府越来越不堪重负而不得不借债,债务越来越多,最终无力偿还债务,而不得不宣告破产。比如,今年6月底以来,美国加州就接连有三个城市的政府宣告破产。人们也许意识到了,政府破产在政府与企业关系中的深刻含义。而且可想而知,政府破产,受害最深的,自然还是广大劳动者。

上述这些都说明,当今劳动者反对压迫和剥削,争取提高工资和社会福利,争取改善生活条件和劳动条件,争取经济权力和政治权力,争取提高自己的社会地位,争取自身解放的斗争,最直接、最基本的阵地是跨国公司;劳动者斗争国际联合的最直接、最主要的阵地,也是跨国公司。当然,作为普通劳动者来说,由于国家主权的隔离和局限,这种联合斗争是有许多困难的。事实上也正因为这一点,才使自己在同资产者斗争中处于劣势,资产者就利用劳动者的这种劣势才敢于肆无忌惮地压低工资,强化劳动强度,降低劳动环境条件等。如果有劳动者的国际组织,能利用现代化的信息和通信技术,把不同国家的劳动者的斗争联合起来,团结起来,那将会形成国际力量,从而改变自己的劣势。如果能通过在国际联合中的

---

① 奥托·纽曼:《信息时代的美国梦》,社会科学文献出版社2002年版,第192页。
② 《马克思恩格斯全集》第44卷,人民出版社2001年版,第488—489页。

斗争,使资本主义的跨国公司走上自我扬弃的道路,那距离自己的解放就不远了。

国际统一战线和劳动者联合斗争的自身条件

全球化时代,由于金融全球化所导致的虚拟资本和虚拟劳动过度发展,投机、赌博代替劳动的发展,使劳动者地位有边缘化趋势。而且劳动者也在借贷消费和股市浪潮中,跌入了金融投机家的蛊惑宣传和金融陷阱,思想认识一时处于混沌状态,造成世界性劳工运动的低潮。社会学界似乎有这样的共识:第二次世界大战后,世界劳工运动出现了普遍性的、严峻的危机。已有的文献已经证明了劳工运动的如下几个趋势:罢工活动以及其他形式的公开与激进的劳工斗争日渐消退,工会密度不断下降,实际工资减少,工作的不稳定性日益增加。尽管大多数实证研究所关注的都是富裕国家,尤其是欧美国家的劳工发展趋势,但许多人也意识到这种危机已经是世界范围的,并且对全球的劳工和劳工运动产生了不利影响。

比如有学者就认为,资本主义在过去时期所发生的各种转变,带来的是我们称之为工人阶级这个具有显著社会特征的群体事实上的消亡。随着后工业化社会的来临,为劳工权利而斗争的工人正在快速衰落,仅存的斗争者也被看作今天的一个"面临灭绝的残余物种"。还有人认为,"信息时代"的来临已经改变了国家主权和劳动者的工作体验,并且以不同方式削弱了劳工运动作为"社会凝聚力和工人代表性的主要来源"的能力。信息时代的来临,还削弱了工人在未来成为解放的"主体"的任何可能性,即构成新的"规划性认同"的来源,其目的是重建市民社会的各种社会机制。因此,只有基于非阶级认同的各种认同运动,才是信息时代的唯一可能的主体。

当然,学者还有另一种认识,即从20世纪90年代末开始,越来越多的观察家认为,劳工运动正在日益高涨,最明显的证据,就是愈演愈烈的针对由当代全球化而引发的各种社会动荡的大众反抗运动。这些反抗活动的典型事件之一,是1995年在法国爆发的反对改革的大规模罢工。当时的法国《世界报》更是以欧洲中心主义的视角称之为"第一次反全球化的抗议"。世界贸易组织在美国西雅图举行会议的时候,抗议活动的力量已经强大到足以使另一轮贸易自由化的启动陷于停顿,并成为全世界的头条新闻。评论家们开始认为,西雅图的示威游行与美国劳联—产联的新激进主义的（组织）立场一起，标志着复兴的美国劳工运动正在"凤凰涅槃、浴火重生"。受到这些激进活动的影响，此前总是坚持宣告劳工运动和劳工研究已经消亡的美国社会科学家们，也重新开始对劳工研究产生了兴趣。旨在积极地将学术成果与劳工运动结合起来的新期刊得以创立。美国还召开了关于新劳工运动的大型学术会议，2000年，在美国社会学协会下面成立了一个专门研究劳工运动的新的分会。对某些人而言，这些新的激进主义和运动是潜在的第一个信号，预示着一场大规模劳工暴动的大地震即将到来。

的确，全球化改变了工人阶级以及劳工运动所赖以运作的环境，但没有改变资本主义的性质，更不会终结劳工运动。相反，它不断制造出新的劳工和资本之间的矛盾与冲突，为劳工运动展现出新的机遇与更广阔的舞台。如有很多人所看到的那样，它正在创造出有利于强大的劳工国际主义出现的客观条件。这次世界金融危机特别是债务危机以来欧美国家连续不断的大规模罢工游行运动，已经毋庸置疑地证明了这一点。全球劳动力市场体系的形成，无疑带来了全球庞大无组织工人劳动者相互竞争的压力，但无论反对全球化的国际浪潮、反对国际货币基金组织所强加的紧缩政策的前所未有的国际性抗议浪潮，还是占领华尔街运动，都预示和呼唤着新的劳工运动的国际组织的产生。

如前面阐述过的，对全球化，人们常有这样的责难：在劳动生产全球化的过程中，发生了严重的两极分化。当今劳资之间在财富分配和财富占有上，的确存在着严重的两极分化，但仔细研究和观察就会发现，这种分化主要表现在各国国内而不是在各国之间，或者说它在各国国内比各国之间，要严重得多。而且由于跨国公司所带动的劳动生产全球化的发展，正在形成一个具有相似工作和生活条件的单一而同质的国际性或全球性的工人劳动阶级与全球资产阶级的对立。这种对立正是劳工国际主义和劳工运动国际联合的客观基础。劳动生产全球化造就了面对相同跨国公司雇主的全球范围的劳动力大军。巨型跨国公司雇主利用其所控制的一个地方的工人劳动者威胁另一个地方的工人劳动者的事实，已经使得劳工运动活动家和观察家意识到，工人劳动者必须针锋相对，成立超过国家层面的与其跨国公司雇主的国际联合旗鼓相当的国际组织，才能在涉及工人劳动者利益的问题上与雇主进行有效斗争。

长期以来，人们一直坚信工人劳动者拥有实实在在的力量，而且他们能够有效地利用自己所具有的力量，来改变其工作、生活条件，使其向着更好的方面发展。随着全球化的发展，有人对这一点动摇了。其实，对工人运动所造成最大的负面影响的是虚拟劳动和虚拟经济的过度发展。如前面所阐述的，由于这种发展，由于投机、赌博代替了劳动，的确使劳动者边缘化了。然而，这次全球性的金融危机好像提醒人们，人类社会劳动生产力的发展，人类社会的文明与进步，主要靠的是实体经济的发展，靠的是实实在在的劳动，靠的是不辞辛苦的劳动者。那些靠投机、赌博掠夺的人和行为，似乎正在被人们唾弃。那些玩弄金融、依靠投机、赌博掠夺世界的国家，似乎也发出了要夺回实体经济、夺回实体产业垄断地位的誓言。这预示着，劳动者的地位将会恢复。

世界金融危机特别是债务危机告诉人们，全球范围的种族分化和财富分化在加剧，环境正以人类历史上前所未有的规模和速度不断恶化。21世纪世界各国工人所面临的挑战是进行斗争，这不仅仅是为了反对自身被剥削和被压迫而斗争，而且也是为了建立一个使对利润无休止的贪婪和追求，真正服从于对所有劳动者生计有所保证的新的国际体制而斗争，为全体劳动者的解放而斗争。当今全球化形势，特别是现代科学技术全球化的形势，对劳动者解放斗争，的确有威胁。而最大的威胁，来自工人劳动者自己。比如在全球化时代，在资本主义不断变革生产力、生产关系、社会关系中，使其等级利益关系更加复杂化。特别是中间阶层的力量迅速壮大。基于不同利益所产生的各种思想，也空前多元化和复杂化。在这样环境下，劳动者解放斗争，不仅需要有自己的坚强组织，有自己明确的斗争纲领，有为实现自己纲领而献身的坚强领导，而且当前最需要的是建立广泛统一战线，团结各阶层的劳动者，团结一切可以团结的力量，才能取得胜利。

诚然，历史是劳动者创造的。但劳动者自己创造自己的历史都是在既定的、制约着他们的一定环境中，在现有的现实关系的基础上进行创造的。当今的环境使我们看到，即使资产阶级统治者内部，也不是铁板一块。他们中的有些开明者，为了缓和劳资矛盾，使资本主义继续生存下去，也提出了一些开明的政策。如果这些政策能真的付诸实施，其结果是对资本主义制度自我扬弃，这对劳动者的解放斗争自然是有利的。更值得注意的是，这些人还代表着中上层的劳动者，有着深厚的社会基础。劳动者斗争的统一战线应当包括这些人。这些人提出的思想理论多种多样，最具代表性的就是第三条道路的理论和政策。

提出中间道路的，主要是欧洲一些国家的社会民主党，比如英国的工党、德国社会民主党、法国社会党等。20世纪后期的东欧剧变、苏联解体，曾给西方世界带来短暂的狂喜。然而，这种狂喜并没有持续多久，一度被冷战所掩盖的自身的矛盾，主要是劳资之间的矛盾，开始逐步显露出来。因为这些矛盾的发展威胁到资本主义的生存，致使欧洲社会民主党在沉寂多年之后，又重新走上前台，提出了新的第三条道路。面对新科技革命、经济全球化的发展、信息社会的到来和劳资矛盾的新的形势，新第三条道路者在坚持社会民主党的基本理论和价值观的基础上，又进行了一些创新，赋予这些理论和价值观以新的内涵。这主要表现在对劳动者，特别是社会弱势群体的重视上。

比如，在对民主和自由含义的解释中，强调了个人发展和经济生活方面的内容。认为民主自由不仅包括不受外界强制和压迫，免受饥饿、愚昧和对未来忧虑的侵扰，还包括参与共同决策和个人发展的自由，有生活在安全的群体中、控制自己生活和选择自己未来的自由。公民的自由和权利、普遍的平等的选举权、思想和信仰自由、言论自由和结社自由是必要的基本自由的条件。但是仅仅靠它们是不够的。真正的参与和发展的自由要求人们摆脱经济、社会或者文化上的劣势，摆脱对那些不受民主控制的各种经济势力的依赖。因此，自由既包括个人的自由和权利，也包括给予个人成长和发展，平等地参与社会工作的实际可能性的社会结构。民主也不仅仅是立法或只有外在形式的程序，也不仅仅是在多党选举中的投票仪式。真正的民主应以权力分散为基础，权力集中是对民主的威胁。民主必须通过相互独立的不同渠道、不同层次和不同角度来实施。人民能够在各个级别上参与民主，使他们在讨论与决定时有发言权。民主不仅管理政治进程，它还应该渗透到社会的各个方面，包括社会和经济生活。

又比如，在对关于公正含义的解释中，强调了公平分配、公平教育、社会团结和和谐的作用。认为公正意味着每个人都有平等的权利来控制自己的生活，来影响他们生活在其中的社会。但公正并不意味着所有人必须行动一致或生活方式一致。恰恰相反，要求公正就是要求多样化。人应有选择差异的自由，有发展个性的自由，不使自己的行动以他人的期待为限，也不因选择不同而受不公平对待。公正是自由的前提，公正要求公平地分配那些对人身自由有重要作用的东西：经济力量、教育和接受文化的可能。与自由一样，公正要求给予每个人发展和参与的同等权利、同等的社会结构和经济条件。人们认为，团结是社会和谐和安全的前提。安全与和谐只能产生于信任，绝不会来自争斗和竞争。团结要求人们为社会和劳动生活各尽所能并承担责任。它同时要求，在生病时、在工作中受伤时、年老时或失业时，我们作为公民有相互给予有保障的生活的权利，有接受教育、治疗和护理的权利及参与文化生活的权利，相互尊重每个人作为个人和公民的价值。新"第三条道路"对当今很多问题的看法和提出的解决方案，对当今劳动者的解放斗争有一定的借鉴意义。比如其在建立社会保障制度、管理市场经济、治理失业、职工参与经济管理等方面的具体政策和经验等，都为劳工运动提供了很有益的启示。

还比如，提出了民主制度应当超越国家和地区的界限，提出了"全球治理"的观念和思想，主张维护和平，缩小国家之间的贫富差距，促进国际社会的民主化，进一步推进人类社会的和谐发展。在此观点的指导下，执政的西方社会民主党提出了许多具体主张。如扩展政府在公共领域的作用，增加政府决策的透明度，建立切实的防治腐败的措施；提高政府行政效率，防止政府失信于民；按照"最小的代价获得最大的收益"的生态学原则不断调整政府结构；在政府和公民之间通过直接民主、电子投票、公民陪审等方式建立直接联系等。显然，新"第三条道路"在处理国家、政府和公民社会之间的关系实践中提出的"文明国家"理念、"全球治理"理念以及"公民社会"理念等一系列理论、政策和主张，虽然其最终目的是为了维护资本主义制度，但是剥离这个最终目的的外衣后，其中还是有一些超越社会制度与意识形态的合理内核。

比如他们提出了应该使公民参与国家管理，使国家成为一个能从各种社会力量中吸取意见、为人的创造精神服务的文明国家。为达到这个目标，除了采取加强和扩大议会制民主、保证司法独立等传统的措施外，还要与各种社会力量合作。战后的社会民主党通过与社团、工会、和平运动、妇女运动、生态运动等新社会运动联手，在推进国家民主化方面取得了重大成果。他们认为，一个积极的公民社会将强化社区的团结、不断提高公民的素质、培育当地公民的主动性和参与政治的意识、保护个人免受国家权力的侵害。同时还能为消除贫穷、减少犯罪和婚姻家庭的解体发挥作用。国家和公民社会应该开展合作，同时每一方应该充当另一方的协作者和监督者。国家与公民之间不存在固定不变的界限，根据不同时期的需要，政府必须深入干预公民社会中的事务，而有时又必须从公民社会中退出。在公民社会发展不完善的地区，政府必须帮助恢复这些群体中的公共秩序，同时为公民社会的复兴提供援助。在国家和公民社会之间，权力不能过分集中于国家，这样就有可能出现国家吞没公民社会的现象。

在历史上，社会民主党通过控制和制约市场经济的负面影响，致力于社会福利国家的建设，提高了工人的生活水平，缩小了西方国家内部的贫富差距，从而体现出其"社会公正"的基本价值，保持了左翼政党的身份特征。新"第三条道路"虽然部分接受了新自由主义的观点，突出强调了市场原则对经济增长的意义，但新"第三条道路"并未完全放弃国家调控，认为经济增长是国家发展的迫切需要，所以必须放弃传统的国家干预主义和自由放任主义的对立，把两者结合起来，同时制定再分配的税收政策，提高以对产总额为收税计算基础的税率，降低以工资为税收计算基础的税率，减轻中间阶层的税收负担，让富有的人交纳更多的税收来帮助贫苦大众，以此加强社会团结。在福利制度上，新"第三条道路"主张进行"积极福利"，将责任和权利结合起来，提出"不承担责任就没有权利"，改变了过去以失业救济为核心的福利制度，建立以增强就业机会与能力为核心的新福利制度。

上述所有这些，也都是劳动者当前所希望实现的，是劳动者解放斗争进程中的内容。只有通过这些斗争使自己逐步成熟起来，才能完成解放自己和解放全人类的伟大理想和事业。当然，使自己逐步成熟起来，像马克思所说的成熟到能够当权的程度，不仅只是这些，还包括其他许多条件。比如树立马克思主义的科学的世界观、人生观和价值观，掌握现代化的科学技术、生产技能和管理技能，树立自己起来斗争、自己解放自己和对共产主义的坚定信念等。

第十二章

国际劳动的发展和中国的复兴梦

这里要告诉读者的是，近百年的艰苦摸索，惨痛的历史教训，使我们不得不坚定这样的信念：坚持中国特色社会主义，实行改革开放，积极发展国际劳动，积极参与国际劳动分工和国际竞争，是复兴的唯一正确的光明大道。当今在各方面都面临着严峻的挑战，但只要坚定自己的理性和信念，只要坚定的沿着共同富裕这条道路走下去，中国梦就一定能实现，共同富裕的这杆马克思主义的大旗一定会在世界飘扬。

一 中国国际劳动发展的历史和教训

中国也是国际劳动产生和发展很早的国家。以丝绸之路和郑和下西洋为标志的对外贸易活动，至今人们都还引以为自豪。然而总的来看，基于日本和海盗的威胁，以海防安全为由，中国封建社会时期基本上是实行闭关禁海的政策。在那以农为本、以商为末，视经商为奸、为不义的自给自足的条件下，对外贸易的规模和对中国社会的影响，似乎都可以忽略不计。这既是闭关禁海政策得以实施的深层原因，也是中国统治者长期形成的意识和心态。其对中国国际劳动发展，以致整个国民经济发展的束缚之大，令人惊叹！

历史上的辉煌和屈辱

在人类生存斗争的历史中，大国在地球上的地位犹如自然万物，都在不断发展变化着。兴衰有道，弱肉强食，在社会主义制度产生之前，这似乎是没有人能抗拒的。中华民族，是历史悠久的民族，勤劳智慧的民族。同世界历史一样，至今的中国历史，既是通过劳动与大自然搏斗并征服大自然的历史，也是血与火的历史。炎黄子孙在世界民族之林中，既有叱咤风云、威震四海的荣耀和自豪，也有卑躬屈膝、被践踏蹂躏的耻辱和羞愧。现在，耻辱虽然早已过去，但一个人口众多、勤劳勇敢的民族，为什么会遭那么多厄运，耻辱的历史今后会不会重演，这永远值得中华儿女们深思，再深思。

中华文明的摇篮黄河、长江，同尼罗河、底格里斯河、幼发拉底河及印度河一样，使人一提起它就不禁产生一种对古文明的惊叹和自豪。相同的信仰和意识，使中华民族有着很强的凝聚力。每当民族危亡的关头，炎黄子孙只有在回首古老文明史时，才能深刻意识到中华民族在世界上的真正地位和价值。史料证明，在世界东方升起的文明曙光，以其独特的魅力，照耀着世界。中国山西丁村人和广东马坝人、湖北长阳人等的发现，证明中华祖先在二三十万年前，已经同发现于德国的尼安德特人、非洲的罗德西尼亚人、巴勒斯坦的卡麦尔人一样，进入了人类发展早期的智人阶段。而北京周口店的山顶洞人和法国的克罗马农人，标志着这些地方在大约5万年前已进入晚期智人阶段。远古的历史虽然没有确切的文字论述，只能靠科学的考证，但炎黄祖先在这段历史文明发展中的先驱地位，是不会有人怀疑的。

像世界上的万物发展的不平衡一样，世界文明的中心也是在不断转移变化的。如在第二章中所阐述过的，如果说在奴隶制时代世界文明和奇迹主要集中在尼罗河流域，奴隶制时代是埃及和罗马世纪的话，那么自公元前221年至公元1850年的封建制时代，世界的文明和奇迹则主要出现在黄河流域。这一漫长的历史时期，应当说是中国世纪。在这漫长的时期中，在经济、政治、科学、文化、艺术等许多方面，中国都远远地走在了前面，成为世界向往的地方。这里我们要说的是，在这一时期，中国国际劳动的发展，也走在世界的前面。这除了表现在像丝绸之路这样具体繁荣上之外，还主要表现为整个国民经济的发展水平和对外贸易的规模上。比如公元1750年中国制造业产量占世界总产量的32.8%，为当时日本的8.6倍，为当时英国的17.2倍，为当时美国的328倍；1800年上升到33.3%，为当时日本的9.5倍，为当时英国的7.7倍，为当时美国的42.6倍；1830年为占世界的29.8%，但仍为当时英国的3.1倍，为当时日本的10.6倍，为当时美国的12.4倍；1860年虽然已下降为占世界的19.7%，但仍为当时日本的2.5倍，为当时美国的2.7倍，仅次于英国（19.9%）。由于对外贸易方面缺乏综合性的统计资料，这里无法举证。

不过，由于中国的对外经济和文化联系，除通过丝绸之路之外，主要靠海路。正是基于对外贸易的需要，中国也最早发明了指南针。早在战国时期，即公元前403年至公元前221年期间，中国人就发明了指示南北方向的"司南"。约在公元5世纪，中国就发明了指南针。而在欧洲出现和使用磁针辨别方向，则是在13世纪才开始。造船事业的发展和指南针的发明，为从海上发展对外经济和文化交流提供了得天独厚的有利条件，从造船业的发展，从郑和带领船队7次下西洋，从当时中国海军的力量和规模，都可以看出当时对外贸易发展的繁荣。然而，中国是个封闭的封建帝国，也许正如西方学者所说，由于中国统治者的政策和中国人的习惯，使中国人不大乐于从事海上事业，结果多项极其重要的科学成就在中国没有发挥其应有的作用，而传到西方之后，却大显神威。可以说，它的广泛运用，引起了在航海、发现、探险、殖民和商业中一场新的革命。

中国的国际劳动虽然在奴隶制社会已经开始发展，但总的看，解放前的中国始终是一个封闭型的封建帝国。中国的封闭性特征至今使生性热衷对外扩张的西方大国迷惑不解。其实它是同中国意识形态的特征紧密联系在一起的。受封建地主思想的影响，中国人总视土地为核心、实在和可靠的财富，以农为本，重农轻商。憎恶经商，认为无商不奸，经商是追求不义之财，是不安本分、妄肆求富，是违背天命的，这是中国封建文明的一大特征。受这种思想意识的影响，在整个封建社会，中国经济的发展水平同其国际劳动的发展、对外经济的发展远不相适应。虽然也有张骞出使西域和郑和下西洋的光辉历史，但那与强大中国的水平是远不相称的。据国外专家估计，从郑和船队的规模和适应性来看，他们或许可以在航海家亨利向直布罗陀海峡探险前好几十年，就可以绕过非洲并发现葡萄牙。但郑和的船队最远只到达非洲东海岸和红海岸。其原因就在于中国封建统治者内部勾心斗角的矛盾，因统治者腐败所必然遭到的外族入侵，以及镇压人民的需要，皇帝下令禁止制造海船，禁止远海航行。可见，轻商、保守、忠君、闭关内向，是中国封建统治者的劣根性。正是这种劣根性，中国生产力虽有较高的发展，科学技术也早熟，然而与这种生产力和科学技术发展相适应的商品经济却没有相应地发展起来，没有在奔向更新、更高的文明的资本主义文明中走在世界前列，使封建制度延续了2000多年，比欧洲封建社会的历史长1000多年。

历史的发展有时会使人迷惑不解。在世界范围内的生存竞争中各自的机遇也总是神秘莫测。当15、16世纪中国的封建制度虽已衰老腐朽，而人们对它仍在顶礼膜拜的时候，欧洲却发生了反封建的文艺复兴运动，揭开了历史向新的文明发展的序幕。作为文艺复兴指导思想的人文主义，是欧洲资本主义生产关系萌芽和要求发展的反映，它为之后发展起来的资本主义意识形态奠定了基础。从15世纪开始，当中国的航海事业被封建统治者所遏制的时候，以葡萄牙和西班牙为先锋的欧洲，却利用中国发展起来的航海技术和火器，开始了全球性的探险和掠夺活动。迪亚士、哥伦布、达伽马、麦哲伦等都既是世界闻名的航海家又是掠夺者。他们每到一处，就大肆进行杀戮，不仅掠夺一切物质财富，而且掠夺奴隶。

更值得后人思考的是，葡萄牙作为人口和资源都有限的小国，同中国相比更谈不上军事上的强大，然而当它掌握了造船和海上航行之后，却能在很短的历史时期内涉足全球各地。1517年，这个小国无所畏惧，开始敲中国这个庞然大物之门。1553年竟窃取了中国领土澳门。

继葡、西之后，大肆进行殖民远征和掠夺的是英国。由于英国发生了资产阶级革命和工业革命，使英国在科学技术进步、生产力的发展、经济管理以及政治制度等方面，都走在了世界的前列，而且由于工业技术的提高，又大大提高和加强了其军事技术和军事力量。其对外扩张和殖民掠夺的势头更加强劲。政治上的腐败，经济和军事上的衰弱，必然带来对外屈辱的悲惨命运。中国在强盛时期，按中国特殊的封建道德观念对外厚施仁政，而在欧洲强盛后，却按照西方资本主义的道德观念对中国实施暴力掠夺。施仁并未换得仁报，有道反被无道欺。英国凭借其由蒸汽推动的炮舰，在1637年就在虎门向衰老的中华封建帝国开了炮，开始了屠杀、残害和掠夺中国人民的罪恶历史。自1787年开始，又大量向中国输入鸦片，使中国大量白银外流。在鸦片输入之前，中国每年白银外流数百万两，而1823—1831年间，每年白银外流1700—1800万两；1831—1834年间，每年外流约2000万两，1834年就外流3000万两。这迫使清政府不得不进行禁烟，从而导致了改变中国社会性质的1840年和1856年两次鸦片战争。这两场战争都以中国的失败和屈辱而告终，它使中国历史进入了半殖民地半封建社会的黑暗时代。各种割地赔款丧权辱国的条约，残酷吞噬着中国的躯体。

鸦片战争之后，世界帝国主义列强都紧随英国之后，向中国伸出了劫夺之魔爪。它们正是通过各种不平等的条约，不仅从中国取得了巨大的政治和经济利益,而且直接控制了中国的内政和外交。这种特殊形态的半封建和半殖民的社会,作为世界特殊历史时代的产物,一开始就意味着将给中国社会和中国人民带来不同一般的深重灾难。中国的领土、各种资源和财富,都遭到了空前的浩劫,中国经济遭到了全面的摧残和破坏,中国人民陷入了水深火热之中,中华大地成了西方列强的乐园。

中国的门户是被帝国主义的大炮轰开的。帝国主义列强在中国获得各种政治特权的同时,帝国主义的资本也涌入中国,使中国开始了以利用外资形式的国际劳动。至 20 世纪初,帝国主义在中国的资本已超过 15 亿美元,第一次世界大战前上升为 22.5 亿美元,"九一八"事变前为 34.8 亿美元。在第一次世界大战之前,在中国投资最多的是英国,1914 年其在中国的投资为 66460 万美元,占帝国主义在中国资本总量的近 30%;日本则后来居上,至 1930 年其在中国的投资达到 141160 万美元。日英两国合计占帝国主义在中国资本总量的 70%。这些资本与中国官僚资本相结合,在很大程度上控制了中国的经济命脉。应当注意的是,帝国主义国家在中国的投资中,有很大一部分,就是中国的赔款。

帝国主义列强在中国的投资中,主要部分是用于金融、商业、运输业和采矿业,真正用于制造业的并不多,所以对中国国际劳动的发展刺激有限。正是由于帝国主义在中国的投资所具有的经济控制和掠夺财富、资源的性质,并不在于帮助中国民族工业的发展,因而这些投资不可能给中国带来新的科学技术和民族工业的发展。1831 年之后,日本发动大规模侵华战争,这是中国的最大悲剧。日本在中国烧、杀、抢、掠,无恶不作,其野蛮、残酷程度,都令人发指。其给中国造成的巨大灾难,也令人惊愕和难以置信。造成古老、勤劳中华民族如此衰败和悲剧的根源在哪里?的确值得每个中国人深思。

为了中华民族的复兴,中国不少人也曾苦心寻找这种根源,并想从中得到启示。不过至今对此却莫衷一是。有人把它归为过度成熟的封建制度,有的把它归为中华民族生性过于善良和软弱,有的把它归为中国人对"龙"过分崇拜……当然,不能说这些不是造成中国衰败的因素,但现在看来应当从这些因素之后的更深层上去寻找。比如说,中国封建制度为什么会过分成熟,根源于意识的过分衰老。这两个过分相互作用的结果,就是长期以来"天不变,道亦不变"的根源。

中国的封建意识有千条万条,而最为根本和核心的一条是"天命"和与此相联系的"天理"。一个人的来世,不是自然现象,而是天意。因此,在他一落地开始,就命运在"天",一切都得听从"天"的安排和主宰。"天命难违","天理昭昭",这就是长期以来许多中国人的意识规范,并深深地铭刻在许多中国人的心灵深处。当然,这个"天"有虚幻的"天"和实在的"天"之分。虚幻的"天"存在于每个人的心灵深处,实在的"天"则存在于社会的各个层次。整个国家的"天"是皇帝,一个州府的"天"是知府,一个县的"天"是县衙,一个家庭的"天"是父亲,妇女还另加一层"天",即丈夫。长期以来,中国人一生下来,就得接受这层层"天"的意识的灌输,最后用这种意识塑造成形,把"天"视为自己生存的依赖和保证,有了"天"就有了生活主心骨,没有"天"就失去了生存的勇气和动力,就感到空虚和无措。一切听从"天"的安排,一切听天由命,这正是中国人的致命弱点,也是中国人能极大忍受各种天灾人祸折磨而安于现状不求变革的重要原因,也是中国封建制度得以长期维持的最主要的根源。

黄河流域是世界农业发展最早的地区。在中国封建社会初期,黄河流域的农业就已经达到了惊人的水平。然而直到清朝末年的1000多年过去了,地却还是那样的黄土地,犁还是那样的牛拉犁,种还是那样的种,收还是那样的收,产量也基本上还是那样的产量,一切都照旧,一切都维持原样。甚者,有的土地和产量还不如以前。也许正是由于中国农业早熟的缘故,同西方人相比,中国人对土地有着更加深厚的感情,产生了国以民为本,民以食为天,食则来自土地的这种以土为命,以地为天的古老特殊的民族意识。在这种意识束缚下,中国人几千年来都只视土地为命根子,只视土地为真正的财富。几千来中国人都面向黄土,背朝青天,土里刨食,风调雨顺则饱,天降灾害则饿,长年累月,日出而作,日落而归,不断地重复着,直到自己的汗流尽,气耗完,最后化为黄土为止。对广大农民来说,这就是天意,这就是命运,这就是天定的人生的全部意义。"天"不变,"道"亦不变,"行"也不变,一切的一切都不变,任何变革或超越封建文明的行为,都被视为是违背天意的,都是天理难容,大逆不道,妖人作怪,这也许就是一切悲剧的最终根源。

既然以土取食为天命,那么中国人就只能在黄土地上显示自己的智慧和才能。而工商业也只能在开发农业的范围内发展。如果它超出这个范围,按自身的规律独立发展,那就违背了天意,是在追求不义之财,不义之富。在这种所谓"天理"束缚下，几千年的中国工业，也只能局限在附着于农业，以主要制造简单的农业生产工具和满足国民穿衣等狭窄范围内的手工业；早就显得繁荣的商业，也只能局限在以满是封建统治者对金银珠宝等有形财富追求的官办或半官办商业。这正是有人所说的对于中国人来说，无论是经商者或不经商者都不具备真正的商品观的原因。与此相联系，中国科学技术的发展，也有着天命的制约。中国虽有四大发明，然而在一切都听天由命的思想下，它们都未能像在西方那样，给中国带来发展和强大。有人说，中国的文明更多的是书本文明，而西方则是用自然科学创造出一个新世界，观察一下历史，似乎的确如此。在此种情况下，如果不首先在全民意识上发动根本的变革，不首先彻底破除人生在天、黄土为命的听天由命的古老意识，那么在中国早有发展的作为资本主义生产关系萌芽的工商业，很难靠其自身的发展而成长为强大的资本主义文明。

诚然，中国封建历史上也有许多可歌可泣的农民起义和暴动，但这种起义和暴动也受着天命意识的制约。起义和暴动者总视自己是在受天命而为，因而无论这种起义和暴动是胜利了还是失败了，其结果总是一样，虽在血与火中改朝换代，但仍是"天"不变，"道"亦不变，周而复始，一切照旧。从经济上看，也总是在破坏、恢复、再破坏、再恢复的几乎是同一水平上循环。而在我们的历史书中，常把这种恢复叫做发展。而且正由于天命难违，历代的统治者虽然都可以对外厚施仁政，而对这种反"贼"，则都是竭尽各种残暴。凶狠残暴的镇压和屠杀，同中国的封建文明紧随相伴，贯穿着中国整个封建的历史。除此之外，历代封建统治者都只重于权势，只为争权夺势而互相残杀，而不顾人民的死活和生产力的发展。甚者，这种每次大的争夺战常使人民的生命财产，使生产力遭到极严重的破坏。可见，中国要复兴，首先必须通过大力发展教育而从根本上改变全民族的意识，改变"天"不变，"道"亦不变的旧观念，使每个中国人都懂得人生的自我价值，都树立自我生存的意识。只有消除层层"天"的意识和对层层"天"的依赖，消除没有"天"的空虚感，使"不靠神仙皇帝，一切全靠我们自己"真正变为全民族意识，使每个中国人都能适应事物发展变化的客观规律，在不断变革和共同奋斗中充分实现自己的才能和价值，中国才有希望，中国才能重新复兴，重新跨入世界强国之林，这就是历史的启示。

踏上复兴之路的艰难和挫折

黎明前的黑暗总是使人难以忍受的。18世纪末和19世纪初,正当世界封建文明走向衰落,西方国家通过资产阶级革命和工业革命竞相开拓资本主义文明的时候,中国却沦落为殖民地半殖民地的悲惨境地。奥、英、法、德、意、美、日、俄列强,通过各种不平等的条约,在中国取得了各种特权之后,便对中国的物质文明和精神文明进行肆意的掠夺和破坏。自1840年至1948年的100年间,中国的民族工业在帝国主义和封建主义铁钳的夹击下,一直处于萎缩状态,广大劳动人民生活在水深火热之中。特别是体现国际劳动发展的对外贸易,更是无颜提起。经过八年抗日战争,中国虽然胜利了,但整个中国已是千疮百孔,全面崩溃,人民生活痛苦不堪。

太阳终于在东方又重新升起。1949年,伟大的中华人民共和国成立了,中国人民又重新站起来了。中华人民共和国的建立,不仅标志着中国古老封建文明时代的真正结束,标志着殖民地半殖民地时代的结束,而且标志着比资本主义文明更为进步的文明时代的开始。中国已走上了光辉的社会主义道路,踏上了新的复兴的征途。这是中国发展历史的伟大转折,标志着中国又将要回到世界强国之林了。

一座雄伟的建筑,越是根基实、结构紧,就越难以被摧毁。正因为中国的封建文明过度完善和过度成熟,造成了从这种文明中脱胎出新的更高文明的巨大困难,才使中国在封建社会运转了2000多年之久已经十分衰老腐朽之后,在西方国家开拓新的文明的炮声已经隆隆作响之时,仍充满着对封建文明的自豪和崇拜。即使在西方资本主义文明已冲击着古老中国大地、无情践踏和摧残中国古老文明,充分显示出这种新的文明比封建文明更具有无比强大威力,中国人民在资本主义文明的铁蹄下挣扎、呻吟的时候,中国的军阀和封建遗老遗少们仍在做着皇帝美梦。这正是古老中国的可悲之处,是中华民族在近代遭受各种耻辱和各种悲惨命运的根子。

1949年中华人民共和国的建立,标志着中国历史发展的伟大转折,标志着中华民族已经跨入了一个崭新的时代。它不仅结束了中国几千年的封建统治,而且结束了帝国主义的掠夺和践踏,结束了中华民族遭受各种耻辱的历史。中华人民共和国的建立,不仅改变了世界力量的对比和世界历史的进程。特别是抗美援朝战争的胜利,使中国的雄威大振,中国的声音又重新在五洲四海响遍:在世界民族之林中,中国这棵枯树,又有了新的生机,并开始发芽生长了。中国开始复兴了!自中华人民共和国建立的第一天起,就把建设强大的现代化的中国作为最高任务,就开始踏上了复兴中华的艰苦征途。

被帝国主义蹂躏了100多年的旧中国,在战争中被弄得千疮百孔,建国后百业待兴,而且底子之薄令人慨叹。谁都不能幻想在此基础上的复兴能易如反掌。这种复兴的艰难曲折,只有之后的复兴者们才能真正体会。如果现在有人抱怨在这种复兴征途中的各种失误和挫折,抱怨速度太慢、成就太小,那就请认真研究一下中国复兴的基础,使自己的理想化的愿望回到看得见摸得着的现实中来。

要看中国共产党的坚强和智慧,看中国劳动者的坚强和智慧,看中国人民对中国共产党的拥护和信任,看中国人民对中国复兴的坚定信念和巨大热情,那就请看建国后中国经济的迅速恢复和第一个五年计划所取得的成就吧!旧中国是个十分落后的农业国,工业产值在工农业产值中只占17%。解放前,我国生铁的最高年产量只有180万吨,1949年建国时,中国的生铁产量只有25万吨。中国钢铁、煤炭、石油、发电量等重要工业产品的产量,落后于世界发达国家100—150年。面对这种严峻情况,共产党领导中国人民两线出击,一方面通过没收官僚资本,建立社会主义的国营经济,对私人资本实行公私兼顾、劳资两利的政策;另一方面,在农村实行土地改革,解放农业生产力,从而使工农业生产很快得到了恢复。从而在稳定经济、巩固政权的第一个回合斗争中,取得了决定性的胜利。至1952年,中国工农业主要产品产量均已令人惊奇地达到或超过历史上的最高水平。回顾那段历史,人们有一个共识,那就是充分调动劳动者的积极性,按照经济规律办事,重视市场经济,实行广泛民主,团结一切可以团结的力量,这是经济恢复工作取得奇迹的重要法宝。

奇迹向来不辜负奋斗者,只要有奋斗,就会有奇迹。紧接着的奇迹是出现在第一个五年计划建设中。从1953年,中国开始了对中国工业化具有重要意义的经济建设第一个五年计划。第一个五年计划最基本的任务是集中主要力量,进行以156个建设单位为中心的、由限额以上的694个建设单位组成的工业建设,以建立中国工业化的初步基础。按照此基本任务,"一五"期间中国进行了规模巨大的基本建设。"一五"期间,虽然也有急于求成和贪大求快的现象,但总的来说,一方面由于广大劳动者巨大的社会积极性和创造性得到充分发挥,另一方面党在人民群众中享有极高的威信,在对计划的具体实施、指导和管理中,能尊重客观规律,注意实事求是,因而基本建设的效益是好的。5年间新增加的固定资产达492.18亿元人民币,其中新增加的工业固定资产达200.64亿元人民币,比近百年来的工业固定资产(约128亿元人民币)还要多57%。

经过第一个五年计划,不仅新增了一大批生产能力较高的企业,使钢铁、煤炭、发电、石油、化工、纺织业的产量,都达到了惊人的水平,而且还建成了一批技术水平较高、旧中国所不曾有过的新型企业,诸如汽车制造业、大型冶金和矿山设备制造业、重型和精密机器制造业、有色金属冶炼和高级合金钢加工业等,这些对于建立完整的工业体系,加速中国的工业化进程,都有极重要的意义和作用。如毛泽东同志说的:"中国经济建设的速度将不是很慢而可能是相当的快的,中国的兴盛是可以计日成功的。对于中国经济复兴的悲观论点,没有任何的根据。"1957年同1952年相比:中国社会总产值的年平均增长率为11.3%,工业总产值的年均增长为18%,各项重要工业品的产量,也都超计划完成,其发展速度是世界任何国家都无法相比的。

第一个五年计划的奇迹,大大振奋了中国人的精神,坚定了中国人复兴的决心和立于世界大国之林的信心。然而,也许正是由于受这种奇迹鼓舞过度,在全面进入社会主义建设的关键时刻,却产生了严重的冒进倾向,使整个国民经济的发展遭到严重的挫折。幸好的是,在中国共产党领导下,及时纠正了错误,进行了调整,使形势很快得到了好转,使整个国民经济在曲折中得到了新的发展和前进。但速度已经慢了下来,在经济发展的水平和质量上,与世界先进国家又拉开了距离。1957—1965年,是战后世界经济在全面恢复的基础上准备向更新、更高境界开拓的关键时期,世界各国都在及时抓住这个好时机,为在这新的生存竞争中重新确立自己身份和地位而奋斗。日本、西德等一些后起之秀,都是在这一时期真正起飞和振兴的。这一时期对中国当然也既是机会,也是历史性的严峻挑战。在这一关键时刻,中国的经济建设由于在急于求成的思想指导下,忽视了科学和客观规律,盲目搞大跃进,片面夸大生产关系的作用,以主观热情和群众运动代替科学技术,使经济建设遭到了严重挫折,大跃进导致了大倒退,错失了良机,令人痛心!

错失良机的原因,首先在于重大决策的失误。为尽快摆脱落后面貌,加速工业化的实现,在第一个五年计划胜利完成后,提出"鼓足干劲、力争上游、多快好省地建设社会主义"的总路线,无疑是必要和正确的。根据广大国民建设社会主义的巨大热情和积极性,提出超英赶美的鼓舞人心的口号,也有积极意义。而且只要本着实事求是的科学态度,按照客观经济规律办事,宏伟的追赶蓝图,也不是不可以实现的。而问题就出在忽视科学,忽视客观经济规律,以社会主义制度可以自觉利用规律为由,企图用主观意志代替科学和客观经济规律,这就使追赶战略和许多重大的经济方针和政策都变成了纯粹主观愿望,并唯此而行才可,否则即为右倾。这种违背客观经济规律,凭借主观意志瞎指挥的不断恶性膨胀,正是中国在此时期失机和失败的主要根源。其他种种,比如盲目大跃进、以群众运动代替科学技术、片面夸大生产关系的作用等,都由此引起。不讲科学,不讲客观规律,给中国经济建设所带来的危害,是巨大和无法估量的。比如大炼钢铁运动,结果就变成了劳民伤财运动。大量人力和财力,被这种一时的"头脑发热"所葬送。尽管全国投炼钢铁的有近亿人,全国所建土高炉和所花投资不计其数,1958 年合格的钢产量才只有 800 万吨,大量不合格的"土铁","土钢",根本无法使用。这个教训是极为深刻的。

对外开放和国际劳动发展的局限

中国的这段历史再次证明,一个国家不发展国际劳动,不参加国际劳动分工,不吸收和利用国外资源和先进的东西,是无法强大而自立于世界之林的。尽管 1956 年毛泽东就提出:"我们的方针是,一切民族、一切国家的长处都要学习,政治、经济、科学、技术、文学、艺术的一切真正好的东西都要学。"然而,由于恶劣的国际环境和思想意识上的问题,致使中国过分强调自力更生,对外开放和国际劳动的发展受到极大的局限。

利用先进国家的一切先进成果发展自己,这是世界落后国家尽快赶上来的一般规律,在生产力相对落后基础上取得胜利的社会主义国家,更不能例外。无论是十月革命后的俄国或 1949 年建国后的中国,所面对的国际形势,都是自己落后,而且被资本主义封锁和包围。然而世界上的先进东西,诸如先进科学技术、先进生产管理,却都主要集中在资本主义国家。这些东西正是社会主义生产力迅速发展的基础,社会主义国家只有通过发展同资本主义国家的经济关系,通过从资本主义国家引进外资、先进技术和设备,尽快发展社会生产力,才能生存和发展。也就是说,实行对外开放，发展同资本主义国家的经济关系，参加国际劳动分工，这不仅有着历史必然性，而且是社会主义国家经济发展客观规律的要求，是巩固无产阶级政权、最终战胜资本主义的必由之路。

然而在实践上，当时的苏联似乎比中国做得好。世界各社会主义国家在经济建设中都曾出现过失误和困境。现在有人把这种失误和困境视为社会主义制度固有的弱点和弊端，这似乎缺少证据。这里我们把当时中国的情况同苏联同期作一比较，就可以发现，中国出的问题不是社会主义所固有的，而在很大程度上是人为的。中国的第一个五年计划同苏联的第一个五年计划，都是在类似的环境中和肩负类似的任务以极高的速度获得成功的，这种成功都充分表现出了社会主义制度的优越性。在此基础上开始的第二个五年计划，对两国工业化的进程与在世界上的地位，都有着决定性的作用。就当时的整个国际环境看，对中苏两国跻入世界强国之林来说，都既是良好的机会，也是严峻的挑战。而第二个五年计划实现得如何，对两国在新的世界生存竞争中又都极为关键。

实践的结果，苏联抓住了良机，迎头赶了上来。苏联第二个五年计划的基本任务，是在初步工业化的基础上，建立强大的社会主义物质技术基础。在指导思想上，主要是坚持两条：一是大力发展科学技术教育和培养科技人才，大搞技术革命和技术革新，尽一切力量提高整个国民经济的技术水平。第二个五年计划期间，苏联对科技人才的重视，在培养科技人才和高技术劳动者方面所下的力量，都是非常惊人的。仅五年计划的后两年，苏联就对600万人进行了甲级最低技术培训，对250万人进行了最低技术培训，对50万人进行了劳动技师培训；整个五年计划期间有3/4的工人都参加了不同层次的技术培训。到1937年，苏联工业中的工程技术人员已达83万人，比1932年几乎增加了1倍；在1000名工人中，工程技术人员已从1932年的64名提高到了87名。二是实行对外开放，大力引进外资和先进技术。苏联自社会主义经济建设一开始，就遵照列宁的指示，十分重视对西方发达国家资金和先进技术的引进。在这个五年计划期间，苏联巧妙地利用西方资本主义大危机的有利时机，通过各种形式，从发达国家大量引进了资金、先进技术、技术知识和科技人才。第二次世界大战前苏联的一些重要工业，包括钢铁、冶金、重型机械、汽车、飞机和拖拉机制造等大型企业，几乎都是利用外资、外国先进技术和在外国专家人员的帮助下建立起来的。苏联的3个大型钢铁企业：马格尼托哥尔斯克、库兹理茨克和扎波罗热,均是利用美国的资金和先进技术建立起来的;苏联大型制造业乌拉尔重型机械厂和克拉马托尔斯克机械厂,也是用法国和美国的技术建立起来的;第二个五年计划的重点项目年产 230 万千瓦汽轮发电机的哈尔科夫电机厂,是用美国通用电气公司的技术建成的;当时世界上最大的电气设备制造厂乌拉尔电机联合企业,也是用英、美的技术和专家建成的,当时苏联著名的汽车制造厂高尔基汽车厂和阿莫汽车厂、雅罗斯拉夫尔汽车厂,也都是利用美国技术和专家建立起来的;苏联的一些重要军事工业,包括飞机、坦克、军舰、大炮等,也都是在美国、德国、意大利的技术援助下发展起来的。当时美驻苏大使哈里曼在给美国国务院的报告中曾引用斯大林的说法,在战前,苏联约有 2/3 的大企业是由美国经济和技术援助建成的,而其余的,也大都是在德、英、法、意等国的经济和技术援助下建立起来的。当时苏联引进外资和先进技术的规模及对苏联经济发展的巨大作用,由此可见。

正是这两条,使苏联的第二个五年计划取得了比第一个五年计划更大的成功。这个五年计划完成后,苏联已跻身世界强国之林,1930 年,其工业产值已居欧洲第 1 位,世界第 2 位。相比之下,中国则在"大跃进"中失去了机会,被甩在了后面,同当时苏联形成了鲜明的对照。在发展速度方面与苏联无法相比,一个是惊人的高速度,一个是惊人的停滞;在经济实力方面,一个是缩小了与发达国家的差距,跃入了世界强国之林,一个是拉大了与发达国家的差距,落后面貌依然。两国处在类似的环境,面临类似的任务,却出现了两种截然不同的结果,这是非常值得人们深思的。在与苏联对照的深思中起码可以发现,中国的失败原因,除有严重的急躁、冒进倾向外,更重要的是指导思想有误。最集中的表现也是两条:一是对教育特别是对科学、技术教育的忽视,似乎只要有了群众的积极热情和革命性,一切科学技术知识都可以从头脑中自发地产生出来,一切先进的机器设备都能自己创造出来;二是带有封建性的锁国政策,忽视科技知识和科技人才的巨大作用,似乎它们均可以用群众运动来代替,都可以用军事指挥方式来代替,只要劳动者被动员起来了,不管其文化素质、科技知识素质、劳动技能素质如何,一切就都可以办到。这两条根深蒂固的结果,自然就是只讲自力更生,不讲对外开放,失去了学习利用国外先进东西的机会。

任何人,任何时候,都不能以困难、挫折不可避免论来宽恕自己的过失。然而困难和挫折，的确也不纯粹是坏事。它还可以给人以教育，发人深省。面对严重的挫折和经济困难，自 1961 年开始，中国不得不对整个经济发展的指导思想和战略进行全面的调整。停止了"大跃进"和大炼钢铁的群众运动，并通过压缩基建规模，特别是压缩重工业指标等，努力把经济发展建立在科学和客观经济规律的基础之上，使其能按照自身要求的比例关系健康向前发展。历史再次证明，科学正确的指导思想，科学正确的发展战略，科学正确的发展方针和政策，对经济的发展是至关重要的。因为中国所实行的这次调整，是建立在科学基础上的，它适应了经济发展客观规律的要求，所以很快就取得了明显的效果。到 1965 年，整个国民经济形势已全面好转，一些重要经济指标恢复到了下降之前的水平。自 1957 年至 1965 年，中国经济的发展转了一个大圈最后又回到了原地，等于白白丢失了 8 个年头的时间。在世界经济高速发展的这 8 个年头，对中国是何等的重要，何等的宝贵，失之难以弥补，都是不言而喻的。

二 康庄大道和新的腾飞

对勇于接受挑战的人来说，危机和磨难，意味着新的起点。党的十一届三中全会的召开，标志着中国的政治经济形势发生了历史性的伟大转变。这次会议从根本上破除了"左"的思想束缚，破除了对个人崇拜的束缚，重新确立了马克思主义实事求是的思想路线。这次会议要求把党和国家工作的重点转移到经济上来，并确定了通过改革、开放实现四化大业的战略方针。这次会议意味着中国新的希望又出现了，新的腾飞开始了。

机会的丧失和新的起点

综观这一时期我国没有融入国际劳动分工的原因，主要是在指导思想上没有像列宁那样，把积极参加国际劳动分工、积极发展同资本主义国家的经济关系、积极利用资本主义国家的资本和先进技术，提到关乎国家存亡的高度看待。诚然，这一时期毛泽东关于发展与资本主义国家经济关系、积极争取外国的援助、积极利用资本主义国家的资本和先进技术、积极与外国做生意，有不少讲话，但在这些讲话中所强调的，都是自力更生。自力更生为主，发展这些对外经济关系为辅。在发展中，这些关系只能起辅助作用，主要靠国内劳动者的积极性和国内市场。在具体实践中，甚至把这些关系看成是可有可无的东西。而且当时说的这些关系，还都主要是与苏联和社会主义国家的关系，不是同先进资本主义国家的关系。

正是因为如此，此期间我国参与国际劳动分工的规模很小。以对外贸易看，还落后于印度。1953年，中国的进出口贸易额为23.7亿美元，只相当于美国（265.8亿美元）的8.9%，相当于英国（161.7亿美元）的14.6%，相当于加拿大（85.3亿美元）的27.7%，与印度相当。1958年，中国的进出口贸易额为38.7亿美元，虽然超过了印度，但仍只相当于美国（310.5亿美元）的12.4%，相当于英国（194.3亿美元）的19.9%，相当于加拿大（102.5亿美元）的37.7%。1965年，中国对外进出口贸易额达到了42.5亿美元，只相当于美国（485.4亿美元）的8.7%，相当于英国（288.5亿美元）的14.7%，相当于加拿大（160.9亿美元）的26.4%。还低于印度（45.8亿美元）。从对外贸易的年均增长率上看，中国更是落后得可怜。1958年至1965年，中国对外贸易年平均增长率为1.3%，而美国为6.6%，英国为5.8%，加拿大为6.6%，法国为8.8%，澳大利亚为8.9%，日本为15.9%，意大利为15.7%，印度为5.9%。当时中国国际劳动发展的状况，参加国际劳动分工的状况，由此可见一斑。

尽管已经丧失了宝贵的8年，但经过发展思路和战略的调整，各方面不正常关系初步理顺了，指导思想也初步端正了。加之中国有巨大的经济潜力，有广大劳动者的极大热情、积极性和创造性，只要按照调整后的战略和方针坚持干下去，就有可能在较短的历史时期内实现四个现代化，跻身世界强国之林。从整个国际经济形势看，当时正处在战后新的科技革命的开端，向高科技发展的开端，向高科技产业发展的开端。所以，以1965年作为复兴中华的新的起点，无论从国内环境或国际环境看，仍都有着很多很好的有利条件，都是一种新的良好的机会。复兴中华由此重新起步，前途仍然是光明的。然而，恰恰在又一个关键时刻，中国又遭到十年"文化大革命"的浩劫，在复兴的道路上，又损失了宝贵的十年。

社会主义经济建设，应当主要立足于依靠自己力量的基础上，这是毫无疑问的。但因受极"左"思潮影响，片面理解艰苦奋斗和自力更生的方针，盲目排外，胡说引进西方技术是"洋奴哲学"，是"洋奴买办"，提出"宁要社会主义的草，不要资本主义的苗"的谬论。在国内，由于对世界形势的错误判断，实行以战备为导向的发展战略，把大量投资都投在交通不便、各方面条件都很差的大"三线"。在深山沟里建厂，施工难度大，要多花大量的劳动和资金不说，只建筑材料在运输过程中的破损，就造成惊人的浪费。而且由于投资过急、规模过大，加上建筑材料和建筑机械不配套，技术跟不上，许多建筑项目变成了"胡子工程"。即使工厂建成了，也因缺水、缺电、缺少基础设施和功用设施，以及运输困难等而不能正常投入生产。如此种种严重影响了投资效益。表面看，经济搞得轰轰烈烈，实际上却无多少实际社会财富的增加。

在"文化大革命"期间，世界经济的发展有两大趋势更明显：一是随着新的科学技术革命，科学技术在经济发展中的作用日益增强；二是随着各国生产力的发展，经济生活国际化的趋势也日益加强。任何国家，都只有在同外部的经济交往和联系中才能求得迅速的发展。尤其是经济技术都比较落后的国家更应如此。日本经济在这一时期正是在加强对外经济联系，大力引进西方先进科学技术的基础上，获得高速发展的。然而中国却与世界潮流背道而驰。在周恩来总理等一些中央领导同志的努力下，中国虽然也从日本、美国、西德、英国、法国、意大利、荷兰等西方国家引进了一些先进技术设备，1973年至1977年约有39.6亿美元，但从总体上看，所执行的是封闭型战略。在"四人帮"把持下，对国内科技人员百般打击和迫害；对国外先进技术也以其使用者的阶级性质而一概排斥，一概批判。这就使中国的科学技术水平、中国参与国际劳动分工、中国在利用外资和引进先进技术等方面，都整整停滞了十年。

进出口贸易，是一个国家参加国际劳动分工程度的标志，也是一个国家综合经济实力的标志。"文化大革命"十年，中国的进出口贸易也处于停滞甚至下降状态。进出口贸易额在世界上所占的比重很小。1978年，中国出口贸易额只占世界出口贸易总额的0.7%，进口贸易额也仅占世界进口总额的0.8%，这是与中国的大国地位极不适应的。进出口贸易额在国民生产中所占的比重，标志着一个国家经济发展的素质、技术水平、效率和质量的高低。此期间，中国进出口贸易额在国民经济中所占的比重是相当低的，而且从发展趋势看，在此期间中国进出口贸易在世界上所占的地位是逐步下降的。1965年中国进口贸易额在世界各国中占第23位，1978年则下降为第28位，出口贸易额则由第18位下降为第31位。可见，"文化大革命"十年动乱，教训是多方面的、极其深刻、极为沉痛的。但就从经济方面看，如下几个方面是值得我们永远记取的：

应当永远以经济建设为中心。世界社会主义国家革命的实践证明，旧制度因束缚和破坏生产力的发展，从而造成经济落后，广大人民无法生活，这是广大人民起来参加革命或支持革命的重要原因。所以在革命取得成功之后，广大人民所迫切要求的，不仅仅是政治上当家作主，更重要的是迅速发展经济和改善生活。新的政权能否继续得到广大人民的拥护和支持，新的国家能否在世界上不断提高和加强自己的地位，最终取决于能否迅速发展生产力和增强自己的综合经济实力。因此，在无产阶级政权巩固之后，所面对和要解决的主要矛盾，始终是人民日益增长的物质文化需要和落后的社会生产力之间的矛盾，党和国家工作的重点，始终都应当是以经济建设为中心，把迅速发展生产力、不断改善人民的物质文化生活，放在压倒一切的头等重要地位。

应当永远把科学技术、科学技术人才和劳动者放在重要地位。中国国情是，一方面幅员辽阔，资源丰富，有大量的廉价劳动力；另一方面人口众多，文化落后，科学技术落后，劳动力素质不高，生产力发展水平低。中国所面对的国际环境是，一方面是各国都在集中力量发展本国经济，出现了相对和平的局面；另一方面，在新的科学技术革命的推动下，国际间的经济战、科技战、经济实力的竞争，却日趋剧烈。面对这种环境，中国在制定经济发展战略目标时，必须一方面要有急迫感，要积极大胆；另一方面要稳要可靠，切实可行。过去中国经济建设一再受挫的原因有千条万条，而忽视科学，忽视客观经济规律，忽视人才，忽视知识分子的作用，应该是头一条。充分发挥知识分子的作用，大力发展科学，发展教育，培养人才，是复兴中华之本。没有高度精神文明，没有高度的科学和文化知识，没有大量的知识分子，不可能完成复兴大业。

应当永远把学习、利用国外一切先进的东西作为基本国策。由中国科学技术的落后性和世界经济生活国际化趋势所决定，中国的经济发展战略必须具有开放性，必须把大量引进西方先进科学技术作为基本的长期国策。在世界经济发展史中，没有一个落后国家的后来居上，不是通过学习、引进先进国家的先进科学技术、先进生产方式所达到的。美国、德国、日本、韩国等，所走的都是这样一条道路，中国的复兴也必须毫不动摇地走这条路。然而正如有些学者所说，正因为中国幅员辽阔，人口众多，资源丰富，所以决策者在考虑发展战略时，就容易接受追求自给自足的经济发展。特别是封建主义闭关锁国历史传统的影响，也会使一些决策者自觉或不自觉地去实行闭关自守的经济发展战略。尤其在国际条件不利的情况下，往往盲目地以中国什么都有、中国什么都可以办到、中国什么都不怕为由，不去积极开创对外开放的新局面。可见，无论从历史或现实角度看，中华能否迅速复兴，中国能否后来居上，创造出新的中国世纪，很大程度上取决于对外开放战略的实施和取得的成就。

人们在形容一个人的固执时，常用的俗语是，不碰南墙不回头。而这一时期的中国似乎是在碰得头破血流时，才不得不回头了。毛泽东同志1956年就说过："你有那么多人，你有那么一块大地方，资源那么丰富，又听说搞了社会主义，据说是有优越性的，结果你搞了五六十年还不能超过美国，你像个什么样子呢？那就要从地球上开除你的球籍！""文化大革命"十年动乱，是使中国经济倒退的十年。十年中，中国经济实力同大国的差距越拉越大，在世界上的地位不断下降。如果从中国经济发展的各种因素细加分析，就可以看出，中国国民经济的确是跌到了崩溃的边缘，球籍临危。在这历史的严峻关头，中国只有一种选择，那就是前进，就是在经济上全面振兴，没有别的出路。也就是在这严峻的历史关头，中国新的领导人以惊人的胆识和魄力，一举清除了"四人帮"和他们的影响，开始了中国复兴之路的新的起点。

拨乱反正和走上康庄大道

意识形态上的拨乱反正，思想上的解放和思想路线的端正，使中国走上改革开放这一复兴的康庄大道，这是十一届三中全会最为重要的历史功绩。经济发展战略的转变，改革开放路线的确定，都是在此基础上发生的。对外开放的道路，就是大力发展国际劳动、积极参加国际劳动分工和国际竞争，在国际竞争中发展自己，把自己锻造成强国的道路。实践已经证明，这条道路是正确的、成功的道路。可以说，1979年之后中国发生的一切巨大变化，所取得的一切惊世奇迹，都是从思想意识上的拨乱反正开始的，都是坚定走这条道路的结果。通过拨乱反正，在如何准确认识马列主义和毛泽东思想，如何正确认识社会主义和社会主义要解决的主要矛盾，如何正确认识社会主义发展的基本力量，如何正确认识社会主义同资本主义国家的经济联系，如何认识利用外资先进技术等重大问题上，都端正了认识，统一了思想，从而不仅使人们的思想又得到了一次大解放，而且使为实现四个现代化而奋发图强的伟大精神，重新迸发了出来，中国走上了复兴的康庄大道,中国再展复兴宏图的新时代开始了。

对勇于接受挑战的人来说,危机和磨难,意味着新的起点。党的十一届三中全会的召开,标志着中国的政治经济形势发生了新的历史性的伟大转变。这次会议从根本上破除了"左"的思想束缚,破除了对个人崇拜的束缚,重新确立了马克思主义实事求是的思想路线。这次会议要求把党和国家工作的重点转移到经济建设上来,并确定了通过改革开放实现四化大业的战略方针。这次会议意味着中国新的希望又出现了,中国的复兴已经开始走上康庄大道。

十一届三中全会之前,中国经济发展的基本特征是:在以自力更生为主思想指导下,满足于自给自足,以发展速度为衡量经济发展的主要标志,以重工业为重点,以粗放经营为主要方式。如果说这种发展方式在经济发展初期尚有它的可取之处,对建立中国的民族工业和独立的经济体系尚有积极作用的话,那么,当经济有了一定基础而要全面起飞的时候,这种方式所固有的矛盾和弱点,就日益明显地暴露了出来。同现代化大生产的矛盾,日益突出。现代化大生产是社会生产力高度发展的结果,是一个国家物质文明程度的标志。这种大生产是同高度发展的劳动分工和国际劳动分工、高度发达的商品经济紧密联系在一起的。高度发展的劳动分工、特别是国际劳动分工和高度发达的商品经济,是现代化大生产所必备的环境和条件,然而,这种发展方式,则是建立在限制劳动分工和商品经济的基础上的,它要实现的目标,与现代大生产所要求的环境恰恰是背道而驰的。这种发展方式的基础,是自力更生或以自力更生为主。不能否认,毛泽东同志提出的自力更生理论,对于动员全国人民艰苦奋斗,勤俭建国,具有十分重大的意义。但这种理论也有它自身的固有弱点,它除了应该把立足点放在主要依靠自己力量的基础上这一层意思之外,还包含有自然经济的因素。

比如,从这一理论基础上所产生的许多具体政策看,自然经济的味道还相当浓厚。一个省、一个县、一个公社,都要"自己动手,丰衣足食",缺厂自己办厂,缺煤自己挖煤,原料、能源、技术、产品销售等,都要通过自己解决。这样,全国形成大大小小不同层次的封闭体系,直接生产,直接分配,谁也不靠谁。结果,社会分工萎缩了,商品经济萎缩了,现代化的大生产萎缩了。1957年商品产值在社会总产值中所占的比重为11.6%,1970年下降为7.2%,1975年又下降为5.8%。更值得注意的是，即使在整个国民经济中占有重要地位的重工业，也在自我封闭、自我服务中循环。我国基本建设投资的半数以上都是用于重工业的，然而1978年我国重工业自我服务的比重占80%以上。

重工业的这种自我封闭和自我服务，不仅导致整个国民经济中物化劳动耗费的增大，而且使整个国民经济陷入了不能发挥实际效用的恶性循环。现代化大生产是建立在现代科学技术高度发展基础上的。而在这种封闭战略下的整个国家或各个封闭体，都既无发展现代科技的内部刺激和动力，也无发展现代科学技术的外部环境。对整个国家来说，因为它无视世界现代科学技术的迅速发展的事实以及其对经济发展的强大作用，产品的质量、成本和整个的经济效益都缺乏国际比较，加之用阶级性来看待资本主义国家的先进科学技术，从而就不愿同资本主义国家进行任何经济联系，切断了现代先进科学技术的来源。对国内各个封闭体来说，由于划地为牢，万事不求人，所以对先进地区的先进技术，既无急需的动力，又无急需的压力。这样经济上的自给自足，就变成了意识上的自我满足，是同经济效益相矛盾的。

第二次世界大战后，世界经济发展的一个重要特点，是由粗放型向以质量、效益和高科技为主要特征的集约型转化。而中国则与此相反，在封闭战略下，却只求速度，不讲效益。这是中国经济建设长期存在的顽症。经济发展的速度，是由多种因素所决定的，它同质量、效率之间有着内在的密切联系和制约关系。在高质量、高效益前提下的高速度，是任何国家都要追求的。而中国的毛病正是在只把速度当作社会主义优越性的表现和证明，只重视以速度同资本主义国家作比较，而根本不顾质量和效率，轻视以质量和效率同资本主义国家作比较。中国为追求高速度所造成的浪费，在世界上也是触目惊心的。在一定意义上说，封闭战略在实践中成了浪费战略。十一届三中全会之后，从根本上改变了这种封闭战略。1981年全国人大四次会议关于中国经济今后发展十条方针的提出，标志着中国经济发展的新战略已初步形成。总括来看，这种新的经济发展战略主要有如下几个方面的特点：

第一，把农业、轻工业能源、交通放在重要地位，不再只突出重工业，特别是钢铁工业。这就意味着，新的发展战略是综合平衡的发展战略，不再是倾斜的发展战略。中国农村蕴藏着极大的经济潜力，全面发展农村经济，的确是保证国民经济全面发展的关键。在中国的历史上，只要农业发展出了问题，工业的发展，整个国民经济的发展，就必然受到影响。中国社会的稳定，中国经济的发展，最重要的关键是把农业真正搞上去。面对当前农村人多地少、机械化程度不高、科学技术水平低的状况，发展农业一靠充分调动农民的积极性，二靠发展科学技术，以集约的方式，充分利用各种有限的农业资源。农业搞上去了，才会有轻工业的发展，发展能源、交通和其他重工业才有坚实的基础。

第二，把发展现代化科学技术放在重要地位，以质量和效益为主要目标，把劳动者的需要和利益放在重要地位。新战略要求，在经济建设中，要把消费工业放在重要地位，从人民的切身需要和利益出发，统筹安排生产建设。为此，重工业的发展要摆脱自我服务的束缚，要使各种产品都能充分发挥其社会经济效益；其他各部门的发展，也都要摆脱单纯追求高速度偏向，用社会经济效益作为衡量发展的尺度。可见，新战略不再是以高速度为主要目标的战略，而是以质量、效益和提高劳动者生活为主要目标的战略。

第三，把对外开放作为强国之路。20世纪70年代之后，适应世界经济国际化发展的趋势，发展中国家都把实行对外开放政策，作为重要政策。封闭了30年的中国，在复兴的道路上失去了多次难得的良好机会。长期与外部世界隔绝的状态下，中国不可能利用国际上的各种有利条件，不可能尽快利用世界上的先进技术，损失巨大，无论在科学技术、经济实力和现代化意识方面，都拉大了同国外的差距。新战略要求彻底抛弃自给自足的自然经济观点，要坚持对外开放，要"利用两种资源、开拓两个市场、学会两套本领"，要利用外国资本，引进先进科学技术，以加速中国的科学技术和生产力的发展，增强中国的经济实力，并通过国际竞争，以促进整个国民经济的质量和效益。在现代国际生存竞争的条件下，把对外开放作为长期战略和基本国策，这是复兴中华的唯一正确的道路。

第四，把发展商品经济放在重要地位。发展商品交换，生产社会化、社会分工不断深化的客观要求，是现代化社会大发展的基本条件。在封闭战略下，中国对商品生产的憎恶、对商品经济的各种限制和约束，比其他社会主义国家都更加厉害。这种限制和约束，正是中国经济缺乏内在活力、质量差、浪费大、效益低的重要原因。事实证明，对商品交换的限制和约束，实际上是对现代化再生产的限制和约束，是对整个经济活力的限制和约束，是对质量和效益的限制和约束。而新的战略则要求在坚持国有经济主导地位的条件下，大力发展多种经济形式，大力发展商品经济，把建立发达的社会主义新型商品经济，作为一项重要的发展目标，这无疑是正确的。

国际劳动大发展和中国的腾飞

无论从哪个角度讲，都可以这样说，通过改革开放，走上对外开放的道路，也就是发展国际劳动、参加国际劳动分工的道路，这是中国腾飞的根本原因。历史的经验和教训终于使中国领导人认识到，"现在的世界是开放的世界。中国在西方国家产业革命以后变得落后了，一个重要原因就是闭关自守。建国以后，人家封锁我们，在某种程度上我们也还是闭关自守，这给我们带来了一些困难。三十几年的经验教训告诉我们，关起门来搞建设是不行的，发展不起来。关起门有两种，一种是对国外，还有一种是对国内，就是一个地区对另外一个地区，一个部门对另外一个部门。两种关门都不行。我们提出要发展得快一点，太快不切合实际，要尽可能快一点，这就要求对内把经济搞活，对外实行开放政策。"① 而且在中国球籍临危的历史关头，中国也没有别的选择，只能采取列宁早就提出的办法，通过对外开放，大量有效地引进西方先进科学技术和设备，利用资本的力量，来尽快增强自己的综合经济实力。

1978 年之后，中国把对外开放作为基本国策，通过大胆引进外资和先进技术及设备，兴办经济特区等多种方式，开始积极参加国际劳动分工，开始融入国际社会，国际劳动在中国开始迅速发展，这对中国经济和技术的发展都开始起到了积极作用。1979—1985 年，中国所签订的利用外资协议总额达到 382.6 亿多美元，其中对外借款 221.7 亿美元，外商直接投资 160.8 亿美元。实际利用外资总额为 217.8 亿美元，其中对外借款 157.2 亿美元，外商直接投资 60.6 亿美元。1986 年中国实际利用外资为 69.9 亿美元，目前，向中国直接投资的外商已发展到了 30 多个国家和地区。"六五"计划期间，中国引进技术共 1397 项，金额为 49.5 亿美元。引进的主要形式是购买成套设备，其金额为 33.8 亿美，占总金额的 68.2%。某次是许可证贸易，为 5.89 亿美元，占总金额的 11.8%。再次是合作生产，为 5.56 亿美元，占 11.2%。技术服务和顾问咨询分别为 4.04 亿美元和

---

① 《邓小平文选》第 3 卷，人民出版社 1993 年版，第 64—65 页。

0.25 亿美元，分别占 8% 和 0.5%。这些技术的来源，主要是日本、美国和联邦德国。

中国作为发展中国家，也积极参加国际经济合作和对其他发展中国家提供力所能及的援助。1985 年，中国已向联合国 14 个组织和机构认捐，总额为 369 万美元和 65 万元人民币。与此同时，这些组织和机构也向中国提供了多项经济和技术援助，1979 年以来共有 3.16 亿美元，到 1985 年执行的已有 2.13 亿美元。1985 年中国已向世界 54 个国家和地区提供了 210 多个项目的经济和技术援助。1978—1985 年中国对外劳务合作已达 51 亿多美元。1986 年，中国对外承包工程和劳务合作的项目有 845 项，合同金额为 12.7 亿美元，完成营业额 9.5 亿美元，1988 年完成额为 13 亿美元。1985 年中国在海外的直接投资累计达 2.9 亿美元。虽然到 1986 年中国举借外债总额已达到 227.4 亿美元，1988 升至 330.3 亿美元，但同当时世界一些国家相比，这个数目并不算大。1986 年中国外债额只为巴西的 20%，墨西哥的 22.3%，印度的 55.3%，波兰的 62%，菲律宾的 80%。

1979—1982 年，是中国改革开放开始的年头，也是参与国际劳动分工、国际劳动开始发展的年头。随着改革开放度的不断扩大，自 1982 年开始，中国国内生产总值年均增长率，均在 10% 以上。中国的进出口贸易及其在世界地位也不断提高。中国的进出口额增长迅速，1988 年，已超过 1000 亿美元。与此同时其在进出口总额和一些贸易大国进出口总额中所占的比重，也逐步提高。1987 年同 1979 年相比，中国贸易总额在世界贸易总额占的比重，提高了 86.3%，在美国贸易总额中所占的比重提高了 47%，在苏联贸易总额中的比重提高了 53.3%。中国对外贸易总额在世界贸易总额中所占的比重，也由 1979 年的 0.88% 增加到 1987 年的 1.64%。

中国的复兴之路，一开始就是艰难曲折的。中国的复兴者们，中国的广大劳动者，正是在克服一个一个困难的奋斗中，从胜利走向新的胜利的。如果我们从 1982 年算起，在改革开放的头一个 10 年，即 1982 年至 1992 年，由于没有经验，是摸着石头过河，所以也发生一些偏差，比如在投资、需求、引进外资、生活消费，都曾发生过过热现象。重复引进、重复投资不仅造成浪费，而且引起通货膨胀、经济结构失衡和经济秩序的混乱，所以不得不经过一个艰难的调整过程。在改革开放的第二个 10 年，即 1992 年至 2002 年，又遇到了苏联解体和东欧政治剧变风波和东亚国家金融危机的冲击和干扰。尽管如此，也取得了更加惊人的成就。

实践证明，正是走了对外开放，发展国际劳动，融入国际劳动分工体系这条路，使中国复兴的理想变成为现实。从 1990 年至 2000 年，中国国内生产总值的年平均增长率，仍达到 10% 以上。到 2000 年，中国的国内生产总值已经达到 10798 亿美元，排在美国、日本、德国、英国、法国之后的世界第 6 位。1997 年，中国利用外资总额已经达到 644 亿美元，1999 年吸收国外直接投资已占国内生产总值的 30.9%。中国对外经济活动能力，已经上升到美国、日本、英国、德国之后的第 5 位。2000 年中国进口贸易额已经达到 2061 亿美元，出口贸易额达到 2493 亿美元，在世界排名第 7 位，而且贸易对象国遍布世界所有地区。也就是说，20 世纪 90 年代，是中国融入国际社会的年代，是中国劳动真正进入国际化和全球化时代。

改革开放的第三个 10 年，即 2002 年至 2012 年，对中国复兴来说，是最为关键的 10 年，也是最惊心动魄、最扬眉吐气的 10 年。在这 10 年中，中国虽然遭遇到了许多历史罕见的大灾难，极为罕见和凶险的传染病、罕见的大地震、罕见的世界金融大危机，一个接着一个。然而，在勤劳智慧的中国领导人和广大劳动者万众一心、众志成城的奋力拼搏中，不仅都一个个被克服了，而且在战胜这些灾难的同时，还创造出了令人预想不到的辉煌。这除了无与伦比、高水平奥运会的举办和精彩、难忘的上海世博会的举办之外，更突出表现在惊人的发展成就上。这 10 年是中国经济大踏步前进的 10 年。经济总量连上大台阶：2006 年突破 20 万亿元大关，2008 年实现 30 万亿元，2010 年又冲过了 40 万亿元，从 2003 年到 2011 年，国内生产总值每年均实际增长 10.7%，其中有 6 年实现了 10% 以上的增长速度。经济总量在世界上的排位，从 2002 年的第六位，上升到 2010 年的第二位。谁能想到呢，在这么短的时间内，中国竟成为仅次于美国的世界第二大经济体。2002 年，我国人均国内生产刚刚突破 1000 美元，到 2011 年已经达到 5414 美元，中国已经跻身于中等收入国家行列。

毋庸置疑，这些成就都来自于毫不动摇地执行对外开放政策，来自于积极发展国际劳动，积极参加国际劳动分工，积极融入国际劳动分工体系，提高在这一体系结构中的地位。2011 年中国的对外贸易总额已经达到了 36420 亿美元，在世界的排名为仅次于美国的第二位。中国已被称为世界工厂，中国的商品已经遍布世界各地，中国在全球劳动体系中，已经具有了举足轻重的作用。加入世贸组织的 10 年，对中国来说，的确是"黄金十年"。在这 10 年中，中国既履行承诺，又享受权利，成功融入世界经济主流,有力推促了现代化建设,开放型经济高歌猛进。货物贸易额增长 4.8 倍,增速是同期全球最快的,其中出口已跃居第一,对国民经济增长的年均贡献率达 20%,服务贸易也增长了 4 倍多;累计吸收外商直接投资 7595 亿美元,连续稳居发展中国家首位。全球 500 强有 490 多家来华落户,在华设立研发中心累计超过 1400 家,比 2001 年增加近 1 倍;对外直接投资年均增长 40% 以上,2010 年逾 688 亿美元,占全球当年流量的 5.2%,居世界第五位,超过日本、英国等传统对外投资大国。更可喜的是,在积极参加国际劳动分工中,中国人已经把中国的精神带到了全世界。"同一个世界,同一个梦想"、"给中国一个机会,世界将增添一份异彩"的歌声,已经在世界上空唱响。

现在中国不仅被称为世界工厂,而且追求更大梦想、实现复兴已势不可挡,这一点世界所有国家都感受得到。曾几何时,在中国加入世贸组织的时候,有人曾预言,中国加入世贸组织后将走向崩溃。结果中国加入世贸组织后,非但没有崩溃,而是通过改革开放和体制创新,经济总量成倍增长,经济规模世界第二,还成为带动整个世界经济增长的主要火车头。正如有学者感慨的那样:中国过去的仁人志士都致力于改变中国的政治体制和意识形态,但现在通过以市场为导向的经济体制改革,我们已经彻底打破了小农经济和计划经济的格局,整个中国的经济和社会结构也因此而发生了翻天覆地的变化,人们的生活方式也发生了巨大变化。这才是中国真正的千年未有之大变局。中国已基本上完成了从一个封闭的中世纪式的农业社会转向一个开放的工业和商业社会的过程,并几乎和西方同步地转向信息社会。工业社会、商业社会、信息社会已经成了中国今天社会的主要特征。今天的中国经济已和世界经济融为一体,中国在国际劳动分工中的地位已不可或缺,中国离不开这个世界,世界也离不开中国。

世界工厂和农民工的功劳

看到中国的农民工大潮,不禁会使人想起英国当年的圈地运动大潮,会在两个大潮的对比中,看到在工业化初期农民劳动力向城市转移的两种本质不同的道路。一种是剥夺农民的道路,一条是让农民脱贫致富的道路。人们都知道,15 世纪末以后,随着新航路的开辟,世界商路从地中海沿岸转移到大西洋沿岸,正处在大西洋航运的中心线上的英国,对外贸易大大发展,羊毛出口和毛纺织业兴旺发达,羊毛价格不断上涨,养殖业成为获利丰厚的事业。于是在工商业发达的英国东南部农村地主首先开始圈占土地，最初贵族地主只圈占公有土地，后来又圈占小佃农的租地和公簿持有农的份地。此后一些贵族也加入圈地行列。特别是1688年以后，英国政府制定大量的立法公开支持圈地，使圈地运动以合法的形式进行，规模更大。工业革命开始后，城市人口剧增，对农产品的需求越来越多，贵族地主为了生产更多的肉类和粮食供应城市，扩大投资，改善土地的生产能力，加速进行圈地，出现圈地建立大农场的热潮。

18世纪后，由于英国通过了《公有地围圈法》，致使出现更大规模用暴力把农民共同使用的公有地强行夺走的圈地运动。大量农民的财产权——土地使用权被强行剥夺，农民同自己的生存资料分离，失去生存保障，被迫成为劳动力市场上的无产者，只有靠出卖自身劳动力，接受雇佣劳动制度和接受资产阶级剥削才能生存。资本主义工业化所需要的劳动力，在圈地运动中大量产生了。圈地运动实现了农民与土地的分离，使农民越来越少，失去土地的农民部分成为农场的雇佣工人流入城市，为英国资本主义的发展准备了大量的自由劳动者。同时，圈地运动也使家庭手工业被破坏，为工业扩大了国内市场，从而大大促进英国的工业革命，英国的工业化，靠的就是这些劳动力。

正是由于圈地运动在劳动力、市场、原料等方面，为英国工业革命提供了基础和动力，所以使英国工业革命和工业化才进展迅速，到19世纪中期，英国就成为世界上第一个工业国，成为世界工厂，确立了自己在世界上的霸主地位。然而这场运动对广大农民来说，却是一场灾难，广大农民被暴力从土地上赶走，倾家荡产，流离失所，被迫出卖自己的劳动力，一部分给农场和牧场做农业工人，另外很多人流入城市，成为自由劳动力，从而促进了农村劳动力向城市的转移，为资本主义发展提供了大量自由劳动力；同时大量自由劳动力的出现，也为资本主义的发展提供了广阔的国内市场。正如马克思所阐述过的，圈地运动使小农转化为雇佣工人，使他们的生活资料和劳动资料转化为资本的物质要素的那些条件，同时也为资本建立了自己的国内市场，这样农村就变成了资本主义发展所需要的原料产地和工业品的销售市场，从而推动了资本主义的发展。

从上述我们可以看到，英国工业化所走的是血淋淋的剥夺农民的道路。中国工业化走的不是这样的道路，而走的是让农民为了脱贫致富自愿到城市打工的农民工的道路。改革开放中，通过大量引进外资，在城市兴办大量的工厂，进行大规模的基础设施建设，从而提供了大量的工作岗位，吸引了大量农村劳动力到这些工厂、工地打工。据有关部门的调查，我国到城市打工的农民工的数量为1.2亿人左右，如果加上在本地乡镇企业打工者在内，农民工的数量在2亿人以上，2011年全国农民工总量达到25278万人，2013年达到2.69亿人。农民工作为我国特有的城乡二元体制的产物，是我国在特殊的历史时期出现的一个特殊的社会群体。他们是户口在农村，但却生活工作在城市，从事着城市的非农业的工作，为城市的发展做着巨大的贡献。

人们都知道，中国在开放中的优势，这么多年中国享受的人口红利，就是劳动力资源丰富和廉价。这种优势就集中体现在农民工身上。农民工收入很低，据专家的说法，中国农民工的收入比英国工业革命时期工人的收入还低。可恨那些靠农民工发展的企业老板们，在这样的情况下，还怎么忍心拖欠他们的工资！据专业人士调查，被克扣或拖欠过报酬的农民工分别占两成。其中半数以上的农民工被克扣或被拖欠的报酬属于工资收入。农民工被拖欠报酬时间最短的有一个月，最长的达到八年，平均被拖欠期为四个月。不过中国农民工收入的增长较快。改革开放初期，每月平均不过几百元，到2011年，月均收入达到了2000多元。

农民工不仅从劳动生产上支撑着中国经济的发展，而且还从消费上带动着中国的发展。据专业机构调查计算的数字，2012年，农民工在消费品和服务上的开支约为4.2万亿元，相当于印度尼西亚去年全部消费支出的1.5倍，比土耳其2011年的全部消费支出高出23%。而且，他们每月的大部分支出都用在了大众消费品上，例如方便面、快餐、啤酒、饮料、衣服、鞋子和手机。尽管农民工只有初步的品牌意识，但随着收入提高，他们开始青睐某些品牌，无论国内还是国外的。这些品牌包括统一和康师傅方便面、肯德基和麦当劳快餐、诺基亚和三星手机、安踏和李宁运动装、双汇火腿肠、雪花和青岛啤酒，以及购物网站淘宝。

由于农民工作用的提高，中国劳动力市场也发生了变化。自从2010年蓝领工人从过剩转为短缺，农民工就业讨价还价的主动权也已经从老板转移到农民工这边，迫使雇主学会提高自身吸引力，用高工资和更好的福利吸引工人。据《中国投资参考》的数据显示，2012年全年，蓝领工作岗位的招工比例每个月都没有超过75%。这种劳动力市场的根本性扭转的结果就是促使农民工的收入急剧增加，而且只要蓝领工人仍然短缺，这个趋势就不太可能发生变化。事实上，《中国投资参考》的数据显示，农民工收入的增速超过了其他任何一个主要的消费群体。2012 年，农民工收入增加 12%，达到每个月 2995 元。与之相比较，过去 10 年中，城市居民收入的年均增长率仅为 9.3%。

不过，总的来看，中国的农民工们不仅廉价，而且单纯热情，爱岗敬业，有吃苦耐劳精神；他们遵纪守法，胆小谨慎，相对便于管理；他们薪资要求简单，对生活要求不高。不足的是知识欠缺，难适应较复杂的劳动，更谈不上技术含量与研究能力。接受新事物也常常慢半拍，行为散漫，脾气倔强，自我控制能力较差，容易意气用事。

农民工怀着脱贫致富的满腔热情，来到城市找工作，可当致富成为人们第一需求和追求目标时，城市人占有各种政策、信息方面的优势，占有天时地利。而农民工新到城市找工作，不仅两眼墨黑，还受到各种传统观念歧视，自然不能与城市人相比。农民工从事的行业基本都是劳动强度大、工资待遇低、城市人不愿干的行业。诸如体力要求较高的工厂、基础设施和房地产建筑工地、城市清洁和环境保护等重、苦、脏工种。其中有些工种很不稳定。由于工资待遇低，农民工的生活质量普遍不高，工作条件、住宿条件、卫生条件普遍较差。据专业人士调查，有近四成的农民工居住在工棚或集体宿舍里，地方狭窄拥挤，室内肮脏零乱，除了被褥衣物，几无他物。大部分农民工的工资几乎全部用于住宿和食品消费，而在生病时，只有少数人会选择去正规医院看病。

抛下老人和子女，到城市从事着最重、最脏、最苦而又是最伟大的劳动，忍受着最艰苦的生活条件，所得到的又是最微薄的工资和待遇，可农民工们却无怨无悔，始终在苦干着、实干着、坚持着。看看我国那遍地的高楼大厦、密网式的公路、机场、码头和运往世界各地的商品，无论哪一项成就中，都能看到他们辛勤劳动的身影。我国之所以能成为世界工厂，能取得今天的成就，他们流了多少汗，付出了多少辛苦，贡献有多大，30 年来他们为国家创造了多少财富，有谁能计算得清呢！

看到农民工辛勤劳动，不禁使我想起了老领导张树藩。2006 年，我无意中在一个刊物上看到了张树藩 1993 年在病中写的一篇回忆文章《信阳事件：一个沉痛的历史教训》。张树藩在"信阳事件"发生时信阳专区的专员，后来调到北京曾当过我的领导。在信阳任专员时，他就是因为坚决抵制弄虚作假，不忍心看到人被饿死，主张开仓放粮，而被投进了监狱的。他在这篇文章的最后一段话,这样写道:"从信阳事件中可以看出,我们的广大人民群众真是太好了。当时信阳地区饿死那么多人,并非没有粮食,所属大小粮库都是满的,但群众宁可饿死,也没有抢过一个粮库。这证明与共产党血肉相联的人民是多么听话,多么遵纪守法,多么相信党。而我们某些领导干部,实在是愧对人民啊!"这里我要说的是,中国的农民工真的是太好了,我们的领导干部和企业家们,千万不能愧对他们!

世界工厂和海外华侨华人和港澳台同胞的贡献

我国是个侨民最多的国家。大量海外华人和侨胞,是我国的宝贵财富。我国实行改革开放并制定了一系列吸引海外资本和技术的各项优惠政策后,作为炎黄子孙的广大海外华侨华人和港澳台同胞掀起了投资祖国的热潮,有力地促进了我国国际劳动和整个经济的发展。毋庸置疑,1978年我国全面实行改革开放政策后,海外华侨华人和港澳台同胞兴起了投资大陆的热潮,这对推动我国经济的蓬勃发展起到了不可或缺的重要作用。

改革开放初期,党中央、国务院领导高屋建瓴,特别发挥了广东、福建两个著名侨乡省侨居海外华侨华人和港澳台同胞多的优势,因地制宜地把广东省的深圳、珠海、汕头和福建省的厦门四地试办为经济特区,开始吸引外资和先进技术,其中海外华侨华人和港澳台同胞怀着极大的热情前来投资,使这些经济特区得到迅速发展。比如深圳从一个经济非常滞后的小渔村很快就发展起来,现在已成为国际化的大都市。深圳发展的速度令包括美国在内的世界各国瞩目。我们特别要注意的一点是,其时中国刚开始由计划经济向市场经济转移,国外大资本集团对中国信心不足。当时中国的工业由国企主导,体制僵硬、基础薄弱,不能为外企提供原材料及基础加工。在此背景下,台商、港商回乡创办的"三来一补"工厂及经济模式,以其进口优势弥补了上述不足,进而推动了经济的繁荣,为中国改革开放创造了一个前所未有的奇迹。但是,辉煌的同时也出现不少弊端,这需要在继续发展中解决。

20世纪80年代中后期,中央把改革开放的规模进一步扩大,又开放上海、天津等14个沿海港口城市,建立海南经济特区,开放上海浦东新区等。同时,解放了思想,进一步建立健全了法律法规,提高了为企业服务的意识,完善了基础设施建设,优化了投资环境,出台了很多优惠政策，确保华侨华人和港澳台同胞等海外投资者的利益。在很大程度上打消了海外华侨华人和港澳台同胞投资者的顾虑，提高了他们投资的信心和决心。因此，这个阶段，海外华侨华人和港澳台同胞到我国投资的人数倍增，投资规模、总量和质量都比改革开放初期有了质的提高。投资的项目可以说包罗万象：开工厂、办企业、建星级酒店、修高速公路……投资者取得成功获得利益的同时，也大大缓解了我国经济建设资金上的短缺，为我国经济的快速持续发展作出了重大贡献。这一时期我国实际利用外商直接投资为284.5亿美元，年平均35亿美元。全国所有的省、市、区都有了海外华侨华人和港澳台同胞投资建设的工厂、企业，全国各地都呈现一片欣欣向荣的繁荣景象。

1992年，在我国改革开放史上是一个具有划时代意义并且可以载入史册的一年。改革开放总设计师邓小平同志南巡并且作了重要讲话，为我国改革开放发展指明了方向，并因此开创了对外开放的新局面，改革开放取得累累硕果，全国发生了翻天覆地的巨变。中国经过近15年的改革开放，投资环境已经日趋完善，在我国投资的海外华侨华人和港澳台同胞绝大部分取得了极大的成功。中国已经成为全世界公认最佳的投资国家之一。因此，世界各国特别是海外华侨华人和港澳台同胞投资者络绎不绝，日本本田汽车公司等世界500强企业也纷纷进驻我国。

2001年，我国成功加入了世界贸易组织，这标志着中国已经真正从计划经济转型为市场经济，并且在国际上得到了广泛的认可。同时，中国国内的各种软硬件环境也日趋完善，北京申奥成功、上海申请世博会成功，使中国大陆逐渐成为一个蒸蒸日上的国家而充满无限的商机。这一系列有利因素都激发了世界资金对华投资的热情，2002年，中国成为世界第一大资金流入国，海外华侨华人和港澳台同胞资金是其中的重要组成部分。据统计，1979—1991年华商在中国投资为179.32亿美元，占外商直接投资的66%；1992—1997年为1216亿美元，占外国在华投资的65%；2000年为1094.6亿美元，占外资总额63.6%。

海外华侨华人和港澳台同胞在我国的投资，不仅带来了充足的资金，同时也带来了高新技术和先进的管理经验，填补了我国一些行业和产业的技术空白，特别是在光纤光缆、电子、通信、微机、汽车、自动化仪表等高新行业。外资企业带来的先进技术，大大加速了我国技术更新、技术升级的速度，缩小了同外国先进技术的差距，并且也带动了我国的技术和管理水平的提高，使我国数以百万计的管理人员学到了国际先进的管理经验。更重要的是，海外华侨华人和港澳台同胞在我国投资兴建的企业，增加了国家的税收和就业。据统计，中国在外资企业就业人数，1992年为490万人，1994年为1260万，1996年为1700万。

三 中国梦的新征途和严峻的新挑战

中国复兴是在人口多、底子薄、技术落后、闭关自守的基础上起步的。尽管经过30多年的对外开放，在参与国际劳动分工，融入国际劳动体系方面取得了很大的发展，上述基本国情有了很大的改变，中国不仅成为国际体系的积极参与者，而且成为重要的建设者和贡献者。但就因为原来的基础太差，我国在今后的国际竞争中，既存在着难得的机遇，也面临许多问题和严峻挑战。这些问题和挑战表现在方方面面，诸如质量、效益、科学、技术、教育、人口、就业、环境、生态、财富分配、社会福利和社会保障等方面，都是机遇与挑战并存，有些方面甚至挑战还大于机遇。在快速、高效、多变的国际竞争中，中国要实现小康发展的目标，并在下半个世纪迈进世界发达国家的行列，将面临更加剧烈的国际竞争和严峻挑战。

效益的呼唤和劳动品质的提高

在国际劳动分工的竞争中，质量和效益是决定性的。毋庸置疑，过去30年我国在发展国际劳动，参加国际劳动分工和国际竞争中，所取得的成就是惊人的、巨大的，可因为基础落后，取得这些成就所付出的代价，同样是惊人的、巨大的。基础落后，主要是技术落后和生产落后。诸如生产工艺和设备落后，生产技术和管理落后，劳动者知识素质、技术素质落后等。由于这些落后，中国在国际劳动分工结构中，处于下游或低端。就导致了所引进的都是低技术的、以笨重体力劳动为主的、传统的劳动密集型产业，劳动者的品质、劳动品质和劳动产品的品质低，劳动产品的附加值低，所取得的劳动效益低，在竞争激烈的国际市场上，只能是处于被掠夺和被剥削的地位。这是人口多、底子薄、技术落后的中国在复兴过程中无法避免、至今还仍然存在的弱点。

回顾人类发展的历史，人口多、底子薄、技术落后的国家，为了生存，为了改善劳动人民的生活，改变落后面貌，似乎都躲不过这一被掠夺和被剥削的过程。中国的实践，也再次证明了列宁所分析的，没有资本主义国家的机器设备，我们不可能迅速发展经济。只要能够发展经济，就不惜让资本家得到一些额外的利润。只要能改善工农的生活状况，我们不惜让外国资本家拿去2000%的利润，而改善工农状况这一点是无论如何应当实现的。从对外开放中走过来的中国的劳动者，亲身经历了让外国资本家拿去2000%的利润、使自己状况得到改善的历史过程。

中国过去30年，特别是前20年实现的高速增长，主要是靠巨大密集、低知识、低技术的体力劳动得来的，是血汗的结晶。虽然发展的速度快、产量大，但效益低、赚钱少，大钱都被外国资本家赚去了。中国虽然被称为"世界工厂"，但实际上人们都知道，这个"世界工厂"中的很大一部分，本质上是中国劳动者为外国资产者打工的"工厂"，中国的劳动者实际上成了全世界的打工仔。虽然中国的劳动者在环境差、工资低、劳动强度大的情况下，付出了巨大的劳动，创造出了巨额财富，但自己得到的却少得可怜。在今后新的征途中，所面临的首要的问题和挑战，当然就是要改变这种状况，要把中国组装，变成真正的中国制造，再变成中国创造。在国际竞争中，把中国的劳动者主要靠血汗赚钱，转变为主要靠知识、靠技术、靠智慧赚钱。把主要靠数量、靠低工资取胜，转变为主要靠质量和效率取胜。这恐怕也是今后时期中国复兴面临的根本任务。

过去成就所花代价之巨大和惊人，还突出表现在对资源和生态的破坏上。由于中国基础落后，为求得生存和发展，要在经济上缩小同发达国家的差距，实现发展目标，只有把全国人民动员起来，实行以高速度的粗放型发展方式。而这种方式的实施，不可避免地产生了生态环境严重的破坏。目前中国生态环境恶化状况之严重，其对中国发展的影响之巨大、之深远，都令人触目惊心。西方国家的债务危机，威胁着西方国家的生存；中国的生态债务危机，也威胁着中国的生存。矿山和环境的破坏，河流湖泊被污染，粮食的污染，重金属中毒，食品安全等等，都严重威胁着每个中国人的生活。

对人民生活威胁最大的就是空气污染、水污染和农业污染。农业的发展是国民经济发展的基础、粮食的生产是人类生存和发展之本。随着人口的不断增长、自然条件和生态环境的变化，人们日益感到农业落后和粮食短缺对人类生存及社会经济发展所造成的威胁。因此，自20世纪60年代开始，世界各国都把农业的发展放在了极为重要的地位，掀起了全球性的"绿色革命"。这场革命的主要内容是，在提高农业科学技术水平的同时，主要通过大量采用生化先进技术增加产量。包括采用基因工程培育杂交良种，大量增施化肥、杀虫剂、除草剂、速长剂、瘦肉精等。这场革命的确取得效果，使农业产量成倍增长，满足了长时期世界性经济蓬勃发展和繁荣的需要。然而人们也日益感到这场革命带来的不良后果和新的忧虑，这些生化技术的应用，也严重危害着食品安全。

因为这场革命的目的和性质，均带有权宜之计性，只是为了能迅速增加产量，以解决因人口迅速增长而造成的粮荒问题，而不在于从根本上寻求农业持续发展的潜力和耕作方式。因此，在采用这些新的科学技术时，却忽视了其自身的科学性和农业资源自身变化规律。大量使用化肥和农药的结果，却造成了已有良田土质的严重破坏和土壤肥力的严重下降。在这场"绿色革命"中，中国存在着同世界相同的问题。前已述及，土壤流失、肥力下降、沙漠化、盐碱化的现象同样十分严重。加之人口猛增、生态环境恶化、气候异常、灾害频繁等，农业和粮食生产发展均面临严峻的形势。特别是在解除"绿色革命"所带来的不良后果，探寻能保证各种农业资源的良性循环和产量持续增长的新的耕作方式及技术方面，都面临着世界性的严峻挑战，解决13亿人的吃好饭问题，仍然是经济发展中的头等问题。

这种发展方式带来的不良后果，还表现在对资源的粗野开采和利用效率低下上。世界上的资源都是有限的。过去，人们总以地球上资源极为丰富为由，对为眼前利益而滥用资源的现象一直熟视无睹。近些年来，随着某些自然资源面临严重枯竭、生态环境严重被破坏的局面，人们才突然醒悟，资源的开发和利用问题，生态环境的保护问题，是人类生存的最大的战略问题，开始把保护资源，把资源开发和利用的经济效益问题放在了首要的地位。随着对资源开发和利用的新观念以及现代科学技术的发展，资源的合理开发和有效利用，已成为各国发展的指导思想，更成为中国科学发展观的重要内容。

基于科学技术方面的差距，在这些方面的国际竞争中，中国也面临着很大的压力。正是由于科学技术水平相对落后，目前中国的资源利用效益，同世界发达国家相比相差极为悬殊。每单位资源投入所获得的实际经济效益，发达的资本主义国家一般要比我们高出很多倍。特别是由于地方领导经济工作指导思想的片面性及管理中的官僚主义严重,在资源保护、开发和利用方面的组织管理工作显得薄弱,这都是造成不顾生态环境破坏,对资源滥开、滥用的现象严重的原因。当然,资源利用效率的根本约束,还在于科学技术的发展水平。

实践已经得出结论,这种发展方式是不能持续的。1992年,在巴西里约召开的、有183个国家、102位国家元首和政府首脑、70个国际组织参加的联合国环境与发展大会上达成共识:人类必须走可持续发展的道路。这标志着人类发展模式实现了一次历史性飞跃,由此创造了农业文明、工业文明之后又一新文明时代——生态文明时代——的到来。面对人口经济持续增长与资源供应短缺、生态环境恶化矛盾的日益加剧,人类开始重新审视和深刻反思发展的理念、价值、目标和途径,逐渐认识到可持续发展的重要性,认识到可持续发展,是人类文明进步、国家富强的必由之路。

我国人口众多、资源相对不足、生态环境脆弱,又处于加速工业化、现代化进程中,可持续发展尤其重要,而且面临着巨大压力。目前,人类在资源、环境、人口、贫困、健康等诸多领域都面临新挑战。实践充分证明,可持续发展不仅关系到各国的发展,而且关系到人类的生存和未来,是全球共同目标,也是共同面临的挑战。不能再以大量耗费资源和破坏生态环境的发展方式,要以科技创新支撑引领,开辟新的资源能源来源,合理利用资源,建立少投入、多产出的生产方式和少排放、低消耗的消费模式,努力实现绿色发展、低碳发展、科学发展。科技创新在支撑引领人类实现可持续发展中发挥着至关重要的作用,没有科学就没有可持续发展。比如,没有节能减排技术、智能电网、资源循环利用技术等,就不可能提高能源资源利用效率;没有高品质基础原材料的绿色制备技术,就不可能有制造过程的绿色化。

这种发展方式实践的结果,的确是既吃光祖宗留下的,又提前吃了后代子孙的。中国在生态环境方面所欠下的债,是很难偿还的,有的是根本无法偿还的。在治理生态环境方面的困难之大,所需投资之多,成本之巨,都是惊人的。好在中央已经下了决心,要迎难而上。而且走生态文明的道路,努力实现生态保护和经济发展的双赢,实现一种更为健康、更为环保的生活方式,这对我们是严峻挑战,但也是难得的机遇。

人们都知道,生态文明建设,有着丰富的文化内涵。它不仅涉及发展方式的转变,而且涉及人们生活的方方面面,反映了人们的道德修养和一个民族的文化水准。它在提升家庭文化的同时，可以使我们民族形成一种更精致、更有品位的生活方式。如有学者所说的，如果我们也能形成这种环保文化和时尚，那么对于我们这个似乎过于讲究物质生活的社会，也会是一种巨大的文化提升。在环保方面，我们应该也可以走到美国的前面去。如果我们能以环保为契机，推动有个性、有品位的环保生活方式，这将有助于改造我们现在崇尚奢华的社会风气、有助于提高我们全民族的文化修养和素质。

现在国际社会已经形成共识，生态文明建设能推动传统产业的改造，也能催生很多新产业，创造新的经济增长点。例如，回收和利用旧钢铁，可再生能源等，都是发展前景无量的新兴产业，都包含有无穷的商机，如果中国能抓住这些机会，作为现代化事业的后来者，中国就能给世界带来一些新的惊喜。不少学者都认为，如果我们能把改革开放中积累的很多成功理论和实践，创造性地转用于生态文明建设，这不仅可以更好地推动我们的环保事业，而且可以带动中国政治、经济、文化、社会等方方面面的进步。中国模式和它所代表的价值观与软实力，也会对世界产生更大的影响。为了中华民族的生存和发展，为了我们的世界更加和谐，也为了我们自己的碧水、蓝天、白云和好心情，我们应该抓住这个机遇，变被动为主动，义无反顾地走中国特色的生态文明之路，并最终以一个环保大国和强国的形象出现在世界舞台上。

科学技术创新潮和教育革命

付出巨大代价的经历，使中国劳动者深刻体验到，生产落后的根源是科学技术落后。诚然，经过 30 多年的奋斗，中国科学技术水平和创新能力，都有很大的提高，但至今同像美国这样的发达国家相比，差距还很大，在今后的竞争中仍面临严峻挑战。展望当今的世界，各种矛盾和斗争更加错综复杂。随着国际社会和世界经济全球化的深入发展，在经济、政治、军事、文化、社会制度、价值观念、意识形态等所有的领域的摩擦和斗争，必然都会多层面全方位展开。但谁都会意识到，主要战场是在经济领域，核心是科技创新。科技创新，决定着一个国家在国际劳动分工竞争中的生存和地位。科学技术的发展，劳动生产力的发展，劳动质量和效益的竞赛，永远是人类社会发展进步的体现和标志。也正因为如此，当今世界几乎所有的国家，都把大力发展科学技术，大力提高劳动质量和效益，作为自己的长远战略目标,作为自己在激烈的生存竞争中能立于世界之林的根本,中国也是如此。

从过去这段历史中,中国劳动者亲眼看到了这样的事实,谁控制了先进科学技术的制高点,谁就掌握了在国际劳动分工竞争中的主动权或主导权;看到了这在涌动着的新的科学技术创新大潮和自己在这一大潮面临的机遇和挑战。历史实践逐渐使中国人似乎坚定了这样一种新的观念:任何一个民族在世界上的生存条件和国际地位,最终都要取决于其科学技术创新能力的强弱。所以,争取民族生存的优势,争取国际竞争力的优势,最根本的是加速以科学技术创新为核心的科技实力的增长,实现人类任何希望和梦想,都离不开科学技术创新。每次大的科学技术发明和创新,科学技术上的每次重大突破,都必然使社会生产力飞跃到一个新的高度,并吸引一场世界性的新技术革命和产业革命,导致整个世界性的产业结构大调整和管理体制的大变革。新科学技术的迅猛发展,特别是一些新的重大突破,如高分子合成、原子能、核能、激光和电脑技术的迅速发展和广泛应用,为资本主义创造出了空前巨大的社会劳动生产力,以及许多新的技术含量高、经济效益高、竞争能力强、创造剩余价值高的生产部门,这是其在国际竞争中优势的基础。

在过去的年代,基于各方面条件的不同和变化,世界各国科技创新的增长总是发展不平衡的,相对地位在不断发生着变化,没有一成不变的优势,没有一成不变的劣势。在增长科技创新优势方面的较量,是一场永无止境的马拉松,它永远不会停止。而且同过去相比,当今这种变化更加激烈和残酷,更加快速和变幻莫测。科学技术作为重要的生产力,像梦幻一样,快速地改变着人们的生产和生活方式,改变着人们的思想观念和思想意识。在科技创新较量的主战场上,不是生,便是亡,没有第三条道路。特别是对基础落后的中国来说,只有用尽所有的解数,准备参与新世纪的科技创新和综合国力大战,在这个主战场,杀出一条血路,一条生路。

不言而喻,科技创新国际竞争,不仅体现在科学技术本身的开发和研究方面,而且体现在从科学发现到技术开发应用的周期方面。据一些专家提供的资料,正是基于科学技术本身的发展,世界上科技成果转化为商品,转变为实际的生产力并产生经济效益的周期在不断缩短。在18世纪这种周期约为100年,19世纪降为约50年,第一次世界大战前降为20年,两次世界大战之间降为16年,第二次世界大战后降为7年,而目前在一些国家降为 5~8 年，甚至 2~3 年。国际科技竞争中，中国与其他发展中国家虽然也有不少有利的条件和机会，但从总体上看，由于原有基础薄弱，又与世界发达国家处在不同的层次和起跑线上，所以总的形势是不利的。国内外的专家们都倾向于这样的认识，由于少数发达国家，特别是美国、日本、西欧，都拥有比较先进的科研设施和管理，拥有雄厚的科研资金和优秀的科研人才，有较高的科技竞争意识，所以在相当时期内，它们在这种竞争中仍会处于优势地位。在相当时期内，中国在这方面的努力，只在于缩小同发达国家的差距。

毋庸置疑，改革开放以来，中国在科学技术领域，取得显著成就。在科学技术领域的自主创新，为促进发展、改善民生作出了突出贡献，为中华民族赢得了尊严。我国仅用 27 年时间就实现了发明专利授权总量达到 100 万件的目标，成为世界上实现这一目标历时最短的国家。尽管这只是数量概念，在其内涵和质量的意义上，还与发达国家无法相比。但广大科技人员奋勇攀登、潜心攻关，在基础研究、前沿研究和应用技术研发上取得累累硕果，为实现"中国组装"到"中国制造"再到"中国创造"的快速转变，为支撑中国经济的快速发展和劳动人民生活的快速改善、推动国际劳动的发展和融入国际劳动分工体系广度和深度，作出了巨大贡献，这是无法否认的。

党的十八大胜利召开，标志着我国在科学技术的国际竞争中，又踏上了新的征途。谁都会意识或感觉到，新征程面临着许多新问题和新挑战。比如国内经济结构不合理、质量和效益不高等问题突出，能源资源的制约日益严重；国际环境方面面临着新科技革命迅猛发展，不断引发新的创新浪潮，科技成果转化为产能和产业更新换代的周期越来越短，既给我们带来难得的发展机遇，也让我们面临严峻的挑战。在激烈的国际竞争中，真正的核心技术，市场换不来，花钱买不到，面对经济科技占优势的发达国家，面对科技实力决定国家命运的事实，面对科学技术迅猛发展的今天谁不重视科技发展、不抢抓机遇、不奋发有为地加快自主创新，谁就会在国际竞争中被淘汰的严峻环境，唯一的出路就是靠自己，靠自己自主创新。

一个严峻、现实的问题摆在我们面前：随着人力成本的快速提高，提高我国国际竞争力的唯一途径，就是科技创新。在过去 3 年间，我国人力成本已经增长了 60% 多。据专家统计，2012 年中国人均综合人力成本为 6734 美元，比 2009 年的 4107 美元上涨了 64%，已经超过了泰国和马来西亚。中国廉价劳动力的优势，已经开始丧失，而且这种趋势不可逆转。可见，大力进行科学技术创新，把我国建设成为创新型国家，已成为刻不容缓的任务。创新型国家建设，核心就是把增强自主创新能力作为发展战略基点，作为调整产业结构、转变增长方式的中心环节，大力激发全民族创新精神，培养高水平创新人才，推动科学技术的跨越式发展。当今，我国在国际科学技术创新的竞争中，最致命的弱点，就是高端人才的不足。

当前，科技创新的关键在企业。目前我国企业的技术创新主体地位还没有真正确立，经济增长的科技含量不高，技术储备明显不足，创新能力难以支撑作为经济大国的健康持续发展。我们在技术创新方面缺乏应对新的产业变革、引领技术发展潮流的能力，对大产业技术路线变革导致的产业竞争准备不足。我们在先进科学技术的应用推广方面，缺乏相应政策环境，不能很快形成产业并开辟市场。尤其在科学技术发展日新月异的年代，即使已经在某一重大高新科技创新中占据优势的项目，在激烈的国际竞争中，也要树立超前意识，居安思危，提高快速应变能力。否则一旦更高的可以替代自己创新的新的出现，自己多年的巨大投入、辛苦都立时会化为乌有。现实中的这种现象似乎司空见惯。

此外，我们的科技资源分散、封闭还比较严重，短缺和浪费的现象并存，投入的效率不高，科技计划和经费管理制度亟待改革。同时我们的创新环境和科技评价体系还不善，自主创新的政策落实还不到位，激励与约束机制不健全，科技人员的积极性和创造性还不能充分地调动起来。所以，今后如何加强创新主体的能力建设，大力推动协同创新，则是科技管理体制改革的重要内容。尤其应当强调的是，基于农民工在中国经济发展中的作用，加强对农民工的教育，在教育资金、教育资源、招考制度等方面向农民工倾斜，显得尤为重要。

更值得注意的是，中国不仅面临这些发达国家的挑战，而且还面临着像印度、韩国、巴西、墨西哥等这些发展中国家的挑战。比如印度，其科技队伍非常庞大，并建立了比较先进的门类齐全的科研设施，在核能和核医学研究方面，都进入世界前列。韩国已成为世界制造半导体的第三大国，年出口额逐步扩大，还制订有进入世界科技先进水平的长期发展战略。从目前的情况看，中国的研究开发经费还是相当低的。面对这种严峻的挑战，中国必须进一步增强科技竞争意识，制订出切实可行的科技发展战略、政策和有力措施。

好在中国已经意识到了这些问题和挑战,并未雨绸缪,制定出了建设创新型国家的长期战略。这一战略的核心,就是科技创新。就当前来看,科技创新的重点,当然是发展战略性科学技术。与此相适应,是加快战略性新兴产业的培育。比如依据世界科技革命和新兴产业发展潮流,应当把培育和发展节能环保、新一代信息技术、生物技术、高端装备制造、新能源等战略性新兴产业作为发展战略的重点。同时,应当让企业成为技术创新主体,这既是发达国家的成功经验,也是我国提升产竞争力的必由之路。国家采取各种优惠政策,鼓励企业把人才资源作为第一资源,充分调动科技人员的创新积极性,加大科技投入、研发新技术、开发新产品,使有条件的企业,努力把自己建成具有强大竞争力的高新技术企业。此外是农业科技。实现农业持续稳定发展、长期确保农产品有效供给,根本出路在于大力发展科学技术。紧紧抓住世界科技革命方兴未艾的历史机遇,坚持科教兴农战略,大幅度增加农业科技投入,推动农业科技跨越发展,促进农业增产、农民增收等。

从发展趋势看,大力发展以微电子、新材料、生物工程、海洋开发等为主要内容的高新技术,将是新世纪科技大战的重要内容。许多国外专家们都预言,到本世纪中期,许多人们过去想都不敢想的高新技术,将在经济发展中发挥惊人的巨大作用。如推理学习电脑将会问世,巨大兆位级的存储技术和商业化,超导和新型氧化物高温超导有可能进入实用阶段,每秒万亿次的激光超导计算机可望制成,陶瓷材料将会广泛地取代金属,生物工程产业的经济收益每年可能达到数千亿美元,全世界农产品增长量的5/6将来自生物技术,全世界对光纤产品的需求量、国际市场上软件产品的销售额、高技术陶瓷产品的销售额等,都将会达到数千亿美元或数万亿美元。

人们越来越意识到,在世界劳动分工体系中的竞争,归根到底是人才特别是创新型人才的竞争。谁能够源源不断地培养、吸引、凝聚和使用创新型人才,谁就能赢得未来。因此,中国应当克服各种困难,落实人才强国战略。让创新型科技人才得到应有的报酬、荣誉、地位和尊重。创新型科技人才是财富和价值的直接创造者,因此也应当是财富的拥有者。使人才发展需求、价值追求和企业发展、社会需求有机融合,建立完善充分体现创新能力、工作业绩的制度。建立健全一套与工作业绩紧密联系、充分体现人才价值、有利于激发人才活力的激励机制,不断开创人才辈出、人尽其才的新局面，为实施人才强国、建设创新型国家作出贡献。

当今的世界，是创新密集的时代。随着全球知识创新和技术创新的速度增快，基础科学问题的研究不断深入，重大科技成果出现，科学技术领域积蓄了新一轮重大变革的巨大力量，许多国家已经把战略作为国家发展的战略核心的时候，中国必须保持头脑清醒，既看到机会，也看到困难和挑战。必须看到科学技术产业在经济发展中所起的关键作用，以科技创新不断地推进产业的变革。特别是在经济全球化推动创新资源全球配置，知识、技术、人才等创新资源在全球流动的环境中，培育和发展战略性新兴产业，促进传统产业升级，发展现代服务业，保障改善民生，繁荣文化事业，加强社会管理，以求更好地发挥科技支撑和引领作用，就显得尤为重要。

当今已无人再怀疑，任何科学技术水平的提高，社会的进步和生产力的发展，都离不开教育。世界上的一切财富，无不来自基于一定教育基础上的知识或智力。一个民族的振兴和强大，最终取决于其整个国民教育的发展。因此，近些年来，世界上发达国家都越来越重视教育，把教育摆在社会经济发展战略的重要地位。不少国家都把教育作为立国之本，作为实现国家强盛和繁荣的关键。国际上的一切竞争，从根上说，都是在科学技术和文化知识方面的竞争，即教育方面的竞争，即在提高国民文化科学技术水平、提高整个国民科学文化素质方面的竞争。一个国民教育落后，国民科学文化素质很低的民族，不可能成为世界上文明和强大的民族。任何国家物质文明和精神文明的发展，都基于教育的发展。特别是在国际科学技术竞争中，任何国家如若没有教育的迅速发展，就不可能在这场竞争中取得优势。

当然，有效的教育不仅要以整个经济实力为基础，而且应与生产力发展的需要相适应。因经济实力的局限，中国教育经费的投入，不可能与世界发达国家相比，但我国政府长期在教育上投入不足，公共教育开支占国内生产总值比重，一直徘徊的3%—4%左右，这的确是事实。而且面临着对传统教育制度进行改革的艰巨任务。目前许多发达国家的教育家们都已意识到，在未来的国际经济中，知识密集型产业将占有很大的优势。整个经济的活力和效率，除了有效地组织管理之外，很大程度上取决于每个劳动者智力、创造力的充分发挥。而只重视向学生灌输书本知识，只重视要求学生们树立严格遵守纪律的顺从精神及共性的传统教育，与这种发展的客观要求是不相适应的。世界上不少国家除了系统地向学生灌输基础理论知识外，更重视根据经济发展的客观需要设立各种实用性强的专业课程，把培养学生解决实际问题的能力作为主要目标，而不是把升入高一级学校作为主要目标。在教育方式上，变填鸭式为启发式，更重视培养学生的想象力和创造力，培养学生敢于对旧的提出批评、对新的提出见解的独立活动能力和适应能力，培养学生的个性。在教育结构上，除加强基础理论综合性大学之外，把高科技专业学校、专业技术进修学校放在了更为重要的地位。

人们已经意识到，在未来的高科技时代，教育是一个国家发展的中流砥柱。美国明尼苏达大学的克利夫兰教授，曾提出了教育应具有的五大要素：综合脑力劳动教育，以提高利用传统的学科分析方法、洞察力及综合解决问题的能力；社会目标、公众意向、成本、效益和伦理观教育，使一个人能正确判断自己的行动方针；通过学习传统文化、宗教、哲学、艺术和文学，培养自己分析问题的能力和个性；在这种知识环境中进行实际谈判、咨询心理学及领导作风的实践；世界前景以及个人对公共生活负责的教育。在所有这些方面，中国都需要作出许多努力。邓小平曾这样说：到建国100周年时我国可能接近发达国家水平，根据之一，就是在这段时间里，我们完全有能力把教育搞上去，提高我国的科学技术水平，培养出数以亿计的各级各类的人才。我们国家，国力的强弱，经济发展后劲的大小，越来越取决于劳动者的素质，取决于知识分子的数量和质量。可以断定，新世纪又必然是教育大发展的世纪，是教育发展大较量的世纪。马克思主义经典作家们都强调，劳动生产率，归根到底是保证新社会制度胜利的最重要、最主要的东西。

特别值得引起我们足够重视的是，创新国家不只需要科学知识教育，还需要道德和诚信教育。过去似乎只是重视了前者，而忽视了后者。大量的事实告诉我们，劳动效率高低，劳动品质的好坏，以及由此所决定的劳动产品的质量和在国际市场上的竞争力强弱，都与劳动者的品质有关，或由劳动者的品质所决定。这种品质除了科学知识品质，生产工艺技巧品质之外，更重要的是劳动态度品质，道德和诚信品质。如果劳动者都能在劳动中充分发挥积极性、主动性和创造性，都能追求精益求精、一丝不苟，都能为消费者着想，讲究商业道德和诚信，那么就不会有那么多的欺诈，那么多的弄虚作假，那么多的假冒伪劣，那么多的食品安全问题了。从现实中人人都能悟到，道德和诚信教育的重要性，无论用什么语言来形容，都不会过分。

劳动效率的提高和就业的压力

在国际劳动分工竞争中，一个不争的事实是：质量和效率是胜否的决定因素。而决定质量和效率的，又是劳动者的素质和劳动的品质。比如，中国是个农业大国，可就是因为农业的劳动生产率低，在粮食出口方面远低于发达国家。美国玉米的出口占世界玉米出口总量的50%以上，小麦出口也占世界总量的1/3以上，而在玉米、大豆等农产品上，中国反而要从美国进口。又比如，为了走出去寻求发展，在新世纪伊始，中国就开始对外直接投资。但就因为质量和效率的制约，发展的速度却很慢，至今中国对外直接投资在存量上与美国、德国等有较大差距。联合国贸发会议《2011年世界投资报告》显示，2010年全球外国直接投资流出量为1.32万亿美元，年末存量为20.4万亿美元。以此为基准计算，2010年中国对外直接投资存量为3172亿美元，排在世界第17位，仅占全球当年存量的1.6%，仅相当于美国对外投资存量的6.5%。这与中国总的经济规模相去甚远。中国建设创新型国家的本质或基本含义，就是通过科技创新以提高劳动生产率，提高整个国民经济的质量和效率。然而，由经济发展的客观规律所决定，在创新型国家建设中，必将带来如下两个新的矛盾和难题需要解决，而且解决这两个难题需要中国领导者、管理者和劳动者，齐心协力，都发挥出高超的智慧。

一是科学技术创新和就业的矛盾。在创新型国家，随着科学技术创新的发展和社会进步，知识型劳动将成为经济发展的主要动力，成为提高劳动生产率、提高经济效益、提高国际竞争力的主要手段。而为提高劳动生产率发展高科技的应用，自然会产生多余劳动力的问题。如果其他条件不变的话，高科技越发展，剩余劳动力就越多，就业的压力就越大。解决科技发展和就业矛盾的唯一的办法，是开辟新的产业，为剩余劳动力提供新的就业机会。然而，由于国际上的激烈竞争所决定，当前高科技发展速度之快，剩余劳动力增加之快，都是惊人的。即使经济实力非常雄厚、开辟新产业能力非常巨大的发达资本主义国家，其开辟新产业的速度，也难于适应剩余劳动力增长的速度。一方面为提高劳动生产率，增强国际竞争力，必须大力发展高科技，另一方面却在为就业和社会稳定而日夜担忧，为解决就业问题而冥思苦想，这同样是我们目前已经发生的事实。为解决这一难题，西方的一些未来学家们提出了建立社区的办法。认为可以以社区组织的形式，把大批的剩余劳动力组织起来，使他们有事可做，以保持社会的稳定。其社区的经费，由国家通过加大税收和增加社会福利投入，或由盈利大企业直接提供资助解决。然而，这种实质上仍然靠盈利企业养活多余劳动力的办法，盈利企业愿不愿意接受，有无能力接受，都是个未知数。

二是高科技发展与贫富差别增大的矛盾。现代科学技术的发展，需要雄厚的物质技术基础。科学技术越先进的国家，进行高科技创新的能力就越强，抢占知识科技制高点的能力就越强。这样，科学技术的发展或知识的发展不平衡必然造成的贫富差距的扩大。这不仅表现在发达国家和发展中国家之间，而且表现在各国国内的贫富两极分化上。贫困化的加剧，贫富差距的扩大，将不可避免地引起政治和社会的动荡。解决就业问题难度之大，社会动荡对中国发展影响之大、之深远，是每个中国人都切身体验到的。

无论从总量意义上说，还是从人均量意义上说，增强整个国家经济实力，无非有两种途径：一是发展科学技术，提高劳动生产率，即增加单位人的产量；二是增加就业，即增加生产人数。对于像中国这样的人口大国，虽然这两种方式都可以达到增强经济实力的目的，但所带来的社会效果，即社会的稳定程度是不一样的。据专家们预测，随着农业科学技术的发展和应用，农村劳动力将多出大约1/3，从而构成巨大的超过世界任何国家的就业压力。因此，在经济发展的国际比较中，把人均量和劳动生产率作为主要目标，对中国来说，眼前似乎是行不通的，中国只能把增加总量作为主要目标，只能走在多就业基础上逐步提高劳动生产率的道路。在增加就业和提高劳动生产率这一矛盾中，至今中国选择的都是多就业的道路，这自然影响了劳动生产率的提高，同发达资本主义国家相比，在劳动生产率方面的距离很大。因此，努力克服这方面的不利因素，以在维持多就业的基础上提高劳动生产率，这仍将是中国长期发展的方向。

尤其不能忽视的，是人口的压力。无论是现在或未来，对中国压力最大的是人口问题。近些年来，尽管中国采取有力的控制人口增长的政策，使人口的增长率低于有些发展中国家，但是由于中国人口的基数大，其绝对量的增长仍是惊人的。人口数量的剧增，不仅给社会教育、社会就业带来了巨大的压力，而且直接制约着中国居民消费水平的提高。随着进入人口老龄化阶段，中国发展的人口红利逐渐消失，人口老龄化将给中国经济带来沉重的负担。人口的压力自然突出表现在尖锐的就业问题上。一方面人口在不断增加，劳动力的数量在不断增加；另一方面随着科学技术进步，劳动生产率的不断提高，特别是微机和自动化的发展，对劳动力的需求却在减少。原来几千人的企业，实行高度自动化之后，几十个人就够了。其余的人何处去？靠开拓新产业能否解决大量剩余劳动力？这不仅是个严重的经济问题，更是个严峻的社会问题。显而易见，大量工人的下岗和再就业，这不只是当前的问题，暂时的问题，而是一个长期存在问题；也不只是中国的问题，而是世界各国均面临的问题。只不过因为中国人口太多，这个问题显得更为突出和严峻罢了。

特别值得注意的是，与发展科技创新，建设创新型国家相联系的，是进行经济体制的改革和产业结构的调整。由于在这种改革和调整中，一个最敏感、最困难之点，是它必然涉及各阶层的经济利益关系。经济体制改革和产业结构调整，这本来是合乎经济发展规律的经济发展过程的必有内容，但正因为它涉及人们复杂的经济利益，所以进行起来并不那么容易。任何国家的一定历史时期的经济体制和产业结构，都不是随意的。它既在一定科学技术和生产力发展水平基础上产生，又与一定的科学技术和生产力发展水平相适应。无论是资本主义国家还是社会主义国家，适应科学技术和生产力发展的要求，对经济体制和产业结构的改革与调整，从未停止过。只是经济体制和产业结构也都有一定的相对稳定性，对其改革和调整也并不是杂乱无章，可以随意进行的。受科学技术和生产力发展客观规律的制约，它自身也表现出一定的规律性和周期性。新的经济体制和产业结构的形成，都有一个十分复杂的过程。它运动的轨迹犹如连续的撑杆跳，在对现有不适应生产力发展的经济体制进行改革和产业结构进行调整后，所形成的新的经济体制和产业结构，必然促进生产力的迅速发展，新的生产力发展到一定程度，又需要在更高层次上进行新的改革和调整，跳到一个新的高度。

可以肯定，随着世界性科学技术革命的深入发展，世界各国在不同层次上都面临着经济体制改革和产业结构调整升级的艰巨任务。而且谁的动作快，所取得的成效显著，谁的经济发展就会走在前边。中国无论在经济管理体制还是产业结构方面，长期积累下来的问题都比较多和严重，所以目前的改革和调整都带有根本变革的性质，任务十分艰巨。目前中国管理体制和产业结构，是与建立在一般科学技术基础上的以质量、效率为中心的集约化经营相适应的；而今后体制改革和产业结构调整，则是与建立在高科技基础上的以高效能为中心的高效经营相适应的。可以预见，高科技将是 21 世纪各国战略争夺的焦点。从当前的发展水平和发展趋势看，中国在这一争夺中可能仍处于不利地位。据美国一些科学家和企业界人士们的研究，当前在高科技领域，美、日、德占着绝对的优势。如在计算机技术、信息技术、航天航空技术、生物技术、新材料技术和光电技术方面，中国同它们都还有一定差距。中国在经济体制改革和产业结构调整方面，不仅面临着国内问题和困难，而且面临着世界性的巨大压力和挑战。

改革开放的实践证明，改革开放中所出现的这样和那样的问题，还有一个重要原因，那就是管理落后。所以提高管理者的素质，实行科学管理，也是改变高消耗低效益这一顽症的重要一环。经济中出现的混乱，是同管理混乱紧密相连的。中国提高效益和效率之道，首先在于实行科学的管理。质量和效率不仅呼唤着科技创新，而且呼唤着科学管理。近来，发达国家的大企业家们在预测未来企业取得成功的因素有许多项，而无论他们把这些因素归结为多少项，其中最为核心的就是实行高度科学化的管理。他们都承认，高科技时代经济的发展是同高度科学化的管理密不可分的。而能否实现高度科学化的管理，关键决定于有无具有高度科学化的管理者队伍。中国的管理是相当落后的。这种落后性不只是表现在管理制度的不合理和不健全方面，更突出的是表现在管理者队伍的科学文化素质差，缺乏现代化经济的管理意识和知识。中国在科学管理方面所面临的挑战，实质上是管理者面临的挑战。

人们都倾向认为，与高科技发展相适应，管理者必须具备如下几个方面的基本素质：(1) 具有很高的科学文化知识，不仅通晓自己本行业的有关知识和技术，而且还要具备一定的社会学、生态学、法制学、心理学、市场学、人际关系学以及信息等方面的基本知识。(2) 具有强烈的高技术竞争意识和革新精神，把不断开拓新技术放在一切工作的首位。(3) 具有机敏清醒的头脑，能对企业内外生产和经济形势迅速作出科学准确的判断，对外来的冲击迅速作出正确的反应。(4) 具有立足企业放眼世界的开放精神，能从国际与国内价值的结合中，确定本企业的发展方针，积极参与国际竞争。(5) 具有远大的战略眼光，能主要从长远利益考虑企业的发展。(6) 具有良好的道德和很强的组织能力，对每位职工都能择才使用，充分发挥每个人的聪明才智，调动每个人内在的活力和积极性、创造性。据国外一些专家们的经验，要培养和造就这样一个合格的管理人才队伍，至少需要 10—12 年。

更为重要的是，任何国家的发展，都不单是个经济问题，而是整个社会的全面发展问题。实现经济和社会目标，包含着整个社会发展素质的内容。在向新的战略目标奋进时，面临着巨大的社会问题，这对每个中国人来说，也都是显而易见的。诸如整个社会的廉政问题，法治建设问题，医疗和社会保险问题，政府对整个社会经济和其他事业的宏观调控能力和效率问题等，都是亟待解决和解决难度很大的问题。而且如果解决不好，将会影响整个社会的稳定。这就涉及政府的作用和对决策者们的挑战。

人们越来越意识到，在现代化科学技术高度发展和国际经济联系不断加强的情况下，政府在整个国民经济发展中的作用将日趋重要和加强。不少国外学者预言，政府的活动将是影响 21 世纪一个国家经济发展的重要因素。政府对经济发展的作用，集中体现在三个方面：一是实行正确的决策，二是对经济发展的正确宏观调控，三是提高行政效率。在国际竞争中，各国增长经济实力的竞赛，在某种意义上说，也是政府决策、经济调控和行政效率方面的竞赛。事情的成败，首先决定于决策的正确与否，这是人所共知的。决策是一门科学，决策的正确与否，又主要取决于三个因素：决策者掌握决策这门科学的程度，决策者的智力和科学文化程度，决策者对客观事物发展的正确认识和科学的预测。一句话，决定于决策者群体的智力和科学文化程度。

一个普通人，也许对社会发展所起的作用是微不足道的。但一个普通人一旦成为决策者，那他就可能决定其决策范围的命运。一个企业的决策者，其决策正确与否，可以使企业鹤立鸡群，也可以使其一落千丈；一个国家的决策者，其决策正确与否，可以使这个国家繁荣昌盛，傲立于世界民族之林，也可以把这个国家送进灾难的深渊。世界历史上各国政治和经济上的灾难，中国建国后在政治和经济建设中的失误，许多发展中国家在发展战略方面的失误，以及这种失误给国家和民族所造成的严重后果，最终无不同其大小决策的失误相关。国际上的生存竞争，包括政治、经济和军事等一切方面，在一定意义上说，过去、现在是，将来仍然是决策者群体的智力、头脑科学化的竞争，以及各级政府贯彻执行正确决策活动效率的竞争，所以，这里有必要向各层的决策者们呼喊，请时刻记住你的不平凡的身份和责任！

客观事物都是十分复杂的。任何一项重大决策，都是一项庞大的工程，都要求决策者有极为丰富的自然科学和社会科学知识。而且由于客观事物都是在不断发展变化的，各种科学知识都在不断更新。无论从掌握决策科学本身讲，或从对客观事物的正确认识和科学判断讲，决策者群体头脑的科学化，都是一个不断更新的过程。就像百米低栏一样，一个低栏跳过去了，紧接着就会遇到第二个低栏。正确的决策，正是在这种对科学认识的不断飞跃中实现的。正确的决策过程，正是这种认识的不断飞跃过程。

毫无疑问，随着新科学技术革命的发展，世界各国的科学技术和生产力发展水平，社会和经济结构，政治体制和人们的社会关系，人们的生活方式和思想观念，都将发生巨大的变化，人们对未来发展的先进预测手段，也必然会有很大的发展。能与时俱进的正确的认识、判断和决策，对一个国家的社会经济发展，必将起更为重要的作用。特别是各级政府的决策，将对一个国家整个国民经济的发展和在世界上地位的变化，起非常重要的作用。哪个国家的决策者群体能够最先认识和把握上述变化，从而作出正确的决策，哪个国家在这种发展竞争中就会取得主动和优势。许多著名的社会主义学者都认为，社会主义和科学是紧密联系不可分割的，而这种联系又是靠人来实现的。所以，还应当说，社会主义同国家决策群的科学头脑是紧密联系不可分割的。因此，在决策者智力、头脑科学化和政府工作效率方面的竞赛中，在改变政府职能和提高政府宏观调控能力、效率方面，中国所面临的形势是相当严峻的。

在科学决策中，最关键、最带有决定性作用的是战略决策。因为战略决策对经济和社会发展的影响都是带有全局性、根本性和长远性的。所以正确地选择发展战略和实行正确决策，对于21世纪的决策者和竞争者来说，都是至关重要的。从整个经济发展的历史来看，如果说在主要靠增加新的投入即粗放发展时期是开拓者的时代、在主要靠科学管理提高质量和效率的集约化发展时期是管理者时代的话，那么在主要靠知识投入的高科技发展时期，则是战略家们的时代。此时期的国际竞争，在一定意义上说，是发展战略和科学决策方面的竞争，是战略家们的较量。选择正确的发展战略，自然要求战略家们有正确的战略思想，有知识渊博的科学头脑，能对形势作出正确的判断和预测，而更为重要的是要树立正确的人生观和发展观。

目前世界上越来越多的人都意识到，速度和数量指标，不是发展的唯一内容，实际社会财富的增加和社会效益的提高，劳动者实际生活水平的提高，共同富裕的实现，则是发展中更重要的内容。国民生产总值的增长，并不是社会经济发展的唯一标志，社会教育和卫生保健的发展、居民基本需要的增长、生态环境的改善、人和自然的和谐等，也都是经济社会发展的重要标志。而要做到这一点，在制定发展战略时，就需要运用系统工程的方法，对各种发展要素做全面科学的分析，进行统筹安排，使它们在最佳结合和配置中联系成为一个整体，从而获得发展的最佳效益。

社会主义虽然是开创性的事业，但在经济发展方面，毕竟有着资本主义的各种经验和教训。特别是在市场与政府的关系、虚拟经济与实体经济的关系、社会福利建设与整个社会财富实力关系等方面，都有许多经验和教训可供决策者们借鉴。其中最为核心的一条，就是任何改革，着眼点一定要始终放在有利于广大劳动者身上，放在共同富裕这个基本点上，千万不要变成富人游戏。

靠劳动开创未来和劳动者的解放

回顾中国改革开放的历史，最令人惊叹的，恐怕要算是广大劳动者所付出的巨大劳动了。经济发展数量的翻番、社会财富增长数量翻番的背后，是劳动者所付出劳动量的翻番。劳动者的劳动，是生产的主要要素，是财富的基本源泉。财富的本质是什么，是一般的劳动。"财富的本质不是某种特定的劳动，不是与某种特殊要素结合在一起的、某种特殊的劳动表现，而是一般劳动。"① 这里我们看出，财富的积累，就是一般劳动的积累。新中国成立后，中国之所以能从一穷二白的落后国家，发展成为初步工业化的国家，成为"世界工厂"和第二大经济体，那都是中国人勤劳奋斗的结果。社会主义是劳动者当家作主的社会，在这种社会制度下，勤劳是每个人的本分和社会责任。我们所取得的一切成绩、奇迹，都是劳动者用辛勤的劳动换来的，都由劳动者的汗水所凝成。

然而毋庸置疑，改革开放以来，人们也受到资产阶级剥削思想的影响

---

① 《马克思恩格斯全集》第 3 卷，人民出版社 2002 年，第 292 页。

和腐蚀,特别是受虚拟经济发展,特别是金融资本全球化的影响,一些人在钱能生钱意识的影响下,滋长了轻视、脱离或不尊重劳动和劳动者,特别是轻视、脱离、不尊重实体劳动和实体劳动者的思想意识。我们要实现中国梦,要开创未来,主要靠发展实体经济,靠实体劳动者的扎实劳动。因此,克服轻视劳动和劳动者的思想和行为,端正对劳动和劳动者的认识,特别是端正对实体劳动和实体劳动者的认识,把劳动和劳动者放在应有的地位,是我们面临的一项长期的挑战和任务。

在应对这种挑战中,有一个很现实和很突出的问题,是解决人们对金融资本本质的认识。改革开放以来,中国金融资本和金融资产增值迅速。比如1978年以来,中国居民的金融资产的年平均增值率为28.2%;2001年至2011年的十年间,中国人均金融资产增值了五倍。在金融创新日新月异,银行职能不断扩大,金融业存在诸多隐患的情况下,可以说,金融资本能否健康地发展,在很大程度上已经决定着整个经济能否健康发展。所以国家的管理部门,特别是决策部门,必须切实汲取美国金融危机的教训,对虚拟资本和虚拟经济的发展,进行严格的监管,防止虚拟经济的发展脱离实体经济发展,防止金融投机泛滥,防止经济泡沫扩大,以保持经济的稳定发展。

从长远和战略看,在应对这种挑战中,作为领导者或管理者,首先应当永远不忘记自己的历史使命。应当自己牢记并教育广大人民牢记,在人类历史上,虽然劳动创造了人类、人类历史、人间的一切财富和奇迹,但在阶级压迫和剥削存在的社会,劳动者却处在被压迫、被剥削、被统治的地位,处在社会的最低层。应当永远记住马克思和恩格斯揭露的在资本主义社会劳动者的境况:劳动者虽然用自己的发明和自己的劳动创造了资本主义的伟大并为富人生产了奇迹般的东西,但却为自己生产了赤贫。劳动者为富人生产了宫殿,但却给自己生产了棚舍。劳动生产了美,但劳动者却变成畸形。劳动用机器代替了手工劳动,但却使劳动者回到野蛮的劳动,并使另一部分劳动者变成机器。劳动生产了智慧,但是给劳动者生产了愚钝和痴呆。要使广大党员干部和群众懂得,统治阶级压迫、剥削劳动者,正是奴隶制度、封建制度、资本主义制度必然灭亡的根本原因。而共产党人搞革命,其核心就是要改变资产阶级压迫、剥削劳动者的那种制度,就是要解放劳动者,使劳动者成为自己劳动的主人,成为自己劳动成果的主人,成为整个社会、整个国家的主人,能够自由地劳动,自由地享受自己的劳动成果。

共产党人从马克思和恩格斯开始,就把那些被剥削阶级贬低为贱民的劳动者,视为是最伟大、最高尚、最值得尊敬的人。马克思和恩格斯虽然都出生在富人家庭,可当他们亲眼看到了劳动者被剥削、被压迫的悲惨状况、看到这种人类历史上最大的不公的时候,他们都激情满怀,决心站在劳动者的立场上,誓为劳动者的解放而奋斗。他们不畏贫苦、不畏疾病、呕心沥血战斗一生,都只为劳动者的解放。在马克思主义经典著作的字里行间里,无不浸透着劳动者彻底解放的浆汁;马克思主义的整个理论大厦,都是由劳动者的彻底解放所粘和与支撑的。马克思主义是劳动者求解放的理论,劳动者的彻底解放,是马克思主义的本质和灵魂,也是马克思主义的出发点和最终归宿。

在现实中,如何使广大国民树立坚定社会主义信念,把恩格斯在给马克思悼词中说的"为了社会改造,为了劳动者的解放,马克思主义者愿意献出一切:妻子和儿女,财产和鲜血"这句话变为自己的行动,如何以马克思、恩格斯为楷模,顶住各种金钱的诱惑,永远把劳动和劳动者视为最伟大、最高尚、最值得尊敬的人,永远激情满怀地站在劳动者的立场上,誓为劳动者的解放事业奋斗,这是个非常艰巨的任务。大量贪官污吏的出现告诉我们,要做到这一点,谈何容易啊!

对于领导者和管理者来说,要发展劳动者,首先在认识上不能把劳动者只看成社会发展的动力,只求他们为社会做贡献;更重要的是认识到他们是社会的主人,生产力的发展,一切社会事业的发展,不仅由他们的根本利益所决定,而且最终都是为了他们。正因为如此,我们党提出,我们的发展必须坚持以劳动者为本,必须坚持全心全意为劳动者服务的根本宗旨,党的一切奋斗和工作都是为了造福劳动者。要始终把实现好、维护好、发展好最广大劳动者的根本利益作为党和国家一切工作的出发点和落脚点,尊重劳动者的主体地位,发挥劳动者的首创精神,保障劳动者的各项权益,走共同富裕的道路,促进全面发展,做到发展为了劳动者、发展依靠劳动者、发展成果由劳动者共享。

造福劳动者的一切措施,都是为了劳动者自身的发展。因为只有劳动者发展了,提高了,才能有创造性劳动,才能实现创新发展的道路。在当今世界的竞争中,科学技术已经成为决定性的力量。而加快科技进步,关键在于自主创新,提高自主创新能力,这也是保证经济长期平稳较快发展,是调整经济结构、转变经济增长方式,以及提高我国国际竞争力和抗风险能力的重要支撑。为此,必须加大实施科教兴国战略、人才强国战略,努力建设创新型国家。如我们党提出的,必须把增强自主创新能力作为科学技术发展的战略基点和调整经济结构、转变经济增长方式的中心环节,大力提高原始性创新能力、集成创新能力和引进消化吸收再创新能力,努力走出一条具有中国特色的科技创新之路。

毋庸置疑,在社会主义革命、社会主义建设、社会主义改革和开放的整个过程中,我们都始终面临着解放劳动者、发展劳动者的根本任务,都应该把劳动者的解放和全面发展放在首要地位。解放劳动者的核心,是使劳动者能够共同享受自己劳动的成果,不断提高自己的物质文化生活水平;发展劳动者的核心,是普遍提高他们的劳动者教育水平,普遍提高他们科学文化知识、技能和参政、议政以及各方面的管理水平,普遍提高他们的综合道德素质。解放劳动者和发展劳动者是互为前提、相辅相成、相互促进的。

对于广大劳动者来说,自己的解放和发展不仅要靠国家的领导者和管理者的努力,也要靠自己的努力。只要看看现实就会清楚,中国在世界竞争中的最大弱势,就是劳动者品质比较低。中国劳动者虽然在数量上占有优势,但品质上总体还处于劣势。无论在知识水平,科学技术水平和生产工艺水平上,中国劳动者与资本主义发达国家的劳动者相比,都有着很大的差距。就是说,中国在解放劳动者和发展劳动者事业上,面临着相当大的挑战和艰巨的任务。每个劳动者都应当以主人翁的态度,永远坚定社会主义的信念,坚定只有社会主义才能使自己得到彻底解放,永远把努力学习新的知识和新的科学技术,进行创新劳动,作为自己坚定的奋斗目标。

四 中国复兴的国际境界和世界的福音

2012 年,当中国更接近复兴目标,当中国人正高唱着"同一个世界,同一个梦想","给中国一个机会,世界将增添一份异彩"而奔驰在伟大复兴道路上的时候,习近平同志又向全国人民发出了团结一致向伟大复兴梦目标奋勇前进的号召。这一号召,犹如一声惊雷,正在震撼着世界,搅动着世界的神经。中华民族是古老文明的民族,是讲信义、讲和平、讲奉献的民族,现在又是社会主义国家,而且已经深深地融入到了世界,已经与世界同呼吸共命运。实践已经证明,中国复兴给世界带来的是和平,是发展,是福音,而不是威胁。中国复兴进程中的过去是这样,现在还是这样,这已经有目共睹。中国是个负责任的大国,从其对世界的承诺看,将来也必然是这样。

和平复兴和对世界和平的维护

中华民族从来就是酷爱和平的民族。自古至今,在对外关系上,中国无论怎么强大,所讲究的都是和平相处、友善包容、诚信合作、共赢共荣,从不是侵略、掠夺、侮辱别的国家。这是中国精神和中华文明中可歌、可颂的特性,是中国精神和中华文明中的瑰宝。坚持这条道路,不仅有利于自己的发展,也有利于其他国家,在创造自己和平幸福生活的同时,也促进了世界的和平和自由。中国人在古丝绸之路中的表现,郑和带船队在七次下西洋中的表现,新中国建立至今中国在复兴大业中的表现,都证明了这一点。事实俱在,容不得丝毫疑惑。

诚然,中国复兴是从反抗帝国主义侵略和掠夺开始的。自1840年开始,帝国主义用船坚炮利轰开了中国的大门,对中国进行大肆掠夺、糟蹋、蹂躏,从此也就开始了复兴地伟大斗争。虽然许多先烈,诸如洪秀全、康有为、李鸿章、孙中山、谭嗣同、梁启超等,为探寻复兴之路不怕牺牲,前赴后继,谱写了可歌可泣不朽诗篇。其中在宣传民主思想,推翻清王朝的旧民主革命斗争中,孙中山的贡献最为突出。然而真正找到复兴康庄大道的,还是中国共产党,真正开始复兴伟大实践,还是在新中国建立之后。

新中国建立后,中国历届领导人,都带领中国人民坚决走独立自主、维护世界和平,都立志通过和平发展实现中华伟大复兴。建国初期,毛泽东在接见英国工党代表团时就说道:"中国是个正在开始改变面貌的落后国家,经济上、文化上都比西方国家落后。但是现在正在开始改变面貌,已经取得了改变的可能性。中国是农业国,要变为工业国需要几十年,需要各方面帮助,首先需要和平环境。"[①] 毛泽东还说过:"我们要争取和平的国际环境,时间要尽可能的长,这是有希望的,有可能的。如果美国愿意签订一个和平条约,多长的时间都可以,五十年不够就一百年,不知美

[①] 《毛泽东文集》第6卷,人民出版社,1999年,第340页。

国干不干。"①

毛泽东主张,解决国际间的一切问题,都应当遵循平等、互利、互相尊重主权和领土完整的原则,都要以和平为上,都应当用和平谈判、和平年协商的办法。毛泽东不仅是这么说的,也是这么做的。众所周知,在1953年,周恩来总理根据毛泽东这一思想,在接见印度代表团时提出了"互相尊重主权和领土完整、互不侵犯、互不干涉内政、平等互利和和平共处"这五项原则,并得到印度、缅甸的同意和共同倡导。这五项原则,是中国在复兴大业中奉行独立和平外交政策的基础和完整体现,它贯穿于建国至今的始终。

毛泽东特别强调,中华民族在用和平方式努力创造自己的文明和幸福的同时,也促进世界的和平和自由。他指出:"我们的民族将从此列入爱好和平自由的世界各民族的大家庭,以勇敢而勤劳的姿态工作着,创造自己的文明和幸福,同时也促进世界的和平和自由。我们的民族将再也不是一个被人侮辱的民族了,我们已经站起来了。我们的革命已经获得全世界广大人民的同情和欢呼,我们的朋友遍布于全世界。"② 从建国至今,中国在和平复兴中,一贯遵循这一理念,一贯坚持通过对话和协商方式解决国际间的矛盾和冲突,在维护本国和平安全同时,积极促进世界的和平和自由。

新中国建立至今,中国在维护世界和平事业上的最大贡献,是和平共处五项原则理念的提出和忠实地实践。从和平共处五项原则的内容看,它不仅简洁阐明了世界各国,无论社会制度、意识形态、价值观、经济发展水平如何,都应当按照互相尊重主权和领土完整、互不侵犯、互不干涉内政、平等互利的原则和平共处、友好往来、真诚合作,这是对国际法基本原则的高度概括,体现了《联合国宪章》的宗旨和原则,体现了现代国际关系的基本特征和要求,符合世界各国及人民的根本利益,所以得到世界各国的普遍确认。周恩来总理所说的"历史将要证明,一切违反五项原则、企图把一方的意志强加给另一方的做法,在现代国际关系中最后都会是行不通的。只有实现五项原则,才能符合我们时代的要求"的话,现在已经被历史所证明。

---

① 《毛泽东文集》第5卷,人民出版社,1996年,第343页。
② 《毛泽东外交文选》,中央文献出版社,1994年,第213页。

中国的历届中国领导人，都坚定不移地把维护世界和平，把和平共处五项原则，作为中国对外关系的基石和基本原则。都向世界承诺，中国要坚决担当维护和平、制约战争的力量和角色。中国的发展就是和平力量的发展，就是维护和平力量的发展。中国维护世界和平的对外政策是持久不变的。中国知道，维护世界和平不光是中国的事，而是全世界的事，维护和平必须同世界一切和平力量合作。在处理国与国之间关系中，中国不仅把和平共处五项原则作为基本原则，而且还它作为建立新的国际政治经济秩序的基本准则。为了实践这些原则，中国领导人还创造性提出了和平与发展是我们时代主题、一个国家两种制度、促进国际关系民主化、建设"和谐世界"等理论和实践，为维护世界和平和稳定作出了巨大贡献。

2014年，习近平在纪念和平共处五项原则发表60周年纪念大会上所发表的演说中，不仅高屋建瓴阐述了维护世界和平的伟大意义，而且特别阐述了和平共处五项原则的本质和伟大意义。习近平同志说，这五项原则的诞生，是国际关系史上的重大创举，为推动建立公正合理的新型国际关系作出了历史性贡献。和平共处五项原则之所以在亚洲诞生，是因为它传承了亚洲人民崇尚和平的思想传统。体现了中华民族历来崇尚"和为贵"、"和而不同"、"协和万邦"、"兼爱非攻"等理念。和平共处五项原则生动反映了联合国宪章宗旨和原则，也体现了各国权利、义务、责任相统一的国际法治精神。并赋予这些宗旨和原则以可见、可行、可依循的内涵。

中国不仅是和平共处五项原则的积极倡导者，而且是坚定实践者。和平共处五项原则已经载入了中国宪法，成为中国外交政策的基石。正如习近平同志所强调的，和平共处五项原则作为一个开放包容的国际法原则，作为集中体现了主权、正义、民主、法治的价值观，精辟体现了新型国际关系的本质特征，是一个相互联系、相辅相成、不可分割的统一体，适用于各种社会制度、发展水平、体量规模国家之间的关系，并历经国际风云变幻的考验，已经成为国际关系基本准则和国际法基本原则，被不结盟运动、联合国等世界一系列国际组织所采纳，得到国际社会广泛赞同和遵守，为维护世界的和平和稳定，促进整个世界的和平发展，做出了巨大贡献。

习近平同志也强调，我们要倡导的是共同、综合、合作、可持续安全的理念，尊重和保障每一个国家的安全。不能一个国家安全而其他国家不安全，一部分国家安全而另一部分国家不安全，更不能牺牲别国安全谋求自身所谓绝对安全。我们要加强国际和地区合作，共同应对日益增多的非传统安全威胁。对待国家间存在的分歧和争端，要坚持通过对话协商以和平方式解决，以对话增互信，以对话解纷争，以对话促安全，不能动辄诉诸武力或以武力相威胁。热衷于使用武力，不是强大的表现，而是道义贫乏、理念苍白的表现。只有基于道义、理念的安全，才是基础牢固、真正持久的安全。

国强必霸，这是资产阶级的思维逻辑。而中国人民崇尚的"己所不欲，勿施于人"。如习近平所阐述过的，中国不认同"国强必霸论"，中国人的血脉中没有称王称霸、穷兵黩武的基因。中国将坚定不移沿着和平发展道路走下去，这对中国有利，对亚洲有利，对世界也有利，任何力量都不能动摇中国和平发展的信念。中国坚定维护自身的主权、安全、发展利益，也支持其他国家特别是广大发展中国家维护自身的主权、安全、发展利益。中国坚持不干涉别国内政原则，不会把自己的意志强加于人，即使再强大也永远不称霸。中国真诚希望其他国家都走和平发展道路，大家携手把这条路走稳走好。

尽管中国一直维护世界和平的重要力量，尽管中国坚持和平发展、和平复兴，为维护世界和平，维护世界和平发展做出了巨大贡献，然而，一些别有用心的人，别有用心的国家，却视事实于不顾，大肆炒作中国威胁，在中国周边兴风作浪，以图把中国复兴大业搞乱，把世界和平搞乱，把世界人民和平幸福生活搞乱，其用心何其毒也！在中国维护世界和平和和平复兴大业面临各种恶浪袭扰的情况下，习近平再次向世界宣告，中国将坚定不移走和平发展道路，在和平共处五项原则基础上发展同世界各国的友好合作。中国通过争取和平的国际环境发展自己，同时以自身发展维护和促进世界和平与共同发展，这是中国特色社会主义的本质要求。

合作共赢和对世界发展的贡献

毋庸置疑，在过去几十年里，中国正是始终坚持和平发展，才去取得了令人惊异的成就。中国已经初步改变了落后面貌，成为世界第二大经济体。而这只是中国成就的一个方面，中国成就还有一个方面，那就是中国作为社会主义国家，在对外关系上坚持互利合作、共赢共荣的理念和实践，从而带动了世界的发展，为世界的发展和繁荣，为世界财富的增加，为世界人民的幸福，做出了巨大的贡献。

现在的世界，是劳动全球化的世界。同世界各国劳动者进行合作和联合，并在合作和联合劳动中实现共赢共荣，成果共享，这是社会主义的一项基本原则。过去几十年来中国是这么讲的，也是这么做的，今后必然会继续这么做。在劳动全球化中，各国相互联系日益紧密、相互依存日益加深，和平发展、互利合作、共赢共荣、不仅已经成中国人民的愿望和要求，而且成为为世界所有国家人民的愿望和要求。在这种发展中，劳动是相互的，责任是相互的、利益是相互的，贡献也是相互的。任何国家在考虑自己利用的同时，也必须考虑到别的国家利益，在劳动联合、利益交织的情况下，劳动尊严共享，劳动成果共享，应当成为世界各国不二的选择。

与世界共同发展，与世界共同分享发展成果，是中国开展对外经济关系中独具特色的重要内涵。日益融入世界经济的中国，在与各国的交流合作中，始终追求良性互动、互利共赢。无论是对外贸易、引进技术、吸引投资，或共同抵御亚洲金融风暴和国际金融危机，中国都着眼于取长补短、合作共赢，把世界的机遇转变为中国的机遇，把中国的机遇转变为世界的机遇。倡导不同文明开展对话、彼此包容，推动不同社会制度和发展模式相互借鉴、共同发展，未来的道路上，中国梦必将进一步焕发出中华文明的独特魅力。

如本书开头所说的，人世间的一切财富，一切幸福，都需要靠辛勤的劳动来创造。在劳动全球化的环境中，各国劳动者进行真诚合作，实现共赢共荣，是达到共同幸福的必有之路。60多年来，特别是改革开放以来，正是坚定实践着这一理念，才获得了令人惊异的伟大成就。在获得这些成就的同时，也为世界的发展做出了巨大贡献，世界在共享着中国的发展和中国的成就，这也许是世界许多人所不知道或没有认真在意的。改革开放以来，有多少外国人来到中国，又有多少中国人走出国门，他们或做生意、或进行投资、或进行劳动，都本着互利合作、共赢共享的精神，勤奋劳动着、相互帮助着、共同受益着。

以国际贸易为例，改革开放之初的1978年，中国对外贸易总额只有206多亿美元，而现今已经增长到4万多亿美元，增长了近200倍，跃居世界第一。如此巨大的市场对外开放，或者说进入如此巨大的中国市场，这无论从扩大生产、节约社会劳动、资源合理有效利用、增加就业的意义上，或从增加社会财富、提高国民生活水平意义上，对参与同中国贸易的所有国家,都获得到了极大的好处,意味着这些国家获得好处的急速增长。无论从同中国贸易中获得高额利润,或从同中国贸易中获得大量廉价消费品,都意味着对中国发展成果的共享,意味着同中国做生意中的共赢,意味着这种共享和共赢的急速增长。

比如,中国对外贸易的发展不仅增加了中国的财富和国民的福利,而且提高了贸易伙伴国的财富和国民福利。随着加速融入世界分工体系,中国依靠劳动力成本优势、较强的产业配套和加工制造能力、不断提高的劳动生产率,逐渐发展成为世界工业品的主要生产国和出口国,为世界各国和地区提供了大量物美价廉的商品,满足了国际市场多种多样的需求。人们都能想象得到,中国在全球制造业环节的规模经济优势和加工成本优势,部分地消化了上游生产要素的价格上涨,起到了抑制全球通货膨胀、提高贸易伙伴消费者实际购买力的作用。

又比如,中国的对外开放和对外贸易的发展,为世界同步是贸易伙伴提供了广阔市场。2001年以来,中国货物进口总额年均增长约20%,中国迅速扩张的进口不仅已成为世界经济增长的重要推动力,而且为贸易伙伴扩大出口创造了巨大市场空间。尤其值得注意的是,中国不仅为发达国家提供了巨大的市场,更为发展中国家提供了巨大的市场,中国已经是对最不发达国家开放市场程度最大的发展中国家之一。中国还向世界承诺,将继续扩大对已建交最不发达国家的给惠范围,使实施零关税商品达到全部税则税目的97%。零关税措施促进了最不发达国家对中国的出口。自2008年以来,中国一直是最不发达国家第一大出口市场。2010年,中国自最不发达国家的货物进口总额比上年增长58%,约占这些国家出口总额的四分之一。

还比如,中国以平等互利、合作共赢的理念和实践,全面参与并推动了全球经济治理机制的改革。中国政府积极倡导以平等互利、合作共赢作为多边贸易体制改革的目标,努力推动建立公平、公正的国际经济贸易新秩序。作为迅速成长的发展中大国,中国积极参与了二十国集团领导人峰会、金砖国家领导人会晤、多哈回合谈判等国际对话和合作机制,努力承担与自身发展水平及国力相适应的国际责任。中国不断加强与新兴国家在经济、金融、贸易和投资等领域的合作,促进国际经济秩序朝着公正、合理、共赢的方向发展。

此外,中国还严格履行有关出口管制的国际义务。中国一贯主张全面禁止和彻底销毁一切大规模杀伤性武器，坚决反对此类武器及其运载工具的扩散。中国有关法律明确规定对裂变、聚变物质或者衍生此类物质的货物、技术进出口，以及与武器、弹药或者其他军用物资有关的进出口采取必要的限制措施。中国认真遵守有关出口管制的国际公约，履行防扩散承诺，为国际和平与地区稳定作出了积极努力。近年来，中国政府广泛采纳国际通行规范和做法，形成了一整套涵盖核、生物、化学和导弹等敏感物项和技术的完备的出口管制体系，为更好地实现防扩散目标提供了法律依据和制度保障。

再以吸引海外投资为例，到2010年，中国改革开放以来累计吸引外资已经达到10600亿美元，在华投资的外国企业已经达到13000多家。外国资本之所以来华投资，就是因为在中国投资可以获得到更高的超额利润。中国有着世界上很廉价的劳动力，中国政府又给予外国投资者各种优惠政策，是外国投资者很理想的赚钱的好地方，在华投资的外国企业，尤其是那些大企业，家家都赚了个袋满兜溢，无不喜笑颜开。比如仅2012年，外国在华投资者的收益就达2000多亿美元，不仅自己获得了巨大财富，还为其母国做出了贡献。值得注意的是，为了共同发展，中国也在海外进行投资，截止目前，我国在海外投资额累计达到了数千亿美元，然而中国在海外的投资，不完全是为了利润，而更多地是为了帮助东道国的发展。毫无疑问，这数千亿美元的投资，对东道国就业的扩大、经济的加速发展、人民生活的提高，都起有作用。

还值得注意的是，中国政治上坚持正义、秉持公道、道义为先，经济上坚持互利共赢、共同发展的方针，使世界各国都得到了实实在在的好处。比如，对那些对我国长期友好而自身发展任务艰巨的周边和发展中国家，要更多地考虑到对方利益，决不要损人利己，以邻为壑。为了邻国的发展，为了发展中国家的发展，特别是为了亚、非、拉比较落后或发展有困难的国家，中国不仅与其签署了大批合作项目，而且在重要经济部门，特别是基础设施建设等方面，提供了巨额不加任何政治条件的经济援助。中国的这种无私援助，是长期的一贯的。人们都不会忘记，过去，中国即使在很困难的情况下，仍派出数万名施工和技术人员，远赴非洲大陆援建坦赞铁路，其中数十人为此献出了宝贵生命。半个世纪前，我国开始派遣援外医疗队，迄今已向亚非拉66个国家和地区派出医疗队员2.3万人次，累计诊治患者2.7亿人次，得到受援国人民的普遍赞誉。这种数十年如一日的无私义举在世界历史上可谓绝无仅有，成为中国外交重义轻利的生动写照。

人们都不能不承认，中国在发展自己的时候，也考虑到别人的发展，中国的发展从来是以世界大局为重的。改革开放以来，随着综合国力的增强，我国对发展中国家援助的规模、质量和成效也不断提升到新水平。截至 2011 年年底，我国为发展中国家培训了超过 14 万名各类人才，帮助受援国建成了 2200 多个与其人民生产生活息息相关的各类项目，有力促进了发展中国家的经济社会发展。对周边近邻，我们更是义字当头、顾全大局，坚定不移地致力于维护地区稳定发展的良好局面。例如，1997 年亚洲金融危机肆虐时，我们克服困难，坚持不让人民币贬值，为有关国家和地区战胜危机提供了宝贵支持；在 2007 年开始的世界金融大危机中，中国及时采取措施刺激经济复苏，如扩大内需、稳定进出口规模等，为受危机冲击大的国家的出口，刺激全球商品需求，提振人们的信心，促进世界经济的复苏和发展，起到了重要作用，做出的贡献是巨大的。

中国的这些对世界的贡献，实实在在，看得见，摸得着，因此得到世界、特别是发展中国家的广泛赞誉。一些亚洲国家的领导人或学者，称中国经济发展是亚洲经济发展的助推器，中国的繁荣将使整个亚洲和世界受益，中国的发展必将带动亚洲发展中国家一起走向繁荣。有的称中国通过进出口贸易，把东南亚和东北亚的工业和贸易粘合在一起，实际上已成为东亚经济的粘合剂，使区域内的贸易联系日益加强，促进了东亚工业生产体系的高度融合。东亚地区经济增长的生机活力，也对世界经济复苏形成刺激，直接带动了欧洲和美国经济的复苏。一些非洲国家的领导人或学者，称中国是非洲的伙伴，非洲可以从中国那里得到技术和融资。中国是打开非洲发展潜力的钥匙，任何国家都不会忽略中国的发展。还称中国是一个全球经济大国，因为中国经济的发展，非洲近年来经历了不寻常的增长，非洲一些国家加入了近几年世界上经济增长速度最快的国家行列，中国在其中发挥了很大的作用。中国经济的发展为世界其他国家提供了新机遇与新思路，对世界贡献巨大，非洲尤其可以从中国的和平崛起中受益，许多国家已经将目光投向了东方。中国经济上的成功不仅启发了非洲国家，而且有利于世界经济的繁荣与发展。连美国的智库也不得不承认，中国是世界经济发展的主要引擎和最大亮点。

道路创新和对劳动者解放的启示

关于劳动者的解放,在前第三章和本章第三节中,已经做过论述。我们这里想说的是,劳动者的发展程度和解放程度作为人类发展进步的基本标志,体现着人类社会发展的阶段性。诚然,从奴隶社会到封建社会,从封建社会到资本主义社会,无论是劳动者的发展程度或解放程度,都是逐步提高的。从整个世界看,当前劳动者发展和解放的程度,距离马克思所主张的那种没有私有制、没有劳动异化、没有传统劳动分工制约的劳动者自由发展和联合劳动程度,还相差很远,还有很长的路要走。而如何走这条路,中国创造性做法为世界提供了很好的启示。

从资本主义国家的情况看,资本主义制度确立时,马克思就说过,资本主义民主制度的确立,只是资产阶级的政治解放,而不是人的解放,更不是劳动者的彻底解放。马克思这样写道:"任何解放都是使人的世界和人的关系回归于人自身。政治解放一方面把人归结为市民社会的成员,归结为利己的、独立的个体,另一方面把人归结为公民,归结为法人,只有当现实的个人把抽象的公民复归于自身,并且作为个人,在自己的经验生活、自己的个体劳动、自己的个体关系中间,成为类存在物的时候,只有当人认识到自身'固有的力量'是社会力量,并把这种力量组织起来因而不再把社会力量以政治力量的形式同自身分离的时候,只有到了那个时候,人的解放才能完成。"①

对劳动者来说,这种政治上的解放,只是意味着可以自由选择出卖自己劳动力的方式和雇主。被压迫和被剥削的地位依然没有改变。马克思所说的人的解放,或彻底的解放不仅包括政治解放,更重要的是包括经济、思想、文化上的解放,其中经济解放尤为重要。经济是基础,只有经济上得到解放,其他解放才能有基础和条件。现在人们都看到了,资本主义国家劳动者正因为没有得到经济上的解放,所以政治解放也成为空中楼阁。资本主义的民主选举,蜕化成为金钱选举。不仅劳动者,而且几乎所有的人;不仅政治上,而且思想、文化上,实际上都成为金钱的奴隶。金钱统治了人,而人则向金钱顶礼膜拜。

中国是社会主义国家,社会主义的民主制度是真正有劳动人民当家作

---

① 《马克思恩格斯全集》第3卷,人民出版2002年,第189页。

主的制度，中国劳动者发展和解放的程度，按理说应当大大超越资本主义国家。然而，中国还处在社会主义的初级阶段，还是发展中国家，所以劳动者的发展程度和解放程度，还远没有达到人的解放或彻底解放那种程度。不过，中国坚持共产党的领导，坚持以公有制为主体的社会主义制度，坚持一人为本，共同富裕的理念和实践，正在朝着马克思所指明的那种境界努力奋斗着。而且中国在至今奋斗中一些创造性的做法，与西方资本主义国家走过的路根本不同，它是一种崭新的以劳动者为主体的路。这条路在取得惊人成就的同时，不仅大大促进了自身劳动者发展程度和解放程度的提高，而且为世界提供了非常有益的启示。

比如，中国提出的发展要以劳动者为本理念和实践。以劳动者为本的理念和实践，与西方以资本为本的理念和实践根本不同。中国提出，一切发展都必须坚持以人为本，即以劳动人民为本，必须把全心全意为劳动人民服务，为劳动人民造福作为宗旨，必须始终把实现好、维护好、发展好最广大人民的根本利益作为一切工作的出发点和落脚点，尊重劳动人民的主体地位，发挥劳动人民的首创精神，保障劳动人民的各项权益，做到发展为了劳动人民、发展依靠劳动人民、发展成果由劳动人民共享。这三点，既体现了我们中华文明的传承，体现了时代发展的进步精神，也体现了马克思主义历史唯物主义和科学社会主义的精神。特别是劳动者通过自己的辛勤劳动所创造的发展成果由劳动者共享这一条，所体现的就是实现共产主义的一条最基本的原则和要求。

又比如，中国提出的发展劳动者和解放劳动者的理念和实践。发展劳动者和解放劳动者的理念和实践，与西方技术和精英决定论根本不同。劳动者是发展的根本动力和决定因素，这似乎无人怀疑。中国提出，要依靠劳动者发展，就首先需要劳动者自身的发展，只有劳动者发展了，提高了，才能肩负起发展中依靠力量的使命。劳动者的自由发展，是共产主义的宏伟目标，坚持以人为本，就是要以实现人的全面发展为目标，从人民群众的根本利益出发谋发展、促发展，不断满足人民群众日益增长的物质文化需要，切实保障人民群众的经济、政治和文化权益，让发展成果惠及全体人民。当然，我们这里讲的劳动者，不仅是指单个的劳动者，而是指劳动者整体。但就每个劳动者的全面发展而言，它又都取决于其所处社会关系中所劳动者的全面发展，取决于整个社会的发展和进步。劳动者的彻底解放和全面发展，虽然不只是单劳动者人的解放和全面发展，而单个人的解放和发展应该成为一切人解放和发展的条件。中国提出的发展劳动者的理念和实践，就是向着这个宏伟目标在前进。如在第三章中所阐述过的，在社会主义革命、社会主义建设、社会主义改革和开放的整个过程中，我们都始终面临着解放劳动者、发展劳动者的根本任务，始终都应该把劳动者的解放和全面发展放在首要地位。特别是要处理好解放劳动者和发展劳动者的互为前提、相辅相成、相互促进的关系。

还比如，中国提出的实现共同富裕的理念和实践。实现共同富裕的理念和实践，与西方崇尚剥削、任凭贫富两极分化的理念和实践根本不同。中国提出，劳动者在发展自己和解放自己的斗争中或共同劳动中，始终应该以劳动为本，以共同利益为重，求得共同富裕。并在共同富裕中，求得共同发展和彻底解放。是共同富裕，不是少数人的富裕，也不是某个阶级的富裕。共同劳动，共同富裕，体现着共产主义精神，体现着中国特色社会主义的本质，体现着新型的劳动关系。人们都看到了，欧洲工业革命至今，西方发达国家贫富差距之大，社会公正之少，劳动者社会地位之低下，对外侵略和掠夺只血腥，都令人发指。而中国 13 亿人在至今的工业化过程中，不仅始终坚持以劳动者为本，坚持共同富裕，坚持靠劳动者艰苦掠夺发展，与西方发达国家形成了鲜明的对照。实践已经证明，共同富裕不仅是中国劳动人民求得自身发展和彻底解放的金光大道，而且也是世界劳动人民求得自己发展和彻底解放的金光大道。

后　记

《国际劳动和世界变革》，是作者申请的中国社会科学院老年课题。摆在你面前的这本书，是这一课题的最终成果。如在序言中说的，完成这一课题的研究，不仅是智力的付出，更是感情的付出。研究越深入，越感到劳动者的伟大，对劳动者的感情就越深厚。由于人类社会发展的一切奥秘，都隐藏在劳动之中，所以随着对劳动研究的深入，自然会发现、认识这些奥秘。写这本书的目的，与写《美国民主制度输出》那本书（本书于2006年由社会科学文献出版社出版）一样，都是为了抛砖引玉。那本书是为了引起更多、更好对美国的研究，这本书则是为了引起更多、更好对国际劳动的研究。

在劳动国际化、全球化的当今时代，我们似乎应当有这样的认识：一切国际性问题和全球性的问题，无论认识它的产生、它的发展或它的解决，都必须从认识国际劳动、国际劳动关系中获得思路。有学者正在下功夫研究建立中国版的、也就是马克思主义的国际政治经济学，这非常有战略眼光。不过要实现这一巨大工程，似乎首先应当在研究国际劳动和国际劳动关系上下功夫，应当把国际劳动关系，作为马克思主义国际政治经济学的基础。可喜的是，中国在改革开放以来，在积极融入国际劳动关系中，把马克思主义与中国的具体国情相结合，提出了一些对西方理念、西方国际政治经济学，带有革命性的新的理念，诸如和平发展理念，互利合作和共赢共荣理念，以人为本和共同富裕理念，和谐社会和和谐世界理念等，这也为建立马克思主义国际政治经济学提供了很好的思路和条件。

在研究中国国际劳动的发展和给中国带来奇迹时，很为中国人的勤劳，为中国人靠辛勤劳动创造奇迹的精神，感到自豪和骄傲；也为中国始终坚持互利合作，共赢共荣的理念，为世界做出的巨大贡献，感到自豪和骄傲；当然也对一边享受着中国为其带来的巨大财富，一边却大叫中国威胁论的那些人的别有用心感到愤怒。越来越多的西方学者都不得不承认，自中国古文明至今，中国人靠辛勤劳动所创造的物质文明和精神文明，对人类、对世界的贡献，诸如中国古文明中的先进科学技术对西方发展的贡献、中国的巨大财富对资本主义工业革命的贡献、中国改革开放后为世界提供巨大市场对世界的贡献、中国对许多国家开展的互利合作对世界的贡献，都是无与伦比的。本人现正在搜集相关资料，思考写一本中国复兴对世界贡献的书，用事实驳斥那些中国威胁论的胡言乱语，让世界劳动人民真正了解中国。

在这一课题立项、研究、结项和出版过程中，得到中国社会科学院世界经济与政治研究所、中国社会科学院老干部局以及中国社会科学出版社的大力支持，在此一并表示诚挚感谢！特别要感谢中国社会科学院的罗肇鸿研究员、唐仁模研究员、沈冀如研究员、林水源研究员、高恒研究员，感谢中国社会科学出版社的田文编审和徐申编审，感谢他们对本书的热心帮助和支持。

作者

2014 年 10 月于北京